『战圣』之殇

——吴起传

李宝寅◎著

华龄出版社

责任编辑：程　扬
责任印刷：李未圻

图书在版编目（CIP）数据

“战圣”之殇 ：吴起传 / 李宝寅著. -- 北京 ：华龄出版社，2018.10
ISBN 978-7-5169-1306-2

Ⅰ. ①战… Ⅱ. ①李… Ⅲ. ①吴起（?-前381）—传记 Ⅳ. ①K825.2

中国版本图书馆 CIP 数据核字（2018）第 252038 号

书　　名：“战圣”之殇 ：吴起传
作　　者：李宝寅 著

出 版 人：胡福君
出版发行：华龄出版社
地　　址：北京市东城区安定门外大街甲 57 号　邮　　编：100011
电　　话：58122254　传　　真：58122264
网　　址：http://www.hualingpress.com

印　　刷：武汉市洪林印务有限公司
版　　次：2019 年 1 月　第 1 版　2019 年 1 月　第 1 次印刷
开　　本：710mm×1000mm　1/16　印　　张：31.25
字　　数：511 千字
定　　价：99.80 元

题诠

（兼序）

国人以“圣”为至尊。何谓“圣”？《说文解字》等典籍释义：“圣”字从“耳”从“口”从“呈”，左边是耳朵，右边是口字，即善用耳，能辨真伪，别善恶，察本质，能容纳不同于自己的意见。又会用口“传道”，能把自己的思想宣传出去。本义是通达万事万物之情与理，挺立于世，为天地立心，为生民立命。简言之，人格道德达至极、人情物理了于胸、本领技能超乎众，行而作则、动则垂范、言则成训，是为“圣”。

这种“为天地立心，为生民立命”、无所不知无所不能的圣人凤毛麟角，古往今来，似只有黄帝、伏羲、尧舜禹、周文周武、周公旦、孔子孟子……显然，这是从儒家和儒学的角度定的圣人，不足以反映全貌。比如说老子、庄子、鬼谷子、韩非子（鬼、韩二人从人格道德方面或有不足）等人，在通达人情物理、立言喻世和技艺智慧方面，比之孔孟有过之而无不及啊。后来，人们对“圣人”的理解完全限于道德了，举凡人格高尚道德炯晃者，皆可以圣人誉之，最典型的如清末的武训和康有为，亦为当时之圣了。

但“圣”的含义毕竟不限于人格道德，才能、技艺卓荦特出，亦为“圣”，当然，这已不是完人式的圣人了，只可算“单项奖”得主……技能之圣了。中国出了多少技能之圣？最为人熟知的有医圣张仲景、孙思邈，药圣神农、李时珍，茶圣陆羽，酒圣杜康，烹饪圣伊尹、书圣王羲之、草圣张旭、史圣司马迁、画圣吴道子、诗圣杜甫、乐圣李龟年、兵圣孙武、武圣关羽……其实还有更多的圣，比如老、庄，应谓之哲理圣，鲁班应是建筑、制作圣，鬼谷子为教育圣，韩非为法制圣，李冰为水圣，张衡、祖冲之、蔡伦、黄道婆等人应为智巧圣，后稷、徐光启等为农圣，东方朔为滑稽圣，诸葛亮为黠慧圣……

如今只说兵圣。中国“兵圣”的桂冠其实应赠予黄帝。黄帝之前，神州大地上的战争，实际只是小范围小规模的械斗厮拼，比拼的是人多势众和蛮力，根本无须用战略战术。到黄帝和蚩尤大战时，战争已变成双方大规模大军团相搏的战斗以至战役了，而且蚩尤兵力强盛，兵员的战斗技能高超（传说蚩尤自身更勇猛赛天神），黄帝军团处于大劣势。为了打败蚩尤，黄帝绞尽脑汁，开创了新的战法……运用战略和战术。其战略是联合炎帝部落等为同盟军共同对敌。其战术是诱敌深入，断敌粮草供应，借天时之利（大风、大雾）攻击敌人，用科技发明（指南车）克敌制胜，用地形地利陷敌于“死亡之谷”……黄帝取得了辉煌胜利，从而奠定了华夏民族“人文始祖”的无上荣耀。此“人文”，既包含奠定华夏民族的框架或曰雏形、创立有序的社会组织和制度、创立中医学等等现代意义的内容，也包含对战争思想和方式方法的贡献。后人由涿鹿之战得到了启迪：战争，不仅仅靠人多和蛮勇，更得靠正确的战略战术，概括言之，就是“兵者诡道也”。

黄帝之后，伊尹、姜子牙对战争思想和战略战术有了更大的贡献，他们已不自觉地跨入了“上兵伐谋”的境界。伊尹以“师范天下”之策，彰显商部落的仁义道德、社会制度和人安邦泰、和谐繁荣的“美景”，使天下人在对比中愈感到夏桀王朝祸害人民的残暴可恨，滋生反抗、背叛之心，从政治和军事上动摇、瓦解夏桀王朝的力量。夏桀恐惧了，兴兵来征，但“九夷不起”，商部落在众多部落的支持下，一举摧毁了糟朽的夏王朝。姜子牙更可称为兵家之鼻祖，军事机谋之渊薮，其战略比之伊尹更高超……先示弱以麻痹殷商王朝，又慢慢剪除殷商的羽翼，同时暗中发展经济、整军经武、积蓄力量，时机到了，会盟天下诸侯伐殷，摧枯拉朽地灭亡了庞大而强盛的殷纣王朝。他在战略战术上的建树远迈前人、导领后人，其《太公六韬》为后世兵家必研读的重要著作。姜子牙本该荣膺兵圣的，可他已成了“众神之神”，且有“大成武圣王”之衮冕，“兵圣”反而贬抑了他的光彩，桂冠这才落到孙武的头上。

黄帝之前的战争可形容为“小打小闹”，夏商周时代，战争就越来越“盛大”起来。到了春秋时期，战争的“盛大”在继续加强，而且其频率大得惊人。浩大而频繁的战争，关乎着无数苍生的生命和各个邦国的存亡，迫使人们卷入战争并把它作为一种最重要的学问来研究。辅佐齐桓公成就霸业的管仲，是伟大的政治家，也是杰出的军事家，其九合诸侯，尊王攘夷，北伐山戎，南征强楚，战功累累，业绩煌煌，但他在战争中获胜，主要靠的是“政治战”，从纯军事角度而言，其战略战术上的精彩之笔不多。他在军事上的贡献，主要是改革兵制，申明和整饬军事条令条例以“齐军”，开创寓兵于民制度，特别是“政治攻势与军事手段双管齐下”，这些无疑对战争具有特殊意义。

管仲之后的晋国大将先轸，却是战略战术方面的最杰出者。先轸的军事生涯，可称之为“不败将军”（他的临终之战败了，但那是他自己求死）。他指挥的晋楚城濮之战和秦晋殽之战，堪称军事史上的典范杰作。要言之，他继承和发扬光大了黄帝、伊吕（姜）的战略筹谋，又极大地丰富、创新了战术策略，比如捭阖离间、化敌为友、诈术乱敌、围点打援、示敌假象、示弱骄敌、诱敌入伏、分割包围、各个击破……后人从他的战例中总结出了战争取胜的奥秘——兵不厌诈。可是，先轸竟然恃才狂妄，“目无君父”而面唾之，他当然不配享“兵圣”之荣，甚至也不宜使他在史册中有太光辉的形象。

先轸之后，打仗专家灿若群星，田（司马）穰苴就是极耀眼的一颗星。田氏在晋燕联军入侵、齐国岌岌可危之时，危难受命，率军却敌、收复失地并开疆拓土，一举使齐国重振雄威。自古善战者不能过也，但司马穰沮最突出的特长，不在战略战术，而在治军……规范军事条令条例，令将士知所从知所止，从而达到令行禁止，万众步调一致；将帅恩威并施，以恩而抚军慰军励军，以威理军厉军齐军；将帅表率三军，用榜样鼓舞将士。尤其是他的《司马兵法》，是当时完备的军事学著作，反映了“广义的军事艺术”，论及军赋制度、军队编制、军事装备保障、指挥联络方式、阵法与垒法、军队礼仪、条令条例与操典和奖惩措施等等，为军队建设、战争实施建立了基本规则和制度，对后世的影响深远。故而司马迁称道其书“闳廓深远，虽三代征伐，未能竟其义，如其文也”（《史记·司马穰苴列传》）。

兵学之集大成者，孙武当之无愧。孙武登台亮相，田穰苴早已谢幕。有人说孙武乃田穰苴之侄孙或侄儿（孙武之祖本为齐国田氏，后被齐君赐姓孙），似不可考。世代将相，孙武的兵学家传很深厚，加之详研细究历代的战史战例兵书策略，遂成为卓然军事大家。他的军事实践仅只一次，就是与另一位大谋略家、军事家伍子胥共同率吴军伐楚。伐楚战役，的确是极精彩极典范的，它采用了避实击虚、出敌意外的策略和类似后世“明修栈道，暗度陈仓”的计谋，在楚军防守薄弱的地方发动闪电出击，一鼓捣毁楚国都城，倘无秦军相救，灭楚已在把握之中。但要说，这场辉煌胜利，不能完全归功于孙武，伍子胥的作用亦不可抹杀。孙武最卓越的贡献，乃是归隐之后著作了《孙子兵法》。他以深厚的兵学根底、指挥了一场大战役的实践经验和精研细究历代的战事、兵韬战略，以超越前人的高度，深度总结出了战争的规律性东西，更提炼概括出了如何运用规律克敌制胜的方略，它是最实用的用兵作战的指导教程。如果说《司马兵法》是广义的军事艺术学，《孙子兵法》则是狭义的军事艺术学，它偏重于实战，当然，它的光芒集聚着姜子牙、管仲、田穰苴，特别是先轸的光束。但无论如何，孙武荣膺“兵圣”，名归而实至。

吴起晚于孙武百多年，是更富有天才和传奇的政治家、军事家。吴起出身寒而不贫，青少年时代广投名师学儒、学法、学兵、学《春秋》，博采众长，酿花成蜜，终成中国史上多方面成就斐然的大方家。就军事而言，他率弱鲁之旅大败强齐之师；入魏，屡败老牌雄霸齐、楚，威慑韩赵卫宋，夺取“西霸天”秦国的河西千里肥美土地，多次打得秦军惨不忍睹，使秦举国震恐于亡国之祸，致几十年惴惴战栗，不敢向东侧目；入楚，南征平定百越，北伐吞灭陈、蔡，中原争雄，大挫韩赵魏，向东而折齐，向西而衄秦，使势如百病缠身业将“枯萎死”的楚国，重抖擞了“南霸天”的威风，甚而比全盛时还轰烈，以至在战国二百多年中，一直是烈烈大国。概言之，他在鲁时日短暂，以战功而显露峥嵘于天下；在魏“大战七十六，全胜六十四，无一败绩”，“辟土四面，拓地千里”，使魏国崛起而成为新霸主；在楚之战绩功绩当不输于在魏。论军事实践，他大大超越先轸、管仲、姜子牙们，加之他博采众长酿成的“蜜”，故而可套用现代歌词：“××× 用兵真如神”。但他不仅是实干家，也是理论家，他的《吴子兵法》，从战略战术，尤其是战术层面，丰富发展了孙武的研究成果，比之《孙子兵法》更利于学者领会和应用。后世将孙、吴并称，足见其实为孙武之后的又一“兵圣”。但吴起在人格上输于孙武（杀戮残酷，“杀妻求将”尤为人诟病），故不宜称“圣”。吴起不得成“兵圣”，可他的战绩和战法之巧妙，几乎可谓前无古人，后少继者了，后代的军事大家，无不是从他的兵书（可惜散佚太多，今日难睹其完全面目矣）和战例中汲取营养成才的。于是要说，吴起失去“兵圣”，却俨然是“战圣”……实战之圣者。

近年来，描写吴起的文学作品汩汩如泉。然而，我读过几部写这位巨人的著作，皆感不如意：或为史料的堆砌，或为现代人历史观的反映，或是半“穿越”半“戏说”的笔调，尤其是缺少“人物”，看不见有血有肉有灵魂的人。老夫聊发少年狂，竟想写出一个鲜活可信的吴起！

但吴起距离今天年代太久远，历史资料非常有限，甚至对其时的政治经济文化面貌和人物的生平事迹，至今还争议不息，难有定论，这就为写好人物和故事又增加了难度。写小说当然可以虚构，然而虚构并不等于捏造，总得符合生活的真实和历史的逻辑。神仙鬼怪好写，因为谁也没见过他们的模样和生活情状，可随心所欲编造。而写人，则要使之言行、思想、衣食住行各个方面符合以至凸显时代、社会的风貌特点，何况吴起的那个年代，我们所知的太少，写好他就更难了。所以，本书写得平淡寡味，写得不如已有作品，恐怕难免。

于是，我想起了家乡的一句俚语："背上儿媳妇朝华山，吃力不讨好。"我执意"朝华山"，背的却是块沉重的石头，自然更吃力万分了。背石头进山，十足一笨伯，但我有"朝山"之诚，不以为苦反以为乐。

笨伯我身薄力弱，背不动时，尚请诸位朋友拉我一把！

另外，本书吸取了孙东、孙开泰先生《吴起传》以及猪猪然先生之《吴起传》中的某些人名地名或个别情节细节，特致以衷心感谢。还有，本书能坚持写下来，不能不感激武汉树上微出版雷顺老师的鼓励和支持，在此鸣谢！

李宝寅记于陕西城固

目录

第一章
礼仪之邦起杀气

故事发生在公元前400年前后。

鲁国是礼仪中华的礼仪之邦。它是周朝的同姓诸侯国之一，姬姓。武王伐纣，岐周代商，武王姬发封其弟周公旦于少昊之虚曲阜，是为鲁公。周公旦辅佐武王、成王而不就藩国，其子伯禽袭位鲁公。鲁国与周天子的关系最密切，它的地位一直高于所有诸侯国，其国君可以用周天子的礼乐来祭祀周公，历来有“姬姓宗邦”“诸侯望国”之说。它是诸侯国中唯一保留了最完整、最高规格的祖宗文化的礼仪之邦。它都于曲阜，疆域在泰山之南，略有今山东省南部，兼涉豫、苏、皖三省之一隅。东周以来，礼崩乐坏，诸侯纷争以致兼并，晋、齐、楚、秦等成为赫然大国，鲁国即沦为二流弱国了。但诸侯国长期以来也不敢轻视它，既因为有晋国为抑楚、抑齐而保护着它，也因为鲁国虽小且弱，但它的礼仪文化为各诸侯国所仰慕、企羡，它的礼仪人才，更为华夏民族所敬仰。礼仪文化的巨星自然是周公旦和孔子，尤其是孔子，生于鲁，仕于鲁，教授于鲁，周游列国，传播文化，其功其望无与伦比。孔子之后，子思、曾参、子夏、公仪修、墨翟等大儒犹在鲁教授讲学，人才济济，鲁国依然是礼仪大国。而且更有一宗，春秋以来，齐国是大国中的经济强国，或可称首富之国，然而，要论国民真正的富庶（亦即今日所谓的“人均GDP”之类）和熙乐（略同于今日所谓的“幸福指数”），齐则不可比肩，其余各国更差之甚远，因此，各大国对之皆怀嫉恨，而其紧邻之齐国尤其如此。

却说鲁穆公三十岁即位后，以子思为师、公仪修为政，变法图强，它与以子夏为师、李悝为相的魏文侯改革，一时成为历史天空的两个耀眼星座。可惜鲁穆公目光短浅，不肯走子思规划的图强之路，使变法搁浅，鲁国获利不大，只稍稍有点振兴气象。尽管如此，它已使比邻大国齐国忧惧不安了。其时齐宣公在位，国势强盛，惧鲁崛起成为肘腋之患，遂决计伐鲁，扼杀其蓬勃向上之势。然而，听说子思和公仪修变法以来，鲁国贤士纷至，人才众多，贸然兴兵，可别遇上曹沫[①]和曹刿[②]之流，鸡飞蛋打，丢人现眼。再者，齐鲁是兄弟之国，“周礼尽在鲁”，鲁国的政治影响力很大，伐鲁，得找个冠冕堂皇的借口呢。

齐宣公与群臣一番计议，乃使大夫英浩赴鲁贺穆公嗣位，打探虚实。

鲁国闻齐使前来祝贺，皆知为黄鼠狼拜鸡，用心险恶。历史上，鲁国也曾强盛过一阵，但很快“落花流水春去也”，常被大国欺凌，好在鲁国也人才辈出，既借崇高的政治地位以自保，更靠灵活的政治和外交手腕“潇洒”在大国强国之间，令晋、楚、齐斗力斗法相互制衡，三强为保战略平衡而皆不敢生吞鲁之意。当然，逢到国君黯昧人才不济之时，三强总会借机来抢掠一番、“问罪敲打”一阵的，齐国更是屡屡以强凌弱。而今新君嗣位不久，变法夭折，国力与强齐相差更远，彼若来犯，如何抵敌？鲁之君臣上下无不惊恐色变，礼仪之邦，犹如被一片黑云压城似的杀气笼罩住了。

英浩率使团来到鲁都曲阜，惴惴不安的鲁穆公当日即派上将军柳子瑞往馆驿会见、慰劳了英浩，其规格简直如齐宣公亲临一样。次日，又亲自于大殿上盛设国宴，以文武重臣和硕儒名士相陪，隆重招待齐国使团。

五十岁左右，朗目俊星、黑须飘飘的英浩首先代表宣公向穆公登践君位祝贺，穆公谨谢之；又感谢穆公的亲切接见和盛情款待，穆公再谦谢之。随后，双方相互介绍了与宴的主要人物，一番寒暄后，方正式开宴。

鲁菜享誉天下。齐鲁习俗相近，饮食文化差异更小，但今日所上之菜，仍使齐使团眼睛一亮：糟溜晴德湖鱼片，肉片薄匀、鱼肉滑嫩、汤汁醇厚、糟香浓郁；糖醋黄河鲂鱼，外焦里嫩，色泽悦目，芫荽葱姜蒜佐之，香气扑鼻，未沾唇已齿颊生津；五香脱骨扒鸡，油亮红润，肉质酥嫩，肥而不腻，越嚼越香；红烧肥肠，色提神，形赏心，香馥郁，味则酸甜麻辣咸鲜皆备，爽口无比，福泽齿舌；扒牛肉条，脊肉细嫩，酥而不烂，回味绵长，既是美味佳肴，又可健脾胃，补气血，强筋骨；油爆海螺，甘脆浓肥，滑爽清香，逼人大快朵颐；葱烧海参，葱油之芳香浓烈，经久不散，芡汁醇厚独特，其色红褐诱人食欲，既是口舌之福，且具滋阴补肾、壮阳益精、养心润燥、补血、治溃疡之效；八珍荟萃， 选用鱼翅、海参、鲍鱼、对虾、蟹肉、鹅肝、鹿鞭、驴钱为八珍，将鸡脯肉剁成泥，在大盘中摆成造型，置于圆瓷罐里，中间放香酥鸡，上撒

火腿片、姜片及汆好的青菜叶，再将烧开的鸡汤浇上即成。此菜奢侈至极，上席即“开锣唱戏”，边品尝美味边谈论正事，以使讨价还价的政治谈判活泛松弛些……其他诸如蜜汁梨球、清汤柳叶燕菜、坛子驴肉、五喜鸽蛋丸子、蟹黄鱼翅羹、扒原壳鲍鱼、绣球干贝、清蒸海蛏子、烤乳猪、炸蛎黄、炸脂盖以及平淡中藏绝活的清汤和奶汤，真个琳琅满目，胜过天堂绮筵。

言笑晏晏地开席，彬彬有礼地逊让答谢，觥筹交错地品美味赞厨艺尝醇醴论佳酿，一个个吃得满脸红光细汗浮额。酒酣耳热时，穆公再向英浩敬了一盏酒，试探着问：“贵使下临敝国，不知还有何见教？”英浩谢过敬酒，诡谲地一笑答：“不敢。欣闻贵国用子思变法以来，贤才归附，英俊纷至，令敝国君臣万分钦慕。英浩此来，意欲见识一下贵国贤才之风采，请君侯勿吝赐见。” 穆公一听，不禁愧悔起来：子思的图强之策，虽有小效，但有违礼法、招怨谤之嫌，这不，齐国就要因此问罪了！啊，幸亏寡人英明果断，及早黜退了子思，才未给齐国留下口实和把柄啊！……当下满面赔笑说：“英大夫见笑了。敝国确曾打算重用子思变法图强，然而子思之图强之策，上违祖宗礼教，下违儒家学说，寡人已罢黜子思、废止变法矣。至于说人才，敝国邦小才寡，唯鸿儒星聚可为自豪。然而英大夫所欲见教之人才，恐非儒士吧！”

英浩听了这番话，心中咯噔放下了一块石头，他既为齐国庆幸，又对穆公暗自鄙薄起来：抱残守缺、不思进取之君，鲁国前途黯淡了。于是轻轻讽刺一句：“是的，贵国鸿儒星灿，足以自豪。然而，君侯岂不闻‘斗换星移’之语，不担心众‘星’会移位他处吗？”不等穆公回过味来，立即转了话头，“英浩此来，非向鸿儒们讨教，而是想见识治国经武之才。君侯既深藏不露，英浩只有告罪，来个抛砖引玉了。”乃转头吩咐侍从：“唤苏豹上来！”其侍从即高声大呼：“苏豹来拜见鲁君！”呼声甫歇，殿门外噔噔噔脚步如鼓，走进一个彪形大汉来，向穆公施礼致敬：“苏豹拜见鲁公！”而后叉手向英浩施礼：“谨听英大夫吩咐。”

鲁国君臣一见来人，全都吃了一惊。此人身高丈二，头如笆斗，满脸髭须如锥；穿一件无袖短褂，身阔胜常人二倍，腰围犹如大瓮缸，胸肌和臂三角肌鼓起老高，仿佛有铁球藏于肌肉中；手似蒲扇，双腿似梁柱，两只脚似两只小船。他站在那儿，直如铁塔矗立，比得身材稍矮小的鲁穆公简直成了侏儒。齐鲁多大汉，但如此雄壮威猛的超级巨人，也属见所未见，闻所未闻呢。

英浩对巨人吩咐说：“苏豹，今日盛宴，无以为乐，你且露一手功夫，聊助酒兴，兼请君侯及鲁国贤士大夫们指教。”苏豹应一声“是”，即向殿外叫道：“抬上来！”声如闷雷滚动。随即，三名膀大腰粗的壮汉，吃力地抬着一口铜钟，又有四名壮汉抬着两块石板进来，放于殿中。众人看那两块青石板，各长约三尺，宽有一尺，厚可四寸，每块足有二百多斤。再看那口铜钟，高过四尺，直径三尺开外，由三个大汉抬着很吃力的情状推断，大概不下六七百斤之重。满殿鲁国人暗暗吃惊，不知苏豹将作何表演。

苏豹向鲁国君臣叉手一揖，道声“献丑”，突伸出铁椽似的右臂，探手抓住钟把，将铜钟提起有三尺来高，移步走到齐国使团的案前，端起一盘林檎果，左手擎着，举盘提钟在殿中游走一圈，回到原地，却又上身一弯，左手将果盘塞于钟下，这才轻轻放钟落地。再看他，面不改色，大气不喘，好像未用大力似的。

鲁国人惊呆了。千斤巨钟，能单手提起半分已是神奇大力士，何况提起三尺多高，何况游走一圈，何况弯腰塞果盘于钟下！若非目睹，谁可信者？

苏豹不待鲁人从震惊中回过神来，却又走到石板前，也不拿捏作势，只抬起右臂，略一运劲，随着“嗨”的一声虎吼，平掌向一块石板拍下去。拍完站起身来，叉手而立，傲视着全场。鲁国君臣尚未看出名堂，英浩即向抬石板进来的随员吩咐：“将它搬走。”这一搬，鲁国人矫舌不能下了：那石板变成了菊花瓣，花蕊部分成了一包碎石渣。天哪，如此神力，即使传说中的贲育、五丁之流，也未必能如此吧。

好半天，鲁穆公才想起夸赞谀颂：“匪夷所思，匪夷所思哉！上国有如此神勇力士，难怪乎战无不胜，称雄列国呢。寡人谨为齐君贺喜。”

“恭喜上国！恭贺齐君！”鲁国群臣一齐憬悟，纷纷向英浩阿谀颂扬。

面对潮涌般的祝颂，英浩满面得意，却口中谦谢：“雕虫小技，不足挂齿。禀鲁君，那钟下之果盘，是留给贵国力士取出来的；那另一块石板，也须请贵国力士掌劈之。寡君欲观贵国壮士之绝世神功呢。”

鲁国君臣面面相觑，竟都呆了：炫武耀威，并不新鲜，强国每每如此。通常炫武耀威者，总在以武威压住对方，使其屈服而已。今日鲁国君臣已颂词如潮，十足地表示了畏惧屈服之意，齐国竟还要再出难题？应之吧，鲁国绝无如此神功力士。掌劈坚石倒也罢了，劈不开，落一讪笑而已，但要提起钟取出果盘，提不起来固已丢脸，即有人勉强提起，取果不及，手臂被压断，

那可就丢丑遗羞大了。可是不应呢，莫说堂堂鲁国，竟无人敢于回应挑战，遗羞莫大。尤为要紧的是，齐国可用鲁国轻慢齐君、藐视齐人为借口，堂而皇之地出兵来问罪，那将……

英浩微微含笑望着鲁穆公，眼中分明发射着阴毒的箭镞。不回应不行啊，穆公脸色苍白，心中撞鹿，勉强笑着，故作轻松地问列席的群臣：“游戏取乐，不必认真。众位卿家，有谁愿来一试身手？”

座中文臣武将及名流雅士，一个个耷拉了头，无人敢应声。

齐国的使团人员抿嘴偷笑，有的故意把酒咂得吱吱响，借以轻侮东道主。

穆公窘迫之极，忍不住加重了语气再问：“我堂堂鲁国，竟无一人敢与苏……苏先生一竞高低吗？”但群臣和名士们把头耷拉得更低，个个装聋作哑，尤其是那些平时矜武夸能的将军们，一个个恨不能学鸵鸟埋头于沙中。

齐国使团人员竟有轻轻笑出声来的。鲁穆公的脸色一赤一白起来。

正在极难堪之时，殿门口忽响起了浑厚如金石相撞般的声音：“启禀君上，客臣吴起，愿与苏先生一竞高低。”

满殿主客闻声，无不惊愕动容。

要知来人如何与苏豹“竞高低”，且看下回分解。

【注释】

①曹沫：鲁国将军。齐桓公伐鲁，侵占了鲁大片领土，并威迫鲁庄公与之设坛结盟，当齐国的“小伙计”。曹沫于二君登坛结盟时，突然以匕首挟持了齐桓公，迫其返还了侵鲁的土地。之后，诸侯国皆畏惧鲁国的侠客义士之威，多年不敢犯鲁。

②曹刿：鲁庄公时的鲁国大夫，著名的军事理论家。齐军伐鲁，鲁举国震恐，隐居的曹刿主动请战，用“三鼓而衰”“一鼓作气”之法，大破齐军，书写了以弱胜强的光辉战例。

第二章
睿智神箭撅苏豹

鲁穆公讶然询问众臣：“吴起何许人也？寡人如何不知？”鲁国文武大臣有的茫然摇头，有的目视座中一位六十多岁、须发花白的儒生曾申。

曾申站起来，不无得意地笑对穆公说：“回君上，吴起乃老朽之弟子，卫国左氏人，故自称客臣。此子文武全才，为老朽最得意之门生，或可……”不待其说完，穆公却已急不可耐地宣旨了：“快传，快传进来！”

一位二十七八岁的儒生走进殿来，只见他身材颀长而略瘦削，白皙的条狐脸，略高耸的箭头鼻，唇红齿白新月眉丹凤眼，双眸湛湛如深潭秋水，眉眼轩动即飞扬出深沉玄奥的光波；以青缯束发，缯带之首尾各留半尺多长垂于脑后，走动时飘扬翻飞；蓝绸袍有点旧了（曾申崇尚简朴，其弟子皆不著华丽），但腰间一根彩带鲜艳亮丽，一块碧绿的玉玦和一只黄色的香囊垂于腰际，不仅救了长袍的弊败，反显得更加风神潇洒，英气喷薄。乍看之，不过是个面目漂亮、风姿翩翩的白面书生，但你细端详其神态眉眼，就得惊叹其英武，尤其是碰触其眸中的灼灼精光，当似有某种强大的力量令人震撼。这儒生环视一遍殿上的人物和情景，这才向穆公叩拜行礼：“客臣吴起，愿与苏先生一决高下。”

穆公瞅着吴起，不禁大失所望：此人虽也气宇轩昂，甚至要算卓荦英武，但毕竟只是个白面书生，与超级巨人苏豹一比，就显得太单薄而荏弱了，莫说万难提起巨钟，只怕连摇动丝纹也是不能，就是掌拍坚石，恐会石头无损，却要折断了他的腕骨！真胡闹，事关鲁国颜面，此人却来乱搅和，岂有此理？他正想发怒逐吴起出殿外，但转望众臣，见所有人尽在摇头叹气，满脸愁苦和失望，却无一人稍稍流露一丝勇气、半分为国“挽脸面”之态，唯缩颈勾首，畏葸之状如掬。穆公只好转了念头，唉，既无人敢上场，且让这吴起去应付应付，好歹，总算回应了齐人的挑战，堵住了他们“不应所邀，藐视我齐”的嘴！

于是懒洋洋地说：“你去一试吧！”

吴起脱去儒服，除去饰物，只着短衣来到苏豹面前，拱拱手说：“苏先生神力，令人钦佩万分。”

苏豹打量着吴起，嘴角漾出了冷笑：哎哟，筷子里拔将军，拔到箸篓外了！这箸篓外的筷子又能顶屁用！凭你？嘿嘿，有好戏看！他傲然地向吴起略一拱手，随之伸手顺指铜钟，“下有果盘，请君取出。请！”

吴起也露出了冷笑，不动却问：“果盘何得进入钟下的？”苏豹呵呵大笑，“吾放入也。”吴起却不动，只望着苏豹嘿嘿冷笑不止。苏豹被笑得莫名其妙，怒道：“汝不取果盘，何故发笑？”吴起笑得更响了，“钟下有果盘乎？汝曾入之者乎？非也非也，老丐之幻术奇妙也哉！汝所恃者幻术耳，众皆被障眼也。有吴起在此，看你复能放果盘入钟下乎？”

此语一出，满殿人无不惊异万分，众目睽睽之下，眼见着苏豹提钟置入果盘的，怎么会是幻术呢？但这位吴起言之凿凿，乃老丐之幻术，或不妄也。

前不久，临淄城里出了奇人怪事，传播遐迩：有一位老乞丐，大冬天穿件杏黄破单衫，腰系一根草绳，人予之饭食或一碗一升米粮皆不要，却索要百金，愿传授一艺。满市人以其疯癫，围观者甚众。老乞丐似乎不吃不喝，晚上躺倒在街头就睡，但大雪飘絮，其身旁数尺却无雪迹。尤可怪者，他居然砸开护城河坚冰，裸身入水洗澡，竟是痛快淋漓。有两个好事促狭的无赖少年，蹑踪潜行抱走他的破黄衫，要挟说：“须传我不畏寒之术，方还汝衣。”老丐大笑说：“尔等非良善之辈，岂配传吾术者？还我衫来，我以斗酒相酬。”二无赖不肯，坚执要其传艺。老丐怒曰：“果不还耶？”答曰：“然。”老丐微笑不语。二无赖忽感手中冰冷，视之，所抱乃一窝蜈蚣，争相爬出巢来，更有一根臂粗的乌梢蛇，怒目昂首，吐舌欲扑。二人魂不附体，抛却抱中物飞跑逃去。此事传开，临淄城高官显宦纷纷来寻老丐，欲学其艺，但老丐已黄鹤杳然矣。难道苏豹学得了老丐的法术，其神力只是虚幻，是用障眼法蒙人？于是鲁国君臣齐伸直颈项，瞪圆双眼，欲辨幻术之真伪。

苏豹以真功夫立世扬威，岂容人诬之为巫术障眼法？当下给气得哇哇大叫：“爷堂堂英雄好汉，岂屑于学下三烂幻术？罢罢罢，无以自明，待我再重做一次，让你小子来破爷的‘幻术’吧。”骂罢猛冲到钟前，一奋力提起钟五尺高，取出果盘，高举过顶，连连晃动，示意千真万确，而后弯腰放果盘入钟下。他洋洋自得，刚要放钟落地，却忽见一道人影飘飞近前，弯腰，伸手，迅疾如闪电，倏欻似鬼魅，目不及瞬，吴起已从钟下取出果盘，双手高擎头顶，向着鲁穆公朗声报告：“禀君上，吴起取果盘在此矣！”

苏豹咚的一声扔钟于地，震得满殿几案微晃。他怒极而笑了：“哼哼，想偷巧？爷是让你自己提起钟取果盘来着。”

吴起不理苏豹，却大步走近英浩面前，一揖到地，再凛然询问：“英大夫，上国是否言出如鼎？”事情起了戏剧性的突变，大出英浩意外，他一时不明白吴起问话的用意，只好点了点头，“那是自然。”吴起笑了，“如此就好。苏先生挑战时有言，要人从钟下取出果盘，何曾说须自己提起钟取之出来呢？吴起不须费力即取得果盘，难道还需要重来一次吗？”英浩一愣，此人真会钻空子，可这空子钻得实在巧妙，让我无可反驳。这小子，够厉害的。不过，下面掌劈石板，硬对硬的功夫，看你可能偷巧耍滑？于是他向苏豹说：“吴先生既已取出果盘，此赌与你不分胜负。且赌下一局，以见真章。”

苏豹只气得胡须根根奓起，双眼怒睁如鸡蛋狠瞪着吴起，但英大夫有令，他只好强压火气，一指石板，狠声悻悻道：“小子看好了，这块石板，我可是言明一掌劈碎的。请吧。”

吴起却连石板睬也不睬，以更冷傲的神气说：“苏先生更其荒谬矣！吴起只遵鲁君之旨，岂能听你摆布？”苏豹一怔，“遵旨？遵旨怎样？”吴起环视满殿，声洪气盛，“鲁君有旨，令吴起与苏先生一竞高下。是竞高下，非赌力也。”苏豹气得简直想暴跳起来，这小子哪是来比武的，分明是想用舌头赌胜负嘛。赌力，难道不也是竞高下吗？唉！这些狗日的儒生，真会咬文嚼字，将黑鸡蛋、白鸡蛋区别于“鸡蛋”呢。然而“竞高下”三字，却如钢针扎心，自己打遍齐国无敌手，凭这小子，竟敢跟爷竞高下？哼哼，活腻了吧！

英浩那边心中一动，这吴起显然不能掌碎坚石，似在转移赌赛目标。苏豹莫上其当！可他未及开言，这边的苏豹却已怒声如雷了：“依阁下，当如何竞高下？”吴起淡淡一笑，“掌碎坚石，蛮力也，未足称能。我欲与子竞射术，先生敢否？”苏豹呵呵大笑，“好啊！苏某十八般武艺精通，射术虽不及养由基，百步穿杨倒也不在话下。好，你我到殿外比试！”说着大步跨出殿外，吴起紧随其后。

满殿宾主要观看精彩的射术竞技，也一齐涌出殿外来。英浩向殿外走着，心中却微微不安，苏豹已中了吴起的激将法，弃己最优长，能胜得了吴起吗？这吴起既敢与苏豹竞射，或有绝技，绝不可小觑！但苏豹已答允竞射，他又

不便阻止。

来到大殿外，鲁国的有关司职已布置好了射场：一道横线之侧，立着一副弓箭架，架上挂满各种各样的弓和箭枝；一百步外，矗着两张箭靶，那箭靶的红心，看去已稍稍模糊。苏豹大步走向横线，望一眼弓箭架上的弓箭，轻蔑地一笑，拿起一张硬弓，似乎轻轻一扯，立即弦断弓折，再取弓来，依然如此，竟一连折断了五张弓。鲁国的君臣武士无不骇然。苏豹冷笑着说："这些都是妇人小儿之玩物，岂堪我用？来呀，拿我的弓箭来！"抬过石板的一名齐国壮士，随之捧来了沉沉的铁胎弓和又长又重的狼牙箭，仅瞧这弓，一般人根本拉不开。鲁国人又吃一惊。

苏豹张弓搭箭，瞥一眼箭靶，哂笑说："太近太近，这如何决雌雄？可将靶子……"

吴起一见苏豹接连扯断五张硬弓，心里咯噔一紧：不好，这苏豹膂力或可当世无匹，其必要求将靶子后移，若移到一百五十步，自己犹有把握射中红心，但若要移靶到两百步开外，只怕天下鲜有人可射及，自己也力所不逮啊。不行，必须阻止其要求！他的心念如电，立即接口应道："对，可将靶子拿去！"苏豹一愣，"拿去靶子，还射什么？"吴起笑道："苏先生神力，我鲁人钦服；先生之神射，亦当开鲁人之眼界。然而我听说，'强弩之末，不能穿鲁缟'。先生神力绝世，或可射穿鲁缟吧。吴起请君一显神技如何？"苏豹耳听吴起的满口赞颂，心里好不舒服，想都不想即慨然应承："好吧，且看苏某矫正流言。"

吴起亲自走到箭靶处，找来一块宽一尺、长二尺的白色鲁缟，画以红色靶圈，上面两角拴上细线，细线系于两面靶牌上，鲁缟靶牌竖起来了。吴起回来，向苏豹一拱手道："请苏先生射穿鲁缟，吴起当叩头拜服。"

这一下，苏豹可傻眼了，这鲁缟虽然薄如蝉翼，却也有一定韧性，箭尖一触，甚至箭风一激，必然向上飘荡飞卷，什么箭可以射穿？但无法说吴起是耍刁使鬼，因为是自己只顾高兴，并未对靶标提出限制条件啊。现在，自己吐了"矫正流言"的大话，这可如何收场？瞥眼一望英浩，见其面露责备之色，心中更慌更恼，可他毕竟性情直率，当下大叫道："此为弄鬼使诈，苏某我自认不可箭穿鲁缟，算我输了。可是，此等游戏赌赛，怎显真本领？吴起，我与你赌斗射活物，敢否？"吴起也只好点头同意。

苏豹说着话，眼光已四下巡睃，忽然发现大殿西侧的殿脊螭吻[①]上歇着一只白色的鸽子，手一指说："看到了吧？我以此物敬献鲁公！"说罢忽地上身一拧，弓随身转，手已拉弦，箭早嗖地飞了出去。那箭斜飞向上，直达近两百步开外的鲁宫大殿之脊，那只鸽子来不及张翅飞逸，早被一箭射穿，噗的一声摔下地来。

啊呀，莫说螭吻上的鸽子，即是螭吻本身，看去也有些模模糊糊，苏豹却脚不移腿不动，似乎并不瞄准，一箭穿透鸽子，这箭术简直神乎其技了！鲁国君臣无不目瞪口呆，这苏豹射术如神，谁可望其项背？那个荏弱的客臣吴起，不赶快俯首认输，还等着出丑遗羞吗？但那苏豹却已冷傲地对吴起一伸手：“吴先生请！”

吴起也暗自惊佩，自忖不及。但他已拿定主意，必须在射活物上以巧制胜。好在此时螭吻上再无活物可射，殿前树木上的鸟雀也早被惊飞，这就可免了自己力不足之拙。但怎么以巧胜之呢？他撒目四望，寻求稍近的活物。也巧，这时有两朵“飞花”从远出飘了过来。呵，原来是两只美丽的花蝴蝶，飞在大殿前三四丈高的空中，翩翩跹跹地相互追逐着、戏逗着，它们可能正在做交尾前的“调情”，时而你跃在上面，时而我翻在上面。他霎时来了主意。他走向弓箭架，挑了一副轻弓小箭……这是宫中“龙子凤孙”们嬉玩所用。所有人正在惊疑，吴起却已瞅准了机会……两只蝴蝶一上一下重叠在一起，正要你欢我爱的亲吻呢。他瞅个正着，松弦放箭，同时嘴里迸出一个字：“着！”喊声息，那箭飞出好高好远落下去，空中的蝴蝶不见了。

执勤的小校跑去拾来那只箭，高高举着向观众展示：两只蝴蝶成一串儿穿在箭杆上，还没有死，翅膀还在轻轻地扇动着。

满场轰动了，吴起一箭贯穿二物，这射术岂不更神？虽然距离较近，但蝴蝶比鸽子小得多，而且在翩翩飞舞，这才是真正的射活物呢！

苏豹气得肚子疼，吴起显然不能箭射两百步开外，又是靠取巧压了自己一头。不认可？但抛开死靶射活物是自己提出的，岂可反悔？自己也射蝴蝶？莫说再无蝴蝶，就是有，岂能再巧遇二蝶亲吻？好小子，真鬼精鬼怪，气死苏爷爷了！他是慷慨豪迈、大马金刀的性情，竞技输了，气哼哼地一跺脚离开射场，转眼不见了人影。

【注释】

①螭吻：又作鸱吻。宫殿屋脊上的装饰物。

第三章

议论风发扫战云

一众人回到大殿，鲁国君臣挽回了脸面，无不兴奋地轻声议论，却又故意使齐国使团人员听见："箭贯双蝶，妙绝古今，当今天下谁可出其右？""嘿嘿，吴起小子，武艺精奇，为我鲁国长脸了。""哎，比射术算不了什么，不动手而掀巨钟取果盘，此则大智慧折服英雄也。"齐国使团人员听着，心中很不是味儿，现在鲁国人岂不是在嘲弄齐人吗？使团人众，一个个心中又怒又羞愤。

吴起不便侧身公卿大臣的宴会上，向鲁穆公施个礼，转身也要走出殿去，却被英浩叫住了："吴先生慢行！"吴起只好止步，向英浩施礼问询："大夫有何指教？"

这英浩却是文武全才、智略出众的齐国能臣，见吴起巧取果盘，已令他惊讶其机智超人且武功非同小可；激怒苏豹比武，果真又用小巧"胜"了苏豹，这个后生了不得呀！但这后生的武功，较之苏豹相差甚远，须使苏豹打倒此人，以杀鲁人气焰！"请问吴先生，明日与苏豹凭真本事再决胜负，你还有把握获胜吗？"

吴起注视了英浩一霎，镇静地答："不能！苏先生天生神力，武艺绝伦，吴起负手认输。"英浩一愣，这小子，胜而不狂妄，知彼知己，良将之才也。他不好再说决胜负了，只好笑着说："何以今日能呢？"吴起也笑了，"实话说，若再相斗，吴起定非苏先生之敌。然而苏先生太自负傲慢，我利用其弱点，激其暴怒，我则能寻其虚弱轻巧取胜。"英浩震惊了，后生小子，如此智谋深沉，可畏呀！但他压住震惊，又问："你怎能发现其弱点呢？"

这似乎是在探讨武功问题，但吴起听音察义，已知这位闻名列国的英浩大夫实是要测探自己的识见，以便分析判断鲁国的人才。齐之侵鲁野心毕现，当以词锋使之气沮，遏其侵鲁之心。他思索了一会儿，才款款地回答："人皆有弱点，唯在当事者能否发现耳。人如此，国亦如此，强国莫不有其弱处。”

英浩对这种绕开论题的回答不惟不生气，反而兴致大起了，“那么，在吴先生看来，我齐国弱处何在？”吴起向英浩欠身施一礼，高谈阔论起来：“大夫下问，吴起不敢不尽言。齐之先世，本不如郑、鲁、晋强大，至管仲辅佐桓公，大兴改革，重农兴商，崇法振军，行富国强兵之策，齐始勃然崛起，而后九合诸侯，一匡天下，终俨然成天下霸主。然而桓公管仲之后，再无英主与贤才，而今已如日偏于西，光焰虽猛，却热力逐渐减弱矣。今日齐国虽强，但无更上层楼之态，百舸争流，不激进者则败落。况时下缺少贤能之士、俊杰人才，且将骄兵惰，保守犹可，肆战则危。”这简直是借题对齐国欲兴战端的警告了。

英浩大怒，脸一板斥道：“尔何敢轻吾大齐？我齐地阔人众，富甲天下，临淄城人联袂而蔽日，履横陈而塞衢，卓异智能之士如云，韬钤伟略俊杰如林，何谓我缺少贤能俊杰？我有貔貅雄师百万，猛将渠帅累千，兵利车坚，粮草陈陈相因，撑破府库。即晋楚如日中天之时，夷狄秦蓬勃兴盛之际，犹对我齐畏惧三分，今晋楚秦已成昨夜黄花，天下谁可与我争锋！我欲攻城，何城不克？我欲掠地，何地不得？尔何敢轻吾齐，言吾败落哉？”

鲁穆公与群臣无不脸色变得蜡黄了，因为英浩不仅是在恫吓，简直有宣战的气味了。吴起这个混账小子，我君臣颂谀齐使犹不及，低眉顺眼求安宁即是福，你怎么去激怒人家呢？强国之怒，弱国之殃，这可如何挽回平和的气氛呢？但他们尚在惊惶无计，那吴起却格格地笑了，“英大夫何须动怒？大夫所言者表象也，吴起所言者实质也。”英浩更怒，“汝且细析表象与实质，倘言而无据，吾当奏请鲁公，拿尔入齐治罪。”所谓“奏请鲁公”，实则强迫鲁君，“引渡”齐国之“罪人”，这简直是要掴鲁国的巴掌。鲁国君臣又窘又急，连曾老夫子也急得直捋胡须。

吴起却不慌不忙，淡淡一笑开言：“大人莫急，容吴起道来。当今天下之势，诚如阁下所言，晋三分而楚秦削弱，齐得天时地利，确有独大独强之形，然为一事羁绊，终难做大做强，故言之百舸争流，不激进则败落。至于齐国富民殷、兵雄将勇、智士星聚，亦非浮词矜夸，然而人才如器，用之则国昌，弃之则如敝屣，毫无作为矣。因羁绊之事，齐才士虽众，然皆如明珠藏于蒿蓬，不得耀其光，故言齐缺少贤能俊杰。比如英大夫，文才武略，天下知名，然而果能得重用乎？苏先生有贲育、乌获之勇，却只能沦为摆摊卖艺者流，

其随大夫入鲁，混迹使团中，身份不亦尴尬乎？总而言之，今日之齐看似轰轰烈烈，实则弊端丛生，此则表象与实质之别也。”

英浩听得矍然动容了，尤其是被指出苏豹“摆摊卖艺者流”的身份，极震惊吴起的贼眼如刀。可他毕竟心窍玲珑之极，迅即就明白了，吴起对苏豹身份的判断，得之苏豹比武失败后退出殿堂而不坐于宴席上……其非使团正式成员，无资格侧身席上这一细节。吴起小子，眼睛真毒哇！他不愿纠缠在这一尴尬中，乃以咄咄的质问转移话题：“汝可直言，羁绊我齐强盛一事为何物？”吴起顿了顿，轻轻叹了口气，幽幽地说：“大夫明知故问，起也不敢不答。要言其事，一个‘风’字而已矣。”

英浩一怔，“一个‘风’字？这，如何解说？”吴起眨巴几下丹凤细眼，嘻开红唇贝齿笑了，“英大夫绝顶聪明，‘风’字有何难解？岂不是‘虫入凤窝失了鸟’吗？‘鸟’‘虫’相争，‘凤窝’岂得宁？‘凤窝’不宁，齐安得更上层楼？”

吴起笑面笑语，似在与人说笑逗趣，但英浩如听到了一声霹雳，浑身为之一震。他明白，“鸟”指的是齐宣公，“虫”指的是齐相国田庄子，“虫入鳳窝失了鸟”，是说齐国江山将可能由姓姜变为姓田……齐国面临畔生萧墙之忧，他看得十分清楚，也极力想用自己的智慧力量泯灭之，无奈力不从心，只能尽人事而听天命，且维系局面多一日是一日。这情形，齐国内有识见者也只朦胧知之，吴起却由何得知的？ “齐有萧墙之忧”，这话题敏感而沉重得在国内无人敢议论，诸侯国既难知详情，更因畏惧强齐，不愿也不敢议论齐国内政，以免自惹麻烦。这吴起却用一个“风”字，巧妙地将捅天大事揭破，此人之识见、眼力、判断力太可怕了！

齐国使团人员皆为之震动，纷纷交头接耳窃窃私议起来。鲁国君臣却不得要领，茫然地看着英浩和齐国使团成员的变颜变色。独有曾申却大为兴奋，齐国恐有“祸起萧墙”之事，是他解说《论语·季氏》时，引导弟子们讨论当世列国形势，对齐政局的研究发现的，吴起却于此时祭出此研究成果，既显示了其人极善于学以致用，更是对英浩气焰的打击。

在国外妄议国政，这可是重大的罪行啊。英浩不敢接茬儿辩驳“萧墙有祸”的是否，越辩驳将约昭彰，还须把话题岔开去。他之机警亦非同寻常，还须回归正题，乃故作嘲讽状以言相激：“适才听吴先生之口气，似乎有管夷吾之才了？如此，老夫须请教足下用兵方略了！”吴起正容而答：“若论管夷吾治国大才，吴起敬佩万分，岂敢仰攀先贤！大夫若要考校后辈，吴起之大幸也。恭请大夫出题。”

英浩学识渊博、战例兵谋满腹，随口即问：“涿鹿之战，黄帝本为弱势，何以最终能战胜蚩尤？”吴起也脱口而答：“此为天时、地利、人和之妙用也。联合炎帝助攻蚩尤，更加之巧借大雾、大风雨发动攻击，以夔皮鼓震慑敌胆，以指南车导引追敌，终获大胜。”英浩沉思后点点头，又问：“岐周本为殷商之小藩，国力微小，何以最终能灭商得天下？”吴起笑答：“此为上兵伐谋之典范也。子牙教文王示弱以蒙蔽殷纣，埋头开垦土地，发展农桑，吸附人口，强壮国力，而后西伐犬戎以固后方，再东伐耆、邘、崇，剪除殷商羽翼，最后率兵车三百乘，虎贲三千，甲士四万五千，与八百诸侯会盟于孟津，暴殷纣滔天之恶，吊民而伐罪。商起兵七十万来战，然而人心向周，战士纷纷倒戈，商则山崩雪融矣。”

外行看热闹，内行听门道。吴起用极简练的语言，却概括了两场惊心动魄大战的胜负之秘诀。这秘诀，多少人如雾里看花，只见模糊的红绿，而难识花之真容呢！英浩暗自钦佩，但他还不相信，以吴起的年龄和经历，对兵韬战略能有多少深刻的研究，上两个问题虽说“高、大、上”，却也失之空泛，这小子大而化之作答，尽管可见其识见非凡，毕竟还难判断其兵学造诣的功底，须以具体的战略战术讨论，使其显露兵机底蕴。

“柏举之战，孙子、伍子以三万兵力大败楚军二十万，残破郢都，几灭楚国，堪称古今用兵杰作。请问吴先生，孙、伍采用了哪些战略战术克敌制胜的？”

吴起稍稍思索，随即侃侃而言：“伐楚之战，乃孙、伍长久密谋，胜券在胸也。其战略妙招主要有三：一为激怒唐、蔡二国，使之听命伐楚，吴军得以侧击楚军，声威已寒楚人心胆；二为避实击虚，潜师插入楚东方荒凉之地，‘由不虞之道，攻其所不戒也’。再乘船溯淮水西进，至战略要地州来，舍舟登陆前进，置三军于死地，迫将士死战。复穿过楚北部之三关险隘，直趋汉水，深入楚腹地，达成战略奇袭，威迫郢都，楚军惊慌失措矣；三为利用楚军将帅不和，钩心斗角，示弱佯败，诱敌来追，一举歼殄楚主力大半，奠定了全胜之基。其战术妙招亦有三：一曰巧用激将法，令将士奋死拼战，一往无前；二曰半渡而击，令敌争逃大乱，我击之如斩鸭鹅；三曰乘胜猛追，不予敌喘息之机……”英浩忽然叫停：“且慢。尔之剖析头头是道，深谙兵法机谋，然而激将法之说，吾从史书中体悟不出，吴先生高论，可有依据？”

吴起略停顿了一刻，再从容开言：“史书之记载，择其言动而已，细微深义，却须后人发微探幽，自我体味。斯时吴楚柏举对峙，夫概等将领皆以为决战时机已到，纷纷请求出击，而孙子不许，反斥责众将轻敌。此决战之地点和时机，乃孙子精心策划，何故反而责怪众将莽撞？盖孙子深知夫概勇猛超众，且为吴君之弟，激其发怒逞勇，可为三军之率，更可促吴君斩断犹豫彷徨，死战决胜。孙子之激将，促成了柏举大捷。”

英浩心头一震，吴起所言虽是推断，然而不能不佩服其推断的合情合理。循迹追踪、探幽发微，这可绝非死读兵书所能到达之境界啊！这小子之兵学造诣，或胜老夫矣！

鲁穆公与多数臣僚，皆对吴、英二人的谈兵不感兴趣，更对涉及的历史掌故含混模糊甚至茫茫然，如堕五里雾中，唯有曾申听得兴奋不已，暗喜吴起给自己长了脸，给鲁国吐气扬眉长了威。

英浩与吴起却已转入了更深层次的交锋，“且问吴先生，政事与兵事孰轻孰重？”吴起对答：“无分轻重。要言之，‘富国强兵’四字而已。”

英浩不由得心中一凛，这小子，狡黠如鬼怪，反应风迅电捷，兵韬战略烂熟更有深湛、独特之见解，而这谋国以“富国强兵”为纲，不正是管仲治齐的精髓和要诀吗？不得了，此人确是稀世贤俊英才啊。此人若为将，齐国罕有人可撄其锋者。此等英才若给鲁国所用，其患烈矣！若能为齐所用，齐其幸矣！但当着鲁国君臣之面，不能明着挖墙脚，乃试探着问：“吴先生高才，老夫钦服。不知吴先生可愿到齐国一游？”吴起尚未答言，曾申立即站起来高声说：“不可。鲁君正要任用吴起为将呢，岂可远游？”鲁穆公听出了曾申的意思，顺势也说：“是的是的，寡人要用吴起呢，不可游齐。”

盛大的国宴，在鲁人欣欣然、齐人气沮神萎的气氛中结束了。英浩回到驿馆，立即修书一封，派人回齐国呈交宣公，说鲁国似有充分戒备，更有杰出的人才吴起，齐国不可轻举妄动，自取其辱。齐宣公读罢默默不语，乃将英浩之书转交相国田庄子；庄子看罢，虽不太信鲁国有抗齐的实力，但此时国内的“反田”逆流似在蠢动，大举用兵，必给逆流以可乘之机，于自己不利。怅恨良久，只好暂压下了伐鲁计划。

第四章
曲曲折折师徒情

鲁穆公感激吴起解了围、救了急，于鲁有大功，又目睹了吴起超人的智慧和高超的武功，亲聆了吴起治国治军的宏论——对这些宏论他虽不甚了了，但见齐之能臣英浩都钦服无比，甚至有“挖”其入齐为官之意，谅必是见地深湛——决计启用吴起为将军。但他尚未颁布命令，满朝文武大臣已经纷纷上书和面奏：君上欲用吴起，万万不可。这吴起人品污浊，在卫国杀死三十多条人命，是卫国通缉的要犯。卫、鲁兄弟一体，岂可开罪卫国？其大言不惭，未必有真本事。更要紧的是，其人已与齐国结下私仇，齐国闻我用之，必来兴师问罪。穆公心有动摇，乃问计于上将军柳子瑞。

众大臣的上书和面奏，其实乃受柳子瑞的鼓动和指示，他却躲在背后冷眼旁观，假作无可无不可。现在穆公征询他的意见，是该说话的时候了，可他仍不直言，却严肃地反问穆公：“请问君上，我鲁立国，何以为宝？”鲁穆公笑了，“这还用问吗？我鲁以‘礼’为宝。”“那么再请问，我鲁社稷以何为支柱？”穆公沉默不答了。他当然十分明白，鲁国的国政表面由公室执掌，实则必须依赖公室的近亲……孟孙氏、叔孙氏、季孙氏（后世称之为“三桓”）三大豪门支撑，也就是说国柄不全在国君之手。他的祖父悼公、父亲元公两代，都曾试图甩开三大豪门，但结果什么也玩不转了，甚至差点儿被三大豪门废黜，最后又只得与之讲和修好……沉默了片刻，穆公怏怏地答：“支柱者，三上卿而已。”柳子瑞更严肃了：“那么，擢用寒贱而无德之人，于礼若何？于三上卿若何？于齐、卫若何？”

穆公心头一凛，祖制和传统是为“礼”之核心，按祖制规则和传统，抡才用人当简拔于贵胄中，寒贱不得朝列簪缨，如孔子所言“君子上达，小人下达”。今若拔擢寒贱的吴起，有违“礼”，三家豪门必不答应。但若在贵胄中简拔将军，不要说贵胄们一个个怯如鸡软如泥，而且差不多尽是三大豪

门之附庸和羽翼，再用一个，岂不再削弱一分公室的力量？若用吴起为将，三上卿必然共同反对，那，轻则自己的君位难保，重则，公室都可能被推翻，韩赵魏三家分晋的恶例，不是刚过去不久吗？太可怕了！但这些心底秘密不能暴露给柳子瑞（此人是三大豪门相互制衡又相互勾连的奇妙的纽带，又是自己与三豪门相互妥协，达成默契的沟通者），他说出来的却是另一番话：“柳卿老成谋国者也。寡人虑之不详，差点儿坏礼，坏国之柱石，且得罪齐、卫二国，危哉乎！这吴起之才勇可堪将军，然其品性卑污，不义也。孔子曰：‘君子有勇而无义为乱，小人有勇而无义为盗 。’用之不礼，弃之可惜。且缓，且缓。”

擢用吴起为将之事，遂搁置不提了。

原来，吴起是卫国左氏人，富有家资，而其父早亡，是寡母抚养长大。其母生他时，大雨瓢泼，而天地间却有隐隐红光。恰好两员武将路过此地，避雨蔽于其家门廊下，见红光甚是惊异。继而听见院里传来婴儿哭声。有家人出门来报喜，二将问所生为何，答曰男。二将大惊道：“天显祥瑞已是出奇，又有我两将军为之守门，此子将必成总戎将帅者也。”但两位将军完全是穿凿附会，两日后有消息传到左氏，那夜的红光祥瑞，其实倒是天降灾难……距左氏六十多里的卫国与宋国边境一带，小鸡蛋似的冰雹砸平了数百亩将熟的小麦，那里的百姓今年将要逃饥荒了。当然，左氏一带的这一场大雨，却又极利于秋种，为秋季的丰收奠定了基础。它是福又是祸，根本谈不上祥瑞，这会是吴起宿命的征照吗？

是的，两位将军的预言全然无准：小吴起不仅并无什么出奇，反而被街坊邻里视作可厌的淘气包。他八岁入镇上书塾读书，却全不用功，先生讲着讲着，他却呼噜噜扯起鼾来，先生大怒，令其背书，谁料他竟能滔滔不绝，一字不差，先生只好任随之。他又生性顽劣，常与众学童打架，每将比他高大的孩子打得鼻青脸肿，其母为之伤透脑筋，却又不可管束。一下学，他则像个野马驹子漫坡遍野乱跑疯张，常弄得像个土老鼠。有时，这土老鼠还一个人趴在土堆沙窝里堆山垒城或看蚂蚁打架，有时又在自家后院里搬来废砖乱石“摆阵”，遭到母亲的责骂，他却痴迷不改，自得其乐。有时，他又不知用了什么法子，捉来几十只蚂蚁，竟能分成两队厮杀起来。十岁左右，他将十几个与其年龄相仿的小野马驹子当蚂蚁组织起来，分成两队玩游戏，众孩童全都乐意听他指挥。他领着两支“部队”，比登山、比过险、比进退有序、比藏之深出之猛……胜者以败者当“马”骑。“骑士”们再分作两队比“马”上拼斗……

然而在他十一岁时发生的一件事，却让全镇人惊异这娃娃的天赋智慧了。

一日，小吴起与一群孩童在野地里赌赛跳壕沟。壕沟长有七八丈，阔有五尺多，深可近丈。要跳过壕沟得胆大沉着，要选好地形，后退十几步助跑，掌握好起跳点奋勇腾起。十四五岁以上的孩童大都能跳过去，以下的却都临沟心慌胆怯而却步，有的还差点掉下沟去。小吴起体格健壮又胆大心细，每次都能一跃而过。忽然，一头浑身棕红油亮的高大犍牛迎面向他们飞奔而来，并有人在远处向他们大喊：“快跑啊，贼牛来啦！”贼牛，是性情凶悍的耕牛，发起野性来，常挣断缰绳，逢人就抵，那一对粗壮尖锐的犄角，像刀剑一样锋利。曾经发生过贼牛活活抵死两个鞭棒在手的大汉的惨事。众孩童吓得哭叫着转身向后奔跑，但前面不足百步是陡峭的断崖。小吴起也要跑，却一眼瞥见大他两岁的好友高岱吓软了腿脚，迈不开步了。他拉起高岱跑了两步，忽又折转身来，迎着贼牛跑去，距贼牛六七丈时，一跳纵下了壕沟。贼牛四蹄翻花，转瞬飞至沟边，驻足下窥，两只犄角在沟沿边又挑又撞，刨得尘土飞溅，但到底不敢纵下深沟，疯狂发威了片刻，随后怒吼一声，纵过壕沟奔众孩童追去。众孩童无处可逃，纷纷向断崖下的刺蓬乱跳……贼牛终于被几个壮汉打倒在地。吴起与高岱毛发无损，其余的孩童，无不满身满脸血痕，断刺还扎在肉中，疼得哭叫不止，更有三四个摔折了腿。镇上人皆赞小吴起机智非凡。

镇上的大财主上官洋为富不仁，倚仗妹夫王鼎在朝为官，自身又孔武有力，每每欺男霸女。他有妻妾三人，却十分垂涎吴家孤儿寡母的家产和吴起母亲的美丽，多次托人做媒要续娶吴母。吴母一心只在儿子身上，誓不改嫁。上官洋不可得美色美财，极是恼恨。可巧这天，一个破衣烂裤的乞丐到上官洋家门口要饭，上官洋支使家奴放出恶狗，咬得乞丐满身血肉模糊，躺在地下直哭叫。上官洋一身绫罗绸缎走出来，望着乞丐嘿嘿直笑。小吴起正好经过，怒视一眼上官洋，扶起乞丐说：“老人家，你为啥穿得破破烂烂？你要像儿子那样穿绫挂缎，畜生敢不敬重你吗？”上官洋遭吴起巧口侮骂，无法回言，恼恨更甚，竟陡生起铲除儿子再霸其母的恶念。

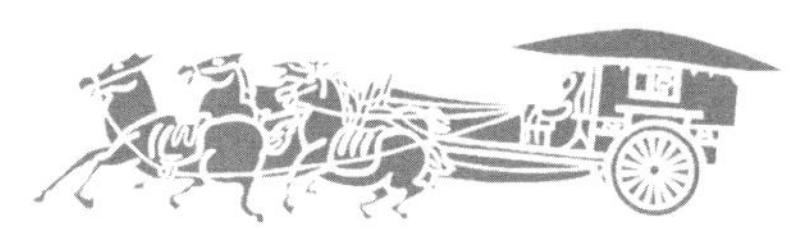

这一日，吴起领着小马驹子们又在野地里玩打仗，不慎踩倒了上官洋家的几株禾苗。这上官洋正在暗中盯着吴起，此刻突地现身，抓住吴起啪啪就是两个耳光，打得吴起摔倒在地，血流满面。随之又提起吴起，举着蒜钵似的拳头兜头要打。拳将落下时，髯须褐红的外来人西门子飘然而至，伸出两指如剪刀，夹住了上官洋的臂腕，叱道：“不得欺负幼童！”上官洋怒目西门子，“狗咬耗子，多管闲事！”骂着就想抽拳再打。西门子两根手指一紧，上官洋立即杀猪似的叫起疼来。小吴起却怕外乡人惹翻了地头蛇会吃亏，乃对西门子行个礼说：“老伯且放开他。他打了小爷，小爷我自会跟他算账。”西门子松开“剪刀”，上官洋呻吟哼唧地揉着手腕，灰溜溜逃去了。

这位西门子名路，是一位在宋国惩恶除暴而避祸隐居卫国的侠客义士。他本是郑国人，家有中资，父亲为郡府小吏。他八岁时入紫云山拜师学习武艺兼文章典籍，十八岁学成，已是出口下笔珠玉落盘，武艺精妙罕有敌手。但当他即将出山求荣华富贵之时，其父却被郡守王赇栽赃活活打死，家产被霸占，其母含恨自缢而死。他大哭出山，发誓要诛杀禽兽不如的王赇，为父母报仇雪恨。然而，那王赇极为狡猾，防卫森严，他几次行刺不能得手，反被其派兵追杀，布告缉捕。他愈挫愈奋，刺杀行动不息且方式层出不穷，或深夜闯府，或埋伏突刺，或化妆偷袭，但王赇实在奸狡贼猾至极，他两次功败垂成，仅伤其一臂，斩其警卫数人。于是，他之“侠士”的名声响亮如雷了，仇恨贪官恶霸者钦仰敬重有加。

一个大雪天，西门路被王赇的一队官兵追赶到一片旷野，相距不过三四百步，他在厚厚的积雪中吃力地奔跑，脚窝陷得很深，官兵循着他的脚窝追，虽然追得更苦更累，但迫于严命，咬住不放，竟使他无法摆脱。他掩在一棵大柳树背后，寻思着摆脱追兵之法。

忽然，有一位身着半旧白帢衣、二十来岁的翩翩少年郎向他款款走来，看似迈步不快，步幅不大，其实却行进极速，初见还在百多丈外，一眨眼却到了跟前，而且其身后的脚印，竟然似有似无，与自己深沉的雪地脚窝一比，少年郎简直就是个小松鼠。他暗暗称奇：此少年何以有如此超绝的轻身功夫？更奇怪的是，那少年郎竟似鬼魅，飘忽就到了他面前，含笑问道：“足下可是西门侠？”

他悚然一惊：此人是敌是友？其武功或是大大超过自己，傥倘是王赇之帮凶，我命休矣！惊惧间举剑欲加之颈审问，哪知那少年郎手背轻轻一挥，并未挨着他的剑，他持剑的臂膀却已软了，剑自然松垂下去。他惊得面色大变，刚要厉声责问，那少年郎莞尔笑了，“西门侠勿惊！你为民除害，豪侠勇烈，令人钦敬。我欲助汝也。王赇侦知了你的行踪，派兵来追杀，自以为万无一失，其防卫警备松懈，你可于今夜潜入其府中，斩其头不费力也。”

他大喜少年之批亢捣虚之计高明，但摆不脱追兵，自身还有生死危机呢。少年郎却已看清了他的顾虑，又洒然一笑说：“你且放心前去，这些追兵，交给我来对付！”他沉吟道：“阁下之本领定然出神入化，然而追兵一百多呢，阁下又无兵器，如何抵挡得了？”少年郎哈哈大笑，伸手折下一段三尺长的手指粗柳条，扬一扬说：“这不是兵器吗？”

他完全相信了，此人之武功或已神鬼莫测，软软的一截柳枝，在其手中当如纯钢利剑呢，得其阻截，追兵难越雷池一步了。此人才是绝世之豪侠，救了自己，又为自己指点了报仇除害之策，我当知其姓名，以图日后相报！于是他深深一揖，“请问恩公尊姓大名，容西门他日报恩于万一。”

少年一粲道：“西门侠但能除暴安良，即对王某之报也，我世外之人，无须报恩。”西门子再次一惊，“阁下姓王？那么，与王赇……”少年又哈哈大笑了，“无须隐瞒侠士，我乃王赇之亲兄长王诩是也。西门侠疑我为王赇作伥乎？”西门子惊得瞪圆了眼睛，随即又连连摇头，“小兄弟与我玩笑了。王赇贼已年将五十，其兄怎是弱冠之龄？”王诩朗笑道：“吾世外之人，容貌不足断年齿。我确是王赇亲兄，人又称‘王禅道祖’‘鬼谷子’者。王赇贪财害命，无恶不作，吾深恨其玷污了祖宗清誉，可我是学道修仙之人，不可自陷于尘嚣，闻西门侠之名，欲假手为民除害，为祖宗家族铲败类。西门侠信吾否？”

西门子目瞪口呆了，此人若是王赇帮凶，刚才要杀我易如呵气，难道还会诱我上当？“王禅道祖”“鬼谷子”，这可是当世真仙呢，真仙岂会诳我？他突地跪倒欲叩头，但“小兄弟”袍袖一拂，他又站起来了，不等他再开口，“小兄弟”说话了：“你看，追兵追近了。这些兵卒乃无辜者，我不伤他们，迫其退逃则可。你也快走吧！”说完袍袖又一拂，他竟不由自主地转过身来，腿也自动迈开，脚如不沾地般地飞奔州城而去……

那晚他杀了王赇，逃离郑国。但他牢记着“小兄弟”除暴安良的嘱咐，

乃当了独行侠，游历于韩楚郑宋卫几国，仗义行侠，专与贪墨污吏作对，并取不义之财周济贫困。宋国大司徒残民害民致天愤怒而人切齿，他斩其头悬之朝门，以儆效尤。这却震撼了宋之政坛，竟举国围追缉捕之，并通告列国，“国际”追捕。他冲出罗网，来到卫国小镇左氏，隐姓埋名，娶妻生子，做了隐士，极少与镇上人交往。幸喜从宋国司寇府获得不少金钱，可保衣食无忧。武艺不可外露，他只能半夜里悄悄演练一阵；研习兵略则是绝佳的处所和时机，他于是购得《太公六韬》《先轸论战》《孙子兵法》潜心研究，自觉腹中珠玉越来越充实。十年前妻子亡故，他带着独子生活，传授其武艺兵略。可喜儿子学武是天生良材，十五六岁时，武艺已差可与自己比肩，然而却对学兵略领会迟钝，也毫无兴趣，他强迫不得。一晃二十多年，他已渐入老境，心中自愧满身武艺、满腹韬略无所施为，常自喟叹。

这西门子惊奇小吴起的游戏之法和“领兵”才能，对之暗暗留意起来。

上官洋虽广有财富，却极其吝啬，他家的厕所在自家地头的小岗上，极是简陋。每日清早，他必到厕所大便，而后才在山梁上打拳练武。腊月的一天黎明，他披着皮裘匆匆走进厕所，突然脚下哧溜一滑，四仰八叉摔倒不说，人还顺斜坡快速下溜。粪池本来有竹篱笆作墙挡着，但不知为什么，篱笆墙竟如虚无了，他竟冲开了篱笆，咕咚一声栽进粪坑，珍贵的皮裘毁了不说，还喝了两口粪尿呢……后来长工来察知，厕所内地上被人洒了水，冻成了冰板，竹篱笆的两根立柱，也被人拔松了。他怀疑是小羔子吴起所为，但无凭无据，只能打落牙连血咽。

西门子也知是那位“小爷算账”，他不喜吴起的狡黠阴损，却又惊诧此子的计谋多端，心中思量：这娃娃天生颖异，惜乎还是璞玉浑金，不加雕琢则混同壤土顽石矣。自己既惋惜满腹韬略埋入荒冢，何不雕琢此子以验我所学？主意一定，乃寻到吴家见吴母，要收吴起为徒传授武艺。吴母志在让儿子学会识字算账，将来好继承父业经商致富，故而犹豫不决。但吴起那日见西门子两根指头一夹，上官洋就嚎叫饶命，其武艺太神奇了！从之而学，将来明拳明脚打趴上官洋以报两个耳光之仇！不等母亲答应，他已乐不可支地跪在地上叩头拜师了。吴母叹了口气，只得依允。

西门子收徒后，身体却急转直下，腰脊疼痛，有时简直直不起身子，他却极严厉地督责徒弟和儿子一起习文练武。自己抱病，练武就由儿子转教徒弟，自己只作提纲挈领地指点，好在儿子的武功已近炉火纯青，完全可以放心……儿子有了小伙伴、小弟弟、“小徒弟”，好不高兴，教武认真而得宜，自己练武也日益精进。习文由他亲自教授。他自幼熟读“诗、书、礼、乐、易、春秋”，兼涉杂学如《道德经》《法诠》（为李悝之前，时人对管仲、子产等法家人物之法制理念的辑录、综合与评述，有多种版本和名称。后来李悝著《法经》，乃以此为凭借，实为对前代法之集萃和重大推进）等等，长而习学诸贤之兵略战谋，胸中学问已如汪洋大海。他指导小吴起先在“浅水区”学游，而后引领其逐步涉入“深水域”畅游……

吴母见儿子从西门先生学习后，已不再与顽童们打架胡闹，终日只读书习武，言行文雅，一改顽劣之态，心中甚喜；又见西门先生抱病教导儿子，而其自身父子鳏独，生活苦辛，于是带着丫鬟常来为西门父子缝补浆洗，先生腰疼厉害时，还为之煎药和照料饮食……西门路大感动，渐渐视吴起如亲儿一般，穷尽心血教导徒儿……吴起日渐投入更深、更辽阔的“海域”畅游开了……游着游着，又遇上了仙缘：这日晚西门路得了一梦，梦见那位救了自己性命的真仙鬼谷子，含笑对他抛来一物，说道：“以此授徒，可成非常之器。记住，吾之兵书不可使人知。”他惊醒过来，发现胸口压着东西，掌灯一看，竟是一册《鬼谷兵谋》。啊，是自己视为恩师的神仙鬼谷子要教导吴起了，这小子福分无量啊！次日，他与徒儿焚香叩拜后才展读《鬼谷兵谋》。然而神仙兵机，大异凡人兵法，语义曲折深奥，饶是他胸藏汪洋，读起来也很吃力，但不知为什么，徒儿吴起却似能听懂天言仙谛，读得反而轻松些，他只能帮助徒儿查阅、对照别的兵书琢磨其意旨。小吴起越读越如饮琼浆，心中似有神力凝集……读完一遍，他们才要从头再品咂咀嚼，那《鬼谷兵谋》却忽地化作一团火光，绕吴起头顶旋了三圈，迅疾飘逝无踪影了。吴起与西门子望空遥拜，再不敢提起《鬼谷兵谋》一事。

上官洋怀恨在心，但畏惧西门子之威，不敢再生事。两年后一个傍晚，他侦得吴起独自到村外小池塘洗澡，蹑踪跟着。十四岁的少年吴起下体已长了细绒绒的阴毛，羞怯于人见到，故而独身一人选在最僻静的地方洗澡。他脱了衣裤正要跳下池塘，脑后突然袭来木棒的风声，他随师兄小西门练这种格斗早已熟稔，轻巧地一个弯腰转身，躲开了木棒，反手就抓住了突袭者的一只小臂，用劲一扭，突袭者“哎哟”一声大叫，木棒跌落在地，那只胳臂已是脱臼。突袭者顾不得剧痛，拔腿飞跑而去。暮色苍茫，匆促间不及辨认

下黑手者之面目，但听声音、观体形，仿佛是上官洋。吴起大怒，想闯到上官洋家问罪，可是无凭无据，反有栽害人之嫌，只得忍了。不过事情很明显，整整三个月，上官洋未在街上露过面，其后，见到吴起总是远远地躲开走。吴起见整个左氏镇人畏惧如虎的上官洋畏怯了自己，又报了两个耳光之仇，也就不再与小人计较了。

五六年后，吴起已长成一健硕后生，学得了一身惊人的武艺和满腹韬略，又加之谈吐折才士，下笔惊鸿儒，其有《风筝》一诗，在左氏为万人传唱，也被西门子先生赞叹为“宜乎续尾《诗经》”。

“飘兮摇兮，一线牵兮；鲲鹏无翅，笑云端兮。谁云无翅？线其为是。吾控线兮，凌霄汉兮！”

当年的淘气包，如今已成长为左氏一带无人不赞羡的少年才俊。上官洋虽极怨恨吴起，但明白无论动文动武，自己已远非吴起之敌，于是就想反过来巴结讨好吴起，使之成为自己称霸左氏的得力助手，乃央媒提亲，要把自己的小妹嫁给吴起。吴起峻拒之，他对上官洋视如猪狗之流。但吴母要“化敌为友、化仇为亲”，欣然赞同。吴起敬爱母亲，只好憋憋屈屈地答应。婚后，他对上官小妹极是冷淡，上官小妹也对他暗暗恼怒。

两个月后，是师傅西门子的生日，吴起要妻子织一条漂亮的锦腰带送给师傅做贺礼，并规定了尺寸规格，上官小妹满口答应。至寿诞日，吴起来取腰带，却发现尺寸规格与自己的要求全不相符，登时怒火中烧，扔腰带于地，上街买了一条勉强合意的腰带，打起笑脸给师傅庆了生辰。晚上回家，他怒骂妻子言而无信，上官小妹也出言相讥：“给那糟老头织腰带，本小姐深以为羞！”吴起暴怒了，一巴掌将她打倒在地，随之跨进书房，唰唰唰写成《休妻书》一份，劈面扔给她……吴起竟休了大富豪上官家的美貌小姐，这事儿又轰动了左氏镇，有不少人暗骂吴起是“失心疯”。

吴起休妻之后被母亲责骂、闲汉讥评，憋着一肚子火。火无处发泄，则更如痴如癫地练武艺，钻研兵韬战略和各种学问。现在，西门子渐渐感到，弟子已几乎掏尽了自己的“腹中珠玉”，很难指导弟子再上层楼了。学问无涯，一个人所能蕴蓄的“珠玉”毕竟有限，弟子要成大器，还需要采百花酿为蜜！当世最娇艳芬芳的“花”，除了兵家学问，就数儒、法两家的兴邦强国安天下学说最是汪洋恣肆、博大精深，而儒、法学说，自己只能算“升堂矣，未入室”，欲使弟子大成，应诱导之胸有“兴邦强国安天下”之大志。于是他亲赴城邑，为爱徒搜购得孔子的《论语》和当代法家翘楚李悝的《法经》，陪其共同研讨。西门子的腰疼已成顽疾，并增添了痰喘气壅病，但他陪爱徒研究学问精神矍铄，并且以识途老马的经验和智慧，努力为爱徒扫除、廓清各种学术的烟尘迷雾，在知识的岔道口为其指示正途。吴起，在更浩渺的“海域”畅游得迅猛又自如……

第五章

辞母噬臂吐豪言

吴起胸中的“珠玉”日益丰厚着，他的心却越来越躁动不宁了。他已二十四岁了，母亲和师傅以及师兄西门虎皆劝其再娶妻室，他哪里肯听，立誓要先立业后成家，却反问年将三十的西门虎：“师兄已在而立之龄，何不成家？”西门虎正色说：“贤弟玉树之表，金珠之实，况家有资财，哪个好姑娘不向慕争嫁？至于愚兄，唯愿继父之志，仗剑天下铲邪恶，只为老父渐衰迈，不忍离去而已。我既要飘蓬浪迹，又要牵累何为？再说，我这副尊容，还不把窈窕淑女吓跑吗？”说完哈哈大笑，西门侠也摇头苦笑。原来，西门虎生着一脸大黑麻子，又遗传了父亲的褐红须髯，相貌的确有些丑陋。

吴起的躁动不宁，却是为壮志难酬。他的壮志，在《风筝》诗中已淋漓宣泄，只不过还是大轮廓而已。这两年，他在师傅的指导下研读了许多儒法典籍，壮志已变成了清晰、实在的目标，它就是“兴邦强国安天下”。兴邦，首先应兴父母之邦卫国，而要使卫国兴盛强大起来，就必须入仕为官，并且位高权重，秉国行令，才能达到“吾控线兮，凌霄汉兮”的境界。然而，西周时期曾一度辉煌的卫国，到春秋之时早已江河日下，孱弱得受各诸侯国欺侮，近几十年来，更加君昏臣庸，“三晋”（主要是魏国）凌辱之尤甚。国之被人欺，无不因“我”自作孽而衰病也。卫之自作孽太多，单说吏治之腐败，就闻名于列国。在如此邦国，他这个寒贱的商贾之子，要想当官几乎是白日做梦啊。“兴邦强国安天下”之壮志，如何才能实现呢？

就在吴起心情烦躁之时，却传来一个令他怦然心动的消息：中大夫王鼎媚君有术，突兀跃升为卫国大司徒，行新法“振兴卫国”，将郡县的数目扩张一倍（郡县的人口、版图大“缩水”），郡县增加了，官吏不足了，凡捐出四百金者，即可授任为一县之令或佐官。吴起知道，这分明是王鼎的卖官敛财之法，对卫国只是雪上加霜，但这又是一个千载难逢的机会，若变卖了全部家产，足可得千金，以之求官，或可得重要职位。如此，自己舒抱负酬壮志的舞台就到手了！他越想越兴奋，竟瞒着母亲和师傅、师兄，悄悄将父亲遗留的几爿店铺、所有货物以及家中的古董、珍玩、字画、贵重家具全部出卖，果然得金（当时各国的货币纷纭，但各自的货币也可相互流通。“金”指黄金铸成的货币，为其他各种货币的“母币”）一千有余。但他的变卖家产之举，完全在上官洋的密切关注中。

母亲和师傅、师兄得知他的骇人行为后，埋怨、责怪已于事无补，只好听任之为酬壮志的目标走下去。但西门子已对吴起稍稍生了鄙薄之意，西门虎也暗自藐视吴起“求官之心太切”。

吴起带着两个家人，押解着一辆马车，车上装着一千金币，迤逦向都城帝丘（今河南濮阳）前进。天将黄昏，帝丘城近在眼底了。忽然，城中驰出两马，马上是两名锦衣华服的中年汉子，看样子像是贵官府邸的管家模样，对着吴起一拱手问：“来者可是左氏吴公子否？”吴起急忙答礼：“在下正是左氏吴起。不知贵管事有何见教？”一人客气地答道：“我们是司徒府官家。司徒大人已得到左氏镇上官吏报告，吴公子高义献巨金。此时各衙门已散衙（下班），公子携巨金住客店恐不安全，司徒大人令我等迎公子进府，今晚可在府中安歇，明日，大人可令公差来搬取金钱进衙登记，收入国库。不知公子以为妥否？”吴起甚惊喜，巨金寄托客店，太招人耳目，夜里的确不太安全。司徒府有众多兵弁守卫，绝对平安。更要紧的是，司徒大人还知道了自己的“高义”，并派人来迎接，这可是非常之荣耀呀，或者，高官显位正在等待着自己呢。他连声称谢，而后在两位管家的陪同下，意气扬扬地进了城，直奔司徒府前去。

到了气象威严的司徒府门口，一声传报，肥胖矮小、走路如笨鹅摇晃的司徒大人竟亲自出迎。吴起急忙趋前要下跪拜见，却被司徒一把拉住了，“吴公子不必如此。听说公子倾家财以助国富赡，令老夫钦敬不已。王某已将公子义举禀报了主公，主公拟以重任委公子也。你我将同殿为臣，岂可行大礼？呵呵呵……”笑得一身肥肉乱颤。啊，吴起的一颗心如飘荡起来了，它飘向了彩霞，飘上了虹霓，又向更高远的天外仙境飘去……一时竟如痴如醉了。

王司徒的声音将他拉了回来：“吴公子莫要惊疑，老夫岂能诳语？且待明日交割完毕，随老夫上殿觐见主公，一切自明矣。好好好，不必多说了，老夫已略备薄酒，欲为新同僚、少年才俊吴公子接风，公子肯赏脸否？”

吴起着实感动了，堂堂的大司徒亲自出迎，又设宴招待“高义之士”，

卫国原来也有忠谨国事、折节敬贤的清官良吏呢！他什么也无须多说了，还未喝酒却已有些醺醺然了，竟脚步飘然地随王鼎迈进豪华深邃的司徒府中，一车黄金和两个家人，自然被两位管家安排到后院去了。他随王鼎进入厅堂，厅堂里确已摆上了丰盛的酒宴。吴起称谢后入座，醺醺然的状态又增了两分。

王鼎笑容满面，殷勤地向“新同僚、少年才俊”劝酒。吴起本来敏于行而讷于应酬交际，至此更显得木讷，唯连连称谢，恭敬听命，频频举杯一饮而尽……他的酒量颇好，但只饮满四五杯，却就颓然倒地，呼呼地昏睡过去了……

天明后吴起醒来，却全身赤裸躺在司徒府一个婢女的床上，而那婢女也身无寸缕，而且已被人杀死。他吓得高声呼叫，一群家丁闻声而至，立时将他捆缚起来……吴起“强奸杀人”，证据确凿，被投入大牢判了死刑，单等秋后开斩。至于一车黄金之事，则纯属其栽赃诬陷司徒大人了，因为他的两个家人，奇怪地从人间消失了……

王鼎乐坏了，这卖官敛财趁机中饱私囊和巧取吴起千金之计，却是小舅子上官洋的妙策。小舅子智谋非凡，又有不错的武功，正可保举为官。卫君对王鼎言听计从，于是就任命上官洋做了帝丘将军，成为京都的卫戍司令。

西门子得知爱徒身陷囹圄将被问斩，愤怒得一拳砸烂了一张几案，决计让自己尘封多年的宝剑再次茹血，劫牢救出徒儿，但他明白帝丘城中警戒森严，自己和儿子两把剑绝难奏功，须借师弟鬼影子之力相助。好在他最近病痛大减轻，于是跋涉五十里来到青牛山求见师弟。这鬼影子也是一代大侠，在青牛山做着劫富杀官的山大王，手下有一二百人。其硬功稍次于师兄，轻功则可称独步天下，行动如一缕轻烟、一条光影，故有“鬼影子”绰号。听完师兄的请求，他慨然答允，决定带上五个武功不错的徒弟（人多了难混进城中）劫狱救人。一行八人混进帝丘城，半夜时分，鬼影子向师兄交代几句，随后飞身窜上房顶，轻烟一晃，没了踪影。约莫两盏茶时，卫君宫中与司徒府中竟先后起火，火焰冲天，浓烟翻滚，合城人惊慌乱叫乱跑。西门子带着子侄们冲入牢房，大砍大杀，守军与狱卒们死伤无数，哭叫奔逃……他们打开牢门，放出吴起。吴起顾不得拜谢师傅，竟抢来一把单刀，疯狂了似的直奔司徒府杀去。西门子担心吴起有失，也率众紧跟杀去。司徒府早已乱得鸡飞狗跳，吴起如疯魔般杀到，谁不惊骇逃窜？吴起逢人就杀，血溅满身满脸，忽见王鼎正在指挥救火，钢牙一挫杀过去。王鼎的护卫们一拥而上来抵挡，却哪是吴起之敌？转眼间杀死三人。王鼎大惊大怒，喝令更多的护卫和家丁们围攻吴起。但西门子率领六个子侄杀到了。三四十卫兵家丁被这些侠士们如砍瓜切菜。王鼎胆裂魂飞，抽身欲逃，吴起早如疾风扑到，手起刀落，王鼎的头已滚落地上。吴起犹不解恨，挥刀对其头其尸身连剁十刀，竟使大司徒作了多块“脔肉”……西门子刚要劝阻，吴起却又如飞奔向后院内室，狂砍王鼎的妻妾儿女……

西门子与师弟师徒们辞别后，自与一子一徒赶回左氏，大闹帝丘的消息还未传来，他们还有时间远逃深藏起来，于是简单地收拾了几件衣物，躲逃入深山一小村庄。但吴起毕竟闹出了“戳天大事”，全卫国很快会张榜图形缉捕捉拿，这小山村亦非安全之地呀。西门子沉思说：“起儿啊，卫国你已难立脚，可往鲁国求进身。你既志在兴邦强国，鲁国或可一展身手，更要紧的是，鲁国大儒众多，修身齐家治国平天下之策，儒者似可领风骚矣，汝其可向大儒求教。以你现在本领，再得大儒滋润，当可‘笑云端’‘凌霄汉’了吧！”吴起泪涔涔道：“师傅指路，起儿本当凛遵，但母亲已受我拖累如此，我怎能抛舍下高堂？”西门子道：“你放心去吧。有为师在，定不使你母受饥寒困厄！”吴母也流着泪说：“你且逃命去吧！有你师傅照顾，为娘活得下去！”吴起放声大哭，跪地向母亲叩头不止，实在不忍抛下母亲不顾。西门子却极果断坚定，迅速给徒儿收拾好简单的行装，催其快走。吴起又向师傅和师兄叩头拜辞一番，接过行李，洒泪向东而去。

吴起走有几十步，却又折头回来，从怀里逃出三块金锭，跪献于母亲面前，“娘啊，孩儿不孝，毁了咱家，您老要受苦了。这金锭，是孩儿从王鼎狗贼内室搜得的，聊为母亲遮挡饥寒。”吴母大哭推拒说：“为娘的心都在儿女身上，只要我儿平安，娘即使马上死了，也心甘情愿。何况娘还有一手好女红，饿不死的。你此去漂泊异乡，不知会有多少艰难呢。娘我不要！”母子俩推送着。西门子大急，走来一把夺过金锭，塞回吴起怀中，叱徒儿道：“你有此孝心即可，但穷家富路，你独自远出闯荡，我们更不放心呢。你母有为师照应，你有什么不放心？莫说为师还略有积蓄，即使入山射虎斩豹，也不愁衣食。你快走吧，不然关卡封锁就麻烦了。”吴起又叩头起身，大步东行。

但吴起走出数步，却又折回头来，走近母亲面前，面如铁石地朗声说：“母亲与师傅的大恩，孩儿必当以富贵回报。我此去……”忽地弯过左臂，猛一

口咬下去，登时鲜血涌流。吴母与西门子大惊，不及说话，吴起却已发出了铮铮毒誓：“不得卿相，吴起不再踏入卫国一步！”说完猛然转身，大步流星昂然离去。

西门子震惊了，这个徒儿志大才高又冷面铁心，其若“笑云端”“凌霄汉”，将不知给万姓兆民带来什么，是悲是欢？是苦是乐？但很可能，其将成为“英明君主”的“大杀器”！

一直沉浸在与师弟离别的伤感中的西门虎，则对吴起的“噬臂立誓”深为不屑：“吴起怎能这样？倘不能得富贵，就不回家乡不见老母亲了吗？”西门子也不无沉痛地摇头叹息，半天无语，随后忽然说：“人各有志，勉强不得。起儿酷爱学兵法，学兴邦强国之道，你让他如何安于林泉？我倒赞赏吾儿之志：仗义行侠、除暴安良。要做独行侠，你的硬功已可，但轻功尚差……独行侠尤在轻功了得啊。而今你可到青牛山随师叔习练轻功……”西门虎大惊，“父亲老病，儿子怎能离父远去？况且还有吴伯母需要照料呢。”西门子语气坚定起来：“听父之言，即为孝道。至于为父，虽然日渐衰朽，但三几十人也近不得我身。我与你吴伯母相互照应，草莱野老平静生活，应绝无差池。起儿以功名为念，你须以‘侠’字立身。你去吧，若能学的本领如真仙鬼谷子那样，什么邪恶强暴不丧身你剑下？记着，起儿虽说名利心太重，但若能坚守忠义、体恤百姓，你可助其建功，你们毕竟是师兄弟嘛。”

西门虎遵父命进了青牛山。西门子与吴母栖身在小山村，相互帮助着度日。

第六章

迂阔夫子逐英才

这吴起来到鲁国，人地生疏，举目无亲，一时不知投向何处歇脚何地。既然是到鲁国来求进身，只能向曲阜撞运气了。他步行了两天，这日来到曲阜城外五十里的一片开阔荒凉的草甸子上，正想坐下来歇息一下，却见四五辆马车载着十多个儒生缓缓驶来，似要穿过草垫子奔向前面大道。忽然，小灌木丛中钻出四个大汉，举刀拦住去路，高声大叫："臭书生们，这草甸是大爷们的，从此路过，得交买路钱来！"儒生们一阵惊惶，随之有一人厉声呵斥道："大胆强徒，御辇之旁，竟敢白日行劫，难道不知王法？尔等可知所阻者为何人？"又一指第一辆车里所坐的斑白老者，"此乃大名鼎鼎的曾申曾老夫子，连鲁君尚且礼敬有加，尔等何敢……"不待说完，四个大汉已哈哈大笑起来，"什么曾老夫子，与大爷们球相干！别说曾老夫子，就是孔老夫子过此，也得给爷们拿钱来。不然，爷们手里的刀，可不认什么夫子的！"说着，有一把刀竟伸到了那位曾老夫子面前。

那曾老夫子初而惊恐得面目变色，但很快又镇静下来，反而站起身来，气势凛然地对面前的持刀者怒斥道："咄！尔何无知之甚！岂不闻'君子怀德，小人怀土；君子怀刑，小人怀惠'乎？剪径穿窬[①]，固已触法，复伤仁爱，于尔何益焉？况老夫率弟子考察古迹而来，身上分文全无，尔等岂不美梦成空？"

四个大汉相互茫然探询，不明白老书生说了些什么，唯有"身无分文"听懂了，举刀威胁着老书生的大汉大怒，骂道："你们这伙人穿绫着缎，高车大马，还他娘的没钱？是舍命不舍财吧！好，爷就成全你这个老书虫……"说着抡朴刀就向"老书虫"劈来。但他的刀还未劈下，忽有一物飞来打中他的臂膀，臂骨像被打碎了，疼痛钻心，他的臂膀猛地一耷拉，刀咣啷跌落在地上，不由得蹲伏于地，以左手握住右臂，"哎哟……哎哟……"地哀叫起来。

在他的叫声中，一道人影如箭一般飞到面前，向另三个持刀的大汉怒喝

道："大胆歹徒，竟敢伤害曾老夫子，活腻了吗？"来者却是吴起。吴起见有强人剪径，早已捡起一块鸡蛋大的石头在手，做好了迎战准备。一听被打劫者是耆宿大儒曾申，又惊又喜，这可是踏破铁鞋无觅处，有缘相逢何巧哉！只要能给老夫子解了围，入其门墙学儒可达矣。于是他全神贯注，握石待机，单等该出手时就出手救助老夫子。相距三十多步，他要飞石打某强人的左眼，绝不会打中其右眼的。

另三个歹徒大惊之后，一见是个年轻后生赤手空拳来搅乱，不由得恶火飞蹿，相互一努嘴，三把刀向吴起砍过来，惊得那曾老夫子和众弟子想呼叫都发不出声了。

吴起早就看出来了，这几个小蟊贼或只是为生计所迫而临时起意打劫者，观其架势，根本不通武艺，而且有两人手中拿的还是锈迹斑斑的菜刀，他哪里放在心上，待三口刀高举起向他砍来时，他不躲闪退让，反而欺身上前，迅捷如电地抓住了中间持朴刀者的手腕，操纵其刀向左右啪啪两磕。好大的力道，左右的两菜把刀竟被震得双双脱手。同时，被他捉着扭动的手腕却已骨折，其人疼得哇哇大叫，早松手刀落。吴起却已灵巧地接刀在手，掉过刀锋来指住了对方的脖子。那汉子连疼痛带惊吓，扑通跪倒，哭兮兮求饶："小爷！小爷饶命，我……我再也不敢了！"另三人也吓坏了，略一愣怔，竟不顾同伴，扭身撒腿就跑，转眼又钻入灌木丛中去了。

吴起本不想伤害这几人，并不追赶逃跑者，却对求饶者骂道："凭你们这怂样，还敢截路打劫？又胆大包天，打劫到曾老夫子面前了？我看你等还不像是惯匪巨恶，且饶你们去吧，再敢胡作非为，取尔等狗命易如吹灰也。"说着伸出脚尖，挑住那人的腰带，腿上一用劲，那人竟如一颗大白菜凌空飞出，直飞到四五丈开外，跌落在灌木丛间，随之爬起来如飞逃走了。

这场短暂的格斗，只看得曾老夫子和众弟子们惊魂荡魄。见吴起纵劫匪逃去了，曾申又惊又喜：此后生武艺卓异，可算当世之英才，更可贵其宽仁有恕，深合我儒家宗旨，此子可教也。于是向吴起一拱手说："老夫曾申，多谢壮士相助！"吴起慌忙一躬到地答礼："夫子过矣。小生吴起，卫国人士。久闻夫子大名，敬佩无极，只恨无缘聆教于门下。今日来鲁求学，巧遇夫子，起也幸何如之！"曾申哈哈大笑，"如此说来，你我缘分不浅，可喜可喜。歹徒剪径，老夫已失游兴，何不返回城中？吴起，尔可随我到书塾细谈。"

吴起随曾申回到书塾，正式拜师求学，并寄居于离书塾不远的一家客栈。

好在他身藏五块金锭和一件宝物，吃穿用度不用发愁。

儒家学问果然博大精深，其“仁、义、礼、智、信、忠、恕、孝、悌”学说，将人从动物性提升为万物灵长的地位，它似可解决世间的一切道德纷争、矛盾纠结、是非曲直，促人向善，相亲相爱，自我克制，推己及人，从而维护社会的和谐安乐。就说一个“礼”字，它不仅只是世俗理解的礼貌、礼节、礼仪等外在形式，实际更有宏阔、精髓的内涵，它既含蕴典章制度，更是人之为人的伦常规范和行为准则，是人与人之间、人与社会之间的道德公约。若能不走样地遵循这些学说治理社会，天下或许可得清宁安睦。然而，世道的嬗变飞快而剧烈，孔子在时，已悲叹“礼崩乐坏”了，此时已进入“战国”，儒家学说已不能完全适应时代需求了。尽管如此，这些理论教义却仍能给吴起重大的启迪，从中能获得许多兴邦强国安天下的方针性纲领的教益。而且他还敏锐地认识到，“儒法同源”，法家学说是儒学的流变和发展，若能“内儒外法”，将使儒学发扬光大，解决正宗儒学诸多“力不逮”处。为此，他将儒学和法家学说参照学习研究，孜孜不倦地吮吸二者的精髓要义。特别重要的是，曾申对《春秋》的研究独领风骚，讲起《春秋》来，如数家珍，娓娓动听，尤其是对一些重大战争的考证、“复盘”、分析和精到的点评，不仅活灵活现，更有真知灼见，最使吴起如痴如醉，再与《鬼谷兵谋》和西门先生传授的兵法韬略相印证，大有丰富见闻、开阔思路之感，进而有如照亮了心中久积的迷惑、暗昧，豁然看清了胜利的彼岸……

他没日没夜地苦读深钻，两年之后，俨然已成为曾申门下最博学多才的高足。曾老夫子以有这个弟子而自豪，故而赴鲁君之宴也带之随行。

吴起胜苏豹、折英浩，意气洋洋地随夫子回到书塾，专心等待着鲁穆公的委任诏令，但几天过去后，等来的却是宫廷送来的一些酒肉和一百金饼（鲁国的黄金铸币）之赏和穆公“以国士之礼待吴先生”的口谕，委任之事无踪影了。吴起的二十多位同学均愤愤不平，斥责穆公不识金镶玉，言而无信，小赏何酬大功？曾申也深感跌了面子，可他只长叹口气，训导众弟子说：“休得乱言，尊尊亲亲[②]宁可忘哉？君上纵使一时不明，为臣子者焉能不为尊者讳？吴起呀，我儒家重在三省吾身，汝须自省修身之不足，而后再谈治国平天下。” 众弟子钦敬先生不失中庸，言中肯綮，不敢再出怨言。

吴起听先生责己修身不足，知是婉责自己汲汲求官和怒杀王鼎满门、大失“恕道”之事。对此他颇不以为然，但他不愿也不敢与先生分辩，诺诺称

是之后，却调转话题，气宇轩昂地说："先生勿忧，弟子料鲁君必然用我为将。"

曾申听吴起言语狂傲无礼，心中不悦，淡淡地问："何以见得？"吴起侃侃分析说："齐国来贺鲁君，实为欲兴兵之探虚实也。吴起以言辞吓住英浩，齐则暂偃旗息鼓。鲁不用我，齐必欣喜而来伐鲁。鲁无人也明矣，舍我谁其抗之？"曾申深信吴起之分析，但终不悦吴起之狂傲，更加冷淡地说："吾且拭目以观。"

一日吴起下学回家，在街上遇到了从卫国来的牛商高岱，二人原是总角之交，遂进酒店小叙。三杯酒后，吴起问到母亲及师傅近况。高岱沉默了一会儿，才实言相告：吴起逃走后，西门子携吴母隐居于野坳荒村。王鼎被诛，上官洋竟继任司徒，派人四下寻访追索吴母与西门子，一个月前，不知怎么查到了踪迹，以大批官军、差役来捕。西门子杀死多人，自己也受了重伤。吴母死于混战中。西门子洒泪逃去不知所踪了。村人哀怜吴母，为之草草安葬……吴起听罢大哭，恨自己连累了母亲，发誓要把上官洋剁碎了喂狗。

吴起两眼红肿地回到家，新婚不到两月的妻子田月娴惊问缘故。吴起哭着将详情告知，月娴也泪如泉涌。随后，月娴摆放了婆母牌位，买来香蜡纸裱和酒、果等祭品，与吴起换上孝服，为婆母祭奠举哀……

次日，吴起穿着孝服来到书塾。曾申与众弟子惊问其故，吴起又哭着述说了原因。曾申听后更惊，"既如此，汝何不回卫奔丧守孝？尚来塾中作甚？"吴起暗怨老夫子迂腐至极，此时回卫，只怕到不了母亲墓前，自己早被人乱刀分尸了，还能祭什么奠守什么孝？况且自己有誓在先，不得卿相，不踏入卫国一步，难道让自己言而无信吗？可是，老夫子视孝为百善之先，什么道理压得住尽孝的神圣大道理？先生啊，您与太老师③父子的孝道令人尊敬，可也死板得忒不近人情了吧！他只能迟疑片刻，期期艾艾地回答："回先生，弟子已在住所为先母设了灵位，每日可以祭奠尽礼慎终追远，权当是回卫守孝了。至于不可回卫，弟子实在有难言之隐。"

曾申是当世儒学的宗师之流人物，思想深博，睿智深沉，他为弟子们讲述《春秋》，推导出的是国泰民安的义理，是"仁"的大道和巧术，可吴起领悟这些之后，更深入研究其中众多的战例，探究战例中的战略战术，并常有新奇独到的见解；对战事，他虽也饶有兴味，并常有高见卓识，但只肯停留在学术研究层面，并以研究战史服务于"仁"为主旨，心底里，其实倒是厌战、反战的，恨自己不能成为弭兵之向戌，因而，他对这个以战事称能的弟子既暗暗钦佩又很是不满，犹如孔子对子路一样。那日朝堂比武和吴、英论战，他更看出了自己的这位弟子武功卓绝，反应机敏异常，或是战事的绝世英豪，鲁重用之定可强兵强国。因英浩有挖吴起入齐之意，他当然不肯资寇利剑以害鲁，故而向穆公举荐吴起为将。可在内心里，他很矛盾：要强兵强国干什么？无非是耀武扬威，称雄诸侯，甚而狼争虎斗，战乱不息，遭殃受难的却是天下苍生啊，这种“强”，戕害于“仁”啊！只是，圣人不得已而用兵，兵者维护圣道、仁道之术也。强齐一贯欺鲁，亡鲁之心不死，田庄子豺狼之性更加明显，鲁确实急需要强盛以御侮啊……由此点出发，他又希望吴起为鲁所用。

现在穆公既已宣布用吴起为将，却又迟迟不见下文，此必为群小阻梗。鲁之群小势力强大，连穆公都有点儿为之左右，吴起纵为将，极有可能受排挤倾轧而毫无作为，于鲁无益，于吴起不利。子曰：“道不行，乘桴浮于海。”“邦无道，则可卷而怀之。”小子滋滋求仕，非智也。然而这些曲折隐衷却无法对弟子们讲明，因为这是暴扬君之短国之丑啊。你看此时吴起用“难言之隐”作遁词，分明是急于自售，宁不愚哉！小子才智固富擅，却终究对人情世故知之不深，不察道之曲直，急于蹚浑水，那嫉贤妒能的柳子瑞之辈将使其无好果子吃。况无视孝悌之为人根本，品性劣哉！

想到这些，曾申不禁勃然大怒了，“是何言哉？孝悌者，为人之根本也。母逝而不奔丧守孝，‘权当’如何尽人子之礼？闪烁其词，推柜师命，枉做了我儒家弟子！汝速速回卫守孝三年，暂抛却富贵之念！”

话说到这个份儿上，吴起才觉察在自己的潜意识里，确实怕失去踏入仕途之机会。是的，展宏图抱负之机，稍纵即逝，岂可蹉跎？老夫子啊，您虽说也明晓世故人心，毕竟还是迂腐啊，让我回卫奔丧，岂不是让我去送死吗？孝悌固然重要，但建功立业，耀父母之荣，不亦孝乎？想到这儿，他扑通跪倒，低声却很坚决地说：“请先生见谅，弟子实在不能回卫去啊。”

但曾申之孝悌理念，吴起尚不能完全理解。“仁”即爱人，一个人倘若连父母兄弟都不爱，还能爱别的人吗？重视孝悌，人人孝其父母，友其兄弟，这社会才有和谐！孝悌之先，须对父命师命绝对服从，现在吴起居然违拗师命，孝之道为之毁坏矣。他怒极反笑了，“好！好！曾申我愧对祖师和先父，竟收了如此不孝之人为徒，使先父之《孝经》蒙羞啊！”他突然离座走到孔子画像前，恭谨跪倒说：“祖师先圣，曾申错收弟子，弄坏了您老的门户，

恳请祖师降罪。而今我清理门墙，驱逐此人！吴起，自今之后，你不再是我儒家弟子，汝自去吧！”

吴起大惊，膝行跪于曾申面前，委屈得泪水涔涔，“先生，先生不可啊！弟子并非不孝，实是……”但曾申脸色铁青，对吴起摆摆手说：“吾已说过，你我再无师生之义，不必再行此礼！弟子们，请吴起先生离吾门墙！”说罢拂袖进了内室。

吴起怎么也没想到，平日待自己如爱子的恩师，竟要与自己割断师生之义。他五内如焚，心如刀绞，但知老夫子言必信行必果，一言既出，绝无更改。他唯有跪着啜泣不止。众弟子也很伤感，但也深知师傅之命不可更易，也黯然垂泪，无奈地纷纷劝慰说：“吴兄且去，待先生息怒后，必然回心转意。”

吴起无计可施，只得向内室又叩三个头，擦着眼泪离开了曾申的书塾。

吴起好羞惭啊！儒家是学薮之大派名教，被其斥逐出门，将受天下士子讥笑。更要紧的是，儒学虽多虚伪矫饰之处，但其大旨，亦颇有治国安邦之良药，正可补诸家学说之不足。自己学儒二年多来，受益匪浅，若再得其精髓，使儒、法、道、墨学说合璧，天下可垂拱而治矣。再者，自己研究《春秋》，庶几将有成就，老夫子黜我出门，不能得其指点，将事倍功半矣……老夫子啊，你看着，吴起定要遂凌云大志、俯拾青紫、建功扬名！

吴起步履沉重地回到家，蒙头大睡，饮食不思，妻子问话也懒得回答。

【注释】

①剪径穿窬：拦路抢劫、挖墙钻洞偷盗。

②尊尊亲亲：前一“尊、亲”为动词，后一“尊、亲”为名词。意为尊敬尊长，亲爱所亲所爱。

③太老师：指曾申之父曾参。曾参为孔子高足，贤孝有名，著有《孝经》一书，以“吾日三省吾身”留誉后世。

第七章

忽见“庙门”呈异彩

田月娴得知丈夫是被先生驱逐出门的，对曾申的迂腐恼极恨极，乃百般宽慰丈夫：儒学迂阔，不学也罢；君之胸中蕴蓄，自可成一家学说，何必再到儒门受气？塞翁失马，焉知非福？离开曾申书塾，或是走进朝堂之先兆。而吴起总是心如有所失落，神情萎靡。

月娴乃齐国豪族田氏之金贵小姐，自幼父母双亡，由叔叔田渊抚养长大。其自幼有“才女”之誉，通五经、博六艺，下笔满篇珠玑，出言锦心绣口，其美貌与聪慧，在临淄城里名声喧响。田渊欲攀高枝，要将她嫁与郑国公室的跛公子。月娴大为愤怒，乃易男子装束，悄然出走，到鲁国来投表姑。其表姑家与吴起寄居的客店相邻，闻店中住着名儒曾申一位高弟，文武全才，英风飞扬，乃又着男子装，化名田彦，夜至客店访谈。月娴自负通博古今、胸有经济[①]，恨不得弁[②]，今与吴起纵议畅谈天下势、胸中学，方知天外有天，自叹远不可及，遂敬爱有加。吴起也甚喜“俏郎君”识见不凡，谈吐爽人胸臆。此后二人夕夕聚谈，直至夜深才散。彼此爱悦之情日增，吴起竟不知其为裙钗乔装。一晚夜半，“田彦”告别欲归，突起大雨如注，吴起乃留“田兄”同宿。月娴羞得颊飞红霞，窘迫良久，方以女身相告。此时之月娴，真美得令嫦娥生妒，狂喜的吴起抱之上床……数日后表姑为媒，二人正式成婚，租屋为家。但这先“乱”后婚之风流事，仍是传了出去……曾申亦有风闻，“修身”之说，亦含其意。

吴起闷睡了两日，却难忍愤懑、烦躁和焦虑的煎熬，躺不住了，起身穿了一件淡青刺绣绸深衣[③]，腰束鲜艳华丽的织锦大红腰带，一只晶莹的玉玦、两只明艳的香囊垂于腰际，束发的白丝带飘飘如蝶，乃起身出门，对田月娴说声“我访友去也”，即信步来到街市上。

行不多远，见街角一家小酒馆很清爽，门前有棵高大的香椿树极是蓬勃，

树丫间有一大鸟窠，两只漂亮的花喜鹊在树枝上叽叽喳喳欢叫一阵，又飞栖窠巢边，蹦蹦跳跳，探抓弄吻，更欢快热烈地叽叽喳喳嬉闹不休，使空中平添了悦耳动听的音乐。它们是在欢庆小雏出世吧？“喜鹊报喜”虽不足信，可这欢快热烈，也使抑郁烦躁的吴起心情稍爽，乃踏着喜鹊的乐声走进这家酒馆，要借酒解闷了。

酒馆有一明一暗两间店面，明间的几张桌子坐满了酒客，闹闹哄哄地猜拳行令，有点乌烟瘴气。他步入稍小的暗间，见一张桌上只有两个三十岁上下的酒客，衣着虽还光鲜，但不佩饰物，略显粗俗，似绝非宦门公子，也不像富家阔少，或只是家中小阜的市井游闲之徒。他们桌上有一碟炸黄豆、一盘酱牛肉为菜，一壶酒，二人慢条斯理地吃着喝着，似在商议着什么。他拣另一张空桌坐下来，因心情不畅，随便点了个菜、一壶酒，慢慢地自斟自饮起来。

鲁菜天下驰名，曲阜的菜肴更其精美，寻常菜也可称佳妙美味，高档次的，那更可算尽享人间口福了。曲阜的酒也甘洌爽人，回味悠长，大有“勾得天上酒仙来”的魅力。吴起心情沉闷，懒洋洋地夹一口菜，品不出滋味，如同嚼蜡；喝一口酒，苦辣呛喉咙，比发馊的泔水还难下咽。瞥一眼邻座的二人，观其衣冠，只是普通的市井之徒，却是吃喝得兴高采烈，不由得更增了气闷：伊、吕、管仲三圣哲，有转天旋地之才智，然而不得时之时，伊尹给人作佣，沦为奴隶苦工，吕尚、管仲为贩夫走卒，凄惶可怜，受尽磨难，我吴起亦将如此乎？时运弄人，英雄倘能早得时运，其功业又将何等辉煌呢！“时”不我予，吴起我亦凄惶如此！罢罢罢，且以酒浇灭凄惶吧！于是他抱起酒罐，咕咚一口一杯地豪饮开了。愁苦忧闷无法宣泄，会使人失常变态，他竟一改斯文儒雅的常态，倒酒泼泼洒洒，举杯张扬狂放，酒杯擎于鼻梁间，仰脖大张嘴，咕咚一口灌下，嘴角酒线儿流淌，也不去擦……

只消片时，一罐酒已是底朝了天。他唤酒保又送来一罐，揭开罐盖时，忽感到浑身燥热，头发晕，腿发软，双鬓青筋蹦蹦直跳。他明白，自己有了五六分醉意。他平日很少喝酒，但喝起来酒量惊人，三罐酒下肚还能谈笑自若，行动如常。可这两天怄气闷睡，只是在田月娴的催逼下喝了半碗稀粥，心中有事，肚里无食，沾酒就醉啊。他不敢猛喝了，吃了几口菜，慢酌细饮起来。

酒可解愁，酒亦佐愁。“英雄与时运”的问题重又袭上心来，而且更为猛烈，不禁长吁短叹起来：想我吴起，才匹伊吕，智比先轸，却不得时运，不能鲲鹏展翅啊。在卫散财求仕，蒙羞受辱倒也罢了，因为卫本是末流敝邦，君昏臣浊，拿金镶玉当粪土不足为奇。但堂堂鲁国，礼仪之邦，也拿真金当废铜吗？自己为鲁穆公排难解危，原想可立马踏入仕途，从此舒抱负酬壮志，使鲁跃为强盛之国，令齐、楚、三晋畏而亲之，嬴秦、百越等畏而来朝。岂料这鲁国也与卫国一样，论门第、用私人而不用人才，自己竟如卞和抱玉自悲啊。唉！这世界朽烂了，铅刀为宝，莫邪宝剑无用处啊！难道自己将永无出头之日吗？

酒力助长着激愤和委屈，他眼中灼灼的精光暗淡了，细观之，却是浮上了薄薄的水雾泪花。

吴起一进酒馆，其阔绰的打扮、大气的举止，就引起了邻座二酒客的关注，待其沉闷而略显心烦意乱地吃喝，他们已大致断定：这是个富家儿郎，不知是情场失意、官场失意、赌场失意还是财运失意，出来借酒解愁的。待其倾杯猛灌而神情更愁苦愤愤之时，他们完全肯定了自己的推断，而且，透过吴起的衣着和风度气概，更进一步推断出，此人十有八九是为官场失意。他们相互挤眉弄眼地交流着心中的评判：“像个阔主儿。”“像只呆鸟儿。”“嗯，像失意的呆鸟儿。”“嗯，好像咱们有戏了！”“对，有戏！咱俩……”二人手把酒杯，你附着我耳叽哝两句，我咬着你耳密语几句，借助表情和手势，皆心领神会了对方的“戏情”，相互一拍对方的大腿，下定了“唱戏”的决心。

二酒客中的青灰脸者喝了口酒，仿佛喝得管不住自己的嘴了，满脸不高兴地吐出了心中的疑虑：“哎，你给个准话，给舍亲谋的事儿到底成不成？咱俩哥们儿十几年了，这事儿不给办，算他娘的屌朋友！”另一寡白脸者“嘘”了一声，向吴起和外间的酒客们望望，轻声斥责道：“你喝多了，怕人听不到吗，大声嚷嚷啥？”青灰脸似乎正要借醉发泄不满，反而声音更高了几分：“怕个屌！都是来买醉的，谁管谁的烂闲事？俺只问你，吞吞吐吐，不给个准话，莫不是在糊弄俺？”寡白脸也生气了，却仍压低声音（吴起刚能听见）说：“你这是啥话？俺说得明白，五百金只能谋个主簿，八百金才能得县令印。你给六百金要谋县令，俺内兄为难呐。你们要是着急、不放心，俺给内兄说，把六百金退还你，你们另找门路吧。” 青灰脸一下慌了，摇摇晃晃地站起来，一边给寡白脸斟酒，一边笑着赔礼：“别别别，霍兄莫生气嘛。谁不知你内兄傍着十公主的大树，放出的官儿能坐两厅堂呢。只是，舍亲眼下手头有些紧，

也，也担心……”

寡白脸真的动气了，说话已不顾忌被人听见：“你担心什么？担心舍亲吃黑？呸，不看咱俩十几年的交情，你想求着俺内兄吃黑，内兄还不睐你一眼呢。哼哼，亏你还知道经舍亲之手放出的官儿坐满两厅堂呢。实对你说，只要出足了钱，莫说小小的县令，就是谋个大夫、将军，就能难住十公主吗？”青灰脸蔫了一霎，又讷讷地说：“舍亲确是……唉，一时筹措不开呀。马兄，这样好吧？请十公主先把事办了，所欠二百金两月后补上，包在我身上。”寡白脸扑哧乐了，“嘿嘿！你？你也配包揽二百金？马儿小子哎，你把十公主当叫花子看吗？”青灰脸的脸色更加青灰，口中嗫嚅不清了：“我，我不敢，我是……”寡白脸肃然正色说：“这种事，不见兔子不撒鹰。何况十公主，瞧得起小家子气吗？”青灰脸沉默了，端着酒杯出神，仿佛在筹划着二百金的来路。寡白脸也不再说什么，面带微笑拈几颗炸黄豆嘎嘣嘎嘣嚼着，等待着青灰脸的下文。

吴起的心怦然狂跳起来。十公主，他听说过，鲁国司空孟孙阆龙的爱女，排行老十，嫁于穆公的庶长子（婴时得过风症，歪嘴斜眼，终日涎水滴答淋漓，且半聋半哑）。孟孙最宠爱此女，凡有所求，无不答应；穆公为讨孟孙高兴，也尽力满足所求。这位公主得不到夫妻之乐，遂生了敛钱之嗜好，既敛宫中之钱、孟孙府之钱，还暗中卖官，向民间敛钱，父亲和公公知而不忍禁，还得答允她卖出的官职。此事在朝野早有风闻。吴起激动了：自己虽也动过献宝求仕之心，但堂堂的公主，一般人哪有觐见之阶？你纵有金山钱海，提着猪头却找不到庙门呢。这个寡白脸的内兄，居然是公主的心腹！好啊，抓住这个寡白脸霍兄，就摸到庙门了！嘿，合该我吴起时来运转了，无意间在此找到了踏入仕途的捷径！慢着，这真会是捷径吗？王鼎之祸，刻骨铭心呐！这十公主若是如王鼎之贪鄙无耻，在卫国的丑闻和惨祸又要重演吗？不不不，王鼎是猪狗之辈，金枝玉叶的十公主，怎可与王鼎相提并论？拜十公主的庙门，绝对没错！八百金就可谋个县令，自己的玉佩，少说值二三千金，买个将军岂不绰绰有余？何况穆公已有意用自己为将军，再有十公主一撺掇，将军印可稳稳地姓吴了。虽说买官被君子之流所鄙薄，但大丈夫以功成名就、一展宏图为人生目标，成大事何须矜细行？可是，自己与这二人素昧平生，咋得接近并抓住寡白脸呢？唔，这位霍兄，肯定是公主做卖官生意的伢子④，伢子只图小利，哪会拒绝送上门的生意？对，可以利啖之！进庙门之机缘绝不可错失！

【注释】

①经济：“经邦济世”的简称。

②恨不得弁：恨不能成为男子。弁，帽子。古代男人才戴帽子。

③深衣：上衣下裳连在一起的服装，当时为有品位的礼服。

④伢子：方言，即掮客，生意场上牵线、撮合的中介人，赚取中介费为职业者。

第八章

黠慧精灵中圈套

吴起盘算妥当，微醺的感觉霎时消失，反觉得五内舒畅、神清气爽，两眼的灼灼精光愈其炯炯明亮湛湛焕彩，甚至像要冒出火花来。当下他站起身来，向邻座拱拱手，“二位兄台，兄弟我不惯独酌，可否请二兄赏脸，过来共饮几盏？”邻座的二人似乎有些诧异，相互望望，略显迟疑后，随之换上了受宠若惊的满脸笑容，寡白脸开言道：“如此甚好。只是你我素昧平生，忽蒙抬爱，怎个消受得起？”青灰脸讥笑道：“老霍你酸文假醋个屌？既然这位兄台相邀，恭敬不如从命嘛。”说完抓起筷子端上酒杯，摇摇晃晃地走过来坐到吴起侧面。姓霍的笑了笑，相跟着过来坐到另一侧。

吴起大喜，唤来跑堂，又要了几个名贵菜肴、两罐上等佳酿。两位客人谦谢不迭：“哎呀，兄台太破费了，这如何使得？”吴起富家出身，少时饮食起居有仆妇家奴照料，孤身来鲁后，用功在书院，吃住在客店，婚后的衣食器用皆由月娴操持，极少接触过市井众生，既不懂世情人心之诡谲险恶，更不懂与人交际应酬，竟是不会客套和绕弯，单刀直入地径奔目的地，“二兄台不必客气，屑屑小事，何足挂齿！来来来，吃菜，喝酒！请教二兄高姓大名，在下有一事相求呢。”寡白脸似稍一怔，停住了举到唇边的酒杯，警惕地打量着吴起。青灰脸却吱的一声喝干了酒，指着寡白脸说：“他名霍宝，为人重义轻财，敢为朋友两肋插刀，江湖上小有名气呢。俺嘛，无大号，小名马牛儿，与霍兄意气相投，好结友，爱杯中物，也算性情中人吧。老霍，你喝呀！这位兄台如此盛情，俺们可不能拂了人家美意。”

霍宝不满地瞅瞅马牛儿，喝干了酒，吴起再为其斟上，这才不无狐疑地问：“请问兄台，欲求俺们何事？”吴起猛地意识到了自己的唐突，素不相识之人，岂能一见面就求人出手相助？他毕竟聪敏过人，一笑就掩饰了唐突。“哈哈，霍兄多虑了，所求暂不必谈。在下听得二位几句闲谈，已知二兄为古道热肠豪侠之士，欲结纳为友。邀来共酌，只为开怀畅饮一番。来来来，咱们闲话休提，以酒交友。”说完一仰脖灌下一杯。马牛儿哈哈大笑，“痛快人。俺就喜欢跟痛快人交朋结友。”也仰脖猛吞一杯。霍宝似被豪爽气氛感染了，也一饮而尽，活跃起来，欢笑起来。

三人觥筹交错，大吃猛喝，仿佛在比赛谁最痛快最豪爽。两罐酒告罄，吴起又要叫酒，被霍宝拦住了，“好兄弟，俺看你倒是个重友重义的真君子。但俺们无功而受惠，心不安呢。请实言相告，是否受人欺辱，欲借我二人出拳相助？”马牛儿醉态粗憨，喷着嘴中肉渣嚷起来：“对对对，兄弟用到俺们时，刀剑不避，水火不辞！”吴起摇头一笑，“二兄弄岔了。凭我吴某，谁敢欺辱？出拳相助之美意，吴某敬谢了。”霍宝皱起了眉，“那么，一事相求究竟为何？不肯明告，这酒还喝得下去吗？”吴起犹豫了一霎，只好摊了牌：“是……是这样，吴某欲借霍兄之力，向十公主野人献芹。”霍、马二人一怔，“野人献芹”他们不懂，但在此情此境下，略一思索也就明白了大意。霍宝的脸色渐渐寒下来，“这事呀，俺无能为力。十公主何等身份，俺草民一个，连人家的香风也闻不上呢。”吴起一躬到地，“霍兄不必隐瞒，刚才二兄密商之言，吴某已听得……”霍宝断然一摇头，“吴兄弟听错了，霍某不敢受命。”吴起窘得面红耳赤，一时说不出话来。他忽然明白过来，此人号称轻财重义，却为二百金纠缠不清，实为贪财之徒。求于贪财之徒，不以重利啖之，彼岂肯为人作嫁？“霍兄请勿推辞，所求得谐，吾当以百金相酬。”霍宝眼中亮光一闪，却又暗淡了，“不是俺推脱，实是……”

自管吃喝着的马牛儿嘿嘿嘿地笑了，“姓霍的，你他妈还叫重义轻财？吴兄弟求你帮忙，百金谢仪你还嫌轻吗？”霍宝瞪了对方一眼，“马牛儿，你醉了胡吣吣啥？……吴兄弟，不是在下不肯成人之美，而是……唉，俺明说了吧，实为俺内兄一再告诫俺，不得给他兜揽麻缠……”马牛儿大约喝多了管不住自己的舌头，又好像借酒装疯故意给姓霍的“拆烂污”，截断话头冷笑道：“呵呵！还兜揽麻缠呢，兜揽的可是财宝吧？你内兄麻缠一回，能麻缠来多少金钱，天知道！就是你，兜揽一回麻缠，也总能分点儿肥水吧！”“你……”霍宝羞恼得满面溅朱，却无词反驳，神情很狼狈。

吴起看着，心中暗笑：自己有识人察事之明，早看出了霍宝是个伢子，好嘛，你贪小利，吾谋大利嘛；这个马牛儿呢，是给亲戚谋官的，与自己同病相怜，似可借用帮自己说话呢。霍宝的伢子身份既被揭穿，该会亮底吧。

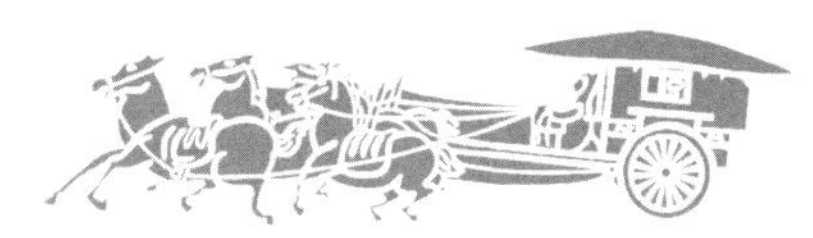

果然，霍宝呆了呆，自我解嘲地干笑了两声，讪讪地说：“既然话说到这儿，俺就真人面前不说假话了。俺内兄说，十公主已厌烦了小打小闹，说那叫‘手沾腥吃不到大鱼’，要卖就大卖，得‘吃大鱼’。吴兄弟，俺内兄为难呐。”吴起轻松地笑了，“这个好说，吴起必不使令内兄为难。我欲敬献公主之礼，乃是……”霍、马二人猛地一惊，“吴起？吴兄弟叫吴起？可是打败齐国天神大力士苏豹的大英雄吴起？”

吴起还不知道自己的威名已经传到了曲阜的街巷坊间，这多么令人兴奋啊！于是他得意地一点头，“大英雄不敢当。然败苏豹折英浩者正是在下。”霍马二人肃然起敬，一齐起身，拱手施礼，“失敬失敬，原来是吴大英雄，俺们有眼不识泰山了！”吴起摆摆手谦虚一句，“不足道，不足道。起也志不在此。”马牛儿落座，憨直地瞅定霍宝，“霍兄，咱俩恨不能得见英雄一睹风采，今日不仅见了，还与英雄共饮，且是英雄做东，俺们太荣幸了！姓霍的，吴兄有求于你，你若推三阻四，可就他娘的是猪狗小人了。”霍宝连连点头，“那是那是，得为大英雄效微劳，霍某脸上生光矣。俺绝对尽力，尽力！哎，吴兄，你刚才说欲进献之礼是……”吴起更兴奋了，“这呀，乃一只稀世盘龙玉佩……”霍宝慌忙手指抵于嘴边，示意轻声。吴起遂压低了声音：“此物虽只有巴掌大小，却是无上之美玉雕琢，通体翠绿晶莹，精美固已无伦，更加之有四个殷商金文‘帝迁明德’，字迹深入玉之肌理，人工似不可造作。又有出奇处，其在朝阳夕晖中呈万道霞彩，暗夜里犹有熠熠毫光，借之可以读书呢。此物原为卫国权奸王鼎护命之符，价值不下三四千金，后来为我所得。”

霍马二人听得眼都直了，愣愣地望着吴起，似乎半信半疑。那伢子霍宝果然心窍玲珑，要砸实宝贝的真伪，微笑着问：“如此珍宝，那王鼎必然视之如命，怎么肯轻易送予吴兄呢？”吴起的脸上变了色，但还是强压住了胸中之火，冷笑道：“此贼岂肯送我？是吴某……不必说起，但此物绝对在吴某之手，要不，我怎敢向公主进献？”

马牛儿似在借机发泄对霍宝的不满，舌头有点僵硬地骂开了：“姓霍的，你狗眼看人低吗？呃！吴兄，呃，英雄豪杰，能大话诓人吗？呃！俺的事，你给办不办两可；吴兄之事，你不办好，呃，曲阜人吐口唾沫，淹死你！”霍宝不搭理马牛儿，却很认真地悄声问吴起：“听吴兄所言，真是个宝物。啧啧，兄何以舍得割爱？请问兄进献此宝，欲求什么官职？”吴起豪迈地笑了，“大丈夫轻视财宝，唯重功名耳。此前，国君曾有意用吴起为将军，今仍求将军之职吧。”霍宝赞叹道：“吴兄英雄气概，真乃奇男儿。有此宝物，何愁将军印不到手！”马牛儿又骂开了：“闲屁少放。呃，敬仰英雄，就该为英雄效力呀。呃，坐在这儿卖……卖嘴皮，将军印，呃，能飞来？”霍宝点头称是：“对，马老弟这话责怪得对！吴兄，俺不奉陪了，这就立马去报告内兄，再奏闻于公主。事成与否，三日后咱们再来此相会，告知结果。俺走了，再会！”一拱手起身要走，却瞥瞥马牛儿止了步，“唉，这马牛儿，喝成这吊样了！俺走了，可要给吴兄搿麻缠呢。牛儿，你不敢再喝了，走走走，俺扶你回家去。”

霍宝搀架着马牛儿，踉踉跄跄去了。

吴起也脚步飘虚地离开酒馆回了家，又扑通仰倒在床上。妻子田月娴急忙来为其脱鞋、展被，助之睡舒服，又捧来一杯热茶，“夫君你喝多酒了？先喝杯茶。”吴起的头额虽晕乎乎的发沉，一颗心却飘飘荡荡地难抑兴奋，他接住茶喝了两口，一把抓住妻子的手，嘿嘿嘿直乐。月娴大迷惑，“夫君这是怎么了？走时漫天愁云，回来却丽日彩云？”“嘿嘿，为夫出门就遇喜鹊报喜，果然有喜降临。”不待月娴细问，吴起就把酒店奇遇详详细细述说一遍。

月娴静静地听完，脸上不仅全无喜悦之色，反而蛾眉紧蹙，樱口紧抿，陷入疑虑之中，沉思良久，才幽幽地说：“夫君啊，你的功名之心、富贵之念何其太盛！你我夫妻厮守，谈文论道，举案齐眉，闲散逍遥而安乐，岂不是人生之福？何必孜孜以求腰印握篆①呢？功名富贵如夭夭桃花，妍不过数日啊。况贿赂以求仕，终为君子不齿啊。再者，酒店偶遇，杯酒之交，其人可信乎？妾非吝一玉佩，彼一玩物耳，得之不足喜，失之不足惜，妾惜君之令名也。君之败苏豹、折英浩，天下已风传威名矣，虽为布衣，胜庸碌卿相十分了。今君不自珍惜，一味巴望腾达，出此下策，万一失手，遗羞恐在左氏之上啊！”

吴起满腔的激情兴奋，本想得到妻子的赞赏和庆贺，谁想月娴却是如此的冷漠，以致冷语浸人，一下压抑了他胸中滚滚翻腾的喜浪，不禁丧气而怒恼，尤其是“君子不齿”和“遗羞恐在左氏之上”二句，简直如利刃刮脸皮，他悔不该将蒙冤受辱于王鼎、受曾老夫子明训暗诫的详情全告知了枕上人，使她有了讥讽自己的把柄。他的一腔血总是在激烈地奔腾着：为理想奋斗，奋斗！

他实为功名狂人！冷漠、冷语激刺，对常人可如一盆冷水，浇熄功名心的燥火，但对于他适得其反，倒激得他的热血更汹涌澎湃了：都说人生如草木，其实大多数人，连草木也不如，只如阴沟之苔藓，渺小、可怜、悲戚。作为草木，应该如“桃之夭夭，灼灼其华”，能得光彩绚烂数日，不枉来世一遭矣！自己啮臂立誓“得卿相”，但来鲁已两年多，却事业不立，功名无成，竟连自己的妻子也轻视自己！什么君子不齿？为达目的，何问手段！孔夫子经邦治世之思想方略，或者超越所有贤哲，但其太“君子”了，不屑也不谙“手段”，终不得大展才智。我吴起若拘泥当君子，不得舒抱负之舞台，岂不辜负了天生我才？我虽生于富家，然而血脉寒贱，进身入仕之机可遇不可求，岂容失之交臂？至于牵线人是否可信，笑话，凭我吴起的睿智机警、犀利洞察之眼力，什么诡诈伎俩不能一眼看穿？彼二人确有图谋，不过是贪我的谢仪罢了，难道还敢图谋我的玉佩？哼哼，凭他们？两只小兔也想从老虎口中抢肉？吴起主意已决，不再搭理妻子，悻悻地躺倒又睡，眼中却冷光与火花交替闪烁。

田月娴知丈夫坚定了献宝决心，明白已不可动摇，尽管她有点反感丈夫的“将相壮志”，但她对丈夫仍是极钦敬的，坚守百事顺随夫君的“女德”，而且事关一块美玉，再多说什么，是否会使丈夫误以为自己是贪吝财宝？哼哼，一块玉有何稀罕？我田月娴……她轻轻叹了口气，自去灶间给丈夫煮醒酒鱼汤了。

【注释】

①腰印握篆：篆，指代印。腰悬印绶，手握号令，喻权势。

第九章

似幻似梦会神仙

三日后，吴起又来到那家小酒馆。门前香椿树上的喜鹊犹在，只是没有了欢唱，却紧守着窠巢，偶尔厉声叽喳几嗓子，则是表达着愤怒和惊恐，因为在树顶的高枝梢上，飞来了两只白脖子老鸹，似乎想侵夺它们的窠巢和风水宝地。它们的幼雏还在窠中，它们当然要誓死捍卫家园的。三日前欢快热烈的音乐氛围翻为怒吼和备战的紧张，但吴起心中兴奋和担忧交织，却浑然不察喜鹊报喜有何变化。

霍马二人已点好了酒菜等待着了。吴起入座，霍宝满脸喜气地一拱手，“恭喜吴兄，贺喜吴兄，所谋之事妥啦。”吴起的心猛一狂跳，“真的？”霍宝更加眉飞色舞起来，“嗨嗨，十公主听俺内兄细说了宝贝的奇妙，乐得眼睛挤成了一条缝，却拿捏着说：‘求将军嘛，稍有为难。这要孟孙、季孙、叔孙三家公举，连国君公爹也不能专断。不过，我若必欲得之，软磨硬求于家父，事无不谐。’俺内兄……”马牛儿却插了话：“别啰嗦了，你内兄出了力，吴兄自然心领。哎，吴兄，你的将军印跑不了喽！本来该由你请客呢，霍兄与俺一商量，还是由俺们做东，算是给吴兄贺喜吧。”吴起喜动心颜，连连拱手，“感铭霍兄，谨谢马兄。二兄之高谊盛情，吴某愧领了。然则事未果然，贺之尚早。”霍宝不再多说，却斟起酒来，令二人举箸举杯。

酒过三巡，霍宝才正容回复吴起：“吴兄放宽心，敝内兄办事，稳妥之极。他还怕吴兄之宝言不符实呢，那可就惹天祸了。为防万一，已奏请了公主，今晚由俺们陪同吴兄携宝进宫去，请公主亲自验审，真宝则具结立券，到时印与佩交换；非宝则原物奉还，叱逐出宫。吴兄，俺倒担心，你的玉佩，不会令公主失望吧？”吴起犹有悬疑的心腾地落到了实处。他胆大心细，自负而不刚愎，气头上轻蔑妻子“谨防上当”的提醒，随之就冷静下来，觉得月娴的疑虑不无道理，是该小心提防，万不可中了匪人圈套。可霍马二人，

并无破绽和疑点啊……此时，他的警惕心完全解除了：对方担心宝物不实，要亲自验察，货真则立约署券，货假则斥逐出宫，这是实实在在的商家规则，卖官鬻爵的十公主之身份无可疑矣。事关十公主威仪，即使霍马二人心存不良，也绝不敢横生枝节！他亦庄容作答：“霍兄尽可放心，吴某之物，定当使公主欢喜。”霍宝也如释放了心中负担，轻轻“吁”一声，宽慰地笑了，“这就好，这就好。如此，今晚初更，吴兄携宝来，咱们仍在此聚头，一起进宫去。公主为防物议飞扬，白日里不能放闲人入宫……俺内兄自会在宫门口迎接引进。”吴起一躬到地，“贤昆仲虑事详悉，安排周密，吴某深表谢忱了。”马牛儿却又插进话来：“慢着，吴兄哎，一个‘谢’字不能打发吧？老霍不好意思明言，俺可是直肠子，说话不绕弯。你的将军印手拿把掐了，但所许的百金谢仪，可不能忘了啊！”吴起哈哈大笑，“忘不了忘不了。立约之后，二兄即随我到寒舍，立马兑现。”“痛快人！吴兄真是痛快人。”霍、马也一齐大笑。

三人尽遂所愿，好不兴高采烈，大快朵颐，大享醇醪。吴起喝着酒，心中却在暗笑：此二人表面豪爽甚至古道热肠，实则心存机诈，他们拉生意图谢仪，一个推，一个拉，配合得恰到好处。嘿嘿，“君子喻于义，小人喻于利”，尔等图小利，吾则谋大义焉！

鲁国之都曲阜城，北依泰山，南瞻皱城，东连泗水，西抵兖州，乃神农故都，黄帝生地，少昊之墟，商殷古国，孔子故里。“城中有阜，委屈长七八里”，故名曲阜。它钟萃毓秀，哺养千百灵杰；规模宏大，参差十万人家。更有那殿阁高耸，浮光耀金，楼宇亭榭，鳞次栉比，长廊曲折而胜景通幽，烟柳画桥而扑朔迷离；松柏苍郁，碑碣如林，山清水秀，风光旖旎。清晨登高俯瞰，烟雾蔼蔼，飘飘悠悠，乃宫廷和豪门焚椒兰也；红水淙淙，汇聚成溪，可令泗水涨腻，此为贵妇千金所弃脂水也。白日里，它市列珠玑，户盈罗琦，鱼肉香满城，醺风醉游人，笙歌遏行云，曼舞辉虹霓，处处樗蒲喧闹，骰子叮当，鸡鹑狗马斗胜负，游戏杂耍争高低，一舞一歌数丈绫，一赌百金竞豪奢。到夜晚，荧荧万家灯火，灿如星空，阔少阔佬们招摇过市，踟蹰游赏，衣冠华贵，仆从鲜亮，举手挥金似土，投足万人瞠目；贵妇仕女宝马香车，环佩锵锵，华妆耀人眼；民间姑嫂结伴走出深闺绣房，漫步流连，嘻嘻哈哈，掩映于富贵热闹丛中。“十四水绕曲阜”的形胜佳丽之地，天成的和人工的湖泊陂池星罗棋布，湖池中菱荷田田，台榭斗胜。富家儿郎拥妓乘画舫，置酒酌“花岛”，荷舞摇星月，菱歌荡夜岚，浪笑戏美人，浅醉吟诗文，嗜欲得而颂盛世，福泽厚而论“仁义”……皇皇曲阜，当世无匹的金粉之都。当然，“金粉”的背后，在大街闹市的深巷暗陬僻角旮旯，则污浊遍地，臭气熏人，低矮破烂的草房或茅棚中，病饿交加的老人和孩子僵卧在床，饥肠如虫啃，瑟瑟如狗蜷，却忧一阵风来，一阵雨来，墙倒屋塌，再难与出外乞讨的亲人见面……但总体而言，曲阜之富丽繁华，超过富强邻居齐国的临淄，更超过地大物博、称雄数百年的楚国之都城郢都，新暴发户魏国之都城安邑也远不能比肩，至于西方霸主秦国的都城，那简直不可同日而语了。为此，诸侯国皆艳羡、嫉妒曲阜之美。

喧闹的夜景中，吴起怀揣玉佩，与霍马二人走出了酒店。为了避人耳目，他们绕开大街，穿行于背巷小弄，东弯西拐，曲曲折折。吴起虽在曲阜已生活了两年多，却从未走进过这种深沉僻背的地方，何况夜色昏黑，时而有居民家流泄出来的灯光照亮，时而却如行于幽暗深邃中。走不多时，走进一条更狭窄的巷道，两边或都是富户人家，房屋高峻，围墙耸峙，不仅全无灯光流泻出来，简直还遮没了天光，黢黑一片，气氛鬼森森的。吴起早已不辨东南西北了，此时矍然一惊：不妙！此处如同荒凉旷野，莫非这二人心怀恶念，想在此劫夺我的玉佩？但他随即又释然了，哼，似他们这等小毛贼，来三五十个也近不得我身，何惧之有？我只须警灵些，防备其黑手则可。于是，他按一按怀中的宝物，眼观两旁天上地下的形迹和前面霍马二人的动态，耳中捕捉、辨察着身后的声息，暗握双拳，随时准备着凌厉一击……

吴起虽然艺高人胆大，却毕竟身处极不利于施展身手的拘促逼仄地形，躲明枪易，躲黑手暗算较难，心中也不免稍稍紧张。高一脚低一脚地紧走了一阵，心中再一紧张，他感到全身有点燥热起来。可是，胸口藏玉的地方却凉飕飕的舒服。这玉和皮肉隔着好几层布帛呢，它散发的凉意，竟可以令人惬爽，这玉佩真是块宝呢。可他不敢分心，依然眼观六路，耳听八方，警惕地紧随着前面二人前进。

虚惊一场！穿出了鬼森森的巷道，弯入一条稍宽阔的胡同，此时，一钩月牙儿跃上了树梢，铺洒开朦胧的淡光，又有千家万户的灯光透过遮蔽钻挤出来些许，胡同里的景物已可看得分明，还偶有三三两两的行人，或匆匆，或悠悠。吴起舒了口气，暗笑自己被月娴弄得疑神疑鬼了。心里一松，愈体

味出了胸口的惬爽。并且，这惬爽还在向四下辐射，使整个胸部以至腹腔五脏都有搽了薄荷汁似的凉爽舒服的感觉。啊！这玉佩居然有许多奇妙处，难怪被那贼子王鼎作了护命镇宅之宝呢！一刹那，他竟滋生了恋恋之情：宝贝呀，咱们要分手了……可他毕竟是英雄气概，马上就斩断了恋恋之情：什么宝不宝的，利于人才是真宝。得借它助自己求得将印，一展宏图，此物增身价矣！否则，哼，如王鼎拥有它多年，得到的却是……

西门子与几位游侠打开死牢救出吴起，一起杀进王鼎府中。报仇雪恨的怒火烧得吴起近乎疯狂了，逢人挥剑就砍……诛杀了合府活口，冲进内宅，搜得了五块金锭和这块玉佩，睹佩如见王鼎，他恶狠狠举起利剑，却被宝物辉映的熠熠光彩吸引得软了手。犹豫一霎，到底与千金一起揣之怀中，急速远飏……在曲阜两年多，他偶尔拿出来把玩一下，唯觉得它精美可爱而已。那月娴虽也赞美其精致玲珑，神情却很淡漠……

吴起走神这一阵儿，他们已远离了纷嚣的市井区域，踏进一条幽静的大道。大道两边少见人烟，却是二人合抱粗的柏树各成二排森然耸峙，气象威严庄严。又走百多步，四排仪仗队似的柏树之外，又添了密匝匝的参天古松作护卫。嗬！这已是气势恢宏的松柏林啦。踏进密林，反倒热闹起来了：远处有鹿鸣呦呦，高处有鹤啼唧唧，肥大的野兔时不时地从人的身边飞蹿而去。拖着长尾巴的鸟儿，扑棱棱从人的眼前一闪而过，冲向树梢。这当然是锦鸡，可惜林中太幽暗，无法欣赏它斑斓的姿彩。行有片时，前面有隐隐的灯光透出。吴起一愣，这是走近宫廷了吗？果然，再透迤穿行二三百步，松柏后退，天地豁然开朗，一座宫门忽地巍峨在眼前。宫门上方和左右悬挂着十数盏大红灯笼，炜炜煌煌。大约二十名持戟的武士戍卫着宫门，但他们却排列不整，武器也东倚西斜。啊！鲁国的“心脏”到了。半月之前，吴起曾随先生曾申进过一次宫，那当然走的是正门，肃穆威严之极，这里却是侧门，警卫稀少，戒备松弛，全无正门的气魄……不过，它藏在深邃幽密的林园里，倒是雅人的妙招，可谓独出心裁了。

他们已走到了宫门口台阶下，霍宝指着一个中年宦官对吴起说：“那就是敝内兄，在等着俺们了。”吴起心里一哂：怪不得其内兄可手眼通天，原来是个“阉货”。霍宝让吴起和马牛儿止步，独自跨上台阶，走近宦官悄声说了几句，随之招手令吴、马上前。吴起趋近宦官，心中鄙视，面上却极恭谨地施礼，宦官一摆手，细声细气地说：“不必多话。十公主等候多时了，快进去吧。”说罢推开宫门，率先跨进宫去。

进门一个大院落，更有古柏蓊郁，珍木青葱，翠竹笼秀石，花藤荫幽径，芳草铺毡，杂花纷披，各种花香交融，沁肺腑而爽心神。啊！这哪像国君的正殿，威武肃然却枯燥无趣？这分明是神仙的园圃嘛！这位十公主，不啻神仙娘娘嘛！大院的东西两庑，灯光暗淡，阒然无人迹；北面正殿里则灯火煌煌。吴起按捺着心跳跨进大殿，但见绛红色的帷幕下，一位年约二十的靓丽女子端坐绣榻上（帷幕后面有些什么，似不容民间野人窥觑）。她遍身绫罗，满头珠翠，在十几枝臂粗蜡烛之光的辉耀下，光彩闪闪，瑞气焕焕，确是福贵滔天景象。身旁侍立着六七个小宫女，无不花枝招展。霍宝的宦官内兄也垂手侍立一旁。不用说，这就是十公主了。啊，公主“垂帷接见”，吴起激动地慌忙拜伏在地，“小民吴起，恭祝十公主福寿无疆！”公主笑容可掬，娇音如莺：“罢了。免礼。赐座。赐茶。”一名宫女拿来一锦缎绣花蒲团，另一宫女以托盘端来一盏香茶。吴起受宠若惊，叩头后接过茶，坐在公主的座下，但心口怦怦，不敢抬头瞻望“神仙娘娘”仪容。那霍马二人，远远地地站着，也不敢抬头，低眉顺眼，规规矩矩。

公主却又重启凤口，再啭鸾音：“吴先生，你有何宝？本主要见识一下。”

吴起赶忙放下茶盏，从怀中掏出白绫包裹着的玉佩，恭谨地双手敬呈。一宫女接住，捧给公主。公主打开两层白绫，眼睛立时一亮：“嗯，像是好东西。吴先生，你喝茶，本主可要好好鉴赏一番。”

公主捧着玉佩，上下前后翻来覆去细细端详，以掌摩挲蹙眉凝神辨其质，以指轻叩眯眼谛听考其声，又贴腮、贴唇以推求察究，不知推求察究些什么。

吴起确是渴了，又茶香缕缕飘送，更加之这是崇高规格的待遇，岂能不喝？趁公主把玩鉴赏玉佩之时，端起杯来，初而细呷慢啜，只觉甘芳润脾，见无人注意自己，遂抛却斯文，三口啜吸一尽。殿上所有人的目光都集聚于宝物上，吴起正好偷眼细瞧“神仙娘娘”的芳容仙仪。嗬，果真是天上仙女，那瑰姿妍态，那雍容气度，与民间富家妇人大不相同……咦！自己的眼睛怎么有点花了，看公主似被烟雾遮障，面容模糊起来？啊，看所有人皆面目模糊、身影飘飘了？而且，头渐渐晕沉、微疼，眼睛涩重起来？他好生奇怪，自己咋突然发病了？什么病？他想站起身来，试试可是真病了，但还没站起来，头猛地眩晕加剧，眼一黑，颓然跌倒在地，失去了知觉……

第十章

糟糠之妻患难情

吴起再睁开眼睛时，天已大亮，殿中不见了一个人影，自己却是躺在一尊衮衣旒冕、珠冠紫黼[①]的高大威武的神像座下。他惊愕万分，一挺身坐起，脑子里一片糨糊：这是什么地方？自己咋会躺在这儿？脑门还微有眩晕，但“糨糊”在慢慢消退着。哦！自己的身前翻倒着茶盏，扔着一个草蒲团，五步开外有四块石头支着的一块破旧木板……“糨糊”完全消退了，他猛地醒悟：啊呀，这不是自己坐过的绣墩吗？那不是公主坐过的锦绣之榻吗？……举头再望，神像顶上一面大匾，赫然有“威震东天”四个金字；匾额前面的两壁上，两颗大钉子宛然啊呀，这不是悬挂帷幕遮挡神像用的吗？他完全惊醒了，天哪，自己被人用药麻倒，劫取了玉佩！他霎时如跌进了冰窖，心给冻得缩成了一颗纽扣，人如傻了，没有愤怒，没有悲伤，心中只有空荡荡、灰塌塌的冷。

好一阵，他才挣扎着站起身来，双脚软绵绵，双腿沉重而僵滞，费力地挪至大殿后，却连老鼠的影迹声息也无。踅出大殿，见东西两庑门窗紧闭，死气沉沉，已不必再查看了。他脚步歪歪斜斜地穿出花木荫翳的大院落，蹭出殿门，扶着门口的大石狮喘息，转头望，见门楣上一块大匾，上书“东岳神君庙”五个秀美金字。他忽觉头晕目眩重又袭来，乃倚靠着石狮闭目养息。好一会儿才眩晕消失，他长叹一声“唉”，一拳砸在石狮上，却是那样的绵软无力。

他失魂落魄、脚步晃荡地背离东岳神庙而去。

东岳庙距吴起的住所有十里开外。来时的截近路径吴起哪还能找到？大道纵横交错，该怎么走？他不识回家的路了。幸亏他知道自家所在的小地名杜家圩，经向几个过往行人询问，用了近一个时辰，这才步履踉跄、面如死灰地摸回家门。

田月娴见状大惊，慌忙来搀住他，关切地问：“咋？你病啦？你一宿不归，妾也一宿不曾合眼……怎么，事情不顺当？”吴起一言不答，挪到床前，砰地歪在床上，双目紧闭，泪水却模糊了两眶。月娴更加惊慌，再问原委，丈夫仍闭目不语，见其并无什么疼痛痛苦之状，略略放下心来，就不再问了，服侍其睡好，手搭其额测试，微微有点发烧，乃为其做了一会儿按摩，搭好被子，去厨房做了碗花椒、芥末、姜、葱、老鸹蒜醋汤（其时胡椒、大蒜尚未传入中原，辣椒则更晚），要为他驱散一夜的风寒。她扶他坐起，靠在自己身上，一手端碗喂他喝。吴起喝完，辣出了一身汗，头晕大减，脑袋枕着月娴的肩窝歇了歇，长嘘口气，眼泪唰地流了下来。

月娴掏出汗巾为他擦干泪和汗水，以柔荑纤手温婉地抚摸着他的脸，轻轻地说：“莫如此，莫如此。男儿有泪肚里吞。究竟咋了，受何委屈了吗？说出来，心里松快些，也让为妻与你共承当。”此刻，吴起突然感到自己回到了儿时，正依偎在母亲温暖的胸怀里……那年他误食了半夏，母亲就是这么搂着他喂他酸水的。他情不自禁地又朝“母亲”怀里扎了扎，头触着了“母亲”的乳房，自己的心却被“电”了一下，委屈感和倾诉欲迅猛潮涌……儿子在外受了委屈，能不向母亲倾诉吗！他努力收住了泪，羞愧地哽哽咽咽地将“献宝”经过说了一遍。他当然不能说，失宝可痛，更可痛而可羞的是，原以为聪明绝世的自己，竟被下三烂的小毛贼耍得团团转，骗得咬碎了牙只能朝肚里咽啊。

月娴默默地听完，沉思了一下，却扑哧笑了，“哎哟，我当什么大事呢，值得伤心落泪呀！不值当不值当，这叫破财免灾嘛，是好事儿，还应该高兴呢。”吴起原以为必遭月娴的怨愤和奚落，不想却全无怨谤，反而极力安慰自己，他有些感动，但丢了稀世珍宝，又遭小毛贼耍弄，丢脸丢到地沟里去了，哪里还能高兴起来呢？月嫺见他仍是羞愧痛心之态，更做轻松状说：“你可别不信，破财免灾是真的呢。那年我十二三岁时，与一群女孩儿爬上山头采摘野花玩闹。快接近野花时，我的金钗忽然从头上滑落，一下跌进深深的岩缝里了。这金钗是我叔叔送给我的生日礼物，精美无比，听说在整个临淄城里都算得珍品呢。我气得直哭，呆立在石缝前抹眼泪。那些女孩儿扔下我奔向野玫瑰丛，惊起了一窝岩蜂，一个个被蜇得满头满身大包小坟疙瘩，鬼哭狼嚎地滚下坡，摔得头破血流，更有三四个女孩儿被石棱树茬划破了脸，伤好后竟变成了丑女。你说说，我要不是丢了金钗，说不定也就不是今天的样子了。我要变成个丑女，还能得到吴郎你的宠爱吗？”

吴起沉默不语，他怀疑月娴是为了安慰自己编造的故事，破财免灾能那么巧？但妻子的苦心还是令他感动的。

月娴见吴起稍稍转移了思绪，变得肃然起来了，“再说，我们真的丢宝了吗？否否否，我们的假宝丢了，真宝犹在嘛，应欢笑庆贺才对呢！”吴起一愣，“假宝？真宝？”月娴微笑着说：“那玉佩算什么？虽是美玉，到底只是一块石头，一件玩物，假宝而已，妾见得多……”又轻拍拍吴起的头，“真宝嘛，在这儿呢。”吴起茫然不解，“你，你是说……”月娴敛笑而庄容说：“妾是说，我的夫君才是无价之宝呢。夫君啊，你胸中蕴蓄可经天纬地，腹藏机谋可翻江倒海，何宝可比？吾之真宝完好，吾其敬谢天地神灵矣。”说罢连连向虚空行礼如仪。

啊，月娴视价值连城的宝物为假宝，而将自己看作无价之宝，丈夫在妻子心里如此贵重，做丈夫的何其幸哉！吴起感动得眼睛有点发潮了，我吴起得此贤妻，得无天眷哉！又转思月娴所言，真是慧眼独具啊，自己胸藏移星换斗、吞吐风云之文韬武略，岂不是无价之宝吗！他的羞愧、愤懑为之一扫，渐渐振奋起来，英雄豪气又渐渐回归，也想如月娴那样豁达、豪迈一下，但不行，玉佩被劫，怒恨难消啊，乃一握拳发誓道：“霍马二贼，吾必手刃之。”月娴微笑着摇头，“夫君何须与市井小人斤斤计较？想此二人，设下如此精密骗局，其贼智不低呢，得宝之后，早已远遁深藏，只怕再难觅其踪影。更要紧的是，他们谋财而不害命，犹为良善之辈。夫君思之，当你昏迷之时，彼若要对你下毒手，那……” 吴起也不禁打了个寒战，又紧紧偎在妻子怀中。

良久，吴起又忧愁地说：“为夫纵是蛟龙，不得池水依托，又怎可腾奋霄汉吐云播雨呢？”月娴更像母亲在诱导自己的孩子了，“莫急莫急，但有凌云志，会当冲九霄。姜太公八十才得‘池水’，大器晚成，却终为千古第一英贤。夫君不及‘而立’，吐云播雨来日方长呢。睡吧睡吧，我为你按摩。睡一觉起来，忘却烦恼，‘池水’或会自己涌来。”在月娴轻柔的按摩中，吴起慢慢睡着了。

次日上午，月娴见丈夫尚未从烦恼中完全解脱，灵机一动说：“前日我上街买祭品，见有赵国桑田的桑神相来曲阜摆摊卖卜，其顾客堵塞街市。这位桑神相乃老神相桑田巫嫡系后裔，家学渊深。夫君何不前往求其一观命数，或可知时来运转之机。纵无准，上街走走，亦可散散心。”

倘是一般的看相卖卜者，吴起必是无动于衷，但桑田家神相，却令人不敢不敬重。一百多年前，晋景公得了怪病，举国良医束手无策，无奈召神相桑田巫一观休咎。桑田巫观后叹息说：“君之病常医不可治，唯神医缓可治。然而，恐二竖藏于膏肓间，则医缓亦难施救。如此，君不能吃新麦矣！”景公急遣人到秦国请神医缓。医缓来晋国之前一夜，景公梦见从自己胸膛内跳出两个寸长的小儿，一个说：“医缓将至，吾其危矣！”一个说：“勿虑。吾等藏于膏肓之间，医缓无可用药。”言罢，二小儿又钻进景公胸中。景公惊醒过来，才明白“二竖”和“膏肓”之所指。医缓进宫，诊视病情后说：“君之病已入膏肓，医缓无能为矣！”不施药而告辞。景公自思桑田巫、二竖、医缓所言一致，只好等死了。但奇怪，他的病不再加重，一天天反有了好转。一个多月后，新麦将熟，他记起了桑田巫之言，不由怒火中烧，急令人割来新麦，加水煮熟，招来桑田巫大骂：“汝诅咒寡人不得吃新麦，今新麦已熟，待吾举箸，汝尚敢妖言惑众乎？”桑田巫微微冷笑，“君急于食麦，恐不得善终。”景公怒发如雷，立命将其推出斩首。杀了桑田巫，景公哈哈大笑，举箸欲食，却突然腹胀难忍，急急入厕出恭，不料一阵眩晕，竟跌入粪池淹死了……新麦终未得食。其后世的几代桑神相，相面卜卦，亦无不灵验如神……

吴起虽知当世打着桑家神相招牌招摇撞骗者遍地皆是，真正的桑神相只怕踏破铁鞋无觅处呢，但他急于走出窘境，急于吐云播雨，乃欣然随妻来寻相士。

【注释】

①衮衣旒冕、珠冠紫黼：帝王的服饰。

第十一章

劝谕善恶以警世

他们寻到相士挂摊前，但见问卜求卦和看热闹的拥拥挤挤，将六十多岁的老相士围在当中。看完相求完卦的，有的面有喜色，有的面如纸色，有的惊恐疑虑，有的则由衷感叹：“活神仙，真是活神仙啊！”那相士白须白眉银发童颜，双目如深潭，潭中波光幽幽，给人深邃如海的感觉。其看相问卦不论价，由顾客自判准与否随意酬谢。等了小半个时辰，他们才挨到挂摊跟前。

这时，一个衣着光鲜、三十多岁的富家妇人一手按着胸口，蹙眉苦脸坐到相师面前。相师微微瞅了她一眼，轻轻一摇头说：“这位奶奶，你找错地方了。我只看相问卦，你要治心口疼之病，去找良医吧。”那妇人大是震惊，颤声说：“神仙爷爷，您既知我患了心口疼症，必有仙法给我治愈。求神仙爷爷大施慈悲，小妇人给您磕头了。”说着扑通跪下，连连磕起头来。相师要搀她起来，她却跪着不动，只哀哀地诉说，她患心口疼症一年多了，有时疼得像针扎鼠啃，几日几夜无法成眠，看过无数高明大夫，均只能止疼三五天，随后又犯，疼得更厉害，不知是何怪病还是妖魅作祟。相师捋着白胡须听罢，点点头说：“我本不愿管你之事，无奈你恳跪不起，这也是缘分，合该你去病消灾了。你之病，乃为暗室欺心，鬼神惩之，药石何能治哉？”妇人惊得面色灰白，急急分辩说：“小妇人自问能守妇道，敬公婆尊良人，与邻里也能和睦相处，并无……没做暗室欺心之事呀，神仙爷爷怪错……哎哟！”她突然双手紧抱胸口，一下瘫坐在地，腰弯如虾，五官痛苦得歪扭了。相师白眉一轩，冷冷地说：“你既崇信于老夫，就该对我说实话。在吾面前诳言巧饰，一增罪孽也。我且问你，是谁嫌恶前房哑巴儿子？自己之亲子衣锦粱肉，却给哑巴儿子破衣败絮、吃猪狗之食？又是谁怕哑巴儿子将来与亲子分家产，趁丈夫远出之时心生恶念，图谋将哑巴儿子卖到僻远之地为奴，幸而被公婆发觉，才救下了哑巴孙子……”那妇人疼得满脸冷汗浸浸，呻吟着挣扎着磕头不止，“神仙爷爷，奴家知罪，奴家知罪了。”相师沉着脸严厉地斥责道：“自今而后，汝还敢再生害人之心吗？”“不敢了。俺……俺再也不敢了。”妇人低弱地求饶。相师淡淡地一笑，“汝既知罪，站起身来。”妇人听话地慢慢抬起头，很费力地站起来。噫！心口不是太疼了，她不自禁地用手按按胃部，哦，长期压在胸口的硬块仿佛软了许多，也小了许多。她惊喜地又跪下去，“多谢神仙爷爷为俺治病……”相师一摆头截住了她的话：“我未曾为你治病，汝不必谢我。但我告汝，今后若能善待前房之子，视如己出，将有福寿加汝；若再生恶念，不惟折寿，胃病更将加剧，痛苦倍于此前。切记切记，汝去吧！”妇人诚惶诚恐地跪下磕了三个头，摘下手上的一对金镯子递过去，要充作谢礼。相师一摆头推开了，“汝之病痛去，乃为善念生焉，与老夫无干。刚才所言，为老夫看你骨子里有善根，故加以点拨而已。汝之卦金老夫不收，汝自将去，权当是我对那可怜小哑巴的绵薄爱助。你但存善念，鬼神必福于你。汝去吧！”妇人臊得面红过耳，但犹豫了一会儿，却又擎着金镯诚挚而坚决地再递上去，“神仙爷爷，小妇人再不敢虐待前房儿子了。只这礼金，还请爷爷笑纳。”相师的脸色突地一肃，“老夫说出之话，岂能变更？你休再啰嗦，你家出事了……你此前之恶行，已殃及汝之亲儿，此时已被开水烫伤了手，其将有一月小灾殃。汝还不速回？”妇人一听亲儿受伤，惊得五官错了位，慌乱地将金镯子揣入怀中，折转身拔步小跑而去。

吴起对鬼神之事，原本疑信参半，但桑家神相名传百多年，令人不敢妄加猜测，可眼前这位老相师，既不细观妇人面相，又不批八字推算命数，一搭眼即知妇人之既往细事，言之凿凿，如同亲见，这也太神了！世上真有这种神仙吗？不，这或者只是一种劝善的游戏，劝谕人做善事、积阴德、种阴福，比如修桥补路、救死扶伤、敬老爱幼、帮困济贫、敬畏鬼神等等，这本身就是善行，但有人是借劝善骗财的。这个相师可能是在炫耀神术以招徕顾客的，这妇人实际是他的托儿，是早就排练好的双簧戏罢了。这些相师呀，其骗术可真工巧之极矣！

田月娴见丈夫神思有所旁逸，以肘轻捣之说：“注意听！”吴起这才收回注意力，却见围观的人群中，一个二十五六岁、衣履整洁而恶眉吊眼的富家阔少跨出人群，挑衅地望着相师，嬉笑发难了，“喂，老神仙！别人占卜看相，还要用龟甲、铜钱、琪草等物哩，你什么也不用，嗨嗨，空口白话就糊弄人吗？”老相师瞅瞅阔少，莞尔一笑，“不错，我只要问卜者相信就成，

汝不问卜，信不信两可。”那阔少哪里肯依，“呃，你吃了灯草，说得轻巧，不用推命之物，你是怎么算卦的？不给俺说个子丑寅卯，可别怪俺掀了你的卦摊。”老相师呵呵而笑，“老夫的卦摊无物可掀，你的力气省着吧。不过，我可以告诉你，借助外物推求造命，末流相术也。我桑家神相，何须借外物？”那阔少却偏要纠缠不休，“哼，吹什么大牛？俺问你，你说人的因果报应，倒是很动听的，可谁来证明呢？你又说人头上有黑气，面有晦色，黑气在哪？晦色在哪？俺们怎么看不见？你指给俺看看吧！”

全场寂然。对相师心有怀疑者皆吃吃窃笑，等着看老相师出乖露丑。

相师微笑着盯视了后生片刻，忽地板起了脸，“晦色黑气，非有天眼者，常人岂可得见？譬若气流，是何形态，汝可见之乎？然而人皆可感知。你要证明吗？好，老夫证明给你看。且说你，也是面有沉沉晦色，将有大灾，汝知之乎？”发难者咯咯大笑起来：“大家请看，这老骗子满口胡言，全是糊弄人的。在下嘛，家有良田百亩，粮满仓钱满匮，合家人畜康健兴旺，何灾之有？老骗子，你给我弄点灾来，让我心口疼一疼，让我儿子也给开水烫伤吧。不然，我就报官，告你妖言惑众。”相师仰头大笑起来，“你呀，可没有儿子被烫伤，因你是光棍一条，何谈儿子？且鬼神之报，奇妙万千，何必定要给你小疼小灾呢？我且问汝：汝妻之亡已过五载，汝父母多方托媒，汝更大撒钱财寻求续弦，却波折横生，总是不成，人伦之灾已露端倪，此岂不是更惨痛之惩罚？”

正在张狂得意、讥嘲嬉笑的小伙子，蓦地将笑声噎在喉间吐不出来，憋得脸色如青泥，只那冷笑还凝固在脸上，变得怪模怪样，难看得吓人。冷笑渐渐消失，人却一下蔫了，口嗫嚅着，半天说不出话来。过了良久，才苦眉耷眼，气馁声怯地低声告饶：“老……老相师，老先生，不，老神仙爷爷，你，你说得全对。俺……俺再不敢跟你老胡闹了。老实说，俺为续弦不顺，找过好多相师占卜、禳改，花钱不少，可一个个都是信口胡说，俺这才恨上算卦卖卜者了。你老是真的神仙爷爷，请给俺卜一卜，是何物碍了俺续弦？”相师皱皱眉头申斥开了：“此时此地，汝还执迷不悟！何物可碍人？人之困厄穷途，皆自酿苦酒也。汝大伤阴骘，冥府震怒，鬼神惩之，庸常相师，又如何占卜得出、禳改得了？”小伙子浑身一颤，脸上青、黄、赤、白、绿几色交替浮现，脸颊上的肌肉抖得很厉害。但他呆了一会儿，突地又暴怒起来，“呸，什么老神仙！你……你敢诅咒俺？俺家广有田产，富有金钱，俺何患无妻？笑话！你满口胡言，道俺伤了阴骘，败坏俺名声，俺……俺与你见官去！”相师嘲讽地一笑，轻声慢语奚落道：“见官？汝不怕扯出几条人命官司？”那阔少顿如遭了雷击，全身剧烈地簌簌哆嗦起来，动不了也不敢动了。

老相师却突地白眉一耸，疾言厉色了：“咄！怙恶不悛之徒，竟敢豺狼反噬？我本不想彰扬汝之劣迹恶行，然汝太嚣张，吾则还你名声如何？是的，你家可称富有，然汝自幼娇宠暴戾，长则日赌夜嫖，父母不能禁。尔发妻贤淑贞良，是个好媳妇，可你偏要将妓院一个粉头娶之回家，你爹妈坚决不许。你却心生毒计，妄图休妻再娶，竟然偷来表哥的一双鞋子藏于床底，半夜里乘醉回家，搜出鞋来，毒打妻子，逼其承认与表哥偷情。尔妻不堪羞愤，上吊自杀了。你高高兴兴要娶粉头时，喝了个烂醉，发酒疯点燃自己的衣服，粉头来救你，被你推跌一跤，把脸摔了个血疤。人破了相，你翻脸不要了。粉头哭诉无门，气得发了疯，脱光衣服满街乱跑，跌进水塘淹死了。两个冤魂肯饶过你吗？鬼神肯饶过你吗？哼！你第一个续弦的花轿刚走到半路，天突起狂风，刮得飞沙走石，闭目难睁，风过后，花轿没了，新娘子失踪，至今生不见人死不见尸。你的第二位续弦婚后才三日，半夜里却莫名其妙地上吊死了，引来一场人命官司，差点儿把你老爹气死。你第三续弦婚后一月，提水时落井淹死了。你家鬼气重的消息风传开后，已再无女子敢嫁进‘鬼窝’里了，你爹妈为‘香火’急得快要……”

“神仙爷爷，你……你别说了！”那富家阔少早已面如白蜡，额上冷汗涔涔了，连连地拱手哀求。相师顿了顿，语气和缓了些，“我非揭你老底，乃为点醒于你。汝知乎？以尔种种无良恶行，鬼神将惩罚你永不得妻矣。”富家哥儿忽地扑翻身跪下，磕头如鸡啄米一般，“神仙爷爷，小子丧德，小子知罪，但小子无兄无弟，俺不得妻，俺家香火无继，爹妈将焦虑死，地下祖先也不得安宁。天地神灵降俺什么罪俺也不敢怨尤，但求莫使俺家断香火啊！神仙爷爷，恳求您老垂怜，拯救俺家香烟，俺家人鬼都给您磕头了。”说着大哭起来。相师捻须微笑道：“凭你还有这点孝心，尚有改恶从善之望。实告汝，尔虽丧德无良，然尔祖尔父积有善行，尔家香烟不当斩，十年之后，尔可得一丑妻，宗嗣无虑矣。此女虽貌丑，然可助尔振家声，汝当善待之，倘再恶性复发，天惩不可救也。汝去吧！”

富家哥儿千恩万谢，叩头咚咚响，正要站起身来，却听人群里又响起一声粗重响亮的吆喝：“嗨！老神仙，你给俺相相！”人随声到，大步跨出来

一个四十来岁、膀大腰粗的汉子，腾腾走近相师，不无讥诮地笑着说：“俺也不说你是不是吓人蒙人了，你只看俺，脸上可有晦气？”相师略一端详，也笑了，“老弟你操业不雅，杀猪为生。猪为一刀菜，也谈不上杀生害命。你至孝老父，又有豪侠气，常肯扶困济危，故而你脸上毫无晦色，可得一生平安。”壮汉大笑如雷响，“哈哈！俺这身坯，俺这油渍麻花的行头，你猜出俺是杀猪匠不稀奇。拿出你的看家本领，能说出俺的过往故事，俺就服你。”相师微哂道：“你老弟根本不信鬼神，老夫多说何用？可你也获罪于神灵了，你不自知吗？”壮汉更笑得前仰后合，“好啊好啊，俺既得罪了神灵，咋不见神灵给俺降罪降灾呢？”相师皱眉长叹道：“愚哉愚哉！神灵已降罪于你了，尚不醒悟吗？尔不但不信神灵，还恶作剧地偷吃、掠走他人祭献神灵的贡果贡物，神灵气极，但念你孝而仁善，故而只小惩于你……杀猪你熟练如反掌，但数月前杀一小猪，何故竟割断自家一只小指？伸出你的左手来，让大家看看吧！”壮汉一下蔫了，害羞似的将左手藏在衣襟下，怔了一阵，才又惶愧地拿出手来，却未亮出来向观众展示，而是一抱拳，对相师深深一揖，急匆匆撤步离去了。

第十二章

神相的神判一生

吴起终于坐到老相师的面前了。现在，他已认定这位老相师必为桑家神相传承之人，已怀了敬畏之心，乃肃然恭谨地对之深深一揖，“有劳老相师了。”

那桑神相似已有些疲劳，精神略显倦怠了，但搭眼一望吴起，深潭中的幽幽波光晶晶闪烁起来，随之精神一振，继而正襟危坐，将吴起从头到脚扫视一遍，再抬头细端详其天庭、地阁、印堂、颡吻一番，这才含笑相问：“客官欲卜什么？”

吴起怏怏地答：“卜运。请教在下何时可脱困顿之运？”桑神相又拿起吴起的双手瞅一番，闭眼思索了一会儿，缓缓地说：“客官之八字亦无须推求了，望气尽可知之。简明言之，子非凡品，老朽亦当礼敬。然而君之运，老朽不好说，亦不可说破。”吴起大惊，央求道：“请先生点化愚钝，莫非在下要永困于厄运吗？”桑神相摇摇头，“非也非也。予阅人也多矣，然相之奇者，莫若足下：大贵相而有贱征，寿考[1]相而有促兆。余则不宜深言矣。”吴起心中一冷，这种大而无当之言，全是骗人高兴的俗套套，莫非这个老相师，终究还是故弄玄虚蒙人的骗钱把式？是的，自桑田巫之后，桑田桑家的相术驰誉天下，世代的桑神相都有神奇的故事流传，但真正的桑神相确如神龙游云海，觅之不可见，偶尔现身，瞬即难寻仙踪。倒是有许多相士，皆冒桑神相之名以唬人敛钱。现在这位……

吴起立即换上了微微轻蔑的笑，“那么请老相师为在下观相。”那相师当然看懂了吴起的心理，也淡淡地一笑说：“足下之相，吾已有断言，何须再观？”吴起更显出轻蔑地笑，“此类断言，何人不会？好中有破败，破败中有转机，天道本如此，何劳相师金口？”桑神相窘了窘，正色道：“足下苦相逼，老夫只好释君之疑抱了。足下大贵相，飞龙在天终有时，功业宏丽如虹，然而转头成空，亦如虹之易逝也。观君之骨格、面相，少而失祜[2]，并

无兄弟。虽有一妹，然不惟足下不知不识，即萱堂[3]亦不明了也。此妹或将救君一难呢。观足下之运，祸福大起大落，频频交替，祸不及身时，终当及亲……察子之气色，或已累及至亲之人矣，那么，遭不测者当为令堂矣！要言之，子将富贵终身，然而小人之谮陷亦将终身。譬若，近日即连遭小人暗算，一则令子翅不得展，二则令子小阴沟翻船，羞愧难当。吾无以助子破解小人，仅以四字相赠：'亢龙有悔'，慎之慎之！"

吴起愣怔了，这些命数似乎仍是很高明的阿谀之词，又说自己有个妹妹，连母亲也不知，这不是胡扯吗？然而，他相出自己少而丧父、无兄无弟、近而失母，却是分毫不爽，已可称神相，更神奇的是，居然相出了自己求仕不得、有翅难展和失宝而遗羞遗恨之事，真个是活神仙……他还在发怔，身旁的田月娴却抢上前来，对桑神相盈盈施礼，"老神仙啊，你老真是有天眼呢，所言如同亲见。外子正为小人祸祟烦恼呢，请问，何时可摆脱烦恼？"

桑神相不答话，却紧盯着月娴上下细瞅，仿佛在欣赏她惊人的美丽，弄得月娴微微红了脸。过了片刻，他双目微合，轻轻摇摇头，怃然喟叹一声。月娴与吴起同时一惊，"怎么？祸祟犹无尽期？"桑神相又喟叹一声，说："祸祟仍有，幸无大妨。此乃天将遣人有为，故困苦其身心，折磨其虚娇，淬砺其志节，增益其坚韧，玉汝于成也。吾所叹息者……"转对吴起说，"君鲲鹏展翅之际，恐将有终身遗恨之事生发焉。"吴起与月娴又一惊，"终身遗恨？……老先生啊，能否见告详细？能否予以禳改？"桑神相抚须摇头，"此乃由命数推求，其详我亦不得知。且天数虽有定，人道亦可更易之。人道者，亲亲爱人也。但存仁心，遗恨或不致生发也，无须禳改，亦无可禳改。"

吴起心中一松，对遗恨不放在心上了。他此时激动万分，神相已断定他"非凡品""大贵相""飞龙在天""功业宏丽如虹"，这不是与自己"吐云播雨"之志相契合吗？自己终当大展宏图出将入相吗！哈哈，我吴起不枉天赋异禀喽！可是，神相似在隐约告诫自己：尚有磨难。那么，何时才能壮志得酬呢？上官洋之仇急需报，霍马二人的恶行急需惩，就是曾老夫子的羞辱，也急需洗刷啊！我吴起急迫展翅腾翔啊！想到此，他忽地离座，扑通跪倒在地，万分恭谨恳切地央告："老先生学究天人，天眼烛照，恳祈明告我转运之时。"桑神相慌得手忙脚乱来相搀，"快快请起，快快请起。足下大贵之人，老朽怎当得如此大礼？岂不要折杀我吗！"吴起却拜伏不动，"老先生吝啬指示，小子唯有跪求了。"

桑神相搀之不起，不再强搀了，长叹口气，白眉微锁，眉间一“n”字如深刻，沉吟片刻才说：“足下如此，是为急于用世也。实告子，子之转运腾达，尚须时日。若急于用世，于自身极不利焉。”吴起却笑了，“不利又怎样？人生固如灯烛，但得辉耀一时足矣，至于油干火熄，自然之理，何足为忧？伏惟老先生能助我腾翔。”桑神相眉间的字倏失，肃然动容，“果然是英雄气魄，令老夫钦敬。子甘于不顾自身利害，则必能泽惠苍生。罢罢罢，老夫拼着获罪于天，助子早展宏图吧。”说完用力搀起吴起，向等候看相和瞧热闹的人众望望，轻声说：“此处非言机密之地，子且随我来吧。”说完起身就走。吴起稍一迟疑，也紧随之走去。

前行百多步，来到桑神相寄居的客店，打开门进入房间，桑神相又关好了门，这才正色对吴起说：“助子之计，亦有四字：令齐伐鲁。”吴起吃惊地凝望着桑神相，似乎反应不过来这四字的含义了。待他明确过来，不禁冷了脸，“是何言哉？吴某视先生为神仙，神仙岂可危人社稷？鲁虽非我桑梓，然我寄生二年多，娶妻成家于此，义同桑梓也。先生何故而害鲁？”桑神相摆摆手，示意轻声，却更加声色肃穆地说：“子言差矣。吾之祖籍在鲁，吾非害鲁，爱鲁也。子亦知鲁之现状堪忧，君无远志，臣无近虑，唯歌舞升平，侈谈仁义，文恬而武嬉，士怯而民慵，更有柳子瑞弄权误国，此危亡之兆也。今若令齐来伐，柳氏之糟朽无能毕显，鲁君则必鄙弃之，鲁可去一祸害焉。柳氏抗齐大败，子则可脱颖而出矣。以子之天纵神骏，必可大折齐人锋芒，令齐则暂敛图鲁之心也。齐敛野心，亦必不容诸侯图鲁，相互牵制，鲁得安矣。且以战警寤鲁人，稍稍振作，鲁祚可望绵延矣。”

吴起如聆天语纶音，微张着嘴，不敢再发议论了。有顷，才叩问其详：“那么，该如何令齐伐鲁呢？”桑神相笑了，“此则子之所长也，无须问道于盲。”吴起顿觉心胸爽朗，多日的郁闷荡然一尽，眉飞色舞地再深施一礼，“如此，谨谢神相老先生，晚辈受教了！”说罢，掏出一锭黄金，诚挚地捧给桑神相。桑神相轻轻推开，似凄凉又似豪迈慷慨地说：“老朽激于意气，泄露天机太多，恐将不久人世了，金山于我何益？”

吴起一凛，复一转念：纵有天惩，何得如此之速？或是老神相推拒谢礼之婉辞呢。于是也委婉相劝：“老先生纵使不为自身计，亦当为子孙谋，请笑纳。”桑神相笑了，“儿孙自有儿孙福，何劳我为之谋？若要爱财，凭桑家相术致富，不愁富敌公侯呢……然为祖训家规所不容。不必再多言了，莫

忘亢龙有悔，则幸甚幸甚；更须牢记‘仁、道’二字，则必有天人相助。贤伉俪请回吧！”

吴起与月娴回到家，心中兴奋难捺：天将降大任于我吗？大任者，“惠泽苍生”乎？吾蒙西门先生教诲多年，又得儒门正统之道陶冶，复得兵家、法家之浸润洗礼，虽不敢称学究天人，学贯诸大家却是不虚，吾必能不负上天所托，吐云播雨惠泽天下！急于用世于我不利，且有终身遗恨之事？管他呢，好男儿能得舒展襟抱、建功扬名、留香千古，即不枉来世一遭，于愿足矣，纵使短寿夭折，甚而罹比干剖心、伍员抉目饮剑之殃，又何所惧哉？令齐伐鲁，计将安出？那田氏志在瓜代[④]，虽有伐鲁以增私威之心，却又担忧异己者乘虚作乱，重蹈夫差之祸，轻易不敢兴兵的。但若以利诱之，田氏则必心动。对，由“利”字上做文章——哦，那块玉佩，似有文章可做，若夸大其词为举世奇珍，播散消息令齐闻之，田氏必出兵来夺。好，此计可行！

夫妻入睡后，月娴犹是心中忐忑不安。老相师对丈夫秘言了些什么？丈夫不肯说，却只是兴奋和激动，料想是利好佳音吧。老相师描绘的绚丽前景，她坚信不疑，也为之兴奋和激动，但“亢龙有悔”四字，令她阵阵心发冷：水满则溢，日中则西，天道示人，宜知进退。龙飞在天，有时亦须深潜九渊以自珍。不知自珍，焉能不有悔？丈夫绝对是亢龙，必将腾翔九霄，然而能知自珍吗？孙武子、伍子胥皆为亢龙，孙子知“悔”，得以全家保身，著述传世；伍子不知“有悔”，只知进不知退，终致凄惨悲凉……丈夫性刚而傲，学不得孙子，则可能履伍子之迹啊！纵使丈夫进而如意，如伊吕二人之创建千载辉煌，那又如何？与我何干？再怎样壮丽的功业，又如何能与凤凰于飞、合家康宁相提并论呢？我须从“悔”字上给丈夫泼泼冷水……且又有终身遗恨之事，它会是什么？是丈夫再不能回卫国尽忠父母之邦吗？不，卫国糜烂狂悖，对其百姓毫无恩德，丈夫对它只有仇恨，不会再有尽忠报效之念。是不能尽孝吗？婆母仙逝，丈夫不能为之披麻戴孝、扶柩培土，良足为恨，但为势所迫，只得从权，而怀念母恩，孝在胸中，不必遗恨……

月娴还在寻思，兴奋中的丈夫却已一翻身骑在了她身上，伸双手捉住她的两只乳房，不轻不重地两捏两揉，她的身心立时一酥，思索中止，情潮泛起。自得知婆母噩耗，她与他皆陷入悲苦中，不曾再行夫妻之乐。而他雄壮如虎豹，情欲亦胜虎豹，平时，几乎夜夜都要与她欢腾一番。此时兴奋催情，他少了温存，多了鲁莽，不等她有所回应，已急煎煎地挺起刚劲、发烫的那物，突刺入她的肌体深处，随之猛烈地抽插起来。几个抽插，她的情潮也翻成了欲浪，呼应着他，配合着他，扭摆迎送，娇声呻吟，刺激得他更加凶猛。两人热汗津津，气喘咻咻，却如在补偿间断了多日的情爱性欲，忘掉了一切，只是竭尽全力使对方愉悦，使自己愉悦。“凤凰于飞，翙翙其羽[5]”，正是此刻情境的写照。

一番痛快淋漓的酣战后，二人皆如一滩泥，倒头呼呼沉睡了。

【注释】

①寿考：高寿。全句说，大富贵中有微贱，能长寿又可能暴死。

②少而失祜：很小就死了父亲。

③萱堂、令堂：敬称别人的母亲。

④瓜代：更换，接替。意为谋篡、取代姜氏之齐。

⑤翙翙其羽：双方羽翼相摩擦而发出乐声。

第十三章

风波突起灾殃兴

且说这杜家圩一带有两个青皮光棍，家贫，不懂仁义，不知礼仪，专干撬门扭锁、挖洞入室偷窃的勾当。此类小贼，全靠踩探有钱人家的家人动向、警戒状况以及活财藏匿的处所，寻其疏漏而下手。此二人倒也胆大心细，配合默契，从未失过手。吴起夫妻早就引起了他们的关注，由其衣着用度估摸出当是有钱主儿，早有下手之念，但那男主人书生每日清早在院子里练武，冲拳而晨星哆嗦，踢腿而寒风飒飒，猛一拳击去，那海碗粗的桂树也簌簌震摇，吓得他们吐舌瞪目，暂压下了歹念，只是更留意刺探目标的信息了。很快，他们得知男主人名吴起，是大儒曾申的得意弟子，心中又一肃。吴起战胜齐国大力神苏豹的轰动新闻传开，他们更吓破了胆，几乎要息了虎口掏食的念头。可是，此后多日不再见到吴起练武，也不再看到吴起进出曾申书院的身影，偷窥其小院，只有美艳如仙的女主人偶尔一露面，哈哈，那吴起必是随曾老夫子外出游学考察古迹什么的去了，下手的机会来啦！

这日半夜，月光暗淡，二贼翻垣墙进入小院，打开院门，按踩探好的路线，轻轻摸到西厢屋下，熟练地用小锸子掏墙角，很快就掏出一个能容人钻入的洞口。一贼悄没声息地钻进屋去，另一贼在外接应。这西厢屋乃是吴起的书房，吴起从卫国带来的五块金锭，这两年已花销得差不多了，幸喜鲁穆公赏功而赐一百金饼，他要转送先生一半，老夫子却坚拒不受，他只好带回家中。金饼的价值虽低于金锭，却仍是大钱。“钱大欺卖主”，不便流通，他则用三十枚金饼，兑换成数百枚布币、刀币、圜钱（当时各国最普遍流通的货币），与所余金饼尽藏在一口香樟木箱中，箱子在其书案旁边，上摞少量卷册，作了辅助书架。此贼摸进屋中，摸索到了箱子，大喜，料知财宝必藏其中。贼人小心翼翼地挪走书册，撬开小铜锁，掀开箱盖，啊，金与铜的幽幽光辉刺目又悦目，特有的气味儿冲鼻又润心。他惊喜欲狂，拿出预备好的布袋，更加小心翼翼地一件一件取宝，装宝，没弄出一丝儿声响。多半箱金钱，满登登装了一布袋。他提着布袋来到洞口，塞出洞外，交给了接应者。下面，他本该钻出洞去，与同伙一起携财宝逃走，可就在此时，他听到了东厢屋中女人的梦呓声，霎时，一个美艳仙女的光溜溜的娇柔胴体犹如亮在了眼前。啊，仙女的恶煞丈夫不在家，天赐俺艳福了……贼胆淫心一交织，他的血液似要燃起火来了，竟抽步离开洞口，蹑脚蹑手走到东厢屋门口，用手推试，啊，门竟没有上闩。这一下，他的血呼啦啦燃烧开了，竟用力猛一推门。门开了，门轴却发出涩滞的吱呀声，在静夜里听来格外刺耳惊心。

吴起习武多年，既练得武功精奇，也练得眼力、听力无比敏锐，倘不是先前欢腾纵欲过甚睡得太沉，莫说窃贼挖洞入室、开箱取物之响动，就是其逾垣进院和打开院门的声息也必然惊醒他。此刻他矍然警寤，见一条黑影蓦地窜进门，直扑床前来，情势惊心。出于防卫的本能，他顺手抓起床头的花瓶，对准黑影猛掷过去。“砰！哗啦啦……”“哎哟……”“扑通”……一阵乱响，吴起已一跃跳下地，准备再对“刺客”下杀手。却再无“刺客”了，一片沉寂。月娴也惊恐地跳下床来，颤抖着手敲火石点亮了蜡烛，举烛一照，只吓得“妈呀”一声惊叫：花瓶粉碎在地，一汉子仰面跌翻在地，已是前额洞开，脑浆与鲜血迸流，绝了气息。月娴两腿一软，跌坐在地上傻了。吴起也呆若木鸡了。

人命官司，次日，吴起只好到衙门投案。

曲阜令费铭贤带着人役到吴起家勘察了现场，窃贼入室盗窃的痕迹显然，但窃贼所盗之赃物何在？说另有同伙卷跑了，只是猜测臆断，没有凭据啊。没凭据，只能断窃贼是盗窃未遂，则吴起就有失手杀人之罪。费铭贤极是崇敬吴起，却也不敢徇私，乃将吴起羁押牢中，派人大力访查、捉拿另一窃贼，以便证据确凿为吴起脱罪。

但费铭贤不曾料到，吴起已成了鲁国朝野的焦点人物，焦点人物的官司是有轰动效应的。不消两日，曲阜城中就传遍了吴起杀人的消息，这极不利于访查缉拿另一窃贼啊。他更没料到，吴起与显贵权臣们似有深仇大恨，好几位大员都来过问此案，言辞间有指责他断谳不公，有袒护吴起之嫌；上将军柳子瑞的舍人方显，代表上将军来关心案情，更直接挑明了说，吴起凶恶狂悖成性，在卫奸杀女童，又惨杀司徒王鼎合府三十余口，逃来我鲁，豺狼之性不改，分明是杀人之后，伪造盗窃现场，贼子之心尤可诛。费铭贤心中不忿，冷冷地反问：“吴起大费心机杀一街头痞子，图财耶？图利耶？何怨

何仇耶？”这方显却是巧口利舌，被噎住了片刻，转而笑了，“豺狼吃人，亦须有仇乎？王鼎府女童，与贼子何仇而被杀？实告子，司徒、司空、司马大人与上将军，皆对吴起豺狼之性深恶痛绝，担忧不使贼子抵命，则法度废弛，我礼仪之鲁将民风向恶，不可收拾矣！”

寻常的盗窃和误伤人案件，竟然牵动了鲁国神经中枢的关注，居然与社稷安危挂了钩！这吴起非死不可了？费铭贤明白，“三孙氏”未必真的关注此案，但柳子瑞关注则是确定无疑的。这柳子瑞虽无治国安邦之才，却富于狎邪歪才，不仅能在国君与“三孙氏”之间游刃裕如，甚至能将四方面皆玩得团团转。柳氏显然要以威干谳[①]，致吴起于死地了。吴起呀，你怎么招惹了柳氏呢？他极是愤愤：吴起于鲁有大功，且是举鲁无人匹敌的英才，柳氏分明是嫉贤妒能欲除掉吴起嘛！自己无法抗拒柳氏的威压，却也不能伤天害理，怎么办？他犹豫了两日，终于心一横，借老父病重为由，请求辞官回乡尽孝。鲁以仁孝为国本，自然准允。

柳子瑞恨费铭贤奸猾，却又正中下怀，乃举荐舍人方显继任了曲阜令。

方显一莅任，吴起的厄运立即来了：公堂审讯，迫其承认泄愤杀人，而后伪造了被盗窃的现场。吴起愤怒而斥骂，被赏了五十大板，只打得血肉迸流，昏死于大堂上。行刑后又赏以重镣铐，投诸最潮湿阴森、蝇蛆乱舞的死牢。狱卒得了密令，克减其饮食，厚赠其鞭杖、拳脚和辱骂……随后两日一过堂，过堂则酷刑伺候，欲毙吴起于严刑下……

但吴起既是焦点新闻人物，其蒙冤遭毒刑的新闻也不胫而走，朝野舆论纷纷了，皆怒骂方显残害英雄。柳子瑞闻之，担忧消息传到鲁穆公或“三孙氏”耳中，或将于自己大不利，乃训诫方显，办事须不露痕迹，决不可给人诬害吴起的口实。方显这才放弃了急于治死吴起的恶计，收敛了残暴刑讯，转而试用杀人于无形之法……

牛商高岱路经曲阜欲往齐都临淄，听见了吴起深陷死牢的消息，惊得冷汗乱滚，乃停下生意，径直来到杜家圩吴起家，向田月娴探问确实消息。月娴哭诉了事情的经过，恳求高岱搭救。高岱与月娴计议，他虽说为人豪侠，在齐、魏、卫、宋的官场和江湖上广有朋友，但事情危急，远水难救近火，为今之计，只有抓获另一窃贼，方可推翻诬陷。窃贼深藏于茫茫人海里，须得江湖豪侠方能探骊得珠……他苦思有时，忽地想起了一位神功绝世的奇侠，此人与吴起感情极深，求其相助，必然全力以赴。他简要向月娴说明情况，留下随身所带的少许钱财，即匆匆告辞，急奔奇侠栖隐之地去了。

月娴得了高岱资助，又搜尽所有的钗环首饰之物变卖后，用钱买通了狱卒，这才获准探监，但不许携带吃喝之物。

吴起躺在潮湿霉朽的草垫上，浑身血迹斑驳，两股、臀部至后腰的杖疮溃烂，蝇蛆蠕蠕，屎尿遗于裤中，臭气冲人鼻孔。疮痛折磨，饥渴与寒冷交煎，他周身火烫，已处于半昏迷状态两个时辰了，只有微弱的鼻息，表明他还活着。忽然，他感到似有人扑到了他的身上，抱住了他，在失声痛哭……又在为他驱苍蝇、除蛆虫、擦脓血、抚创伤，一面悲极气噎地哀泣着，大滴大滴的暖热水珠滴落到他的脸上、脖颈……被人拥抱的温暖和这暖热的水珠，稍稍唤醒了他的意识，极度的焦渴感驱使他咧咧嘴咂吸着水迹，并条件反射地发出了紧急求救的微弱信号：“水！水！”抱着他的人之哀泣骤然激烈了，摇撼得他的身子也在震颤，热水滴更猛烈地倾泻在他的脸上，他睁不开眼，唯无力地咂吸着水迹。水迹的滋润，居然麻木了他的焦渴感，一阵舒服令他眩晕，他的意识又模糊了……忽然，他感觉口中有一股甜甜的热流，汩汩地流下喉咙，流进肺腑，好甜哪，好解渴哪，什么琼浆仙液不可比拟哪！他的意识完全苏醒了，还猛地睁开了眼睛，啊！抱着他哭成泪人儿的，却是爱妻月娴，此刻，她正把一根手指塞在自己嘴里，那无比甘甜的琼浆，却是由她手指上流下来的……天哪，她的手指竟充当了母亲的乳头，不，母亲的乳汁是白色的，她喂给自己的乳汁可是鲜红的。吴起又激动又震惊，一歪头，将“母亲的乳头”吐了出来。月娴见他醒转了，又哇一声大哭起来，随之又强掰开他的嘴，再将鲜血涌流的手指重塞进他的口中。他无力推拒，一任鲜红的“乳汁”再流进肺腑。但狱卒怕担干系，过来强行拉走了月娴……

却说方显见吴起已是奄奄待毙，心中甚是得意：哼哼，让吴起“病死”，何人能挑出诬害的痕迹？柳大人必因此赏识自己能干，加官晋爵指日可待矣！那小子命在旦夕，我且冷淡之，令其缓缓“病死”，更可证明我是秉公执法。于是，他不再管顾吴起了（那死牢浊臭的使人窒息，他实在不愿再踏入一步），自管悠悠取乐，静待佳音。然而，数日后的半夜里，他正与妻子熟眠，忽被铮的一声震响惊醒，慌忙起身掌灯一看，只吓得舌头吐出来半寸缩不回了：

他头顶上方三寸高的墙柱上，深深插入一柄雪亮的匕首，匕首上系着一方白帛。其妻杀猪般的叫唤来了卫兵，两个卫兵拼尽力气才拔出了匕首，呈白帛于他。他簌簌抖着展开一看，帛上有血淋淋的（尚有腥咸味儿）三行小字：“证据已到。胆敢再害吴起，以尔全家血膏吾刀！”他抖索得更厉害了，因为那匕首若要取他的性命，他早已进了阎王殿。

第二天，果然有一男一女来衙投案自首，那男人正是入吴起家偷盗的贼人之一。

原来，那晚此贼接应了财物后，急忙夹之奔出院门，停脚等待同伙出来一起逃走。可同伙迟迟不见出来，他正在焦急，却听到屋内传出惊魂破胆的器物碎裂声和同伙的“哎哟”声，他知事有不妙了，慌得夹起钱物拼命飞逃。所幸无人来追，他止步喘息着思量，同伙被擒，必然招出他来，不敢回自己的破家去。于是他扛着布袋，敲开了深巷中的一家小妓院，歇息在一个最年轻的妓女房中。一连几天，他吃住在妓院，虽有点提心吊胆，却也与年轻妓女其乐融融。第四天上，吴起的新闻传来：杀死人命，监押在牢。他大喜过望了：同伙已死，不仅再不会攀扯出自己，而且这一大笔财宝将是自己一人的了。有了钱胆就壮了，他提出要娶妓女为妻。妓女却轻蔑地取笑他，说是交钱陪睡可以，婚嫁不成，他那穷酸相，哪里养得活她。他笑她有眼无珠，打开布袋，亮出了财宝自炫。妓女大惊喜，答应嫁他，却又怀疑其财宝是否真的属于他，他笑而不答。这晚，他与妓女快活之后，得意忘形，将得财宝的经过详尽地描述了一番。描述甫歇，他们房前的窗户倏地大开，一道黑色人影如轻烟飘进屋来，凌空举手一拍，一股劲风压得他们骨头欲酥，疼痛如刀割心。不待他们哭叫出声来，那侠士再手指两点，他和妓女就如手脚似被捆缚，一动不能动了，而且连口舌也如被钳封，发不得声了。侠士找来一方白帛，用匕首割破他的大腿，指尖蘸血在帛上写了字，又如一绺轻烟飞出窗去。天微亮，侠士再飞回屋来，搜出钱袋挎在他肩上，解开他们手脚的捆缚，押解着他们来到衙门自首。击响了堂鼓，侠士在他们身后双掌一推，他们就如脚不沾地般地冲进大堂来了……

人赃俱在，铁证如山，合衙人役有目共睹，衙前观众沸腾议论……更有匕首惊魂，侠士犹如鬼魅……方显冷汗浃背了。

【注释】

①干谳：干预、干扰司法。

第十四章

玉佩钓来齐伐鲁

方显万般无奈，报告了柳子瑞，柳子瑞只好又报告穆公。鲁穆公本来就对“吴起杀人”很惋惜，此时其爱妃又得了一件精美绝伦，据说还是公亶父之遗物的玉佩，正在高兴，要大赦罪犯，于是下令释放了吴起。

吴起还在狱中，已听到了玉佩之事，心中凄然感叹：这正是自己要献宝求将的玉佩啊，它居然真进了鲁宫中！可它绝不是什么珍宝，许是害人的妖物呢，王鼎为它……自己因它……现在穆公得了它，能给鲁国带来吉祥吗？霍宝、马牛儿，可恨我吴起无法找你们算账了……

高岱与田月娴一起接吴起回到家，简单地讲了自己请来奇侠搭救结案的情形，吴起衰弱得无力说话，只默默流泪。月娴向高岱叩下头去，慌得高岱搀扶不迭，还埋怨月娴拿自己当外人。大恩不言谢，月娴也不再客套了，却问奇侠的姓名，欲图将来报答。高岱却犹豫了一下，摇摇头说，此人仗义行侠，不欲人知其姓名，连他也不得而知呢。高岱俯身瞅着吴起，似要安慰或劝说什么，但见吴起实在虚弱，轻轻叹口气什么也没说。他惦记起了自己的生意，就嘱咐月娴经心照料吴起养伤，说自己得前往临淄去了，要告辞。

本来双眼微眯、神情委顿不堪的吴起，却忽地如吃了灵芝仙草，精神一振，竟睁大了眼睛，“高兄去……去临淄？我……我，有事……相托。”“吴兄请讲。”高岱随即附耳凑近吴起嘴边。吴起费力地、断断续续地说了一阵，高岱听明白了，脸上显出复杂的神色，但还是很郑重地点点头，匆匆离去了。

高岱走后，吴起又发起高烧来，人又陷入昏沉迷糊中。月娴请来大夫诊脉开药，买药来煎好，又像在牢狱里那样，抱着他一匙一匙慢慢喂下。半夜里，吴起高烧退了些，人却仍不清醒，似乎处在生死边缘。月娴忧心如焚，暗暗垂泪。油灯昏黄，光亮暗淡，火苗被微风吹得摇摆不定。她在泪眼模糊中，

却见这灯光笼罩着一圈儿黄晕，黄晕的外围，竟有一圈儿绿幽幽的光圈。不好，这是鬼气！听说勾魂鬼要来摄人魂魄时，灯光会现绿色。天哪，我的夫君要被……月娴只感到要天塌地陷了。她忽地记起，听人说勾魂鬼只是奉命办差，有时并不细查真伪，只要勾走一人的魂魄就可交差。她主意来了，脱下自己的衣裙搭盖在吴起的被子上，自己却穿起吴起的衣冠端坐在床边。想了想还不放心，又找来两块白布，一块写上“吴起，生于 × 年 × 月 × 日 × 时”，另一块写上“田月娴，生于 × 年 × 月 × 日 × 时”，用针线将“吴起”缝在自己胸前，而将“田月娴”缝在吴起的枕旁，而后静静地等待勾魂鬼到来。

吴起却终于醒转来了，睁眼看到月娴搞的“哄鬼阵”，心里全明白了，妻子要想代替自己赴黄泉啊！他虽然不相信人可以哄鬼，但妻子的挚爱仍让他泪湿枕巾……

再说那霍宝、马牛儿，畏惧吴起是凶神恶煞，携宝藏匿于荒僻山村，忽听说吴起犯了人命官司，必死无疑，大喜，重返曲阜，通过种种关系，将宝物卖给了穆公的爱妃，得了大笔金钱，二人则花天酒地享乐开了。但多半月之后，忽听说吴起被释放，大惊失色，恶煞若来寻仇，我二人不得好死。二人计议，何不远逃入秦，安然享受富贵？于是二人买了高头大马奔向秦国。但路过赵境，被一伙强人抢走了金钱和大马，霍宝抗拒，竟被杀死；马牛儿乖巧，保住了性命，要饭逃入了秦国……

且说齐国相国田庄子，秉持国政，架空齐宣公，暗蓄瓜代之心，但齐乃大圣贤姜子牙创建，国富民殷，百姓悦附。自周室东迁日益衰微，齐亦动乱而衰弱，却得英主桓公与大贤管仲“若烹小鲜”之治，国力突兀崛起，民殷国富独步天下，遂领袖诸侯，熙熙然而称霸，竟成为王室之依恃。而今姜氏后裔暗弱，取而代之或是大好时机。然而，似乎人心犹爱齐、德齐，还有不少遗老遗少效忠于齐宣公，那姜氏毕竟树大根深哪，拔之难矣哉！人心不可测，不知天心若何？倘是天心眷爱我田氏，则人心不足为忧矣。何以察知天心呢？这庄子眼珠几转，计上心来。

这日朝堂议事，庄子忽然开言：“人皆道我齐兴盛，应归功于管仲之力，吾言不然。当年桓公率诸侯溃蔡伐楚，兵锋所指，势不可挡，此诚一举灭楚之机也。然而，管仲畏葸惧敌，不敢因利乘便，反以‘苞茅不入，王祭不供，无以缩酒’责楚人，随后撤军，错失了天赐良机，终使楚人日益坐大，遂成中原之患。于是要说，管仲实为齐之罪人，中原之罪人也。诸公可议之。”文武百官无不一愣：田相国这是怎么了，竟连历史定论的大贤哲也要否定和批判吗？一阵猜测和琢磨后，田氏党人试试探探地赞誉相国识见深远，常人万难企及：那管仲确乎为历史罪人。可是，更多的愚顽之辈却纷纷发表不同见解：斯时，齐力不足以摇动楚，强行进攻，徒劳民而伤财，疲师而有损，万一不利，则不再能号令诸侯，联盟解体，更无力制楚焉。管仲审时度势，摆脱僵局，避开蛮动，退一步而用疲敌弱敌之策，战略战术皆正确而高明。田氏党人质问：管仲又用了什么疲敌弱敌之策？愚顽之辈则列举众多史实，尤其是管仲伪称桓公嗜食麋鹿肉，重价收购麋鹿，令楚人大肆捕鹿，不仅荒芜了楚人的田地农事，极大削弱了楚国的争战资源，使其弊困，而且培养了楚人围猎之癖好，令后世楚君大多耽溺此中，民怨沸腾。楚国今日之疲惫，乃管仲之预谋也……浩浩滔滔，尽数管仲之丰功伟绩，归结一句话：决不可否定管仲。

田庄子垂头丧气了。他能不明白管仲是齐人心中的一尊神吗？但正因为是神，才需要搬掉它。不说“扳管”之目的在“扳姜”，只说人们总是将管、田做对比，动不动就是当年管仲为相时怎么怎么，就实在难以忍受。那回某地发生了灾荒，他认为小灾无须赈济，可百姓们哄哄吵闹开了，说管相国时，从无不赈灾之事，弄得他极为被动。扳倒管仲，也就等于扳倒了齐桓公。齐桓公既倒，则姜氏之光芒神威丧尽，取而代之，岂不是人心称快？此可谓伐姜先伐人心，伐人心即掌控人心。能得掌控人心，瓜代则水到渠成了。唉，岂料这人心佑护姜氏，欲扳倒管仲，反成为之歌功颂德了！莫非天无眷爱我田氏之意吗？唉，可叹也欤！

庄子散朝回府，闷闷不乐，把酒独酌。为了掌控人心，防止死忠姜氏的顽冥之徒勾结生事，此前，他派出大批的暗探秘密活动着，监视危险分子，刺探各种情报。这时，有一暗探兴冲冲来见，报告了一个重要消息：鲁国新得一玉佩，深藏在宫中。这玉佩不仅玉质润泽、做工精巧美艳无伦，兼有夜明珠之效，更可贵的是，其为周祖公亶父之圣物。庄子随口骂道：“胡言乱语！公亶父距今五六百年矣，其遗物怎可流传至今？又怎会流落于民间，为鲁得而藏之？汝混账无能，不可得有用之消息，以此小儿嬉戏之言来糊弄老夫吗？”那人叩头连称不敢，而后得意地说：“此消息绝对可靠。小人是灌醉了那位

大牛商高岱，套取来的。高岱的消息，又是得自鲁宫中一太监之醉而泄密。这太监却是司空孟孙阍龙之爱女、鲁穆公之爱媳，人称十公主者之贴身亲信。此物绝非寻常之宝，其精美举世无匹不说，更有天工烙印、深入肌理的四个古字‘帝迁明德’。相爷不知，小人花了多大工夫，这才从高岱的口中掏出来此秘密……”随之要细述自己如何与高岱接触并亲近，如何殷勤请高岱喝酒套取鲁国秘闻，高岱如何闪烁其词，自己如何猛灌其酒……但田庄子已不愿细听了，他已兴奋于“帝迁明德”四个字上了。

庄子明白，这四个字乃《诗经·大雅·皇矣》中的一句，此物显然不是公亶父之遗物，而且原意是歌颂周王室列祖列宗功德的，但此四字，亦可翻新诠释解读，完全可作为取代姜齐的“上天敕命”啊！妙极了，姜齐已失德，君位自应迁于“明德”之田氏矣。若得此“上天敕命”，死忠姜氏者岂非抗拒天命？哈哈，此物确为无价之宝也！

田庄子转为大喜，重赏了巧取情报之人，得此宝物之意乃坚，于是并不奏报齐宣公，竟以相府名义，秘密派使者入鲁，声称欲以边境一城换取珍宝玉佩。

鲁穆公大惊，自己宫中的盘龙玉佩怎会被齐所知呢？齐国珍宝无数，哪里还会贪求一玉佩？这分明是为兴兵入侵找借口嘛，我若送去玉佩，其不仅不会予我一城，反而会求贿不尽，我将如何打发？于是他赔着笑脸向使臣诉委屈，极力解释鲁国绝无此物。

田庄子大怒，决计兴兵伐鲁，吞其土地，迫其献出宝物。据英浩报告，鲁涌现了一位少壮英才，恐将为我齐劲敌，不过值得庆幸，鲁政出多门，鲁穆公用人不得专断，至今未听见鲁国擢用了什么新人，吾为之哀且“庆”焉！对，趁其国无贤才，宜迅速兴兵！用谁为将呢？按说英浩擅政更知兵，才堪大用，但其人忠于姜氏，不肯归心老夫，若其得大功又得军心，则更成吾之羁绊矣。老将项子牛，才具稍输于英浩，然而忠于相府二[①]于公室，乃吾心膂，可托大事。好！且以项子牛为帅，英浩副之，率十四万大军，电闪雷鸣摧枯拉朽，打得鲁人无力苦撑举国震悚之时，遣一使令其献宝求和，鲁穆公焉敢不听？好，此计可行。

次日临朝，田庄子向齐宣公奏报了伐鲁计划。宣公尚在沉吟，许多朝臣却纷纷发表开了不同意见：“老相国啊，大举伐鲁似有不妥。我使团赴鲁，鲁人恭敬有加，毫无轻慢之实，以此问罪兴兵，诸侯视我不义，于我齐不利焉。”“是的是的。我师出名不正言不顺，不祥也。”“鲁虽衰弱，而仁义礼仪独昌于彼，此为不可战胜之国魂，愿相国三思。”庄子勃然大怒了。威严地冷笑道：“尔等皆酸腐之论。国之兴衰存亡在力而不在仁义礼仪。周初三千诸侯，今已百不余一，皆为失仁义礼仪而亡耶？夫大国晋、楚、秦，虎吞狼咽，何时讲过仁义？今鲁重虚套轻武备，正可伐之益弱之，为我最终吞灭之铺路。诸公勿复言，吾意已决。”劝止伐鲁的朝臣们见相国发怒，皆不敢多言了。宣公无可奈何，只好宣旨：“一任相国裁处。”

于是，庄子发号施令，调集人马和粮饷，择日出师。师将动，秘召项子牛授以机宜：“英浩之才干胜汝，然汝乃我亲眷，故使汝为主将。老夫意在先谋内后谋外，而英浩却有一口吞鲁之志，然而吞鲁必招致诸侯群起攻我，我齐不宁矣，此则英浩阻我谋内之计也。故而，汝既须防其拉拢亲信、培植党羽，亦须用其长，令之鏖兵作战，汝可‘垂帷治军’，则可著大功焉。待英浩督率苦战，雷霆扫荡，击灭鲁军对抗之师，令鲁人惊惧震怖之时，汝可遣使向鲁人强索一绝世玉佩，而后讲和罢兵。如此，我既可大夺鲁土地城池粮资，又大削鲁军实力，为时机成熟一举吞鲁奠定根基。记着记着。”

二帅领命，统帅十四万大军，浩浩荡荡杀奔鲁国。

历史上，齐国出过众多的名将、猛将，不说超级巨星姜尚、管仲、田穰苴（“兵圣”孙子亦为齐人，只不过建功立威于吴楚而已）等人的震古烁今，只说古冶子、公孙接、田开疆等猛士，也足以使列国闻其名而胆寒。这时，田穰苴的治军之法犹在齐国盛行，故而齐军兵强马壮、勇猛善战。再反观鲁国，虽也出过曹刿、曹沫、叔梁纥（孔子之父）、狄虒弥、秦堇父等名将、虎将，却只是流星一闪，光芒短暂，基本上不能使鲁国摆脱受大国欺凌的地位。这时，柳子瑞依附“三孙氏”、敷衍鲁穆公，进位上将军，基本上执掌了鲁国军政的大半实权。这柳子瑞唯善阿附钻营和揽权，反对变革，排斥贤能，反对整军经武，军备废弛、军纪松懈，整个鲁军比之曹刿、曹沫、叔梁纥时代，急剧地衰敝、孱弱了。

齐军犹如狂风扫黄叶，半个月即侵夺鲁国五座城邑，残破鲁军五六万众，击斩大将六员，小将校不计其数。鲁穆公与“三孙氏”大惊，乃竭尽家底，调集了十五万大军，由上将军柳子瑞亲自挂帅抵御。但这柳子瑞根本不懂用

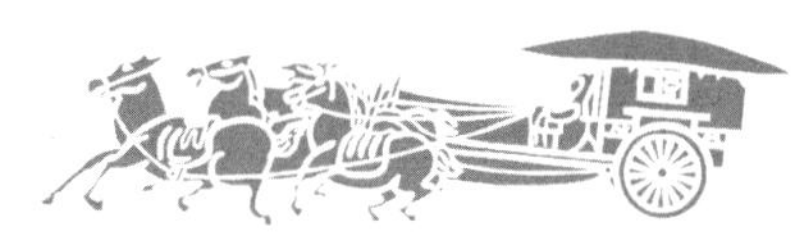

兵作战，而且极是怯懦，竟将大军分为三部，前两部齐头猛进，自己在后监督和遥控，名之曰“双拳捣敌两肋，一拳捣敌头颅”，谁料齐军却轻巧地避开了双拳合击之势，反将两只拳头分别缠住，而后各个击破，柳氏急得双脚乱跳，却不敢出拳“捣敌头颅”了，可怜不到十日，“双拳”的八万多鲁军又被齐军歼灭殆尽……齐军挟威来围攻柳子瑞，柳氏“吓得胆从屁股眼儿里掉出来”（坊间百姓语言），只是没命奔逃，齐军在后狂追……如果不能抵挡住齐军的凌厉进攻，柳子瑞全军被歼，鲁国可就有灭国之祸了。

曲阜城中，从鲁穆公到庶民百姓，无不人心惶惶。

【注释】

①二：二心。此处意为假心假意。

第十五章
匡救时弊制悍将

吴起的伤势渐渐痊愈，通过坊间传来的消息，他知道请托高岱行使的“钓齐”之计奏效了，为之心情也越来越兴奋起来。

田月娴问吴起，听说鲁军惨败，鲁国危急，夫君何以喜形于色？吴起笑答：“鲁元气大损，已再无多少兵力与齐相抗了，尤其缺少统兵良将，以柳子瑞之流废物统兵，无异于病犬率羊群搏虎，徒献牺牲而已。形势危急，鲁公必然用为夫为将，飞龙在天为时不远了。”他自然不能告知月娴，齐来伐鲁，实为自己用计驱使，她太善良了，必然责怪甚而鄙视自己用计恶毒，为自身腾达，竟挑动刀兵。但她毕竟是妇人之仁，小仁也；丈夫之仁，高远博大也……吾得为鲁将，定不负桑神相嘱托，大折齐人锋芒，令齐急敛图鲁野心，鲁则反而可得安全矣。此不为惠泽苍生之大仁乎？月娴闻言，既为丈夫高兴，却又想起“亢龙有悔”和“终生遗恨”之语，心中隐忧挥之不去，乃轻叹一声，全无喜色。

汇总、分析各种消息，吴起对整个战局的发展趋势已有了清晰的判断：柳子瑞必然大败亏输，被齐军追杀奔逃，势急定向崃山溃退，若能扼拒于崃山，则可阻挡齐军汹汹攻势，曲阜若再派遣一支军，迂绕向齐军之后侧背击之，齐军可破也。现在败报连连而至，曲阜已是震悚，必然急派军救援柳军。朝中能领兵作战者，当数将军邱明，但邱明为大司马孟孙阉龙之家将出身，叔孙、季孙必然阻挠以邱明为将，情势紧迫，鲁穆公为了平衡“三孙氏”，只好任用自己为将了。呵呵，自己率军迂回百多里，突然杀至齐军侧背，柳子瑞趁势反击，齐军大崩溃矣……

吴起测断准确，两日后，鲁穆公果然派人来请吴起入朝。吴起又惊又喜：自己的如虹绚丽之功业，即将徐徐展开了吗？唯可伤感的是，桑神相给自己卜相之后，第二日即悄然离开了曲阜，杳然无踪了，莫非真个泄露天机太多，

畏罪而如蜗之缩等待天谴吗？桑神相啊，我吴起愧对你，他日得以显达，若能访知你桑田家眷属，必将报答！

吴起来到朝堂，鲁穆公与“三孙氏”一起在后殿接见了他，先表示了亲切地慰勉和殷殷地期许，而后神色不安地说：“齐人大举入侵，我军连吃败仗，柳子瑞军危难。寡人欲用子为后援军副将军，襄助邱明将军，率师增援柳子瑞，不知卿敢否临危受命，扭转战局？”吴起跪下奏道：“禀君上，而今形势已很危急，必须一战大破齐师，方能扭转危局。而要保证一战大胜，吴起必须手握将令，否则，臣不敢领命。”穆公与三位上卿面面相觑，皆有些失惊，这吴起是否真有能耐，居然一出马就要求主将权柄，能放心吗？

孟孙阍龙较有识见，淡淡地问吴起：“倘用子为主将，汝将如何扭转战局？”吴起侃侃而答：“上将军十数万精锐劲旅损折大半，正在向神马城溃退，欲凭借坚城险塞以自保待援。齐军连连大捷，气焰汹嚣，必然猛追柳军，企图围歼之而迫我鲁割地求和……”鲁穆公大惊，“啊呀，似此柳军危矣！我鲁危矣！卿快说，当如何相救？”吴起说：“主上勿忧。现在柳军渐入丘陵地带，撤退缓慢，而齐军兵多车多，追赶更是费力，三五日之内，齐军仍难完全咬住柳军，此则给了我救援之机。今我率军穿过崃山，突兀跃至齐军侧后，霹雷闪电轰击，齐军猝不及防，必然大惊大乱。柳军见我援军得手，必然发起反攻，我两路军前后夹击，齐军将大崩败无疑焉。”穆公与季孙氏、叔孙氏只听得喜动眉梢，“妙计！妙计！”孟孙氏的眉头却挽紧了，冷冷地一笑说：“以子之言，岂非火灾之后送水？试问，汝往救柳军，须走崃河大峡谷，谷道崎岖难行，两日才可穿越过崃山，而敌防我援柳，必用一支军控扼谷道口，如此，无十天八天，汝怎可过得了崃山？若向北向南绕过崃山，沟壑、沙滩、溪流众多，也须六七日才可抵达战场，而五六日间，柳子瑞军极可能已被击垮，汝能救谁？又与谁合击？”

吴起却朗朗笑了，“大司马通晓战略战术，无愧鲁之栋梁也。但请大司马放心，不须五六日，只用二日，吴起可保飞至齐师之后，勇猛痛击，大败齐寇。”孟孙阍龙瞪圆了眼睛，“岂非昏话！崃山高峻，绵延百多里，除了崃河谷险道，再无路可通崃东平野，汝可插翅飞过崃山？”吴起仍微笑道：“大司马贵人事忙，怎得详知山川途径？吴起草野百姓，乃得察草野详情。出曲阜北向二十里，有一条可穿越莱山的小峡谷，两端浓荫遮蔽，罕有人知。起之总角好友、卫之牛商高岱，常入齐贩贸，寻得此秘密捷径，一日一夜即可穿出崃山。起已向高岱探听得分明，此小道两端狭而险，中间可容三牛并行。如此，我战车可通矣。今只需劈凿两端，费事不大，我大军两日定可穿出崃山，突兀出现于‘螳螂’侧后……”

孟孙阎龙大为惊异了，这吴起终日随曾申读书，却关注山川地理形势，未离开过曲阜，然而已独得进军“密道”，可证其心怀战局、腹藏甲兵久矣，仅凭这一点，全鲁将领谁可及之一二？其奇兵突至，前后夹击，败齐确有极大把握。他不觉已面露喜色，却激将道：“尔能熟虑敌我大势，又能关注地利，良将之才也。今之黄雀计，老夫亦赞赏，然而言之易行之难。尔敢确保成功乎？”吴起昂然答：“若不能，请悬起之头于国门，以警夸夸其谈者！”阎龙更喜慰，与季孙氏、叔孙氏目光交流了一下，转对穆公说：“雄心可嘉，后生可畏，主上就令吴起为主将吧。”

穆公早就有重用吴起分散“三孙氏”权柄之意，当然高兴地同意了：“既如此，就以吴起为主将，邱明副之。吴爱卿，愿你莫使寡人失望！”但吴起并不谢恩领命，又启奏道：“谨谢主上信任。然而欲臣不负所望，尚须主上能准臣三件事。”穆公急急地说：“你快奏来，寡人可准则准。”吴起面色凝重地说：“国家危难，民心之安定为第一要务。故第一条，请主上下旨，减免民今年三成税赋。如此，民心喜慰，鲁国安定，得可战之势也。第二，立即更改法令，对战死和负伤的将士，国家须特别优恤，对有功将士，须不吝封赏。如此，将士有了敢战敢死之心，方有获胜之基。第三，予臣钱币一车、金饼千枚，以之随军激励三军死战。”穆公与“三孙氏”的脸色难看地变化着，但最终还是由孟孙阎龙一咬牙做了决断，穆公这才全部答应了吴起所请。

鲁穆公之所以答应得艰难，因为鲁国公室和国库并无多少钱，出钱之事，基本要靠三大豪门。鲁国不是物华天宝很富有吗？不错。但从鲁悼公到鲁元公，皆受制于“三孙氏”。悼公、元公无以排遣郁闷，加之生性奢靡，则大力修造亭台楼阁花苑馆舍泉池水陂湖光山色，穷尽心思和人财物力，要把曲阜打造成举世最华丽之都。他们的目的实现了，“华美曲阜”名扬列国，他们在“华美渊薮”里乐而忘忧，但库藏钱粮急剧空虚起来，至穆公践位，国库更衰竭得厉害，连大型的庆典祭祀，都得六卿和豪门大户赞助呢。现在要减免赋税，却是在挖三大豪门之肉，穆公哪能做主？再者，三大豪门把持下的鲁国，崇仁义、弘孝道，轻武勇，鄙视“莽勇之徒”，现在吴起的后两条请求，完全是对鲁国传统的叛离呀，三大豪门岂能答应？还好，孟孙阎龙毕竟还算顾大

局、识大体，国家危难之机，肯带头牺牲（孟孙家损失最大）眼前的重大利益，季孙、叔孙二氏也感到了社稷和自己身家性命的危险而肯做出牺牲，难得啊。穆公都有些感动了……看来，鲁国是大有希望的。

吴起之所以提出三条请求，因他来鲁两年有余，对鲁国的政治经济军事状况已有较深入的研究。鲁穆公其实并非荒唐昏聩之君，但“三孙氏”权势太大，他不得不委屈迁就，故难以有所作为。此前的子思、公休仪之变法图强，本已取得举世瞩目的功效，但由于六卿的激烈反对，不得已而罢黜了变法，使鲁重回到死气沉沉的老路上。鲁国其实很富有，但财富尽在私人，即豪门大户、权势贵族及其附庸瓜葛之手，普通百姓很贫苦，悼公、元公时的大力征发民力兴建“面子工程”，更加剧了下层百姓的疲困和贫苦……国不爱人，人怎肯爱国？要保证战而胜之，必须先得民心！要将士舍命保国，必须先得军心，首在破除兵怯将懦的根源，否则一切都是空话。吴起所提的三条，季孙氏、叔孙氏虽有不乐，但形势危急，只得权从。

于是穆公大喜，立即颁布了减赋和重赏有功、优恤伤亡的新法令，授以吴起将印兵符和一车金钱。“三孙氏”也紧急行动，打开私库，调集粮草和军饷。孟孙阉龙拨给四万大军一月的粮秣，吴起辞谢道：“可供七八日足矣，多带粮草拖累行军，无益也。”阉龙惊道：“大战险恶，倘若僵持时久，汝军粮尽，岂不……”吴起坚定道：“大司马放心，吴起欲在五六日内大破齐军。但击破了浩荡之敌，我何愁军粮？”阉龙又惊又喜，赞赏吴起兵贵神速的策略和灭此朝食的英雄气概，乃从所请。

吴起欣欣然去校场点兵。到校场一看，他的心为之一凉，部队倒是有三万八千众，但旗帜杂乱，衣甲不整，将士畏畏缩缩，显然是东拼西凑起来的杂牌治安部队。以这样的部队，如何能大败齐师呢？他沉默着，盘算着：怎么办？自己必须率这支部队打出威风，打出“宏丽功业”来！这支部队必须经过整饬、训练才可用，但形势紧迫，来不及文火炖牛肉，须用特殊手段。他心中忽地涌上一句俗话：“火不拨不旺，兵不斩不齐。”须用“斩齐”之法震慑军心整肃军纪！确好，三军已齐集，等待主帅阅兵，一切形式如仪，副将邱明却未率僚属迎接，且连人影儿也不见。他陡地升起一个念头：像孙武斩吴王爱妃、司马穰沮斩庄贾那样斩了邱明。

吴起边缓缓地走向将坛，边紧张思忖着自己所处的境遇，与孙子、田穰苴大不相同，这邱明万万杀不得！其人是豪迈勇猛的大将，马上就要与齐军拼杀，怎可先斩勇将？而且，其人原是孟孙阎龙府的家将，而阎龙对鲁国政局影响巨大，杀了邱明，岂不是在“打狗欺主”？阎龙一怒，略施羁绊，莫说自己建什么宏丽功业，只怕在鲁再无立足之地哩……但不“斩齐”又如何震慑军心整肃军纪呢？唔，有了，“狗”触忤了法纪，可请其主来惩治，同样可收树威之效！

吴起默默地走向帅案，平静地问军正：“副将何在？”军正躬身答：“不知何故，至今未至。”再问：“阅兵时辰到否？”答曰：“尚有一刻。”“如此，且待之。”一刻之后，军正禀报：“时辰到。”吴起吩咐：“阅兵稍缓。汝亲往大司马府，请司马大人前来阅兵。”

孟孙阎龙欣然来了。大司马作为军队的最高统帅，阅兵是分内之事，但他忙于“欢宴山水，歌舞楼台”以及与穆公和季孙、叔孙斗心机，不耐烦那些枯燥乏味的仪式过程，全扔给柳子瑞代行大司马职责。如此久之，加以季孙、叔孙的拉拢和张胆，柳子瑞就完全撇开他独揽军务，取消了大司马检阅军队、发布战争动员令的常规，这又使他心里有些酸溜溜，却无法明言。新任将军吴起请大司马阅兵，这是对他的尊重，是感激他的保荐之恩……“这吴起知恩图报，似可培植为心腹呢。”

吴起顶盔贯甲下阶相迎，于帅案侧摆上小杌子请大司马就座。孟孙阎龙开言：“吴将军，何不开始阅兵！”吴起愁眉苦脸地答：“副将军未到，仪式难以周全。请司马大人等待片时吧。”大司马进宫去，鲁穆公都得立即相迎，何曾受过如此冷遇？立时火冒三丈。但来到军中，将军司命，国君亦不可干预，只得枯坐以待，心中实是愤怒，既怒吴起，更怒邱明。再看将台下，三军已极不耐烦，队列渐渐散乱，有人还东倒西歪起来。阎龙也明白军纪之重要，这样的部队，能上战场吗？曲阜须重兵护卫，这些兵力已几乎是倾家底了，再不能胜，国将震动摇撼矣。邱明这厮不得为主将，与吴起斗气，竟敢如此亵玩军国大事？三军心中有气，故意懈怠、松弛队形给我看，岂不是冲着老夫发泄不满吗？邱明啊，你玩得过火了！

又一刻后，邱明歪着头盔，满脸酒色，带着几个亲兵侍卫来了。他出身于孟孙阎龙家将，英勇而敢战，在军中的声誉远远高于庸碌无能的柳子瑞，然而柳氏最擅攀附钻营，竟得位居上将军，结结实实压着他一头，他为此气愤难平。这也罢了，可是这吴起又算一棵什么葱？要点小聪明战胜了苏豹，卖弄口舌压倒了英浩，就成为盖世英才了？竟然也凌驾于自己之上！哼！统

军作战，可要凭真刀真枪真功夫，不是玩点儿小黠巧、翻翻“花舌头”就能克敌的！我邱明征战多年，也曾杀过齐军数员将校，自身也在死人堆里打过滚，鲁军中谁可与我竞武艺比资历？而今却要受这“花舌头”的摆布！哼哼，必是叔孙氏、季孙氏抵制大司马，故而用“花舌头”来压我一头！哼！有家主大司马给我撑腰，哪怕你吴起一步登天，就能指挥号令于我吗？可是，待他踏上将坛，一见孟孙阖龙坐于帅案旁，大吃一惊，顾不得参见主将，先向大司马行礼：“司马大人，末将……”孟孙阖龙不待其礼毕，勃然而起，“大胆邱明，身为副将，冲犯军纪，亵玩军机，这还了得！”扭头对向自己的侍卫喝道，“将这厮拿下，按家法，给我乱棍打死！”邱明吓得脸色蜡白，扑通跪倒，但不及哀求，已被二名侍卫冲来扭住，拖着向将坛下走去。

“慢着！”吴起突然开口了，随即转向孟孙阖龙，“司马大人，行家法，私也。邱明现在军中，须受军法处置，此为公也。”阖龙愕然一霎，只好向侍卫一摆手放开了邱明。吴起却一拍帅案，双眉倒竖：“邱明，尔冲犯军纪，按律当斩，尔有何说？”邱明扑向帅案前跪倒，嘴颤抖着，却不知分辩，也忘了求饶。吴起更威严了，“尔以身试法，本不可宽贷。然而……”他压住后文，扫视全场一遍，这才继续说，“大战在即，斩首于军不吉。今且暂寄尔头，允你戴罪立功！来人，摘下邱明头盔，暂代其头斩之！”

邱明的头盔被摘下来，于将坛上被剁个稀烂。台下三军悚然震惊，队形立即严整起来。

邱明蓬头灰脸来向主将谢恩，吴起却冷冷地一摆手，“不必谢恩，本将是要你戴罪立功呢。今令你率军三千，立即出发，为我大军开辟一条穿越崃山之捷径，须在半日一夜间完成。成则立功一件，不能成二罪并罚，再无宽贷！”邱明一愣，随即冷傲地说：“如此，将军可速斩我，邱某不堪使命。从来过崃山唯有河谷一途，未听说另有小道。今若劈山凿路，三千军三个月亦难另辟通途。将军要杀则杀，邱某不敢领命。”吴起扑哧笑了，“邱将军何须畏难？本将有图给你，你按图寻踪劈凿，必可建功！”说着，从怀中掏出一幅帛画。

邱明接过帛画，展视片刻，轻“哦”一声，脸上浮起了笑容，向主将一拱手，朗声说：“末将领命去也。”随即点起三千人马，兴冲冲“按图寻踪”而去。

孟孙阖龙不愿再看阅兵了，托故告辞吴起走出了校场。他已看出来了，吴起并非特别尊重自己，而是借自己打压邱明，反而邀恩和笼络邱明。这小子厉害呢，自己反倒为其玩于股掌了，可又使自己说不出什么来！好吧，只要你能一战建功，本司马可不与你计较！

吴起阅兵罢，急急率军出征，鲁穆公亲送吴起出都，并抚慰道：“卿其莫负寡人厚望。”

第十六章

振肃军威巧“磨枪”

吴起率战车二百乘，偏将六员，车步骑兵三万五千出征，出都门才十多里，忽见一人赶了二十多头牛占住大道，挡住大军去路，请求要见主将。吴起上前一看，却是好友高岱。

“高兄劳苦而功高，起何以为谢呢？”吴起拉高岱于路旁，真诚亲切地表达着谢意。

高岱比吴起长两岁，却与吴起是儿时的玩伴和小学友，对吴起最为敬服，玩打仗游戏时总要当吴起的“兵”，愿给吴起“牵马坠镫”。上官洋欺侮吴起，他总是偷偷地去给西门大侠报信。后来吴起继续求学深造，他虽家有资财，却非读书之材料，就随其父做起了贩牛生意。其父死后，他独力经商，生意越做越大，不仅跃升为左氏一带的首富，而且声名日显，与卫、宋、齐、鲁几国的富商和官宦们都有交往交情，吴起因此请他到临淄播散“公亶父遗物”之消息。吴起“劳苦功高”之言，即播散消息大获成功之意。高岱听罢却紧皱着眉头，显得心情沉重，“我有何功何劳可言？反是获罪于鲁人矣。倒是吴将军得以鲲鹏展翅，可喜可贺啊！”

吴起忽地明白了，高岱虽说读书不多，其实却与儒家之仁心灵相通呢，大约很后悔充当了自己“钓齐伐鲁”的工具，眼见鲁国危难、鲁民家破人亡，心中苦痛难安了，而且战乱一起，生意也大受影响了吧。唉，国泰民安固然是大仁，然而要国泰民安，须得讲求策略呢！这些，一时如何对高岱讲清楚呢？他苦苦一笑说：“高兄宅心仁厚，起也敬爱之。然而，鲁无视强邻虎窥，权要醉生梦死，士林歌舞升平，醺风荡颓波，艳歌激衰势，美景丽色，麻痹心智而增苦百姓，此则自速败亡之道也。何以救之？借敌以惊醒酣梦而求振作也。要言之，行‘钓齐之计’，实为救鲁。我所求者，长治久安之大仁也。”

高岱摆手止住了吴起的解说：“你的那些韬略经纬，我不懂，也不愿多听。

但你向穆公的三条献策，可使百姓得益，鲁人已为之欢腾，或者也算是长治久安之策吧。这使我甚感欣慰，因此以牛二十，贺吴将军并劳军以壮士气。”

吴起心头微微一震，自己的三条献策，连这位与曾老夫子气味相通、厌战反战的发小高岱也感欣慰，足可证百姓们是怎样欢欣鼓舞了！西门先生在讲析齐鲁长勺之战时说过：“无民何以有国？无兵何以为战？民者兵之源，兵者民之心也。故曹刿问鲁庄公：‘何以战？’庄公三对而两关乎民瘼，曹刿亦以庄公‘忠之属也，可以一战。’‘忠之属’，实则恤民爱民也。”自己原以为已对先生的兵韬战略完全吃透并有发挥拓展，究其实，自己关注的重心只在“战之术”啊！从曾子学儒，始明白了“战之道”犹重于“战之术”！“战之道”首在于得民心，自己的三条献策，原只是救急之计，然而它客观上利于民、利于国啊，这就是制胜之根本也！吾当谨记，“战之道”为主，“战之术”是为宾，主可驭宾也！

高岱见吴起沉默不语，以为生了畏难之心，乃软软地刺激道：“‘钓齐之计’，我已为君助力，却齐之策，恕岱无能为力矣。”言下之意：你吴起应对鲁国负责任！

果然，吴起被激起了万丈豪情，“高兄放心，大丈夫志在安邦，岂可误国？起必大破齐师，功镌于丰碑，名垂于后世！”

高岱欣慰地辞谢而去。

吴起边率军急进，边思虑着黄雀计有无疏漏之处。计谋是出敌意料的，战术暗合兵法所云“由不虞之道，攻其所不戒也”之论，可保一战成大功。可是，再好的战略战术，必须靠将士奋勇实施之。鲁军向来怯战，自己这支部队松散疲软，更无战斗力，眼下最重要的，是要先鼓舞三军的信心和勇气，使之肯战、敢战！时势紧迫，但我也须“临阵磨枪”！

大军斜向东北插进，绕过一片大树林，穿过一片蓁蓁荒草滩，行至峡山脚下一片麻柳丛林。一声呼哨，麻柳丛林中钻出来副将邱明，径直来到吴起马前，躬身施礼禀报：“末将已拓宽两端谷口，铲平了谷中崎岖，特来迎候大军。”吴起笑道：“邱将军劳苦了，可记功一件。”又转身止住部队列于麻柳丛林前的荒滩上，下了马，登上一辆战车，兀立于战车前面高高的横木上，向三军慷慨激昂地讲演说：“将士们，弟兄们，我等此来何为？保家卫国也。如何保家卫国？诸位且随我朗诵诗三章。

“采薇采薇，薇亦作止。曰归曰归，岁亦莫止。靡室靡家，猃狁之故。不遑启居，猃狁之故。

“采薇采薇，薇亦柔止。曰归曰归，心亦忧止。忧心烈烈，载饥载渴。我戍未定，靡使归聘。

“彼尔维何？维常之华。彼路斯何？君子之车。戎车既驾，四牡业业。岂敢定居？一月三捷。”

诗与歌紧密相连，本来有曲调可以咏唱，但这首诗前面两节的曲调略显凄苦，吴起故而变咏唱为朗诵。这一改效果极佳，将士们随吴起诵读着，声震空旷，响遏行云。《诗经》为西周至春秋时代的人伦道德和英雄主义的重要教材，《采薇》是广为传唱、影响重大的名篇之一，它流传已数百年，妇孺亦略解其大意，三军尽为之感奋昂扬了。是的，孔子说“诗，可以兴，可以观，可以群，可以怨，迩之事父，远之事君。”“兴于诗，立于礼，成于乐。”数人吟诗，固然可“兴、观、群、怨”，而数万人的集体吟诵，其豪壮的气势，雷鸣般的声响，慷慨激昂的氛围，已可令所有人心潮澎湃热血翻腾了。每个人从诗中感染到了爱国爱家的深沉情愫和保家卫国不惜捐躯的英雄主义气概，同时也感悟到了集体的力量坚不可摧，只要我们几万人紧密团结奋勇杀敌，就能所向无敌！四万颗激昂的心似乎都要飞起来了，要飞向战场，要去拼命保卫家园。

吴起也很兴奋，“好！好！弟兄们读出了诗的英雄气概。大家可知道，这首《小雅·采薇》，它最早传唱于我鲁军旅中，可视为我鲁军军歌，之后风靡天下，遂收录入《诗经》中。这说明了什么？说明了我鲁人是血性英雄汉，为了抵抗猃狁入侵，抛家别业，舍生忘死，‘一月三捷’，威不可挡。这是何等的英雄豪迈啊！唱出此诗此歌者，是鲁人的英雄先祖，尔等皆英雄烈士之后裔啊！而今猃狁又来了，这就是齐军之侵，吞我国土，掠我人民。弟兄们，大家敢承继光荣先祖的雄风豪气吗？”

将士们听说此诗发端于自己脚下的土地，是自己祖先们的英雄心声，无不因之自豪，无不更加热血奔腾，英雄主义霎时在胸臆间膨胀起来，一齐放声吼道：

“敢！敢！敢！”

“保我鲁国，保我桑梓！”

吴起满意地笑了，随之继续鼓舞道：“弟兄们，为保家卫国而战，虽死犹荣，地下的英雄先祖，会欣慰含笑，庇佑尔等；地上的鲁国百姓，会感激大家。现在，国君已颁布法令，减免了百姓的三成赋税，诸位的父母家人，可得饱暖之福矣。新法令又激奖勇士英烈，凡杀敌有功者，不吝金帛和爵位之赏；战斗负伤者，国家优抚，战死者，养其妻儿。这里有钱币一车，金饼千枚，是用来奖赏杀敌立功英雄的，本将军相信弟兄们，个个都是英雄好汉，都会奋勇杀敌，都能获得金饼。本将军宣布：杀敌一人，即可得布币十釿，杀敌二人者，得刀币二十铢并擢为什长；杀敌三人者，赏金饼一枚并擢为五什长[①]；斩敌将军者，得金饼一枚，擢为千夫将军。原为将校者，赏如故，官晋级，依此类推。”说罢，他走到一辆辎重车前，揭开几口箱子，箱中全是亮灿灿耀眼的金饼[②]。

望着这一车金钱，所有人的眼睛都睁大了，有人的瞳孔还飞出火苗，心跳为之加快，热血为之激荡：一釿一铢小钱，对于贫苦百姓和普通士兵来说，也沉重得压手呢，一块金饼，更是一笔沉甸甸的财宝啊！太阳打西边出来了呀！鲁国厌战，什么时候肯慷慨地把钱花在备战上、花在战士身上？历来，国只号召和强制全民必须爱它，但它是谁的呢？它只是君主、贵族、官吏们的宴席之厨房，草民们只配给这厨房里供奉血肉，供奉稍慢，则有皮鞭、锁链、刀剑加诸身……士兵为国流血牺牲，国又何曾爱过兵呢？即使要士兵卖命而给点儿赏钱，将军们吞吃瓜分还来不及，小兵小卒们但能吃饱饭穿暖衣就是天大福气，还想闻到钱味儿？尤其重要的是，当今天下，各国已相继打破了血统等级的人之身份定位，唯鲁国依然死抱住两周的宗法规制不肯变更，卿大夫皆为贵胄豪门，军官也以家族地位和家中的财富为依据，以靠山、关系为晋升之阶，何曾见过凭借军功就可升军官的？这位吴将军，与污浊的鲁国将军们判若云泥呀！现在将军宣布的奖赏令，虽说是卖命钱，但从来打仗都是卖命，何曾肯大方地发给卖命钱？而且，既上了战场，这命就不是自己的了，不卖给将军，就得送给敌人，反正都得拼死，何不舍命一搏？搏而得胜，这一块金饼可买三亩好地呢。倘若升了军官，那可就既发财又荣宗耀祖呢。拼吧，该死的娃娃卵朝上，死不了的升官发财！

果然，吴起继续演说，证实其发的是卖命钱：“各位弟兄们，今君上既仁慈爱民、奖恤战士，吾辈甲胄之士，能不为国尽忠、为君分忧吗？且齐军一路烧杀淫略，罪恶滔滔，我鲁国有血性的男儿，岂能不奋起保家卫国，保我父母妻子儿女吗？”

卖命钱已激荡了将士们的热血，再加之以忠君爱国、公仇私恨、气节人格之大义的召唤，那热血立即沸腾并如要燃烧起来了。三军放声高呼：

“为国尽忠，为君分忧！”

“英勇杀敌，建功得赏！”

“宁可卵朝上，也不当孬种！”

副将邱明暗暗佩服：这吴起的确棋高一着啊！打仗靠什么？首要为士气，将军再会用兵，士不肯战不敢战，什么都是枉然！这支杂乱而怯弱的部队，不先激昂士气，一切无从谈起。自己也多次领兵征战，却不懂得激励士气，只知强令冲杀，往往挥之不动，遇强敌则溃。吴起将《采薇》解说成鲁军“军歌”，借以激昂士气，太高明了！

吴起面如峭石，仍在激励着将士：“大家说得好，我鲁人不是孬种，尽是英雄儿男。英雄烈士，当以一腔血荐[3]我宗祖家邦。弟兄们，黄金在迎候着大家，爵禄在迎候着大家呢！但敢战还不行，更要善战。善战之要点：第一是勇猛无畏，敢于拼死，先从气势上压倒敌人。与敌拼搏，须威势聚面庞，杀气凝睛芒，虎视对手，如欲生吞之。我敢死拼，敌则畏怯矣。畏怯则惊慌失措，虽有武勇不敌羸弱者矣。故言之，战场上，敢死者往往得生。第二是严明军纪，闻鼓则进，闻金则退，临敌之时，进有功，退则死。前队退者，后队斩之；将校战不力者，士卒可斩之。至于本将军，法无二致，敢不奋勇，三军皆可……”说着，他取弓在手，拔出一支箭来，张弓搭箭，对着几十步外帅旗上的“吴”字，松弦发箭，嘴里同时发出一声虎吼：“杀！”那支箭从“吴”字的“口”中心穿过，象征着主将“吴”被处死了。三军将士的心突地一抖，无不惊悚。

但吴起已面带笑容了，“好啊，弟兄们既有为国尽忠、杀敌建功之志，若再有生吞敌寇之勇气豪气，并能恪遵号令，本将军可保大家得功得赏，或成为我鲁人崇仰之英雄。因为，本将军已有了破敌妙策，一个更辉煌的‘长勺大捷’，将由我等创造！现在休歇造饭，宰杀高先生劳军之牛为三军壮威。开凿密道之三千弟兄辛苦了，着令，以十头牛肉犒劳这些兄弟，其余十头牛肉，我三军分食！饭罢立即进军，穿越崃山峡谷，务须在明日卯时前，抵达崃东平野。好，各行其是！”

见将军令出如山，赏罚极严明，且更有破敌妙策，三军极是兴奋，大战之险恶，几乎抛诸脑后了。

【注释】

①金饼：黄金铸造的椭圆形钱币。战国时，饼金已成为最重要的货币形态。釿、铢：为布币、刀币的计量单位。

②什长：率领十名士兵。 五什长：率领五十人的小军官。

③荐：进献，贡献。

第十七章

初挫强敌小显能

却说齐军紧追着柳子瑞，欲彻底消灭鲁国这支主力军，令鲁人胆破，抵抗意志动摇涣散，则可迅速地征服全鲁。可是，齐军轰然浩大，辎重本已如孕妇之累赘，更加之主帅贪婪，每攻克城池，则下令洗劫官库豪门，搜掠钱粮财物，故而益使辎重臃肿沉重，无法快速进军风起云蒸。进入丘陵地带，山峁纵横，沟壑、溪流众多，道路狭窄崎岖，部队更无法展开迅猛追击了。副帅英浩心中着急，若让柳军逃向神柳城，拒险防守，我军要破城就须大费周折，鲁国再有援军来助战，我军将陷入不利之境。若僵持日久，我军疲劳而士气懈怠，闹不好就会前功尽弃呢。一定要将这支鲁国主力军歼灭在溃退途中！现在，受地形限制，我军追赶较慢，而柳子瑞虽是心惊胆战，却还想保住上将军的脸面，也败逃得“从容不迫”，欺我进军艰难也。好在，柳子瑞实在是个大草包，既不懂连兵作战，亦不识天文地理，竟对鲁国的山川地形尽茫然，此去神柳，须过兰溪河，而兰溪河下游本来就水势湍急，观这两日天象，兰溪河上游地带或在下大雨，河水可能暴涨，其从下游必难过河，须得顺小河边弯弯绕绕上溯到木拱渡来过河。我今距木拱渡近捷，可分少半步骑军轻装疾进，爬沟越岭直插木拱渡，阻断你去路，前后夹击，哈哈，你六七万残破惶恐之军，将被我生吞活咽矣。他兴奋了，来向主帅项子牛汇报了自己的歼敌计划。

项子牛听罢，堆起满面笑花赞道：“妙！妙！截断木拱渡，前后夹击，定可殄灭柳军，生擒柳子瑞！”英浩见主帅赞同，极是喜慰，乃征询问：“大帅既以为可行，英某想请大帅亲率一支军抢夺要隘，不知大帅可肯俯允？”项子牛微皱起眉头，转着眼珠沉思了一阵，这才做豪爽状笑道：“向某挂名主帅，指挥调遣，皆由英帅施为，本帅亦当听命。好啊，项某就分军一支，截断柳子瑞逃路。”英浩由项子牛的脸色变化和阴恻恻的笑声语气中听出，项氏好像恼怒了，心中暗叫不好：伐鲁以来，项氏推说身体不爽，每日只与儿子项高鸣、幕僚胜绰等人在帅帐中饮酒、樗蒲、投壶，游戏作乐，把一切军务和战事部署安排指挥调遣都推给自己，很显然，项氏是用自己这头好驴为其拉磨呢。为了削鲁以至灭鲁，自己不与之计较，仍是奋力地拉磨。可是，项氏握兵多年，军中也有一批效忠者，这些人倚仗主帅庇护，堕殆军令，作战不卖力，只积极于搜觅金银财物，自己却不敢打狗欺主。正是由于这些人的扯腿绊脚，才耽误了包抄柳军的机会，好可恨哪！现在请项氏亲自挡敌，意在使项氏逼迫其亲信部下奋勇，但自己岂不是犯了大忌？项氏尽管只是瘪秕的谷粒，却毕竟是三军主帅，自己怎可忘乎所以地指派起主帅了？其必会怀恨自己要“窃夺军权”了，以后再怎么和衷共济？更要命的是，项氏若怀怒，故意与自己相拗，此去趑趄缓行，岂不要纵放柳军逃逸？这可如何是好？

英浩还未想出办法，项子牛却已脸色一板，威严地行使起主帅威权了，“调大将四员（皆自己的亲信），精兵四万，战车二百乘，广携粮草（其实是带走自己搜掠的财宝），本帅亲率之直取木拱渡，拦截逃敌。英帅率主力勇猛尾追，务必将柳军驱入我天罗地网。”英浩又是一惊，截断木拱渡，有一万五千兵力足矣，何须四万大军、战车二百乘？抢夺要隘，须倍道疾驰，兵多车多粮草多反成累赘，岂不拖沓误事？可是，主帅一反常态收权行令，自己如何阻拦？他只能心中叫苦，却还得恭送主帅“不辞劳苦，亲赴戎机”。

英浩哪会想到，主帅奋勇前去，其实是有“妙算”的。

项子牛是田庄子的堂妹夫，算不上齐军中最勇猛善战的将军，但因是相国亲眷，对相国忠诚，故而品阶崇高，权势显赫。他对相国的推重英浩心中不服，自以为才智绝不输于英浩，但他也不敢不遵相国“垂帷治军”的秘密指示，出征以后，即推说自己身体不适，帅帐“垂帷”，当了甩手掌柜，调兵遣将、进退攻守，一切听任副帅英浩的安排部署。嘿嘿，反正打了败仗，有你英浩担着，有了功劳，则是“掌柜的”我部署得当了，你英浩给我卖力吧！可恼这英浩还真有些能耐，其挥师猛进，诡计迭出，斩将夺隘，攻城陷地，战无不胜，杀得七八万鲁军花叶飘零。柳子瑞亲率十五万精锐来战，更被其声东击西，迂回包抄，夜半突袭，歼灭少半，柳氏唯有逃窜而已。儿子项高鸣和幕僚胜绰担心地提醒：三军皆敬服英浩，只知有英帅而忘了主帅，以苏豹为首的一批猛将，更以英浩马首是瞻，唯命是听，如此下去，大帅将成为塑在庙宇屋脊上的姜子牙，看似高高在上，实际享受不到香火供奉了。他笑

而摇头，嘱他们："不必多言，我自有主张。待时机一到，本帅即收回兵权。至于英浩之功，乃鹰犬为猎人逐鹿也。"他所期待的时机，即是田相国的密嘱：先谋内后谋外，大败鲁军，令鲁人惊怖震恐之时，当遣使入曲阜迫其献宝求和。现在鲁军连连惨败，柳子瑞军已将临灭顶，所需时机已到，我正要收回军权呢，你英浩反要来指挥我了吗？哼哼，你太不自量力了！而且，你让本帅去阻截柳子瑞，柳军面临生死危机，岂不与我拼命？困兽之反噬极可怕，你欲断送本帅不成？好歹毒的英浩，本帅可将你……不，还需要这老小子继续给我出力，在此咬死柳子瑞。至于本帅嘛，嘿嘿，你英浩虽有小智谋，却绝难猜度也！

项子牛率军向木拱渡前进五六里后，忽然传令折向北进军，项高鸣与胜绰惊问："大帅何故改变路线？"项子牛大笑道："英浩匹夫竟敢算计老夫，岂知为老夫所算矣。吾今不往木拱渡，却避实捣虚果敢北进，从崃山北麓斜插向曲阜。我已荡灭了鲁军十数万，鲁之兵力已不多，这两日或已派援军驰救柳军，而其援军必走崃河谷，我可毫无阻滞焉。如此，曲阜已无重兵守卫，我天兵突迫都门下，鲁君臣魂飞，敢不与我订城下之盟？哈哈。我一支奇兵偷袭，迫使鲁人割地献宝求和，功勋殊出矣！柳子瑞所剩六万余兵力以及救柳援军，尽甩给英浩，其战有功，即为本帅添彩；其战失利，从此不得相国信用矣！"项高鸣连声喝彩："父帅英明！父帅英明！"胜绰虽感到"远道奔袭曲阜"之计未必稳妥，弄不好有可能成孟明视之继[①]，但他知项氏是久经沙场的老将，应该深知利弊凶险，自己不可泼冷水，于是亦大加颂谀："英浩之能，搬斤播两之能也；而项帅大智若愚，深藏不露，一显能，则可以偏师一旅摇撼鲁国社稷焉！"项子牛更喜。

但刚要继续北进，却见一骑风尘滚滚而来，视之，竟是临淄项府的管家。管家滚鞍下马，参拜主人之后，递上了一封书信。项子牛看罢信，脸色大变。原来，来信者是他的内弟田布，说田会正在拉弄自己和一批田氏宗人，企图搞垮相国田庄子，田布犹豫不决。项子牛忠于庄子，怎能容田会作乱？他知田布对两边的胜负关系重大，只有自己亲自出面才能劝说田布倒向相国一边。此事之紧急大于伐鲁。但这四万"奇兵"怎么办？他思索了片刻，终于决定让儿子项高鸣接掌军权，叮嘱胜绰和众将领辅翼少帅，继续北向偷袭曲阜，他自己则率领数十名卫队急匆匆奔回临淄去了。

项子牛此去，未能立功于田相国（因为庄子早已发觉了田会的阴谋，项子牛还未回京，田布已经倒向相国一边了），还搭上了儿子和几万将士的命，但或者救了自身。

项高鸣执掌了帅印，兴奋得如沐春风，率军北进二十多里，再走五十多里，即可绕过崃山，斜插直扑曲阜了。哈哈，“以偏师一旅摇撼鲁国”，此功胜英浩百倍矣！

项高鸣正在得意，忽有探马来报：一支鲁军截住了去路，似乎兵力不小，帅旗上为一“吴”字。项高鸣的心咯噔一震，如一下从温煦的春风里跌进了凛冽的霜风中：啊呀，鲁援军未从南面崃河谷开来，怎么会由北面来了？而且来得如此之速，这太出人意料了！现在己军正行进在一片低洼地带，前方和左右三面皆有陡峭的斜坡塄坎，敌居高临下，若猛冲下来，己军将难以抵挡。于是他忙急传令：于洼地迅速列成阵势，以战车反击敌冲锋。

吴起率军穿越过秘密峡谷，吃饱喝足，稍事休息后，正要命令部队斜插向东南扑袭齐军侧背，前锋来报：有一支漫漫的齐军向北开来，已开进了“死湖”低洼地，似有四五万众，帅旗为一“项”字。吴起吃了一惊，“项”字者，必为齐军主帅项子牛，其分军北来何故？莫非也探知了秘密峡谷，要来阻截于我？但其慢了一步，我已过了峡谷。而且，这秘密峡谷齐军绝不知晓，其来或非在阻截我。噢，这项氏定与才智过人的英浩貌合神离，其欲偷袭曲阜图侥幸之功吧。项子牛啊，你是狂妄的蠢货，岂有大摇大摆数百里偷袭人之理，岂不怕被“关门打狗”？只说你分军北进，柳军压力大减，或可与英浩勉力撑持，待我突兀杀到，英浩崩坼无疑矣。可现在已与项子牛狭路相逢，必须先击破项军！他也顾不得多想了，急忙与邱明驱马登上小高地向下观察：但见齐军所处的低洼地，原先或是一片东西宽约三四里、南北狭长十多里的浩大湖泊，沧海桑田，湖水干涸，遂成为草木稀疏的沙滩洼地。“死湖”南岸徐缓，到中部则急速陷落，最低处到平地，落差足有十多丈，而且东西北三面湖岸陡峭，岩石突兀，要登上平地颇不容易。吴起飞速判断着：敌军跋涉二十多里已人困马乏，又陷于湖底狭窄地带，首尾无法照应，我军可算以逸待劳，又占据有利地形，由北面俯冲而下，敌前军不可抵挡，向后退逃，必然冲乱冲垮其后队，我趁势迅猛掩杀，敌必崩溃。然而……

邱明也对战场形势有了判断，着急地对吴起催促：“吴将军，快下令进攻吧，我有高屋建瓴之势，而敌正慌乱间，我军如猛虎下山冲杀下去，定能击垮项军，首战大捷。” 吴起却轻轻摇头：“邱将军啊，我军迅猛进攻，

固可得胜。但我军战力不及彼，虽胜，我亦损折甚重，得不偿失。更要紧者，项军一败，必逃向英浩主力，我还能突袭英浩吗？我之战术目的，在与柳军合力一举摧崩齐军，今若求小胜而害大计，胜如败也。”邱明不太服气，但进退攻守得听令主将，只好略带悻悻地说：“我有有利形势而不进攻，敌则料我畏怯，若以后队攀上南岸，从侧面扑击我，我岂不两面受攻，反成劣势？”吴起笑道：“对！我正要示敌畏怯，不仅不攻，反而向北退却，敌必以我为孱懦，拼力来追。北去小坡小岭乱耸，沟壑纵横，小树林遍布，敌辎重盛大、车辆众多，行动笨拙，其追我如负重之牛追猎犬也。而敌追我愈远，则距英浩主力愈远，无忧其逃归英浩报信也。我可在退避中利用地形不断重创、削弱敌人而我军无大损。待其神摇魄丧之时，我再全力痛击，项氏或将为我虏矣。”

邱明更加心有不服了，你吴起终日随曾申青灯黄卷论道穷经，哪会了解这一带的地形情状？你或是畏敌退却，而以大话空言糊弄人心吧？但在战场上，不听主将号令须受军法，他只好心中打鼓，不再多说。吴起指挥部队撤离“死湖”，率军不慌不忙地向北退走。

项高鸣见鲁军并未冲杀下来，反而向北退却，不禁惊疑怪讶，敌占有利地势，狂冲而下，我军能否抵挡住并无把握，但敌军何以不抓住时机进攻呢？他急令几辆辎重车搭起一座高高的粮草垛，在卫兵的搀扶下爬上垛顶，举目向退避的鲁军一细瞅，但见这“吴”字军旗帜杂乱，衣甲敝旧，戈矛不整，战车不多，骑兵稀少……不由得恍然大悟了，他娘的，虚惊一场。鲁军本就不堪一击，这“吴”字军更是一支鸡零狗碎的腊八粥[②]部队，这种部队有何战斗力可言？而且将熊兵怯，一见我威武又盛大的雄师，吓得根本不敢接战了，其必想逃回曲阜交差了事。哈哈，我追杀剿没了这支腊八粥军，鲁人更觳觫战栗矣！于是挥剑发令：猛追鲁军，一鼓歼之。

项军西迂北折，已连续行军三十余里，人马皆有些饥疲，见鲁军退走，士兵们只巴望休歇一下、吃饭喝水，但身为卒伍，只是将军们挥斥的鸡犬，少帅的军令谁敢稍稍违逆？于是只能忍饥挨渴，鼓起精神，奋力追赶鲁军。

吴起一面率军退却，一面从怀里又掏出一幅帛画，招邱明近来，展开帛画指点着说：“这是崃山东侧地形图，请看，这里有“S”沟，这里有盘陀谷，这里是山水溪流冲刷出的大沟小壑，这里有几个小湖泊，这里是树林……待敌追我到这里，我可如此如此，邱将军可率一支骑兵击其后，必可小有斩获。”邱明大喜，既惊叹吴起智谋周密，又惊奇吴起“早知三年事”，竟预先绘制了峡山东侧地形图！

邱明不晓得，这幅地形图得之于曾申的主导。曾申与弟子们研究《春秋》，因许多战例关涉到地形的重大影响，遂对地理很重视，常带领弟子们考察历史古迹和山川地形，浏览过鲁国境内的许多大山大河险关要隘。吴起投身曾门后，也随同考察过不少地方，并两次踏勘了峡山四周地形。吴起心细，竟将峡山东侧的地形摹画了下来。

峡山犹如一条头北尾南、长达百多里的巨大蜈蚣，蜈蚣有百足，由主山脉向南北旁逸斜出、形态各异的分支小脉，即是蜈蚣的百足，这些“足”有的短小低矮，有的却也很高大，时断时续地远伸出二三十里，并且曲曲折折，又横生枝节，形成了许多“S”沟以至盘陀谷，加上山水的冲刷，小沟小壑更是众多。项军辎重车多而沉重，前进极费力。追赶约半个多时辰，前锋军终于追上了鲁军后队，正要发起攻击，不料侧面的小树林里突然冲出鲁军的几十辆战车，箭如飞蝗射来，项军立时倒下一片，其余惊慌后退。但鲁军的后队（实乃吴起挑选出的一千多名勇壮之士）又猛地翻转身来，吴起纵马摇枪冲在前面，一举手就挑翻了四五名项军。千名勇壮大受鼓舞，也饿狼似地扑向敌人，刀枪飞舞，勇不可当，刹那间击斩了项军二千余人。项军前锋如遭当头闷棍，吓得扭头退逃。项高鸣大怒，正要督令大军冲锋，谁想后队又哭喊声大作。项高鸣一惊，急令大将冯炽督饬前军迎敌，自己则急急返身向后来亲自督战。

项军后队的哭叫，却是受到鲁军骑兵的痛击。邱明率领的五百名骑兵（此时骑兵较少，须到近百年后，才发展成为战斗力强悍的兵种），由一条盘陀谷绕到项军身后，战马奋威，战士奋勇，战刀如闪电劈斩，项军人倒马翻，血花迸溅。项军的后队大多是辎重兵，战斗力薄弱，加之毫无防备，于是如暴雨摧花，霎时被斩杀千多人，其余则哭叫乱奔，七零八落。邱明趁势焚烧了项军六七辆辎重车。项高鸣赶来，见鲁军只有区区几百骑兵，更加愤怒，乃仗剑喝令：“乱跑者斩！合力围敌，剿没敌骑兵，畏缩不前者斩！”项军这才刹住溃乱，在两斩令的驱逼下，蜂拥而上来合围敌骑兵。但邱明已达到了预定目标，一声呼哨，骑兵拨转马头，从盘陀谷另一端飞驰而去了。

项军前锋听见后队哭喊大乱，心知遭到鲁军前后夹击，慌乱作一团，只求保守，哪还敢于反扑？那冯炽当此混乱，不知该如何迎敌，只会喝令：“抵住！抵住！”吴起一击得利甚丰，见邱明已率骑兵撤离，也举枪向后一招，千余名勇士和战车立即又掉头转向，不徐不疾地追赶大队而去。项军犹在惊恐中，竟不敢追赶。

项军吃了当头和后背两棍，共损折了三千多人和几车粮草，而死尸堆中，却只有稀稀拉拉几具鲁军尸体。项高鸣气得暴跳如雷，这支杂碎“吴”字军，竟打了自己个冷不防，真他娘的老鼠咬猫了？怪老子太轻敌了，未防老鼠也会打冷棍！不过也没什么，我军受损不大，无伤战力。鲁军不过是鼠窃狗偷得手，我今加强戒备迅猛追你，看你如何再逞故技、如何逃脱我钢牙铁爪？他咬牙切齿地下了死令：以一千骑兵前后左右侦逻警戒，大军继续全力追击，不尽力者斩，务须追上逃敌。灭此乃食！

项军士气受挫，人心惴惴，加之以饥渴疲劳，追赶更加缓慢，见鲁军只在前面四五里，却始终无法追上，而且敌人似乎有恃无恐，逃得不慌不乱，你追得猛了，人家紧跑一阵；你追慢了，人家也慢下来。娘的，这简直是老鼠戏猫。项子牛气得双眼冒火，挥马鞭抽打士卒快追，但士卒快跑几步，躲开他的马鞭后，又慢慢腾腾起来；他驱赶这边跑快了，那边又松缓下来。如此又追多半个时辰，大约已到申时之末，两军相距仍有四五里路，项军追赶的步伐越来越滞重了。幕僚胜绰急来劝道：“再追下去，我军更加饥渴疲劳难支，倘若敌军再突然反攻，我军必吃大亏。”项高鸣见将士们确实已经饥渴疲劳交加，而他自己也是又渴又饿了，无奈，只好下令安营扎寨，休歇造饭，明日追上敌人荡灭之。

项军安下营寨，逃跑的鲁军似乎也很疲惫，亦慢慢停顿下来，距项军七八里处扎住了营寨。

【注释】

①孟明视：秦穆公时的大将。穆公不听蹇叔与百里奚（孟明视之父）苦谏，派孟明视等三虎将偷过晋境伐郑，得知郑国已有备，只好灭了虢国返回。但晋将先轸早已设好了埋伏等待着他们，结果，数万秦军全部覆亡，三虎将亦被生擒。

②腊八粥：五谷杂粮和多种蔬菜混煮的粥。此处比喻军队杂芜混乱。

第十八章
连环妙计埋“杀着”

天黑下来，两军的灯火相望，刁斗之声隐隐相闻。

邱明来见吴起献计道：“将军妙算！一顿‘击头踹背’，使敌损伤不小；而其继续追我，已累得疲劳不堪矣。今若半夜偷袭劫营，敌必无备，当获煌煌之功！”吴起微笑道：“邱将军左矣。项子牛虽说狂妄无谋，却毕竟戎马半生，怎不防我劫营？其扎营地势较高，我军一动敌则发觉，偷营反遭折翅矣。而且，我料项子牛还会来偷我营呢。”邱明摇头不信，“项子牛吃了我前后两棒，已是战战兢兢，随后之追我，明显瞻前怕后，不敢放胆猛追了，加之士气委顿，三军疲惫，岂敢夜袭我军？”吴起解说道：“项子牛之所以穷追于我，因其已发现我军乃杂芜拼凑之众，战力软弱，不堪与之硬拼。由此观之，项氏亦非完全草包，今料我小胜而骄怠，或思偷我之营报我‘两箭之仇’呢。”邱明思虑了一下说：“将军既有此测度，我可率军伏击之，当使敌偷鸡不成再蚀把米。”吴起摇头道：“地形促狭，夜色昏黑，我之伏击很难施展。两军在黑暗中混杀起来，我军难占大便宜。我不必出营伏击，可在营垒外设以阻障，伏以万千弓弩，将使偷袭之敌有来无去。”

邱明悦服，告退欲立即按主将的计划调派兵力部署攻守设施，吴起却叫住他，又沉思有顷说：“亦不可轻视项氏，其或有知战谋士矣。若其以重兵虚攻我，而以轻军偷袭我后营辎重，我则为其所算矣。”邱明惊道：“我军粮草不多，倘被敌焚毁，我不战自崩矣。将军，须以重兵防卫粮草！”吴起又笑了，“不，邱将军可如此如此……令敌‘烧毁’我粮草，增其骄狂，我可相机一举奏大功。”邱明大喜，领命而去。

与此同时，项高鸣也在聚众将商议：“我军因辎重拖累，地形不利，将士劳顿，不仅未能追上杂碎鲁军，反而小受挫跌，我岂可不还报之以鼓舞士气？

杂碎鲁军蛇入鼠出捡了便宜，必然得意洋洋，今夜定不戒备，本帅欲使猛将两员率军一万，半夜时偷袭鲁营，可如刀斩豆腐也。杂碎受此一击，溃不成军，明日我穷追猛打，则可如顺风扫落叶焉。不知列位意下如何？”

众将领还在忖度掂量轻重，胜绰却轻轻摇头，“少帅啊，此计恐不妥。我观这‘吴’字军，虽说杂芜松垮，貌似畏怯惧战，然而其撤退沉着有序，不慌不乱，突然回军反攻，竟是前后夹击，令我军惊惶自乱，吃亏不小。我怀疑，这支鲁军统帅，莫非是英浩一再吹捧的吴起？英浩善用兵，而极力称道吴起，其人或真不可小觑……奇兵反击我大得手可证也。其精通战术又谨慎细密，怎能不防我劫营？我之偷袭，或将自蹈陷阱焉。”

项高鸣恼怒地瞪了胜绰一眼，“吴起？何物吴起？据英浩所言，乃卫国一杀人逃亡之泼皮无赖、寄身腐儒曾申门下作搜章掇句小雕虫者，何得知兵谋战略？英浩吹捧之，实为自扬其才识过人也，何足听信？区区小雕虫，岂可使我畏首畏尾？我意已决，尔不必多言。众将听令：冯炽与……”

胜绰虽又羞又气，但他料定偷袭难免折戟，关系重大，他是东翁的心腹，不能不竭忠尽智，于是跨前一步，急阻项高鸣行令:“少帅且慢，胜某还有话说。”项高鸣更加恼怒，本要发作叱骂胜绰，可胜绰毕竟是父亲的贴心幕僚，而且还算得多智多谋，只好按压住怒气，厉声问：“尔还有何说？”胜绰一急，居然急出了妙策，“少帅劫营之计亦可行，只是应虚虚实实。”项高鸣急问:“如何虚虚实实？”胜绰道：“我偷营有险，但我可先遣五百精兵插至敌后营埋伏不动，我大部队由前面进攻，然而抵近敌营时，只鼓噪呐喊，做冲击之势，却引而不发，敌必惊惧，全力防我硬攻。敌注意力尽在防我冲锋，我后营伏兵趁势突起，杀散敌辎重兵，或可一举焚毁敌粮草。我已发现，敌军粮草寡如，纵使只烧其多半，敌将成无粮之军，其被全歼已成必然之势矣！”

项高鸣大喜：“好！好！胜子此计，如斩吴起小儿手脚也。”随之欣欣然发令，“冯炽率精兵五百，迅速出动，插向鲁军后营埋伏；朱耳、虞宝率军一万，子夜时攻向鲁军。”

半夜时分，朱耳、虞宝率军抵近了鲁营。朱耳要按胜绰之计行动，虞宝见鲁营灯火稀疏昏暗，人马沉寂，疑鲁军正在沉睡，毫无防备，不禁起了贪功之念，竟欲冲入鲁营“刀斩豆腐”。朱耳不许，但虞宝勇悍，甚得大帅喜爱，哪肯听朱耳约束，乃自率三千劲卒如骤雨飙风杀进了鲁军营寨。

朱耳不可制止，眼见虞宝冲入鲁军主将所在的中营，却忽听传来呼隆隆、扑通通的怪响，随之腾起一片哀叫哭号声，显然是虞宝的人马着了暗算。朱耳大惊，急麾一彪军马冲去搭救虞宝。但来不及了，鲁军中营四周忽然间火把通明，惊涛骇浪似的鲁军向中营杀来，怒吼声如雷轰向，而且，早有一支大军堵截了朱耳的人马，箭如飞蝗射来，朱耳的救应军霎时倒下一二百，其余慌忙后退。朱耳不敢硬冲了，即令众军开箭还击，并鼓噪呐喊，摆出强攻之势。鲁军隐于栅障之后放箭，并不冲杀出来。两军万箭交鸣，项军连连伤亡，而鲁军有栅障庇护，伤亡极小……

鲁军似乎完全忙于歼灭落入陷阱的敌人和朱耳的冲击，后营防守空虚，冯炽等到了时机，突然跃出，杀向鲁军辎重车。鲁军辎重兵大惊，慌乱抵抗，却哪里抵敌得住，很快崩散。冯炽急令纵火，鲁军的二三十车粮草立时烟火飞腾。前营的鲁军发现了，急派大军来救，但冯炽已“大功告成”，迅即撤离而去……

朱耳见鲁军后营起火，知道冯炽已成功，而虞宝必已全数覆没，再恋战下去徒增牺牲，于是也下令撤军，徐徐退去。

这一场夜战，鲁军生吞了项军勇将虞宝和三千精锐军，又射杀朱耳军四五百，只损失了十几辆辎重车（粮草早被邱明转移，车上的“粮垛”皆伪装也），三军为之欢腾：“吴将军料敌如见，智谋卓绝，一日一夜即歼敌七八千，而我军伤亡甚微。嘿，齐军威声吓人，其实也不过如此嘛！”三军敢战的勇气更加高涨了。次日天明，鲁军将士皆向主将请战：“敌连遭痛创，军心惶惶，士气沮丧，而我军士气大盛，乘此时立即全面反攻，可彻底摧崩项军。”吴起甚喜慰将士们勇气喷薄，却说：“桑木煮老牛肉，全凭火功。此时火候未到，牛肉尚不可食。项军虽连吃两亏，却还有很大兵力，我军进攻，杀敌一万，自损五六千，非巧战也。我可且待火候到。而今项氏以为已烧毁我七八成军粮，必然顾盼自雄得意忘形，正思待我粮尽一举击灭我呢。彼自我陶醉、昏头涨脑，或将出昏招，我则可巧加利用，以最小牺牲美餐‘老牛肉’！”将士们无不感奋了，吴将军智算奇谋，打仗如狐狸扑鸡，扑则稳攫鲜美！更宝贵的是，他作战不肯硬拼，这是对将士生命的珍爱呀，自古以来，“死是战士死，功是将军功”，何曾听说过将军诊视士卒的草芥蝼蚁之命呢？这样的将军，跟他拼命、为他拼命，值了！

吴起却已调转了话头：“司马、功曹何在？”军司马与功曹应声报到。

吴起吩咐道："项军暂不会来挑衅，尔等可速核查阵亡将士姓名住址，登记翔实，待回朝后为其家眷报请抚恤。对立功众将士，立即按本将此前宣告之奖惩令，颁发赏金！"

三军为之欢声雷动了。按常规，"战时罚罪，战后赏功"，但等不到战后，有功者极可能在下一战中身亡，即使有幸活着，却因时间拖长了，他们的战功往往会被各级官长"吃了黑"。及时兑现赏金，这是对战功的最真切肯定啊！

司马唱名，当众高声解说立功者战功之由来，功曹亲自颁赏（此仪式乃吴起着意安排）。立功者不少，数百将士得到了多少不等的布币刀币，更有少数人得了金饼。捧着沉甸甸光灿灿的铜钱金钱，立功者激动不已，"奋勇杀敌，再立大功"的决心勇气从眼神中飞扬出来；未立功者羡慕又"嫉妒"：你们能立功，我们就不如你们吗？好吧，下一次看我的！

此时，项高鸣确在自鸣得意：虽说又损失了三千余精兵和一员勇将，但基本焚毁了鲁军的粮草，"吴"字军将成饿殍矣。吴起小儿已神丧魂飞，必惊慌溃逃，追亡逐北，"吴"字军可歼矣！于是又与胜绰等人商议如何窃时肆暴，一鼓击灭吴起。

身材矮小、凹颊鼠须的胜绰摇头晃脑道："犹不可轻敌也。我虽焚烧了敌大半粮草，恐其犹能支撑三几日。兔子急了咬人呢。敌两战得利，士气正旺，我进击难免七损八伤，何况吴起诡谲异常，或突兀折头向西，如游鱼从我掌下滑脱，悠然而去；或诱我追赶，再设伏痛创我，甚而还会思谋劫夺我粮草呢。"

项高鸣焦躁了，"似尔之言，我只能坐看游鱼逃逸？"

胜绰笑了，"少帅莫急。胜某有一计，可使游鱼自动游入我掌中。"

项高鸣如闻仙乐，惊喜地睁大了牛卵眼，"胜子计将安出？快快讲来。但能得建大功，吾将举荐于相国，授汝大夫之职。"

胜绰更是大喜，眉飞色舞开了，"少帅啊，学生已有成算，可在吴起身上做文章。在下早听人传言，这个吴起小儿，在卫时散尽家财以求仕，只落得鸡飞蛋打，还差点赔上小命；在鲁兀兀数年，百计营谋，亦难得一官半职，然而其求荣华显达之心愈坚愈狂了。英浩为使，苏豹扬威，鲁人无不震颤，吴起为求脱颖而出，竟是豁命与苏豹放对。苏豹莽勇无智，竟被吴某以诡诈取胜。今我军伐鲁，破败敌军十余万，鲁几近震摇之势。吴起于此时率三四万衰朽之师抗我，岂不知春之冰秋之虫，终不可抗天时也？然则其人曾对母立誓：‘不得卿相，不相见。’其为将，聊圆将相之梦也。故言之，此人实为富贵狂狷之徒，其行邪魅无羁。今其粮穷势危，必然困愁惶悚，如秋虫之哀叹寒霜突降，心旌摇曳矣。此时我攻之，迫其做困兽之斗，必伤人也。我不攻之，只需遣一使求见吴起，晓谕其大势，更以富贵诱之，许之以我齐大将，其人能不欣喜若狂吗？得此人归降反戈，为我前驱杀向曲阜，鲁之人心尽崩，曲阜或可反掌破之，少帅之功，将震撼天下矣！”

项高鸣大喜过望，连赞胜绰鉴人见事之明，对吴起性情之剖析，洞彻肺腑啊。得吴起顺降，真能趁势攻破曲阜，哈哈，吾将为田相国之鹰扬尚父[①]矣。二人又商议一番，乃令胜绰入鲁营说降吴起。

【注释】

①鹰扬尚父：第一功臣。鹰扬：威猛。尚父：姜子牙。语出《诗经》：“维师尚父，时维鹰扬。”

第十九章
胜绰巧计反弄拙

吴起听说齐营遣一谋士求见，略一思索，猜到了五六分来意，也是大喜：我正寻思借用其昏招呢，其或昏招来矣，我可顺风行船如此这般……乃向邱明附耳低言一番，邱明初而惊怔，继而大喜，兴冲冲按计而行去了。吴起这才请齐使帅帐相见。

胜绰昂然跨入吴起的帅帐，自报了身份，与吴起稍稍寒暄过后，乃单刀直入，“胜某奉少帅差遣，欲来赠送吴将军十车军粮，不知将军可肯受馈？”吴起大笑道，“两军交战，粮草性命攸关，项帅何故自损而资敌？”

胜绰也哈哈大笑：“项帅已返国矣，帅印为少帅高鸣接掌。少帅宅心仁厚，知吴将军粮草将罄，特救危急也。”

吴起这才明白，与自己对敌的乃是齐国闻名的纨绔公子，好啊，这个纨绔公子竟想利诱于我，我正可……若是老项在，我之计犹恐难施，这小项可就易与了……他假作略略一窘，随即又笑了，“项高鸣烧了我数车粮草，以为我已成饥兵饿夫矣？嘿嘿！为将者当先谋败后谋胜，吴起已早有防备，我军士卒皆身负五日糗粮，七八日内无忧受饥。然而只需三四日，我必使……”

胜绰一愣，一时无法断定吴军“七八日内无忧受饥”之真伪，由“粮尽”话题切入劝降被堵了口，但他能言善辩，立即转了话题：“好吧，吴将军有备无患，堪称良将。胜某欣逢良将，正好请教，足下对齐鲁战局做何判断？”

吴起豪迈地一笑，“此何须多言？子岂不知三千越甲终吞吴？况我鲁犹有二三十万可战之兵，数百万同仇敌忾之民，项子牛、英浩冒险深入，已犯兵家之忌，齐军将临灭顶之灾，项、英将惨败而逃焉！”

“哈哈哈……”胜绰笑得鼠须乱抖，半天才刹住笑声，转为厉色讥讽，“将军大言不惭，不亦过乎！试问，敝鲁若还有二三十万可战之士，足下来救柳军，何以仅率三两万弱兵羸卒？项、英二帅统二十万雄师，势如霹雳风暴冰雹，鲁军者，麦菽糜谷也，轻轻一扫，十余万糜谷籽粒摇落焉。柳子瑞十五万精锐，亦不过菽豆之壮者，今已全军覆没矣。将军所率，更为病糜病麦，可抗冰雹乎？况曲阜已为摇摇晃晃之茅棚，势将……”

吴起神色大变，“你说什么？柳子瑞已全军覆没了？”

“然也。英帅居后，正在接受柳子瑞献降之仪。项少帅亲为前驱，直捣曲阜，示威也。”

吴起脸颊上的肌肉微微抽搐着，半晌无言，似乎不愿使下属们看见自己的惊惶状，挥手让警卫随从一齐退下，这才喃喃自语：“竟是如此！谁料如此……”

胜绰看得分明，知吴起已生畏惧，神色一转为凛然，“将军聪明盖世，岂不知螳臂不可挡车，糜黍不可挡冰雹乎？”见吴起沉默而心中乱扑通，语气又转为诚恳而亲切了，“胜某料将军心如明镜，已知鲁之茅棚必将崩塌，只在挨时延日而已。我要请教将军，既知茅棚将倾，何故做徒劳无益之苦撑？棚之倾塌，将军纵不被掩埋，又将何所寄身？”

吴起仍沉默着。又半晌，才长叹口气，紧锁眉头幽幽地答：“某非不明此理……然而，某之志在一展胸中所学，成败死生不之顾也。”

胜绰惊叫：“将军差矣！将军天赋雄才，将大有作为焉，不自爱而思玉石俱焚，宁不伤天之仁？大丈夫当审时度势而行。殷纣将亡，伯夷叔齐隐匿，斯为圣贤；吴国危机重重，伍员舍命扶保，于事无补，自己反落得悲酸英雄之心，岂不愚哉！将军何愁不能抒抱负酬壮志大显身手？昔日黄飞虎若愚忠殷商，终不免曝尸荒野，幡然从周，则建千古不磨之功。将军何不效黄飞虎从周，成就千古英名？”

吴起勃然变色，刷地抽出利剑，直指胜绰胸膛，瞋目斥道：“大胆狂徒，竟敢以此荒谬之言游说于本将军，岂不惧万仞碎尸乎？”

胜绰周身的血刷地凉了，眼睛一闭，单等就死。但吴起的剑迟迟没有刺过来，他睁眼一看，那剑反倒缩回了两寸。他一回味，吴起虽似神情愤怒，但呵斥的声音不是很高，而且声音中并无暴怒的火气。他毕竟也是心窍玲珑之辈，稍一回味，立即猜出了个中玄妙：这吴起心已动摇，只是扭捏作势，可能是为了自重身价吧。他忽地呵呵笑了，“吴将军要杀便杀，胜某若是怕死，又怎敢来向将军喻之大义？只可惜胜某一死，将军欲作黄飞虎而无阶梯矣。”

果然，吴起迟疑有顷，手中的剑渐渐回缩，终于缓缓地插剑入鞘，再犹

豫了一霎，面色略显惭怍，随之似坚定了主意，抱歉地捧一盏酒送过来，“先生勿惊勿怪。吴起也知良禽择木，但吴某虽为主将，副将邱明却是孟孙阖龙之心腹，兵权不得独专，其若掣肘，恐将坏事。制服邱明倒也不是太难，然而……然而项将军可保吴某得扬眉吐气乎？若做附骥青蝇，又何如做搏火之蛾？”

胜绰彻底明白了吴起的心思：所谓邱明掣肘、兵权不独专云云，乃讨身价之之托词也……其要保将军之印，要索厚爵之封！对此，他与项高鸣计议已妥，乃肃然道：“吴将军无须顾虑。英浩屡向田相国推崇君之英才无双，田相国亦思贤若渴，令项帅蟠溪寻飞熊[①]呢。实告之，项帅为田相国之心膂，英浩二心于相国，相国甚怒，却为其军中党徒甚多，苏豹唯效命其人，不得已用之为副帅。某来时已与少帅商定，欲先暂委屈将军为偏师将军，所部不变，待得胜回朝，则向相国保荐将军取代英浩上大夫之职。”

吴起眼中霎时亮起了熠熠的火光，语气和称谓也变了：“如此，吴起谨谢少帅提携之德，愿为少帅驰驱。”

胜绰刚要说话，却听一声冷笑，“吴起反贼，竟敢卖国求荣！我邱明听得多时了，今吾斩尔狗头，为国除奸！”随之帅帐幕门被剑挑开，一员雄赳赳的将军大步而入，挺剑就向吴起刺来。

事出陡然，吴起拔剑不及，惶急一侧身躲开，但那邱明紧跟着又是一剑劈面刺来。吴起似乎已无可躲闪了，情急之下，突地仰身抢地，躲开了剑锋，同时飞起一脚，踢中了邱明手腕，那剑铮一声跌于地上。邱明稍一怔，急去拾剑，吴起却一跃飞起，早已抢剑在手了。

恰在这时，吴起的两名卫兵冲进帐来，二剑齐挥，邱明登时死于非命。二卫兵向吴起禀报道：“邱明心存不轨，窃听将军机密，我等亦窥视之，欲待其动而诛之，不料使将军受惊，贵客受惊，小人们有罪了。”

吴起似乎余惊未消，轻轻吁了口气才说：“吾无事。尔等拖出邱贼死尸，再速去禀报吾之亲信将领，严密提防邱贼余党生乱。”二卫兵拖走了邱明尸体，吴起才对胜绰一笑说：“让先生见笑了。”

这一场帅帐风波，突兀其来，惊心动魄，只惊得胜绰如痴如傻，手脚冰凉，连自身的危险都忘了，待见邱明被诛，犹如噩梦初醒，一颗心反而怦怦乱跳不已。见吴起如此说，回过神来，转而惊喜地说：“吴将军武艺绝伦，胜某惊羡万分矣。”吴起却突地蹙眉说：“先生已看到了，我本欲为项帅驰驱，今恐事有不谐矣。”胜绰急问：“此为何故？”

吴起皱眉叹气道：“吴某初领兵，根基尚浅，邱贼不服，与某争将印，大行笼络军心之事，曾奏请穆公，许诺每个士卒赏金饼一枚，冬衣一套，家中赐粮半斗；五什长以上倍之，将军又倍之。赏赐之物正在筹办，今我一降，赏物即泡汤，邱明余党再一煽惑，三军恐不肯听吾号令呢。”

胜绰听罢，摸着老鼠胡须心中暗笑：这吴起真鬼！为军士争赏赐，邀买军心也。身虽降齐，而其军仍可自握也。握军提兵，可傲视公卿……此盘算精巧哉！可是，其降齐之后，兵权未必得长久……他爽快地笑道：“小事一桩，胜某代少帅答允，鲁之赏赐，一概如数，待与英帅大军会合，即行颁赐。”

吴起称谢罢，却又忽现愧恧之色，吞吞吐吐地说：“胜先生啊，鲁军士兵贫苦至极，家中更待粮下锅，亟盼赏物呢。再者，齐鲁为敌日久，鲁人怀疑齐人之诚，赏赐之物不到手，怎肯轻信先生？吴起欲代三军请求，可否先颁赐一半赏物，以显少帅之仁，而安将士之心？能如此，吴起率众投诚，则无磕绊矣。”

胜绰心中更豁亮了：好鬼刁的吴起！分明是军粮已被焚毁几尽，却还用“可支持七八日”糊弄我，既为稳定军心，更为自吹其能吧？今急求赏赐，欲“借粮”救紧吧？哼哼，迫于大势，你不得不做黄飞虎，难道敢诈降玩火自焚？哼，我可予你少量军粮，看你再怎么推三阻四，欲降又顾虑彷徨？于是他一拍胸脯：“吴将军爱兵，令人感佩。某回禀少帅，明日即如数送金饼衣物到军中，至于粮食嘛，尽在英帅大军中，项帅这里，只能暂拨给军粮二百斛，其余待两军会合后补足。”

吴起紧锁起双眉，“二百斛？太少了，每个将士能分几何？胜先生，可否增至四百斛？”

胜绰犹豫了一下，毅然拍板：“好吧，就增至三百斛，胜某明日送钱粮衣物来！”

吴起却坚决地摇头了，“不可！我军非战败而降，岂能被齐军将士轻藐？赏赐之物，尚须少帅亲自颁赐，方能显少帅不以鸡犬视我！”

胜绰一惊：“要少帅亲来颁赏，岂不是颠倒了主……宾？”他本想说“主奴”，稍沉吟改了词，“况且少帅亲临，率军太少难保安全，率军太多，岂不惊骇尔军心？”

“这……说得也是。”吴起皱眉思索了一下，提出了方案，“少帅亲自颁赏，才可显示爱重我投诚将士。这样吧，烦少帅亲移玉趾，送赏物至两军中间地

带的五棵槐下，吴起当亲率三百将士恭迎少帅，举行投诚之仪。”

胜绰心中窃笑：你吴起作张作致，无非还是为了让少帅当众亲口许诺你显官要职罢了，好吧，一切悉听尊便，只要你归降了，你的身价就操在项帅手中了。于是二人议定：明日午时，双方在五棵槐下行献降之仪式兼交接赏赐物。

送走胜绰，帅帐后走出一位威风凛凛的将军，对吴起苦笑道：“将军骂得邱某冷汗淋淋矣。”吴起连连拱手，“邱将军莫怪！做戏须真也。”这位邱将军，才是真正的副将邱明。

原来，此前被杀的“邱明”，其实只是个形貌壮威的大个子士兵。吴起料到胜绰之来必施游说劝降，正可将计就计，然而前来摇唇鼓舌之辈，定是有识见者，须得做戏毫无破绽。于是使“邱明”闯帅帐全力猛施袭击，务使齐使确信为真的死拼。以吴起武艺之高，一举手即能致此士兵于死地，但在拼斗中，吴起故作惊慌忙乱，并不一招夺命，乃证“邱明”为真。其实要说，戏做得并非天衣无缝，倘是邱明等猛将，从假邱明挥剑的力量、速度、剑锋之瞬息变化中，即可看出非真邱明。但胜绰不懂武艺，哪可分辨？至此，胜绰尽管多智又多疑，已确信是吴、邱火并，对吴起欲降诚意无疑矣。当下，吴、邱二人又合计一番，做了细致周密安排。

胜绰回到营中，将与吴起谈判的全部过程向项高鸣报告一番，对吴起怎样心存矛盾和疑虑，想降又怕不得重用的心理表现做了详尽的描绘和解说，特别对吴起扭捏作态以自重身价而拔剑加诸其颈，以及风波突起、吴邱拼斗的细节，更做了绘声绘色、声情并茂地状摹，只听得项子高鸣心潮激荡，既对胜绰的临危不惧、大义凛然深为激赏嘉许，也对吴起的归降深信不疑。

要说，项高鸣亦非蠢材笨伯，他虽遣胜绰去说降，却对吴起肯降与否心有犹疑。倘吴起慷慨肯降，必怀疑有诈。吴起的“扭捏作态”，应了俗语所云：“杀价是买主”“回头客真心谈买卖”，这桩“买卖”还会有假吗？又有“邱明”偷听，要怒杀叛逆，吴起竟决然除却了阻梗，他还能不相信吗？吴起的“不情之请”虽有些非分，但吴起确是无根基无靠山，邱明余党不服并图煽动造乱则可肯定，吴起急急索求赏赐，乃为收买和安抚军心，以使“起义”顺利。要本帅亲自颁赏，的确是追求脸面和虚荣以抬高身价，为了入齐不致受白眼和轻贱。这吴起心思太周密了！此人机密多智，熟谙兵略，武艺精妙卓异，得其为爪牙，令其前导扑袭曲阜，哈哈，可真如狂风冰雹扫荡麦菽也！

当下，项高鸣喜得眼放火光，急要胜绰安排赏赐之物。倒是胜绰提醒：防人之心不可无。吴起要少帅亲临五棵槐下颁赏，会不会要什么花招，少帅须多带人马前往，以防不测。项高鸣却笑了，彼已斩其副将，叛态彰显，再无退路，还会要什么花招？更何况五棵槐树在两军中间地带，一览无余，藏不得一人一骑，且距双方大营各有近十里，突袭绝无可能，埋伏亦无条件，吴起能要出什么花招？招降吴起乃齐之福，亦为父帅添虎翼也，怎可不示之以诚？带重兵前往，如临大敌，吴起见之心生疑惧，纵是降齐，亦不肯为我卖力焉，我坦诚待之，其必感荷，则如骐骥为我驰驱也。

胜绰亦以为是，但仍坚持带几名得力战将，防备万一之事。项高鸣也只好听从。

【注释】

①飞熊：指代姜子牙。周文王于蟠溪寻访到子牙，拜为师。

第二十章
“假帅帮忙”奏大捷

次日巳时一过，项高鸣即留冯炽掌握大军，自己率领五百军士，在胜绰、朱耳和另两员武艺高强的将军扈从下，押解着几十车钱物，缓缓地前往五棵槐树下。胜绰对由冯炽掌握大军极不放心，嘴张了几张，想劝少帅更换其他将领掌军，但冯炽可是少帅的铁哥们儿，自己受信任的程度还远不如冯炽呢……终于没敢说话。

项高鸣一行来到两军中间地带。这里是一片空旷的平地，却生长着五棵巨大的古槐，皆有二人合抱之粗，高可四五丈，树冠亭亭如特大伞盖，且枝丫横斜，相互交叉，竟织成了半亩多大的绿荫。时当四月下旬，槐叶茂密，油绿可爱，尤其是一嘟噜一嘟噜正盛开的繁茂的槐花，如晶莹闪亮的白玉，吐播着浓郁醉人的香气，吸引着无数野蜂嘤嗡在花间。平地四周，地势稍稍波浪起伏，农人的麦苗菜花，则做了油绿养眼与金黄耀眼交织的彩色波浪。麦苗已在孕穗，菜花开得正旺，那香气与槐花的香气融合一起，更加沁人心脾。两支大军摆开阵势厮杀，老百姓早吓得能躲则躲、能逃则逃了，唯有蝴蝶、燕子和麻雀们在麦苗上、菜花上翻飞。这地儿很惬意呀！此时骄阳烈烈，项高鸣肥胖怕热，率钱粮衣物行军数里已热汗津津，难耐其苦，此时顶着白花花的太阳，更加难以忍受，乃止住队伍，自己策马移于槐荫下偷个凉爽。胜绰和三员武将负保卫职责，也紧紧跟随进入槐荫下。

吴起的人也来了，前面是几十辆拉运钱物的辎重车，后面是一名将军率领着三百士兵。项高鸣兴奋得心要飘飞起来了：吴起呀吴起，哪怕你是翻江闹海的哪吒，终究还是做了我的麾下猛将，吾其方比姜太公矣！你我对阵过两场，可我还未见识你的真容呢，我倒要瞧瞧，你有什么天生异象、异禀？可是，吴起的队伍背着太阳走来，逆阳光张望，白花花的阳光和将士们的铠甲、刀枪的反光刺目灼眼，根本看不清人的面目。胜绰也在观察吴起，但一来距离稍远，二来也为阳光刺眼，不可识辨吴起。

那吴起率队抵近了项高鸣的队列，乃止住队伍，翻身下马，独自向槐树下走来，似要先行参拜少帅。项高鸣见状，为显得真诚而有礼，也下了马，准备接受吴起的叩拜大礼。相距十几步时，胜绰终于认清了，这吴起是假冒，不禁大惊要呼叫“有诈”，但他还未呼叫出声，那吴起已突然立定，昂起头来，扯开铜锣似的嗓门大吼一声：“动手……”

吼声未息，五棵槐树的枝丫花叶一动，十五副弓箭闪现出来，如毒蛇巨口尖牙笼罩了树下五人。胜绰和三名将军只惊得魂飞天外，顾不得自身危险，拨马扑向少帅，似想用自己的身躯遮护少帅。可是，树上树下距离太近，他们刚一动，树上的十五支利箭已齐刷刷飞了下来。居高临下，箭手射技高超，利箭之威力好大啊，足可射透重铠，贯穿铜盔。可怜这四人，各自身中二箭，登时栽下马一命呜呼了。项高鸣肥胖而笨拙，被突显的“天兵”惊呆了，不及做出任何反应，已有七支利箭飞来，分别射中了他的头和前胸后背，哼都未哼出声来，跌下马不出气了。他做梦也没想到，吴起竟会在“天上”伏兵要了他的命。

与此同时，三百鲁军迅捷如风，各举兵刃，狂吼着向五百齐军杀去。率军的虽不是吴起，却是副将军邱明，邱明也是彪悍猛将，冲进齐军队列挥剑狂劈，三名齐军小校立时仆跌。这三百鲁军乃挑选出的健勇，已得了厚赏之许诺，更加之有必然成功的信心鼓舞，暗中早做好了动手的准备，无不勇猛无畏，杀得不亦乐乎。骤变突如霹雳轰击，五百齐军被轰得目瞪口呆又心胆碎裂，何况无人指挥，无头苍蝇，如何作战？更要命的是，邱明的吼声甫歇，四周围的麦田菜地里，突然间跃起数百鲁军，狂呼高吼着杀了出来。这一下，已吓破了胆的齐军哪里还能抵抗？鲁军如围猎一群獐子，刹那间，五百齐军就被风扫残云了，竟无一人逃脱。

树上的“天兵”和庄稼地里的伏兵是怎么回事？原来，吴起与胜绰达成协定后，即在军中挑选出十五名大胆沉着而又箭法高强的勇士，半夜时潜往五棵槐，嘱之爬上树顶，伏作“天兵”。同时，又派出五百步兵，分散卧伏于庄稼地里，没有邱将军的号令，所有人都须如草木土石，即使被蛇咬着，也不得闹出响动，违者斩无赦！他儿时常与“小马驹”们在庄稼地里玩捉迷藏和“部队”埋伏，颇有经验；而贵胄豪门出身的项高鸣和不知庄稼田垄之特点的胜绰，却根本想不到庄稼地里亦可伏兵。

邱明率队前往五棵槐时，吴起却率领全部鲁军悄悄向齐军大营疾进。他要利用项高鸣被“调出”，军中无主，杀敌一个猝不及防。

项高鸣是临淄城里有名的纨绔公子，性喜吃喝嫖赌斗鸡走狗，所结交的更是些“花花太岁”之流。冯炽最擅引诱项高鸣酗酒、赌博、游戏玩闹，遂成为少帅的最亲密好友。现在，少帅离营去受降，大军交给自己掌握，自己俨然就是假帅了，身为假帅，岂能不显耀一番？

物以类聚。冯炽也有一批自己的狐朋狗友，皆以擅长放荡胡闹为能事。有老帅项子牛在，这些浮浪子们不得不收敛，但也实在憋屈得难受万分，现在少帅离营，掌军的是玩乐领袖冯炽，多好的时机呀，怎可不放开手脚轻松玩乐一番呢？于是这些人皆向冯炽提议，我等吃苦受累又受憋屈太久了，假帅当家，应与三军同乐而收买军心嘛。冯炽自己也正有此意，乃询之如何同乐？这些人个个是玩乐高手，出主意说：“吴”字军已降，我们即将开赴曲阜城迫鲁君衔璧归顺矣，应大乐一番，可玩垒塔戏，这玩意热闹轰烈，三军狂欢，既显示假帅与士卒亲密同乐，亦能显示我军的威武雄壮。冯炽大喜，传令三军“垒塔”庆胜利。

众将领皆惊愕，但假帅权在手，军令如山，谁敢不听？他妈的，你们平日背着老帅与少帅花天酒地纵情玩乐，老子们只有打仗玩命的份儿，现在你们要庆胜利，老子们倒真该乐和乐和了！万一出事怎么办？去他妈的，出了事自有你冯炽顶着！于是个个欣然赞妙，垒塔戏如火如荼地闹腾开了。

斯世民间游戏玩乐，列国各有擅长。秦人的社火、腰鼓，名扬天下。燕赵仿胡人乐舞极是豪放大气。中山与赤狄、白狄尚剑舞、马术。楚与郑、宋、卫好斗鸡斗狗斗蟋蟀，斗室盆钵做战场，惊心动魄，勾人神魂。三晋流行蹴鞠之戏，至有“球不离足，足不离球，华庭观赏，万人瞻仰”的壮美情景。齐人却有更震撼人心的项目——垒塔戏（今人名作叠罗汉）。这是竞技性很强的杂耍，齐人玩得独步天下。冯炽在临淄城中时，更是垒塔戏高手中的高手。垒塔，奥妙在一个“垒”字，垒的是人：底层由几个直至十几个壮汉臂挽臂矗立成塔基，二层人数减少，站于底层壮汉肩上，亦挽臂结为一体，垒成塔身。塔再高，人再少，竟可成四层之塔，高达三四丈。塔尖或一人或二人，常表演多种惊险动作。这些塔还要前后左右移动，并游走穿插走阵形，称之为走阵。塔群相互竞争其高，赌赛塔尖表演之难度、走阵之花样，称之为斗阵。

军中皆精壮汉子，且高度集中，一玩开垒塔戏，其气势之豪壮热闹又超过民间。几十座塔林平地拔起，各展风姿，竞相斗阵。各塔无不雄伟，皆由三四十人垒成。其余官兵，皆做了啦啦队和评委会，观赏、品评和助威。几十座塔林斗阵竞技，千万人叫好鼓劲，表演者几欲疯癫，观赏者如醉如痴，军营翻成了庙会杂耍场。

分散在四周做警戒的部队，无法抗拒热闹的吸引力，渐渐向戏场靠拢，渐渐围在戏场外围，渐渐全神贯注于欢笑、观赏、品评和高呼助威，什么警戒不警戒，全丢在脑后了，有许多人还扔下武器，钻进人丛中，以便观赏得更清楚仔细。其余人见状，也扔下武器，到处寻找大石头，搬来立于石上，视线则不受影响了。

冯炽竟耸起了五层的塔尖，更如鸡群之鹤，他高高在上，忽而做飞禽走兽之态，忽而做伶优丑角之戏，忽而做胡人翩翩之舞，忽而做剑客舞剑，忽而一个倒挂金钩，仿佛从塔尖直摔下来，惊得观者“哎哟”连声，但“哎哟”声未歇，他又翻身耸上了塔尖……其余各塔尖皆有拿手好戏，有的惊险，有的逗趣，有的平中见奇，有的以二人兀立一丝不动的威武刚劲之塑形争胜……塔尖相互竞斗，塔身也不闲着，挪移游动，摆弄花样斗走阵，几十座塔徐徐移动，你进我退，你东我西，相互穿插，翩然有致，曲迂夭娇，令人眼花缭乱，不暇瞬目。垒塔者和观赏助威者，尽如着了魔法，狂欢忘了一切。四万军人的狂欢，天地也为之陶陶然、醺醺然欢腾呢。

突然，一塔尖突如望见厉鬼，惊恐得眼神张皇悚怖，声音抖颤如寒风中的一茎衰草，“妈呀，鲁……鲁军……”随之倒栽下地。这塔闻声受惊，猝然分崩离析，上百人哗啦啦翻跌互砸，立时有几十人哭叫起来了。

塔阵在游行，哪里能立时刹住？几座塔穿插过来，塔基的脚步被地上人绊住，身一歪摔倒，整座塔摔个遍地开花。这些散碎哀叫着的人，又绊倒别的塔，整个塔林则纷纷崩析，一时乱倒乱跌乱砸，数百人摔得头破血流、臂折腿断，数千人或跌或砸得躺在地上“哎哟哎哟”鬼哭狼嚎，动不得了。冯炽爬得高摔得重，所幸砸在人堆上，虽没有脑袋裂瓢，却也被摔得站不起来了……

鲁军似崩堤怒涛般地杀了过来。戏场外围的警戒部队虽有四五千，却几乎都是人与刀枪分离，更加之沉浸在戏中，打一巴掌都醒不过神来……给怒涛一下卷没影了。

鲁军杀入戏场，枪矛刀剑飞舞，齐军血肉飞溅……

参与垒塔的有五六千人之众，几乎全都跌伤砸伤，搅得整个秩序犹如被戳了窝的蜂群。四万部队麇集，人挤人人贴人，谁也跑不得躲不得，更要命的是，他们的武器还在营帐里，赤手空拳，如何抵挡寒光闪闪的刀枪？有人魂飞魄散了，拼命推挤着逃跑，这一来，又有无数人被挤倒被踩踏，自我死伤，叠叠累累。鲁军冲到搅成一片、乱作一团的人群里，几乎不需要格斗，只要狠下心肠乱戳狂砍就够了。鲁军历来畏惧齐军如虎，没料想这些虎却是泥虎、面虎，斩虎竟是如此的快意和自我激动，怯懦者全都勇猛得红了眼睛，只知冲杀，其势犹如一群野猪冲进了乱蜂之群，伸出长舌一舔，两三只蜂就被卷入肚腹；再长舌一舔，又三五只蜂做了美餐。给立功报国和金钱爵禄鼓舞的发了狂的野猪们，带刺的长舌撩动不息，蜂群如滚汤泼雪似的消融着……

邱明率上千大获完胜的将士又赶来了。这些将士斩获了“獐子王”和近乎无遗漏的“獐群”，激动得人人如同喝了烈酒，此时乘风借势，在敌群里纵横冲杀。邱明威不可挡，枪挑剑劈不说，战马蹄铁下，死尸也狼藉满地。吴起更是大显神威，一杆长矛挥舞得风驰电掣，齐军死在其矛下的不计其数，他也成了红人红马……

终于有齐军逃出野猪的獠牙，挤进军帐抢出武器，但戏场上的戏已接近了尾声：自家的三万多袍泽，已被“野猪”吞吃了十之六七（那冯炽自然亦在其中）。再不逃，自己也要填野猪之腹。逃啊，所余的一万多齐军轰然奔逃，如逃出猎狗牙爪的野兔，魂儿出窍地逃进了莽莽峡山，躲入深沟密林去了。

多么辉煌的胜利哟！鲁军仅损伤五千，却全歼了项军四万之众，夺得钱粮辎重不计其数。这仗打得痛快淋漓！三军将士无不激动万分。

吴起也极兴奋，冯炽大帮忙，助自己取得了出乎意料的大捷！现在自家的士气昂奋喷发，正可趁势急进去解救柳军。兵贵神速，连夜进军……

天色向暮，这支部队气昂昂踏着夜色，勇往直前扑向英浩。

第二十一章

庸碌卑怯柳子瑞

英浩率主力大军一路追击柳子瑞，他一心要吃掉这批鲁军精锐。他知道，只要消灭了柳子瑞这批精锐，对鲁军的实力和士气将是巨大的打击，可为彻底灭鲁奠定基础。这个柳子瑞虽说怯懦而无能，但其手下似还有些有能耐的将领呢，你说这一路追击，柳军尽管在逃，却逃得有些章法，让自己始终追不上咬不住，甚至还敢设伏反扑，险些儿使自己蒙羞！不管怎样，柳军已逃到兰溪河边了，从下游过河无望，只有上溯争抢木拱渡。由敌之退逃速度推断，其至木拱渡，天已昏黑，有项帅四万大军堵截，其头触铁壁矣，敌疲惫已极，加之惊恐，天黑不敢抢进，必然扎营等待天亮后拼命夺桥。我可于天亮前突然杀到，敌则魂飞胆裂矣。我与项帅前后夹击，如铁碌碡碾压，柳军将成肉饼矣！于是他下令放缓追击，待天黑后全速前进，务必将柳军消灭在木拱渡！

柳子瑞见齐军追赶的速度忽然大减，长长出了口气：齐军连连大战，疲劳更甚我军数倍，其追我越来越慢，显然是快累塌了。趁敌渐渐落远，我速奔秤钩湾抢渡兰溪河，但过了河，一日可至神马城，即化险为夷了！于是传令急奔秤钩湾。

可是，大军还没完全开到秤钩湾，前锋就来急报：可能是兰溪河发源地带下了暴雨，河水猛涨，浪涛汹涌，根本不可渡矣。柳子瑞大惊，带着几名将领幕僚驰马亲至河边观察，确见河面增宽了许多，而浪涛和旋涡嘶鸣，小河竟变得如大江大河之险了。过不得兰溪河，这可怎么办？柳子瑞急得抓耳挠腮，额头直冒冷汗。

书办辛海进言说："事已至此，上将军不必惊惶。好在此地地势于我尚有利，我可以多半兵力阻遏齐军来攻，另以少半兵力四散砍伐竹木，扎排筏渡河。"柳子瑞叱道："胡说！此处尽是秃岭荒沟，竹木稀少，何时才可砍足结扎排筏之材？况且，我军全力犹不可抵敌，以一半兵力怎可阻挡齐

军猛攻？此岂非自寻崩破？”

辛海欲争辩，千夫将军（统率千人）樊贵急忙打圆场道：“上将军所虑亦有理。今只有绕至木拱渡过河矣。”辛海却叹气道：“唉，只怕晚了！”

柳子瑞羞愤交加，但此时急于渡河，顾不得多说什么，乃悻悻作罢，令樊贵在后殿军，另一偏将佘奢在前开道，自己居中而行，急奔木拱渡进发。

柳子瑞之所以羞愤，因为他命令顺大道撤退，由秤钩湾过河，樊贵和辛海却说，秤钩湾水流湍急，看天象，上游似在下大雨，若河水暴涨，秤钩湾绝不可渡，应走小道直插木拱渡过河。柳子瑞却心惊小道艰险，万一被齐军追上，谁也顾不了本上，那……于是坚决不许，反嘲笑樊贵、辛海道：“龙王与汝家有亲，下雨告汝也？今日朗朗晴空，反觉燥热，何得有雨？汝等勿得卖弄聪明，干扰本上决断！”（柳子瑞以“本上”做了“本上将军”的自我称谓，甚为得意，上者，无比尊贵也，如君上、主上、上人等等。）樊、辛二人讪讪而退。

柳军溯兰溪河岸逶迤跋涉，几近三个时辰，黄昏头终于开近了木拱渡。谢天谢地，渡口两面阒寂无人，鸦默雀静。前锋军大喜，不待上将军赶到下令，竟羊群似的一拥奔上木拱桥，争抢着向对岸飞跑，以至摩肩接踵，一丈多宽的桥面上，横排人数不下十名。

木拱渡因有木拱桥得名。这木拱桥极为精巧，它由结实的长方木拼成虹弧状，四孔虹弧竖矗河上，虹弧顶部填平，其上搭架木板，稳固的大桥就建成了。然而，它毕竟年岁悠长，那虹弧木料已糟朽，哪可承受数百人密集的重压？轰隆一声，一孔虹弧垮塌，上百人跌进了滚滚洪流……木拱桥毁了。

柳子瑞赶到，只气得三尸暴跳七窍生烟，仓啷拔剑出鞘，便要杀了那个在前开道的偏将，辛海急忙劝止：“上将军息怒！拱桥年久失修，不全怪佘奢将军。即便斩了佘将军，又何补于事？今当思过河之策。”柳子瑞被惊醒了，放下佘奢，气急败坏地哀叹道：“而今还有何策？”

辛海略一思索，有了主意：“上将军莫愁。再往上游二十里，地势稍平坦，河面开阔，乱石成津，人马蹚水可渡，战车推挽可过。”柳子瑞怒斥道：“一派胡言！河水暴涨，上游怎会水小？我奔波二十里，昏夜渡险，岂不要断送我三军吗？传令就地宿营，明日搭浮桥渡河！”辛海急道：“万不可在此宿营！英浩善于奇兵突袭，属下估计，齐军此时或正在连夜向我急扑，将很快对我形成合围之势，我军危矣！”

柳子瑞本来就对辛海极恼恨：一个病病怏怏、形貌矮小猥琐的案牍小吏，居然还通晓军机，对战局屡有较准确地判断和预测。初与齐军相抗，其人即与樊贵谏言，不可分军三路，易为敌各个击破，自己不纳，不幸确如所言；退向神马城，凭险据守，等待援军到，再合力破敌，亦为樊、辛之计，自己采纳之，倒还败退得较为裕如；辛海谏言走弓弦小路急奔木拱渡过兰溪河，自己却坚持走弓背大道安全，谁料秤钩湾竟成了……幕僚有才智，主帅应该高兴，但这个丑陋的老书虫与樊贵关系密切，互相吹捧，这就让人不安了。樊贵虽只是个小小的千夫将军，但勇猛善战，自己两次被天神猛将苏豹追赶，危急关头，樊贵率军拼死挡住苏豹……其人在军中威望甚高不说，而且据说还是大司马孟孙阎龙夫人的远亲呢，难保孟孙阎龙不会使之暗中监察于我。这二人已多次触忤我军令，危害了本上威权，但自己不可轻易处治樊贵而得罪大司马，难道还可容忍老书虫指手画脚夸夸其谈？于是勃然大怒了：“大胆辛海，信口雌黄惑乱人心，不惧我军法乎？秤钩湾时，我已远远甩开敌军，又上溯数十里，与敌拉开或在一二日之程，何能插翅突然飞至？况且，纵使其突来，已是累得精疲力竭，如蛇断了脊骨，而我军处于险境，必然拼死搏战，所谓置之死地而后生，我或可斩蛇吃肉呢。”

辛海也不敢确保上游能顺利过河，再不敢多说什么了。

英浩见柳军渐去渐远，索性令部队原地小憩，抓紧机会寻水饮人饮马，啃两个干硬的高粱冷饭团。他瘦弱多病，啃着冷饭团如嚼沙砾，吞咽直硌喉咙，警卫们要给他烧碗羹汤，他坚决不许：一为时间匆促，二为三军皆如此，统帅不能共甘苦，何能凝聚人心？他费力地吞咽着，强用冷水把食物冲下肚去，却还要做出甘之如饴状。

柳军完全不见了踪影，英浩这才命令继续进军追击。天渐渐黑下来，他断然下令，辎重军缓缓跟进，作战部队全速猛进，务必在半夜时完成对柳军的合围。然而，行有半个时辰，英浩忽感到一阵肚疼，并且伴有头晕目眩、周身出汗、两耳嗡嗡作响。他明白，是自己体质羸弱，吃了冷饭团，又喝了太多不干净的生水，不仅肠胃闹腾起来，连眩晕老病也借势攻击自己了。妈的，自己的身子太不中用，现在是什么时候，怎可闹起病来？他用一只手按揉小腹，一只手紧压额头，在马上摇摇晃晃颠簸着，极力不发出呻吟声，以免惊扰军心。又行不足二里，肚疼猛地加剧，他忍不住“哎哟”大叫出声，不由得身子一仄歪，

竟从马上栽下地来。侍卫们大惊，慌忙将他搀架上一辆战车。临近的将领们看见了，惊惶地围拢过来探询英帅状况，整个部队受惊而停下了脚步。

英浩虽疼得面部肌肉扭曲，双手拼力按压肚腹，但一见部队停顿了，勃然大怒，猛翻身坐起，费力地抽出了佩剑，颤抖着举起：“继续前……”

英浩在战车上出恭后，肚疼稍减，可头晕目眩却加重了，而且脑内如有针扎，两鬓蹦蹦乱跳，全身冷汗涌流，两耳的嗡嗡细响变为轰鸣了。为了安抚军心，他用一根布条勒紧头颅，强撑着坐在车中。先锋苏豹返身转来探视问安，他抓起马鞭，劈头就是一下，苏豹慌忙跑回前锋队列去了。

约莫四更时分，英浩大军抵近了木拱渡，先锋苏豹来报告：奇怪，不见项帅的人马阻截，柳军也未过河去，竟在小河边宿歇。英浩惊愣片时，随即全明白了，项子牛老匹夫，竟然亵玩军机大事，其必未来木拱渡，而率军图侥幸之功去了。天啦，倘若是敌强我弱，这不是卖我吗？没有项子牛阻路，柳军为什么不迅速过河逃跑呢？哦，或是木拱桥老旧糟朽，被狂涛恶浪冲毁了。柳军过不得河，或将与我死拼。我有八万多猛将强兵，柳军或只剩六万上下，且已惊慌如漏网之鱼，我可……他忽地头疼加剧，仿佛利锥在脑门心乱扎，并且伴有天旋地转之感。他忍着剧痛，令中军官传令下去：向敌营运动包围，调战车逼近密集，呈铁碌碡碾鸡蛋之势，等待进攻的鼓声。

下弦月如弯弯镰刀挂上了西半天，有气无力地撒播着幽幽淡辉，星星们也似困乏了，懒洋洋地闪烁着萤火虫似的光亮，天地间一片清冷而朦胧。时当初夏，不冷不热，柳子瑞军在营帐里睡得极是舒服。约莫四更，哨兵们被车马杂沓的声音惊醒过来，这才发现自己已被敌人团团包围了。

柳子瑞被卫兵推醒，跑出营门一看，只惊得冷汗淋淋：黑压压如海浪般的人马，呈半圆形包住了自己的部队，战车排列成墙，骑兵紧随其后，似要马上冲杀过来。这下完了，敌人十几万，个个如狼似虎，更有势不可挡的战车和骑兵。自己只有不足六万残破之兵，军心早已涣散，斗志完全崩溃，闻苏豹之名人皆色变……逃无可逃，已临灭顶之灾了吗！

樊贵惊而不乱，急急献计：“上将军，敌连夜奔袭近百里，已是人困马乏，趁其喘息未定，我迅猛进击，不仅可破围，或将伤敌筋骨呢。”

辛海也说：“敌不立即攻我，显见是疲困不支。此时月将隐没，黑暗渐浓，敌军虽多，难以围堵于我。形势危恶，迫我三军死战。上将军已有置之死地而后生之志，此正其时也。今彼竭我盈之至，急攻之，趁势定可突围。”

柳子瑞心一紧缩，置之死地而后生，这不过是糊弄辛海的随口一言罢了，真要硬拼？自家的残破之军，哪里可抵挡齐军的霹雳雷霆？那苏豹勇猛如天神，几次差点冲开千军万马杀到自己面前，现在自己送上前去，岂不是自恨命长了？硬拼的结局，必将全军覆没，而自己也将玉石俱碎焉！拼死一搏，或可得为国尽忠之名，然而人生在世，要虚名何益哉？精通“黄（帝）、姜（子牙）神算”的方显，已算定自己此回有小厄难，然而有神力救助，可化险为夷，尚有后福无尽呢，此时已临厄难，神力必来相救！于是满面怒色了，“敌未来攻，我进击何为？求速死也？吾已料定，我援军今日必到，前后夹击，一战定可摧敌。但以战车列为墙，死守营门，等待援军！”

樊贵、辛海惊疑而惶惑：柳子瑞这是怎么了？有可战之机而不敢战，已临险境却要坚守？援军不可恃也明矣，其忽然又料定援军今日必到，岂不是自欺欺人？此时不主动出击，待敌缓过劲来发起攻势，我军还能突围吗？但上将军已下了严令，他们也只有遵行。

第二十二章
小河之干生死局

柳军仅剩下不足二百辆战车，亦排作一堵墙与齐军的四五百辆战车阵势相抗。这六万鲁军虽是惊恐，但既临绝地，也有了拼死一战的意念。辛、樊二人说得对，死里求生，或有生路，但上将军要死守待援，哪来的援军啊？这不是等着天上伸下手来救命吗？自家这松松垮垮的车墙，哪能阻挡敌人数量浩大、坚固威猛的战车一冲呢？完了，俺们得葬身这小河边了。不，哪来的葬身？野狗还能得囫囵之尸，俺们不及野狗呢。自己一死，一家老小也难活下去了……柳子瑞这孬种，送俺们到了死地，他却贪生怕死，娘的，危机之时，老子就跳河逃命，就是被浪涛吞了，也得个全尸！

柳军躲在车墙后战战兢兢，虽也举刀挺枪、张弓搭箭，却是手哆嗦而腿发软。还好，齐军并不立即进攻。英浩在搞什么鬼呢？

英浩虽然饱受着病痛之苦，思想却还活跃着：己军一日半夜急行军近百里，将士们已劳苦不堪，连战马也都脚步趔趄了，立即进攻，必然伤亡惨重，弄不好会使一大批柳军突围逃去。应先施瓦解敌军心之法，以减小抵抗力！于是他又令中军官去做部署……

百十名齐军士兵穿过车阵，走到离柳军车墙不远处，成一排儿站定，放开喉咙，对着柳军喊起话来：

“鲁军听着，你们已临绝地，插翅难逃了，快投降吧！”

“我英帅有好生之德，不愿大肆屠戮，故暂不进攻。尔等不速降何待？”

“鲁军将士，不速降死路一条，你们既不为自身计，也不为高堂与妻子计吗？”

“鲁军将士早降者，皆晋爵一级；负隅顽抗者，乱刀分尸！”

“柳子瑞快降。早降不失将军之封，顽抗难免覆巢之祸！”

见鲁军并无声息，这边又喊：“给你们一炷香功夫，不投降，全部斩杀，鸡犬不留！”

齐军的一辆战车上，真的插起了一支点燃的香。

鲁军阵营鸦雀无声，人心却为之稍稍震摇，是呀，前不得过河，后没有退路，我们已成网中之鱼了。身为士卒，战死是本分，可自己一死，父母和妻子儿女还能活下去吗？

樊贵大惊，这是英浩歹毒的攻心之战，他急令自己所部向喊话的敌人射箭。喊话的敌军慌忙后退。樊贵要率军出墙追杀，乘机冲入敌阵，却被柳子瑞严厉制止了：“不许妄动！敌连夜奔波，已累得七倒八塌，哪有力气向我进攻？其喊话威胁，是要激怒我，诱我出战，而用战车阵绞杀我。我坚守不出，其技穷矣，何惧之有？是战是守，须听本帅号令，妄动者斩！”樊贵愤愤而退。

齐军蔽于战车后继续呼喊劝降，柳军更加人心惶恐了，仿佛一群草鸡听到了空中盘旋的老鹰的尖锐怪叫，吓得趴伏于地不敢动了。

齐军仍不进攻，两军对峙着。

齐军不进攻，人人揉腿展腰，擦汗喘息，抓空儿喝口水，浇熄喉头的烟火……先锋苏豹一路扫障开道、冲锋陷阵、夺旗斩将，最是辛苦无比，可他似不知疲劳，仍如铁打的金刚，独自勒马挺戈做好一马当先冲入敌阵的准备。可是，中军的战鼓迟迟不响，急得他心如猫抓。但他本只是个江湖武师，英浩发现了他的奇能，出使曲阜时聘其为使团特别成员，以用武威惊吓鲁国君臣……英浩为副帅伐鲁，又极力向田相国保荐他为偏将，并擢为先锋。在英帅的正确指挥下，苏先锋一路冲锋陷阵、抢关斩将，杀敌累累，为齐军摧毁鲁军主力、攻城夺地立了汗马功劳，在军中威名如雷。为此他极为敬佩英浩，忖度英帅按军不动，或另有奇谋妙计，于是按住焦躁，静候鼓声响起。

又等候了一阵，鼓声仍不响，苏豹又焦躁起来，但他绝对相信英帅智谋非凡，自己一个莽夫根本猜不透英帅的奇谋妙计，唉，还是耐心等待吧！他的精神松弛下来，这一松弛，立时觉得疲累得不堪了，遂跳下马来，躺在地上四肢长伸地歇息起来。他是能吃能睡的莽汉，又是累极了的人（此前的精神抖擞，只是被奋威冲杀的亢奋支撑着），头一挨地，即鼾声大起，呼噜噜梦了周公。

苏豹舒服得躺倒和香甜的呼噜声，立即感染了他身边的许多将士，谁也感到腰酸腿疼，浑身的骨头像要散架了。苏豹是威猛无敌的“军之胆”，是

英帅最喜爱的先锋大将，苏先锋都能躺下休歇，我们为什么不可以？于是，谁也不顾有违军令了，骑兵下马，车兵下车，与步兵们坐到地上，扔下武器，有的揉腿捶腰，有的抱膝支头养神。但坐不片刻，皆挡不住身子犹如发酵的面，不由自主地出溜到地下，随即就睁不开眼睛，连蚂蚁小虫爬到脸上旅行，也不知道拂开了。

苏豹不知道，此时的英浩头疼稍轻了些，但眩晕更加剧了，眼前如有无数黑色的蚊蚋和丝线乱飞舞，看物恍惚如隔纱帐，两耳轰轰如雷响，他乘坐的战车如自动旋转开了，而且越转越快，使他感到天在摇地在晃……他赶忙仰靠着车帮，闭起双眼，以图静息片刻战胜眩晕。可这一仰靠，他立刻就跌进昏昏沉沉中，近乎晕厥过去了。贴身幕僚和侍卫们知他体弱多病又劳苦过甚，视为假寐养神，皆不敢惊动他。

齐军阵地上，“舒服”如波浪传开，一波一波扩散。八万多部队紧急行军上百里，连骑马的将领们都累得腰酸背疼，其余官兵哪个不是脚软筋麻？这片人一舒服，那片人就再也熬不住疲劳了，也纷纷下马下车就地躺倒……统帅昏沉着，三军“舒服”着，一炷香得烧好大一会儿呢，暂平静无事……将领幕僚们也被疲劳征服，各自“舒服”开了。

没有人注意到，大雾悄无声息地兴起了。那炷香袅袅地燃着，目睹大雾悄悄涌起，迅速地越来越浓稠，渐渐模糊了战场的人和物。浓雾如帐幕遮蔽了齐军，齐军在帐幕里更舒服了。

吴起派出多名侦骑哨探柳军与英浩军的动向，得知敌我皆奔赴木拱渡，亦催军连夜向木拱渡急进。此时，他的粮草已极是充足，却也成了沉重的负担。为了加快进军速度，他下令骑马的中级以上军官下马步行，战马驮运粮草，以减轻辎重车的负载。他自己更率先垂范，不仅用他的大白马驮运粮食，他自己更肩扛起一袋粮食大步走在士兵之中。鲁军向来等级森严，官与兵苦乐两重天，哪有中高级军官与下层士兵同劳苦之理？但主将竟比下层士兵劳苦更加一等，军官们还能说什么？有的还大为感动，也效法主将扛粮步行。队伍的前进速度大大加快了。但有一名兵头将尾的小军官平日娇逸恶劳，吃不了急行军的辛苦，嘟囔着轻声骂：“娘的，这吴起好大喜功，驱三军如走狗。”却被旁边的两个士兵听见了。

这两个士兵是亲兄弟，他们是深山猎户的儿子，孔武有力，作战勇猛，歼灭项高鸣之战中，二人皆杀敌多名，各得了两块金饼赏金。贫穷的山民，一下得了四枚金饼，这可是巨大的财富啊，他们感激吴将军，钦敬吴将军，又生性耿直而暴躁，哪容的小军官诋毁敬爱之人？商宝鄙夷地骂道：“哼，你他娘的贪生怕死，还敢……”军官大怒，劈面给了商宝一巴掌。商贵更怒了，冲过来一拳打了个军官狗吃屎。军官爬起来，霍地抽出剑来，商宝商贵也双双挺起了兵器。吴起恰好走过来，三人这才收起兵器。吴起恰见到商贵打了军官，随后是两兄弟要与军官拼斗，怒不可遏了：“打骂官长，这还了得？来人，将这二人……”

几名卫兵过来擒拿了商宝商贵，吴起却有点迟疑了，他认得这两个士兵，作战勇敢，两次立功，大战在即，怎可处死这两名勇士？但为了军纪，应该斩……可他再一瞥眼，发现商宝脸上有红指印，立即明白了是军官打商宝在先，于是叫来跟前的几名士兵，问清了前后经过，立时转为对那个小军官的愤怒了，“军官怨怒上级官长可以，打骂士兵则绝对不容。来人，将这军官责打十马鞭，以儆效尤！”那小军官被打得连声哭叫。吴起转对商宝商贵说：“这二人也冲犯了军纪，但情有可原，暂不惩治，将他们的战功勾销，待其将功折罪。”三军钦服。

商宝商贵更是感动，决心更要为大将军卖命，于是其后做出了感泣鬼神的英雄壮举。

吴起率军一夜急进，四更时抵近了木拱渡十里之外，止住部队吃饭喝水稍加休憩，也等候侦骑回报敌我动态。侦骑回来了，报告说，上将军柳子瑞被齐军重重包围在小河湾，将有全军覆没之险。吴起大惊，急欲传令火速进军，却又一愣，发现出了怪事。

此时已近黎明，东天应该泛白发亮，并有淡淡的霞光透漏，却怎么东方更加昏黑了？咦，不仅东方，整个天地间反倒比半夜时更黯黑了。细瞅近处，原本已逐渐清晰的景物，却又模糊得只见个轮廓，像给烟幕遮蔽住了，而且空气中的潮气越来越重，仿佛在给人浴面。吴起惊讶之后明白了，起雾了，好像还是大雾。

果然，稍过了片刻，所有景物的面目越来越朦胧，而大雾的面目却越来越清晰了：好浓稠的大雾啊，它随轻风拂荡着，远看如淡蓝的棉绒絮团充斥宇宙间，近看似乳白的轻纱飘渺缭绕在眼前耳畔。笼统观之，如沧海泛滥淹

没了洪荒，天地万物都掩埋在混沌的潮水里了。这潮水似在流动着、翻滚着、澎湃着，让人心生压抑和恐惧……数万大军淹埋在雾中，仅能看见十多步内的模糊人影和旗帜，其余像全被大雾吞没了。

吴起大喜，天助我也！大雾迷漫，敌号令不通，指挥几近瘫痪，此时我军突然杀去，敌不知我兵力多寡，见隐约之树影，朦胧之草丛石堆土丘，皆疑为我之战士，必心惊胆落。柳军弟兄得我救援，必然勇气平添，拼力向敌反击。敌前后被攻，疑陷进了我罗网中，能不溃奔逃命吗？于是他举起令旗，激昂亢奋地鼓动三军："将士弟兄们，现在大雾蔽天，这是老天爷在帮咱们呢，我迅雷一击，敌必瓦解崩摧，此正是我人人建功、个个得赏之机也。男儿大丈夫，堂堂七尺好汉，生当博富贵，死当做雄鬼！弟兄们，功名富贵眷顾勇者！临敌时要金鼓齐鸣，放声怒吼，奋勇冲杀，用气势压倒敌人。好，出击！"

此时，柳军中出了小骚乱。

樊贵见柳子瑞放纵敌人的攻心战，气得连连跺脚叹气。辛海心中着急，却不敢再向枪口上撞，于是向樊贵瞟了一眼，指指柳子瑞，又努努嘴。樊贵会意，趋向柳子瑞，恳切地说："上将军，英浩摧崩我军斗志的用心恶毒啊。敌随后将……"

柳子瑞威严地冷哼一声，打断了樊贵："敌之鬼蜮伎俩，老夫岂不知？然则我军脱险之道，唯在等待。援军或当忽至，我内外夹攻，方可转危为安。"

樊贵急得大叫："援军何时可到？倘援军不来，敌歇足精神发起进攻，我军危矣！趁军心尚未全涣散，趁敌正在喘息，亟须反攻啊！"柳子瑞乜斜着樊贵，不无讥诮地问："反攻？驱群羊入虎口，是智者、仁者当为乎？"

樊贵气得面色紫胀，心中大骂：好个无耻的巧口伪君子！自己畏战怕死，居然还成了智者、仁者！但他忍了忍，更加恳切地说："上将军不必畏敌如虎，只要我们……"

柳子瑞勃然变色，"咄！狂妄至极！尔一小小千夫将军，竟敢诬本上畏敌如虎？不念汝屡有战功，当斩尔头！"顿了顿，又环视周围将士，语气转为凄楚，"老夫岂是畏敌？吾所畏者，驱三军拼命，将为饕餮之兽增添数万牺牲，吾不忍我鲁冤魂游荡而孤寡遍野！"

天哪，主帅竟然自我瓦解军心斗志！樊贵热血直冲脑顶了，"得无上将军生降敌之心乎？竟不顾名节了吗？"

柳子瑞尴尬了一下，又冷冷地笑了，“我一人名节要紧，还是六万人生命要紧？”

柳子瑞的几个应声虫急忙接应：“我等谁无父母妻儿，为名节一死，置孝道、仁爱于何地？”

又有几十人纷纷附和：“俺听上将军号令。”

樊贵突地拔剑怒吼起来：“懦夫可耻！樊某誓死不降，唯战死而已！”

樊贵的部属有许多人举刀挺戈附和：“俺们愿跟随樊将军，拼死一战！”

柳子瑞怒发冲冠了，按剑厉声喝道：“战与否本上定夺，岂由汝等坏我大局？”

樊贵不管不顾，径自要去拖开战车，率队冲出去拼杀。柳子瑞怒极，要喝令卫队擒拿樊贵，但此刻英浩的刀剑就悬在头顶，急需樊贵保驾呢，擒拿不得。不得已，他只好自己亲来阻挡樊贵。正在红头涨脸间，两人忽然都停住了争执，因为他们蓦地发觉，起大雾了，并且如风起云涌，转眼间就笼罩了天地，二三十步外视物迷蒙了。敌人阵地上阒寂无声，是被大雾困扰了吗？

樊贵大喜，“上将军，大雾中指挥调动失灵，敌军虽多，不能围困我，我正好借机杀出去。”柳子瑞当然明白这是突围的天赐良机，此必是“神力救助”吧！然而，良机对他个人并不良：大雾中彼此难照应，万一自己被敌人发现围住，有谁能来救护呢？他沉思着，应使勇将樊贵寸步不离地保护自己，但又有谁可打头阵冲锋呢？

柳子瑞还在迟疑犹豫，忽听敌阵后方响起使白雾青岚为之激烈震荡的锣鼓声、号角声、喊杀声：“冲啊……”“杀啊……”他以为是齐军杀过来了，霎时脸变得青黄。樊贵却欢喜地蹦了起来，“上将军，快，快下令反攻，我援军来了！”说罢跳上马，率先向敌阵冲去。

第二十三章

大雾见证鲁大捷

一只毛毛虫蠕爬在苏豹的眼皮上，可他皮糙肉粗，竟毫无知觉，依然“大睡如小死”，却又有一只蚂蚁钻进了他的鼻孔，痒得他“阿嚏”一喷，忍不住用拳头揉揉鼻子，一翻身又睡熟了。他的喷嚏响亮如雷，而且伴之“风雨交加”，将歪倒在他身旁的一个将军惊醒过来。

那将军一抹被喷在脸上的鼻涕口水，也翻个身要重入梦乡时，却忽听身后传来闷雷滚动似的鼓角声喊杀声，他激灵灵清醒过来，一骨碌坐起，睁眼一看，不禁惊奇万分：自己才刚合了个眼，怎的突兀起了弥天大雾？啊呀，真是敌人杀来了！听声察势，来敌简直是铺天盖地，猛烈如暴雨狂风，其声息刚才只隐约可闻，眨眼之间，那“咚咚咚……”“噔噔噔……”“呜呜呜……”的锣鼓号角声和“冲呀……”“杀呀……”的吼叫声，已如迫临渐近了。可他再放眼一望，不禁打个寒战：四五十步外混沌茫茫，连大树也失了踪影，遍野弥望的自家人马，竟像全消失了。是被雾之青纱帐幔遮掩了？是被滔滔“海浪”吞没了？是化作雾岚溶入“海浪”之中了？在可见的范围内，袍泽们虽大都被惊醒了，却或迷迷怔怔，不知发生了何事；或惊惧惶乱，手软脚麻摸不着武器；更有人竟还在沉睡如死猪，先锋苏豹即在其中……

英浩虽是最早被惊醒过来的，却也晚了。他一马鞭抽醒一个鼓手喝令击鼓迎敌，那鼓手竟因迷怔加惊惶而找不见鼓槌了，他怒极又抽了两鞭，鼓声才慌乱地响起来。然而，作为号令的中军鼓声，并没能引发己军千百面战鼓的呼应，这孤独的鼓声，显得疲弱无力而仓皇，像被敌人惊天动地的鼓角声喊杀声威震慑了，像要被茫茫、淼淼的大雾吞吸而消解。果然，他的将士们并没有闻鼓声而踔厉风发杀向敌人，反而像纱罩中的苍蝇、罗网中野兔似的乱撞乱跑，而且跑得稍远一点，就从他的视线中消逝了。他厉声喝令列阵迎敌，可他的号令如蚊子声被雷鸣掩盖，将士依然乱跑乱撞，哪里能够禁止？哪里能够整列？

怪不得齐军将士。这雾太大了，十几步外即人面麻糊，二十多步外则如鬼影幢幢，再远更混沌幽幽，而敌人已冲进了己方阵地，扫荡着后阵人马。那揭天掀地般的鼓角轰鸣、人喊马嘶、战车隆隆声，报告着敌势的浩大和威猛。虽然看不见敌我搏战的情状，但无须看见，自己人的哭叫声、哀号声、狼奔豕突的逃窜声听得很清楚呢。而且，因为看不见，愈增加鬼气森森的瘆人、浩劫降临的恐怖……被惊恐突袭，齐军大混乱，一时兵寻不见官，官找不到兵，甚至连自己的兵器也摸不到了，鼓手们的鼓槌早被乱奔的人群踢飞了……惶悚之间，敌人已杀到纵深来了，杀声激得雾震荡，车轮碾得地颤抖……

“吴”字大旗下，吴起纵马摇矛，如披云挟雾、吞烟吐霞的天神在敌群中驰突，长矛挥舞处，敌军不是被挑飞，就是被穿透，齐军兵将，如秋风吹枯叶，乱纷纷跌落在他的马前。他的战马，扬鬃奋鬣，咴咴嘶鸣，似腾云驾雾，铁蹄下践踏着血犹涌流的敌尸。大雾似水，他似水中的游龙，大雾成了他扬威的凭借和极好的掩蔽物，又借着骏马的迅捷和机警，倏尔东冲，忽焉西突，敌人尚未瞧分明，他的长矛已加诸其身。他简直成了个樵夫，一片片的“柴火”躺满他的身前身后……

与此同时，樊贵也率领他的数百名勇士杀入齐军中。这些被困在网中的鱼，忽然都变成了凶猛狂暴、敢于吃人的鲨鱼、鳄鱼，向齐军凌厉攻击。那樊贵更如一条鲸鱼，一窜海水翻腾，波涛如山，它在波谷浪峰间游弋，遇“鱼虾”一口吞噬。柳子瑞再也不能观望了，只得下令全军出击，柳军已看清了敌我形势的大反转，无不激动兴奋，那些此前还是被空中盘旋的老鹰吓得趴伏战栗的草鸡，此时却也几乎变成了凶鲨猛鳄……

邱明也是一员猛将，岂甘不显示勇气和威猛？他鞭马猛冲，独自冲入敌群，东冲西荡，如饿虎扑羊，饿狼扑兔，敌皆纷披躲逃。

将军神威破敌胆，将士借威齐争先。吴起的三万多鲁军，挟大捷之威，受富贵鼓舞，人人都成了猛虎恶狼，无不拼力冲杀，人人逞勇，个个发威，势不可挡。齐军在大雾中根本看不清敌势，但听金鼓声喊杀声惊天动地，仿佛敌军有二三十万，妈呀，自己陷入了敌人的包抄！更加之大雾弥漫，天光晦暝，有的骑兵找不到战马，有的爬不上战马，有的步兵找不到盾牌弓箭，多数则心栗栗而股战战，又找不到将帅官长，散兵如散沙，只有挨杀的份，哪里还能做有力的抵抗？两支鲁军的舍生忘死，演成了壮丽又可怕的景观：

刀砍去血肉横飞，枪起处血花喷溅，箭雨泼洒血流成泊。血飞，血喷，血泊，满眼鲜血的画面令人胆裂魂飞啊！这哪里是兵怯将懦的鲁军，分明是恶煞狞鬼啊！

吴起一眼瞥见了齐军的草料车，率领一队勇士奋勇杀过去，杀散惊惶万状的一批辎重兵，放火烧着了十几辆草料车。这些草料车烧起来，火不大却浓烟滚滚，那黑烟被雾压着，不可升腾，迅猛四下飞散弥漫，与雾融为一体，使雾更浊重浓稠，笼罩得战场更加天昏地暗，鬼气森森。烟雾最浓处，不仅呛得人咳嚏连连、泪眼婆娑，而且抵面看不清人的面庞五官，所见者无不如鬼。

齐军尽皆胆裂，纷乱溃逃。而鲁军却借大雾浓烟扬威，猛恶有增无已，这情状堪有一比：大广场上万人簇集，两队疯牛借着浓雾冲进来，个个眼如铜铃，尾摇风尘，鼻喷白沫，呼吸风响，四蹄践踏得火星飞迸，闪着寒光的锐利的犄角见物就顶撞，见人就劈刺……谁敢与疯牛较力者？只可风流云散逃窜。

苏豹惊醒后上马提戈，怒发如雷，欲斩杀“疯牛”，压住敌气焰以安稳自家军心和阵势，然而，自家的人马溃乱糜沸，溃兵如退潮之水，将他裹挟着不由自主地溃退，他急得咆哮怒吼，喝令稳住阵脚迎战，却全无作用。他愤极而连杀了几个溃兵，但溃潮不可止息，反冲得他的战马趔趔趄趄，立足不稳，逼得他不得不随波逐流。

英浩的头疼和眩晕并未减轻，此时急怒交加，只感到要天翻地覆了，竟两眼一黑，咕咚栽倒车中，失了知觉。苏豹望见了，冲倒百十个士兵，奔过来保护着英帅，急急向人少的地方突围溃逃。他骁勇无伦，一杆铜戈挥舞开，莫说人马不可阻挡，就是战车也能挑翻，何况大雾中鲁军也联络不畅，围堵者不多，终被苏豹冲出了重围。

主帅走了，齐军更狂奔争逃，溃如洪泄。齐军向雾幕里狂逃，鲁军向雾幕里追杀。一逃一追中，齐军死伤狼藉，惨不忍睹……

鲁军直追杀出十余里，雾消散了，太阳露了亮晃晃的白脸，齐军也逃得远了，这才收兵打扫战场。

两国在长勺之战后，从未发生过如此规模宏大、惊天动地的激战，尤其是它居然完全颠覆了历史……这一战，消灭了齐军三四万，缴获的战利品如山，而两支鲁军的伤亡不足敌之四分之一。强大威武的齐军，对鲁战争中近乎战无不胜的齐军，又是在能臣良将英浩的统帅下，竟败得如此之惨，可真如乾坤倒转了。

吴起来到柳子瑞马前，拱手行个礼，“吴起参见上将军。”

柳子瑞绝处逢生，却全不感激吴起的相救之德，只摆摆手，傲慢地说：“罢了，不必多礼。原来是吴先生，不，吴将军率军来……好，好，太好了。吾已料定援军将到，故而在此险地羁縻英浩，以求前后夹击大败之，今果如老夫所算。汝之来恰当其时也。”

吴起很是兴奋，简略叙述了英浩如何分军威胁曲阜截击援军，项高鸣如何玩弄诡计，自己如何将计就计全歼项军，又如何昼夜奔驰，借大雾突袭的经过。樊贵与柳部将士听着，无不激动而钦敬得想狂呼高歌，但见柳子瑞的脸色越来越难看，只好压抑着。

柳子瑞听着，心中却如打翻了醋坛：我的妈呀，自己以十五万精兵抗齐，兵力优于齐军，基本上没能损伤到齐军皮毛，反而被诡计多端的英浩横砍竖劈，斩杀四五万，逃亡三四万，打得自己只剩下六万多军狼狈败逃，这吴起却凭三万多凑合部队，居然斩杀了也算得上勇而有谋的宿将项高鸣、全歼了四万齐军，真他妈的如天外奇谭，不可思议呀！再说这小河湾被围，倘无吴起来救，自己将……天啦，这小子太能了，比得本上岂不成了朽木糟柴了吗？有此人在，自己的地位就有动摇啊！只观此时，就洋洋得意、矜夸己功，大有轻蔑我堂堂上将军的神情，我……我怎能容你威胁到老夫？

但当着数万将士，柳子瑞只能压下心中的嫉恨，脸上却挤出了亲切的笑容，“吴将军辛苦了，本上代主上深表慰劳。我鲁战史上这一辉煌大捷，虽说是在本上的筹谋擘画之中，但吴将军英勇敢战，胆气如虹，乃使本上之擘画大放异彩，将军之功大矣哉，可喜可贺！当然，邱明、樊贵等将，身先士卒、奋勇拼杀，血污铠甲，其功亦不小。还有幕中之辛海、郑飞等人，帮办军机、赞画劳苦，均为有功。回朝之后，老夫当奏明主上，论功行赏。哈哈！”

谁都听得出来，柳子瑞后边的论功，仅是捎带的安慰之词，其重心在前面：柳某人不是惨败，更不是逃跑，而是高瞻远瞩，运筹帷幄，给敌人设下的陷阱囚笼。这两场大捷，皆在上将军的妙算之中，众将士血战的功劳，只配烘托柳某人的英明伟大而已。伟人是怎么造成的？本来就是无以数计的黎民、千千万万的将士，用热汗、热泪、热血浇灌出来的，是用俺们这些小人的累累白骨堆筑起来的……但柳子瑞的厚颜无耻，赤裸裸地贪天之功，也算登峰

造极了。

吴起的将士们无不愤慨：岂有此理！好像不是我们救了这厮，倒像这厮送了功劳给我们。明明是将鲁国拖入危机边缘的罪徒，舌头一翻，竟成了力挽狂澜的盖世英雄。我们拼死血战，却在为人家脸上抹粉涂金呢。他妈的，众目睽睽下竟敢颠倒黑白，欺世冒功，血战之士能不心寒？真正力挽狂澜的吴将军，能不心中结冰吗？

柳子瑞所部将士也极惊诧而窃窃私议起来，没有吴将军来救，我们不当荒郊野鬼，就得当俘虏，现在却成了……上将军好不要脸！樊贵更愤愤不平了，柳子瑞一败再败，只会逃跑，不知兵机，又贪生怕死，临危六神无主，差点儿就要投降……这老底既不能揭，也无从揭，因为人家并未吐一“降”字呀！而且，老匹夫鬼得很，用一块糖堵住了自己和辛海等人的嘴，谁还能再说什么呢？有这样的上将军把持军政，能打胜仗吗？

吴起并不知道柳子瑞此前的拙劣和龌龊，反而对其生了些许敬意，于是他再向柳子瑞施礼说：“多谢上将军夸奖，起也不胜感荷。”随即转为庄重诚恳，“只是，眼下非评功论奖之时。英浩虽败，毕竟还有较大的实力，必然会图反扑雪耻。请上将军急施良谋，再振虎威，一举摧崩齐寇。吴起忝为后军主将，今既与上将军会师，甘愿交出帅印，做上将军麾下先驱，谨听号令。”

柳子瑞脸色阴晴不定地思索了一会儿，又呵呵笑了，“两军合一？非良策也。英浩已吃我前后夹击之大苦头，犹可以此法制之。将军仍率所部向前逼近敌军，本上迂绕向敌之后。今夜三更，吴将军率部偷袭敌前营，本上击敌之后。敌大败后军心惶惶，且料我正在休整，必无防备，我可虎扑鹰击，一举扫荡英浩残余！”

辛海和樊贵一怔，柳子瑞怎与此前判若两人，突然气壮如虎了？

吴起自然不愿交出将印受制于人，但在上将军面前，怎能不俯首做谦卑之态？他口说甘做先驱，实际上是委婉地表示两支部队不相统属，应成犄角之势，相互策应。现在见柳子瑞从其所愿，十分高兴。至于偷袭敌营，他虽略觉不妥，但可临机而动，倘发现敌军有备，不攻也就是了，可再寻敌之破绽嘛。于是，他辞别上将军，引军向英浩逼近而去。

柳子瑞见吴起去了，抽动两下嘴角，极力抿住暗笑，亦下令部队沿河向上游开拔。

第二十四章

血性烈士壮“仁义”

柳子瑞率军上行八九里，天色渐渐昏黑起来，其贴身幕僚郑飞请示道：“上将军，欲迂回敌后，此处正可折而南行，是否转头向南？”

柳子瑞一摇头，“继续西行。”

再行五六里，天全黑了，部队仍在向西行。做前锋的樊贵急了，再西行，距敌越来越远，还谈什么迂回敌后呢？乃拨马回头趋向柳子瑞，“上将军，我们到底要进军到哪里？”

柳子瑞沉默了一下，才一瞪眼答：“何必多问。我进军目标，辛海所说之石津。”樊贵一惊，“往石津何为？”

柳子瑞压住火气冷冷地回答：“明早天一亮，我军由石津过河，回师曲阜。本上担心京都有危，须迅速回军守御曲阜。”

樊贵大惊，“这，京师尚有重兵防卫，何得有危？上将军自何处得来警报？岂不是庸人自扰吗？”柳子瑞大怒骂道：“狂妄樊贵，竟敢辱骂本上！我岂不能……尔一微末小将，懂什么军国大计？吴起率军四万来援，京师还剩下多少兵力，怎能无危？那田庄子狡猾异常，难保不再派大军偷袭我曲阜，本上怎敢掉以轻心？撤军回防，为确保京都安全也。”

这种“疑有陨石从天落”的假设推理和“深谋远虑”，使樊贵无从驳斥，他只好退一步说：“可是，上将军已令吴将军今夜出击，我军忽然撤走，吴将军已只有两万多兵力了，岂不要被英浩吞灭？”

柳子瑞阴阴地笑了，“本上不令吴起去拖住英浩，我等得平安顺利过河吗？此为迫不得已而壮士断腕，顾全大局嘛。再说，吴起邱明骁勇无比，其军皆勇猛敢战，英浩所余或只剩不足五万兵力，吴将军最擅以寡克众，或可再建赫赫之功呢。”

樊贵只惊得半天说不出话来。这柳子瑞太卑鄙了，吴将军拼命救了我们，

却将其丢给强大的敌人，这不是存心要断送吴起吗？老匹夫太无耻了，我樊贵可是血性汉子，岂可做忘恩负义之徒？拼出这条命，也应助吴将军脱厄！他忽地大叫起来：“吴将军救了我全军，今却要诳其送死，如此行事，不惟羞臊仁义忠信，亦羞臊两腿之人呢！上将军要去自去，樊贵须率本部去驰救吴起，哪怕与之共沃黄土，心甘也。”

柳子瑞气得发抖，樊贵竟在用方言俚语骂他了，“羞臊两腿之人”，那就是四条腿的畜生了。但他已顾不得计较这些了，因为樊贵已拨转马头，要率队去践行仁义忠信了。这绝不能容！樊贵是猛将，其部众千人，作战勇猛，向来是全军之胆，今一去，全军如拔旗帜矣，万一前途再遇险情，谁可冲锋在前？更要紧的是，樊贵在军中很有威望和号召力，若其蛊惑煽动别的部队随之分裂，自己还很难弹压呢！他暴喝一声：“樊贵站住！”

樊贵勒住马，略带挑战地问：“上将军还有何吩咐？”

柳子瑞唰地拔剑在手，“大胆樊贵，尔敢带兵哗变吗？来人！”左右亲兵护卫呼啦啦趋前听令。柳子瑞举起一只手，将要挥下去时，郑飞一碰其臂，摇了摇头。他忽一激灵：此人与孟孙阖龙有瓜葛，若激怒了大司马，自己恐有风险，而且，此时若将此人“枭首示众”，军心不服，其部下若真的哗变，那将……他的手还是挥下了，却改了命令：“将樊贵这厮拿下，打入槛车，待回朝议罪！”

樊贵高喊着“冤枉，我无罪”，但还是被扯下马来，关进了囚车。

柳子瑞之所以急急西进，正为担忧樊贵鼓噪援吴，现在樊贵被囚，分裂动乱的危机给打压下去了，不禁大为高兴，于是他传令：“就地宿营，明早急奔石津。”

三军驻足，搭建营帐，埋锅造饭，饮马饲草。营帐未起，柳子瑞忽对辛海说：“尔为我作战书一封。”辛海惊奇地问：“我军离敌已远，作战书何为？”柳子瑞很不满地瞅一眼辛海，“战之事波诡云奇，尔一案牍吏，但尽职分足矣，何须详知主帅意图？吾口授汝笔书可也。”辛海不敢再问，乃铺开白帛，使一小兵秉烛照亮，自己援笔候命。

柳子瑞边想边说：“英浩贼子，木拱渡一战，汝其丧师过半，晾已胆裂矣，速速卷甲遁走，吾不汝追也。本上将军宽仁慈厚，已率大军撤向京师，仅留二万貔貅，送汝残军出境。望汝体吾大德，慎之慎之！”辛海写完，吹干墨迹，疑惑不解地将帛书递于柳子瑞。柳子瑞审查后，唤来一骑兵吩咐道：

"速往齐营，将此战书射入！"骑兵飞马而去，辛海疑虑重重。

饭菜呈来，柳子瑞吃着饭，回思自己这一缜密的设计布局，实在高明之至。这封战书，言内天衣无缝，言外深意凸透，以英浩之老树成精，岂能看不明白我的言外深意！哈哈，吴起小子与其二万多杂乱部队一完蛋，所有的战绩光辉，皆在柳某名下矣！他越想越高兴，自斟自饮了几大杯，晕晕沉沉酣睡了。

齐军收拢败兵，扎住营寨，计点人马，只剩下五万稍多兵力了，将领们满面惶愧羞惭来参见主帅。

英浩经一番急奔败逃，出了一身大汗，头疼和眩晕全然消逝了。他心中愤怒懊悔，却笑着安慰众将："胜败兵家之常，诸位不必介意。此之败，怪老夫不该请项帅亲自出马，招致项帅怀怒，四万大军不知去向，未能前后夹击于敌，反使敌援军突至，我则猝然腹背受敌，军心大乱；二为天助弊鲁，老夫临战发病，不能当机指挥，又蓦然兴作大雾，致使我军犹如瞎子打架，乱摸瞎撞，士卒惊悚，因而蹶跌。败之罪，项氏与本帅共担之，众将士不必惴惴。"将领们原怕被英浩痛斥责骂，甚至找几个倒霉蛋来做打了败仗的替罪羊。今见英帅归咎于二帅身上，令人感动悦服啊！

正在这时，又有一支败军前来归队，原来却是项子牛的八千（溃散了三四千人）残存人马，已不敢走出崃山，竟穿林越沟南来归附英浩主力。英浩略喜，唤来率队将领询问情由，得知了详细经过，只气得差点儿吐血：昏聩的项子牛老匹夫啊，你断送了三万多精锐，更断送了我全歼柳子瑞的计划……但他只能痛苦地心中流泪而已。

苏豹又激昂起来了，"英帅不必烦恼。我又添八千人马，兵力仍超过六万，足可报仇雪耻。那柳子瑞只是个脓包烂柿子，趁其正在得意忘形，末将可率军突击，凭俺一杆金戈，千万鹿军（鹿胆小怯懦，遇猛兽则拼命逃跑。齐军蔑称柳军为鹿军）不可抵挡，俺必杀入垓心，斩了柳氏之头……"

英浩却摆摆手制止苏豹，"苏将军勇气可嘉，然而不可逞蛮勇。敌两军会合，兵力大盛，我怎可心存侥幸？当然，苏豹之言甚合吾意，良将者，胜而不骄不躁，能激励将士再接再厉；败而不馁不挠，斗志饱满，仍有必胜信念，且能鼓舞三军受挠而愈勇，遇挫而益奋，则无敌也。鲁军借天之助胜了我一阵，我岂能不报仇雪耻？柳子瑞诚然为烂柿子，不足为虑，应担心的，是前来援柳的新来之敌，难知新敌兵力多少，主将为谁，然而观其斩项之智巧，

攻我之时机选择，此为劲敌也，决不可轻率！诸位且整军厉兵，防敌乘胜来攻，容本帅思谋如何哀兵制胜……”

话未说完，营门外守军小校来报：鲁上将军柳子瑞，派人射入营中战书一封。随即将帛书递上来。英浩接过战书来一看，惊愕地失去了判断力：好稀奇古怪的战书！闪烁的词义似说，柳某人要“卷甲遁走”，仅留下二万兵力抗阻我，但这是搞得什么花招？其既想溜之大吉，何故告知我，又何故明言所留兵力之数？这太违背情理！咦，莫非这厮与新敌合计，想再用小河湾的战法……以新敌牵制我，这厮却迂回而击我身后？哟！柳子瑞这“老阉鹿”也想顶人了？……但也不对，“老阉鹿”倘有此谋，应该封锁一切讯息，怎么反来下战书，岂不是敲锣打鼓做窃贼吗？而且明告我“仅留二万貔貅”，难道不怕我先吞了你的“貔貅”，返回头来再吃你阉鹿之肉？诡异蹊跷，可疑！可疑！啊，“二万貔貅”莫非是其援军兵力之数？其欲借我之手剪灭新敌吗？不大可能啊，柳氏尽管卑鄙无耻，可新敌刚救了他，怎能一转脸就恩将仇报？

英浩不理众将的交头议论，自管在营帐里踱步沉思。猛地，他想起了一幕……

追击柳子瑞的第二天，英浩亲率五千轻骑狂追，竟脱离大部队二十多里。追至贞女崮赶上了鲁军，乃饿虎扑食般地冲杀过去。鲁军的樊贵率几千人在崮上据险防守，箭石交下，压得齐军缩在崮下的乱石丛中躲避不迭。忽然，贞女崮上红旗乱摇，牛角号呜呜狂吹，显然是在发送信号。英浩一惊，急察地形，只吓得冷汗浃背，原来他只顾狂追，竟是陷入了极危之地：崮下两面是深涧陡壁，鲁军若于背后一包抄，自己的五千轻骑只怕万难逃生。天哪，身后三四里处，竟有鲁军的旗帜若隐若现在乱山洼中。英浩强压住惊恐，传令火速撤退，要趁鲁军合围尚不紧密时冲杀出去。毕竟是迅捷的轻骑，撤退亦如旋风，一口气奔逃了十多里。但奇怪，隐伏在乱山洼中的鲁军并没有杀出来堵截，更没有随后追击。心犹狂蹦乱跳的英浩迷惑不解了，柳子瑞在干什么？是用疑兵计吓退自己吗？可那么好的地形和战机，只会用小伎俩吓退追兵，柳子瑞毕竟是个蠢猪。

直待齐军主力赶到，英浩才又挥军前进，当然，鲁军早就逃远了。英浩察看了山洼的遗踪，但见马蹄杂乱、车辙纵横，的确有大军曾经埋伏。妈呀，伏军若堵截住自己，等待自己的恐是饮剑自刎之路呢……但柳子瑞何以按兵不动呢？他思之再三，豁然明白了：伏击之计，必为樊贵等将领所设，柳氏假意采纳，却在樊贵扼拒崮顶之后，悄悄率军撤走了，扔下樊贵阻挡追兵……

英浩想到这些，所有的疑问都找到了答案：柳氏不仅卑怯无能，而且极为阴险卑鄙，樊贵救过他两次命，他居然能出卖之，“新敌”与其有功与罪的纠结，又为何不能出卖呢？没错，这老小子真是逃之夭夭了。“新敌”啊，你做梦也不会料到，你救了一只狼，这只狼却要送你下黄泉呢……

英浩坚定了判断，顿时生成吞吃“二万貔貅”之计：柳某人必已自去，“新敌”奉柳氏之令来偷袭我，其兵力仅二万，我半道迎头痛击之，必可令“新敌”尽成新鬼……

执笔书写了战书的辛海，虽是荒村学究出身，却是颇懂兵略，但人微言轻，柳子瑞不惟不听其计，反叠加训斥，他为之郁郁，恼恨柳氏误国祸军。樊贵却钦佩这位薄书，每与之探讨兵机，贞女崮的伏击计，乃其与樊贵共同商定。樊贵扼守崮上，柳子瑞率大军伏于山洼，一个关门打狗之阵已经布成，静待狗闯进来。谁料柳子瑞突然改变了主意，“不成不成，敌军十数万众，这门怎可关住？岂不是自己送进狗群？”辛海忙说：“此处地势逼仄，敌兵力再多也无法展开，我只需截断其一部分，聚而歼之，英浩即丧胆矣。”柳子瑞却暴怒了，“胡说！关不了门，我反而会遭围歼。有樊贵迟滞敌人，我大军速速撤退！”辛海气得捶胸顿足，也恨得暗暗咬牙，扔下樊贵为羁縻饿狼之肉骨，何其狠毒哇！

辛海深感他代书的战书稀奇古怪，柳某人究是何意呢？他琢磨良久，终于断定，柳子瑞是要借刀杀人呢。辛海愤怒得心都要爆炸了，柳子瑞此行猪狗不如，吴将军危矣！得助吴将军一臂之力，通报其防备！但自己如何脱身去通报呢？而且，吴将军得了通报，兵力众寡悬殊，又当如何摆脱险境？能助吴将军者只有樊贵了，其人豪侠肝胆，义勇热血，声威素著，三军将士钦敬服膺之，连职衔高于其上的将领也甘服其号令，得其率部杀向敌后，英浩必疑“中计”而溃逃矣。今若趁柳贼熟睡，假传将令放其出缧绁，得其在军中振臂一呼，必有千万人愿随之赴义助吴！我鲁军虽懦，我鲁人却绝非卑怯无义者，何况我六万兄弟袍泽，皆是吴将军所救呢！

辛海虽说也是热血沸腾，义勇充塞胸臆，但还有点儿决心难下，因为他明白如此行事，自己必遭柳贼毒手。自己一死倒也无憾，但老妻势必追随自己到地下，自己岂不是拖着老妻一块儿赴死呀！老妻与自己辛苦恣睢了多半

辈子，幸喜儿女已成人，她应该平静安宁地度过后半生啊！他犹豫了。他与相濡以沫的糟糠之妻，有着深挚而凄美的爱情，更有同生共死的誓约呢……

20多年前，他与一位贤惠美丽的女子结成了夫妻。他们很快有了一儿一女，日子过得苦巴巴中也有清甜。辛海少年时家境还较优裕，故不知稼穑，不晓商贾，唯知啃书简，自十四岁上父母相继亡故后，家道迅速破败了。现在一家四口的吃穿费用，稍赖祖上留下的五亩薄地，却主要靠妻子的织机供给了。好在妻子织布织锦的手艺百里无二，产品价翘而销亦俏，妻则不舍昼夜地勤苦织绩，常累得趴在机上下不了地。如此也罢了，辛海却打小就有胃病，读书太用功，更加重了病情。妻子抛梭纺织的辛苦钱，还得分出大半为丈夫求医买药，而且吃药无数，却病无好转。辛海逐渐心情沉重而悲凉起来，男子汉不能养家糊口，仰赖妻子固已足羞，成妻儿之沉重负累，生又何欢？一天深夜，妻子下机来，累得倒头就睡着了，全未注意他在书案上按着胃低声呻吟呢。妻睡去，他的疼痛愈烈，然而疼惜妻子太劳累了，不敢叫出声来。他终于疼得不可忍受了，“生不如死”之念膨胀开来，自思命难长久，不如自我了结，免得拖累妻子儿女，乃捡起一根绳子，系于梁而自投缳。不料绳子糟朽，他通一声跌于地上，惊醒了妻子。妻子抱着他大哭，边哭边哽哽咽咽责备：“你好狠心呐，竟想扔下我们娘儿三个？”

在妻子的精心照料下，又吃了几剂偏方，他的病有了好转，乃到富户人家做了塾师。可是，他家不远的山里有一伙棒客，棒客头儿探听到其妻美丽贤惠，于夜里抢之上山要作为压寨夫人。他得讯后，向东家借得三丈绫，孤身一人持绫上山来赎票。

其妻被棒客头儿威逼成亲，乃拔下头上簪子抵住咽喉，怒斥道：“我与丈夫生死相依，绝不离弃。要动强，只有死尸与你。”那头儿大惊，遂不敢再用强。次日，辛海上山来赎票，头儿大喜：若杀了男子，美人断了念头，必肯顺遂自己。但小股土匪，全靠信义维系喽啰，对赎票者不得伤害。头儿想了想，决定吓退男子，也可斩断美人的希望和念想。

辛海被带到山洞口，头儿骂道：“愚书生，三丈绫就想赎美人？我看你疯了，不怕我挖你的心肝下酒？”辛海气昂昂回答：“何怕之有？我死一人而已；我妻若死，吾儿女亦将难存活，我一命换得三命，值了。况吾仁义之名由此传播，吾何憾焉？”众棒客听得连连点头，有人还悄悄竖起拇指。那头儿也被“仁义”二字震得一凛……仁义毕竟是人世间的重要法则，纵是土匪，也不敢不敬重仁义……他忽地笑了，“你要仁义之名，好好好，我且看你是真仁义还是假仁义？那不，前面就是悬崖，你要敢跳下去，证明你真爱你的妻儿，我就放了你妻；你不敢跳，哼哼……”

不待那头儿说完，辛海已大步向前面的悬崖走去。正在此时，洞中跑出来披头散发的女人，挽起辛海，一起向悬崖急奔。那头儿大惊失色，几个箭步冲到前面，挡住了他们。

辛海和妻子平安回了家，那三丈绫棒客们也不肯收了。其妻流着泪说：“我的命是你救下的，就要跟你拴在一起。你要不在了，我绝不独活！”

辛海犹豫有时，终于决然拿定主意：成大仁取大义，方为顶天立地真豪杰！可是，要救出樊贵，须得盗取柳子瑞的令箭，而他是不能随意进出主帅营帐的，须借助郑飞了。他来见郑飞，屏去从人，扑通跪倒，“郑先生，为我鲁之安危计，为吾侪辈不沦为伤仁害义之徒，辛某有一事相求。”

郑飞大惊，双手来搀，“辛先生快请起，折煞小弟了。何事请明告。快快请起。”

辛海不起，跪着细述了柳子瑞暗泄机密于英浩，欲借敌之手铲除吴起，今只能靠樊贵率军驰救，而救樊贵须请郑先生盗取令箭，末了拔出身上佩剑双手递过去，“海背主而非贪富贵，乃取义而成仁也。郑先生可斩海头，或告之柳某碎我万段，海无悔无愧也。”

郑飞愣然良久，终于用力拉起了辛海，“辛先生深明大仁大义之旨，令人钦敬。郑飞无才且蝇营狗苟，每逢迎巴结上将军，为荣禄也。然而辛先生视吾亦为犬彘乎？汝能取义成仁，我独不能？且待之，吾将追随仁义！”说罢大步而去。

辛海忐忑不安地等待着。约莫两盏茶时，郑飞回来了，于怀中掏出了金批令箭。辛海接过令箭，激动得连声道谢。郑飞却乘其不备，忽地夺过了他手中的剑，满脸悲戚地长叹：“柳氏纵不齿[①]，于郑飞有恩，今飞背主，亦不义之徒也，不如一死谢主！”说罢横剑抹断了脖子。

辛海惊得泪与汗交流，但他不敢再耽搁，掩藏了郑飞之尸，急急地奔去救樊贵了。

一切如辛海所算，樊贵出了槛车，与他的部众一起向三军将士鼓动“报吴将军之恩，救吴将军之难”，那位被辛海救了命的佘奢，率自己所部三千

多人坚决响应辛海和樊贵，三军将士大都激昂慷慨，“愿随樊将军取义成仁！”哄闹声惊醒了柳子瑞，急派亲兵卫队来擒拿樊贵。将士们愤怒要杀柳氏走狗，樊贵和辛海劝阻之，急忙率军奔赴吴起大营，从者竟有上万之众……

【注释】

①不齿：此处作名词，意为无道德、丧良心之人。

第二十五章

碧血丹心辉山河

后半夜月亮升起，吴起率军来偷袭齐军。木拱渡大战，他的部队冲杀最猛烈，伤亡也最惨重，加上与项军的两回血战的伤亡，其军只有二万五千之数了，而且有近十分之一的伤员。但柳子瑞之计虽不周密，毕竟变懦为勇，敢于拼杀了，自己当全力配合其偷袭成功，使其恢复“雄心壮志”！但能再败齐军，英浩就只有溃逃回国了。

行军不久，月亮却被阴云遮没，夜色复又沉沉。吴起反而高兴，天色越昏黑，越利于偷袭劫寨，乃催军急进。又行数里，星月又明亮起来，天地间如淡水银撒泻。前军忽然驻足不动，并有小校来报：前面发现大批人马，仿佛是齐军向我开来。吴起吃了一惊，急驱马向前观察，果见水银的光亮下，似有浩浩无际的大军无声而迅捷地奔涌而来。吴起登时一愣：这英浩真是用兵不同凡响，刚被打了个遍体鳞伤，却居然不擦血不裹伤，竟来“回马一枪”，我军若是胜而轻狂骄怠无备，险莫大焉！现在，己方的偷袭计落了空，但只要自己与敌拼杀起来，柳子瑞大军闻声赶到，仍可前后夹击，实现预定目标。容不得犹豫迟疑，他果决地发令：进攻！

但吴起估计错了形势，齐军已知“新敌”不过二万人，雪耻报仇之时已到，竟吼叫着争先恐后地迎击过来。两军霎时搅杀在一起，乒乓沧浪之声，人吼马嘶之声，在夜空里震荡骇人，惊得一片灰云疾速漂移，使星光隐曜月辉惨淡，骤然昏黑了几分。朦胧模糊的夜色下，难分辨人之面目。两军皆臂缠白纱，混淆难辨敌我。然而，鲁军盔顶有缨，齐军则将军盔顶插翎毛，士兵盔顶光秃秃；鲁军穿皮甲，齐军却是青铜甲……由服饰自可辨识，但两军一旦交错混杂，又在不停地移动变换位置中，辨识起来较难，故而齐军虽众，一时却无法得手。纠缠稍久，两军渐渐可辨清敌我，青铜甲则排山倒海压过来，皮甲军抵挡不住，一时死伤甚重。

那苏豹一旦分清了铜甲皮甲，乃一马冲进鲁军中，挥动沉重的大戈，挡者尽如败叶枯草飘落。邱明奋勇上前抵敌，只七八个回合，被其一戈磕来，只震得双膀酸麻，兵器差点儿脱手，吓得拨马就逃。苏豹更发了威，扫荡得“败叶枯草”满地飘零。

吴起见铁塔般的齐将如此凶猛，知其定是苏豹，乃催马上前抵敌。哪知战有上十个回合，也双臂酸麻、手忙脚乱了……盖因此刻星光朦胧，看不清苏豹的发力动作、运戈轨迹，无法施展闪、挪、粘、带等灵巧招式，几乎只是比拼膂力，硬挡硬架。苏豹已认出来了，来将是吴起，哈哈，吴起小子，你跑不了啦！你使诈呀，看你能诈得天开路地裂缝吗？苏爷爷今儿不把你一戈穿个透心亮，也枉为我虎贲齐军中的第一勇将了！他抖擞威风，越战越勇，加之他一柄青铜戈长而沉重，打下来直如泰山压顶，直捅来犹如铁柱猛捅，一般的壮汉很难挡住他的一扫一捅一磕。吴起渐渐有些抵挡不住了，汗水唰唰直流，喘息粗重匀不了气，双臂也由酸麻而疼痛了，他明白再战下去，自己凶多吉少了。但他哪里敢退？他一退一逃，鲁军将彻底崩盘，群狼逐羊之惨剧将不可免了。柳子瑞啊，你现在在哪里？为什么还不赶来夹击，难道你……他振作精神，竭力招架，但苏豹一戈狠胜一戈，不仅震得他双臂麻疼，连他的大白马也吃力不住，连连倒退，咴咴嘶鸣起来。

混战之中，敌我搅作一团，兵将各自为战，没人顾得了主帅。大白马这一嘶鸣，鲁军将士这才发现了吴起的危急。然而，鲁军将领皆被盔顶插翎毛的一二人夹攻，自身还危机重重，哪能脱身来助吴起？却是十几名小兵舍生忘死冲过来救助主将，围住苏豹刀枪齐下乱攻打。苏豹一心只要斩杀吴起以扬威，但这些小卒子们竟不知死活来搅扰，不禁又怒又躁，大吼一声，舞动大戈如暴雨狂风，一扫一人仆跌，一挑一人横飞，一捅一人洞穿，十多个招式使出，小卒子们已倒下六七人，但最后四人犹死战不退，舍命扑击。再一旋踵间，又有两名勇士倒下去了。

这倒下去的勇士中有一对同胞兄弟，却是商宝商贵。他们在奔袭木拱渡的行军途中触犯了军纪，按律当死，吴将军赦免了他们，他们感恩图报，坚定了为吴将军死战之志。此时见吴将军遇险，就不顾一切地冲过来拼斗苏豹。可他们哪能抵挡苏豹，几个回合后，哥哥商宝的双腿被苏豹的大戈生生削断，而且是从膝盖上两寸处削断，人简直像个肉碌礴了，断腿处鲜血狂喷，剧痛使他几乎昏厥过去。但他一眼瞥见一名齐军小军官似要向吴将军偷袭，“肉碌碡”的他身不能动了，手还能动，他的一只手伸进怀里，掏出了两块金饼，摊放在自己的胸膛上，并望着那齐军小军官艰难地一笑。月光下，金饼的光彩熠熠生辉，格外惹眼，那军官一下停止了原先的偷袭动作，僵立不动了。待看清“肉碌碡”对自己毫无威胁时，这才大胆地奔过来，俯下身来一手抓着长矛，一手捡拾金饼。他抓起金饼正要揣之入怀，不料那“肉碌碡”的两只手一动，猛地抓住了他胯间的两颗“宝蛋”狠命一捏，他哀号一声，只觉得两颗“宝蛋”破碎了，如鸡蛋变成了一泡黄汤。他再也嚎不出声了，像一袋面软软倒在“肉碌碡”上，四肢抽搐着，慢慢地咽了气。商宝也用尽了最后的力气，慢慢合上了眼睛，双手也僵硬在“破蛋”上。

弟弟商贵的左臂从肩胛处被斩断了，血流如注，嘴里也涌出血来。猎人的儿子，自小受的是勇敢、坚强、杀死野兽的熏陶，哥哥的壮烈他看见了，他没有悲痛，反倒腾升起强烈的感奋和为之报仇的意念。自己还有两条腿一只臂，岂可不如哥哥壮烈！他瞥见苏豹又要对自己的两名同袍下毒手，心念一闪，忽地拔出腰间小尖刀（猎人腰间总插着小尖刀，他的猎人习性未改），咕噜噜两个翻身，滚到了苏豹马下。这一滚，血流得更猛了，断骨茬子受碰撞，如有千百把小刀剜心。但他仍奋力举起小尖刀，对准苏豹战马的一条腿刺去。

此时，苏豹刚挡开吴起的一矛，而两名鲁军勇士又扑到了身后。苏豹怒发如雷了，不先消灭这两个死缠烂斗的小卒子，就无法对吴起下杀手。他霍地单臂抡戈向后扫去，其势如电，其力千钧，两名勇士大出意料，要躲已是不及，竟被打中腰脊，如两根稻草一样弯折跌倒了下去。但吴起又一矛搠来了，他急忙一带马，想避开锋芒，再抡戈置吴起于死地。然而，商贵的尖刀恰恰于此时插进了马的后腿上部，那马吃疼，猛地向前直窜。这一窜，吴起的矛就扎进了苏豹的小腹部，再一抽矛，他的一截肠子随同鲜血流了出来。苏豹纵是铁铸金刚，着此剧疼加惊恐，也慌乱地捂住创口拍马就逃。可他的马腿上带着刀，又蹿出几步，竟颤巍巍地要趴倒了。他正好到了一名鲁军骑兵三四步之处。

商贵助吴起得手，大喜，一挺站起身来，要捡起武器再拼杀，可他失血太多了，又颓然栽倒，渐渐停止了气息。

这鲁军骑兵突见巍巍如铁塔的苏豹到了面前，又见其手捂小腹，一小节肠子在体外晃荡着，惊吓得有点呆了。苏豹哪容他灵醒过来，单臂挥戈猛地扫去，骑兵这才惊慌地举刀来挡，但叮的一声，他手中的刀不仅飞出了三丈

开外，自身也被震得摔下马去。这骑兵还未落地，苏豹却已松开了按着创口的手，耸身一跃，这只手抓牢了要逃跑的战马，屁股已坐稳在敌人战马的鞍峤上了。他居然反掌之间就夺了一匹坐骑！然而这几下剧烈的动作，不仅血流更汹涌，连肠子也挣出来了半尺多长。他只得再按紧创口，仓皇地逃开……

吴起已无力追赶苏豹了，他的汗水已模糊了眼睛，双臂麻疼，喘息不匀，一颗心蹦跳得像擂鼓。他擦了把汗，平息了一下喘息和心跳，撒目整个战场，心又狂跳得像要蹦出胸膛。

鲁军的抵抗还算顽强，但已战死了四五千，更多的将士负了伤，大崩溃迫近了眉睫。

突然，齐军的侧翼如遇到了马蜂袭击，士卒乱嚷乱叫，乱奔乱逃，甲士翻仆，战马惊鸣。随即，有许多身着皮甲、头顶盔缨飘飘的“马蜂”飞入战阵，向齐军愤怒地蜇射，领头的“马蜂”正是樊贵。再一转眼，铺天盖地的“马蜂”扑了过来，刀枪飞舞，怒吼声轰轰如雷，齐军遇之无不溃奔靡披。

正在兴奋中的英浩，突地打了个寒战：糟了，中老阉鹿之计了！万不料老阉鹿竟有这一手！我军遭到“二万貔貅”的顽强抵抗，居然也损伤不轻，眼看将有彻底摧崩敌之势，现在却陡添老阉鹿五六万生力军，如何还能抵挡？我军新败，军心犹有恐怖，一旦情势反转，必将如雪崩沙坍。小河湾的阴影清晰浮现，可怕啊……他急忙发令：快撤！

齐军毕竟心有余悸，一见“马蜂”铺天盖地而来，大惊失色了：不得了啦，又陷入敌军的夹击合围中啦，木拱渡的惨剧又要发生？快跑啊，不能被敌人包饺子吃了！英帅又已下令快撤，于是撒腿向后狂奔。当此局势，一人奔逃，众心惊慌，三军纷纷奔逃开了，你挤我推，人与车马抢道，相互吼叫诅咒，什么“有序撤退、交相掩护”的军纪和战术，全都毫无用处了。英浩已不可约束。

“马蜂”们激于义来救吴起，无不激昂而亢奋，乃鼓勇向敌追杀。樊贵的原有部下，更是冲锋在前，追上一小批敌人，刀枪齐下，霎时歼灭。樊贵一马当先，刀劈数敌，又拉弓开箭射杀三名敌军官。佘奢也连斩几名敌军，但冲得太猛陷入敌群，竟死于乱军中……吴起的部队本已疲惫不支，但见友军如此奋勇，自家岂能坐视？于是也挤尽骨头缝里的力气，怒吼着追击放箭……

齐军辙乱旗靡了，奔溃如退潮，死伤更如破屋漏雨……这里滴答，那里滴答，滴滴答答满屋漏，床箦被褥尽打湿……鲁军追杀出十几里，斩获甚丰。吴起见敌逃已远，天已大亮了，乃令鸣金收兵。

樊贵向吴起参见，吴起拉着樊贵之手，真诚地感谢柳子瑞和樊贵的救援之德。樊贵却义愤填膺，简述了柳子瑞的阴险毒计，辛海先生如何大义凛然，巧计救出自己，用大义鼓舞将士追随吴将军杀敌报国的经过。吴起惊得面如黄蜡，急请辛海相见，要拜谢大德。樊贵却泫然垂泪：辛海先生已在混战中身亡了，随即呈上从辛海身上找到的帛书。

吴起展开一看，书曰："吾妻听嘱：吾得仁得义矣，死亦足荣。汝不得急于来地下见吾，须为吾抚儿长大娶妻生子，使吾香火绵延。不遵吾嘱，吾将不与汝相见也。"众人传而读之，无不感动其夫妻恩爱至深，吴起更嗟悼不已，传令三军脱盔默哀向辛海致敬，战后寻找其家眷，送交其遗书并给予最高规格抚恤。

吴起下令安葬战死将士……掘数十大坑掩埋之。对辛海、佘奢、商宝、商贵，分别安葬并起坟树碑。辛海等四人，"义、勇"二字感天动地，得以隆重安葬更留英名于后世，死得值了。三军为之感动。

吴起向各大坟酹酒而唏嘘致祭，至辛海四人坟前，则下跪酹酒，涕泣而祝颂："兄弟们哪，天佑英烈，人敬英烈，尔等英魂，万民崇仰。"三军亦随之洒泪，并在心中激荡起了波澜。（自此后，当地人则以"四英冢"作为本地的地名。"冢"者，本为远古部落首领之坟墓，受人敬畏。"四英冢"成为地名，足见人心所向慕）

吴起与邱明、樊贵等将商议下一步对敌之策，邱明逞勇道："英浩连遭重挫，兵力丧失大半，军心更加恐慌，我急追击之，可如群狼追杀羊群焉。那苏豹虽是凶恶，今已受重伤成了病猫病羊，我必斩其百段以雪羞耻！"樊贵却担忧："英浩慌忙退逃，为怕柳子瑞全军来合击。今已知柳氏率大军撤离，我兵力或只在敌之半，正思谋吃我呢，我怎可再追敌？"吴起沉思道："樊将军所虑的是。昨晚激战，由敌之势察之，其兵力犹有六七万，而我军现仅有不足三万，不可与敌硬拼。英浩或已知道了我之底细，应有吃我之心，然而木拱渡之战，敌之粮草辎重大半为我所得，其粮草已罄，更加之连败而士气萎靡，将不愿与我纠缠，必图先退往铎城（已为齐军占有），补充粮草增加兵力，而后返回头来吃我。我可向李家山退走，诱英浩来追，李家山亦险峻，

我遏阻要隘，敌十数万亦无奈我何。我但坚守六七日，英浩粮尽，唯速退一途，我乘机追杀，可如斩病饿鸡鸭焉。”邱明、樊贵钦服其说。吴起却又说：“但英浩用兵老到，定不肯追我，须以一支军前往挑逗、激怒英浩，诱之来追。樊将军，可敢担此重任？”樊贵昂然道：“樊某数临死地而不惧，再拼一死，必诱敌来追！”吴起大喜，嘱以激怒之法，樊贵欣然而去。随后，吴起与邱明率师向李家山缓缓撤退。

第二十六章

祖孙义勇助吴起

齐军败退二十里，扎住营寨，计点人马，又损失了上万兵力。英浩为之又痛又恼。先锋苏豹受了重伤，他亲自带军医来看望疗伤，好在苏豹健壮如虎豹熊罴，受伤后伸出舌头舔一舔就可自愈……苏豹在败逃中已将流出来的肠子塞回腹腔，军医给擦净血敷药包扎后，虽还疼痛，却强自振作，像没事人一样谈笑自若了。

英浩已知道了，新敌就是吴起，心中不禁一震：老夫没有看走眼，这吴起确是怪杰奇才，一出手竟使自己连载了两个大跟头，唉，自己最担心的事情，到底还是发生了！与这小子放对，自己可不敢轻敌了！奇怪的是，那个嫉贤妒能的柳子瑞，既然要卖吴起，为何又派军救助吴起？这老阉鹿到底是何用心？正好，哨探回来报告，在树丛里搜到一个身负重伤的鲁军，得知柳子瑞确实逃走了，那群“马蜂”是樊贵“打劫”而得的援军，不过万余人。英浩一听，恼恨得直拍打自己的额头：柳子瑞并未欺诈自己，而且确是在暗助自己呢。这是多好的歼灭吴起的战机呀，可恨自己被木拱渡之败影响了判断力，竟是惊恐撤退，反遭败绩。又有哨探回报，吴起已率军向李家山退去。英浩全明白了，吴起也已知道被柳子瑞出卖，恐孤军不可敌我，欲退向山地据险与我相抗，希冀我粮尽自溃。吴起呀吴起，老夫岂是鲁莽之辈，而今我连败后士气低落，尤其是粮草只能再支持数日，你凭险固守，我数日内啃不动你，将自取惨败也。哼！老夫且不理你，速向铎城去休整两日，再补充军粮又添兵力，而后回来收拾你，谅你三万兵力，怎敌我重振雄风的六七万大军？但吞吃了你吴起，鲁尚有何人可挡老夫雷霆之威？

英浩拿定主意，正要引军撤向铎城，忽有小校来报：敌军约三千，打“樊”字旗，似要来冲我营寨。众将正在为昨晚的被樊贵搅黄了战局而恼怒，听说此人竟敢以三千兵力来挑逗叫战，无不愤慨，纷纷请令要去擒斩之。

英浩微笑说："此为吴起縻敌之计，彼料我会撤向铎城，派樊贵来搅扰我激怒我，我若出击，其必急退，我追之，则中吴起之计矣。但吴起退向李家山，或半真半假，其三千人敢来以羊搏虎，必有备焉，恐另有阴谋。我暂不动，吴起纵有鬼计，自破也。至于樊贵，必不敢薄近来送死，我军且安歇营中，养精蓄锐，待其跳踉而疲惫，我突以轻骑一鼓而歼之。"众将皆服英帅目光如炬成算如握。

樊贵果然并不敢过分逼近，距齐军大营三里多就扎住了阵势，却遣三十名小军进抵齐军营门口，扯开嗓门大骂：英浩无能，连战连败。齐军如狗，已给敲了门牙，再不逃，将被打断脊梁。苏豹倒是厉害，却被我们吴将军戳破了"宝蛋"，已是"阉将军"了。对苏豹的戏骂，不仅鲁军轰然大乐，连齐军也窃笑开了。

苏豹气得哇哇大叫，要出马去斩了樊贵小丑类。英浩急止之："敌激我出战，尤在激怒于汝，或有何阴毒之物欲害汝。汝为先锋大将，且负重伤，不可再有闪失损我军威，且任敌喧嚣，待其疲惫，而后岂足我一口吞之？"苏豹这才悻悻作罢。

三十名鲁军骂得累了，又换上三十人继续骂。齐军只是不理，鲁军也不敢冲营。一直骂到了晚上，齐营灯火渐稀，三军已是安眠，鲁军突然擂鼓呐喊，冲至营门。英浩急传令：此乃敌虚张声势，以惊扰疲劳我也，我岿然不动，敌反而自疲劳矣。鲁军果真不敢硬冲，又徐徐退去。但估计齐军重新入睡，复又鼓噪冲来，齐军只得又起身备战，鲁军却又后退。一连四五次，恼得苏豹暴跳如雷，恨不能抓住樊贵，一把捏为肉球。但元帅军令森严，只得强忍着。

苏豹虽然伤痛未消，但他性如烈火，哪能忍受樊贵的辱骂和挑衅，而且他深恨樊贵，他两次匹马突入柳军阵中要斩柳子瑞，都被樊贵这厮舍命救了。他又暗怨英帅疑虑太多，若许自己出马，生擒樊贵有何难哉？后半夜时，他突率五千人马，打开寨门，一涌而出要踩死樊贵这群蚂蚁。樊贵却早已有备，见齐营灯火乱动，知其要来冲杀，急令部队后撤，待苏豹率军冲出营门，樊贵军已退走四五里路了。

苏豹憋火了半日半夜，恶气难咽，哼！一个小毛孩儿在向一个赳赳大汉挑逗叫骂了半天半夜，现在想溜，没那么容易。一发狠挥军狂追，务要斩尽杀绝三千臭虫以泻火。樊贵见敌势凶猛，惊慌地率军猛逃。苏豹更怒，追得更急，樊军也逃得飞快。不觉间追出十多里，已到了李家山北侧的小丘陵地带。忽然喊杀声如雷，却是邱明率一支大军到来，与樊贵合兵，一下将苏豹的五千人马围困住了，但也不猛烈进攻，只迫得齐军缩作一团抵抗而已。

英浩得知苏豹擅自追杀樊贵远去了，大为急恼，此去恐遭敌伏击，危险莫测。苏豹是当世少有的猛将，伐鲁以来战功卓著，已成三军之胆，而且还救过自己的命，轮公论私，都必须救之脱险。于是他急令二员勇将率军一万三千，火速去救苏豹。

二将紧追着苏豹军的影迹急奔，天亮时终于赶上了，却见苏豹被浩大的鲁军围困，已死伤不小，情势甚危。二将得了英帅严令，谁敢轻忽？竟挥军疯虎一样杀向鲁军。邱明见状，传令撤围退军。二将敬畏苏豹，要在苏豹面前显露一手，乃奋力追击，苏豹自然不甘落后。鲁军且战且走，齐军穷追不舍，渐渐地追到了李家山主峰下，小树林里忽钻出千多名鲁军弓弩手，一阵急箭射来，齐军栽倒数百，其余大惊后退。待齐军挽弓搭箭再要冲锋时，邱明樊贵却已率军上了半山，那一千弓弩手，已三三五五地分散开来，像野兔似的钻入树丛草莽不见了。苏豹与二将商量，是否可攻上山去，但英帅亲率大军到了。

英浩令二将去后，忽觉不妥，这二人与苏豹一样都是莽汉，别给吴起诱入险地一锅烩了。果然，侦骑来报，二将与苏先锋追着樊贵到了李家山下。英浩大惊，这三人险乎哉！我的近二万兵马险乎哉！我须亲率大军援救。可恨呐，老夫的通盘计划给这三个莽夫全破坏了。但不速救，三员猛将与二万大军万一被吃，自己还怎么重振雄风？顾不得多想了，他急令四万余大军齐向李家山开进。

英浩率军开到，见三员猛将无损，二万大军也损伤不太大，心中一松，随即又转为大怒了：好啊，吴起小子，你竟以一小支人马，引诱我六万多大军来与你对峙，欺我粮草大亏欲拖垮我吗？哼，我军粮草还可勉强支持五六日，你之兵力至多三万，三四日内，我岂不能攻下你的山吃掉你？可他抬头细细一打量鲁军占据的山梁，心中不禁冒出凉气。这李家山主峰并不太高大，绵延不过五六里，两侧是悬崖峭壁，又长满莽莽无尽的刺藤、葛藤和令人望而心惊的荨麻，只怕狗熊都不敢钻进去；中间二三里倒是光秃秃，但十分陡峭，而且松沙夹着鹅卵石，人马一踏，沙流石滚，立脚都不易，仰攻简直似挺着胸膛让人练箭法喽！而敌人要攻下来，只需一个出溜，比野兔还快呢。这地形，绵里藏着针呢，硬攻无异送死！再看山顶上，旗帜遍插，鲁军密密如蚁，

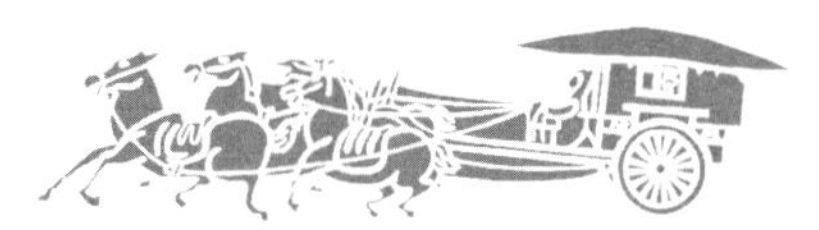

一面“吴”字大旗在最高处迎风招展。望着这“吴”字大旗，英浩恨得咬牙切齿了，自己即将毕其功于一役，冷不防这小子从身后钻出来，完全打破了自己的宏伟计划……吴起呀，无论如何我也要吃掉你！

英浩迅速地盘算着：硬攻绝不行，我可火攻，烧着这满山的树木荆棘，看你吴起怎么抵挡火神爷？可他再一细望，心又凉了，鲁军早已将山梁下十丈内的青冈木、松树和荒草砍伐芟刈一空，既利于开阔视野、保证箭雨滚石无阻碍地杀敌，又隔绝了敌人火攻的威胁。吴起小子，难道你真比老夫技高一筹吗？

但英浩毕竟智多谋广，马上又心生一计：吴起屯军山顶，最怕缺水，这山梁背后，必有山泉溪流什么的，若能截断其源头，鲁军则成肆之枯鱼了。可泉池之源在哪呢？纵使派人纡绕到梁后，不说吴起必有兵力守护水源，只那山茫茫树茫茫，一时怎能查到源头？

英浩正在焦虑，转头向北一望，忽然瞥见远处有袅袅炊烟，他的眼一亮笑了，“炊烟处必有人家。要吃一方水，先拜地理鬼，何不询问当地山民呢！”

英浩令大军团团围住山梁，不必进攻，只需防敌突围则可，自己带着数名警卫向北拜访“地理鬼”而去。

这一带十分荒凉，沟沟旮旮里星散居住着几十户人家，却早被大部队吓跑了，找不到人踪迹。那有炊烟的地方在北去四五里处，小山下两间茅屋，还能听见鸡鸣狗吠声。英浩甚喜，率一个幕僚、四个亲兵拾级踏向茅屋。

茅屋中住着两个年近七十的老夫妇和一个十五六岁的孙儿。老汉还健朗，热情地邀客入座，令老婆子烹茶。幕僚介绍说：“这位就是我齐赫赫有名的英大夫、伐鲁大军的副帅。”老汉惊恐拜倒，“草野小老儿，给帅爷磕头了。”英浩亲手搀扶，“老人家不必多礼。我之来，想请教老人家，对面那山梁上可有泉水？”老汉一摇头，“梁上滴水全无。梁下，就是梁那边坡跟下，有好大一眼池子，方圆十多里的鸟儿兽儿，都到池子来喝水呢。”“那池子的水从哪来的？”“从深远的高山密林处流下来的。”“本帅请教老人家，如何能截断这池水？”

老汉盯着英浩望了一霎，朴厚地问：“帅爷断那水源干啥？池子干了，鸟儿兽儿们喝啥呀？没了鸟儿兽儿，俺们没肉吃了。”英浩笑道：“老丈仁厚感天也！无碍无碍，待本帅扫灭了鲁军，派兵修复之，管保不误鸟兽喝水。

老丈但能截断水源，助我成功，将以百金相酬。”老汉略略犹豫一下，遂又大喜，“那好那好。这事容易，池水来源是一条暗溪，小老儿攀爬二十里，找到暗溪的源头，只要……”那孙儿却急叫一声：“爷爷，你……”老汉扭头瞪了孙儿一眼，“小娃儿懂什么？快去，给帅爷采些桑葚来！”那孙儿很不情愿地提个小篮去了。

老汉转对英浩说：“帅爷不知道，爬二十里山峁，辛苦还有危险呢，小老儿这几天老寒腿犯了，爬不动坡，孙儿心疼俺呢。”英浩由衷地赞道：“贫家出孝子，果然如此，老丈你有福啊。断水源之事……”老汉说：“不慌。俺歇个三天，腿不疼了，爬上后山去，把那水源头另掘个口子，那里的溪水就断流了。”英浩大喜过望，令幕僚搜索身上，仅得五枚金饼，乃送与老汉，“事得成功，再奉佰金。”老汉稍稍推辞，喜滋滋接了。

少年提着小半篮桑葚果回来了，老汉接过，敬奉给英浩：“请帅爷尝个新鲜。”英浩一看，这桑葚大如牛奶头，黑红油亮，煞是诱人。他拈一颗一咬，嗬，微酸甘甜，香浓沁齿，鲜美无比，不觉喜动眉梢，“好，好，真是上品佳果，我齐之桑葚不可方比。”又对幕僚和四个亲兵一招手，“都来尝尝，草野粗果，胜似仙果呢。”那五人得令，各抓把桑葚大嚼，纷纷赞不绝口。只一会儿，果尽篮空，连雀儿啄过的残次劣品也没剩下，六个人吃得满嘴紫红，意犹未尽。老汉却笑着说：“帅爷们夸奖，小老儿高兴万分。只是这桑葚采摘费事，俺屋前的也没有了。这样吧，南沟里有三四百棵桑树，桑葚特繁，明日我带路，帅爷派兵去，能采几大车，够大军都尝个鲜呢。”少年又急叫：“爷爷你咋……”老汉又瞪眼斥责孙子：“你这娃，不给人吃，都给鸟儿吃了，鸟儿能谢你一声吗？去去去！”英浩极喜欢老汉的朴实憨直，与之约定而去。

英浩走后，孙子惊问爷爷：“爷爷，南沟的桑葚有毒呢，你咋叫人家吃？”

爷爷盯着孙儿望了许久，突兀地问：“你姓什么？”

孙儿一笑，“这还问呀？咱这李家山一带，谁家不姓李呀！”

爷爷严肃了：“可你知道咱这李姓的来源吗？要说起来，咱这李，也就是姬，咱们和周王室、鲁宗室，实际是一个祖宗呢。”

孙儿大惊奇，“哟，咱李家还跟王室攀上亲啦！这是咋回事？”

爷爷喝了两口茶，悠悠地讲：“要追古茬，说起来话就长了。据说咱的先祖周文王有九十九个儿子，都分封做了诸侯，诸侯的子孙再被封为小诸侯和卿大夫。可后来枝枝梢梢越来越多，不仅没法再封了，而且各枝各梢还相

互侵吞争夺，于是，有些枝梢就沦落下去了。几百年后，姬姓后人，大多已成了平民，还有成为乞丐的。咱们这一枝梢的祖先，不幸也成了乞丐。这天他饿得头昏眼花，乞讨到了鱼肆。卖鱼的老翁可怜他，送了他一条鲤鱼。这鲤鱼救了他的命，他就以鲤为氏了。后来他讨饭到一山村，又饿晕过去。有村姑送了他一瓢名叫木子的山果吃，救了他。村姑的爹娘见他年轻英俊还很聪明，就招他为婿，他这才有了家。为感恩妻子和木子，他将木子二字叠起来，代替了原来的鲤字。于是，他的后人就正式姓李了。”

孙儿听得如痴如醉，半天才回过神来，问：“爷爷，你讲这些古茬，跟毒桑葚啥关系？”

爷爷肃然答道：“俺是想告诉你，咱是鲁民，与鲁宗室还是同一祖先，爱鲁，应是咱的职分。你爹你叔听俺讲过这古茬，应募当兵，死在齐军车轮下，你娘悲郁而死……孩子，齐人跟俺鲁人为世仇，俺恨不能杀了那个什么帅。”

孙儿豁然明白了爷爷的用意，却说：“不行啊爷爷，毒桑葚毒不死人的。”

爷爷满脸露出了杀气，“毒不死怕啥？只要毒得贼羔子们吐个翻肠倒腑、眼睛发蓝就够了，这时鲁军杀下山来，还不就像杀鸡宰鹅一样？”

孙儿的领悟好快，“爷爷，你是说去给鲁军报信？”

“对！明儿领他们采了桑葚后，俺就摸上山去……”

“不成不成！”孙儿叫嚷开了，“你弯腰驼背的，腿又有病，爬两步坡喘三喘，咋上的去那山梁？要去得我去！”

“你……？”爷爷一怔，随即坚决摇头，“你不成。贼羔子们人多眼毒，得偷偷到西坡下野蒿丛中，学狗爬着钻刺蓬钻荨麻，扎着了疼得钻心，还会有毒蛇和野兽呢，你个小娃娃哪成？爷爷的皮肉骨头都像干木棒了，蛇不咬狼不理，啥都不怕。只能爷爷去。”

“爷爷……”孙儿激动地叫一声，扑通跪下了，“俺知道你是心疼孙儿，可你年老身残了，咋能吃得恁苦？孙儿已经成丁了，吃那些苦俺不怕。你老人家说过，孝道是人的根本，你不让孙儿尽孝道，要让孙儿羞愧做人吗？”

颤巍巍的老太婆从灶间走过来，眼眶噙着泪花，扶起孙子，催促老头子答应……

英浩回到营中，兴奋得满面泛红。斩断了水源，鲁军则必如飞蛾朝我的火炬上瞎扑乱撞了，直至烧成焦炭飞灰……哦！人急了跳崖，狗急了跳墙，兔子急了跳水，老虎急了上树呢，得防着飞蛾们从两面刺蓬中冲撞出去！于是他下令，车骑兵和大部队扼守正面，布成重重陷阱罗网；东西两侧地形逼仄，车马不通，各以步兵数千布防……

次日，老汉跛着腿来到齐军大营，已吃过桑葚的幕僚早带着五百部队十几辆大车在等候了。到了桑园，五百士兵先饱吃一番，然后几人围定一棵树，或上树采摘，或攀下枝条采摘，不消多半个时辰，桑果全部采净，装满了大车。

老汉回到家，急吩咐孙儿穿起夹衣夹裤，扎紧裤脚袖口，手缠破布，头戴小斗笠，腰插小斧头，钻刺藤荨麻到鲁营中去报信，叮嘱说：“告诉鲁军将爷，五个时辰左右，桑葚毒性大发作。”看着孙子走了，他也与老婆子背个小包袱，匆匆逃向深远的山林里去了。

英浩得军心有威望，既在于足智多谋、打仗很鬼，更在善于带兵、恩威并施。但他的施恩，并不全像项子牛猜忌的那样拉拢亲信培植党羽，重视的反而是“与士共甘苦，小惠遍拂”。桑葚果算不得贵重之物，但这儿的桑葚是“仙果”，使三军都能品尝一下“仙果”，自己“爱兵”的名声将会更加飞扬。十几车桑葚运回营后，他严令粮秣官按部队分发，务必让每个士兵都要尝到“仙果”。于是，六万多将士，的确每人皆分得了一捧已磕碰挤压得烂糟糟汁水流淌的桑葚。将士们几口就吃完了，纷纷咂着嘴称赞桑葚香甜，英帅爱兵。英浩极是得意。

然而到半夜时，英浩中军帐里的亲兵侍卫们一个个手捧肚子低声呻吟起来，随之肚疼加剧并呕吐开了，先吐出晚饭，再吐出带沫儿的黏液，有人吐得站都站不稳了。英浩大惊，急令遍察全营，但传令官兵也揉着肚子呕吐不止。他的心一下缩成了钮疙瘩，竟自己冲出帅帐，亲自察看全营动态。

一出帅帐，满耳尽是哇哇的呕吐声，仿佛大群青蛙和癞蛤蟆围着水塘在竞赛歌唱。而且，他自己也小腹绞疼，眼睛发蓝。天啦，三军中毒了。中了什么毒？军粮并无霉变或虫蛀，饮水是新掘的水塘，绝无问题。那么，桑葚……他激灵打个寒战。但寒战未了，彻骨的寒气一下攫住了心：山梁上火把辉耀，喊杀声震天，鲁军杀下来了。

再下来，英浩仿佛陷入梦魇中，又像回到了兰草河边的昏昏沉沉状态：齐军揉着肚子呕吐着迎敌，身绵绵腿颤颤，几乎举不起刀枪，有人还自动趴

倒在地；有人则转身奔跑，边跑边猛吐或干呕；有人或是吐得天摇地晃了，竟向敌人的刀枪下奔去。鲁军狂呼疯杀着……两侧的齐军赶来救应，但哪能抵挡杀红了眼的鲁军？苏豹（因有伤忌口，未吃桑葚）扶他上了马，保护着他向后奔逃……

所幸天黑山路崎岖，鲁军无法再追杀逃得七零八落、漫山遍野乱窜的齐军，收兵而去。

天明，英浩收拢败兵，记点人马，死者将近三万，伤者不可计数。英浩好恨哪，万不料一个荒野老儿，竟然用毒桑葚使我……彼荒野老儿无知无识，何以要助吴起，莫非是天佑鲁祚，鬼使神差野老暗助吴起？是的，木拱渡之战，自己突发重病，又起弥天大雾，遂使……李家山之战，又有野老儿相助。罢了罢了，吴起娃娃本来就才智非凡，更加之天助斯人，我英某不可抗天也。现在我军残破不堪，粮草也将告罄，不速“卷甲遁走”，凶险莫测矣。

于是，齐军急急撤出了鲁境，此前吞并的鲁国土地城池，也自动弃置了。

吴起一路追着齐军，小有斩获，借势收复了沦陷的全部国土，大获全胜后，这才想起寻找那个报信的李姓少年，予以千金酬谢或表奏朝廷封赏，可那少年已在大战时走失，杳无踪影了。吴起心中微微一震：桑神相令吾谨记“仁、道”二字，必有天人相助，今已验矣。我向穆公的三条献策，可谓之“仁”，抗齐救鲁，可谓之“道”。秉“仁”守“道”，吾亢龙飞天矣！寻觅既不可得，吴起叹惋良久，只得作罢。

第二十七章
吴起练兵结冤仇

吴起得胜还朝，鲁穆公亲率群臣出都门迎接，执吴起之手同入朝堂。曲阜城里张灯结彩、锣鼓喧天、秧歌丝弦（一种民间曲艺）庆贺胜利，千万百姓夹道欢迎大英雄，欢迎凯旋入城的三万多英雄部队。

鲁国由危机重重转为安如泰山，穆公极是兴奋，传旨赏吴起黄金百镒、良田三百亩、豪宅一院、酒食器用三车，并为之大摆庆功宴二日。吴起谢了赏赐，却不愿与无耻之尤柳子瑞同席共享庆功宴，乃委婉推拒而奏说：“齐虽大败，毕竟是大国，定然要来报复。臣料不出数月，齐必再大举来寇，我鲁须早做防备。我军军纪松懈、士卒不精、战力甚弱，亟须整饬操练，臣不敢耽于安乐啊。”穆公之隆恩与盛情遭受冷遇，很是不快，但吴起乃忠心国事，无法指责和强扭其意志，只好准奏，强作喜容慰勉道：“操兵演武，卿之能事，一切随将军调度。卿其劳之！”

孟孙阎龙见吴起不肯参加庆功宴，知其是对柳子瑞愤恨，极是高兴。柳子瑞无德无才，然而心机独运，善于捭阖，不仅得穆公之喜，还游刃于三上卿之间，貌似协调三大豪门之矛盾而成纽带，实则与叔孙、季孙沆瀣一气共同抵制自己。得到叔孙、季孙的扶持和纵容（又加之穆公听信），其人渐渐架空自己，攫取了大半军权，日益尾大不掉，危害了自己的权威，更不利我鲁的朝政和军事，但有叔孙、季孙卵翼之，竟使自己无奈其何！吴起突兀露峥嵘，其才智千百倍于柳氏，且其为鄙薄叔孙、季孙的曾申之徒，自己若笼络栽培此子为心腹，必可遏抑柳子瑞气焰并进而削弱叔孙、季孙势力。只是，这吴起有绝尘之能，必心高气傲，未必肯为我所用，尚须啖之利而逐渐牢笼之。据说吴起好色，吾可啖之以色，如以精料甘泉驯服烈马然！于是，阎龙降尊纡贵派人送美姬四人于吴府。

国君的宴请可以推拒，孟孙太师（阎龙带头“毁家纾难”，于社稷功莫大焉，

已晋封为太师）的私人馈赠却不能不欣然纳之，因为吴起知道，能否在鲁国站稳脚跟大展宏图，阖龙的影响力极为重大。

功成名就，荣至福来，吴起自然极为得意，料理完手边的公务，立即以黄金百镒前往书塾拜望感谢先生曾申。但书塾已是关闭，唯有一老苍头守门。吴起惊问其故，老苍头说：“夫子让我转告吴起先生，他年事已高，不再与达官显贵交往矣，已带着弟子们于僻野清静之地读书去了。老夫子再嘱吴先生：残民，必昙花一现；爱民，则战无不胜。”吴起百感交集了：老先生其实不肯原谅自己，也不肯再让自己回归门下呀。但鲁之安危，系于吴起之身，老先生看得很清楚，故而使高岱传语，等于公开为自己恢复了名誉，以利于自己在鲁国站得稳脚跟（后来的事实证明，柳子瑞之流用尽各种伎俩给吴起大泼脏水，却始终不以吴起被逐出师门之事为攻击口实），老夫子大事清醒得很呐。自己当了大将军，成了鲁国的大英雄、大功臣，应是师门的光彩，但老夫子远远避开自己，其人格之高洁、信念之坚定，谁能不敬佩啊！儒家最重人品道德，老夫子与其父——太老师曾参，尤强调重视孝和慎独[①]，若世人皆能重视道德修养，孝其父母，友其兄弟，睦其乡邻，修身正己，谦谦君子，并进而“人不独亲其亲、不独子其子，使老有所终、壮有所用、幼有所长、矜寡孤独废疾者皆有所养”[②]，社会则和谐矣！硕儒们了不得，儒家了不得啊！儒家之道，确有迂腐之处，但其道又博大精深之极，天下之大治，恐离不开儒家学说呢。只是，儒家学说可以治天下而不能平天下，只能用法家学说、兵家机谋等平定天下、开创出求治的局面，儒家之道才能有施为的基础和条件。

吴起搬入新宅，留下一车酒食器用，而后入将军府传令：黄金酒食等物分赏三军，以战功区别厚薄；那三百亩良田，分给阵亡将士家属，辛海之遗孀三倍之。三军欢声雷动，齐赞吴将军英明。鲁军历来的传统：“死是战士死，功是将军功。”打了败仗，小官作替罪羊受惩，士兵连带着倒霉。打了胜仗，大官分甘享肥，小官喝口油汤，士兵连腥风也闻不上。有谁关心过士兵的生死苦乐呢？吴将军奖功恤亡、赏罚分明、爱兵如子啊！

孟孙阖龙之幼子孟孙昭爱好武艺，但患有喘症（心衰症）而不能畅意练武，得知吴起武艺精妙，竟要拜吴起为师学习武艺。吴起深知阖龙最宝爱这个幼子，乃悉心传授其健身之法与武艺基本功，嘱其劳逸结合，以练武为健身之阶。孟孙昭遵嘱习练，果然喘症渐轻，武艺也有很大提高。阖龙得知，也极是高兴。

吴起挑选了一支最疲弱的部队作为大操练的试点。这支部队有两千多人，将军松松垮垮，军司马东方曜倒凌驾于将军之上，部队军纪涣散，令不行禁不止，作战时畏葸不前。吴起信心百倍：孙武子（他最钦敬的治国贤能是姜尚、管仲，治军经武之贤能莫过先轸、孙武和司马穰沮）能将吴王的宫女训练成战士，我吴起就不能把一支疲弱部队训练成铁军吗？有一支铁军做表率，推广开去，依法训练，何愁三军不尽成雄师劲旅！

军纪如铁、令行禁止，依然是训练的中心任务。部队在大教场集结整队后，吴起又挑出一支五十人小队做示范。吴起亲自发令：“立正。向左转。向正前方开步，走！”五十人甩臂踢腿走得倒还整齐。走出百多步，快到了校场边沿，前边是一片碎瓦砾夹着瓷碴儿的垃圾堆，垃圾堆再前，是一大片暗绿色的臭水洼，看着就令人作呕。吴起随小队走过来，高声下令：“停！”然而不是转头返回，却是，“成横列。卧倒。正前方，匍匐前进，看谁最先爬过水洼。前进！”吴起军令森严，五十人哪敢违令，咬着牙爬过尖锐刺肉的垃圾场，再越过了臭水洼。水洼有深有浅，竟有两名士兵还喝了两口臭水，而喝了臭水中的一个矮矬精悍者，最先爬过水洼。那五什长却落在最后。

吴起什么也没说，令部队走回校场，仍排列于大部队之前，再次下令：“原地卧倒。”部队带着被瓦砾瓷碴割破手臂双腿的伤痛和满身污泥浊臭，又齐齐卧倒后，他向自己的一名卫兵一点头，那卫兵即提来一竹篮早有准备的黑乎乎如板栗的东西，向趴在地上的士兵群中抛洒开去。吴起对趴着的士兵威严地说：“本将军斩敌酋项高鸣靠了什么？靠了五棵槐树上的十五名‘天兵’和庄稼垄中的五百‘地兵’。当敌酋到来时，倘有谁稍稍弄出点声响，一切妙计就全化作乌有了。所以，军纪是制胜的首要保障。好了，你们现在已潜伏在敌人身后，正准备待命扼敌喉咙，而敌人也正在搜索你们呢，故而，你们须纹丝不动，泰山崩倒亦不可稍有声息。注意，敌人的搜索开始了。”

哪来的敌人？哪有什么搜索？大部队与趴伏者均感蹊跷。

但很快就见考验了。那撒下的板栗，却是短粗如手指的肉蚂蟥。饿了几日的肉蚂蟥，嗅到了血肉气味，舒展开来，三三五五蠕蠕地爬向卧倒的一人，要吸血哺食呢。妈呀，这肉蚂蟥或黑黄或墨绿，丑恶得骇人，那眼不可见的小口，锋利胜过刀锥呢。趴着的人极力压住惊恐，不敢乱动，不敢出声。肉蚂蟥爬到了人身上，钻进衣甲里……有人再也忍不住惊恐，手脚齐动，拍打开吸血的毒虫。那五什长“啊”地惊叫出声，身子还滚了两滚。

吴起剑眉一竖，喝令卧倒者站起，脱去衣甲，抖落掉身上的蚂蟥，重新列队站好，这才大发雷霆：“这是什么部队？潜伏作战，关系两军胜负生死，竟被小小的蚂蟥惊扰而暴露目标，破坏了大计，真在战场，岂不要招致全军覆亡？”一指那五什长，“此人冲锋畏缩，落于士卒后，潜伏搅坏战局，这还了得？不杀何以严明军纪？执法官，斩！”

那五什长吓得叩头哭号，哀求饶命。吴起面如寒冰，对哭叫哀求者眼睛瞬也不瞬。

一颗血淋淋的人头悬挂在营门口了。三军人人震恐。那些刚才在潜伏时动手拍打了蚂蟥的士兵，更是双腿战战，冷汗涔涔，不知将有什么酷刑降到自己头上。

吴起的脸色却和缓下来，对吓得颤颤抖抖的士兵们说：“部队松垮，长官之责，尔等今后但以长官为法式可也。”说罢走向队列，拉出那个匍匐过障碍冲在最先的矮矬精悍士兵，面向广众。这一下，所有人都看清了，此人手臂上和胸前血痕累累，小腿上竟还盘踞着两条蚂蟥，钻进肉中半寸深，血流殷殷。吴起亲自弯下腰去，以掌轻拍其腿肚，那蚂蟥慢慢地退出来，跌落地下，重又缩作肉球如一颗大板栗。士兵腿上的伤口血流得更猛了。吴起撕下一片战袍，紧紧按住伤口处，那血渐渐止息了。他再撕下一片战袍，轻轻地饱含爱怜深情地给士兵擦拭着手臂和胸前的伤痕，口中吹着气，仿佛母亲给幼小的儿子呵气以止痛。良久，他直起身来，拍拍士兵的肩膀，那兵身子微微一晃，重又站得笔直。须知他手上功夫极深，轻轻一拍，许多人都会被震得全身乱晃呢。他笑了，“这才是真正的战士嘛……冲锋不畏刀山火海，潜伏经得雷霆轰击。好啊，自此始，你荣任本队五什长了。”

这士兵震惊而激动不已，愣怔片时，才一挺身气昂昂答谢：“是。谢吴将军栽培！”

不仅示范操练的小分队，这支部队既震惊又激动不已，这位吴将军啊，冷酷得犹如阎罗王，但他对兵又是真爱啊，堂堂的将军，亲手给一小兵擦伤，口中呵出的不是热气，简直是母亲的慈情啊！他太严苛了，但只要禀遵军纪，作战勇敢，即可得重赏和不次擢拔。这样的将军，可怕又可敬啊！

接下来，这支部队全部投入队形和冲锋撤退演练，全军肃然，令出浪潮动，令止山岳静，动静之间，显示了钢铁般的意志和力量。

再接下来，训练的重心转入提高武艺和熟练阵法。武艺之重要人所共知，阵法之重要将士认识朦胧。吴起譬解说：“练好阵法，可使千军万马成一整体，进退有序，攻防相辅。可成铜墙铁壁，使敌寸步难进；可成快刀利剑，分解切割敌军；可使步、车、骑紧密配合，各展所长，战力倍增；可使孱弱之单兵在整体作战中勇猛无畏……”将士们耳目一新，心潮激荡，无不悦服吴将军练兵有道有术。

练武艺是基础功课。“要打人先学挨打。”吴起令将士先练闪、挪、跌、滚、扑、跃几个动作。他言传而身教，亲做示范，督导训练。练这些动作十分吃力而且痛苦，比如跌，须直立跌下，以背抢地，通通作响，摔得人肩胛、背脊皮脱肉伤，疼痛难忍。将士们忍着痛苦，汗水淋漓地练着，因为谁也知道，此时多受苦痛，战场上就能少流血。

军司马东方曜是个大胖子，平时从不参与军事训练，胖而发虚，此时累得气喘咻咻汗如水泼，再也受不了苦楚，又自恃有强大的后台，竟一屁股坐在地上，一动不动了。吴起早瞥见东方曜训练不卖力，此时勃然大怒，斥骂道：“大胆东方曜，你身为司马，掌管军纪，自己却率先扰乱军纪。来人，给我抓下去……”执法官兵过来，扭住东方曜拖出行列。

东方曜吓得大叫：“吴将军，看在我姨夫的面上，饶过小人吧！”吴起喝问：“你姨夫是何人？”东方曜嗫嗫嚅嚅地说：“就是……柳上将军呀！”

柳子瑞逃回曲阜，竟将小河湾之胜归为自己的战略部署，并说自己又派樊贵率军一万去助吴起扫灭残敌，鲁穆公大喜，加封其一级爵禄。吴起回朝，功劳已不可争辩，唯愤愤而已。他原只想将东方曜打一顿军棍，一听说此人是柳子瑞的外甥，这火可就按捺不住了，柳子瑞猪狗不如之辈，何堪上将军之职？其甥仗势跋扈，正好斩之以泄愤。于是他冷冷地对东方立一笑，“既是柳上将军爱甥，本将军得罪了。执法官，东方曜以上将军之名干扰练兵，罪不容诛。可速速斩讫，以肃军纪！”

又一颗血淋淋的人头悬挂在竹竿上，众将士无不觳觫震恐，他们更加明白了，吴起将军既是“母亲”，也是凶神恶煞，顺之，会如母亲爱儿子似的疼爱士兵，甚至休戚与共、生死相依；逆之，一翻脸就成了杀人魔王。东方曜挟上将军之势，却是捋了虎须啊！对上将军外甥尚且一怒而斩，谁还敢懈怠？谁敢不尽全力操练？

两颗人头的威慑力巨大。吴起的军令更加威严，这支部队的训练效果奇佳。

柳子瑞之妹来哭求哥哥为儿子报仇，柳子瑞却摇摇头责怪妹妹：“这吴起小儿眼下正得主上和太师青睐，你让为兄怎样报仇？哼，曜儿还不是被你娇惯坏了，吃不得苦，触了那魔王的军纪，我有什么办法？”其妹大哭不止。他又阴阴地一笑说：“你急什么？杀我甥如杀我子，此仇焉能不报？但得慢慢来……”

柳子瑞乃觐见鲁穆公：“主上赐宴，吴起居然推拒，眼中全无君父。而太师赠姬，吴起感恩拜受，岂非独尊太师而轻藐君上耶？祈主上详察，斯人恐有狼子之心。”穆公为吴起开脱，说吴将军勤劳王事，其肝胆赤诚，但实际上已心有所动。

柳子瑞又谒见孟孙阍龙，且以一块形巨质优、世所罕见的狗头金为礼，请求换得一名歌姬。阍龙大笑：“柳老弟弄甚玄虚？你府中姬妾成群，何用老夫之一姬？”柳子瑞微笑道：“柳某非求一姬，所求者太师府一姬也。”阍龙不解其意了，“你这绕得什么弯子？”柳子瑞庄容而答：“天下谁不知，你老调教出的舞女歌姬，堪称色艺双绝。柳某既贪一姬之色艺，更贪太师一姬之无上光彩。”阍龙虽对柳子瑞有戒心，但甜蜜的奉承谁不高兴，当下乐得嘴裂如瓢，“好好好，我府中歌舞姬任你挑选一二。哈呀，稀世狗头金换一姬，此姬好贵重的身价哟！”柳子瑞轻轻摇头，“姬本身不值钱，贵重的是太师府之姬五字。”阍龙更乐了，“哈哈，我府中之姬得你之赞，皆沾荣矣。”“不不不，姬之荣辱系于尊卑太师之心。”“此话怎讲？”“哎呀，我的老太师，你没有听说吗？‘孟孙府中姝，胜似夜明珠。’得太师府一姬，三生有幸也。可是，你老赠给吴起将军的四名美姬，已被吴将军使之与丫鬟仆妇为伍，还谈什么荣贵呢？老太师呀，你所赐珍玩，竟被弃如敝履，你老的面子……”

阍龙的脸色黄了，胡子抖了，老夫赠吴起四姬，吴起不亲来拜谢也就罢了，竟如此轻侮老夫吗？虽然柳子瑞亦居心不良，但这吴起也的确太不把老夫放在眼里了。柳子瑞走后，他招来昔日的家将邱明询问吴起的品性。邱明是正直汉子，实话实说，极力赞美吴起的治军有方和用兵才能，称齐鲁二国恐无人出其上，然而人品不足取，练兵用两颗人头震慑三军，太残忍太阴毒了……阍龙听罢，原对吴起的满腔希望全冷了。

随后，曲阜的酒肆茶坊和巷间间传开了吴起身世的故事：

“这吴起擅杀将佐，简直是个杀人魔王嘛！”“可不，他本来就是天魔星临凡，到世上杀人来的。他在卫国时，奸杀一富户婢女，收监问斩，竟越狱逃出，杀了富户全家和无辜的三百多人呢。”“这倒听说过。可他咋会是天魔星临凡呢？”“嘿嘿！上天令天魔星蚩尤附魂一只狐狸身上，这狐狸跟吴起他妈交配，生下吴起的。吴起他爹常年在外经商，他妈受不了寂寞，养了一只狐狸日同食夜同眠。天魔星一附魂，狐狸得了灵性，鸡巴一下突出来半尺长，红艳艳、硬邦帮地顶上去，年轻轻的活寡妇哪还忍受得了？一把抓住自动塞进去……这就生了吴起。你没见，那吴起不是有些狐狸像吗？那性情更像狐狸呢。他幼时就被乡邻们唤作狐儿，后来他妈又和一个老武师麻缠在一起了，那老武师青面红发红胡子，杀人不眨眼，人人畏惧，这才再无人敢叫他狐儿了……”

这故事渐渐传到了朝堂，传进了宫廷，鲁穆公不相信，“三孙氏”也半信半疑，但结合启用吴起时的各种攻讦和流言，“吴起残忍、嗜杀、无义”的人品评断，已在他们心里留下了更深的烙印。

无人知道，这些故事的源头来自上将军府……糟践一个人，有时比一刀杀之还解恨呢。

【注释】

①慎独：是指人们在独自活动无人监督的情况下，凭着高度自觉，按照一定的道德规范行动，而不做任何有违道德信念、做人原则之事。

②孔子语。亲其亲子其子：亲爱自己的亲人，养育自己的孩子。全句意为：人们不止孝敬亲爱自己的父母，不止养育自己的孩子，还要使整个社会的老人都有所依靠，壮年人都有用力用武之地，孩童幼小都健康成长，孤寡和残疾者都有生活保障。

第二十八章

雄主贤君赖“群星”

此时华夏历史已进入战国时代。何谓战国？乃齐、楚、秦、燕、赵、魏、韩七大国吞并各小国并相互争战吞并的时代。先前的春秋之世，诸侯国众多，其中齐、楚、秦、晋最是强大，蚕食鲸吞小国，交互称霸，各领风骚数十百年，而晋之风骚最炫目，历时也最长。后来，晋之权柄下移，大夫的势力压倒了公室。至齐宣公三年，晋之三大夫家瓜分晋国，成为赵、魏、韩三国。三国并列为诸侯，于是成为七国争雄的局面（此时小国已不多）。这七国皆有吞并列强、一统中华之心，乃展开了激烈的竞争和纷乱如麻的战争。

楚、秦 燕、赵、韩、魏闻知弱小的鲁国用吴起而连败此时最强大的齐国，无不震惊，皆思谋应对之策。当时之势：秦东进受韩魏之阻，西方也不太安宁，更加之民贫国穷，人才稀少，国力明显疲弱下来，自顾不暇；楚虽地广民众，国力原极强盛，但此时楚声王在位，耽于宴乐，尤好打猎，荒废政事，国家动乱不安，国之气象萎靡不振了；燕国在中原之北，国力原较弱，又受北方夷狄侵扰，只求自保而已。中原逐鹿争霸者，只剩下齐与韩、赵、魏三家。晋被瓜分后，赵国得利最大，国势最强，俨然以老霸主晋国的继承者自居。韩魏两国较小，先须防着赵国的吞并。

这魏文侯魏斯却是个雄才大略之君，他大力招贤纳士，重用客卿，以儒家贤人子夏、田子方为师。子夏的另一位高徒段干木大有贤名，文侯去拜访，他竟翻墙而逃。文侯愈重其人品，每当经过其门前时，总要在车上俯首行礼。他的诚意终于感动了段干木，遂入宫来，做了文侯亦友亦师之幕宾。

子夏耄耋龙钟，虚挂“师”之名而已，国策方略皆听田、段之计。田、段二人计议，欲使魏国强盛，广揽贤才是为根本；而要广揽贤才，就须耸起君主“胸怀博大、仁德圣明、礼贤下士、奋发有为之雄主”的形象声誉。这二人确是了得，经过一番对魏斯的开导、诱导，一幕幕半真半假的好戏有声有色地开演了……

文侯与一位山野闲人约定某日一同打猎，至期，大雨瓢泼，无法率从人架鹰驱狗践约了。文侯要回宫睡觉，却被田子方拉住马，并向其耳边悄声说了几句。魏斯大悟，竟率领两骑冒着大雨赶到约会地点。那山野闲人被雨阻而未至，魏斯乃赶至其家道歉不能践约。堂堂一国之君，竟能对山野草民守信守约如此！其人本是贫贱而傲富贵[①]的狂狷之士，此刻，望着一身水淋淋的魏文侯，竟是感动得眼眶潮湿，翻身拜倒，从此对文候的“言出如鼎、一诺万金”广为宣传。

一日，文侯宴饮群臣，令乐人奏乐助酒，其乐融融。文侯忽令乐队暂停演奏，责怪说：“钟声何不谐也，左低而右高？寡人之耳可欺乎？”司钟乐手惊慌跪倒，承认对此曲的演奏还不熟练。文侯不再深究，挥手令之下去训练。群臣叹服君上的音乐素养和耳力超凡，纷纷颂谀如潮。田子方却一推酒杯，拂袖欲离席而去。文侯急忙拉住，“田子何故扫众人之兴？”田子方直视着魏斯，“我非扫众人之兴，扫君之兴也。试问君上，敏于音律，于国于民何所益？君之智虑专于音律，何得专心致志于国计？我甚忧，恐君审于声，而聋于宫[②]也。”魏斯愕然有时，谢曰：“田子真吾严师也。今而后，寡人不敢近声矣！”

据传葫芦山出了一位狐仙，不仅常使山民们走失了的牛羊自动归家、遇上虎狼的樵夫迷迷瞪瞪地就脱离了危难，还保得方圆几十里风调雨顺、五谷丰登。文侯大悦，择日亲往狐仙洞府前拜谢致祭，鲜蔬美果之外，又令当地五猎户三日内捕猎百只野兔祭献狐仙。至期，五猎户却只猎获得十只野兔。这还了得，国君已向狐仙许愿了，不兑现承诺，惹狐仙生了气降下罪来，岂是耍的？地方官大怒，要把猎户斩首向狐仙谢罪。文侯闻之大惊，急止之，慷慨宣言：“吾致祭狐仙，为民也。吾岂可独爱鬼神而不爱我民？释之。狐仙降罪，寡人身担之。”此事风传开，百姓无不感动涕零。无人可知，这出戏是段干木一手导演的。

一夜暴风雨，安邑城中倒塌了几家民房，砸死母子二人。文侯并未当回事，田段二人却“逼迫”其“隆重其事”。于是，文侯痛哭流涕地宣告自己“失德于天，无仁于民”，三天不吃不睡以谢罪忏悔，又令拨官钱将倒塌的民房修葺一新。万民无不感动。

深冬的一日，文侯与田段二人在小河边闲步，忽见一六十多岁的老人涉

水过河来，衣服湿透了，冻得簌簌发抖，站都站不稳了。田段二人使个眼色，文侯领悟，快步走向老人，脱下自己的裘袍递过去，“老丈，快快换上干衣吧！”此事传开，文侯爱民的名声，更加轰动于山泽草野间。

一位山野贤人名任座，虽不像段干木那样翻墙躲避文侯，却是怎么也不肯“自戴笼头、自架轭套”接受文候的官职。田、段二人一番合计，办法来了。

这日，文侯请来任座谈古论今，而后设宴款待，田段二人相陪。在优美的乐声中，御厨端上来一盘红烧汾河青鱼，文侯喜眉笑眼地率先下箸，以便带动客人毫不拘束地吃喝。可他一箸插下去，却发现鱼身上的姜葱佐料丝儿里有一颗黑乎乎的小东西，他拈起黑东西瞧瞧，凑近鼻子闻闻，竟是一颗鼠粪。他微微皱了皱眉，扔了老鼠屎，也扔下了筷子。侍宴的官员大惊，抓住厨子的领口摔于地上，并喝令武士擒拿治罪。那厨子吓得面无人色，只管磕头说不出话来。文侯向官员一摆头，“小过失不必苛责，让他去吧，以后小心些就是了。”说完即捡起筷子，夹起鱼肉吞嚼起来。酒宴罢，一宫女提着大壶来续茶，斟到文侯面前时，文侯正和客人说话，高兴之中一挥手，恰恰，那热茶洒在了手上，烫得他“哎哟”一声叫，连茶碗也打翻了。这宫女吓得傻了，抖作一团连下跪都忘了。文侯先是愤怒的眼冒火光，又渐渐地熄了火光，随后竟换上了平静的微笑，“嗯，是寡人不小心，带累你受了惊吓。来人，赐酒三盏，为其压惊！”

宫女尚未离开，任座忽地离席下拜，“君上睿智英明，更宽宏仁爱若此，任座不敢惜身矣，愿效驰驱。”段干木、田子方偷偷笑了……这一切，又是他们导演的好戏。

于是，魏文侯之贤声英名无翅而腾飞，吸引的八方俊杰前来投奔效力，先后有李悝、乐羊、翟璜、魏成、北门斗等方方面面人才拱卫左右，如众星捧月，炜炜煌煌。田、段二人极力推荐李悝，文侯拜之为相。李悝大刀阔斧改革变法，魏之国力迅速强盛起来了。

当时之势，晋崩析而韩、赵、魏鼎立，赵独大，韩、魏势弱。韩武子韩（姬）启章惧赵鲸吞，遣使赴魏，愿与魏合力灭赵而二分其地。魏文侯怦然心动，乃与重要谋臣们商议。这些谋臣无不是人中精怪，一番商讨后，确定了大计方针。文侯于是接见韩使，坚定地说：“光明磊落乃人之立足根本，亦国之根本。此事断不可行。”韩使怏怏而去。赵烈侯赵（嬴）籍得知韩使行动诡秘，恐两家共谋危害于赵，亦遣使来魏以利相诱，愿赵魏合力灭韩而剖分之。文侯又以相同语言推挡回绝了赵使。韩赵都栽了面子，都很愠怒，竟相互通使密谋合计，韩赵合力灭了魏。韩赵来往密切，皆调重兵陈于魏边境。魏国并不慌忙，只稍稍备战，却将韩赵两国利诱魏国的阴险狡计公开出来。韩赵二君大为羞惭，也明白了自己要联合的力量却是要在自己背后插刀的黑手，自己是在与虎狼交友，尽皆悚然。而魏文侯君子气度、雅量高致，太令人感动了。于是韩赵联盟解体，反而又各自来向魏国示好。

这一切演变，皆在魏国群星的预料之中，但群星们要促使形势演变得更加有利。于是，魏文侯约请赵烈侯、韩武子到魏国边境三龙会，向韩赵二君分析形势说：韩赵魏三家一体，互助则皆昌，互残则皆亡，因为晋地披山带河，地利险固，利于防守，但也有自我封闭之弊。韩赵魏若内斗，必困弊于封闭的环境中，最终被列强逐个吞吃。三家只有放弃内斗、和衷共济，分头向外发展，才可能共同强大，图谋雄霸。韩赵二君大喜而折服，三国于是达成了协议：不再内斗，皆将精力放在向外扩张上。

三国结成联盟，俨然有了老霸主晋国时的气势，虽然也各自心怀小九九。

郑、宋二国向韩国侵扰，翟璜率魏军五万援韩，赵军亦出兵二万相助，打得郑、宋抱头鼠窜，割地赔款求和。魏国能担道义，魏军勇猛善战，韩赵以魏文侯为盟主了。

燕、赵之间的夷狄之邦中山国，本来是赵国的附庸，但在燕国和齐国或明或暗的纵容支持下，趁赵国公室发生争权混乱之机，突兀正式立国，并大肆在赵国腹地扩张侵夺，居然几乎将赵国分割为二。赵烈侯平息了内乱，这才全力来对付中山。但中山国已声威浩大，更加之地势复杂险恶，赵军竟是连吃败仗，中山的侵夺愈其加剧。赵向魏韩求援。韩赵魏三路夹攻中山，虽未能彻底消灭中山国，但扫荡了中山的大部分兵力。中山国蔫下了，又奉承赵国为宗主国，礼节性地称臣朝贡了，燕国也不敢再给中山物质的资助和道义的声援助威了。

魏国的群星深谋远虑，向西发展，偷袭而夺取了秦国河西的重要军事据点——少梁。秦因近数十年国力衰败，已无心无力向东与中原争胜，唯求自保，黄河自然是天然屏障。这少梁扼镇黄河西岸，足以令河东的来犯者下河喂鱼鳖。丢失少梁，秦国大惊恐，接连派兵数万来争夺，竟是无法再夺回手中。秦人气急败坏，只得另筑两个新少梁以围堵老少梁。魏军继续西进的道路虽被堵

截住了，但毕竟在黄河西岸踏进了一只脚，只需踏稳了，再迈另一只脚……

晋国的招牌犹在。晋烈公姬止犹有四城之地，肥美而重要，尽在魏境内，成国中之国。晋烈公本应是老宗主，反得向赵魏韩三君朝拜。李悝却突然率赵魏韩六万大军来“朝拜”烈公，烈公吓得冷汗直流，只好献出二城求三国撤军。可怜的晋烈公，只剩得绛和曲沃弹丸之地了（又十多年后，终被魏彻底吞吃）。

齐大夫田会（公孙会）在廪丘叛归赵国。齐宣公派田布指挥大军围攻廪丘。赵国派孔韦率领精锐部队，联合韩、魏军救廪丘。联军大败齐军，斩齐兵首级三万余，获齐战车二千乘，廪丘终被赵吞并。齐人大惧三晋之威，不敢向西图报复。但三晋不肯罢手，继续不断向齐发动攻势，齐国新败于鲁，士气沮丧不说，反田的势力趁机大抬头，田庄子穷于应付内乱，无精力对外，竟只能被动防守了。

赵韩的形势蒸蒸日上，魏国更迅猛崛起，已成诸侯眼中可怕的“暴发户”了。但不料衰弱的鲁国，居然也闪耀出夺目的光芒，竟将强齐打了个头破血流，其战绩甚至超过了三晋联军，这威势让人心惊啊。诸侯各国的目光，既瞄着三晋，也瞄向了原被藐视的鲁国。

魏文侯听说鲁用吴起接连挫折强齐，又大举练兵，甚是不安，问李悝说：“这吴起何如人也，竟如此头角峥嵘？”李悝答：“吴起者，与臣同为卫国左氏人。臣少年离家游学天下，其时吴起或在牙牙学语，故无从识之。由所知消息断之，是人之人品未足称道，好色若狂，欣然纳孟孙阍龙所赠四名美姬。但其才干，确为不世出之俊杰。观其用兵治军，司马穰沮之匹也。”文侯惊忧交加，“似此，亦将成我魏之隐患矣。”李悝气定神闲，微笑着说：“主上勿忧！我料此人难成我魏之患，或者倒可为我魏所用呢。”文侯大喜过望，“能得此人为将，魏可图霸矣。相国能夺此贤俊为我所用，功莫大焉。快快请道其详！”

李悝其人，为战国初期法家之鼻祖，与吴起同为卫国左氏人，但二人相差十多岁，从未见过面，亦曾授业于曾申门下。十几年前李悝儒服来投魏，文侯见其肥头大耳，阔嘴大鼻，圆盘胖脸，疙瘩眉，蚕豆眼，一说话，阔嘴裂得如鲨鱼，肥硕的舌头仿佛在口腔乱滚，缺了一颗下牙的豁口特别显眼，且又病恹恹的样子，便有几分不喜欢。勉强与之交谈，询之以富国强兵之道，哪料“病夫”一开口，竟完全征服了一代雄主。李悝畅谈其法，纵横古今，洞幽烛微，犹如一位悬壶圣手在为患者解疑开方。文侯听得如痴如醉，不时请求李悝“请说详细些”，还不自觉地将自己的座席向“杏林奇葩”挪近再挪近……一谈就是一天一夜，文侯大喜过望，庆幸自己未以貌取人，竟得了医国之神医，当下要拜其为大夫。李悝却连称不可，道自己无根基无资望，不足服众，且尚需磨砺益增真才实干。文候大喜，令其为汾左郡之郡丞。

汾左郡郡守乃魏家宗亲魏成，其人亦有“贤而能”之名，但魏成此时遇上了麻烦。

汾左郡今春瘟疫大流行，百姓染病者十有六七，家破人亡者亦不少，夏季的庄稼近乎无收。可是，钱粮赋税却如大山压在百姓头上。魏成焦虑不安，强行征收，百姓雪上加霜，将使更多人家破人亡，自己怎能忍心？但不动强，如何完成钱粮赋税任务？完不成任务，莫说郡守当不成了，还会坐牢甚至被处死呢。正当此时，李悝上任来了。

李悝弄明白情势后，沉思良久对主官说：“卑职有一计，可使相公脱离两难之境。”

魏成很惊喜，“李大人说来听听。”

“相公可告病休养，一切事务，皆由卑职承当。”

“这如何使得？你承当得起吗？”魏成为人忠厚，不愿将责任全扔给佐官。

“相公勿虑，卑职自有算计，管保不累及相公。”

魏成已听说这李悝深得文侯与田段二老赏识，或者真有妙招巧法征收粮赋，只要完成了任务，自己何须多问，况且为此事自己确也身心交瘁了。于是，他“病重卧床不起”了。

李悝全权负责后，首先拜上奏疏一封，题为《养民备远计》，如实报告了汾左郡的灾情和民瘼，奏请朝廷减轻粮赋，以养民如养牛羊而长久挤奶。随后他发布公告，免除百姓一半粮赋。百姓感恩之声盈野时，他则将自己打入一辆囚车，令人押解向京城去请罪。车行二十里，却被数十个富户士绅拦住了，皆愿多输钱粮为李大人赎罪。富户们感于义而尽其力，居然填平了亏欠的粮赋之数。恰好朝廷的诏令到，恩准了李悝的奏请。李悝退还了富户们捐献的少部分钱粮，而以其余用来募工，在全郡修造了两百口堰塘。是年秋，全魏大旱，多数郡县收不上六成粮赋，而汾左郡却喜获丰收，粮赋如数进了官仓。

翌年，有曹氏小夫妻状告恶少抢花。原来，洛邑之牡丹美艳天下无双，

而移植他地则或不花或品劣矣。曹氏小夫妻赴洛邑学得一套种植牡丹技艺，并加以改进和因地制宜地灵活施为，回本郡种出的牡丹，简直超过了洛邑牡丹，拿上花市出售，购者争抢。市上恶少贱价求花不可得，竟打伤小夫妻，抢走其花。小夫妻告状到郡府，魏成审明白后，将几个恶少责打一顿板子了事。李悝却说不行，“恶少会报复滋事，小夫妻将不敢再报官。”魏成问：“依你如何处置？”李悝说：“须保护良善。”官府怎能保护得了每个百姓？魏成不耐烦了，将保护之事交给李悝负责。李悝乃征曹氏为官府圃户，辟官田五十亩为园圃，使夫妻二人招募少田地之农人为佣为徒种花，其种植之花由官府派人销售，赢利官得其八民得其二。官圃兴旺之极，其花销往全魏及各国，赢得滚滚财富，汾左郡成为百姓安乐、社会安定的范式，曹氏夫妻也成了巨富。

两年后，魏成、李悝被一起调回朝廷，迁为大夫。不久，在田段二人的大力推举下，李悝拜相推行新法。其法最重要的有四条：一是废除官爵世袭制，根据功劳和能力选拔官吏，使“食有劳而禄有功”“赏必行，罚必当”“夺淫民[③]之禄，以来[④]四方之士”；二是推行“尽地力之教”，使民戮力生产，增加粮食和财富；三是实行平籴法，丰年时，政府以平价收购农民多余之粮，遇灾年又以平价售出，以平衡粮价，防止奸商垄断，稳定小农经济，巩固国家的经济基础；四是改革兵制，推行“募兵制”（西周至春秋前，极少专业化的军队和职业化的军人，基本实行的是“寓兵于农”制，有战事则征召百姓为兵，无战事则解散军队从事农业生产），招募职业军人，提高部队的战斗力。至此，魏国踏上了富国强兵的“快车道”。

李悝博学多才，智谋过人，见文侯催问，不慌不忙地说出一番话来，使另一颗巨星又向魏国聚拢来。要知李悝说了什么，下回书分解。

【注释】

①贫贱之人傲视富贵之人。此为当时的一种变态世风。

②意为：我担心你敏锐于音乐，则可能成为国家大事的聋子。

③淫民：指腐朽的旧贵族。淫，此处作邪恶、祸乱解。

④来：使之来之意。

第二十九章

李悝设计挖瑰宝

当下李悝奏道：“主上请思之，子思、公仪修亦为当世高贤，鲁穆公终不能用，可见其用人不得专断，且无雄主之魄力胸怀。再察其所重用之臣，多是庸劣贪婪之徒。吴起如独木秀于林，必招风摧之。风摧秀木危，吴起岂能久立鲁之朝堂？我观此人志大才高，事功心切，绝不甘平庸，若为鲁所弃，其将投奔者，舍我大魏而谁？”

魏文侯犹有忧疑，“即使鲁不用吴起，齐、楚、秦、赵能不争抢此俊才？我魏何能争得过天下列强？”

李悝侃侃而言：“楚声王熊当忙于嬉戏宴乐，顾不得国事，哪会重视吴起？秦穷困疲惫，国政不宁，无暇顾及吴起；燕地远处夷狄之乡，吴起必不屑投奔；赵韩二国仰我魏之威，始得吐气扬眉，更需借我魏之力，求得周天子正式册封，其必不肯与我争一人。唯齐国强盛安定，宣公也有雄心和才略，但其受田氏专权之困扰，用人更不能从心所欲。田氏志在揽权，深忌反田党勾连生乱，岂能不防贤能者至齐搅进反田党？诸侯犹刮目仰视我魏，况吴起失意之士？且主上礼贤爱才之名天下播扬，吴起能不动心么？尤为重要的是，此人虽为儒家弟子，而最倾心的还是法家学说、兵家机谋，观其与英浩论治国用兵，即有富国强兵之论，此乃法家学说之精髓也。我魏依法治国，奋发图强，与吴起之志向抱负相契合，其来魏，有酣畅挥洒才干之宏阔天地，宁肯舍乎？话虽如此，但我魏仍需紧施连环计。连环计者，一，我联络韩、赵、卫向鲁之战胜祝贺，贺中大赞吴起之威，令庸劣之徒更嫉恨之而大煽妖风驱吴。齐之田氏闻诸侯贺鲁必大羞愤，以吴起为死仇，则可斩绝吴起投齐之路。二，吴起与我可算师兄弟，我以师兄名义，派人暗送厚礼私书与彼，叙钦仰之情，婉转表达我主上渴慕之意……而将此事散布并渲染，益增鲁人疑忌。此二计之行，吴起必入我彀中矣！”

见文侯与群臣皆听得眉飞色舞，李悝继续说：“此为连环计之近利，尚有远图：我魏欲威霸天下，而今最可顾忌者，唯有强齐虎视于东。彼田庄子深沉远谋，定然思寻机抑我魏之勃起。我若向西向北向南图开拓，其必背后袭我，我则艰难困顿矣。而今我贺鲁羞辱于齐，田氏虽明知我之用意，但迫于反田党压力，亦必出兵伐鲁。齐若胜，却已疲惫不堪，加之有新得鲁地须镇抚，一时再无力与我争强霸；齐若败，我则令赵归还齐之廪丘，齐必德我，闭眼任我纵横西、南、北而不顾也。总之，无论齐鲁谁胜谁败，皆着我疲齐抑齐之计焉。”

群臣无不赞赏相国之高论妙计。文侯喜极，立即按计施行。

韩、赵二国对魏国的倡议，各自疑窦丛生，皆不明其用意何在。向鲁国之战胜祝贺，这不是明显地在刺激齐国再大举伐鲁吗？齐若灭鲁，势力更强大，于各国绝不是福呀。那么是要挑动虎狼厮拼，谋求渔人之利吗？哼，那田庄子巨猾老狐狸，岂能如傻瓜上当？哦，或可归之向鲁声援助威，以鲁牵制齐，使其不可分心分力与魏争强霸。魏文侯啊，你这一手棋太妙了！不过，你的算盘精，我们就比你傻吗，猪朝前拱，鸡向后刨，你能吃得打饱嗝，我们也可肚儿圆。卫国弱小，此时已沦为大魏之附庸，自然以保护国之马首是瞻。三国于是各派使臣，随同魏国使者一起到曲阜祝贺大捷。

孟孙阍龙心中酸溜溜的，不舒服了。抗齐之战，本太师出力最多，损折的财物难以计数，减赋和奖恤伤亡的诏令颁发，万民只称颂穆公的“圣明”，却无人颂扬孟孙氏“毁家纾难”；更可气的是，四国使者来鲁祝贺大捷，也纷纷赞颂穆公的“英明睿智”和吴起将军的用兵如神，却无视孟孙太师所起的根本性作用。答谢使臣的宴会上，穆公是那样洋洋自得，吴起是那样风光无限，而自己却只能做陪衬。

早在一百多年前，田氏即成为齐国的豪族，权势很大，令齐国朝野侧目。宴平仲“二桃杀三士”，为除一“田”也。其后旷世良将司马穰沮遭谗被黜，晏子默默无言，亦为担心田氏势力过大，将有威逼公室之患。晏子死后，无人可制约田氏，他的担心终于变成了现实，国君权力日蹙，田氏尾大不掉了。宣公此时，以田庄子为相，总揽朝政，田氏势力迅猛膨胀，宣公反得顺遂着田庄子的心意。英浩使鲁伐鲁，皆出于田庄子立功扬威之私心也。

田庄子闻知魏韩赵卫四国贺鲁，只气得脸色铁青。古来两国争战，各诸侯皆虚情假意劝和弭兵，岂有公然挑动拼斗之理？魏斯此行，下作而狗肺狼心，实实可恨。更可恨那些使臣，为敝鲁一战之胜大吹大擂，还把个黄口小儿吴起吹上了天，什么“旷世良将”“千古奇才”，这不是在打我齐人之脸吗？哼！据英浩所言，那吴起也不过是碰巧借助了天时之利，更碰巧遇上了贪功而愚鲁的项子牛，乃使竖子成功，瞎猫逮个死耗子，可一而不可再，何足称能！我齐若倾力伐鲁，你吴起纵有三头六臂，又怎样抗我七八十万虎豹雄师？然而不行啊，那正好中了四国疲衰我之恶计，我衰彼兴，后患无穷。更重要的是，内局不静啊，一批忠于公室的残渣余孽，借痛骂声讨项子牛丧师辱国之机，几乎赤裸裸地将矛头对准了自己，差点就要喊出“田氏专权”“田氏党同伐异”“田氏误国”的口号了。自己的耳目、暗探报告说，反田份子们加紧了秘密串通，有的相互庆弔，有的互结姻亲，有的喝血酒锸血为盟，有的准备在朝堂闹事，有的密谋在军队发展反田力量，甚至有人还妄图买游侠行刺……儿子和幕僚心腹们皆劝自己强力镇压，但这是愚蠢之举，反田力量正盼着乱中取事呢，大举镇压，很可能是火上浇油，迫使反田份子狗急跳墙或隐藏得更深，仇恨更猛烈，结成更紧密的同盟，你能抓得完杀得尽吗？水可疏泄之不可激之，激之则生浪涌而有溃堤之险！好，且使群臣朝议“五国喧嚣”之事，既可发现最激烈的反田份子，又可疏泄其不满情绪！

令田庄子惊异的是，反田份子们并不借机攻击什么“田氏专权”之类，而是慷慨激昂地为齐争国威……

“五国喧嚣，明是掴我齐人之脸，岂可不报之？宜再伐鲁，扬我国威！”

“我齐自桓公以来，威霸二三百载，今遭敝鲁大挫，实为奇耻大辱。不报仇雪耻，算什么姜太公之后裔？”

“我齐人刚强烈烈，至死也要威风凛凛。敝鲁勾结四国辱我，我怎可忍气吞声？”

“我齐本是金雕，一鸣而狐兔窜藏，振翅而蛇鼠战栗，何时却变成了遇敌则趴伏不敢动的草鸡？真真羞煞人也！”

“誓死报仇！”

“誓死雪耻！”

田庄子眼力贼毒，他敏锐地发现，这些攻击自己怯懦无能者并非铁板一

块，也可分成几个派别：一为借战乘乱图谋颠覆“田氏专政”者；二为欲借机兴旺公室力量，抑制田氏者；三为激于“爱国情结”者（此派人数最多）；四为不满自身地位，欲借战乱谋求脱颖挺出者。他心中暗笑了：凭你们这些人，也跟老夫斗心眼、掰手腕，嫩着呢！

一连朝议两日，田庄子看穿了所有人的心肠肚腑，一条妙计油然生成：再次伐鲁，似乎是人心所向，逆之，田氏政权则成为被攻击的靶子；顺之，反田势力则无由勾结串通拧成一股，其必自我分解，松散无力，便于渐次剪除。更重要的是，一旦开战，所有人的注意力都集聚于战争，无人再纠结于“田氏专权”，敢有纠缠不放者，国人将视之为奸佞（今可名之为“齐奸”），自己也可堂而皇之地镇压之。伐鲁之战无论胜负，对我田氏政权毫无损伤，对反田力量倒是瓦解之机……此可谓“转的移矢”之计。

田庄子无愧老妖狐，至此拍板决策：起十五万大军再次伐鲁，以宗亲田渊为帅，英浩副之。

第三十章
英浩施计亦阴毒

田渊熟读过《司马兵法》[1]（司马穰沮所著），自以为是穰沮再生，将更振田家的骄傲。此前，在与鲁、卫、宋、郑等国的边界战中，也曾“战绩辉煌”。然而他嗜酒如命，终日手不离杯，自言肚里有酒虫，不供之酒，虫儿则咬噬肚肠。喝起酒来则百事抛诸脑后，常常一醉两三日不醒，故而家中之事一团糟烂。他姬妾众多，个个妖艳，可他天天沉醉，夜夜昏睡，将青春年少的姬妾们抛给空房冷床，姬妾们难耐寂苦，竟与众子侄鬼混一起，群相狎昵，鼠窃狗偷成奸，丑声沸扬，而他终日沉溺杯中之物，全然不察。侄女月娴，为田渊最钟爱，为其择婿郑国次公子，不想月娴愤怒此婚事，更不愿长处于污泥浊水中，竟不翼而飞了。侄女走失，他虽惶愧不安，却也听之任之，反而更整日昏醉，以排遣烦闷。田庄子亦知其年轻时还算勇猛善战之将，后来沉湎于酒色之中，尤其是嗜酒若狂，渐渐已身与心俱废，近乎利剑变成了铅刀，然而其毕竟是田氏本家、自己心膂，用之放心（此时庄子已生了盗齐[2]之心，兵权更得紧紧把握），只严嘱其莫贪杯误事。田渊向相国保证，不到庆功宴上，不摸酒杯！

英浩鄙视田渊无德无能且醉生梦死，深以为其副愤愤不平。田渊也恨英浩既得宣公宠幸，又得相国信任，四面讨好，八面玲珑，绝非正人君子。二帅貌合神离，各怀轻视和戒备对方之心，大军未动，在进兵方略上已生了分歧。英浩主张走上次伐鲁之路线，由北部较平坦开阔之地形攻入鲁境，一为轻车熟路，亦便于发挥自家强大车骑兵的优势；二为道路少险阻，可进退裕如。田渊讥笑说：“英大夫号称智谋之士，原来却只知抱守庸凡陈套，竟不知出奇而制胜？”英浩问：“田帅欲如何出奇制胜？”

田渊得意地说：“北路进军正兵也。敌已熟知我攻占要点，必早已重兵防守，我岂非以头撞石？石纵碎，吾之头亦伤矣。况韩赵魏卫若救鲁，必于北路击我之后，我前受阻而后受击，能不自陷困厄之境？今我用奇兵，走南

路蓝玉河河谷，直插阁斗山。但过了阁斗山，即是坦荡平野，鲁则无险可守，我则车马凌厉，踏平曲阜计日可待焉。”

英浩十分吃惊，本想斥责田渊是愚蠢的弄险，但田渊可是相国的族弟、主帅，说话不可无高低，于是娓娓地分析说：“田帅之计固然高明，然而今非昔比，此计不可行。吾料鲁领兵抗我者，必为深通韬略的吴起，此人必然以重兵扼守阁斗山，我军则真成以头撞石矣。兵进北路固是老套，却最稳妥。至于元帅担心韩赵魏卫击我之后，多虑也，吾料四国纵使发兵，亦虚应故事而已，绝不肯为鲁出力。不仅如此，我若大破鲁军，拔城掠地，四国眼红，定然倒戈攻鲁，与我争分肥肉呢。”

田渊哪里肯听，反而更尽情地嘲弄起英浩：“英大夫惨败于吴起，就视之为旷世良将了吗？哼！在本帅眼里，吴起一黄口小儿，懂得什么兵韬战略？本帅走险弄奇，连足智多谋之英帅尚出乎意外，小儿吴起何能料到？其必率军于北线布防，待知我兵进阁斗山，回师已不及矣。哈哈，老夫替英大夫雪耻如何？”

英浩羞臊得满面通红，本欲反唇相讥，但主帅副帅意气争胜，还怎么统兵作战？欲听任田渊骄矜刚愎，但事关伐鲁成败，甚至关乎十五万大军之安危，非同儿戏呀，真遭惨败，自己这副帅难保会做替罪羊呢。他竭力压下气恼，更诚挚地说：“田帅呀，英某虽愚，却毕竟较知吴起。此人才智卓绝，实非等闲之辈，岂能不防我兵走险道？彼若遣一支军防守阁斗山，我则徒劳无功，更增诸侯嘲笑；彼若亲镇阁斗，我则自陷危恶之境矣。而吾料吴起定是于北线小加守御，而以全力在阁斗待我焉。”

田渊放声大笑道：“哈哈哈！何物吴起，竟使英大夫吹捧诸相国面前，又以之吓唬于本帅？老夫自幼精熟《司马兵法》，当年也曾两次大败楚宋陈联军，后来虽疏于军旅政事，难道连《司马兵法》也荒疏了不成？彼吴起少年轻狂，知进而不知退，知攻而不知守，焉知阁斗之紧要？吾断定其纵是防备，亦不过遣数千人马据险防守而已。谅其区区数千兵力，虽然控险，又何足我十五万大军轻轻一踺？老夫想问英大夫，是被吴起吓破了胆，还是嫉妒吾建惊世之奇功？”

英浩更加羞臊和难堪，再难提出任何反对的理由了。他想了想，阴阴地刺了一句：“诚如是，英某禀遵田帅军令而已。只是，贵翁婿对敌，田帅尚须格外小心为妙。”

田渊一愣，“翁婿？谁与谁是翁婿？”

英浩呵呵笑了，“田帅尚不知道？令侄女月娴小姐，一年前已嫁于吴起为妻。吴起与田帅，乃是嫡亲翁婿呀。”

田渊大怒，“胡说！焉有此事？英浩，你要污我田氏清名吗？”

英浩敛笑而答：“田帅勿怒。在下已打探得清楚明白，此田月娴，正是女扮男装逃离贵府，至鲁投奔表姑，而后私嫁吴起的燕儿。其非令侄女而谁？”

田渊半天说不出话来，最终勃然大怒：“贱婢不自爱，舍公室下嫁贱民，辱我家声，吾与其斩断叔侄情分矣。吴起小儿，定是以力胁迫我燕儿，彼若来战，吾将亲手碎其万段！”

于是，齐军向鲁国北部边境大量调集粮草辎重（都是假的），人马来往驰骤，无数的旗幡在树林里、洼沟地若隐若现，似要待机大举进攻，而其真正的粮草辎重却在运往南线，部队也悄悄向南部运动着。

英浩虽恨田渊狂妄跋扈，但面对军国大计，也不敢以私怨废公事。他对鲁国情形了如指掌，知其别无良将能臣，能抗齐者必是吴起。这吴起极善用兵，更得鬼神相助，实实可畏！须用反间计，令鲁不用吴起为将……他踌躇有时，计上心来，乃作书二封，派人急送鲁国。一封送上将军府，书要曰：吴起侥幸得功，鲁君重如奇宝。若再为将，苟又得胜，上将军印属吴矣。柳上将军慎之慎之。一封送吴起将军府，只有七个字：“田氏之女莫忘田”，并无抬头和落款，不可知寄自何人何处……

鲁国闻知齐军十五万来寇，无不惊慌。大司徒叔孙氏和大司空季孙氏要看鲁穆公笑话，故意献计说：“韩赵魏燕与我亲善，可遣使求四国救援。”穆公从之。

四路使者很快回来报告：“四国皆说国内有事，派不出兵，爱莫能助。”

这下，满朝大臣惶悚了，英浩十四万兵马，已横扫鲁军如卷席，今齐军如此浩大，而鲁国兵少将寡，且粮赋难支，如何抵敌齐寇？有谁敢领兵御齐？

穆公心慌意乱，问计三上卿，三位上卿相互推诿，谁也不肯担责；目视上将军柳子瑞，柳子瑞低了头装聋作哑；转望其余武将，一个个又如面对苏豹献艺的场面，无人敢于出头。穆公暗自叹口气，无奈转问吴起：“吴将军可有拒敌之计？可愿领兵迎战？”

吴起早已跃跃欲请旨挂帅，但他已料定无人敢领兵拒战，穆公必问计于己，故而默不一语，至此乃躬身施礼，铿锵言道：“主上若用臣为帅，吾必大破汹汹之敌，使其再不敢轻犯我鲁。倘吴起不能拒敌，请醢我以谢国人[③]。”

文武众臣无不为吴起的勇气、浩气所感动，连孟孙阖龙也暂忘了对吴起的妒恨，皆极力保荐吴起挂帅御敌。穆公喜上眉梢，抚慰说：“将军壮志凌云，实乃我鲁之幸。战事紧急，卿可立即点兵……”

“不可……”柳子瑞忽地大声阻止，随即向穆公行礼启奏，“主上且慢。此次领兵，吴起绝不可用！”穆公大惊疑，“这是何故？”柳子瑞不慌不忙，甚似理正辞严，“回主上。齐军此次主帅，乃齐相宗亲大将田渊。而吴起与田渊有骨肉亲情，其与我鲁，水也；与田与齐，血也。血浓于水，吴起将为鲁乎为齐乎？田渊若劝说得吴起率军降齐，鲁则亡无日矣。请问吴将军，是否已收到田渊劝尔改换门庭之书？”

穆公与群臣闻言，无不变颜失色。吴起更惊得几乎要跳起来，尤其是那最后极毒辣的一问，简直有短剑插心之痛。他已知齐军是田渊为帅，却哪知田渊与自己有何关联？又哪有什么诱劝投齐之事？

吴起的长条脸上腮肉抽搐着，面色铁青，眼冒火光，怒斥柳子瑞：“上将军是何居心？吴起斩你外甥，公也。你挟私报复，血口喷人，岂不卑鄙？”

柳子瑞翻翻鱼泡眼，嘿嘿冷笑，“柳某之甥一命值什么？鲁之社稷万钧之重啊！我是血口喷人吗？好，吴将军且将魏相李悝书信与田渊书信公示于众，看柳某是否泄私愤？”

吴起一怔，张口结舌了。李悝确有礼品和书信给自己，那书信叙了同门师兄弟仰慕之情，又透露了魏文侯“思贤若渴”之意，显然含有鼓动自己“良禽择木”的味儿，这使人翻不得脸，只好一焚了事。此书很难说清，却又最好搪塞：同门师兄弟相互问候，人之常情，无须分剖。但另一封书信稀奇古怪，不可使月娴知之徒惹思乡愁绪，当即就付之一炬了。这如何就是田渊书信？又如何就是劝降书？但书既焚，又如何分剖非田渊之书、无劝降之事呢？与敌国暗自交通，纵非内奸，也绝非贞良之臣！他的反应敏捷，知道书信之事不可否认，只可批驳其诬陷，乃向穆公奏道：“臣确实收到过二书，俱已焚毁。李悝与起师出同门，其来书寻常寒暄而已。另一书只有七字：‘田氏之女莫忘田’，显见为吾妻之族人劝内子回乡之言，臣恐内子伤感，故焚之。且问柳上将军，何由得知此为田渊之书？吾妻固姓田，而齐之田姓千万，皆为田庄子、田渊一族乎？”

柳子瑞仍是冷笑，“吴将军何须隐瞒尊夫人金枝玉叶身份？尊夫人实乃田渊之侄女儿，须知田渊侄女，亦田庄子从侄女，其贵，不亚于小国之公主呢。”

鲁穆公与群臣皆震动了。吴起之妻竟是田渊侄女？翁婿对阵，已是滑稽，何况又有劝降书，吴起如何还能挂帅领兵呢？所有人全都表情复杂地盯着吴起。

吴起愤怒得恨不能一拳打死柳子瑞，这一诬陷可不得了，自己的妻子是田渊侄女，“劝降书”则可坐实，自己将近乎成齐国奸细，莫说挂帅领兵，只怕在鲁的一切都将雨打花落去。但月娴绝非田渊侄女，诬陷极好攻破。于是对穆公说：“主上，臣妻乃齐之民间富家女，与权臣田氏毫无干连。主上可派人与起共往臣家，与荆妻质对，一查即明。”

柳子瑞高声说：“甚好。吾愿与吴将军同往贵府，质对于尊夫人。”

吴起更怒：“慢着。问得明白，荆妻若非田渊侄女，上将军当如何？”

柳子瑞心中有数，哈哈大笑说：“尊夫人若非田渊侄女，柳某当辞上将军之位以让贤能。但若是田渊侄女，吴将军当如何？”

吴起被逼到了死角，也顾不得多想，即愤然宣言：“倘是敌帅侄女，我当亲手斩之，以明我报国之诚！”

柳子瑞吃了一惊，他只想搞垮吴起，绝不想迫其杀妻。听说其妻美艳绝世，聪慧冠巾帼，这吴起能舍得杀了？呸！虚张声势欲吓阻老夫而已。好，待老夫再激之：“能如此，吴将军忠诚贯天日，老夫将……”他忽地心一动，这吴起冷酷如铁石，坚守“言必信”，万一……于是改了口：“将力保将军挂帅御敌，再展雄风。”

穆公见三上卿对这场口舌战皆默默无言，知其对吴起已心生猜疑。他不喜吴起崇武而危仁害礼，却绝不信吴起会心生异志。只是，三上卿的倾向性明显，他只好顺随着：“二卿之辩争，剖肝而输胆，皆为忠贞爱国之士也，寡人嘉之。即着柳卿与吴卿同往一查。”

田月娴命运如何？且看下回分解。

【注释】

①司马穰沮：本名田穰苴，大军事家，为齐国田氏庶支，因官居大司马，后世尊称为司马穰沮。

②盗齐：盗取齐国。距此时二十多年后，田和废黜齐康公，自立为君，国号仍为齐，此所谓盗齐。

③醢：肉酱。这里是剁为肉酱之意。谢：谢罪。

第三十一章
恨绵绵吴起杀妻

近数月来，田月娴心中郁郁不乐。吴起成为鲁国甚至天下瞩目的大英雄，她为自己的慧眼识英才而自豪，为自己嫁得如意郎君而欣喜。吴起将孟孙太师赏赐的四名美姬领回家，说是让她们服侍夫人，月娴的心中不安了。果然，丈夫虽命令歌姬们伺候夫人，然而却自此独宿书房，每夜用一美姬陪寝，五六日才到自己房中亲热一回。月娴不愿嫁郑国公子，一嫌其跛，二是鄙视在公室公子成群的妻妾中争风吃醋。她多么希望像庶民百姓那样，夫妻恩爱，相敬如宾，诗经中脍炙人口的名句，诸如“死生契阔，与子成说。执子之手，与子偕老。”“心乎爱矣，遐不谓矣，中心藏之，何日忘之。”“ 巧笑倩兮，美目盼兮，天地合，乃敢与君绝。”才是她心中的夫妻典范模式呢。而今，丈夫虽宣称对自己恩爱不渝，其实已将一部分爱给了众姬，自己要“执子之手”与其“巧笑倩兮，美目盼兮”，平添了许多障碍物啊！她犹深爱自己的丈夫，视其为重情重义的英雄豪杰。她却暗恨孟孙阍龙荒唐：自个儿沉湎酒色，姬妾成群，又以女人赏功酬劳，女人是你们安定国家的法宝吗？既视“女子与小人难养也”，又把女人当“法宝”，女人何其不幸？这个国家何其可悲？

仆妇来报：“老爷与上将军坐在客厅，等候夫人说话。”月娴不明白柳子瑞之来何事，只好来到前厅，向柳子瑞蹲身一福，“妾身见过上将军！”“吴夫人不必多礼，请坐。”

柳子瑞答着礼，凝目细视月娴，惊得呆了，啧啧！这吴起他妈的太有艳福了，这小娘子之美，世上难寻啊，什么闭月羞花、沉鱼落雁，这些词儿用在她身上，都显得俗气了啊！穆公的百千粉黛，与之一比都要黯然失色喽。我柳某若得搂着她睡一宿，也不枉此生了！老天不公啊，既给了吴起出类拔萃的才智和武勇，何以又给他如此娇妻呢？不不，老天或者是公平的，他既得美妻，富贵功名就别奢望了。对，这样的美人儿，连我都起惜玉怜香之意，

他吴起舍得杀了？他不肯杀妻，就得滚出鲁国去！

吴起见柳子瑞发呆，就自己对妻子说：“我与上将军来，是要问你一句话，齐国的田渊，是汝何人？”月娴愣了愣，不答而反问：“夫君何故忽问这些？”吴起的声音提高了些，“此事关系吾之荣辱。快回答我，田渊是汝何人？”

月娴心中全明白了，这是在甄别“通敌内奸”呢。她气愤之极，是田渊的侄女就通敌吗？全鲁国与齐国大臣将领沾亲带故的人多了，难道都要被甄别被提防吗？可她更气愤丈夫的“荣辱心”，刹那间，她忽地想到了丈夫得知母亲惨死而不奔丧，既是恐遭罗网，更多的怕是沉淀在他血液中的“荣辱心”作怪……“不得卿相，不踏入卫国一步！”他心中无比重要的是卿相之位啊。看来，曾老夫子鄙视吴起，并非全无道理呢。儒家是酸腐了些，但儒家的用人治世之道，也难能可贵呢……气愤之下，她的声音也提高了，“荣辱那么重要吗？富贵功名比亲情还要紧吗？夫君曾为儒家弟子，岂不知孔子视富贵如浮云乎？”

吴起还不及再言，柳子瑞呵呵笑了，“吴将军，我看别问了吧。尊夫人不愿回答，必有难言之隐。若再苦苦追问，岂不重浮云而轻夫妻之情了？”

吴起的脸上挂不住了，剑眉微微一竖，眼内亮起了星星火光，“是何言哉？堂堂大丈夫，不重功名，与草木何异？田月娴，你与田渊究竟有何瓜葛？”

月娴透心冷了。丈夫原是个功名富贵狂，与自己殷殷期盼的“夫妻典范模式”风马牛不相及。唉，自己只看到了他英雄豪杰的一面，却不知英雄豪杰一旦被功名富贵所掳，心就变成了冰块……她忽地笑了，“瓜葛？非也。我乃田渊亲侄女。妾身四岁父母双亡，是叔父将我养大的，叔父如同我父呢。”

吴起浑身一震，如遭雷击，声音也变了调，“什么？你真是田渊侄女？不，不，你一直说是民间女子，何以忽成了田渊侄女？月娴，此事戏耍不得！”

月娴反倒镇静了，“血脉相连，叔侄亲情，岂容戏耍？我不告君之实情者，一为不愿以高门名媛炫耀，只求夫妻举案齐眉，恩爱欢洽；二为吾叔老来昏聩，使家中糟乱污浊，我羞于提及。好了，田渊侄女在此，其罪何名？”

“你……你……”吴起如同被兜头一桶冰水浇下，周身寒战，声音发抖，却一时不知再说什么好。

柳子瑞见吴起没了下文，心中很是得意：哼哼！你吴起舍得摧毁了这朵花，那可真是癫狂了呢！好吧，你得鲜花，我得浮云，老天也还是公正的。他站起身来，向吴起一拱手，“吴将军，事情弄清楚了，柳某该去回复主上了。”

说完起身就走。

吴起大急，柳子瑞这一去回复，自己在鲁国获得的一切就要全毁了，“上将军留步！待我……我……”他前半句话高亢勇壮，后半句却语声渐低，舌头僵滞起来。

柳子瑞停下脚步，不无讥嘲地笑问：“怎么，吴将军要践君前之誓吗？”

“君前之誓”四字，震得吴起周身一哆嗦。是的，亲手斩田渊之侄女，这可是自己对鲁穆公和满朝文武大臣的宣言，难道能自食其言吗？可是，月娴以高门名媛嫁于自己一介寒儒，两年多来琴瑟和谐、恩爱无比，牢狱中咬破手指濡润我，假作“吴起”哄鬼……自己怎能下了手？然而，杀之势在必行。言必信，是对君子的衡量；行必果[①]，则是对英雄的检验呢。心存妇人之仁，斗筲之器也[②]……他唰一声抽出随身佩剑，剑尖抵向了月娴的胸膛。

月娴的脸色唰地惨白了。她不是怕，而是极度地愤慨：平日里，吴起也是海誓山盟，要与自己白头偕老，有多少甜言蜜语？有多少令石头都感动的情话？可为了功名富贵，他竟想杀妻求将？事急见人心，功名富贵更迫人袒露心肠呢。富贵功名狂吴起，彻底地原形毕露了！这样的人，竟是自己“死生契阔，与子成说”的终身寄托！田月娴那，你原来也有眼无珠啊！

吴起的手颤抖着，剑尖哆嗦着，无力向前推动半分。柳子瑞却大惊失色，“住手！快住手！吴将军，使不得，使不得啊！”他也震撼了：这吴起真要杀妻啊？天哪，这样的美人儿，你吴起舍得，我还舍不得呢，我要……

吴起的剑尖略略缩回了半分，诧异地转头惊问：“上将军，怎么说？”

“这……”柳子瑞语塞了，他无理由阻挡吴起“践君前之誓”呀。可他毕竟聪明过人，很快就来了主意，“这事……这事或可斡旋。”吴起轻轻摇头，“如何斡旋？”柳子瑞稍一沉吟，道出了主意：“以柳某看来，将军欲得帅印，非杀此女不成。而此女无罪，杀之岂不可惜？将军何不行三全其美之计：将此女转送老夫，将军可去疑忌而得帅印，此女可脱杀身之祸，老夫感将军美意，可做你朝中强援？将军思之。”

“这……”吴起惶惑无计了。他的剑却始终挺着。

“呸……”田月娴一口唾沫吐向柳子瑞，“不要脸的老贼，你将本小姐看成什么人了？凭你那癞蛤蟆样，给本小姐除藩溷[③]我犹作呕呢。吴起说话呀，快答应呀，三全其美，何等高明之计呢！告诉你吴起，我田月娴是该死啊，错将功名癫富贵狂当成了英雄豪杰，错将负心薄幸之人当成了琴瑟和鸣之侣，

而今琴欲毁瑟而独鸣，瑟其肝肠崩裂矣……”说到这里，珠泪滚滚，浑身剧烈战栗，悲不可抑。

吴起望之，也不禁眼眶发酸，赶忙微微偏转了头。

柳子瑞却看到了一幅桃花带雨图，更觉美艳无伦，为之神魂颠倒。

月娴突然收泪，脸上浮起了惨然凄楚的苦笑，少顷，轻声吟诵出了心中的歌：

“桑之未落，其叶沃若。于嗟鸠兮，无食桑葚！于嗟女兮，无与士耽！士之耽兮，犹可说也；女之耽兮，不可说也。

“桑之落矣，其黄而陨。自我徂尔，三岁食贫。淇水汤汤，渐车帷裳。女也不爽，士贰其行。士也罔极，二三其德。

“及尔偕老，老使我怨。淇则有岸，湿则有泮。总角之宴，言笑晏晏。信誓旦旦，不思其反。反是不思，亦已焉哉。”

听着这首《氓》，听着月娴如怨如诉、似悲似怒、凄苦得令人心颤的吟诵，吴起更加心酸，差点就要掉泪了，却极力忍住。就是柳子瑞，也不禁微微动容。

月娴吟罢，稍静片刻，忽地昂然抬头，冷傲地逼视着吴起，声音骤然如两片锐石相敲击，瘆人耳鼓，且似有火花迸溅，“再告诉你吴起，本小姐玉体金贵，心灵高洁，你一浊臭冰石，岂配杀我？月娴我合当自罚，以赎自己有眼无珠之过！”说完，挺胸直前，扑向剑锋。

茫然失措的吴起，忽觉得手中一沉，剑锋已没入月娴胸膛，随之，一股热血喷溅，他的脸上开满了妻子的血花。心如铁石的他，在战场上杀人如割草的他，忽然吓得不会说话也不知动弹了。

柳子瑞又惊又羞又恼，赶忙抽身撤步逃去。

吴起似乎清醒了些，急忙抱住月娴，但月娴已闭上了美丽的双眼，渐渐停止了温馨的鼻息。他热泪如喷，心似刀绞，只感到自己抱着的就是母亲……

他依稀记得，可能是五岁左右吧，自己的臀部长了个毒疮，大夫给敷了药，却还疼得哇哇直哭。为了给自己止疼，母亲将乳头塞进自己嘴里，让自己吸吮她已很稀薄的乳汁。自己疼得厉害时，又哭又咬，母亲的泪花盈眶，双唇紧咬，却不肯抽出乳头。自己的疮伤康复了，母亲的乳头和双唇却溃烂了……

大约六七岁时吧，自己与小马驹子们漫坡遍野疯跑，误把半夏当野荸荠吃了，麻得说不出话张不开口，母亲灌了自己一碗酸菜水，大吐一番好了。但时隔不久，自己又在山上吃了毒果，竟又吐又泄，昏迷不醒了。左氏镇人有救治果毒的许多偏方验方，但要辨别究竟误食了哪种毒果才可施救。有人献策：尝便可分辨毒果。母亲毫不犹豫，抓起一把儿子的稀屎填进嘴里细细地品尝辨析……

自己丢失玉佩，又羞又痛，恨不得找个地缝钻进去，这时，“母亲”抚着自己的头安慰说：“玉佩算什么？一块石头，假宝而已。咱的真宝在这儿呢。”

自己遍身脓血，浊臭熏人，一只脚已踏进了地狱，“母亲”却抱着自己，用眼泪用体温与地狱抗争，又咬破手指塞进自己嘴里，用鲜血做琼浆救活了自己……

为了帮自己走出命运的峡谷，“母亲”为自己细细规划着“吐云播雨”的蓝图，又拽着自己向桑神相问卜，尽管她分明知道，自己向宏图大志接近一步，对她的夫妻恩爱难免减弱一分，但她全然忘却了自身……

两个母亲的形象叠印在一起，都是甘于为自己挖心剖肝哪。可自己，拖累年迈的母亲饮恨而死，而年轻的“母亲”，竟是自己亲手杀死。吴起啊，你罪孽深重呀！他放下月娴，跪于尸前，砰砰地叩着头，头皮磕烂了，鲜血和着汹涌的泪水奔流，却哭叫不出声来。

“爱妻呀……”吴起终于爆发出了牛吼似的干号。但也仅仅是干号而已，他能哭出什么话来？桑神相早已判定他有终生遗恨之事发生，可他该恨谁呢？恨自己吗？但建功名取富贵，大丈夫所当为也，何足为恨！

【注释】

①言必信：说话算数。行必果：行动果敢坚定。

②斗筲之人：不成大器之人。

③除藩溷：打扫厕所、涮马桶等。

第三十二章

阁斗山鲁军逞威

吴起为主帅，樊贵为副将，率四万大军（鲁穆公欲使吴起兴兵六万，但柳子瑞以确保京城安全为由，只予发兵四万），急急向阁斗山开去。本来，邱明在上次抗齐战役中，还能较好地配合主将，吴起保举之仍为副将，但邱明已知孟孙阖龙对吴起心生芥蒂了，不愿与吴起搅和太紧，托故有病而推辞，柳子瑞乃保举了樊贵。

柳氏虽深恨樊贵，但樊贵与太师有亲，他正在向太师示好靠拢，保樊贵即买好阖龙。然而，樊贵其实仅与太师夫人是同乡而已，哪扯得上亲戚？其时鲁国世风，人皆炫耀富贵家世或攀附权贵以自豪和壮胆，一次，有人得知他与阖龙夫人同乡，问其可认识阖龙夫人。樊贵性诙谐，大笑说："我不仅认识，还多次去夫人娘家做过客哩，因为我表姑父的妹夫的姨娘，也是夫人三嫂的姨娘哩。"这种绕口令式的亲戚关系，无人能够细究，实际上他根本没有什么表姑，但他与夫人沾亲被宣扬开了，传到柳子瑞耳中，遂对樊贵多了点器重。

吴起急切地争夺帅印，因为他已构思成了再次大败齐师，使自己名动天下的蓝图：齐军在北线虚张声势，定是弄诈也，其必走南线险道突袭，阁斗山将成为阻击强敌的铁壁铜墙，我凭险固守，可令敌抛尸累累气沮败退。但如此尚不足以大折齐军，使之闻我吴起之名心惊肉跳，我可主动弃守，诱敌冲下鬼淖子烂泥潭，嘿嘿……

早在一个多月前，吴起担心齐军再进犯，很可能选南线险道进兵，未雨绸缪，他已率领一批亲随到阁斗山一带考察过地形了。阁斗山主峰东坡下，又是一座不太高峻的鹅蛋岭，鹅蛋岭西，是一个坦荡如砥的小盆地，紧挨着鹅蛋岭的是一片二三十亩大小的荒草滩，那荒草长得青葱可爱极是茂盛，但几个牧人把牛羊赶得远远的，不许它们靠近肥美的草场。他感到奇怪，走近一位牧人询问缘故，牧人告诉他，这片草地名为鬼淖子，地势稍低，山水长年潴积，表面上密草覆盖，草下却是烂泥沼泽，人和牛羊误踏入，再无活路。他大惊之后心中又亮起一道闪电：若能诱敌进入鬼淖子，那将……可是，齐军不是傻子，岂会轻易撞入？

回到曲阜，他仍在日夜琢磨着诱敌之计，却苦于想不出办法。好友高岱又来看望他了，他对高岱极信任，无话不谈，借酒抒怀，讲出了自己的妙计和苦恼，高岱思索良久，略带嘲弄地笑了，“你吴大将军满腹奇谋，也有束手无策的时候嘛。不愁不愁，我可请那位帮你擒拿窃贼了结了冤案的奇侠，只需如此如此，齐军必定中计。”吴起顿时心中愁云尽扫，兴奋得满脸生辉，诚挚地道谢后，又请教奇侠姓名并请求结识之，高岱仍以奇侠不愿为世人所知，更不愿结交官府官员为由推搪过去。吴起无奈，只好请高岱迅速与奇侠联系，莫误军机。高岱笑道：“侠者，以救民脱难为己任，齐寇侵凌，百姓遭殃，大侠岂能漠视？你宽心排兵布阵，奇侠必不误事！”

阁斗山虽不似崃山绵长、巍峨，长不过六七里，高不过三四十丈，但西坡山势较徐缓，而东坡极是陡峭险峻，巉岩危石遍布，草木稀少，一丈多宽的官道，曲曲折折如九廻肠盘绕山腰。阁斗山两面，小峰小岭林立，千沟万壑，无路可通。齐军东来，必过此山。

吴起来到阁斗山西坡下，留下四千军嘱以秘密任务，而后率大军上山，占住了山顶，却令收卷起一半旗帜，示敌兵力弱小之形，又在山顶边缘修筑起一道半人多高的防御石墙，借石墙堆积起大量的滚木礌石，将兵力排布开来，大有金汤铁桶之固。他要借险峻地形大量杀伤敌人，激敌狂怒而丧失理智，豁命来抢山，自己支持不住而弃山败退，敌军疯狂来追，诱敌入鬼淖之计可望实现！他阴沉着脸，威严又有条不紊地指挥部署着兵力，下达着一道道军令……月娴之死，毕竟给他心中划了很深的伤痕，使他更不苟言笑了。将士们皆知晓吴将军心中伤痛，许多人还对吴将军怀抱不平，无不兢兢小心地凛遵军令。

鲁军准备停当了一切，齐军的先头部队才姗姗开到。

齐军进入鲁国境内后，纵横驰骋，如笤帚之扫地，阁斗山东侧的鲁军边防部队，稀里哗啦几乎被扫荡一尽。攻打阁斗山，不必再顾虑有鲁军背后袭

击了。田渊甚为自己的用兵方略自鸣得意，英浩却为田渊的兵进险道不无担忧。二人已知吴起杀妻夺了帅印，田渊愤怒得找岔子责打了数名将领，发誓要生啖吴起之肉，为燕儿报仇。英浩却是头皮阵阵发麻，自己精心炮制的反间计流产了，实在大出所料。这吴起是什么人哪？杀妻求将，其冷酷和坚毅世所罕见哪！这种顽如铁石的家伙，思之就令人胆寒呢。而其又用兵狡诈，诡计多端，挂帅来御，必先抢占阁斗山，有此人在，阁斗山极难攻夺了。兵法云："险形者，我先居之，必居高阳以待敌；若敌先居之，引而去之，勿从也。"这回伐鲁，只怕又会……但田渊贪功、怀愤而来，岂可以语言动摇之？自己只能谨慎小心些，随时提醒田渊，切莫钻进吴起的圈套则可。

田渊于阁斗山东三四里处扎住营寨后，率将领们迫近山下来勘察地形。他见山势险峻，山上旌旗招展，鲁军遍布，据险筑起的高高石墙似一条巨蟒恶龙在等待着吞吃齐军呢，一面"吴"字大纛，傲然飘扬在石墙正中。再向左右巡察，但见山势处处危恶，步步惊心。他矍然吃惊：这吴起竖子厉害，竟不顾我北线的鼓噪迷惑，却率大军来控扼了这锁钥之地，自己的走险出奇之策破灭了。唉，悔不该不听英浩之言。不过也不要紧，由山上旗幡察之，吴起的兵力似不过三万，我有十五万大军，岂踏不破这锁钥？相国寄我以厚望，无论如何也要攻破阁斗山，斩了那抗我天兵、辱我燕儿的狂徒！

次日，齐军四万多车兵在九廻肠上缓慢爬行，十万步骑兵展开来，如铺天盖地的猴群向山上攀登，战鼓咚咚，喊杀声天摇地动。鲁军竟是不慌不忙，待敌军渐近，这才倚石墙向下发箭和抛掷大石。居高临下，鲁军之箭镞威猛无比，中敌要害者，无不登时毙命，甚至可穿透盾牌，重伤敌军。那大石轰隆隆滚下，势挟风雷，挨着的不死即残，擦着的血肉横飞。刹那间，齐军的尸体、伤兵如同跟大石竞赛翻滚特技一样，呼隆隆滚下山去一大片。但齐军在各级军官的威严督战下，并未大溃乱，弓箭手很快找到岩石、树桩做掩体，向山上发箭还击。齐军势大，其箭稠密如雨，鲁军小有牺牲不说，射箭、抛石也被大为压抑。其余齐军趁此机会，号叫着向上猛冲。冲过前面百多步毫无遮拦的陡峭岩坂，便可扑入石墙，夺取鲁军的防御工事，鲁军即将全线崩溃。

田渊望着自己的部队漫山遍野蜂拥直上，得意得满眼放光，又转回头来瞥瞥英浩，满脸讥诮之色，未出口的话是：这吴起不过如此嘛！英浩却知道吴起绝非一脚即可踩破的猪尿泡，但主帅既盯着自己，作为副帅，他只好跃马上山，亲自督战指挥。

就在英浩上山之时，俯冲的齐军已接近石墙只有四五十步了，密麻麻犹如羊群。忽然，石墙内金鼓齐鸣，蔽于墙下的鲁军猛地冒出头来，几个人抬起一根大圆木，从石墙上推下来。这圆木可不得了，长者两丈开外，短者一丈有余，皆遍体钉着四棱铁钉……圆木则周身是刀了。圆木加上粗大的铁钉，重的近千斤，轻的也有五六百斤，从陡坡上滚下来，真有碌碡碾麦穗之势，何况那些铁钉，可要吃肉喝血呢，它分明是一架架绞肉机啊！接连不断的"绞肉机"滚动起来，那可真叫作血肉飞溅、漫山"春花"怒放啊。"春花"怒放的同时，随之腾起了骇绝天地的"音乐"……无数死伤者凄惨瘆人、痛不欲生的哀号悲号……后面的齐军被"绞肉机"吓得胆破魂飞，扔下旗帜器械，有的还扔了刀枪，竞相向山下骨碌碌翻滚逃生……

齐军损折了五六千之众败回营中，田渊虽是怒极，却并不气沮心灰，苦苦思索了一阵，竟被他想出了妙计，立即传令营中铁匠，连夜打造大批二三尺长的铁钎备用。传令兵去后，他为自己的妙计大为兴奋，抓过帅案上的茶壶，一杯又一杯自斟自饮起来。

英浩来到元帅大帐，见田渊在喝茶，满帐却充溢酒味，立即明白田渊在搞掩人耳目的勾当，心中颇为恼怒：不听我良言，导致今日死啃硬骨头，损伤惨重，还有心情喝酒"庆功"吗？田渊却全未注意英浩的表情，反而神采飞扬地将自己的妙计告知英浩："明日攻山时，令前锋将士拿着铁钎铁锤，边冲锋边栽揳铁钎。敌之滚木下来，被我之铁钎所阻，无能为矣。英大夫且看，我明日将一举夺取阏斗山。"英浩却毫无喜色，他知栽铁钎之法很难奏功，但元帅似有胜券在握的得意，他也无法泼人家冷水，只好假意奉承了田渊几句。

休整了一日，第三日齐军攻山，败得更加凄惨。因为田渊的妙计虽妙，却不知那段陡坡乃极坚硬的花岗石，铁钎哪能揳得进去？好容易找个石缝，揳进去三四寸深，就再也难深入了。鲁军的"绞肉机"千斤之重，在其强大的冲击力下，那些铁钎直如竹篾片挡门，一冲就倒，几乎不能影响"绞肉机"的绞肉功能。何况，鲁军哪肯给齐军有条不紊栽铁钎的时间？那些曾受过鲁穆公检阅箭射人头顶陶碗的优秀射手们，此时大显神威，栽铁钎的士兵，无不像陶碗一样纷纷"跌碎"。但田渊押宝在此，亲自督战，连杀十多名溃退将士，逼三军死冲。可怜齐军士兵的血肉之躯，如何抵挡恶魔鬼怪似的"绞肉机"和奔腾飞下的大石、穿甲透盾的利箭？死伤得惨不忍睹。所幸，陡峭岩坂下方坡度较缓，更加之有大树桩和嶒棱岩石的阻挡，许多"绞肉机"被阻，

才不得大肆绞杀。饶是如此，齐军受伤的不算，仅尸体就有万余。

田渊愤怒的亲自鞭打了数十名栽铁钎的官兵，发誓不攻破阁斗山，自己宁愿葬身山下。第五日，他发布了重奖严惩令：最先攻上山顶者，赏千金，骏马任骑，鲁之美女任选；斩吴起之头者，官升三级，食有鱼出有车，富贵比公卿！敢畏葸不前者，当阵斩之！而后亲自仗剑督战，令上百面大鼓咚咚猛擂，发起了更猛烈的强攻。

齐军虽已视攻山如攻鬼门关、奈何桥，万千狞鬼正架着油锅等待冤魂撞入呢，但有元帅督阵，明知是鬼门关也得闯啊。数万齐军鼓起勇气，呐喊着再次向山上冲锋。已冲上了半坡，鲁军仍隐于石墙下一动不动。英浩发觉有诡异，但他无权下令停下莽攻，而且冲锋的队伍已在半山，要提醒冲锋者警惕也来不及了。

战鼓声就是军令，山下的鼓声震动山野，冲锋者被催迫，只能猛进。齐军虽吃过两次大亏，但知道不接近石墙下两百步内，鲁军不会放箭滚木石的，倒也较大胆地向上攀爬。然而，山顶上忽然喤喤喤三声锣响，正在攀登中的齐军闻锣声一惊，一齐挺身抬头向山顶望去，但还未看清山顶的情状，身边却蓦地耸出了一道人墙……上万鲁军从小壕沟中冒出身来，向近在咫尺的登山者开箭就射。妈呀，这么近的距离，一箭足可将人洞穿，登山者大惊惧中，万箭已插进了六七千人的胸膛，立时，这六七千人呼啦啦跌倒向山下翻滚，后面的登山者被冲撞的大乱，有人还被死尸一撞，也咕噜噜滚翻下山去。鲁军的第二批箭又射出，登山者又有数千人栽倒滚翻，紧接着，鲁军跃出壕沟，手持长矛短刀，狂吼着冲杀而下。登山者已被两阵箭雨的大屠杀吓得魂飞了，哪里还敢接战，转身撒腿就奔，机灵的还顺坡躺倒，如一根圆木向山下滚去，有那被吓软了腿脚或被山石树桩拽挂住的，无不被鲁军斩杀……山下的如雷战鼓，也被惨烈的景象吓得没了声息。

鲁军出其不意地半道拦击，又歼敌一万多人。田渊快要被气疯了。

山上的吴起却在盘算，齐军已死伤将近三万，田渊气得快成疯狗了，我可实施诱敌入陷阱之计了……

却说柳子瑞未能阻止吴起挂帅，深恐吴起若再建功，自己的上将军印终究难保，乃召诡计多端的方显商议。方显知道保恩主就是保自己的官位，也明白自己折磨了吴起，吴起若再得势，自己必无好果子吃，于是绞尽脑汁为恩主设谋，终于想出了妙计：“吴起教孟孙昭健身练武，据说很有成效。趁吴起不在，可赠孟孙昭丹巩散，其服后威猛于房事，再加之练武，必旧病恶化，我等谮于孟孙阍龙：此为吴起谋害公子。阍龙必痛恨吴起矣。”柳子瑞大喜，依计而行。

田渊也在盘算，我军虽连遭挫跌，但鲁军的死伤也有七八千之众，其兵力怕只有二万稍多了，我十多万大军再拼死猛攻，吴起何能顽抗？吴起鼠子，我不将你斩作万段，何解心头之恨？英浩谏其停止硬攻，休歇数日，鲁军见我不敢强攻，则将得意而懈怠，我再迅雷猛击，可保成功。田渊被怒火烧心，哪肯听英浩之言，第五日上，又挥军猛攻，将赏格又提高一等，并亲自策马上到半山督战指挥。

元帅上山，战鼓催命，齐军步兵、骑兵排满易于攀登的坡段，如被皮鞭抽打下的牛羊，惊惶而又不顾一切地向山顶猛扑，车兵也竭尽全力，马拉人推，驱战车在九廻肠上艰难地向上攀登。

山上的滚木礌石又砸了下来，箭雨也射起来，但田渊估计的似乎不差，鲁军真个减员不少，箭雨已不是那么太猛烈，滚木礌石也稀薄了许多，齐军虽仍有不小牺牲，却渐渐冲近坡顶百十步了。

因伤口未愈合，前几次攻山，苏豹不能参战，今日他的伤基本痊愈了，乃奋勇冲在最前面。此时他已看清了形势，敌人的火力并不太猛烈，凭着自己的一杆大槊和雄骏无匹的乌骓马，冷箭和滚木礌石难以阻他，只需一阵冲刺，则可冲上山顶，斩鲁军如杀鸡宰鹅。好个苏豹，大吼一声，单身匹马斜刺向上飞扑，舞动粗大沉重的青铜槊，遮身护马，刺溜溜如一股旋风向山顶卷去。山顶上倾泻而下的乱箭，不是被他的大戈磕飞，就像被他的威风吓得拐了弯。他的乌骓马也威猛灵动如龙，左闪右避，鲁军的冰雹滚石硬是砸它不着。

齐军见苏豹逞威，胆气一壮，也大吼着向上卷扑。

苏豹的神威似能摧箭销矢，其马也似能令滚石避让，坡上的鲁军无不吃惊，无数的弓箭雷石瞄向了这只插翅之豹。但还是晚了，插翅之豹飞得太迅疾、凶猛而机敏，转瞬已被他冲近了石墙下。鲁军虽吃惊不小，却毕竟人山人海，呐喊一声，百千人挺刀枪挽弓箭向苏豹逼拢过来。苏豹更无惧色，又大吼一声，如晴天炸了个霹雳，那钢锥样的虬须，似要根根飞起来，吓得拢近的鲁

军无不手一哆嗦。霹雳未息，苏豹突地将手一抖，那长戈飞出去做了标枪，竟一下穿透了三个鲁军，与此同时，他已纵马上前，突地双手抓起两名鲁军，犹如抓着了两面盾牌，团团挥舞着抡开来，径向鲁军弓箭手们冲击过去。弓箭手们惊惶地开箭，飞蝗似的箭雨泼洒过来。苏豹的“两面盾牌”却抡得万花翻飞，竟是风雨不透，箭雨尽被打落撞飞或扎在“盾牌”上，却伤不了苏豹毫发。他且舞且进，逼得鲁军弓箭手连连后退，退之不及者，竟被“盾牌”扫着，一扫则弓弩折臂膀断。转眼间，三四十名鲁军已被他扫得东倒西仆，连滚带爬落荒奔逃。其余的鲁军见状，皆吓破了胆，没命地奔向西坡，一刹那逃得没了踪影。

苏豹舞着“盾牌”砸人，却被“盾牌”上的血滴落下来迷了双眼，待砸退围攻之敌，这才扔下“盾牌”，擦净双眼，提槊在手，要对鲁军大开杀戒，但他愣住了，山顶上已空荡荡不见一个活着的敌人，唯有“吴”字大旗还在高处随风扑啦啦卷舒……随后万千齐军也登上山顶来，见敌人遁逃一尽，也惊愣了。

这时，曲阜城里的孟孙阍龙，已对吴起恨得咬牙切齿了：爱子孟孙昭练武“走火入魔”，一跤跌倒，心跳骤然停止了……柳子瑞、方显等人前来吊唁，皆称是被吴起所害……

第三十三章
鬼淖狂吞齐冤魂

这李家山的梁顶上却较为平坦，竟有三四十步宽的场坪，宽虽只有三四十步，长却是五六里呢，故而容得下数万兵马。齐军的步兵、骑兵陆续登上场坪，连战车也纷纷爬上来了，但都累得汗流浃背气喘如牛了，敌人已逃跑一尽，于是就驻步休歇，等待元帅的命令。田渊和英浩也上了山顶，见敌人并没有扔下大量的死尸，而是自动弃守退走，只气得说不出话来。田渊瞥见那“吴”字大旗还在高处飘舞，怒火难捺，令人扯下旗来，乱刀斩为碎缕，而后才与英浩站在石墙上向西坡下眺望。

鲁军并未远逃，而是列阵在坡下草地的另一端，摆开了要在草地上与齐军决战一场的架势。

鲁军是怎么撤下山顶、穿过草地的呢？原来，吴起在山下留下的四千人在这几天做了两件事：向附近村庄民户借来了大批木板，在草地上铺成了一条贴地桥；山的两翼在草地之外，乃在两翼掘以深壕，令下山者必须走草地通过。第二次大杀敌军之后，吴起即命令大部队撤离，通过贴地桥过了草地，仅留下五千兵力阻击一阵也迅速撤下山，边过草地边拆掉木板。现在，三万多鲁军排列于草地西面，挺戈持刀、挽弓搭箭、士气饱胀，大有龙骧虎啸之慨。

田渊计算着：吴起自知兵力少不可固守，若被我突上山来，逃之不及，必将全军覆亡，故而先谋逃路，但其放弃了“锁钥”，还有什么险峻再阻抗我军？观竖子所摆阵势，倒还有点名堂。兵法云半渡而击，其人或要半下而击……趁我步军下山一半，突然冲杀围攻，我之骑兵车兵被阻，无法冲下山参战，而敌车、步、骑合攻，我之步兵将遭大劫。哼哼，你田爷爷熟读兵法战策，岂能看不透你的阴谋！我今与攻山打个颠倒，令车兵骑兵率先冲下，如阪上走丸之势，更如你的滚木礌石，你挡之则头碎骨折，我步兵紧随杀下，

哈哈，你吴起或将如你的破旗一样喽！

山顶的垂直高度不过三十来丈，山下的一切还能看得清楚，英浩的观察却很仔细，他发现这片草地似乎地势较低，或有积水和别的古怪，猛冲下去或有危险，可是，鲁军不是也穿过草地了吗，似乎并无古怪呀。草地南北两面均有深壕阻断，显然是吴起要让他必须通过草地。那么，吴起会不会在草地中部掘以深沟阔堑阻他呢？他极目搜寻新掘出的泥土，却也看不出形迹。再看草地北面，有个衣衫褴褛的牧人，竟不顾草地西面正在排阵等待厮杀的鲁军，悠悠然地坐在草地边放牧着一小群山羊呢。这牧人是个傻子不成？他觉得有蹊跷，不可贸然冲下去。

田渊讲出了自己的歼敌妙计，英浩摇头否定，“不可莽撞！吴起既敢于列阵以待，必有所仗恃也，我怀疑这草地有鬼怪。”田渊怒道：“尔何狐疑鼠窥？草地若有鬼怪，鲁军如何可过？吴起必为玩半下而击之伎俩，我之车、骑在前，定可将……”话未说完，忽见山下出了热闹……

那草地北面的牧人，似乎是个疯疯癫癫的乡民，猛地发现了什么，一跃跳起来，大叫着“抓兔子，抓兔子”，随之一个箭步跃下草地，脚步快得像兔子一样，竟在草地上来回飞跑了两个数亩大的圈儿，又在圈儿内乱窜一气，一边追着兔子，一边还傻呵呵地大叫大笑，随后追着兔子向南奔去，渐渐没了踪影。

这一番疯子追兔子，突兀而有趣，坡上坡下两军都饶有兴味地伫立观望。吴起心中一动，高岱已约定奇侠来相助，奇侠是以“追兔子”打消英浩田渊对草地的疑虑，此计太精妙了！瞧这奇侠的身形身法，仿佛是自己的师兄西门虎，可他为什么不肯与自己相见，不肯明白地帮助自己呢？樊贵、邱明却看得心中发沉发紧：这人在草地上步履如飞，不是说这草地分明是沼泽泥淖，连四五岁的小孩都承受不起，这人却在草地上步履如飞，他难道是脚不沾地在草上飞吗？倘如此，这草地就是唬人，必有许多地方可以安全通过，这疯子奔跑的恰好就是安全地带。啊呀，齐军若循着疯子的路线进军，那后果可就不堪了……

邱明樊贵哪里知晓，这疯子就是奇侠西门虎，他已随师叔学成了绝世轻功，更坚守侠之本色，不肯与官场富贵名人吴起相见。但“侠者以救民为己任”，他不能不帮助吴起，两日前他已来到草地边，做好了“表演”的准备。此时他的轻功，已近乎踏雪无痕了，何况他又穿上了一双硕大的无齿木屐，自然在沼泽泥淖上健步如飞了。他已助吴起完成了诱敌上当的计划，自是向南奔去，回了他的青牛山。

田渊见疯子跑远了，忽地兴奋异常，草地并无诡异，鲁军不过是借草地之形可疑来惊吓迟滞自己，以便从容逃跑罢了。急追勿失，可保全歼敌人！他立即下令：“全线出击，雷击电劈！车兵顺官道冲下，先冲散碾碎敌阵，骑兵分为左右两翼漫山遍野冲下，迅猛包抄到敌军背后，断其退路。步兵紧随后压下，务要歼敌于草地上。有活捉吴起者，本帅保之为上大夫；冲杀迟慢者，军法无情。将士们，冲啊！”

“冲啊！”齐军十多万人一声呼吼，震得坡顶的荒草簌簌乱抖。随之，马似离弦之箭，人如开闸之水，车像阪上走丸，俯冲直下，激起风荡尘扬。

西坡徐缓，由坡顶至坡底，斜面距离足有四里。坡度不陡，极利于俯冲。有田渊的严令，齐军战车竟是几乎首尾连缀向下冲锋，战车因其笨重，下溜之力极大，马受车的推力，发疯狂奔，只一盏茶时，已冲到了坡腰之下。这一地段更加平缓，先到的战车则自动排列成“一”字队形，以便于集群冲刺，冲散碾碎敌阵。近百辆战车排列成阵，一声呼号，顺斜坡如飞奔下，声势撼人心魄。冲到坡脚边，却有数尺高的塄坎，驾车之马收不住脚步，至陡坎则一纵而下。这一纵，竟凌空飞跃三丈多远，威武漂亮地落下草地。近百辆战车相继纵跃，立时在空中形成了极为壮美的画面：马如乘风，人如驾云（每辆车有三至四人），战车如神仙的法器凌空飞翔。近百辆战车的凌空飞翔，如壶口瀑布似的气势雄浑，此时恰好西天铺起红霞，艳艳红光照射在甲士们的铠甲和刀枪上，反射出万道金辉，这金辉愈增添了“瀑布”的宏伟壮丽。

然而，这威武漂亮一跃的画面却只是短暂一瞬，来不及欣赏赞叹，那车与马即如苍蝇落于胶上，被粘着不能动了。而且，岂止是不能动，这胶却是稀溜溜的胶液深潭，潭面覆盖如毡毯的荒草当即破裂，车马迅疾下陷，转瞬，马腿全陷没胶中，马肚腹贴上了草地，犹如被粘住了腿和翅膀的苍蝇。所幸战车宽大如船，“船”虽吃重超限，毕竟还没有沉覆。

后面的战车来不及察觉异象，在强大惯性冲力的驱使下，也迅猛地来汇入“瀑布”，皆做了威武漂亮的纵跃亮相， 转眼之间，二百多辆战车乘风驾云扑下了草地……

被烂泥陷住已在渐渐沉落的甲士们正在惊惶万状，不料后面的战车如青蛙跳水塘似的也纵跃下来，有的落在他们战车的左右前后，有的还直接砸在

他们的车上。受此一砸，潭底轰隆一声响，烂泥翻涌，一大片“毡毯”沉陷，搁浅之“船”呼啦啦随之沉落，眨眼不见了踪影。后来的车马失去了草毡毯的托浮力，车厢陷没了一半，马们仅留头尾在外。未受砸的车马则因烂泥剧烈的动荡，无不深陷了几寸。但后面的走丸源源不断来砸来撕裂着“毡毯”，摇荡着烂泥浆，不断地有人马没顶，转眼工夫，近三百辆战车已被鬼淖子的魔掌紧紧攥住朝下拉拽，要拉它们到污浊腐臭的烂泥黑暗世界去……

两翼骑兵的冲刺更猛，那凌空纵跃之雄姿愈其壮美。也是距草地一丈多高，战马四蹄飞腾，一纵竟达三四丈远，在空中划出优美的弧线，百多道弧线同时交映，壮观之极。战马飞纵得远，又无战车如船的托浮力，压强大大超过了战车。这一下可了不得，马蹄落处，一片草地忽地塌陷，翻冒起乌黑的烂泥，并有乌黑腥臭的稀泥浆一冲好高，而马随草地一起塌陷，烂泥陷住了马的下腹部，仅留头尾肩背在上。后面的骑手大惊失色，急欲勒马，但哪里来得及？强大的惯性使马收不住脚，皆扑里扑通纵跳下魔鬼草地……仅有最后面的少数骑手控住了奔马。四五千名骑兵，仅剩有五六百名惊怔在山半腰，一个个吓得目瞪口呆如呆。

那位骁将苏豹也在第一批落陷的猛士中。苏豹好生了得，一见马陷泥淖，虽也惊慌，却不张皇失措，他迅速而冷静地扫视了形势：自身距坡底土岸约有三丈，估计坡跟下一丈之内或不至于稀烂，那就陷不住自己。他稍一运功，已经耸身站立于马鞍上，再轻轻一转身，已是面对土岸了。他略一停歇，运足了劲，单脚一蹬马鞍，借势向岸上飞去。以他之武功，飞跃两丈距离稀松平常，但他忘了，他是巍巍铁塔，他的一蹬之力何等之大，那乌骓马虽雄骏，却已身陷烂泥潭，哪还能承受他的大力？他尚未飞起，那马已簌忽没了踪影，他的腾飞力为之大大消减了。饶是如此，他依然飞出一丈开外，扑通落入了草地。这一落与战马陷落又大不相同，战马长长的肚腹有很大的托力，而他却如一根铁柱垂直落下，烂泥浮草哪托得起？目不交接间，他已没了踪影……

其余身陷泥淖的骑士见状，只吓得心胆碎裂，一时都傻了呆了。

陷在烂泥中的马上骑手、车上甲士吓得魂飞魄散，不动也在缓缓沉陷着，只得战战兢兢地滚下马、翻下车，想轻身挣扎出鬼淖子的魔掌，但遮蔽着泥淖的“毡毯”早已破碎，乌黑腥臭的烂泥哪能承受他们的重量，脚一挨地，立即扑哧一声，黑水稀泥冲起，人一下陷没至裆部，稍一挣扎，竟陷至腰际，再也不敢乱动了，只有杀猪似的哭嚎大叫，向半坡上未遭魔手的伙伴呼救……

半坡上的齐军硬是拼命勒住奔马刹住车轮的，虽未罹难，却也被吓得冷汗淋漓，心欲蹦出胸膛。步兵们也早被吓傻了，只眼睁睁地看着袍泽们身陷绝地，谁敢去救，又如何相救？望着这惨绝人寰的景象，英浩如乱箭穿心，又感到天旋地转了。

齐军还在手足无措，草地那边的鲁军却行动了：一支部队铺设起一条木板竹排之路，另一支部队踏着木板竹排路开了过来。开过来的鲁军二人一组，一人手持长竹竿，一人持盾牌防护。持竿者向魔掌抓着的齐军将士乱戳，被戳者立时沉入黑暗世界去了。英浩被痛苦焦急惊醒，急令弓弩手放箭，但鲁军有盾牌遮护，伤之不得，反倒使许多烂泥中的齐军成了刺猬。英浩泪流满面，止住了放箭。鲁军移动木板，挨个儿戳杀一动不可动的齐军猛士……

田渊也被吓呆了，好半天才像恢复了知觉，天杀的吴起，竟用此毒计！现在怎么办？莫说这一里来宽的草地不可逾越，即使过了草地，战车和骑兵已殆尽，精锐猛士皆亡，虽还有近十万大军，但三军已如受了极度惊吓的鸭群，一遇恶狼凶猫，必然……他再也不能不可一世了，乃低声下气问计于英浩。英浩至此又能有何妙计，只好建议退军。

田渊回到临淄，被田庄子痛骂一顿削去官爵，羞愧难当，一月多后即病死了。

李家山和鬼淖子之战，齐军被歼五万有余，损折战车近四百辆，骑兵也残破得不成阵容了，更损折了天神般的猛将苏豹，而苏豹和数千车兵骑兵之死，又是那么凄惨、恐怖，在齐军心中刻下了深深的惊悸和伤痛。自此后，吴起成了齐军可怕的恶煞，而鬼淖子之名，更成了齐军梦魔中的厉鬼，之后但听到“鬼淖子”三字则胆寒不已。又据说这鬼淖子，自此激战后，每逢阴风凄厉、淫雨不开的天气，方圆几十里，昼夜鬼哭惨凄，天地为惊，闻者无不毛骨悚然……那是齐国的冤魂在嚎啊。

吴起以四万兵力，杀敌五万余众，吓得所剩十万齐军丢盔弃甲而逃，鲁军欢呼胜利，纷纷请求开过鬼淖子追杀逃敌，吴起不许，因为追下去山道险恶，未必能占多少便宜。正在这时小军来报：“上将军柳子瑞奉命而来，要到军中宣旨，着元帅前去迎接。”吴起心一沉：我军辉煌大捷的消息还未传回曲阜，

朝廷何以遣使来军中？是来督战，还是来……他还在疑虑，又有侦骑来报："卫国大夫上官洋率军七千来助齐军，已迫近阎斗山十多里内，得知齐军惨败逃亡，也急急想逃回。"一听上官洋之名，吴起登时怒从心头起，恶向胆边生，杀母之仇正恨无机会得报呢，真是天诛恶徒啊！他什么也不管了，立即点起一万五千精兵，命令道："作伥之上官洋，岂可容之逃走？先斩此贼，再迎公使……众将士不可大杀无辜卫军，只需生擒上官洋则可。"并亲自率队向仇敌杀去……

第三十四章

考察“嘉木”耀文采

卸去戎装的吴起和樊贵扮作两个游学士子，来到魏国都城安邑，住在一家陈记客栈里。他们要考察一番魏国的国政民情，然后再决定取舍进止。

吴起领兵追上了膏粱纨绔浮浪子上官洋，他的一万五千精兵何等英勇，上官洋之兵那么不堪一击，只用了小半个时辰，果然未大肆屠戮，就生擒了仇敌上官洋，而后将其剁作几十块，抛之荒沟乱坟间喂野狗，以践自己昔日誓言……然而迎接公使，却使他如冰水浇头：敕令柳子瑞为帅阻抗齐军，着吴起立即交卸兵权，回京另作委任。他明白了，自己“强鲁”的所有心血都化为泡影了，鲁国已容不得自己，是要迫自己自去呀。他感慨万千：自己为鲁国立下了赫赫功勋，足可使齐国几年内不敢轻易犯鲁，然而，却遭到被驱逐的凄凉下场，好令人酸心、寒心哪！在鲁的荣华富贵，一转眼烟消云散不说，连聪慧美丽的爱妻也搭了进去……爱妻呀，吴起此生将永远要背负着遗恨了。聊可自慰的是，总算为母亲报仇雪恨了……

今鲁不能容我，我将何去？大丈夫胸怀纬地经天奇谋，也须有所凭借才能施展啊。良禽择木而栖，“木”之不佳，“禽”何以安？又怎可腾飞冲天呢？鲁是株朽木；齐是株虽壮硕却长满毒刺之木，难以栖身；楚是株摇晃不安之木，不可栖身；韩、赵、燕非枝叶繁茂之木；其余小国，皆是老病枯萎之木，不值正眼观之。可供选择者，似只有秦国和魏国。秦之树大根深枝繁叶茂，固非魏所能比，然而近些年来，根上病变丛生，枝叶呈萎蔫之势矣。魏是新兴诸侯国，仿佛有蓬勃生气……其大力招贤纳士，足可证也。尤为重要的是，早闻大名而不曾识面的师兄李悝，已向自己发出了热切期待的信号，投魏顺理成章。但魏文侯真如李悝所说的那么贤明吗？魏国真是依法治国、井然有序吗？百闻不如一见，待考察一番再决定进退。

看官，这吴起不是汲汲求仕，为博取施展文才武艺的政治舞台散尽家财、

贿赂权贵吗？不是视功名富贵重于孝义亲情甚至自己的生命吗？现在功名富贵自动向他招手，他何以反倒扭捏起来了呢？盖因此时与彼时大不相同了，吴起已是赫赫大名的人物，有光华熠熠的战绩做广告，不愁诸侯不争着重用自己，“择木”，他已有“择”的资本了！闲话打住。

副将樊贵虽长吴起几岁，却对吴起崇敬若神，视之为师长。吴起去鲁，鲁国再无贤能之士，穆公只知崇礼崇儒，又为柳子瑞所蛊惑，之后的命运可以想见，自己待在这幢要倒塌的大厦上，会有好下场吗？更要紧的是，木拱渡战后，自己“叛柳投吴”，柳子瑞怀恨在心，随时可能报复而加害自己……于是，他也毅然挂冠[①]，追随吴起来到魏国。

安邑城里，果真百业兴旺，市井繁荣，万民安堵，一派欣欣向荣景象。吴起、樊贵在街上溜达，见士农工商衣着整齐，市中百货充盈，粮价低于各国。他们又很快发现了这里的一少一多：乞丐很稀少，卖儿鬻女者更是难见到，聚赌聚饮、斗殴滋事的现象比之曲阜也不值一提；卖弓箭刀矛的店铺随处可见，似乎生意很红火。而且，魏富有却不事奢华，这从饮食细节中即可看得清楚。他们太劳累，起床很晚，选在一家门面很漂亮的饭店里吃早餐，想挥霍享受一顿，以解多日苦战生活的饥馋。然而，这家气派的饭店里，却全然没有曲阜城中美不胜收甚至穷奢极欲的菜肴，什么过油肉、锤鸡饼、红卤猪头肉、黄芪柏子羊肉、鹌鹑茄子、栗子烧大葱、滨豆凉粉……仅名字就土气小家子气。没奈何，他们也只有入乡随俗，随便拣了几样，一吃之下，却连声称妙，其滋味鲜美独特，不下曲阜鲁菜，而价钱低廉，美味实惠，虽与曲阜菜的气派堂皇、搜奇斗妍相形见绌，却实在利惠于普通百姓。“上有所好，下必甚焉。”世风总是自上而下刮起来的，可见魏国高层不事奢靡。富而不奢，不仅利于财富滚雪球，更利于民风民气的奋发图强，此可谓“知其雄，守其雌，为天下谿。为天下谿，常德不离，复归于婴儿……知其荣，守其辱，为天下谷。为天下谷，常德乃足，复归于朴”。仅由这一点，就可见魏文侯不愧雄主呢 。吴起暗暗点头：魏之国富民殷几可无疑，兵强虽未必，但百姓尚武之风不输秦国齐国呢。有此基础，有李悝、乐羊子的将相携手，更加之贤才来助，田子方、段干木等饮誉四海之贤人，毅然肯为国君之师友，足证国君有海纳百川之胸怀，魏国可望压倒齐、楚、秦三强国矣。倘按此富国强兵之路走下去，吞群雄而一统九州，并非遥不可及。

吃完饭出来，忽见大街上一群人围着一个汉子，那汉子正在高声大叫：

“这是谁的如意？谁的如意丢啦？快来认领！”他们赶过去，挤进人群一看，只见这汉子手持一柄一尺多长的华美雕刻木如意，挨个地向围观者询问：“这是你的吗？是你丢的吗？”众皆摇头无人认领。汉子摇头直叹气：“唉，这东西让我捡到了，倒霉！丢下不管吧，大街上这么多人，踩坏了实在太可惜；管吧，我还有事哩，失主甚时才来呢？”吴起上前两步，要过如意来一瞅：这是柄檀香木雕刻的如意，柄上烙刻着一头大象，象背上驮一精美的花瓶，寓意平安吉祥，显得木料珍贵，做工精细，小巧玲珑，既适用又有工艺品的性质，虽算不上珍宝，起码也是很值钱的玩意儿（如意之为物，此时兴起不久，其功用只是痒痒挠。至于以金玉为材，饰以华贵图案，象征祥瑞吉庆，已是数百年后之事）。然而围观者百千，竟无人冒领。

汉子见吴起接住了如意，高兴地说：“噢，是你的吧？那我该走了。”吴起微微一笑，轻轻拉住了他的手。他挣了几下，却一丝儿也不得动，不禁焦躁道：“你这人弄甚？是你之物，你拿走好了，拉住我作甚？”樊贵笑笑说：“你误会了，我们是过路之人，此物不是我们的。我们却是奇怪，这东西很值钱嘛，咋没人要呢？既无人认领，你拾到即可归你，何不自己拿走呢？”那人叹了口气说：“唉！不是你们的？真倒霉，我还得等下去。二位客官是外地人，难怪说的话不合我大魏的律法道德呢。不是自己的东西，拿走岂不同于盗窃？我堂堂五尺壮汉，凭双手吃饭，靠汗水挣钱，能贪这点小便宜？何况新法厉害着呢，盗窃须受严刑。你看这么多人，谁敢冒领？”

吴起暗暗感叹：听说李悝的新法严峻而有神效，却非虚言。更重要的是，新法使国富了民安了，诚如管仲所言：“仓廪实而知礼节，衣食足而知荣辱。”他顾不得多想，乃对汉子说：“你既急于脱身，可去店铺中借笔墨来，我为你留字看守此物，汝则可自去。”汉子借来了笔墨，吴起即在街心地上写了六个大字：“失主速来认领”，而后骈起左手二指向地上轻轻一戳，看似全未用力，可那经千车辇万人踩而坚硬如砖石的街心褐黄黏土地面，立即深陷一洞，围观者轰然喝彩：“啧啧，好功夫！”“我的妈呀，厉害，厉害！”“这叫指如戟掌如刀，石板都能戳透……”吴起露这手功夫，无意炫耀武功，而是想闹点儿轰动效果，使消息尽快传播，引来失主领走失物，见目的达到了，立即将如意插入洞中，向众人一揖手，与樊贵撤步离去。

他们走进一条小巷，忽见一富户人家门前人如闹市，且多是长衫斯文读书人之辈。近前观之，只见其家庭院恢宏，屋宇连亘，大门楼巍峨壮丽，门

楣上悬挂着水磨漆匾额，上书两个鎏金大字：“华府”。门口的一对镇宅石狮子其大如牛，石狮子旁的墙壁上贴一素绢告示：“为我华府聚宝堂建成，欲勒石[②]以志庆，兼为掌珠[③]孙女择婿。有能为吾堂著一妙文，得吾孙女称是者，无妻者以吾掌珠妻之，有妻者酬百金润笔。”二人向众人打问详情，一饶舌者告之：华府老翁是个商人，李悝相国行新法，重农兴商，老翁近年财源滚滚，造成一聚宝堂，美轮美奂，故欲勒石自炫。其孙女美丽聪慧，名闻遐迩，更加之博览经书，文采斐然，士子们梦寐得其为妻。此前，已有多位自视才富八斗者入府献文，皆被才女讥之为不通、不文、不雅，以是众虽跃跃欲试，却终无人再敢踏入府中自取其羞。

吴起少时读诗书，已有神童之誉，其后忙迫于求仕求将，却将文墨之事抛诸脑后，此时不觉技痒，遂笑对樊贵说：“樊兄，吾助你得一娇妻何如？”樊贵连连摇手，“不不不，我不喜女色，无意家室，吴兄莫以牵绊累我。”吴起与樊贵多日相伴，已知其畏惧女色乃两巴掌的教训……原来，樊贵本也是佻脱善谑的性儿，其十七岁上，定了一个当地的美人儿为妻，与之相爱得疯疯癫癫。快要过门时，恰遇老泰山寿诞，乃厚礼前往祝寿。寿宴上他喝多了酒，竟醉眼迷离地将岳母当成了相爱之人，一抱搂住当众亲吻，结果挨了岳父几耳光，被赶出门去，婚事吹了。这事对他刺激太大，从此立誓不再娶妻，连性情也变得稳重谨慎起来……于是吴起大笑着说：“食色性也。樊兄何大乖人情？好好好，汝不欲得妻，得百金何如？”不待樊贵作答，却对守护大门的家丁说：“快将笔墨简牍来，我试为之。”家丁满脸堆笑，“如此，请入府中，观瞻我家聚宝堂，而后命笔。”吴起一摇头，“吾等无暇久耽，满身风尘亦不宜沾染宝堂。汝去将来[④]，吾自有文。”家丁应诺而去。这边的士子们无不惊讶：何来此狂生，不睹聚宝堂之华美，看他说些什么？信手涂鸦，自取其辱耳。

家丁一走，吴起也有些后悔自己孟浪了。为聚宝堂作文，无非是写景状物，华词丽藻以取悦主人而已，上乘者，或能借景抒情也。现在自己不睹其貌，景从何得，情由何生？罢罢罢，吾得借用兵法，避实击虚，全从虚处着墨，以虚而托实；无景而抒情，可感叹时事，谀而不着痕迹可也……形式上，却须独出机杼，灿然一新……

家丁取来文房四宝，吴起业已构思成熟，请家丁搬一几案于门口，立时援笔疾书：“谨贺……遇春风浴春风华府四季拂春风，最温馨醉温馨宝堂百年溢温馨"。

围观的众士子目不转睛盯着狂生的笔尖，等待着他继续洋洋洒洒写下去，却见狂生已掷笔作罢，无不惊异地瞪圆了眼睛：不写啦？这是什么文章，无头无尾，云山雾罩？此人有病……可细细一咀嚼回味，却又感觉其滋味极深长，且是从未感知过的奇特新鲜之味儿（吴起无心插柳柳成荫，一不小心创造了中国文学的新种类对联。可惜它太独特，其后无人追随，竟至"冬蛰"焉。至秦、汉时，俳赋也者，可视作对仗、对联之先导，吴起奇文之余绪也；至晋时，据传王羲之曾撰联自贴门楹："福无双降今日降，祸不单行昨夜行"；后来到五代十国之蜀主孟昶，一联成名，对联乃大兴盛焉）。众人咂出味儿来了，相互跷拇指推奖："奇文，奇文呀！""看似空泛，却胜千言万语之状绘铺排！""言浅义深，不铺采而摛文，不体物而写志，情胜词也。"……家丁听众皆赞赏，急持竹简回报主人。过了片时，复回来高叫："才士何在？才士何在？敝家主与小姐恭请……"然而，才士早无踪无影了。

才士们却来到一家小饭铺，填辘辘之饥肠。早过了午饭时间，七八张饭桌闲着大半。他们点了几样时鲜蔬菜、烹肥羊炙牛肉和酱驴肉，名播天下的杏花村酒，确是肉香酒醇，菜蔬鲜嫩可口，不由得豪兴吃喝，大快朵颐。酒至半酣，樊贵忽发现内堂的墙壁上悬有几张弓几壶箭，墙下木架上，插满木制的刀枪剑戟，示意吴起关注后，招手呼跑堂的过来。伙计急忙前来伺候，吴起却请其入座，并给倒上一杯酒。伙计称谢后坐下，喝了口酒，打量着二人道："二位客官不是魏国人吧？"吴起奉承道："小二真个耳聪眼明，佩服佩服。我们是鲁国人，来安邑游学赏玩的。初来宝地，应入乡随俗，不知贵地有何忌讳之事，尚请指教。"伙计被夸而很高兴，咕咚喝完了酒，吴起再为斟上。伙计摸着后脑勺想了想说："别的忌讳都是小事，但我魏国新法极严，不像你们鲁国，有法如无法。你们最重要的，是千万莫触犯法令，否则……"吴起笑问："否则会怎样？"店小二神色一凛，"咋说呢？李相国的新法恶的很哪，要是不留神犯了哪条，就有挨板子、服苦役、脸上刻字、抄家产或砍手、剁脚、割鼻子、砍头、腰斩、车裂、暴尸等等刑法，吓死人……哦，你们也别怕，要我说呀，法虽严苛，其实比你们鲁国的有法如无法强多了，这些法既威迫人，也保护百姓安居乐业并勤劳致富哩，你只要不触犯它，就可以安安稳稳地过日子，不像你们……"

小二还要饶舌下去，樊贵却打断其话头直奔主题："你们的法这么利害，

咋还盗贼丛生呢？你们店里备有弓箭，防盗贼用的吧？”

小二哈哈大笑，“什么盗贼丛生？吓人一跳。整个魏国我不敢说，可在安邑城里，绝对的清平安宁，甚至连小偷都难遇上呢。至于这弓箭刀枪嘛，另有妙用，另有妙用。”竟是高深莫测之态。吴起又为之倒上一盏酒，“请小二给我们解疑虑。”小二兴奋起来，“好吧，我就给你们道破天机吧。李相国的新法，表面上最重农商，千方百计扶商兴农，实际上呢，兵才是心尖儿肉呢。扶商兴农积谷囤钱干什么？养兵嘛。新法对兵最优待，军人家赋税大减，徭役减半，家人犯法者减一等用刑。这些不说了，只说百姓中打官司，若只是为鸡毛蒜皮的小事，士兵家眷和当过兵的肯定胜诉。行新法后商业兴隆，人口流动大，你当没当过兵谁来作证？好办，官府让你当堂演武，没当过兵的就露馅啦。居家过日子，谁也难保不跟别人起纠葛打官司呀，聪明些的都悄悄练开武了。开店的最容易与人起纠葛，店主就督促工杂人等都练武，并给增加工钱……哎，来喽！”有顾客呼唤，小二去了。

吴起与樊贵听得兴致盎然，满桌的菜都顾不得吃了。樊贵感叹说：“寓兵于民，养兵于民，这方法太妙了！”吴起却想得更深些，“国依法而治之，兴农商以富之，使民勤劳工作，奉律守法，且崇文尚武，李悝其劳苦功高也。魏，吾之嘉木者也。”

【注释】

①挂冠：辞去（鲁国的）官职。

②勒石：刻字于石。亦指立碑。

③掌珠：掌上明珠之意。

④将来：拿来，取来。上文之“将”同此义。

第三十五章
春风得意满魏都

吴起他们出了小饭铺，又随意到大街小巷转悠，发现城里有三种作坊多而且规模大：皮革鞣制作坊、兵器制造作坊、马车制造作坊。皮革作坊的皮张都堆码如小山，既有马牛羊皮，更有不少的狼皮、熊皮、虎豹皮，显然是鼓励猎人捕杀野兽所得。制成的坚硬、柔韧的皮革，皆涂以红漆，烙以各种猛兽图案，然后打捆装车运走。咨之制革工匠，说是输向官仓贮藏了。兵器作坊更红火，每个作坊都有一二十个铁匠、弓箭匠叮叮当当忙碌不息，打造的各种武器，小部分投向市场销售于民间，大多却被官府征购拉走了。据说官府特别重视弓箭和铠甲制造，对其质量的验收很严格，但征购价格较公道，弓箭匠的积极性很高。他们制造的长戟最有特色，巨型的可达二丈四尺，小型的一丈二尺，皆十分锋利，一戟能刺穿一寸厚的木板。马车制作的比齐国的战车小巧灵便些，但车厢、车轮都蒙着坚韧的皮革，关键部位覆之三层牛皮，利斧也难砍破。

观赏了这些，他们立即得出一个结论：魏国岂止是尚武而已，还正在积极备战呢。吴起总爱对各种事物和现象深思研究，他脑子里已展开了一幅地图：魏国依山带河，可谓山河险固，又得群贤纷至，政通人和，其象蒸蒸日上，齐楚无暇图魏，秦与韩、赵、燕无力图魏，中山、郑、宋、卫之流，更不敢兔子咬狼尾巴，自找麻烦。那么，魏有急欲扩张之心了……自己若为魏之大将，当如何向外用兵耀武谋霸呢？

但最能吸引他们心神的，是大街闹衢之十字口和四城门口墙上张贴的《招贤榜》，其要曰："邦之兴衰在于天，天之赏罚观乎人。才人，实乃天遣之以助人君兴邦强国之资也。我魏敬天地而法尧舜，'常善救人故无弃人，常善救物故无弃物'，天其知之，必以伊吕周公管仲之英杰贤才赐我也。今吾魏斯也'望子久矣'，亦欲'执其手扶之登辇'（此二句用了周文王尊崇吕

望的典故）。四海之内，九州之中，凡有文武峻才，抑或一技之长者，皆渴望欣然来魏，我魏将不吝爵禄荣显也。”其榜张贴已久，素帛已渐暗黄，但观者仍熙熙攘攘，并时有挺身应召者，守榜军吏则立即送之入宫应试。他们虽看得心潮澎湃，但太阿之剑、卞和之玉，岂可混同于普通利刃珠玉之间？盘溪垂钓，以待望子者，现身亦当有殊！

吴起、樊贵溜达累了，天黑时返回客店。店主姓陈，是个三十岁上下的年轻人，亲自端来热水请两位客官洗脸，而后小伙计又端来两盆滚烫的水，水中投之以干艾蒿、干橘皮，请二人洗脚。吴起知道，用这种水洗脚，等于药浴，可以解乏气、祛火气、除风寒，极利行旅之人，但在客店里，只有很尊贵的客人才能享受此优待。洗完脚，饭菜上来，是鲜美的清蒸黄河大鲤鱼、香气扑鼻的肥嫩烧鸡，一坛汾河水酿造的好酒。吴起甚喜，请店主一起入座喝几杯。陈掌柜却之不恭，只好道谢入座。

喝了三巡酒，吴起说：“我等初来贵国，人地两生，而得店主格外优待，受之有愧了。”店主说：“二位客官万勿客气。我将沾二位之光，道谢还来不及呢。”吴起奇怪了，“飘蓬寄旅之人，店主有何光可沾？”店主笑了，“尊客有所不知，我国君有令，凡是招待好了来魏贤才的客店，予以奖赏。二位……”

樊贵大笑说：“店主可要吃亏了。我们两个寒儒，并非什么贤才，你期盼的奖赏得不到的。”店主也大笑说：“非我夸口，敝人一见二位，即知非等闲之客，必是应招贤榜而来的才士。这奖赏我拿定了。”樊贵正色摇头，“我俩真只是游学士子。”店主也正色说：“二位如何能瞒我？实说吧，我家与神相桑家世有深交，拙荆[①]还是当世桑神相之堂妹呢。拙荆略懂桑家神相之皮毛，我亦习之，由是可观人之大致。拿足下来说，已是富贵中人，而这位，更是大富大贵相呢。二位必可应选得高官，我也可得小荣耀呢。”

樊贵惊讶莫名。吴起已深知桑家神相之灵异，不甚惊讶，更吸引他注意的是魏国招贤的诚意。此前，魏文侯礼贤下士之名已天下传扬，不料在这些细微末节上也做得这么好，来应聘的士子一进安邑城，立即就能感受到温暖和亲切，能不喜欢上魏国吗？而能在细微末节上也考虑周全，除了渴慕人才的真情实意外，还能有别的解释吗？他不再多说什么，只满心愉悦地吃喝起来。

陈掌柜豪兴勃发，唤出自己的娘子来给二位贵客斟酒……实为让娘子来裁定客人的贵相和自己的相术。那掌柜娘子婷婷而至，向客人福一福，先给樊贵敬酒，樊贵急忙称谢。妇人借机把樊贵细瞅片时，连声赞道：“客官确是贵相，更是福相。此来应招贤，定可得意，可喜可贺啊。”再给吴起敬酒，吴起双手来接，竟觑着妇人心头一热。她虽年近三十，却仍身材窈窕，面容娇艳，美如灼灼的粉红石榴花。其展颜一笑，唇微弯，眸如星，与爱妻月娴极其相似。月娴哪，这是你的姐姐吗？“月娴之姊”却目不转睛地细细打量吴起，轻轻地点头，并不说话，她既发现了大贵相，也感受到了一股逼人的英气。这勃勃英气比得樊贵也有点儿黯然，比得自己的丈夫更加显得平庸而琐小了。“嗅”着英气，她不知怎么有点儿心头撞鹿了。陈掌柜却大喜，他只道妻子如此失态的表情，是见到了大贵人的惊喜。

妇人盯着贵人，贵人盯着美人，四目一接触，竟粘连了片刻，还闪了闪火花。妇人脸红心跳了一霎，夸赞了几句“贵相”，暂抛舍对迷人英气的恋恋，急急而退。吴起却略感怅然若失。

陈掌柜确定了二位贵客，更是兴奋，又添菜添酒，做东请客。吴起樊贵难却盛情，与之开怀畅饮，三人全都醺醺带醉才罢。

吃喝完，吴起樊贵各自回房安歇。吴起躺在床上，未熄灯就蒙蒙胧胧睡着了。忽有人推门进来，他微微睁眼一看，盈盈而入的正是那位“月娴之姊”，手拿着点燃的檀香，是来为他驱蚊虫祛异味的。他豁然清醒过来，却假作醉眼蒙胧，翻身而起一抱抱住送香人，却又装醉装痴地嘴里叫着：“月娴、月娴……”万一“月娴之姊”翻脸，则可说自己是醉后失态。

那美少妇初而一惊，随之似嗔似羞，轻软无力地推拒着，但不肯出声申斥责备，因为这是未来的大贵人哪。而且，大贵人的英气雄风太强大了，强大得使她心旌摇荡、似身不由己地被吸引来关怀之，怎可出声使之难堪？大贵人双臂的力量也太强大了，她如被铁箍紧箍，浑身已经软麻，哪还再肯认真推拒？她微微战栗着，似推似就，两人的身子越贴越紧了。忽地，大贵人的虎口压在了她的樱唇上，她的心如被电流猛击，忘记了一切，反如被烈火烤灼，不自觉地已回应了他的强吻。两张嘴紧密地焊在一起了。

吴起咂吮香唇有时，猛地抱之上床，迅猛地压上身去。少妇羞涩，脸喷红霞，石榴花愈其明艳娇美了。月娴死后，吴起愧恨，不再与孟孙阖龙赠的美女亲近，而他又生性风流，已忍饥熬渴有时，此刻情欲如火山喷发，近乎粗鲁地抚弄其全身，又急不可耐地为之宽衣褪裙，少妇则半推半就，似愧恧似渴盼。吴起哪管其扭捏，手抓“两点”，目注“中心”，疯狂地挺“枪”就刺。少妇

轻轻呻吟一声。吴起太威猛了，那少妇矜持过后，顿感其“枪”的英气雄风亦了不得，不禁也激情迸发，与之全力配合。二人好不纵情快活（那位陈掌柜，此时或醉如烂泥，后来被吴起举荐到西河驿站当了驿丞，竟弃商为官了，也是不亏）……

此时的魏文侯却是有些焦躁，吴起离开鲁国已有半月了，为什么没来安邑，莫非是投奔别国去了？李悝、翟璜安慰说：“吴起在卫不得入仕，在鲁又遭谗嫉，再选寄托，必然慎重。或其已来我魏，正在观察抉择呢。我们只需栽好梧桐树，不愁凤凰不来栖止。文侯口中应是，心中却仍然不太安宁。”

这日，忽有门官来报：有一青年士子，自称是原鲁国将军樊贵，要来向国君进献图霸之策，须请国君单独召见。文侯微微一怔，樊贵在鲁，功不显名不扬，不曾听说有大智慧大谋略，如何竟有图霸之策？但不管其策是否可用，有此诚意，也当以礼相待。见李悝也在点头，乃传令，与相国在偏殿接待樊将军。

樊贵进入偏殿，见居中坐的一人，五十来岁，面目和善可亲，睿智英风深藏眉宇之间，此则是魏文侯魏斯了。旁坐一人，四十五六岁，清瘦微须，一脸坚毅果敢和老谋深算的气概，此必相国李悝了。他急忙上前施礼：“小民樊贵，拜见君上，拜见相国大人。”文侯含笑虚扶，李悝还俯身相搀，请其入座。坐定后，文侯笑对樊贵说：“樊将军之美意，寡人多谢了。然敝国地狭国弱，但求自保，不敢谋战谋霸。”樊贵也笑了，“君上何相欺也？不谋战，魏大造铠甲、兵器、战车何用？举国崇武何事？而谋霸，亦自保之长策也。”文侯肃然正容谢道：“将军所言，正是寡人熟思之国策。然而，魏之国力不足，何以谋霸，请将军教我。”樊贵亦庄容侃侃而言：“魏为四战之国[②]，北有强赵，东有韩、齐、鲁，南为秦、楚、郑拉锯争夺之地，魏被夹裹于一隅，虽山河险固，守之容易，却也甚感压迫封锁。长此下去，魏将有僵老凋敝之虞。今欲图发展，须向西与秦争河西之地，但得手，则满盘皆活。同时进兵伐中山，诸侯必乐而听之。囊取中山，顺势占有威压脑后之智地，则可进退从容，攻守如意，霸业可成焉。”

文侯与李悝相顾失惊，这番图霸之策，与他们和乐羊、翟璜等人所谋大致相同，却又更加精密而有序，富于可操作性。按此策实施，何愁魏不称霸！此人之兵略智谋，胜众人一筹矣。鲁国有此奇才俊杰，竟不能用，真天助我魏也。

但樊贵继续宏论滔滔：“然而，秦有披山带河之势，天府粮仓之地，民悍兵勇，争河西非易事也。今幸秦势疲弱，内乱不已，此正吞秦之时。但得占据关中，雄峙河洛，而后东向伐诸侯，谁可敌者？周武王以三千虎贲而得天下，魏有甲士数十万，岂不及姬周乎？霸天下桓文之能[3]，据天下君上之能也，君其察之！”

李悝从旁问道：“樊将军，以君之见，我魏今可向外用兵否？”樊贵答：“可矣。向外用兵有四忌，魏其皆无涉。”李悝说：“愿闻四忌。”樊贵屈指而数曰：“其一，君相相猜忌，群臣各树党，战则危。而魏之君与相若臂使手，相亲相爱……吾见之矣。君与相若此，群臣必能和衷共济矣。其二，国困窘而民凋敝，向外用兵则自速其亡。夫战者，资粮为根本也。今魏行新法，致国殷富而民丰足，无忧钱粮不支也。其三，士惧战，兵畏葸，战则必败。而魏之猎户长年猎兽取皮，治革为甲，又市上尽售兵器者，长戟达二丈四尺，足见民尚勇而士敢战，是为战之资也。其四，外无隙而强出头，以头触石者也。今魏之西、南、北皆有隙可乘，此为难寻之机遇，唯智者可不失其时也。”

这一番话，已经超越了一般的军事兵法范围，显示了高屋建瓴的政治经济军事各方面的素养卓识以及集儒、法、兵三家的精义，尤为难能的是，对魏国情况的了解，竟是能穿透现象看到本质啊。魏文侯与李悝只听得热血沸腾，喜动须眉。但文侯忽地起了疑心：此人如此年轻，又名不见经传，何以有如此卓异的识见？世上沽名钓誉、投机钻营猎取功名富贵者多着呢。此人或是勤苦读书之士子，研究了儒法兵各家的理论，参详了我魏之国情，卖弄如簧之舌而图富贵者也。此类人学问固是了得，但不堪实用，尤其缺乏灵活机智……灵活机智，这才是特异人才的最重要的禀赋呢。嘿嘿，我阅人多矣，待我考考你，有真才与否我自可清楚辨识。他向李悝使个眼色，捋着花白山羊胡子诡秘地笑了，“樊将军，咱们玩玩猜字游戏如何？”樊贵明白，“火力侦察”来了，笑着点了点头。

文候自创了许多字谜，信手拈来，“一人两耳，不为听声，投之釜下，煮熬煎烹。”樊贵似乎想都未想，脱口即答：“此为一‘火’字。”文侯点点头，疑为误中其熟虑，又说：“似朋非朋，二月合璧，下移一画，可种禾稼。”樊贵眼睛眨了几眨，迅即有了答案，“此为‘用’字也。”文侯暗服其敏，自思选字太简易，乃挑了较繁难之字，“山下系犬，一犬乱吠，更添一犬，人鬼魂飞。”樊贵思忖了一下，探究地答：“‘一犬乱吠’为‘狺’字，更添一犬则为‘狱’，‘狱’则可令人鬼魂飞。山下有‘狱’，当是‘嶽’字，

不知是也不是？”文侯点头后寻思，彼既猜中“嶽”字，我再以同音字出之，彼必不防，乃说：“大山负小山，叠成巍峨山。”樊贵竟又是脱口而答：“此则五岳之‘岳’也。”文侯怔了怔，自知猜字游戏极难考住此子，决心用更难的考题。

【注释】

①拙荆：谦称自己的妻子。

②四战之国：四面受敌之国。

③霸天下桓文之能：齐桓公、晋文公（春秋时的两大霸主）的能力只能称霸天下。

第三十六章

急智捷才折鬼神

且说魏文侯笑对樊贵说："樊先生之高谈阔论，寡人受教良深。猜字之戏，敏捷少有人及。子机敏超众，且帮我解一难题。寡人昨夜得了一梦，梦见与周穆王相好的那位神女亦对寡人眷眷垂情。我欲进神仙洞府，却被阍者[①]拦住说：'欲会仙人，单日不可，双日不可，其余任之。'请先生帮我选拣会见神女之时日。"

李悝吃了一惊，文侯欲考察这位樊将军的真才实学，确有必要，但这考题与经国治军毫无干连，太刁钻了，简直像在考察巫祝的本领嘛。孔子游列国，陈、蔡、卫国君欲以国劳之[②]，不先问国政民生，而询以琐屑古怪之事，孔子大失所望，叹道："君子不言怪力乱神。"愤而离去。现在，樊将军会一生气拂袖而去吗？但他的担忧全无必要，因为这个樊贵却尊崇"怪力乱神"（尤尊崇"力"字），且与孔子之用世观迥然相异，却是个痴恋功名富贵之狂人，所痴恋者即将到手，又怎会一拂袖抛弃呢？李悝还在思索做点儿补救之法，那樊贵却搔着鬓角沉思一霎，笑了，"此不难。君上可于半夜亥时末前去，则无论单日双日均已过，而新一日还未来，故可算'其余'之时也。"

魏文侯大吃一惊，这小子反应之快，太匪夷所思了。须知这道难题，可是自己穷多日心思所得，欲在宴会上难倒众多才子学士逗乐的，岂料他破解竟不费力！但文侯领袖大批贤俊英豪，其本身之智商亦非寻常，何况其考察题目有所储备呢。"樊先生果然聪慧天纵，可钦可敬。寡人尚有一难题未解，先生其解之。周天子酷爱我魏汲邑河谷之黏米，每求索不厌，寡人不忍拒之。然此米仅只数亩，他田所出品下矣。寡人欲拒天子，而无响亮理由。先生有何计婉拒黏米之贡？"

樊贵明白，以魏国之强大，徒有其名的周天子怎敢强求贡米？以魏国人才之广，找个理由推拒贡米岂不易如反掌？显然，文侯是借此考察自己应对

复杂局面的能力呢。对！再堂皇的理由，别人一眼就能看出是倚强凌弱、藐视天子的虚假借口，只会增加诸侯国对魏的敌视。而且，找理由推拒，何奇之有，岂是文侯想见到的？犹如打仗，须出奇制胜，最好能让周天子自动放弃贡米……他又搔着鬓角苦思起来。约莫半盏茶时，他双眼一亮，向文侯一拱手说："有了。今可挑选几个瘿瓜瓜[③]大于碗者，负米贡于天子，天子见之必大惊奇，询问生肉瘤之因。于是上奏，乃黏米之田主，因久吃黏米所致。天子必震恐，不敢再要黏米之贡矣。"

"好计！"李悝与文侯同时拍案赞赏。李悝正想建议文侯赶快封官启用贤才，不想文侯兴致大起，想看看这个年轻人的智慧到底有多深，自己就不信考不倒此人！他竟起了顽童之趣，对另二人一笑说："你们等着。"说完急忙走进后宫去了。李悝与樊贵茫然不知其意。

过了好久，文侯又走出来，他身后却跟来三四十名宫女，分成两排站立在三人座前。文侯完全变成了嬉戏的语气："海之深可测否？寡人欲测之。樊先生，这批宫女中，杂有一位贵人，先生可能识出来？"

樊贵一怔，文侯怎和自己较上劲了？是还不相信自己的智力吗？这道题有些难弄了。按说，贵人之美艳，应该比普通宫女超出几分，由美艳度可分辨，但现在几十名宫女衣着相同，个个花儿朵儿一般，花里寻最美，一时间怎能寻出来？何况对宫花呆头呆脑地品鉴，岂不显得轻浮无礼？但他略一思忖，轻松地笑了，"此尤易也。伏羲氏曰：'贱者有晦气，贵者孚庆云。'故而贵人者，头上罩有祥云，细视可见也。"

此语一出，所有宫女及侍卫人等，一齐将目光投向宫女队中一位一笑颊生双涡的宫女头顶。不待他们看见祥云，樊贵已走向此女，深深一揖说："小人不识贵人尊颜，请恕罪！"（这一招，二百多年后被汉高祖刘邦的皇后吕雉学去，诡称刘邦的头顶常有祥云笼罩，故藏于渊薮亦可寻至。范增为除掉可怕的对手刘邦，亦用其法，称刘邦的头上有祥云，劝项羽杀了刘邦。再到后世，居然发展成为一门望气学。）

樊贵的望祥云之计，乃受儿时玩闹经验的启迪："小马驹"们在野地里玩，有时捡到一根漂亮的鸟羽毛，以之玩逮笨熊游戏（类似于现在的丢手绢）。群童围一圈儿坐下，不许回头看。一童持鸟羽绕圈外跑，拣某个笨熊警惕性稍差，以鸟羽放其头顶，再跑一圈来抓住笨熊，笨熊即得为大家掏鸟窝或摘野枣。机灵的儿童注意别人的头顶，鸟羽若落在他人之顶，自己则无险矣。

聪慧异常的他却并不东张西望寻找羽毛落于谁顶，他只观察旁人的眼光，若众目集聚于己，羽毛必在自己头上。于是起而追之，逮笨熊者即为笨熊矣……将此法反用之，贵人不就找到了吗？

文侯与李悝一起纵声大笑，摆手让贵人和宫女们退下。李悝笑得差点喷出鼻涕眼泪来，伏羲氏为何等圣哲，岂能有此鄙俚荒诞之言？什么经记载了此言？显然是胡编乱造，信手拈来，只为调动所有人的目光。此人之机智，可令鬼神折服。

李悝笑着笑着，忽地心中一动：此人曾为吴起之副将，其所献之策，是否受之吴起呢？由此人身上，定可得吴起之线索。于是笑谓樊贵曰：“樊将军之谋略，吕尚、管仲之俦也，君上必当嘉纳。我只请问樊将军，可知吴起将军投向何方？”

樊贵忽地离座跪倒，“臣吴起冒樊将军之名，欺君诳相，请君上、相国赐罪。樊贵将军与臣一起来魏，故而假樊贵之名求见。”

文侯先是一怔，继而更笑得胡须颤颤，“哈哈，寡人期待将军久矣。今将军入吾彀中，而假名以现，看来，吴将军对寡人求贤之诚、识才之明犹不深信也。实告子，将军之归魏，亦吾与相国久谋算计所致。只说将军得报杀母之仇，即寡人压卫、驱上官洋前往送死也。”

吴起也吃了一惊，文侯如此坦诚待臣下，臣下能不感激用命么？而两家正在激战，却已预判胜负，其智略亦非同小可呢，乃说：“谨谢君上助臣得报大仇。但敢问君上，何以知臣必能大败田渊？”

文侯亲自扶吴起起来，捻须微笑，不无自得，“用兵攻略，子之长才；识人用贤，寡人之差长也。子智谋万端，又凭险扼守；田渊狂傲少智，加之二帅貌合神离，焉得不败？好了，不说这些了。子之来魏，寡人为社稷庆，为将军贺！吴起听封……”

李悝却一拉文侯袍袂：“君上勿急。昔日商王武丁之得傅说、周文王之得太公望、齐桓公之得管夷吾，秦穆公之得百里奚、蹇叔、由余，皆祭庙拜祖，隆重其事，使贤才尊荣之至。愿主公效之以待吴将军。”文侯已完全相信了吴起之捷才急智，古今罕有其匹，其战伐的谋略韬略，似不让吕望管仲，确乎应隆重拜将。

这晚，吴起又回到陈记客栈，说了进宫受封之事，樊贵大喜，陈掌柜更是大摆酒宴为之热烈庆贺。当然，掌柜娘子又来送檀香，吴起更放纵地风流

快活了一夜。

文侯听了李悝的建议，斋戒了三日，带领群臣进祖庙恭谨祭拜列祖列宗，告之得了干城大将，请祖宗神灵护佑。而后设盛宴于庙，让吴起坐在最上首。文侯之夫人亦盛妆而出，亲自把盏，向吴起敬酒三爵。吴起虽离席叩谢，但眉宇间颇有自得之色。随后众大臣依次向其敬酒，其得意和自雄之色更难掩饰。李悝见之，唯暗暗叹息而已。

【注释】

①阍者：守门人。

②以国劳之：用国事烦劳他。意即托付国政。

③瘿瓜瓜：脖子上长的肉瘤，大的如葫芦如碗，给人造成极大的痛苦。

第三十七章

声色狗马寓机谋

对吴起的安排，君与相早有计议。以文侯原意，欲使吴起取代乐羊为上将军，总揽军机（因乐羊有病，长期在家休养）。李悝以为不可，一为乐羊也是满腹韬略之将，二为其熟悉中山国地理形势，一旦伐中山，正需借重。于是，吴起被封为控京都之防务的安邑将军，并且酬赏在鲁之功，赏黄金三百镒、豪宅一所、仆役数十人……替鲁国赏大功，更可彰显魏国重贤爱才，亦为讥嘲取笑鲁国自弃无价之宝也。樊贵也被封为裨将军，赐美宅一所，仆役数人。吴起谢恩罢，文侯又说：“卿既为京都柱石，西征之事，亦须卿全力筹划调度，寡人悉听卿计。”吴起说：“回主上，秦军之强猛犹胜齐、楚，与之战，须慎之又慎。尽管如此，臣近日已思得攻取河西之计，然不可早泄机密，虽主上与相国亦不得预闻。更求君上在半年之内，勿问臣之所作所为，甚至荒唐嬉戏，则吴起计可成矣。”

文侯向李悝觑了一眼，心中略有不快，这吴起初来乍到，何如此傲慢无礼？天下才士，多有狂傲之通病？但他早已练就了“礼贤下士”的真功夫，淡淡一笑说：“军事机密，寡人不问可也，唯盼将军之捷音而已。”

次日，吴起搬进新居，而后去安邑将军府视事，对京都驻军各级将领慰勉一番后，即将日常事务交由樊贵操持，自己则离衙去相国府拜谒。

李悝的《法经》，吴起曾细细研读过而推崇备至，对这位师兄他仰慕已久，早已神交，自然十分尊敬，恭谨地以师弟之礼拜见。李悝也以这位师弟为荣，自然更其热情而诚恳。一番寒暄和互致敬意后，他们的话题很快转入对《法经》的讨论。吴起盛赞《法经》是百代法之集大成，后世立法之蓝本，高兴起来，还朗朗背诵《法经》三十二篇中的重要章节，并加以剖析和自己体会的解说。李悝惊讶地发现，吴起的法制观念已深入灵魂，尤其对变法图强的思路还有许多独特而精辟的见解：“不变法，国无以富，兵无以强，民无以安。”李

悝兴奋莫名，自己推行变法以来，也阻力重重，幸有文侯全力支持，方得举步艰难地推进。现在有了这位小师弟的强力支援，何愁变法不能大显神效！两位相差近二十岁如同两代人的师兄弟，越谈越感心灵相通，越谈越觉情投意合。李悝乃将法治思想之精髓全盘相授，并真挚地希望，自己若不幸早逝，吴起能高举变法图强之大旗。吴起慨然允诺，二人遂成为倾盖如故之良友。最后，李悝诚恳地告诫吴起，为人不可如锥在颖，锋芒毕露，该收敛时宜收敛，该软弱点且软弱，该退步时宜退步，有时的蹈晦甚而和光同尘，常是以退求进之策。老聃的“坚齿不胜柔舌，弱水强于铁石”之说，确是非凡的大智慧。但见吴起似不太在心，只好刹住话头，转入别的话题，心中又在为吴起叹息。

又一日，吴起拜访了上将军乐羊。这位乐羊将军，却是位乡曲坊间美誉传播的人物。

羊子尝行路，得遗金一饼，还以与妻。妻曰：“妾闻志士不饮盗泉之水，廉者不受嗟来之食，况拾遗求利以污其行乎！”羊子大惭，乃捐金于野。此事传开，有人不相信，欲试之，乃隔墙扔进他家院子一只金钏……羊子之妻荆钗布裙，归宁[1]常向人借首饰，羊子深以为恨。次日晨羊子扫院见到金钏，拾起来稍一犹豫，隔墙扔了出去。羊子立誓为妻购金钏，而苦于无一技之长。其妻说：“君子非生而知之者，学，昏昏者昭昭矣。”羊子大悦，乃远寻师学。一年来归，妻跪问其故，羊子曰：“久行怀思，无它异也。”妻乃引刀趋机而言曰：“此织生自蚕茧，成于机杼。一丝而累，以至于寸，累寸不已，遂成丈匹　今若断斯织也，则捐失成功，稽废时日。夫子积学，当‘日知其所亡’，以就懿德；若中道而归，何异断斯织乎？”羊子感其言，复还终业，遂七年不返。在这七年里，其书塾旁一女子喜慕乐羊翩翩美男子风采，夜里来扣其门，乐羊闭门不纳，正色说：“我家有贤妻，大丈夫不二色[2]也。”邻人察知，盛颂其贤。七年的刻苦学习，他终于学得了一身文才武艺。文侯重其德操，爱其才干，乃拜为上将军，但他的儿子乐舒在中山国为官，而中山国常剽掠魏地，据说乐舒为主谋焉。文侯为此斥责乐羊，乐羊因之忧愤成疾。

乐羊对吴起之威名已是如雷贯耳，感其殷勤有礼，乃扶病会于客厅。二人惺惺相惜，相互推重。乐羊欲以上将军之位让吴起，吴起谦谢不敢当。乐羊诚恳而略带伤感地说：“吴将军之才，乐羊不可企及。况贤弟年少健壮，正堪大任。至于愚兄，亦思为国尽力，而悠悠长病，心情烦乱，难有作为矣。”吴起已由李悝处得知了乐羊的病因，乃宽解说：“上将军硕德鸿才，吴起焉敢相提并论？至于上将军之病，吴起已寻得一秘方，可助上将军康健。”乐羊吃了一惊：自己是心病，药石全无效用，吴起有甚秘方可治？吴起见乐羊惊疑，笑了笑轻声说：“我之秘方仅四个字：密谋中山！”乐羊更吃惊了，这吴起太厉害了，不仅抓到了自己的病根，而且开出了治此病的唯一药方。其实，伐中山在乐羊的心中也早有酝酿，但父子敌国，乐舒坚执忠于中山，伐中山，将置乐舒于何地？此刻他豁然清醒：既为敌国，父子就是仇敌，为国计，为自己的功名前途计，不仅不能投鼠忌器，还须设法使乐舒不被中山国所重用……他立时觉得精神一振，拍着吴起的手背说：“多谢贤弟的秘方，我之病可愈矣。”

吴起拜访罢钦慕已久的李、乐二位后，满朝的贤良名臣、达官显贵，他一概不予理会，甚至连君之师友（顾问）、贤名远高于李悝的田子方、段干木，竟也不肯折腰拜见。虽听说魏成、翟璜、任座等人曾极力荐举过自己，似乎为避嫌，也不肯登门拜会。倒是他的名声响亮，许多公卿大夫欲见识其风采，纷纷到府拜访，但他推说公务繁忙、身体不爽，全都拒之门外。造访者无不悻悻。

他在忙什么公务呢？其府中警卫和服侍者看得分明：吴起只偶尔到兵营转转，到将军府吩咐樊贵一两件事务，余则逍遥自在，尽情玩乐。他是如何玩乐的？

安邑城里，有数十家歌楼酒肆，又有十多家妓院青楼。吴起每日里迷醉于歌楼酒肆，以大把的金钱铺路，或令二少女左右挥扇送凉，边观舞听歌，边搂住一女亲吻抚弄；或随便拉住一酒客，自做东与人豪饮。遇上尧舜千钟（酒量过人）者，则划拳斗酒，他赢了哈哈大笑，催输者快喝，若有迟慢，竟拉住强灌；他输了时，不仅一饮而尽，而且还抓一把铜钱奖赏对方。有时喝得太多了，就放开喉咙似歌似哭：“月娴归来兮，吾其寂寥。思子音容兮，余心如搅。子在瑶池乎？吾当向后羿求药[③]……”唱罢呕吐狼藉，颓然倒地，呼呼睡去。

晚上，吴起毫无顾忌地出入于各妓院，放浪作乐。他公然宣告：能使本将军快意者，千金不吝。于是红环翠绕，众女争相卖弄风骚，竞展妖媚。勾栏粉黛，也无多少姿色出众者，但吴起似饥不择食，居然不论西施、无盐[④]，装进盘里即是菜，大纵淫欲而已。

安邑城里，又有一位奇男子，据说其得了彭祖[⑤]的采阴补阳之法，年已

九十，看上去却只有三十多岁。其人是否真会采阴补阳不得而知，但他阳物伟岸，金枪不倒，一夜可侍弄十个女人，却是尽人皆知的。吴起寻访到这位彭祖之徒，要拜之为师学那采阴补阳之法，引起了闾里坊间的轰动。

李悝早知吴起好色，见其猎色丑声飞扬，乃派人八方搜求，得了一名绝色美女，欲赠吴起为妻。文侯知之，亦以一名爱妾并赠之。但这有碍新法，因李悝的新法令中，有“一男娶二妻者斩”之条例，李悝不可自己坏法，乃以一妻一婢之名义相赠，并隐瞒了文侯之爱妾的身份，因为君赠臣以爱妾，在文侯是大德美行，在吴起却更增好色恶名。此二女一如海棠初绽，一如芙蓉乍开，纵不是国色天香，也可称艳压群芳。吴起大喜纳之，恨不得吞咽下肚，昼夜尝试其金枪不倒秘术。但是，或因其金枪的功夫已出神入化，二女不足填其欲，或因家花不如野花香，半月后，他又频频出入于妓院和歌楼酒肆中，并且还偶去陈记客栈，与掌柜娘陈桑氏相会偷欢……

或是为了显扬豪富吧，一日，吴起于街市上买得两只鹦鹉、两只画眉，整日沉浸在精心喂养、梳洗打扮，调教鸟儿们跳舞、鸣啭和学说话上，简直如痴如呆，什么事都抛诸脑后了。但他溺爱过分，却不懂鸟儿的饮食习性，喂养不得法，没几天，两只鹦鹉绝食饿死了，一只画眉喝不足水渴死了。他泫然落泪，葬了三只鸟友，还吟诗作文哀哀切切为之吊丧志哀呢。仅剩的一只画眉已奄奄欲死，幸亏有一丫鬟还谙于此道，为主人上了一堂画眉的饲养训练课，而后担纲饲喂、呵护小鸟儿。画眉活了过来，慢慢越来越健壮精爽活泼可爱了。丫鬟又细教主人训练之法，吴起学会了，依法训练调教，鸟儿翩跹飞舞，赏心悦目，鸣啭清丽动人，令闻者神清气爽。慢慢地，它还学会了说简单的词语，吴起更珍爱如宝了。

又过数日，他再买来一头雏鹰和一头遍身乌黑油亮的黑犬，命名鹰为飞剑，犬为“骊獒”。但似乎无所不能的吴将军，却对驯鹰一知半解。他只知道熬鹰、养鹰，做得也还不错，却不懂得要与鹰建立感情，不懂得使鹰与人亲近，结果到室外调训时，那鹰竟飘然远逝，重返蓝天白云之间去了。可怜他双眼熬得红肿如烂桃，耗费了巨大的精力和不少鲜肉，却落了个竹篮子打水的效果。

驯鹰失败，开始驯狗。这骊獒个头不很高大，却双眼有神，双耳竟会如兔子似的转动，四肢极矫健，动作特敏捷，嗅觉异常灵敏，能刨出地下五六尺深的鼠窝。他得了教训和经验，这回与狗亲得不能再亲，给狗窠絮以柔软干草，干草上覆以毡垫，喝掺着肉汤的饮料；每日对狗说话、抚摸、撕肉掰饼子喂食，连睡觉也让狗卧在脚边。过了一段时间，他与骊獒亲得像要融为一体了，他这才请芙蓉娇娘（那位美如芙蓉的小娘子，最得吴起疼爱）配合，开始了整日整日地玩狗：训练其卧倒、直立、翻滚、纵跃、穿障碍、过独木桥、寻找藏起来的物件、叼着物件送到设定的处所……他有时以身示范教狗动作，有时与狗一起蹦腾窜跃，有时搂着狗亲吻，表示亲密和夸奖……仆妇下人们看着，窃窃嗤笑。

他有时又闲逛古董店、珠宝店，看中了宝贝，则不吝一掷千金，购得一两件珍玩，却悄悄赠送了在魏寓居避祸的秦国废太子嬴连。唉，满朝的贤良权贵拒而不结交，却偏与朽木废柴打得火热，这吴将军的脑子有病了？

名动天下的大英雄吴起，竟如此纵情淫乐、沉迷声色犬马，难道他志得意满之后，迷恋享乐，磨逝抱负雄心，玩物而丧志，耽乐而颓唐了吗？欲知真情如何，下回书分解。

【注释】

①布衣荆钗：粗布作裙，荆条作钗。归宁：女子回娘家。

②不二色：妻子之外，不与第二个女人有性关系。

③瑶池：天上仙宫。后羿：人间英雄。他向西王母求得长生不老之药，妻子嫦娥独吞之而飞升上了月亮，抛后羿在凡间。其时，后羿与嫦娥的传说已很普遍。

④无盐：丑女的代称。

⑤彭祖：传说中的仙人，善采阴补阳，活了八百多岁。

第三十八章

真真假假造舆论

吴起迷醉耽于酒色玩乐、惰怠荒疏军国公务的情形传进了魏文侯耳里，文侯初也不以为意，因为他与吴起已有约定：半年之内，不管其所作所为，不问其荒唐嬉戏。这吴起在鲁为将以来，以弱小兵力与强大齐军大战三场，使齐军连连痛遭惨败，并一心使软塌塌病怏怏之鲁变成熊罴般的壮汉，整饬制度法令，呕心沥血练兵，又得对付谗臣小人的攻讦和使绊子，实在劳心劳力太过了。今来我魏，心情舒泰，或是要放松一番，消释疲劳，此亦养精蓄锐之计也。于是一笑置之，不予理睬。

可是，攻讦者越来越多，并且，在朝堂和坊间还逐渐风传开了吴起的风流韵事，说得有鼻子有眼，宛然如同在吴起床下窃听偷窥过：吴起之前妻田月娴，是一位床笫妖狐（犹如今人所谓的性星），仿佛是前代的妲己和夏姬[1]，有素女采战术和青春长驻、永葆处女态之法。她肌肤柔腻，芬芳满怀，交欢之时，永如处女，且柔情万种，媚态激荡，使男人如欲自我燃烧。田月娴之死，吴起再难得枕席之乐，一般的女人，都不能使其快意。他之四处采花折柳，实为再觅一夏姬、田月娴也。因不得床上快意，于是发泄为纵情歌舞和醉生梦死、荒淫嬉戏……文候虽听出这些有对吴起诋毁以臭其名的味道，仍有些吃惊而沉不住气了：贪色纵欲为伐性之斧，声色犬马为销蚀宝剑之盐卤强酸，吴起纵是太阿鱼肠干将莫邪，也经不起如此腐蚀呀。再者，寡人寄厚望于彼，而彼惰怠军务，岂不使寡人担心且生失望！

魏之新拜将军吴起花天酒地声色犬马的情形很快传遍了各国。楚、秦闻之，漠不关心，当然，楚国是因自身庞大威武，并不怎么把新暴发户魏国当回事，秦国虽对魏国心有怵惕，但此时内政很不稳，根本顾不得关注别国事务；齐国闻之窃喜，恶魔吴起若被酒色狗马销蚀，去我大患矣；郑、卫亦窃喜，因为三晋的侵吞之势日显，再来个恶魔吴起耀威逞凶，自家的日子就更难过了，所幸这吴起恶魔如苏豹陷在鬼淖子难自拔矣……韩赵闻之，初而微感失望，暗笑魏文侯捡了块黄铜却当成了赤金。但他们在魏国也各自有暗探间谍，却暗探出那吴起与逃难在魏的秦公子嬴连来往亲密，韩侯、赵侯亦为枭雄之流，立即怀疑吴起的放浪形骸或是别有企图，可魏斯与吴起要干什么，他们还猜测不透，于是更加紧了对魏国的关注。

魏文侯招李悝、翟璜、魏成问计，如何可使吴起有所收敛。翟、魏二人虽隐约感觉吴起或是别有意图，但对其意图一时难猜，吴起狂傲无礼，也使他们不快，遂沉默不语。李悝却笑着安慰文侯说：“主上勿虑，吾料吴将军故意示人纵情声色，实为用计也。”文侯不解，“酒色犬马，伐人之斧。殷纣王与吴王阖闾亦当世英雄，而沉溺于酒色，终成为枯株朽木。吴起纵有示人假象、暗磨刀剑之意，然而酒色逸乐，为人之本性所趋，揭天英雄一旦放纵于此，即为宝剑浸于盐、酸中，日益销蚀，复何谈用计？”

李悝想了想答道：“以臣对吴起性情之把握来看，其人固然喜酒好色，却性情坚毅，视功业重于性命，啮臂盟誓、杀妻求将足以证明，且在鲁为将，何曾贪杯贪色误事？却反将鲁穆公所赐田产千金、美女歌姬赏赐将士，岂是纵情贪欲之徒所能？今来我魏，得无比尊荣富贵，正思大展抱负，又怎会被酒色销蚀？一般人只见其放浪形骸，却根本不留意一个重要现象：其与秦国废太子公子连的关系似很热络，经常出入于公子连府中高谈阔论，据说是论文讲史谈兵议政，前三皇后五帝纵情挥洒，公子连深为之折服，引为挚友，有时吴起三五日不至，则派人到处寻找。二人交情日深，还相互馈赠礼品呢。吴起一掷千金搜购得珍奇宝玩，大都进了公子连府邸，其刻意结交秦之废太子何故？臣已察知，彼公子连久怀夺回君位之志，然而势单力薄，一直在暗中网络拉拢其父之忠臣旧将，吴起得无欲借力秦公子为我所用？当然，嬴连亦聪颖过人，亦欲借吴起之力为自己复位开道，彼二人心照不宣，相互利用而已。君上请思之，您已将翦秦大任托于吴起，吴起百事不问，独独钟情一个秦之避难公子，岂不是为了探究秦之内瓤、 正在筹谋翦秦大计吗？君上啊，攻战克敌之事，吴将军站得高看得远，深谋远虑，吾不能及，主上应为之庆。”文侯这才转忧为喜。

但朝中文武大臣对新贵将军吴起的花天酒地、醉生梦死之态越来越愤慨

了，终于纷纷向文侯密奏，怒斥吴起嬉戏渎职。文侯心中已有了底，乃笑对群臣说："寡人曾与吴将军有约，但得军中安定有序，吾不问其如何治军。况我魏得吴起，得一镇妖宝剑也。镇妖剑不用，宁非国之福？众卿勿虑，宝剑出鞘，妖魅尽皆伏诛也。"

尽管有文候罩着，但绯闻流言仍有杀人的力量，朝野提起吴起的名字，无不如提起杨梅疮一样恶心而鄙夷。正在其形象将要轰然崩塌之时，他却毫不经意地做了两件令舆论震撼之事。

一日，吴起正在酒楼独酌，忽瞥见故友高岱从窗下经过，他立即跑下楼，拉高岱同饮。高岱因生意匆忙而辞谢，吴起乃约其晚上到自己府邸欢宴畅谈，高岱欣然允诺。晚上，吴起在家整备了酒宴，静候高岱。开饭的时间早就过了，高岱却迟迟不至。两位夫人及仆妇下人都饿了，劝吴起先吃饭，待客人来了再陪之喝酒。吴起却令全家人开饭，自己则坚持不吃，"岂有与人约定而失信之理？高先生事多，其来或迟。"他静坐等待，不肯动箸。直等到三更过后，他粒米未进，趴在酒席间睡着了。次日一早，他派人去寻找高岱。待客人至，已是中午，而他仍在饥肠辘辘地等待着。高岱感动至极，他本是饶舌而善传播新闻之人，于是将吴起贵而不忘寒贱朋友、一诺万金不移的事迹广为传播。

又一日，吴起偶到军营视察，见一士兵卧床哀号叫痛，问之，乃其背生恶疮，军医欲待恶疮熟透自溃，再割除腐肉敷药长新肉。他令士兵袒衣视之，见恶疮红肿如拳，内有白脓鼓胀，望之令人作呕。吴起懂得医道，知道急需排脓，但未熟透之疮，引流而脓不能排尽，新脓随即滋生；强行挤压，患者疼痛不可忍不说，弄不好还有生命危险。他犹豫了一下，令随行侍卫以刀割破脓疮，那脓血立即涌流起来，腥臭和污浊，令随行者阵阵恶心。但吴起待到脓血不再流时，突然俯身下去，双手按紧士兵肩胛，嘴含住疮口，吱吱吮吸起来。随行的樊贵和将领、侍卫们惊呆了，竟不知做出任何反应。吴起吸满一口脓血，吐掉，又埋头用力再吸……三次之后，他吐掉脓血，用盐水漱了口，这才说："好了，脓根儿也吸出来了，五日可保痊愈。"那士兵哭得泪人儿一般，只不停地在床上叩头，连一句感谢的话也说不出。吴起却坐在士兵那又脏又臭的铺沿上，亲切地询问其姓名，家住哪里，家中还有什么人，日子过得去吗。士兵的心中暖流激荡，疼痛也如消失了，回答将军说，自己名叫蒋石头，家中有寡母、妻子和一儿一女，生活得苦一点，还过得下去。吴起立即命令军需官，给蒋石头家中寄送本将军一个月的军饷。蒋石头含着泪坚定地说："我的命交给将军了！”

魏国朝野对吴起的评价和议论戛然停顿了……人们不可思议，花天酒地、浑浑噩噩的吴起，又会是一言九鼎、爱兵如子的将军？吴起却不管这些，又继续放浪形骸下去。

李悝的眼光果然狠毒，没过多久，吴起居然将李悝所赠的出水芙蓉似的美娇娘转赠给了公子连。文候闻之心中酸涩，这位芙蓉娇娘可是他的心尖儿呢，但为了让吴起感激怀恩效忠效命，他忍痛将她送给吴起，这吴起竟舍得将无价之宝送人，太不可理喻了！但他随即又释然并高兴了：肯将绝色美人儿送人，可见其放纵色欲确是蒙蔽人，其人事业功名之心何等坚定、坚强、坚毅！有将如此，翦秦大计何愁不达！

放浪中日子过得飞快，不觉间已到年底。魏文侯三十三年（前413年）的腊月二十，吴起忽然进宫来见文侯，奏道:“臣为主上攻取河西之时机到矣。”随即又细讲了自己的用兵计谋。文侯又惊又喜，始知将军神机妙算，常人不可测度。

告辞文候出宫，吴起又前往二老（田子方、段干木）寓所拜见二老，说明了自己迟迟不来拜见的用意，诚恳地为自己的无礼谢罪，又讲了自己放浪形骸而谋大事的计划，恳请二老指教。田、段二人态度平和淡定，微笑着说：“将军之行径，亦难逃我等眼睛，不必多说了。将军此去，必可得意，吾等谨祝马到功成。”接着，他又分别拜会了魏成、翟璜等重要谋臣、权臣，请求见谅自己的无礼，翟魏二人得知谋大事之计，兴奋至极，且对自己的心胸不够开阔爽朗略有惭愧。

【注释】

①妲己：殷纣王的妖姬。夏姬：春秋时郑穆公之庶女，妖艳颠倒当世，似可命名为超级性星。

第三十九章

年关互谋出奇兵

古往今来，人们对过年都是非常重视的，俗谚云：“过了腊八，慌得挖抓。”是说一过腊月初八，人们为安排年事就慌乱了手脚。一过腊月二十三，祭过灶，这年味儿（过年的气息、气氛）就能嗅得到、看得见、摸得着了。哪怕极贫寒的人家，年货置办可以极简单，但年味儿断不可马虎。当兵的更盼过年，士卒在军营可以大吃海喝几天，又可以得一份年节赏赐。军官们的赏赐逐级更优渥。而且，一过祭灶，将军们似也想请灶君上天言好事，对士卒们就和蔼亲善了许多，管束就松散了许多。从腊月二十七八到正月初五六，士兵们可以分批走出军营，到街坊里弄的娱乐场所去消遣、放松……

“当官的盼升迁，当兵的盼过年。”各国皆如此，魏国尤甚。

可是，魏国都城安邑的四万直属安邑将军统领的驻军，刚过完祭灶，就突然全得了一种怪病：身上不红不肿，却是奇痒难忍，尤以背上痒得要命。天寒地冻、滴水成冰的日子，将士们却脱掉衣裤自己全身乱搔乱抓，又相互抓挠脊背，有的则背贴土墙来回蹭痒。一天下来，有的人背部已抓破或蹭破，血迹殷殷，但痒仍不可止。全军慌神了，不知这是老天爷降的什么灾祸。

吴起得报，第二日亲到宫中，请来一位胡须皤然的老巫师为三军占卜祈福。一座祭台搭在营房中心，上面摆满三牲祭品。老巫师登台，先向上天恭敬地拜叩一番，口中念念有词的祷告了一会儿，而后拿起一块龟甲，又向龟甲三拜之后，才用一根点燃的粗大香火触上去。火触龟甲，片刻后传来啪的细碎破裂声。巫师放下香火，双手捧着龟甲细细观察其裂纹，却默默地半天无语。

吴起在台上躬身施礼问：“请问神巫，主何休咎？”巫师慢悠悠地答道：“将军啊，将士们的怪病，乃是上天薄惩……上天欲使我大魏振作有为，而怒我三军娇惰淫逸之心太盛，故薄惩以警之。若不能敬从天意，则将有更大灾殃。”

吴起似不相信，兢兢小心地问：“鄙人愚昧，只听说过上天怒而惩贪惩暴惩无良，何为惩娇惰淫逸心？敬祈详解。”

巫师不悦地瞅瞅吴起，不无揶揄：“听说吴将军博学多识、文采风流，何出此无知之言？天者，主兴衰替废。人者，只知安于现状、因循旧态，全不察天之意，故而天必警之。吕尚乃天生卓异人杰，天欲使之佐武王灭纣，而吕尚苟且于庸庸碌碌凡俗人中，天乃使之稼[①]则禾死、贩则亏本、行则招祸、坐则得咎……以警其发奋有为也。天欲使东南一隅耀威中原，成就流星一瞥之瑰丽，而越国君臣嬉戏不思进取，民耽安乐不肯振作。于是天惩之：国破亡，社稷遭兵燹，君沦为奴仆，臣民皆成贱隶，丰饶之米粮、无穷之珠玉，如土石输往吴国……天之惩令越人猛醒而图强，始能最终破灭强吴并进而问鼎中原……此为天警一国也。今我魏人倘不憬悟，恐继越人之祸矣！”

这番话，只听得吴起浑身微震，面色土黄，台下围观的将士也无不悚然动容。巫师却抬头凝望着天，突然变颜失色地说：“不好了。天之惩又显兆矣，显兆矣！”说着连连叩头。

台下人不明所以，愣愣地望着巫师，又仰头探望着天空。天上红日杲杲，白云飘飘，看不出任何异常啊。人们正在疑惑窃议，却突然发现，红日黑了一条边，黑边迅速扩大，片刻间，鬼怪骇人的黑，竟吞没了多半个太阳，金光万道的圆盘丽日，竟变成了一弯愁惨昏暗的月牙，光辉朗朗的天地，顿成沉沉幽冥世界。所有人无不吓得心也如被鬼怪之黑吞吃，战兢兢一齐跪倒，乱纷纷叩头不迭。或是天之警垂兆而已，或是人之拜感格了上天，刚磕了四五个头，那黑即渐渐减退，很快消失，红日重又灿亮鲜明，乾坤复又朗朗爽爽了。

巫师站起身来，冷冷地问吴起：“吴将军，天之警屡现，你还敢不信吗？”

吴起连连拱手赔礼，“鄙人不敢不信矣。起也敬听天命。”随之又眉头紧挽，显得十分焦虑，沉默了有顷，才又恳切地请教，“再请问神巫，如何才能敬从天意？将士之怪病，如何才能痊愈？”

巫师再细辨了一会儿龟甲裂纹，肯定地说：“天意者，‘振作’二字而已，其详则不可知。至于薄惩之殃，西行五日当自去。而且，西行之后，众将士皆有挣功名、得封赏、图富贵之机，诸君勉之、勉之！”

送走巫师，吴起登上台大声问将士们：“兄弟们，神巫之言、上天旨意，大家听清楚了吗？”台下近万人轰鸣，“听清楚了！”“那我们怎么办？”“遵照天神旨意，西行消灾！”吴起很为难地说：“可是，快过年了，弟兄们都

想轻松玩乐几天呢，怎么西行远征呢？”台下乱嚷起来：“痒得人坐立不安，还过个什么年啊？快西行吧！”“过年事小，消灾事大。不西行，后面还有大灾殃，那怎么得了？”更有不少人慷慨宣言：“吴将军，上天不许咱娇惰淫逸，咱就振作有为吧！”“天神还指示我们有挣功名、得封赏、图富贵之机，岂可坐失？” 吴起欣慰地笑了。

腊月二十六日，吴起率三万大军，仅以少量兵车运输辎重，其余尽是骑兵、步兵，出西门急急西行。其所以急行军，只为将士们浑身瘙痒，急行军出一身汗，可以抑止难受。将校们骑着骏马健骡，裹紧棉衣，拉高领口，抵御着刮骨寒风的吹袭。步兵士卒们扛着武器甲杖等物，须用两只脚赶上四条腿，一个个微微喘息、热汗涔涔，倒也忘了寒冷。主帅吴起的高头骏马驮着甲杖前进，它的主人却肩扛一捆干柴，与士兵们在一起步行着，脸上也沁着细汗。将士们从未见过这样的大将军，感动得来争抢吴起肩上的负担，劝其上马行军。吴起不肯息肩，加快步伐，边走边说：“谢谢弟兄们的好意。但为将者不能与士卒同甘苦，士兵们又怎肯为将军杀敌建功？再者，上天不是警示咱们不得娇惰淫逸吗？我岂敢不遵天意？”

吴起说完，忽地忆起了在曲阜时桑神相的判语：“大贵相而有贱征。”自己身为大将军，却辛苦超过士卒，并且为士卒吮脓血，古往今来，未曾听说过，这不就是贱征吗？然而这贱征，无疑应是买士卒卖命的资本，它比小河湾之战时发给士卒的买命钱或许更珍贵呢。我在此一点超越古今，功业亦宜乎超越古今，即桑神相所言“功业宏丽如虹”吧！只是，彼又判我“寿考相而有促兆”、功业“转头成空”，这又是什么意思？莫非……唉，管他呢，大丈夫但得功成名就，寿之短长何足计较？还是老子说得好：“是以圣人后其身而身先，外其身而身存。非以无私邪？故能成其私。”

一位小校不知将军思接宇外，喘着气说：“吴将军，这么急行军，弟兄们可真有点吃不消呢。”吴起严肃地说：“此乃平日训练不足之故也。玉要琢，兵要练，严格训练才能出精兵。本将军将来要训练一支新军，人人须负重百斤，日行百里，至目的地马上能作战拼杀。”更多的士卒说：“那么一来，当兵的也太苦了。”吴起一笑，“苦是苦了点，可待遇优厚么，普通士兵，饷金衣食可以比现在的五什长[②]。更重要的是，它是一种荣耀，人人都会以当上了新军而自豪。但考较不合格，不能跨进新军呢。”好诱人的香饽饽！士兵们大为振奋，连痒也不觉得难忍了，“吴将军，成立新军，我先报名。”“我也要报名。”“我也……”吴起又恢复了严肃，“那就从今日开始，加紧自我训练吧。”

将校们见主帅与士兵负重同行，说说笑笑，有人不好意思了，也下马徒步，用战马驮负粮草。辎重车减轻了重负，三军士气昂扬，行军的寂寞和劳苦也似减轻了许多。樊贵生的雄壮孔武，肌肤乌黑油亮，这黑亮，据说是出生不久，其父用狗熊油为之遍身擦抹所致……时俗：用狗熊油为婴儿擦身，可使孩子健康茁壮，还可得憨厚秉性，保一生平安。一生平安否尚不可知，只健康茁壮、秉性憨厚已是确然，他的确与上级官长都能和睦甚至亲近地相处（唯与柳子瑞是例外），与下级将校和普通士兵，还有种很自然的亲和力。他此时与几个小兵同行，随和地问其中一人：“小伙子，娶媳妇了吗？”小伙子微微害羞，“家里穷，筹办不起彩礼，媳妇还没影呢。”“别急别急，你这么好的小伙子，姑娘们抢着嫁呢。我保你打仗立功后，你爹娘就能给你聘个漂亮媳妇。”

小伙子高兴了，话多了起来：“谢樊将军吉言。其实呀，李悝相国的新法令好，我家的日子现在好多了，年年稍有节余呢，爹娘已给我筹办了一些彩礼，这次要再立个功得了赏，聘个媳妇不成问题。”“好好好，只要有勇敢二字，你的功跑不掉的。看来，媳妇等着你搂啦。只是，你想找个啥样的媳妇儿？”小伙子更兴奋了，想了想说：“俺拙口笨舌，俺爹娘也是老实疙瘩，俺不挑漂亮，倒想找个能干又能说会道的媳妇儿。”樊贵乐了，“能说会道既中也不中，得看品性呢。我给你说个巧嘴儿媳妇，你看这种媳妇可中？从前，有一个巧嘴媳妇，煮好了米饭，先盛给公爹一碗。公爹吃了一口就称赞道：今天的饭很香，我可要吃三大碗。巧嘴媳妇听了公爹的夸奖，忙说：“嘻，这顿饭是我做的。”于是公爹又开始吃第二口，可饭刚送到嘴里就听见咔嚓一声，崩疼了牙。公爹立刻叫道：‘哎呀，这么多的沙子！’巧嘴媳妇忙说：‘那是小姑淘的米。’公爹把筷子在饭里抄了两下，闻了闻，问道：‘怎么这饭还有点煳味？’巧嘴媳妇这次回答更干脆：‘那是妈烧的火！’”

同行的士兵一齐哈哈大笑，惹得更多的将士直朝这边挤来。有人对那个挑媳妇的士兵打趣说：“这个兄弟眼光不错嘛，媳妇儿虽说嘴巧心不巧，可要生个娃儿，肯定嘴巧心更巧。”那士兵弄得不好意思了，红着脸讪讪地笑。樊贵却为之解窘道：“那可不假呢，巧嘴娃娃必然心更巧。我们那儿有个莲花舌头先生，伶牙俐嘴，巧舌如簧，能哄得水牛上树，自以为舌绽莲花香十里，自鸣得意之极。可他听说邻村有一个种田的比他更心灵嘴巧，极不服气，

当众夸下海口说：‘哼，一个农夫，要斗赢他，我只要半张嘴就行了。’第二天，莲花舌头先生就去找那个种田的，要比个高下，并故意把嘴用一绺布贴住了一半。农民不在家，只见到了他的孩子，便问：‘你爹呢？’小孩说道：‘我爹耕田去了。’‘我要与他比赛，他到哪里耕田了？’小孩儿看清了架势，知道来意不善，想了想答：‘锅沿上。’莲花舌头听出了戏弄意味，也想以戏弄窘辱孩子，羞臊大人，故意正色问：‘锅沿上耕的什么田啊？’‘耕锅巴！’莲花舌头正等着孩子这个回答呢，得意地大笑起来，“哈哈，好景致，牛耕锅巴，牛屎飙满锅，你家有香的吃啊！’小孩也大笑，‘不会不会，牛屁股用布蒙着呢。’来看热闹的人很多，指着莲花舌头的嘴，笑得直打跌……”

故事还没讲完，所有人全被乐得捧腹大笑，气氛热烈的似釜中爆豆，寂寞和疲劳一扫而空，那奇痒似乎更减轻了，行军轻松有趣，前进的速度更快了。

吴起见樊贵与将士们水乳交融，风趣说笑中恰到好处地做了鼓动鼓劲工作，暗暗钦佩，自愧弗如，更视樊贵为自己的得力助手。

天快黑时，部队已西行了近百里，来到一座叫地火山的山前扎营。地火山下有几眼温泉，因远离安邑，故荒废无用。吴起早已派先遣队在泉上搭了篷帐，成为极好的汤池。部队一住下，即分批下池洗浴。汗津津的将士们洗浴得好不痛快淋漓，洗完澡睡觉，顿觉痒消了大半，觉睡得舒服而踏实，一觉醒来，不仅瘙痒全消，而且全身舒泰，精神健旺。将士们无不赞叹：“神巫占卜得真准！看来，灾殃一去，封赏可得呢！”

吴起和樊贵相视笑了。将士们哪里知道，他们的瘙痒病，却是吴起弄的鬼。

原来，儿时的吴起很顽劣，每与孩童们比赛爬大树之高之快，输者为赢者钻刺蓬摘野枣。小吴起偶尔也有失败之时，不得不伤痕累累地采来甘美的野枣给别人“进贡”。后来，他偶然发现，攀附在大柏树上的一种藤蔓花，其藤蔓表皮有层细粉末，挨着皮肉则紧紧黏附，痒得难忍，水洗之痒可消。于是，再有人让他“进贡”之后，他趁其得意之机，将痒痒粉撒其后脖，其人随后痒得抓破后脖犹不可禁。他为其施治，条件是加倍奉还“贡物”。得到满足后，他默念几句“咒语”，向其后脖吹一口“仙气”，再令其到小溪洗脖子，痒则立时大减，逐渐消失。之后，再无顽童敢爬树赢他了……要使三军于年关时心甘情愿地西行，须行儿时之计。于是，他令樊贵秘遣军士，到乡野采集来痒痒粉，于将士们操练之时，悄悄撒于床上。其后巫师之占卜所言，皆吴起所教也。只是“天狗吞日”是怎么回事，他也不明白，也顾不得去深究。

次日，阴霾沉重，西北风呜呜如虎狼吼，天冷得真如俗谚所云，“三九四九，冻破石头”。吴起心中暗暗高兴，却又默祷苍天：再冷些！再冷些吧！

大军继续西行，迎面风如刀，裸肤尽皴裂，将士们的手上有血珠涌出，随即冻为冰晶。吴起一如往日，肩扛柴捆，大步急行，他的手背上满是殷红的小冰晶，他却极兴奋，越走越快。主帅如此，将士们谁还能畏寒怕冷？何况“挣功名、得封赏、图富贵”的天神指示，更是强劲的兴奋剂，皆奋力急行军，浑然不知严寒，一日下来，竟又西进百多里。部队扎营后，一只威猛的黑犬闯进中军帐来，正是他的骊獒。吴起搂住骊獒，从其脖子上解下一个小竹筒，从竹筒内取出一封帛绸密信，读罢极欣喜，却也不多说什么。之后，他令卫兵小心饲喂骊獒，不使之归去……他若牵之走出军帐，在其头上轻拍三下，手一松，骊獒就会箭一般飞奔回所从来之地……它的任务已经完成，给它颈下系帛书之人，也已完成使命，即将回到他的怀抱。

随后两日，风小些了，但阴霾更重，严寒更厉，西行军仍不得不快速前进。至第四日中午下起了大雪，部队冒雪挺进，傍晚，已绕过黄河东岸的魏国边境重镇蒲阪城，直接开到黄河岸边，一河之隔的秦国，已历历在望了。这时，大雪犹如扯棉絮一般，天地间已是一片银白。将士们心中一则以喜，一则怅然若失：五日之期虽未满，但西行已不可再行，况且大雪漫卷，况且已是腊月廿九，明日即大年三十，年已踏入人间，正要揭开面纱呢，是该返师回安邑安逸安逸了吧？但挣功名、得封赏之机，也成美梦了吧！

吴起下令部队就地歇憩，升起篝火取暖，既不进城，也不安营扎寨，却令火头军于旷野埋锅造饭。将士们猜测：看来，吴将军也急于班师哩。

饭罢，将士们围着篝火取暖休息。大雪如沉重的纸片密密麻麻朝下坠落，天地间一片迷蒙，使熊熊的火光也透射不出多远。天冷得连夜间出外觅食的小鸟小兽也躲起来了。疲劳的将士们紧紧地挤挨着，借着篝火的温暖，你枕着我、我靠着你甜甜地睡着了。

后半夜时，吴起忽召集众将校到身边议事，说：“弟兄们，西行之期未满，吾等灾殃尚未消除，是否还要西行？诸君议之。”众将校面面相觑，不明白主帅的意思了，西行？还朝哪里行？莫非进入秦国去？

裨将西门豹胸藏韬略，智勇双全，已完全猜出了吴起此行的真实意图，乃慷慨宣言：“吴将军，西行之期不可违。公率吾等西来，岂不欲振作有为，为国建功乎？末将愿谨听天命、谨听将军指挥……西渡黄河，拔秦临晋城！”此言一出，众皆瞠目震惊了：而今秦虽衰败，却仍然兵强将勇，此前魏倾全力攻其小城少梁，虽得其地，而丧师极众，魏虽胜而胆寒矣。况秦之临晋城守将贾章，有万夫莫当之勇，有精锐车、步、骑兵四万有余，多次渡河东犯，只因战船少而偏小，故而总被蒲阪守将宋华击退，但魏军只有守势而已。现在我兵力不若敌，而又是远行疲劳，敌则是以逸待劳、占据地利之精锐，此去岂不是与虎谋皮？西门豹见众人惊惧，又笑对吴起说：“吴将军，您纵情酒色麻痹敌人，今于年关突袭，贾章决然不备，临晋纵有十万大军，已不足我雷霆一击了。只是请问将军，渡河之事已有成算乎？”

吴起暗暗赞赏，这位西门将军，居然看穿了自己的全部玄机，而且善于贯彻主帅的战略意图，很会鼓舞士气，又能深谋远虑，倒是良将之才呢，此人可以重用。他正要说话，忽有小军来报：“蒲阪守将宋华前来参见。”

宋华虽也是一城守将，而其品秩低于吴起，且钦敬吴起智略卓绝，亦以下属之礼参见。吴起一把拉住，亲切地说：“宋将军辛苦了。所托之事如何？”宋华快人快语：“一切按将军吩咐办妥。将军真个料事如神，断定贾章必在大操大办他的四十岁生日兼过年迎福，果然分毫不差。我的暗探回来报说，城中热闹非常，秦军尽撤入城内痛饮狂欢去了，将领们都在向贾章祝寿，河防警戒部队也躲进军帐去避寒喝酒了，河防已形同虚设。将军又料到天必大寒，黄河会结坚冰，诚如所料。我已令人测试过了，以大铁锤砸河心之冰，一锤一个白点儿，足可承受人马战车。在下向吴将军请战，愿率所部一万军为先锋，杀入临晋，擒斩贾章，彻底扫除临晋之威胁！”

吴起不及作答，又有哨探来报事。众人视之，乃先锋樊贵的亲兵……西行第四日，吴起即令樊贵率一千骑兵为先遣队。来人禀报说：“樊将军趁暮色乍合之机已踏冰过河，半夜时冲进秦河防军军帐，彻底消灭了河防警戒部队，正等待大军过河呢。”吴起使来人回报樊贵，待大军一过河，先遣军即举火为号，抢占城门。而后他笑对宋华说：“将军差矣。将军与贾章相拒数年，岂不知其为秦智勇超群之骁将？吾告子：其人大肆张扬庆贺生辰，实为令子之暗探探知，以迷惑将军也。我之密探潜入临晋数月矣，已探知贾章将于大年初一拂晓，率三万精兵突袭蒲阪，志在一举拔除我河东桥头堡。将军速回城防守，说不定秦军便衣已潜入城内，准备里应外合夺你城门呢。”

宋华听罢，只惊得脸色苍白，急上马要赶回城去。吴起却叫住了他：“宋将军不必惊慌，少许过河秦军，不足你一掌拍死。我之要你回城，是让你养精蓄锐，几日后，我将送你大功一桩。”宋华喜滋滋而去。

一切都明朗了，吴起率军西来，是一个很精密的圈套。但此时魏军将领们，不仅毫无钻了圈套的羞愤感，反而在为即将到来的建功得赏之机而兴奋激动不已。西门豹更是惊讶、敬佩莫名：吴起之深谋远虑无人可及。这偷袭计划，何等周密严谨！贾章虽有奇智勇略，却反倒促成了吴起的快剑抢攻之计。贾章啊，你大概怎么也料不到，吴起会突然悄悄地挥师西来，会选在你抽臂缩剑，准备猛刺出去的一刹那，抢先出手，一剑直刺你喉咙……

吴起不再担心泄露机密了，他满脸严峻地高声向众将校宣布：“弟兄们，敌我情势大家已基本明白，此时，敌军已喝得沉醉如泥，睡得死猪一样，天神指示的建功得赏之机到了。此一战，是我大魏振作有为的第一步，将士们务须奋勇杀敌。本将军代国君宣布：斩敌三人者，赏金饼一锭，依此类推；斩敌五人，任为百将（或称百夫长，统领一百士兵）；斩敌将者，擢为五乘将军（统领五辆战车，每辆战车后附属步兵七十五人）；擒斩贾章者，擢为下大夫；畏葸不前者，重笞一百；临敌退缩者，杀无赦！诸位立即整顿部伍，宣喻奖惩令，半个时辰后，勇猛出击！”

“是！”众将校的回应极为激昂亢奋。

【注释】

①稼：种庄稼。贩：当小贩。

②五什长：五十人的队长，亦称屯长。

第四十章

“快剑抢攻”夺临晋

其实，临晋守将贾章也在谋划着过河来拔取魏军的河东要地蒲阪城呢。秦魏两家如角斗场上的斗士，各举起了刀剑，就看谁出剑凶猛凌厉了。

此时的秦国之君为秦简公嬴悼子。秦灵公死后，其五岁的嫡子即位，悼子夺侄孙之位自立，国人甚不满。秦灵公虽还算得是守成之君，但前两代君主庸懦，秦国已没有了穆公、景公之时的虎视天下之势，反而得固守黄河，防备中原各国的西来侵略，故而在黄河西岸以智勇猛将驻守。简公昏昧无能，使秦国更陷入了困顿衰败中，加之前朝遗孽们的捣乱和流亡在魏国的公子连，图谋夺回君位，暗中用大批金银珠宝结纳国内不满简公的王亲国戚和文武重臣，不断地给秦简公制造麻烦，秦国的混乱更加剧了。但秦简公也深知守卫黄河的重要性，也在河西各城戍守着大批军力，并以自己信任的勇将统率。

临晋（今陕西大荔县东南）守将贾章，是位武艺高强、心高气傲而逞勇嗜战的猛将，号称西河虎将（西河亦称河西，指今陕西关中东部洛河、渭河、黄河间的大片三角地带）。秦简公建成一高楼，梁木初架，庆贺上梁大吉时，简公忽发奇想：若用一只猴子披红挂彩，在高高的大梁上纵跃“舞蹈”，其热闹的气氛则超逾常规。可是，提前未做准备，一时哪里可觅玩猴戏者？宫中侍卫贾章踊跃试作猴舞。他身披红绫，手抱楼角大柱，似一壁虎攀缘直上，顷刻登上廊檐之梁，至梁上则如狸猫，四纵而飞上楼脊中梁，时来回迅跑，如履平地，时纵跳舞蹈，比猴子更灵动好看，忽地失足一坠，似要摔下地来，观者一惊，齐声“啊”起来，但“啊”声未息，他却已两手一伸勾住了粗大的圆檩，身贴梁下，游龙也似的游到了大梁之另一端，身子一翻，又站立于梁上了。观者无不心跳怦怦高声喝彩。他表演完毕，飘然落地，面不变色，气不喘息。简公大喜，擢其爵加二级。一夕，简公设宴慰劳拥立过自己的功臣，歌舞伴之。有人忽提出欲一睹暖玉琵琶。这暖玉琵琶为简公爱姬赵妃的珍宝，无简公之信物，从不示人。此时夜将二更，简公不愿搅扰赵妃休息，乃推脱说取琵琶之信物遗落寝宫了，众皆怅然。贾章忽奏道：“无君信物，臣亦可取琵琶来。”简公大惊奇，欲观其能，乃使人驰报瑞鹤宫做好戒备，然后遣之去取。这贾章得令，纵身跃上殿檐，蹿房越脊，黑影如箭，毫无声息，片刻飞越十重院落，竟达瑞鹤宫中。但见赵姬寝宫中灯火辉煌，而宫门紧闭，老鼠也难进入。他见屋外廊柱上挂一鹦鹉，计上心来，乃作猫叫，又仿鹦鹉蹿跳而惊呼：“猫来！猫来！”屋中赵姬急呼宫女：“小鬟儿，快提鹦鹉进来！快去！”宫女提灯笼开门来看，门才一开，隐于暗处的贾章早已抢进屋中，见赵姬正在看守着几上的暖玉琵琶。他抢过琵琶，夺门奔出，两步跨向宫墙，飞身跃上，踏着墙外的花树飞蹿，再蹿房越脊，一霎时即回到宴会厅，将琵琶交到简公之手……简公欣赏其智勇，随后擢其为镇守临晋的将军。

贾章得到简公的赏识和重用，决心大显身手，以报君恩。他知道灵公、简公以来，秦已疲困衰落，不仅将秦穆公之时的赫赫威势弄坍了，而且秦有受魏韩劫夺蚕食之危。简公忙于内斗，胸无大志，秦之危机日益加重。拯秦之危，唯有以攻为守，须推着简公倾心向外，则内斗可稍息，国人之注意力才会转向图强争霸。自己有四万多精锐部队，若能首先杀过河去，国人则必神情大振，简公则被迫必耸起雄心，此则推动和牵拽秦以攻为守之计也。到任两年多来，他多次试图过河攻拔蒲阪，无奈秦国无水军，他征调来的渭河民船作战船，哪里经得起黄河如山巨浪的颠簸？故而总被宋华的高大战船击溃。他多次奏请国君大造战船兴建水军，但简公正忙于与后党争斗，加之国库财力困窘，哪里顾得了这些？贾章虽愤恚，但将秦简公“绑上战车”之决心更坚定了。他思谋有时，决意将又在怀孕的妻子和儿女们送回雍都，自己率军作拼死一搏，定要夺取魏之河东桥头堡蒲阪，牵着国人将眼力、精力投向东方。

他虽嗜战，却又极是好色，送妻子回了雍都，须有年轻漂亮的女人供其泄欲。可是，城中有姿色的年轻女子都或逃或藏一尽，找不到能入眼的“工具”，无奈，他令下人们到卖身为奴的“人集” 上去搜寻。几日后，下人们终于搜寻来一个满脸灰尘污垢、发如飞蓬却牵着一只漂亮而威猛之黑犬的贫女。他刚要怒骂下人，再一细瞅，却见这“工具”身材极姣好，面庞似乎也不错，乃皱着眉令其先洗漱更衣，再来由自己审验。那贫女再来拜见时，贾章的眼睛登时花了，啊哟，此女二十岁出头，粉脸桃腮，杏眼柳眉，口似樱桃，

齿如扇贝，鼻如美玉琢雕，未施脂粉铅华，却已光彩令满屋生辉，比得自己的妻子简直成了农家婆。他惊诧良久，突然怒喝道：“汝非贫家卖身者。实告吾，汝究为何等身份？自卖为奴何所图也？”那女子再盈盈而拜，“将军眼如剑锋之利！实言之，我本是公子连之侍妾。公子仰慕将军威名，欲结交之，要送妾身服侍将军，而恐交浅而馈厚，被将军见拒，正无计可施，闻将军买奴，乃使妾身乔装自卖者以献将军……牵挽黑犬，哗众取宠，以吸引买奴人之目光也。”这番话，只听得贾章心中翻腾如煮粥：废太子嬴连在秦人心中仍有令誉，但其为简公之仇敌，亦即为自己仇敌也，听说其常赠珍玩财宝于重臣以拉拢人心，现在用如此巧计送此天仙美女于吾，其用心不言自明。我若接收其美人，消息传到朝廷，将有叵测之祸……他正在犹豫，瞥眼再看此女，拈裾而跪，似感羞臊，眼含怯笑，颊喷红霞，粉颈下肌肤凝脂，诱人伸手摩弄，一对饱满的蜜桃似在微微跳荡，勾人伸手去摘……他再也无法控制自己了，娘的，管他什么用心呢，我且享用一番再说，遂一抱抱起美人儿，走进府后厢房……

然而这一享用，竟使他无法放手了，一连三日，晚上大张挞伐，白天也依偎搂抱，伴之以美酒弦歌。三日过后，他又惊惧起来了，此女是公子连的美人计，怎可留作己用？那戚甲深得君宠，走狗耳目极多，如何瞒得住戚甲？唔，戚甲更是好色之徒，若以此天仙送与戚甲，其必大喜，定助吾游说简公，使吾加官晋爵！主意既定，乃对美人说：“卿之品貌艳绝当世，吾与卿欢爱难割难舍，然边陲争战之地，我不日将要大动干戈，卿乃葳蕤鲜花，不可经受战火硝烟。我意，欲将卿赠予戚甲大人，卿既得荣贵安乐，贾某亦……”话未说完，美人突地格格冷笑开了，“将军妙计，妾身能不感荷？团扇火炉，当时为宝，过时则弃，人情也。然则妾虽丑陋，亦是良家女儿，岂可如驿站骡马，任人乘骑，骑罢一掷？妾所以不顾羞耻自献于将军者，为闻将军乃英雄豪杰也。戚甲卑劣小人，秦人皆知，魏韩亦播其名，妾纵是破布败絮，亦不受卑劣小人玷辱。今已为深秋之扇，妾则自弃而已矣！”说罢，纵身而起，快步奔向屋角立柱，伸头直撞上去。贾章大惊，纵身一跃，飞出五尺开外，探手一抓，将美人抓退三尺，拥入怀中。饶是如此，美人已撞破了额头，鲜血殷殷渗流。

美人偎入贾章怀抱，嘤嘤哭泣。贾章心疼得以舌为之舔血，连连顿足责骂自己，心中却是甜浪滚翻：美人常为蒲柳之质麋鹿之性，随遇而安，耽乐无贞，此美人钟情于我，贞且烈矣，是为贾某红颜知己焉……于是，他再也不提转赠之事，与之夜夜缠绵，情浓如胶，唯叮嘱所有警卫侍役丫鬟人等，不得将美人之事泄露出去。

两国军队虽然隔河对峙，但两国的商旅还是互相来往的，他派出间谍潜入蒲阪和魏都安邑刺探情报。安邑传回的消息说，上将军乐羊长年卧病在家，新入魏的将军吴起沉溺酒色歌舞，整日晕晕乎乎不理军事。贾章大喜，他知魏国有能为的将军唯有乐羊，乐羊必是为魏文侯疑忌而忧惧成病，哪还有心思筹谋防范秦军突袭？那位突兀显露峥嵘的吴起倒有几分可怕，但天助大秦，使吴起浑浑噩噩成为废人，宋华等河东守将不过是寻常庸碌之辈，唯赖黄河天堑与己抗衡，只要越过黄河，其必土崩瓦解。夺取了河东桥头堡，魏则惶恐，秦则振奋矣……

要过黄河，大战船不可指望，须待水枯时节或天奇寒结坚冰时飞渡。但浩荡的黄河似有无穷尽的水源，大冬天也有横无涯涘貌，结冰倒是年年会有，但薄薄的浮冰，不仅人车不能过，反而连舟楫也给堵塞了。（其时之黄河中下游流域地区，气候温润、雨水丰沛，与今自然现象大不相同。这不必求证于古天文气象，只从唐诗中描绘的关中地区自然景象也可推知）承载得起人马的坚冰，可期而不可求也。贾章却是略懂天文，料到连续几年冬暖，今冬或会大寒。一冬又不太冷，他则估计立春前后天将突变严寒，坚冰可望矣。他筹思多日，制定出了一个出奇制胜、过年偷袭的计划。

在与魏军的两年对峙中，贾章已摸清了魏将宋华，此人虽无大才智，但生性谨慎小心，职守兢兢业业，自己曾多次利用大雾、大雪或风雨交加之夜偷渡，皆被宋华击退。如何才能使宋华松弛戒备呢？他明白自己的间谍在魏国刺探情报，魏军的间谍也可能就在临晋城里活动着，若令敌之间谍传回假情报，智勇平庸的宋华必然深信不疑。于是，他早早放出风声：今年是自己的四十岁寿诞，要热热闹闹庆贺一番，也让将士们过个快活年。

偏将厥存茂颇有才智，却与贾章性情不和。盖贾章经常征、抢民女入府淫乐，民怨四起，厥存茂屡谏不听，暗暗怀忿，贾章亦暗怒存茂。而且，对贾章的东进野心，他极力反对，谏之曰：我秦中道衰疲，暂无力向东攻取，今日朝廷多事，国力更弱，只可谨守河防，不可惹火烧身，却遭到贾章的叱骂。贾章几次强渡黄河攻蒲坂，他皆反对，更被贾章怒骂，结果皆如他所料，以失败告终。特别是一次征调到了大批的小船，贾章想利用小船的数量之多和

行动快速灵活的特点取胜。他选了个无风无浪的天气强渡，做了周密的计划：用多只小船攻敌一只大船，部分士兵手持搭钩钩住敌船，其余的将士纷纷跃上，敌军不死即降而已。厥存茂谏道："宋华已近乎黄河艄公，这种战法如何不防？倘敌以大船直撞我小船，我军危矣。"贾章怒斥道："胡说！敌船来撞，我搭钩正派用场。一旦钩住了敌船，则与其连为一体，何冲撞力之有？我众多小船乘机围拢，此船即为我虏矣。"于是四五百舸齐发，像鱼群一样扑向东岸。宋华见秦军以众多小船来攻，乃令百多只大船排成一列横队，全速来冲秦船。这么多大船齐头并进，掀起的大浪三四尺高，秦军的小船给颠的摆簸欲倾，哪里还能按预定的战术展开队形？哪里还能用搭钩抓钩敌船？魏军的大船冲撞上来，小船纷纷沉没……

自此后，厥存茂名声响亮起来，贾章却很不舒服。此时厥存茂提醒贾章：庆贺寿诞不宜大肆铺排，须提防魏军偷袭。其实，贾章虽心高气傲，却并不鲁莽，而且还算心机缜密呢，他明白临晋城里极可能也有魏军间谍，自己的偷袭计划，就须万分机密，连所有的将领都得瞒着，万一稍有泄露，一切就泡了汤。他知道厥存茂智勇超群，但畏怯惧战，也决不可使之知晓自己的偷袭计划，于是他故意讥诮地斥责道："尔但尽其本职足矣。这种兵家常识，本帅岂不懂吗？"厥存茂讪讪而去，极是不悦。

腊月二十六七，临晋城里已在大张旗鼓地安排着将军的寿宴。腊月二十八日，城中千万人汗流浃背，忙忙碌碌地布置彩门、彩旗、彩灯、绣球，排练寿宴上的弦歌鼓吹以及狮子舞、金龙舞……驻扎在城外的部队，也撤进城内准备贺寿和过年了。二十九日一早，城中就鼓钹喧腾、喜气洋洋了。将军府里，更是笙箫齐鸣、几百盏寿字灯笼和上百只碗口粗的寿字蜡烛点燃，红光辉耀、青烟袅袅，喜庆的气氛近乎压抑地笼罩着。

寿宴开始后，城中热闹得鼎鼎沸沸……贾章高坐主位上，欣喜地接受着大小将领和城中官吏、耆宿巨商等有头脸人物的敬酒祝颂，心中却在盘算着：自己大庆生辰、热闹过年的消息必已为宋华所知，一直绷紧着神经的魏军，能不也借机放松放松吗？纵使宋华不肯懈怠，他又怎能料到自己的二千先遣部队，已绕出四十里外，将于明日天黑踏冰过河，半夜时袭杀其河边警戒军。我大军一过河，慌乱的魏军岂可阻挡？宋华呀，大年初一的拂晓，将是你的喋血之时！今日让三军欢宴痛饮一天，明日休歇一天，明晚子时整军，丑时出击，寅时即可使蒲阪纳入秦国版图……

但贾章怎么也没料到，公子连馈赠给自己的魏国绝色美女，却是李悝赠给吴起的那位如芙蓉乍开的美娇娘。原来，吴起自得了李悝所赠的两位美娇娘，真是大享艳福，白天黑夜地与两个美人玩得天昏地暗。尤其是这位芙蓉娇娘，一颦一笑、举手投足都那么惹人爱怜，而且对他的金枪配合十分默契，其滋味美妙无比。然而，吴起忘乎所以地纵情淫乐，却只是为了迷惑所有关注着他的眼睛，他何曾一刻放松过伐秦大计？他已筹思成了一整套伐秦的方案，并选中了临晋为突破口，但由多种渠道得知，临晋将军贾章却非泛泛之辈，若不能摸清其攻防计划，夺临晋全无把握。一般的细作暗探根本无法获得机密，须有人打进贾章身边，才能刺探到重要情报。却好，公子连要用珍宝美女拉拢秦之重要将领，一时难搜寻到足额的美人。吴起心中一动，若将芙蓉娇娘送出去，美冠群芳，公子连必以之送给河西虎贾章，自己的打进心脏之计成矣。于是他调教一番芙蓉娇娘，难割难舍地送其为自己的事业去做贡献。

芙蓉娇娘虽成了贾章的心尖儿肉，却与吴起的情义更深，她牢记着吴起的嘱托，竭尽全力卖弄风情引诱贾章纵酒纵欲，使贾章飘飘欲仙，而在其半醉状态下，假作为贾章担忧，转弯抹角地打探守备军情，贾章已是神魂颠倒又意识模糊，乃得意又傲然地将自己的妙计和盘托出，待其酒醒后，把一切都忘得干干净净了。可是，芙蓉娇娘虽还在他的怀抱里，但那只黑犬骊獒却早窜出了城，带着情报飞奔河东去了……

今日的临晋城里真个如火如荼，十余万军民官绅士农工商百业人等，都在为临晋的君王寿诞和迎接年至铺排着热闹，连周边的农民也源源涌进城来看热闹、添热闹。将军府里歌舞鼓吹、觥筹交错。街市上万头攒动、人如浪潮，围观着耍猴的、玩杂技者、叫卖吃食和稀罕玩意儿者。追逐着舞龙、舞狮子、高跷社火的行列说笑评论着……有一队龙舞和狮子舞玩得格外卖力，博得看客轰雷似的连连叫好……大雪猛降起来，但这更增添了朦胧之美，使舞者和观者更豪兴大发。

离城东门不远的一座酒楼里酒客满座，其中有三四十个精壮汉子，他们要酒不多，却点了丰富的菜肴，慢条斯理地吃着喝着。天黑多半个时辰了，别的酒客走尽，这批人还在细酌慢嚼。该打烊了，掌柜的正想催这些人离去，这些人却忽地拔出尖刀，抵住掌柜和伙计们的胸口，厉声吩咐说：“不许叫！你们关好店门，各自回房安歇。我等要在贵店中休歇一夜。”

该是往日宵禁和巡逻的时候了，但临晋城里的中高级军官无不酒醺肉醉，大多被侍卫搀架回去沉入了梦乡。下级军官和士兵们也尽兴玩乐吃喝了一天，皆醺醺带醉且疲惫不堪，既无长官明令和督查，宵禁和巡逻之劳苦就势自动免除了。守城门的兵丁虽然关锁了城门，但也裹着厚棉袄躲在城门洞里打盹儿了。谁也没有注意到，倍受喝彩的舞龙、舞狮子的两队人脱去行头，躲进城东门附近的小巷中隐藏起来了。

一支披着雪花的人马开到城东门下，终于惊醒了城门上的守军，他们以为是自家的河防警戒部队要开进城呢，就高声喝问是哪一部分，可奉有将军的命令？那队人马并不答话，却生起了一堆大火。

大火一起，隐藏在小巷中的舞龙、舞狮子者，突然跃出巷来，各个手执尖刀。酒楼上的那伙酒客，也早已奔出店门来。两下汇合，约有六七十人，倏忽冲至城门下，没有大的搏斗，就杀尽了城门洞里的士卒，打开了城门。夺城门者，乃是宋华的将士。

樊贵率军冲入城中，歼灭了城楼上下来争抢城门的守军，控制住城门，随即，吴起率领的大队骑兵，也暴风骤雨似的卷进城来了。骑兵之后，步兵犹如滚滚山洪，声势掀天揭地……

大雪止息了。魏军举着火把、狂吼如雷地冲入秦军军营，多数秦军才被惊醒，一时迷迷怔怔醉眼惺忪，不知发生了什么事，有的还包紧被子坐在铺上揉眼睛，怀疑自己是否魇住了，仅有少半士兵操起了武器，但连甲胄也不及穿戴。此刻，“神灵指示”的建功求赏之机、吴起的奖罚令，使魏军人皆如猛虎下山，刀剑狂劈，血雨横飞，戈矛乱戳，应手一个大血洞。没有甲胄且酒劲未消、臂酸腿软的秦军，哪可与猛虎抗拒？转瞬间被杀得尸如柴垛……但秦军历来英勇敢战，贾章带出来的兵更加了得，虽说死伤极凄惨，却溃散者不多，血战倒地的一片又一片……

贾章正搂着芙蓉娇娘酣睡，忽被侍卫闯进来叫醒：“将军快起，魏……魏军，杀进……城来了！”贾章的酒意、睡意登时全消，一骨碌翻身下床，扯出床头佩剑，风快冲出房来。满城已火光冲天，混杀声惊心动魄。将军府中，数百名秦军正和潮水似的魏军扭杀在一起，地上躺满了秦军尸体，大概将军府的警卫队已死伤殆尽。饶是如此，贾章并不太惊慌，他知宋华的部队战斗力不强，只要己军从惊慌中镇定下来，勇猛反击，必将令敌损折凄惨、狼狈逃窜。他漠视着危局，高声冷笑起来，"嘿嘿！这宋华成精了，竟敢自动前来送死？弟兄们，给我狠杀这些稀松草包，咱们……"

偏将军厥存茂冲近贾章身边，着急地说："将军，来者是吴起的部队，十分凶狠，我军已死伤大半了。我特来保护将军，快快杀出城去！"如一桶冰水兜头浇下，贾章打个寒噤，心中暗叫：我贾章自恃勇略盖世，却中了吴起骄敌之计。天丧予，天丧予也！此刻将士慌乱奔逃，厥将军却舍身来保自己，自己平日不识宝，无目者也，事至此，何颜求生？

厥存茂见贾章不走，催促说："将军快快上马，末将等舍死保将军杀出去！"贾章突然暴怒了，"胡说！吾不能为国有所建树，亦当为国尽忠全节。堂堂大丈夫，生何欢，死何惧？左右，取我的槊来！"一侍卫递过来他的青铜槊其狼牙锤巨大，枣木柄又粗又长，整个槊重有三十多斤（苏豹之槊重达四五十斤），一般壮汉虽能举起，却不能挥舞作战。他接槊在手，紧一紧单袍，大吼一声，杀入魏军丛中。厥存茂平日不甚敬重贾章，此时却对其忠贞勇迈之气概顿生钦敬，也随之杀入敌丛。

贾章舞动大槊，劈、盖、截、拦、撩、冲、带、挑，直如狂风暴雨，威不可当，刹那间，已给他杀死魏兵魏将一二十人。他如发了疯，大步直前，只身猛冲，竟迫得大队魏军连连后退。秦军将士大受鼓舞，也抖擞精神，竟死死抵住了魏军的进攻。魏军虽然众多，却无人能敌贾章的勇猛，发箭射吧，难免杀伤自己人。当此之际，一名魏军小兵偷偷向贾章背后蹑足抄去，趁其向一名魏将下杀手之时，突地挥刀出手。但贾章眼观六路耳听八方，背后的偷袭他早已觉察，却全不放在心上，打出去的一槊劈碎了魏将的头颅，再槊一回抽，槊把末端的尖矛就刺入了偷袭者的胸膛。然而，在魏军小兵被刺飞两丈多跌倒死去时，他也一个踉跄跌倒，背上插了把短刀，鲜血泉涌。原来，那小兵抱有必死之心，在他的槊把将抽未抽之时，却已飞刀掷了出去……相距既近，他又只穿着单衣，那刀竟洞穿胸膛，刀尖露出前胸数寸。好个西河虎将贾章，挣扎了几下，突地一跃而起，飞扑上前，又一槊打死了一名魏军军官。但这一奋力，引得前胸后背血喷如箭，他终于摇晃了几下，又颓然扑倒，再也挣扎不动了。

杀死贾章的这名小兵，名叫蒋石头，乃吴起为之吸脓疗疮者。

厥存茂虽逊贾章之威猛，却也十分了得，舞动单刀，魏军数十人不得近身，还被他连斩几人。但贾章的战死，使他悲痛又惊慌，一个分神，被魏将莫墨

玉欺到身前，生擒活捉了。

贾章一死，厥存茂被俘，秦军的将领们再也无心抵抗，整个秦军有如山崩水泻逃跑，逃不及者，纷纷弃兵投降……城中烟焰蔽天，流血漂橹了。

雪早停了，阴霾仍很沉重，天就亮得很晚。当曙色彻底驱散黑暗时，魏军的旗帜已插遍了临晋城。四万多秦军，约有六七千缴械投降，其余大部被杀，少部分溃散逃去。城中山积的粮饷器械，尽为魏军所有。魏军自身损折仅五六千多，真是辉煌的大胜利呀。全军为辉煌胜利和将到手的封赏欢声雷动，吴起却有点闷闷不乐，因为那位芙蓉娇娘竟渺无踪迹了。他与她恩爱时日不长，但欢洽犹如田月娴在世。他实在舍不得将她赠送贾章啊，但为了自己的功业，不得不忍痛抛舍呀。月娴啊，芙蓉娇娘啊，我吴起愧对你们了，但我的功业，将会助你们成为名传百代的佳人！

至于对那位舍生取义的英雄蒋石头，吴起只是亲自祭奠一番，并将其作为又一面旗帜，号召众将士以其为榜样杀敌报国，之后令职司送往其家中优厚的抚恤，其实在他心中，很快就把这位小兵淡忘了。蒋石头啊，还有鲁国的商宝、商贵等等小兵小卒们啊，你们深深崇敬、甘愿为之卖命的吴起将军，其实和所有王侯将相们一样，爱你们，只是为了挤榨你们的忠诚和勇敢，以为其建功扬名而已啊！

但吴起毕竟又与别的王侯将相们有差异，控制住城中的形势后，即下令三军灭火救人，有敢奸淫抢掠和惊扰百姓者斩。因为他知道，得秦之地易，得秦人之心难，要在河西站住脚，须使百姓悦服。

第四十一章

矫饰[①]家世得良将

贾章的将军府做了吴起的指挥部。吴起端坐在贾章的帅案前，接受将士们的献功。对每一位立功将士，他除了按奖惩令颁发赏金外，还大加抚慰激勉。有那受了重伤的，他亲自为其擦血裹伤，嘱咐军医精心照料……将士们无不感动，他却说："诸位是魏国的功臣，理所当然应该受到上至国君，下至小民贩夫徒隶之人的尊崇，这是李悝相国新法的基本点之一，今后，本将军当身体力行，贯彻始终。诸位戮力杀敌，再建大功之时，我当请国君亲为功臣颁赏授勋！"三军为之振奋不已。

此一战，三军人人奋勇，未有受惩罚者，却是大部分将士都得到了一至三饼黄金的赏赐；樊贵先遣军中的两名五什长，杀敌超过十人，各得黄金三锭外，还立即被擢拔为五乘将军（统帅五辆战车，每辆战车附属有步兵七十五人）；樊贵指挥得宜，晋爵一级；莫墨玉生擒了贾章的参军厥存茂，晋升为后军将军。未得赏和得赏不多者，皆企羡厚重的赏赐，都摩拳擦掌要在下一战中建大功。

秦将厥存茂被押解上来，吴起已通过部分投降军校，知其为智勇超群之将，决意抚降之，乃急忙走下帅案，亲自解其缚，并双手捧酒为之压惊。厥存茂却推开酒卮，瞠目怒斥："吴起贼子，你无故侵我城池，屠我袍泽，我秦人与尔誓不两立。贼子速速杀我，欲使秦将军降魏，除非黄河倒流！"

吴起稍一沉吟，随即摇头苦笑起来，"厥将军枉有昂昂威武、英雄气概，却是不明事理，糊涂之至，可惜可惜！"

厥存茂愤愤质问："贼子无须摇唇鼓舌，秦唯断头将军而已矣。尔且言之，厥某何以不明事理？"

吴起款款地开言道："将军事理不明者有二。其一，河西之地，本是我晋所有。秦穆公时，我晋君误中奸计，不幸为秦所虏，不得已而割河西膏腴

之地以自赎，故而秦才得以东抵黄河岸。此史实将军不知乎？今我三晋威势复振，夺回我原有之疆土，岂非天经地义？其二，将军可知？汝非夷狄秦[②]之种，而乃我晋大功臣之后，那位追随晋文公流亡在外十九年，忠心耿耿、劳苦功高，后被封为上大夫的贾陀，实为汝先祖也。”

厥存茂一愣，随之更愤愤地问：“贼子信口雌黄，用心龌龊。我且问汝，所言有何根据？”

吴起稍稍停顿了一下，迅速整顿好思绪，缓缓开言，如在抖落自己的家史：“先贤贾陀死后，其子孙仍袭爵上大夫，但至其四世诸孙，与名将先轸之后人争夺封地，被先氏挤出京城，散居于各地，而且日渐衰落式微。其一支贾氏被先氏迫压尤甚，遂隐居于中条山，今之中条山贾家岭有贾姓人数百，盖源于此也；另一支贾氏为远远躲离先氏，乃避居于河西之翟地，又遇上疫灾和匪患，不幸沦入饥寒交迫中。翟地多小山，山上多长蕨菜[③]。这蕨菜高可三尺，葳蕤蓬勃似铁树，人不能吃，马牛羊猪亦不食。蕨菜色翠绿，其嫩芽却呈朱红色，粗如小儿手指，一尺多高尚不绽叶，似荷叶之箭，似韭蒜之薹，柔柔嫩嫩极是可爱。当地人却说它有毒，称之为毒薹，无人敢吃。贾氏一家人饿慌了，也不管毒不毒，采来煮熟就吃。岂知这毒薹不仅无毒，且味极鲜美，还能顶饥呢。翟地人见之，一涌疯采毒薹，毒薹为之一空。靠这毒薹，他们一家度过了春荒，后昆繁衍壮大起来了。贾氏感念这毒薹……也就是蕨之功德，乃易其氏为厥也。秦本无厥之姓氏，诸侯各国亦未闻厥之姓氏者，此可证厥者即贾氏后世也。此段故事[④]，晋史中记载详明，且有‘是年疫大兴，匪患猖’‘翟地人赖蕨得存，至有以厥为氏者’之语，将军不知乎？欲证将军是否此一支厥氏，只问是否翟地人可也。将军原籍为翟地乎？”厥存茂不自觉地点点头。吴起接着说：“如此说来，将军确乎为贾氏之后，晋之遗孑[⑤]也。今将军归魏，乃认祖归宗，令先人贾陀，当含笑地下矣。若死忠夷狄秦，岂非叛祖背宗哉？将军思之。”

厥存茂目瞪口呆了，若说吴起是信口雌黄，何以能引经据典？何以能知翟地多蕨，且对蕨菜之形状特点知之甚悉？又何以敢断定自己是翟地人？若说吴起所言为真，却毕竟有点儿穿凿附会之嫌……所有的魏国将领也惊讶莫名了：我等老晋人，对贾、厥二姓之变迁也只影影绰绰听说过，吴起怎能如数家珍呢？其才识非常人所能企及啊！唯有西门豹心中既敬佩又好笑，吴起玩弄了名之虚玄！晋与魏是两码事，魏不仅不能代表晋，还是晋的死冤家呢。

吴起将二者混为一谈，使侵夺河西理正辞严，又为劝降厥存茂做了张本。贾、厥二姓之变迁，时过二百余年，谁可考其详细？谁又可知老秦人原无厥姓？河西厥氏，或多是蓬门荜户者，何来《族谱》察知渊源？吴起将史与《山海经》混为一体，讲的有鼻子有眼，其实经不起考究，目的只在劝降厥存茂而已。但厥存茂当事者迷，哪可分辨真伪？何况吴起奉送给他的祖先，乃是头顶光华闪耀的大忠臣大功臣，厥存茂怎么推拒呢？“追本溯源”，厥存茂能不动摇吗？

果然，厥存茂愣怔了一会儿，突然扑通跪倒，语近哽咽地说：“得闻将军之言，厥某如拨云见天。罪将之根既在晋，今情愿归根降魏，以去祖上之愧赧。但罪将为秦将十余载，背秦已是惶悚，为仇绝对不可。将军能俯允罪将不与秦为敌，罪将则降，若要我倒戈相向，厥某当碰死阶前。”

吴起双手搀扶起说：“厥将军忠义高士，吴起钦敬有加，岂敢不允！此事易耳，吾自有计较，可使将军不担倒戈之名，吴起绝不敢有诳也。将军叶落归根，吾可遣汝离开河西，不必与秦人交战可也。然吴某亦有一事相求。”厥存茂这才换颜作喜，郑重地行了下属参见之礼，恭谨地说：“末将谨听将军吩咐，何言‘相求’二字？”吴起也笑了：“无他。吴某欲详知……好了，你我且进后堂细谈。”

来到后堂，吴起笑道：“听说厥将军有宝图二卷，可否借吴起一阅？”厥存茂一愣，这吴起好厉害，得城不过四五个时辰，却已察知了我擅长地理，并有宝图二卷！

这厥存茂不仅武勇有力，颇有谋略，而且颇有地理兴趣才能，他借助典籍史料，更亲历考察了许多山川形胜，编撰就了《秦山川形势全图》和《河西战守要点图》二图表，自视为珍宝，但众皆轻忽之，贾章虽暗暗钦佩，可其志在挥军河东，攻魏侵韩，激扬雄风，哪肯有消极保守之意？再者，厥存茂已有能名，若再肯定其能，愈不利于己，遂讥嘲之为胸无大志，唯自炫雕虫小技也。他为之愤愤而已。现在他却既吃惊又感动了：吴起抢夺临晋，其智谋鬼神莫测，又如此重视地理，确为古今少有之良将，贾章受死不冤也。其已察知我有二图，必然更察知了我之妻、儿在城中，其若捉拿我妻、儿为质迫我降魏，我将如何是好？其未行此恶计，却以追根之法令我不失体面降魏，爱才之心昭然矣！其人仁义，让我如何推拒？可是，献出此二图，甚有害于秦，秦为我生养之地，我岂能助吴起？然而吴起怎肯罢休？其若搜查我家定可得

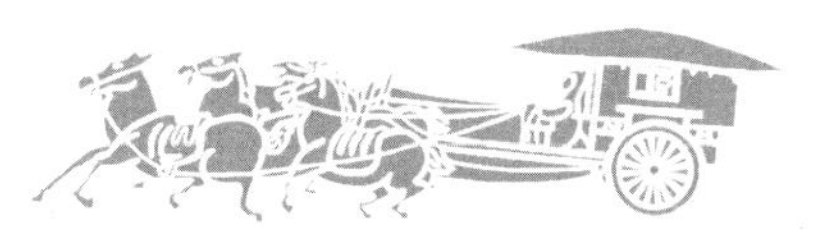

之，那时我岂不是两面不落好？罢了，今既已为魏臣，不献图即为二心于魏，岂不被人视作反复小人？况且自己在贾章手下明珠掩埋，发不了光，吾之图更受轻贱，今若献出此图，此图得耀其光，吾亦有荣矣！于是他回到家中，取来两卷地图送交吴起手中。

吴起先急忙展读《河西战守要点图》，但见总图鸟瞰河、渭、洛之间主要的山川谷峪大河小溪津渡僻路鸟道；“分图”以城为标的，对城池之坚牢状况、谷峪之阔窄深浅、崖坎之高低陡缓、河溪之水势大小缓急及变化和津渡之险峻平易皆有数据和备注。吴起只看得连赞精妙，不忍释手。他已知道了厥存茂与贾章的攻守之争和临晋军与宋华几次争战的情状，对厥存茂已是赞赏，再观此图，对战守极为重要，更加确定了其人为难得的将才，乃极力夸赞了一番，又说：“得此图，吴起得助力不小也。尚请厥将军再详告我王城、洛阴等地之地兵力及守备状况、守将之秉性特点。”

厥存茂摇头道：“末将只是临晋小小偏将，于友邻城池之情状全无了解，请将军见谅。”

吴起心中暗笑：厥存茂不肯助我攻略，心犹不忘秦也，然而世上哪有一女嫁二夫之理，汝身既已降魏，不魏助可乎？但此人性耿介且烈，不可强逼之，我须用激将法，于是摇头叹气道：“唉，先贤贾陀亦为一时良将，可惜其后人，未有可继之光辉者也。”

这里的后人，显然指的是厥存茂。厥存茂为之霎时满脸通红了，你吴起如此小视我厥某，岂不可脑！于是提高了声音问：“请问吴将军，如何可算得良将？”

吴起正色答：“良将者，须识天文、察地理、知兵机、有智勇，尤在于知己知敌知友，对敌我友形势及各自将领用兵特点、秉性喜好、交往关系皆了如指掌，方可战无不胜。我观厥将军，前几宗达矣，而知己知敌知友尚不至，故不可成良将也。”

厥存茂冷笑了，“吴将军何门缝里看人，人皆为扁乎？厥某虽算不得良将，然而知己知敌知友或不茫然也。实告子，厥某戍守西河数年，对诸城之兵力状况、将领特性无不了然于胸，然而我……”

吴起大笑起来，“我已知厥子为良将也，以言相激，令子光芒自显也。将军已为魏臣，并已献图助魏，又何惜详告我诸城情状，亦显耀子满腹兵机之能？”

厥存茂至此，始知中了吴起激将之计，但大话已说出口，再如何收回？何况吴起所言不妄，自己已为魏臣，再怜秦即为魏、秦共不齿也。这吴起之智能才干远在我之上，得为能人助力，我亦有光彩矣。于是，他娓娓道来，详尽地讲述了王城、洛阴等西河重要城池的各种军机秘密。原来，临晋是西河五城的首府，最为冲要，城大兵多，贾章是五城行军总管（略同于军事总指挥），乃以最高统帅的身份，经常派人到各城督查防务事项，受派最多的就是厥存茂，故而厥存茂对各城的兵力状况、将领特性所知甚多。吴起聚精会神倾听，时而会心微笑，时而皱眉沉思，时而请其将关键之点再详加解说……讲完，吴起大喜说：“得闻诸城详情，吴起已有了进兵王城、洛阴之计。得二城之功，厥将军胜吴起也。”

厥存茂却心情有点沉重地说：“吾已为秦之罪人矣，只盼吴将军能言而有信。”

吴起收回心神，一笑说：“厥子何须如此？吾已思之妥矣。乐羊上将军即将大有作为，吾今举荐将军到上将军府为参军，离开河西，另图鲲鹏展翅。”厥存茂这才大喜，感谢吴起计虑周详。

随后，厥存茂带着家眷和吴起的书信，率领自己原先的数十名贴身近随东渡黄河，到安邑上将军府中任职去了。

【注释】

①矫饰：亦作矫饬，整饬；整改。另有造作夸饰，掩盖真相之义。

②夷狄秦：秦人本是东方部落，后迁居（贬谪）到西戎，渐与少数民族混同，被东方各国歧视。

③蕨菜：多年生草本植物。其嫩芽（薹）可食，味鲜美而营养丰富；其块根磨粉，可做多种美食。国人食用蕨薹蕨根的历史不详。

④故事：陈年老事之意。

⑤遗孑：犹如说遗民。

第四十二章

各欲假物[1]克强敌

一连几日，魏军在临晋城中欢庆胜利、欢度大年，不仅酒肉充足，还有大批的金钱赏赐三军……这些都是贾章用来奖赏三军自我庆祝的。吴起将警戒巡逻和城中治安全委托樊贵安排主持，自己则与将领们欢庆，大块吃肉、大碗喝酒，并亲自为有功将领们布菜斟酒，也为蒋石头等英烈设虚座以享庆功宴。他的身边坐着一位工匠打扮的临晋人，吴起只介绍其人是雷先生，令将士们为其敬酒，别的什么也不说。将士们暗暗惊奇，但知道吴将军敬重此人，此人必是大有作用。他又深入到各个军营中，与下层士兵们一起吃喝欢庆，士兵们向他敬酒，他也热烈地向士兵们敬酒。三军无不欣喜，对老巫师之言更深信不疑，“得封赏，谋富贵”之心更坚定了。他总是喝得醉醺醺的。可他看似晕晕乎乎，却还清醒着，吩咐中军官莫忘给秦军俘虏也送去足够的食物酒肉，让俘虏们也过好年。

正月初六，吴起要对秦军俘虏训话，但他又喝多了，脚步歪斜飘虚地走进校军场，在两个侍卫的搀扶下才登上将台。台下，近七千秦军俘虏在荷戈执戟的魏军警戒下席地而坐，都惊慌不安地注视着这位将决定自己命运的阎罗王。他们清楚地知道，在秦魏近些年的河西争夺战中，两国对战俘无不残酷……或卖为奴，或被杀死，秦国常用战俘以殉葬。他们这几日能得到好饭菜和酒肉过年，已经很感谢“阎罗王”的人情味了，下面倘得为奴而活命，更是大恩德了。他们无不惴惴，期待着“阎罗王”大发慈悲。

吴起扫视了一会儿战俘，神情极兴奋地演说起来，但说话的口齿已不太清晰，而且有些思绪纷乱了：“秦军弟兄们，你们放弃顽抗，是聪明的选择，若是拼死抵抗，此刻早进枉死城了。你们一死不要紧，家中的妻儿老小可怎么活下去呀？告诉你们，我吴起战无不胜，攻无不克，与我作战，早早弃兵投降才有活路。活路吗？我吴起不杀不虐俘虏，今给你们两条路走：愿降魏当兵者，一律优抚；想卸甲回家者，我放行……”

旁边的中军官重重咳嗽了一声，急叫：“将军……”

吴起一摆手，自管说下去：“我希望各位都成为我大魏的战士，随本将军建功得封赏。况且，我魏军食足衣丰饷厚，比寒伧的秦军优裕甚多。秦本贫穷困苦之国，今更混乱而困顿，其亡不远也。我将克日先取洛阴（今陕西大荔西南），再拔王城（今陕西大荔县）……”

中军佐再次咳嗽急叫：“将军您……”吴起哈哈大笑，“怕什么？河西虎贾章伏诛，余则枯木衰草也，谅那章霸川与司马飞龙，纵使知我动向，宁能挡我神兵乎？罢罢罢，说远了。各位，我吴起言出如鼎，大家不必顾虑，愿降者留下，愿去者可以走了。”转头对中军官吩咐，“传令各门守军，一概放行，不许留难。快去！”中军官只得怏怏而去。

秦军俘虏们大出意外，谁不想回自己的家乡与家人团聚？但吴起若是言不由衷，自己一迈步岂不要给魏军诛杀？可看吴起的神情，似乎并无欺诈，再说，其若要屠戮我们，只需一声令下，何必多此一举？他是喝醉了说话不把门？可听说过，其人言出如鼎，绝不食言自肥的……他们相互呆望许久，终于有人大起胆子，慢慢站起身，缓缓向城门口走去，竟是真的无阻挡。于是，其余一窝蜂而起，乱纷纷出城而去。仅有不足两千人留了下来，愿意加入魏军。

忙完手头事务的樊贵来了，望着所剩不多的投诚军，叹息一声，轻声嗔怪吴起说：“将军喝多了。放战俘回去，不是纵虎归山吗？秦法峻苛，这些人哪敢逃离回家，必是投王城和洛阴去了。”

吴起又哈哈大笑，“汝谓我醉耶？实言之，一年半载，吴起可滴酒不沾。三坛陈酒，休想使我昏醉。吾欲囊河西而灭嬴秦，须先得秦人之心，播仁义之师令名。况这些俘虏回去，将起到涣散秦军斗志的作用，可借助之力，或可胜数万雄兵的强攻呢。”

樊贵明白了吴起是装醉，知其纵俘是用计，但吴起毕竟也喝得不少，头昏脑涨之时，或是真的泄露了军机，可他极敬重吴起，乃委婉地表示了担心：“然则泄我军机，亦用计也？”吴起向樊贵低声耳语一番，樊贵惊叹“妙绝”。

放走俘虏之后，吴起令三军开到城外旷野，操练一种阵型。他先激昂兴奋地鼓动道：“弟兄们，本将军已胸有成算，攻取洛阴如手拿把掐矣。得了洛阴，须借势急攻王城。而据说那章霸川之骁勇还在贾章之上，其军也甚勇

悍，我不可与之蛮拼，可用坚阵对敌，使我三军成一整体，车步骑兵紧密配合，如一大磨磨碎悍敌。司马穰苴云：‘凡战，非阵之难，使人可阵难；非使可阵难，使人可用难。’我军须操演熟练此‘圆环八卦阵’，王城兵将成我大磨下谷豆矣。”三军一听说洛阴已在把握中，更是人心振奋，士气如喷。吴起又解说了此阵的要点和排练之法，随之挥动令旗，指挥排阵，竟似以手使臂，数万大军随着令旗整齐有序、迅速威猛地变换着队形，进退攻守，俨然有机一体……

三日之后，圆环八卦阵操练成熟。

正月初十日上午，雪早化尽，路已干爽，吴起留一万兵力令一员偏将守城，自率约三万五千人马，浩浩荡荡地向洛阴开发，他似乎想徐缓行军，三更时抵近洛阴城，后半夜发起突袭。但他的大军一出城，立即被一乡民细细关注，而后牵出一匹马来，飞身而上，径奔章霸川那里报信去了。

王城者，大荔戎国之都城也。东周初，戎狄交侵，大荔戎族部落侵入境内，灭郱、据芮，于老朝邑城东筑王城，称大荔戎国，附属晋国。秦穆公十五年（前 645 年），秦晋韩原之战，秦虏晋君，晋遂献河西八城（郑、武城、阴晋、芮、王城、北徽、新城、少梁）予秦。秦穆公二十年（前 640 年）又灭梁、芮。秦厉公十六年（前 461 年），秦灭大荔戎国，取王城……王城从此无王，而名犹存焉。

王城守将章霸川，勇力近乎齐国的苏豹，能一掌劈断碗口粗的小树，一柄开山斧使动开，百十人围攻之，转眼间戟断矛脱手，星散逃窜。但他生性凶狠暴戾，将领士卒稍有触犯军纪或惹其不快者，轻则赏一百马鞭，重则一掌劈碎天灵盖，故而被部下暗称为魔障。十数日前，一名卫兵给他送的洗脚水太烫，他竟一掌砍折了卫兵的颈项。偏将军陆成泉与这个卫兵是姑表亲，为之悲愤，斥责将军枉法滥杀。章霸川大怒，喝令将陆成泉抽了一百马鞭。腊月三十日，临晋溃逃出来的近二百名秦军逃来王城，报告了临晋失陷的噩耗。章霸川惊怒万分，恶火无处发泄，遂大骂这些溃军贪生怕死，不战而逃，下令将溃兵全部活埋。陆成泉本就心怀深忿，至此大叫说：“不可妄杀无辜！这些兵伤痕累累，岂是不战而逃者？他们冲出罗网，送信与我，不惟无罪，反而有功呢。”章霸川哪受过这个气？一脚踢倒帅案，瞪眼咧嘴似要将陆成泉生吞活咽，“反了反了！这厮竟敢扰乱军法，为逃卒摆功。来人，将这厮……送其为逃卒陪葬！”陆成泉大骂着挣扎着，却终于被黄土没顶。三军将士皆暗暗怀愤。至初六日，又有二千多被吴起释放的秦军逃来王城，报告了被释经过和吴起酒醉吐露的军机。这次人数众多，章霸川不敢再大开杀戒了，却令将这批人看管起来，予以囚犯饮食，待打败魏军、收复失地再做处置。

章霸川虽然暴戾粗蛮，也知兵机懂谋略，他判断吴起先攻洛阴、后攻王城的计划并非诳语欺诈，因为自己的儿女亲家、洛阴守将司马飞龙，只有不到二万兵力，又不懂征战、怯懦无能，吴起怎不先拣软柿子捏？若洛阴有失，自己的二万五千兵力，恐也难抵挡吴起的七八万（被释放的秦军夸大了魏军兵力）得胜之师。急报朝廷求援？不要说正在过年，雍都（秦国都城雍，今陕西凤翔）各官署皆关门闭户，警报何达君前？即使出兵来援，也须近十天半月时日，已成正月十五祭灶，灶君都饿死了。今之计，只有合二城兵力，倚地利优势，破魏军于骄狂之时……吴起兵进洛阴，必过小尾河，小尾河南部是大片的低洼沟壑水凼地带，此时虽成冰板，但更加溜滑难行，吴起绝不会走此艰险之途；北部倒好走，但要翻过三道垴坎儿，每道垴坎儿虽只有四丈来高，却是笔陡的断崖，只需用几十兵力塞住路口，魏军十万也急切不得过。他已嘱咐了司马飞龙，以三四百兵力防守三道垴坎儿，魏军纵是强攻，没有旬日功夫，也是过不了垴坎儿的。吴起在这数日空隙里，定然已将地形侦察清楚了，必不走南北二路，只会选大草坝子穿过荻草滩取捷径突袭。这吴起大败英浩、田渊，又偷袭我临晋，其贼智非同小可，必思谋奇袭，其或将夜里伏军荻草滩，于天将亮时突兀向洛阴偷袭，则有迅雷不及掩耳之势也。哼哼，你欲利用荻草，我岂不会利用吗？我若事先伏军两岸，待其入滩，施以火攻，纵使烧不死你吴起，也必杀伤魏军十之七八。趁势追击，定将一举克复临晋矣……

他计虑成熟后，即派人致书司马飞龙，约以于小尾河前后夹击魏军，又派出侦骑，监视魏军行动。

这小尾河距洛阴城仅十多里。它是洛河的小支流，河床有半里多宽，夏秋洪汛之时河水浩浩宽阔，平时水流并不很大，但河心深可三四尺。此时滴水成冰，河上冻得如一面铁板。两岸之荻草滩，长达五六十里，宽处有十多里，窄处的大草坝子也有六七里宽阔，茫茫莽莽，犹如一片海洋。这荻草近

似芦苇，茎杆粗硬，叶子稠密而锋利，唯比芦苇之杆细些，叶窄些，个头矮些，但也有六七尺之高，人与马牛钻进荻草丛，被遮蔽得无影无踪。秋季荻草开花，一片淡紫，轻风吹来，草叶簌簌，紫花摇曳，花絮飞舞飘荡，紫海煞是壮观。冬天杆叶干枯，割取之作柴火，易燃而火力极猛，更是苫盖草房顶的上佳材料。它既蔚然成海，于是成了剪径强人和狼虫狐兔的乐园。又因沙滩土地瘠薄，故而海人户稀少。海两边之人来往，须三三五五持刀带棒结伴穿越。

本应是椭圆的月亮，本应有浩浩的光辉，但今日天阴，星月隐耀，幽光暗淡。一支魏军车轮隆隆、銮铃叮当地来到了大草坝子边，却就地驻扎休息，士兵们坐于地上，慢条斯理地吃干粮喝水，还轻声说笑着，并不急于入海，仿佛在等待着什么。

别看章霸川粗野鲁莽，打仗却是内行，他早派细作潜入了临晋城中，侦探着魏军的动静。昨日，细作发现魏军正在做战斗准备，回来报告了情形，他据此推断，吴起将会于一二日内偷袭。于是，他一面派人送信给司马飞龙，令其提前在河边设伏，自己也于昨晚率二万步骑兵隐伏在距荻草滩最窄处的一片槐树丛林中。只要魏军一入海，他立即封锁住海岸，魏军就别想出来了。他的士兵人人负有一捆掺着火硝的干草，对岸的洛阴兵亦如此，两岸的干草点燃，茫茫荻草迅猛燃烧的威力，足以使几万魏军变为火烧全猪。看着魏军开来海边，他兴奋得不能自抑：吴起小子，你果然想潜伏海中，趁黎明时猛虎一跃，直扑洛阴，嘿嘿，老子算准了你这一手，我让你猛虎钻进火炉中。此时，他的两名士兵正爬在树顶上紧盯着魏军，单等着敌人钻进海去，就占据海岸，投掷火把。这边火一起，对岸的司马飞龙也会纵起火来，这干枯的荻草见火就燃，蔓延之快如刮风……吴起啊，你或者也将变成一只“烤猪”！

然而，魏军却稳稳不动，似不急于下海。章霸川不禁又急又疑：吴起在等待什么？莫非已猜破了我的计谋，不肯进入荻海？噢，其狡诈成性，防着我火攻，故而兵分多路入“海”，待前军平安无事，后军才肯涉险？不管怎样，其“隐藏海中，待时而动”的战术不会变，我且耐心等待。可是如此一来，那司马飞龙若不察敌情有变，而先自举火，岂不惊跑了“猪王”吴起？他还在疑虑，树上的观察哨却报告说：这只是一支车兵，敌主力不在这里。他更是惊疑，仿佛为印证观察哨判断的正确，恰好又有侦骑来报：魏军的大部队，正在向东北方开去。

章霸川大吃一惊：哎呀糟了，中了吴起的调虎离山计，其以少量车兵吸引着我，却自率大军袭我王城去了！我王城只有五千守军，如何能支持五六万魏军的攻打？这吴起好歹毒，声西而击东，竟想先取我之城！他哪还顾得再深思？急忙传令抛弃草把，火速回师自救自己家。至于司马飞龙嘛，管不了啦，好在魏军并未过小尾河。

由此地到王城有四十多里，章霸川催军拼命地急行返回。约半个时辰后，果见前方有人马在向王城运动。月光似有似无，能见度很低，看不出敌军有多少。章霸川舒了口气，暗自高兴了：你吴起刁滑，可你也被我咬住了尾巴。且让你攻城吧，待你顾头不顾腚时，我突然从背后给你狠狠一刀。哼哼，我虽不能吃火烧全猪，但凭我一城之力，斩掉你的一只胳膊或一条腿，岂不更显章某之能！于是他压住行军速度，远远尾随着敌军。

魏军却怪，只是慢腾腾地前进，全无急袭攻城的架势。章霸川虽觉诧异，但自己咬住了吴起的尾巴已成事实，不怕吴起玩什么花招。他仍远远尾随着，并严戒部队勿得出声警觉了敌人。

小尾河西岸的司马飞龙，也早在海边摆开了阵势，静等着东岸火起，他这边也随即纵火，要吃几万魏军的烤猪肉。

他原是秦简公做公子时府中的贴身跟随，只会腿勤嘴甜谨慎小心地服侍公子，别无它能。但也不好说，因为能是一个很复杂的概念，上天入地是能，善于服侍主子也是能，甚至是更了不起的能呢。同样的伺候主子，有人比他嘴更甜、腿更快、巴结逢迎更搜索枯肠，却并不怎么被主子赏识。而他话不太多，嘴和腿也不是太贱，巴结逢迎也不是过分露骨让人作呕，但他每出言必得主子欢喜，每行动必合主子心意，渐渐竟成为主子的心腹。有人以为，他之被主子器重，是王八瞅绿豆……对了眼了，殊不知，这是他“有眼色、会来事”，或者说，是他深谙和精通服侍人的艺术，而这种艺术天赋，简直是与生俱来的，是具有上天入地本领者学不会的。有眼色、会来事，说明他其实很聪明，尽管只是在“服侍人艺术”方面独特的聪明。闲话搁下。秦简公即位后，要大树亲信，就选派他做了洛阴将军。他不懂政务，更不懂军事，又无勇力武艺，哪会做边城重地的一方长官呢？但他的儿子司马彪炳虽才二十出头，却颇为精明干练，以公子和副将的身份上马治军、下马治民，倒也把一切弄得像模像样。章霸川本来很鄙视他，却又想巴结他，使他在简公面前美言一番，让自己取代贾章而成为西河首府的将军……见司马彪炳有文

武才，乃以女儿嫁与，两家半年前才结为姻亲。司马飞龙却对这位亲家极为崇拜，得了章霸川“前后夹击，火烧吴起”的密计后，钦佩得五体投地，回信“按计而行”。司马彪炳却有担心，“那吴起诡计多端，过险危之地，岂能不万分警惕？若烧不到魏军，反中了人家什么圈套，岂不弄巧成拙，险莫大焉！莫如据城坚守，请岳父击魏军之后，吴起纵有三头六臂，亦无奈我何。待朝廷援军一到，魏军唯鼠窜而已矣。”司马飞龙却深信章霸川之计毫无破绽，反训斥儿子无勇少谋，难成大事，竟自率大军一万三千，初十日即布防于海边，只留不足四千兵力令儿子守城。

司马飞龙等了半夜一天，今晚又过了初更，东岸的火还没有烧起来，就是说，魏军并未入海。噢，吴起定在等待三更时过海，企图于黎明时对我洛阴发动突袭。好你个刁滑的吴起，专会挑拣老虎打盹的时机偷袭，贾章就吃了你这一撒手锏。可你今日的撒手锏，等着到阎王爷的火焰山去使吧！又静候一个时辰，大约快到三更了，东岸怎么还无动静？魏军此时不行动，怎能保证黎明前发起攻城呢？难道是章霸川的判断失误吗？不可能呀，魏军绝不会走南北二路。哦，打仗玩诡计有时也要比耐心，说不定吴起也担心我军火攻，只派小批部队搜索前进，不敢贸然全军入海。哈哈，章霸川沉得住气，不到火候不揭锅。两岸毫无动静，吴起能不挥军急进吗？哈哈……

然而，他没有笑出声来，背后却响起了山呼海啸的喊杀声。他惊得灵魂出窍，转头一看，不知有多少魏军从背后杀了过来。

【注释】

①假物：凭借外物。此处的外物指获海

第四十三章

夺火烧敌取洛阴

从司马飞龙背后杀来的魏军，却是吴起亲率的二万多主力。

原来，吴起通过厥存茂，已对洛阴和王城守将的习性及地理形势了解得清清楚楚，并与樊贵、西门豹一起制定了攻取二城的战术。他已料到章霸川欲行火攻之计，必在海窄处埋伏，暮色朦胧时，乃令樊贵以二千车兵大模大样开抵海岸，却又驻足不动，吸引着章霸川的注意力。他自己则率主力向东北方斜逸徐行，故意摇得马铃叮当乱响，因为他知道章霸川有侦骑在暗中哨探。约行七八里，估计敌之哨探已去报告章霸川了，乃令裨将莫墨玉（生擒厥存茂，显示了其武艺非同小可）率军二千继续向王城前进，吸引章霸川来尾追；自率大部队折向西北方，马摘铃铛，急行猛扑而去，半个多时辰就到了小尾河边，乃于荻草滩的北缘（这里荻草已很稀疏）迅速穿过，直抵三道堖坎儿。

洛阴在北洛河的南面，这里已到渭河平原的东缘，小尾河即将交汇于洛河，却被这些坎儿阻挡，于是形成了二河相距不足一里紧挨，一向南一向北相望流淌的奇特地形。过了这些坎儿，小尾河一摆头，两河相距又变远了。要去洛阴，无舟楫过河，就得通过这些坎儿。坎儿是平地突兀起整体坚石的小山，虽只有四五丈高，却是绝壁立陡，人工开凿的上坎之路，又窄又陡，一人守之，千百人难以通过。

洛阴兵见魏军开来，张弓搭箭，等待着敌人伏尸遍野，狼狈退逃。

吴起却不慌不忙，令上千弓箭手抵近路口，一起向坎上的守军发射。守军立时躲藏起来，反正敌军的箭雨压制后，才会发动攻击，一旦攻击，其箭雨就不敢再发射，那时现身杀敌，敌人则会如西瓜乱滚了。岂知守军刚一隐蔽，魏军立即于路口下架起了六个石炮，这边的箭雨未停，那边的石炮就轰击开了……箩筐大的石头飞上了几丈高的坎上，堪堪儿砸在守军堆中。六块大石砸下来，四个人立时或脑袋开花，脑浆崩流，或砸在肩背上，则如一榔

头砸到肥鼓鼓的蚂蚱或蟋蟀身上，肚腹爆裂，肝肠挤出胸腔，或变作一摊烂酱。就是没打到人的，砸在地上一个深坑，那“通通”的震响，声威也令守军心胆俱裂。天哪，这石炮太可怕了！然而石炮又继续轰击来了，守军魂飞天外，吓得拼命向远处逃跑。但他们一逃，魏军的步兵则像蚂蚁似的向坎上爬来了。待到守军再想向路口来堵时，魏军已涌上来三四百人，更有千军万马蜂拥而上。这二百人要朝上一道坎儿逃已是不及，很快被魏军吞吃了。魏军仅只发射了十几炮，就轻轻松松地夺取了第一道坎儿。

这石炮是怎么回事？它是厥存茂推荐的雷先生的杰作。雷先生名雷霆，是临晋城里的一位巧匠良工，吴起提出自己的设想，雷霆就设计了这种石炮。这石炮其实是人们常见的桔槔（杠杆），雷霆巧妙地在阻力臂上悬挂大石，三四人拉动力臂下降，大石即升上高空。力臂能转动，其转到合适的角度，会自动脱离阻力臂飞出去，成为威力巨大的炮弹。秦国人虽见过桔槔，只知其可以从井下提水上升，怎料它还能发射炮弹？吴起又是怎么想到抛石做炮的呢？这简单，他小儿时玩打仗游戏，用细竹棍剖开，不松不紧地夹一粒小石子，用力抡动竹棍，小石子就能飞出很远很远。是不是可以用大竹竿抛大石呢？雷霆否定了他的想法，却也受到了启发，就改进桔槔制作成了石炮（后世得以大发展，到南北朝时，或名之为抛石机，已成为攻城和攻击敌战舰的山炮）。

接下来，第二道和第三道坎儿，魏军打炮的经验更足，守军已见识了山炮的可怕，第一茬炮一放，就溃败得犹如雪崩了。

魏军抢夺了三道垴坎儿，并不进军洛阴城，却斜刺杀向司马飞龙的背后。

司马飞龙被从背后杀来的魏军吓破了胆，只道自己的洛阴城已失，登时冷汗浃背，手脚酥软，连指挥迎敌也不知道了，倒是几员偏将出于职业军人的习惯和本能，吼喝着命令士兵们迎击。洛阴兵的素质原也不坏，稍稍镇定之后，竟也鼓勇迎战，两军的喊杀声如怒涛轰鸣，兵器的碰撞声震得夜空似在簌簌发抖……但魏军毕竟兵力优势，且多是求功求赏的勇士，洛阴兵哪可抵敌？司马飞龙眼见自己的部队死伤惨重，再不逃跑将会葬身此地。然而，魏军如铁壁铜墙，如何冲得过去？章霸川还在东岸，自己的马快，吃盏茶时就冲了过去，亲家啊，靠你救命啦！他什么也不管不顾了，一打马，唰啦啦冲进荻海，向东岸冲去。他的侍卫亲兵有保卫主帅之责，紧跟着冲入荻海。

此时的洛阴兵将，本已全面崩溃了，一见主将已逃，哪里还肯无谓牺牲，也争先恐后逃进荻海。吴起要的就是此效果，立即以洛阴兵所带的硝磺干草放起火来。二万魏兵散开来放火，火龙长达十多里。这茂密而干枯的荻草，燃烧起来如下滩之水，发出“呼呼……轰轰……”的威吓声，向三面迅猛地扑窜卷舔，声势骇人。洛阴兵吓得胆汁倒流，脸色变绿，没命地向东奔窜。

然而，东岸也烧起来了，火势不亚西岸。原来，章霸川一撤，樊贵立即捡来秦军准备放火的草把，守候在岸边，见西岸火起，也纵起火来。章霸川的草把甚多，燃烧得更其猛烈，火浪翻滚着向纵深卷袭，瞬间就烈焰冲霄了。

两边火海呼啸，唯有从河道的冰上向上游或下游逃窜。但荻草密不透风，柴棍儿似的硬秆绊腿，尖利的叶子割脸戳眼，别说人，连马也跑不动。火却燃得飞快，像猎狗追兔子似的追逐着洛阴兵。吴起见状，留下三千人马守在岸边，并安排伏虎囚笼，其余魏军则踏着余烬（荻草火势很旺，却毕竟是草，余烬并不炽烈，加之天寒地冻，很快就冷却下来）跟随着烈火向“兔子”紧紧围拢。东岸的樊贵人马，也是张弓搭箭，紧紧向猎物围拢。

那莫墨玉奉吴起之令，要他调动得章霸川回救王城时，即甩开追兵，拐回去与樊贵会和，但莫墨玉自恃武艺高强，并不怕身后的十倍敌军，还想戏弄戏弄章霸川，竟依然慢悠悠地向王城进军，他知道章霸川把自己当成了主力军，不敢贸然向自己进攻，就想到王城下惊扰敌人一番，再突然不辞而别，气章霸川个半死。可他错了，当章霸川跟进到地形高处，终于发现了魏军只是调其回军的少量人马。章霸川登时明白了，自己上了吴起的当，此时再回师小尾河已是无用，只得将错就错吧。可恼这支不知死活的魏军，竟还在逗着自己玩，好，我先吃了这支人马，算是对你吴起的回报。他一声号令，二万大军疾奔呼吼着杀向魏军。莫墨玉明白自己玩得过了火，被章霸川看破了真相，却也不惊不惧，乃指挥部队返身迎击敌人。章霸川一马杀到，似乎一挥手间，就斩杀了十几名魏军。莫墨玉大怒，挺身来战章霸川，饶是他武艺十分了得，却也只能战个平手，但敌人兵力众多，很快将他的部队围困起来了。他招架着章霸川的凶狠猛攻，又眼见自己的将士一片片倒下，心中一慌，险险儿被章霸川一斧劈开脑袋。他惊出一身冷汗，一面奋力迎战，一面心中悲叹：我莫墨玉死于此也。

然而正当此刻，秦军突然有人惊叫：“小尾河起火啦！”果然，西南方

火光烛天，几十里火海映得夜空通红。章霸川转头一望，也惊得冷汗直流，因为看火势，明显是东岸西岸同时举的火，自己撤离了东岸，能举火的必是魏军。这就是说，吴起偷袭河之西，将司马飞龙逼进荻海，两岸同时火攻的。天哪，司马飞龙完蛋了，洛阴城完蛋了！

章霸川这一惊恐分神，却给了莫墨玉良机，拼力一枪刺向章霸川面门。若是寻常将军，这一枪必然毙命，但章霸川武艺精妙，反应出奇之快，惊凛中举斧一架，不料莫墨玉这一枪用了全力，他的一架只抬高了枪尖两寸，那枪仍然刺中了头部，虽未伤着皮肉，却将其头盔挑落地下，并连带挂落了几绺头发。章霸川惊得连退几步，莫墨玉正中下怀，趁势冲进垓心，率领一部分将士，拼命杀出重围，慌慌逃向临晋去了。他的两千人马，只剩下了五百多。

司马彪炳仅有四千兵力守城，极担心魏军的奇兵偷袭，遂四门紧闭，令将士高度警戒，自己更昼夜在城上巡查。这日半夜，忽听城下有人高叫："快请少将军说话！"彪炳从城上望去，依稀是父亲的大胡子传令兵，急忙惊问何事。那传令兵气喘吁吁地说："不好了少将军！我军中了吴起诡计，将军被围困在小尾河边，突不出包围，令我单骑冲出来报信：火速前去救援！将军要我速去报章将军，我去了。"说完折转身飞马而去。

司马彪炳虽说聪明伶俐，却毕竟少阅历缺经验，加之生性至孝，唯父母之命是听，今听说父亲危急，哪还顾得多想，急忙点起三千精壮，率五十辆战车出城救援，只留下一千老弱兵士守城。他哪曾想到，他一出城，立即有一万兵力围住了洛阴，并有五千人马紧随在其后，就像章霸川尾追着莫墨玉一样，要做扑杀螳螂的黄雀呢。

这支强兵哪里来的？却是蒲阪的宋华。原来，吴起在初八日，即以魏文侯赐予的调兵符，密调宋华率军一万五千，过黄河走偏远小道逼近洛阴，以一万军隐蔽于五里处待机攻城；以一名大胡子兵扮作司马飞龙的传令兵（……厥存茂提供的线索），赚司马彪炳出城。彪炳一走，宋华的一万伏兵忽临城下，一阵箭雨之后，扔抓钩抓住城垛，像蚂蚁爬树似的攀上了城墙。一千老弱洛阴兵至此，哪还能抵抗，腿快的溜之乎也，跑不动的尽被杀死，洛阴城插上了魏军旗号。

司马彪炳正催军急行，忽瞥见前面火光冲天，他只道是岳父之计得以施行，心中一松，随即又一转念，父亲被围困，那火定是岳父所纵。大火一隔，岳父不能来救父亲，父亲岂不危如累卵？他心急火燎，跳上一辆战车，率先急驱。

离火海约有一里时，不见父亲和洛阴兵的踪影，却见铺天盖地的魏军追着火龙向河心挺进。他心知大事不妙，父亲定是反被魏军困在火海里了。这是咋回事？魏军是怎么飞过荻草滩，又是怎么将父亲赶进火海的呢？可现在他顾不得多想，救父亲性命要紧。凭他的这点兵力，能杀退魏军救出父亲吗？他哪管这些？他早忘了自己的生死，就是做飞蛾扑火，也要扑到父亲身边，若能救出父亲，做了化为灰烬的飞蛾又何其壮美！他向众军一声怒吼：“跟我冲！”即催马直奔火海，但他的战车才又冲出几步，却呼隆一声掉进陷坑中，随后又一辆战车也栽进坑中。他翻下车来，被车帮压住了一只脚，竟是怎么也抽不出来。

他们的战车陷落之时，又有十几辆战车跌进了另外的陷坑。而同时，陷坑的四面八方，趴伏在地上一动不动的三千魏军突然跃起，怒吼如雷地向“飞蛾军”杀过来。洛阴军忽见少将军着了道儿，已是慌得手足无措，又见地下钻出“鬼”来，更吓得手软脚麻，哪里敢战，折转身就逃，但回路却有更大批的鬼……宋华的蒲阪兵了。两支魏军很快就吃掉了“飞蛾军”。

魏军大队吃秦军之时，四名魏兵围向坑边，手持搭钩，要生俘坑中之敌将以献功。五名秦军士兵，被搭钩一个个拽上去捆缚起来。司马彪炳大急，死不足惧，但堂堂的洛阴将军公子、秦军副将，岂能当了俘虏！他拼命向外抽脚，但两辆战车何其沉重，哪能抽动半分？眼见搭钩已伸向了自己，想横刀自刎都来不及了，他钢牙一咬，猛挥刀砍向被压着的左足，生生从踝骨之上齐齐斩截了。与此同时，他空着的左手一把抓住了搭钩柄。坑上的魏兵目睹惨状，惊得傻了，持搭钩者条件反射地向上猛拽，彪炳借力一跃出坑，脚未沾地，即挥刀向魏兵斩去，拽其出坑的魏兵立时躺到了。司马彪炳的断脚处血如泉涌，煞是吓人，他却似根本不知疼痛，用一只脚一只断腿撑地，又挥刀向另三名魏兵杀去。三名魏兵如同撞见了魔怪，吓得倒退了十几步，并发出一片惊呼声。他明白任血涌流，终将跌倒成俘，莫说作魏军之俘遗羞百代，死也不愿死在魏军手里。他不敢再缠斗了，斜刺向昏暗处冲去，一只脚、一只短了两寸的断腿甩开，竟跑得飞快，转眼没入了黑暗。（事后吴起闻知其人其事，矍然感叹说：“壮哉少年！彪炳堪可彪炳也。秦若多此壮烈猛士，魏其无能为矣。司马飞龙者虫也，何其子真乃龙也？”）

司马飞龙的马虽雄骏，但被荻草绊着跑不起来，众军追上了他，一起向

河道急奔。河道有半里多多宽的空阔，顺上游和下游急逃，就能冲出火神爷的罗网。但可恨的荻草羁绊拉拽，马怎么也跑不快啊，眼见火龙紧追在身后，司马飞龙已吓得神智有些迷乱了，唯求生的意识仍清晰而弥坚。他情急之下，狠命抽了骏马两鞭，那马发了威，居然蹚草穿丛疾奔起来。那五六尺高的荻草，既坚韧又有弹性，被马冲荡开，立即又反荡回来，利刀似的叶子对着他的脸和脖子猛加挞伐，他的脸上和脖颈登时伤痕纵横、血珠淋淋。忽有一茎草叶戳进了他的一只眼睛，疼得他“哎哟”大叫一声，坐不住鞍鞒，咕咚摔下马来。马飞奔自去了。他大叫亲兵侍卫，可此时谁能听到？谁又顾得了他？他揉着眼睛在草丛中磕磕绊绊摸索着向河道趑趄，谁知晕头转向，却向火来的方向摸去了。待他发觉大火烧过来时，一惊一吓，竟似全身骨骼解散，动不了了。烈火，吞噬了他……

其余的洛阴兵终于冲上了河道，但河上的坚冰非阳关大道，溜滑的比荻草丛林还难行，一走一滑，想跑就跌跟斗。前面的人疏散不开，后面的人又挤过来了。河道宽仅半里，两万人马涌上来，挤得比网中的鱼还密，你推我搡，竟在冰上滑跌堵壅，谁也无法快跑……两边的大火渐渐烧到了河道边，那炙热的气浪，那令人窒息的浓烟，使洛阴兵头晕眼花，更逃不动了。但烈火之后，魏军凶狠地扑来，万箭齐发，洛阴兵哭爹叫娘，死伤惨绝……

是战，洛阴兵二万人，死近一万五千，投降二千多，逃走者不足二千。

第四十四章

先胜后挫王城下

魏军马不停蹄，迅即迫近王城下。

章霸川遭了莫墨玉戏弄，还被挑落头盔，真是生平未有之耻，心中的恶火嗖嗖乱窜，今见魏军来犯，正中下怀。他虽生性狂暴急躁，打仗不鲁莽，估摸魏军有五万，刚经恶战，并不休整就急于来图王城，已是人困马乏之疲兵了，若趁其立足未稳急击之，必可大挫其凶焰。打蛇打头，倘直扑吴起中军，以自己之万夫难敌，谁可挡者？即使斩不了吴起，其中军势将被我杀个七零八落。中军溃败逃窜，三军自然逃命不及，我追亡逐北，一战足可令敌胆裂。魏军倘收拾残破再来攻城，已是强弩之末，不足虑矣，而再有数日，朝廷的救兵必然大至，那时内外夹攻，趁势夺回洛阴大有希望，倘能一鼓作气再克复临晋，吾则为大功臣矣！魏军刚至城下，不待扎稳阵脚，章霸川即领一万五千精锐突兀开城冲杀出来。

吴起却早有防备，见王城兵冲来，即令弓箭手放箭遏敌之势。王城兵忙举盾牌遮护，一时无法强冲猛进。吴起则令旗急挥，迅速布成了八卦圆环阵。王城兵穿越箭雨冲过来时，魏军已经列阵整齐。章霸川自恃骁勇，对平常的阵式并不放在心上，他知道，只要自己冲乱了吴起的中军，打在 蛇头上，其什么阵也会瘫痪散架的。他按着预定方略，挥兵直扑“吴”字大纛。他的一柄大斧挥动挟风，魏军无不躲避，避之不及者，竟让他斩杀了十余人。其部众也借风扬威，扑向魏阵垓心，所向披靡。忽然，魏军的一批铁甲战车冲过来，堵住了章霸川的继续深入，同时，魏军的队形迅速变化着，刹那变作一圆环，这圆环犹如刀之墙矛之林、强弩劲箭之壁垒，将王城兵团团包围起来。

章霸川略略心惊，又见铁甲战车难以冲破，显见打“蛇头”之计要落空，却也有恃无恐，他自信凭自己的一柄大斧和一万五千精锐，足可在魏阵中纵

横驰骋，搅它个翻江倒海，阵内一乱，其刀墙矛林的圆环壁垒则自动破裂解体，吴起这花呼哨鸟阵将反成其惨败之祸胎。他甩脱魏军战车，率军向无战车处冲击。他一马当先在前开路，一柄大斧抡得山呼海啸，叱咤怒吼如雷霆震动，魏军无人敢与交锋，纷纷闪避。

魏千夫将军肖克胤奋勇来战，却哪是敌手，只架开了三斧，就震得虎口渗血双臂酸麻，冷汗也唰唰涌流，然而却拼死不退，咬牙继续抵挡。章霸川暗暗喝彩：小小千夫将军，却是如此英勇，魏军诚为劲旅也。他再奋神威，唰唰唰一连六七斧，愈劈愈快，愈劈愈猛，咔嚓……肖克胤的长矛被劈为两截，若躲闪稍迟慢，脑袋也会开瓢，乃魂飞魄散而逃。章霸川豪勇益涨，左冲右突，挡道的魏军将士不死即伤。魏阵稍稍出现零乱，他则大有虎入羊群任驰骋之快感。然而这快感迅即就消逝了，肖克胤阻挡他的这一刻，魏军的战车已部署到位了，无论他冲向哪里，魏军步骑兵一闪，铁甲战车就来堵住了他的去路。而且，登在战车之顶观察全局指挥排阵的吴起，同样紧盯着他这“蛇头”，此时将令旗两挥，阵内车马人却又似鬼影幢幢地移动着，极是迅速却又秩序井然，一霎时阵容一新，但见大圆环阵中倏地又冒出了方阵、直阵、凹阵、锐阵，阵中套阵，队中有队，长矛短刀盾牌弓弩有机组合，辅之以阻障和羁绊，重重叠叠、曲折幽深，看得人眼花缭乱，压得人难以透气。方阵的车骑步兵紧密配合，集团冲锋之力无比强大；凹阵犹如山重水复的门户、巷道和黑洞，无情地卷吸着王城人马；直阵犹如长剑，疯狂地横劈竖斩；锐阵恰似尖锥，扎进王城兵因恐惧而挤作一团的稠密队形中，一戳一个大窟窿。这些小阵又相互声援，摇曳变化不定，方阵直阵，忽然又变成小圆阵，围裹住一批秦军，再由长剑去劈斩，尖锥去攒戳……王城兵滚汤泼雪般的消融着。

王城中虽还有一万兵力，却不敢开诚来救，因为魏军势大，一开城门，万一被魏军抢入城来，那可就……没有章霸川的军令，谁敢擅自出城？

章霸川大急大怒，冲向魏军的一个小圆阵去解救一批人马。以他之勇猛如金刚，果然荡开了刀山枪林，长鲸劈波斩浪似的冲进了圆阵，但一入阵内，立即陷入了变幻万千的门户、巷道、黑洞之中，处处陷阱，步步惊心，哪里还能狂飙猛进？哪里还敢莽冲乱撞？而且，仿佛有鬼神作祟，忽然又刮起风来，阵中立时愁云漠漠，阴风凄凄，播土扬灰，天昏地暗。他虽不懂阵法，却明白若能撕破一道缝隙，天罗地网也可钻出去，于是径向魏军步兵的薄弱处冲击。但看似单薄虚弱之处，他一冲击，战车立时堵过来，马上又变成了铜墙铁壁，反迫得他退让闪避。魏阵的大小圆环却奇妙地滚动着、旋转着，犹如两扇大磨盘，他的王城兵则如磨盘内的豆子，不断被绞磨成“粉末”坠落于地……他怒得虎牙一锉，抡动大斧，发疯地乱冲乱撞，但魏军战车上一人举铜盾遮架，另一人挺戈矛来刺，更有一人抛起挽着活套儿的绳索，要套住他生擒活捉，战车之后的弓弩手搭箭瞄着他，伺机要发射，有的战车上还有捕兽之网兜头撒来，忽而有刀牌手贴地翻滚来剁马脚……他纵使有三头六臂，也左支右绌，早已累得双臂酸麻、气喘咻咻、汗如雨下，他暗叫不好，自己将要丧命阵中了吗？他绝望了，暴怒了，全然不顾流矢冷箭和阻障羁绊，抡动大斧狂劈疯砍，只想与逼近来的魏军同归于尽。他本是猛虎，发疯玩命的猛虎更加骇人，居然被他冲开刀枪之山剑戟之林，虽身中一刀一箭之创，却终与一大批“豆子”汇合了。更令他惊喜的是，刚才对魏军有利的凄凄阴风忽然增强，一下子狂风大作，刮得飞沙走石，闭目难睁，“大磨盘”为之停顿了下来。章霸川大喜过望，抓住时机，竭尽疯虎之威，率军冲破“磨盘”，虽又中了一箭，却终于率六千多伤痕累累的残兵杀出重围，狼狈万状地逃回了王城。

章霸川虽逃走了，陷在魏阵中的其余王城兵却无法逃出，尽被魏军全部歼灭。

八卦圆环阵未尽全力，即绞杀了王城精锐近万，魏军之士气如沸，声威如炙，趁势团团围住王城。吴起知道王城曾是王者之城，极是坚固，硬攻难免重大伤亡，乃令士卒高声叫骂：“章霸川不是号称万人敌吗，咋他妈当缩头乌龟了？出来吧，我们吴将军要与你见个高低，独斗一百回合。”他知章霸川狂妄自负而暴躁，欲激怒之再出战，则可用小阵粘、缠住出城兵力，而大部队乘虚攻城。但章霸川已身受三创，疼痛不止，发不得大力，何况精兵损失殆尽，哪还敢应战？只是不理。

樊贵心生一计，招拢投降过来的秦军，用秦人最恶毒、粗俗、极尽嘲笑侮辱的方言俚语痛骂之，骂得酣畅淋漓，魏军尽大笑，城上的守军无不气沮。

章霸川只气得面如紫茄，胡须和腮肉索索颤抖，可他强压住怒火，只是怒斥士兵加强防守。他已扎扎实实领教了吴起的厉害，不敢再逞匹夫之勇了：自己本想以逸待劳击其立脚未稳，却反被其鬼怪之阵弄得惨不忍睹。《太公

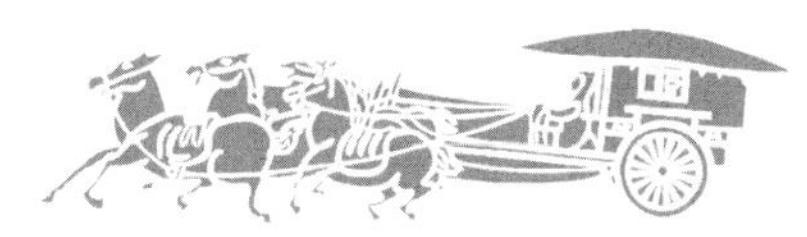

兵法》《司马兵法》《孙子兵法》皆有布阵之法，自己却以为这只是玄虚浮泛的夸张之词，岂知吴起却使浮泛的原则变作具体、切实，其威力太强大了！而今之势，我凭坚守御，尚有万余可战之兵，更有秘密武器，魏军至多五万来人，一月之内，休想啃动我城头一块石头。而十日之内，朝廷必救兵大至，我与救兵内外夹攻，不仅可大败吴起，还可望趁势夺回洛阴呢，自己则成砥柱中流的大英雄了。吴起连捷而骄狂，又欺我负伤，辱我太甚，我今正可玩点小计，杀杀吴起的凶焰，大挫魏军的士气！

章霸川立于城头，也对着城下嬉笑怒骂起来："吴起小儿，你根本不是你章大爹的对手，大爹我懒得跟你玩闹。来来来，吾城中尚有三万兵力，正恨城池之水不深，急需魏人之血充溢之；城郊野之地不肥，要魏人死尸膏沃之呢。小子，快来攻城吧！"说罢从雉碟边退下，坐于谯楼上饮酒喝茶去了。

魏军将士尽愤愤，他们已知城中兵力绝对不足二万，且带伤者众多，章霸川虚张声势，不过是给自己壮胆而已。吴起也愤怒了，他虽知坚城难攻，但被章霸川所激，也只好决计先硬攻一番，观敌之应对手段，再寻破敌之法。于是，他命令樊贵攻东城，西门豹攻西城，牙将潘松攻北城，各以数千兵力鼓噪而缓攻，只求分散和牵制敌之防守力量；自己则亲率主力攻打南城 。谯楼上的章霸川看得清楚，传令东西北三城小心防守，自己坐镇南城，悄悄调来了秘密武器。

三万多魏军涌至南城下，先用强弩劲箭向城上发射压制守军。王城的规模较大，四面城墙计有十多里，城中只有万余可战兵力，四面分开来，每面城门城墙的守军不足三千，在魏军密集的箭雨下，皆躲向女墙雉碟之后。魏军则趁势用竹竿搭桥。这竹竿有三丈多长，粗如小碗，是专用做战车过小沟小坎之用的，正好可搭住护城河两岸。五十多根竹竿一并，铺设成了宽阔的活动桥。魏军的箭手越过桥继续压制守军，攻城部队源源过桥来直抵城根下，迅速架起云梯猛扑城头。攻守双方兵力悬殊，城下的箭雨压得城上守军似无法露头，几十架云梯全搭上了城头，却未遇到城上滚木礌石的轰击。魏军大喜，皆奋勇攀登，竟有上百勇士登上城了，守军仍未还击。

吴起发觉有异，急欲传令小心，却是来不及了，一批守军突然从雉碟后探出身来，一人手举一只长颈扁嘴的硕大铜鸭子，鸭子嘴中则喷射出一股强劲的液体，对着云梯上和城下的魏兵劈头狂射。好猛的冲击力呀，魏军尽被"水"冲得眼不能睁，劈面挨冲的，气也喘不过来，以手遮挡住"水柱"，才能回过头来，可全身衣服全被打湿透了，戛然停住了向上攀登。城上却趁此之机，全探出身来，一部分用火箭（箭头上缚着燃烧的棉纱）向下射击，大部分则以滚木礌石向下狂砸，更有人伸出长挠勾从云梯上勾人上城。魏军着其滚木礌石者不死即伤，梯上人乱纷纷地滚跌下去，更可怕的是，火箭挨着军士的湿衣，却呼啦啦燃烧起来……原来被喷在身上的是油啊。军士被烧的惨叫，但要脱掉罩着甲胄的棉衣，竟是极其困难。那棉衣有的成暗火在甲胄下燃烧灼肉，有的与沾油的铜铁一起火苗喷起老高，人简直成了一个大火把。有被烧糊涂了的乱跑乱窜，不仅自己燃烧得更旺，且成了四下点火的火种；机灵的急忙卧地打滚，但棉衣烧着了，哪里扑得灭？许多士兵凄厉的哭叫声不绝于耳，有的竟被活活烧死。

城头的铜鸭子仍在喷油，火箭仍在发射。强弩劲箭和滚木礌石都可抵挡或躲避，这激射又迸溅开花的“水柱”却难挡难躲，魏军大多将士身上沾了油，见火星即烧起来，有人的靴子着了，战袍着了，胡须着了，近一半的旌旗着了，有的战车也着了，城下刹那间成了一片火海。战马见火狂蹦乱跳，有的发疯似的折回头狂奔……

吴起急忙鸣金撤退，好在章霸川吃过大亏，兵力已弱，不敢开城来追。魏军退后四五里，好容易相互扑灭身上的明火暗火，记点人马，竟被滚木礌石砸死上千人，火烧死十数人，烧伤者不下二千，不少云梯也被砸烂和烧坏了。更恼火的是，冲上城头的和被敌挠勾活擒的战士，竟有近三百人当了敌人的俘虏……自投身戎行以来，吴起第一次吃了这么大的亏，而且败得凄惨，令人伤痛啊。他默默地用甘草煎蜜膏（治火伤烫伤有奇效，军中常备）为伤痛的将士亲自擦抹，什么话也说不出来。

然而，更悲惨伤痛之事发生了：过不多久，城上竟悬挂起近三百颗魏军的人头，随之，城垛上又摆起几十只木桶，章霸川向下大笑说：“吴起小儿，这是你魏军的鲜血，可为我护城河涨水三寸了。”说完一挥手，几十只木桶翻倒，红色的液体倾下城来，流进护城河，池水当即变红。王城兵与章霸川哈哈大笑不止。

东西北三面的进攻也撤了下来。魏军将士望着自己伙伴的人头，望着城池的血水，既咬牙咒骂章霸川的残暴，又人人惊心，个个胆寒。吴起流泪了。虽说从无不失蹄之马、不遭挫跌的将军，杀人一万自损三千也是战场常规，八卦圆环阵一战歼敌近万，攻城损伤三二千人不足道哉，但这场牺牲，实在

是自己大意所致。更要紧的是，章霸川用此凶残恶毒卑劣的手段，不仅挫伤了己军的士气，更给新的进攻设置了极严重的障碍……袍泽的首级高悬，给魏军以重大的精神压力，而且连箭也不能大胆发射了。谁能忍心误射中战友的头颅啊！不能用箭雨压制敌人，攻城就只是无谓牺牲。他一时又急又怒，不知如何是好了。

第四十五章

将军百胜先自胜

吴起息兵安营，聚众将商议攻城之计。若不能迅速破城，秦救兵一到，形势就翻转为很不利了。可是要强攻吧，将士的精神压力太大不说，敌人的铜鸭子着实厉害啊，不能破坏此物，攻城的代价将惨烈无比。然而不破城，何计可破坏此物呢？众人苦思冥想着。

章霸川的秘密武器从何而来？原来，良匠雷霆曾来王城卖手艺，不慎触犯了章霸川的律令，要被乱棍打死。雷霆急中生智，趁章霸川经过身边时，大叫冤枉，并说愿献出一件守城利器以赎罪。章霸川闻听有利战守则喜，立即放了雷霆使之献宝。雷霆心灵手巧，是优秀的建筑和机械制造技师，对武器装备也留心研究过，他极恨章霸川，但为了活命，不得不将自己的发明……金凫喷贡献出来。金凫就是铜铸的鸭子，鸭子屁股上连接一细长铜导管，导管另一端连接着小桶状的阀门，阀门装有活塞和拉杆。用一大桶盛满液体，将阀门放进去，一人拉起拉杆，再用力压下去，鸭子嘴里就能喷出两三丈高的水柱（其实，它就是后世稍加改进而成的唧筒，亦即现代水泵的原始雏形）。以之向下喷射，则劲力更加强猛，能喷到城下十丈开外，能打得云梯上的人身颤颤而头晕目眩气憋。但它所喷的还是棉籽油之类油料，又辅之以火攻，其威力太巨大了！章霸川见而大喜，令雷霆一口气制作了五十具金凫喷，估计工匠们已熟练了制造工艺，乃想杀掉雷霆，以免秘密武器扩散。其义子陆孝全劝道：“其人为天生巧匠，利惠于民多矣，杀之恐天怒人怨，大不祥。”章霸川然之，将雷霆逐出城去，而后令工匠照样再制造五十具金凫喷，以使王城如钢打铁铸。可是，众工匠照猫画虎制成的东西，却怎么也喷不起四尺高的水来。赶忙着人寻找雷霆，那雷霆早就黄鹤袅袅不知去向了。章霸川好悔，只得了五十只铜鸭子。然而，就是这五十只铜鸭子，已使魏军伤亡惨重、心惊肉跳，吴起浓眉紧锁、无计可施了。

裨将潘松首先提出："护城河水既是攻城障碍，又有'红色恐怖'，可先泄掉池水，以利我军进退。"众皆赞同："此事不难。"西门豹和肖克胤受到触动，献计说："可将泄水沟挖深，滗干城中的井水，敌则惊慌自乱矣。"樊贵连声称妙。吴起更受到触发，有了剑走偏锋之计，"诸君之计甚善，汝三人可率军实施。今城上难攻，我可以一半兵力虚攻，另一半兵力开掘地道，由下进攻，令敌顾上难顾下，惊慌则自乱，城可破矣。"众皆连称绝妙。

魏军再次四面围城，高声呐喊，分散开来向城上抛掷抓钩，做爬城之状，却不强攻，一见城上亮出铜鸭子，则急忙后退。章霸川心里有底，自家的油料有限，不能随便浪费，须待魏军蚂蚁似的攀附登城再予喷射，一把火可令敌死伤蔽野，视攻城为自杀之途，再也不敢轻言进攻。于是就收起铜鸭子，并不向奔退的魏军喷射。魏军随后又围上来，但队形疏散，攻城也七零八落，全无激烈气势，被城上的弓箭和滚木礌石打得逃窜而已。但魏军人马众多，此伏彼起，城上也不敢丝毫松懈。魏军的另一拨人马则分头行动，有军士截住了护城河的水源，又有人开沟排泄河水。但凡城堡地势皆稍高，泄之较易，一个多时辰后，城池之水涓滴全无了。紧接着，上万魏军跃入干涸了的护城河，分作无数批，挥铲舞锹，向城中开掘地道。守军大惶恐，但魏军在城河中，滚木礌石打不到，射箭更是死角，只急得哇哇乱叫，却束手无策。围城的魏军已不再乱箭齐发，只组织优秀的射手当狙击手，对探身露头的敌军，力求一箭致其死命。守军愈其惶悚。

章霸川傻眼了，吴起竟用此毒辣之计，上下交攻，尤其是地下的进攻，防不胜防，铜鸭子再厉害，却对之无能为力呀。攻城者牵制着城上兵力，地下则全力开掘，至多三天，就会将地道通进城来，破城如探囊取物了；若分兵防备"地下老鼠"，地上则乘虚一涌攻上城来。要上下兼顾，自己的兵力严重吃紧了。怎么办？征民夫协助防守？但王城百姓自视为大荔戎族之遗民，对秦国尚有二心，对自己这王城将军更暗暗怀愤，唯敢怒不敢言罢了，而今形势危急，岂敢授之武器资其叛乱？他忽地想起了还被关押着的一千多临晋兵，不禁转忧为喜了：有此一千兵力相助，令其在城中守株待兔捕捉"地老鼠"，吴起的毒计必落空不说，还得赔上大批的"地老鼠"呢。于是，他立即放出了临晋兵，和颜悦色地慰勉一番，令负责看守他们的小都统[①]陆孝全率领，在全城查听地下动静，备弓箭射杀出洞之"鼠"，再投掷干柴，燃火生烟，煽烟倒卷入洞，呛死洞中群"鼠"。一切布置就绪，他复又洋洋自得开了，吴起呀，你打老鼠洞，将是送死洞；城上攻吧，我的铜鸭子要让你哭爹叫娘。哈哈！

天黑以后，魏军灯火通明，围城者东攻一阵，西攻一阵，如波浪起伏不息，城上虽有惊无险，却也使守军提心吊胆。掘地道的魏军，更干得热火朝天，但见一筐筐泥土川流不息地从地下运出来，很快在城下堆起一座小丘。看这进度，用不了三天，老鼠洞就可能挖进城来，守军无不惴惴。章霸川却为自己捕杀地老鼠之部署十分得意，对魏军的地下闹腾不甚担心，只是在四面城上和城内来回巡逻，斥骂将士，鞭责畏缩怯战者，彻夜不敢歇息。

天将亮时，章霸川疲劳已极，又估计老鼠洞暂不能打进城中，遂歪在谯楼上睡着了。

章霸川万没想到，他十分信任的义子陆孝全却是他的索命无常。陆孝全本名陆小泉，乃陆成泉之族弟。章霸川武勇绝伦，其儿子却生得十分孱弱，只是个文弱书生的材料，他为之很不喜，为弥补缺憾，军中有武艺能被他瞧上眼的，皆收为义子。一次演武，小校陆小泉表现很出色，加之仪表堂堂，聪明伶俐，章霸川大悦，欲收其为第十义子。陆家在当地也算名门望族，小泉不甘做粗野蛮横又极其残暴的魔瘴之义子，但拂逆了魔瘴心意，后果难以预料，只得答允。章霸川又得一品貌武艺俱佳之子，极是高兴，为之更名孝全（盼其尽孝也），十分宠爱和信任，一年之内，就提拔为小都统了。然而陆孝全并不高兴，做了恶煞之义子，被族兄陆成泉十分鄙视，兄弟俩断了情谊，见面如同陌路人，他为之心中很痛苦，因为他本来是很敬重和友爱这位豪爽正直有胆气义勇的族兄的。更重要的是，章霸川的野蛮和残暴与日俱增，使他这个义子既愤怒又羞惭。陆成泉遇害，使他更怒火烧心，直想诛章贼为兄报仇，可他自知难近章贼之身，只得按捺等待机会。

章霸川使陆孝全看管临晋兵，陆孝全感到机会来了，欲鼓动临晋兵起而造反，趁乱杀死魔瘴。他估算得很准，临晋兵已是跃跃欲反了。原来，这些临晋兵当俘虏后，没受丝毫屈辱和虐待，与魏军将士吃同样的饮食：顿顿馒头、玉米面发糕，掺着杂豆的米饭随你挑，萝卜白菜熬肉一人一大勺，小米粥任量喝，有咸菜、盐豆之类佐餐，病号和高级军官，还可喝上牛羊杂碎骨头汤。对比自家的生活，恓惶、涩苦之感猛增，硬如石头的玉米面窝头能硌破喉咙，而且一人只有小孩拳头大一块，稀粥清的照人影，根本吃不饱。除了过年过节，见不到油荤，常年都是腐臭气冲鼻的萝卜秧子、白菜帮子腌菜或发霉的咸菜

下饭，还一人只有一小箸。有病时咽不下粗粝，你就挨饿挺命吧……过去只知道魏国富秦国穷，尚无真切的感受，如今看看魏军的生活，那真不亚于老秦人的豪绅富户呢。许多士兵的心波动了，生为老秦人太苦了，做个老秦人简直是不幸啊。吴起要放他们回去再做老秦军人，有的士兵心有不愿，但见军官们心还向秦，只得随之。岂料回到王城，却被关押起来，予以囚犯的猪狗之食，而且听说先前逃来王城的几百战友，竟惨遭活埋了！愤怒啊，一千多官兵双眼喷火，咬牙嘎嘣嘣响了。陆成泉直率得不知拐弯，陆孝全却很有心机，他只用了两条说辞，就使这支部队对他敬重有加并完全服膺其指挥了。一条说辞是：陆成泉是为临晋兵鸣不平而遭魔瘴毒手的，他则是陆成泉之弟；第二条说辞是：你们这批人之所以未罹荼毒，只因魏军压城，若魏军或败或退，惨祸必不可免。

陆孝全见章霸川对魏军的地下进攻极为关切，不时地亲来督察，乃心生一计，于全城埋设了几十只听瓮。听瓮者，口小腹大之大瓦罐也，深埋地下，一人坐于瓮中，方圆百多步外地表地下的微弱动静尽可捕捉，简直似现代的声呐和侦听仪。章霸川又来督查，孝全请其至一听瓮前，又令人在听瓮之前后左右掘土。那坐于瓮中的侦听者，居然一一准确地报出了开掘者距听瓮的距离若干和所掘之深度。章霸川不太相信，自己坐于瓮中，令人开掘以听，果然，地表地下的一切动静都极是清晰。他彻底信服并放心了，有义子孝全的才智和忠于职守，有听瓮的神奇，魏军的地下进攻不足虑矣。于是将城下之事尽交给孝全，自己只专注城上。孝全大喜，率一千多人在城内煞有介事地巡查了半夜，得知章霸川睡着了，一声令下，率军突至北城门下，剁饺子馅似的杀尽了城门守军，打开城门，高呼魏军进城。魏军初以为有诈，稍有迟疑，及见城上守军大喊大叫奔下城来堵城门，始知起了内乱，这才洪流似的涌进城来。魏军与临晋兵合为一体，狂杀北城守军。

章霸川被北城的喊杀声哭叫声惊醒，如兜头浇了桶冰水，打了个冷战，却也顾不得多想，慌忙带领几个充当护卫的义子和千把人马，飞奔北城来救援。陆孝全见魔瘴来了，暗叫来得好，快步向前迎过去。章霸川只道陆孝全来给他禀报什么，全不提防。陆孝全接近仇人身前，突然挥刀就斫。章霸川魂飞天外，要遮架躲闪都来不及了，刀将加颈之际，居然条件反射般的挥斧劈向对方。章霸川的头滚落尘埃，陆孝全断了一只胳膊。章霸川的几个义子兼警卫围上来，乱刀杀了陆孝全，自身又被魏军和临晋兵所杀……

魏军的地上部队全涌进了城，挖地道的部队也从地下撤出，正好在城外堵截逃出城来的小批敌人，千夫将军肖克胤一马当先，追亡逐北，大显雄威，斩首十数级，生擒十数人，其余纷纷缴械归降。城中的魏军，分片包围住惊恐万状的王城兵，一面剿杀之，一面喝令投降。但章霸川平日军令严酷，不少士兵已被高压锻造成了只敢进不敢退的战争机器，抱有一死而已之心，故而抵抗仍较顽强。樊贵机灵，高挑起章霸川的首级高呼：“章霸川已死！魔障枭首矣！”高压锻造成的死拼狠劲，一见威压力消失，立即像气球放了气，停止抵抗了。

吴起进了王城，安抚百姓，整饬治安，严禁魏军骚扰官民人等，晓谕三军：妄取一物者斩！凌虐一人者笞！[②]他亲自抚慰王城地方官员，使之仍袭其职，安心治理政事，有功有能则可擢升。陆孝全明大义著大功，为之建气派堂皇之陵园，立庙以祭祀，以为顺义之表率。章霸川虽说暴虐，但作战勇猛顽强，不失为秦之忠臣良将，对其也予以隆重葬礼；对其眷属，以秦国优抚阵亡将军的条例优抚之，其子年方十五，令其在县衙为吏领受俸禄。他又打开官仓，赈济孤寡赤贫。城中有四位年过八十的老人，他亲送钱粮至其家慰问之，百姓莫不感动。之后他才论功奖赏将士，魏军官兵，几乎人人都得了轻重不等的赏赐，又有士兵猛跃升为百夫长（统领百人）甚至屯长者；那位英勇强悍的千夫将军肖克胤，则连升两级官至牙将……三军欢声雷动。对那一千助魏军打开城门的临晋兵，每人各赏黄金一锭。有将士不服气：“这些兵虽有功，然其功怎比我屡屡血战之士？对其赏赐何以太重？”吴起譬解道：“这些人的内应，使我千万人避免了流血牺牲，其功巨哉。更重要的是，此亦为攻心战，我重赏领头羊，群羊能不紧追跟随吗？”不服气者悦服了。

一个多月连得三城，吴起也有些飘飘然了。他本是好色之徒，离开安邑以来，常有饥渴的冲动，常思念田月娴、海棠和芙蓉二娇娘以及陈桑氏，但他身系太重大的职责，实在太忙碌，不得不强压冲动，甚至不能如普通将士那样偶尔光顾一下青楼歌楼泄泄火。饱暖思淫欲，辉煌胜利更激荡色心，忙里偷闲，他带着几个随从进了一家歌楼。

令人丧气，这家歌楼的档次太低，那秦之声以粗犷、奔放、激昂慷慨见长，似不如（晋）魏小曲小调的婉转曼妙，歌女粉头也都粗俗平庸，远不是想象中美赛天仙、温柔甜蜜又色艺双绝的秦娥，与期望值落差太大了。他一下失

了兴致，也懒得再光顾别的歌楼青楼，闷闷地返回将军府衙。他不是不分西施和无盐吗？非也。那是以假象示人。在采花折柳方面，他的品位很高呢。他初有田月娴，继得鲁穆公所赠美姬，继又染指陈桑氏，最后再得海棠和芙蓉二娇娘，皆为上佳丽姝，可谓曾经沧海矣，粗俗的卖笑卖肉者哪能入其色眼？

随从中有军中主簿麻润德，极是精细而乖巧之人，见主帅怏怏不乐，知其久经沧海，寻常之水全不在眼里，乃生了讨好卖乖之心。为安抚秦军战死者的家眷，此前，他曾奉吴起之令，到前洛阴将军司马飞龙府中搞过吊唁和慰问，见过司马少夫人，生得极是美艳，或可当沧海之水。也不知他用了什么手段，竟在当天下午，安车（小车）障帏（以帘遮蔽）将这位少夫人送到了吴起的临时官邸。

吴起与少夫人一睹面，各自暗暗奇怪：这人似乎在哪见过，却又无从回忆。

吴起一摆手挥退从人，向妇人走近两步，微笑着问："听说少夫人要见本将军，不知有何见教？"妇人樱桃小嘴一撇，"什么见教啊？吴将军英雄盖世，妾身想来一睹将军风采嘛！"说话间杏眼流波，闪烁着摄魂夺魄的娇媚和柔情。

吴起久经风月场，如何看不出这位二十一二岁少妇的自献之意？啊！英雄爱美人，美人羡英雄，那位陈桑氏不就带点儿自献的性质吗？这位美娇娘，才是期望中的秦娥，也是又一位陈桑氏……然而不妥，她是仇敌的遗孀，是否另有歹意？

少夫人却自动向前跨近一步，含情脉脉地紧盯着吴起，似真在欣赏其风采。

这一来，吴起却有些按捺不住了，女人的温馨气息，将他的饥渴感勾得如小虫咬啮心肺了。离得近了，细睹其丽容，似不在芙蓉娇娘之下，更可怪的是，她身上散发着一种奇异的香味，令人如饮醇醪，周身舒泰，精神陡振。他忍不住迎着香气又跨前半步，深吸两口香气，刹那间周身燥热，心头撞鹿，一股热流冲撞丹田，冲撞下体，再凝视此妇时，竟比芙蓉娇娘还美了几分。他顿生不可遏制的淫欲，双眼放光了，冒火了，什么仇敌遗孀，什么另有歹意，都是疑心生暗鬼，美人渴望英雄的虎威，这才是真实呢。他抬手一摸少妇的脸蛋，嘻嘻一笑，眼中灼射着欲火。

这少妇却并不躲闪，也毫无羞怯忸怩之态，只回报以一笑，笑得让人神魂颠倒。

吴起狂喜了，什么也不顾了，猛扑上去抱住少妇，先是遍身嗅着，寻找香之源，却不知香自何处生。少妇仍是笑着，那笑却不仅只是妩媚撩人，而且似有无言的鼓励。他果真更放开了，狂吻着她。少妇不知是被他咬疼了，还是迫不及待了，轻轻推开他，媚笑着在他手背上拍了一掌，不等他有所反应，却自动缓缓地解带宽衣了。

当少妇莹洁的胴体毕露，美艳的双乳颤动在眼前时，吴起周身的血也像要燃烧了。他的双眼向她射出调情的箭镞以挑逗她的激情。然而这箭镞射向她的双眼时，忽觉得是那样的熟识，丹凤眼、新月眉，眉眼中似有某种亲切的气息，啊，这女人在哪里见过？好像没有。可是，再细看她的鼻梁、脸型、肤色……一种似熟识似亲切的感觉更清晰了。咦！这女人肯定在哪儿见过，莫非与自己有什么瓜葛，会是什么瓜葛呢？就这么一分神，他那如火山将要喷发的欲望竟稍稍遏止一下，耳畔却忽地响起了王城父老的声音：“魏军是仁义之师，将军的仁义更天高地厚，我等甘愿做大魏子民。”啊！仁义如天高地厚的吴起将军，却要奸淫百姓的妻女吗？此事传开，岂不会使秦国百姓蔑视大英雄吴起？而且，此妇乃英豪烈士之妻，犯之，有触天怒啊。

他的手僵住了，停滞不动，毅然决然地转过身去，并走开几步，庄重而威严地令少妇整好衣裙，随后唤来侍从，令以原车送其回府。

那少妇坐进车中，竟是轻轻叹息了一声。

吴起哪里知道，正是他的一念之动，不仅保住了“仁义之师”的美名，还救了他自己一命。原来，这位司马少夫人章氏，少女时春游华山，竟被豹子叼走，家人救之不及。眼见将填豹子之腹时，却得一位高大雄壮胜似男人的女剑客赶到，掷剑斩了豹子，救其进入自己的一座宽阔而温暖的山洞。家中还有一位与章小姐年龄仿佛的少女，是被女剑客从饿毙路边的死人堆里救出来的。女剑客孤身一人，忽然得了两个极秀气而伶俐的女儿，十分喜慰，要教她们学武艺，无奈两少女既无兴趣，也全无学武的身体素质。女剑客既爱女儿，只好教了她们一种克敌的香毒功夫，之后送之下山。这香毒功夫能防能攻：发射出香功，可迷倒近身的男人，使之欲火狂喷难抑，趁其搂抱狎昵时，以聚于手指的香毒点其肩背，其人则昏迷不醒；若是有深仇大恨者，以指甲掐破其背，注毒入其体内，此人一月内必死无疑。

……章氏叹息者，未能报丈夫和公公之仇也。

能战胜自己者，就能战胜一切。吴起是能战胜自己之人。

王城安堵泰平，吴起次日即张榜布告：司马彪炳，为老秦人之英雄豪杰，其英名将彪炳于青史。其人来归，可晋爵洛阴将军。但司马彪炳终于再无踪影和音信，大约隐匿于深山老林中了。洛阴百姓也敬重司马彪炳，皆赞叹说，英雄得享荣名，宜也；使英雄耸立于人心，风正也。

接着又是一番安民、布恩、收买人心。王城更加平静安宁下来，士农工商各安其业，市上逐渐熙熙攘攘又井井有条。

【注释】

①小都统：亦名屯长，约统领五百士兵。

②笞：鞭刑或杖刑。

第四十六章

捕风捉影“连党案”

魏军接连夺临晋、下洛阴、取王城，秦军何故迟迟不救？非不救也，实为屁股后着了火。秦简公全副精力只用于巩固自己抢来的宝座，穷尽心智对付前朝余孽和新兴的后党，根本无心无力治理国政和民生，秦国迅速疲敝破败下来，人民困苦不堪，国库入不敷出，整个国家如一病饿大汉。为了缓解急难，他一改秦穆公以来对西部戎狄部落的安抚怀柔政策，既以高压威服，更令其缴纳沉重的贡物，甚而派军强抢牧民们的牛羊……戎狄部落不堪忍受，纷纷发起反抗，诛杀暴敛和强抢的国军。简公大怒，令大批部队到陇东一带剿匪，杀死无数戎狄人和关中西部的华夏人（汉人），掠得大批的牛羊和粮食。然而剿匪未息，雍城之西南又发生了较强地震，死伤百姓不少，连雍都也为之摇晃，国人无不惊恐，皆传言剿匪枉杀无辜，上天震怒而示惩罚……此时后党渐抬头，借机煽动舆论，攻击简公残暴，简公也借机追查谣言、抓捕后党重要人物……一时风声鹤唳，人心皆惶惶不安。当此之时，虽有西河警报，简公却为屁股后之火所困，顾不得发救兵，因为河西毕竟距雍城还遥远，而雍城内外若生了大乱可就宝座不保甚至有性命之危啦。

但这一波澜刚刚平息，下一波澜又更迅猛地兴起了。引发下一波澜的，却是吴起的芙蓉娇娘。

那个芙蓉娇娘并没有死于乱军中，她被贾章的警卫率（队长）掠走了。这个警卫率却是左庶长戚甲派来暗中监督贾章的，他见魏军已杀进城来，料贾章必死无疑，何不乘乱抢了芙蓉娇娘逃走？他拉起美人从府衙后院翻墙逃入街巷，这时城中已大乱，无数百姓哭喊着向城外逃跑，他们杂入人群逃出了城。出城后，警卫率抢得百姓的衣衫，与美人化装成逃难百姓，躲入山坳里。

警卫率本想抢来美人做妻子，但他们身无分文，怎么生活下去？他享用

了美人两天后，终于决定携美人回京献给老主人戚甲，自己可得大富贵。于是他带着美人一路西行，仗着有些勇力，沿路抢劫饮食，六七日后竟回到了雍城。

戚甲得了美压群芳的丽人，大喜，留为己用，重赏了警卫率。但戚甲与美人玩乐几天后，却对其来龙去脉产生了怀疑，乃严厉追问其如何到贾章身边的。芙蓉娇娘不敢供出吴起的计谋，咬定自己就是公子连的侍妾，受指派去拉拢贾章。戚甲大惊大怒，立即将公子连之阴谋报告了秦简公。简公更惊怒，下令绞死了美人，并追查与公子连有交往的大臣。

说起来，秦简公这国君当得其实很苦。从五岁的侄孙手里夺得君位，先朝诸多大臣不服啊，虽经几次严厉镇压，他的政权是稳住了，可是仍有先朝遗孽蠢蠢欲动，大肆追捧灵公的遗孀姜太后“高风为柯，懿德作则”，竟形成了一批后党，与他的公党暗暗较劲。他虽政权在手，但灵公的威望压着他，后党也并未公开敌对，镇压找不到理由，他只能忧心忡忡，疑神疑鬼，整日猜测提防着后党，弄得精神倦怠，更无心无力治国理政了，后党则极力攻讦朝政紊乱、江河日下。

西河三城失陷，满朝震惊，后党或感到了形势不妙，放松了与公党的争斗，简公为之稍喜。但连党问题又迫在眉睫，这更让人惊心了。这个大侄孙公子连虽是条失了波涛的鱼，然而在小沟渎的臭水浊流里，居然活得好好的，并且不断地溅起浪花、翻腾着小浪头呢。近来后党势力渐渐抬头，竟图谋助连儿返回秦来夺回江山，这些人大都是贵族豪绅，暗暗派“客商”入魏大把地资助其人金钱珠玉，蛊惑其东山再起。这连儿心机深沉、性格坚韧、头脑灵活，逃魏时已卷走不少金银财宝，又得后党资助，更是财大气粗，在安邑用钱财结交魏国权贵人物和各国在魏使臣，又回头拉拢国内的文臣武将和不忘前朝的不满分子，也在民间也扇阴风点鬼火，试图朝野配合，弄垮现政权。陇东骚乱以来，公子连的搅乱活动愈其猖獗了，似已形成了一个眼不可见、心神可感的庞大的连党，可怕啊！

但也不要紧，政权毕竟操在我之手。你的阴风鬼火，我的刀剑岂不足以轻松扑灭之？你的秘密勾连、图谋政变，我的刑具和牢房岂不足以扼杀之？你蛊惑人心、搅乱朝纲，我自有政权的力量对付你。

于是，简公调动了大批宦官和御林军，在整个秦国纠察、抓捕连党，在京都雍城，更掀起了一场凄风苦雨。

这些宦官和御林军，或一二十人一队耀武扬威于大街小巷、曲折里弄，或三五成群深入家庭院落甚至闺房绣闼，更厉害的是一二人改穿便装，单独行动，盘查行人，驱逐聚会，追询连党的活动轨迹，侦探后党重要人物的举动，滥捕茶坊酒肆里的秘密议事者和百姓家红白喜事宴席上借酒谤议朝政者。每日，总有几十祸从口出的百姓被当作连党投入牢狱，更有不少的家庭被捣毁、洗劫或女人遭侮辱。百姓又恨又怕，称这些虎狼特务为挖连党。但百姓们怕，朝中官员们更怕，后党人物尤其战战兢兢，担心被诬为连党。

这一日，鱼肆上一个四五十岁的汉子，摆地为摊，摊儿上鱼虾杂陈，大都死了，唯有一条一尺多长的大鲇鱼还活着，却也奄奄待毙。死鱼价贱，买的人多。有一位富家公子却买了鲶鱼，提着走到通向城外河的小溪前，口中祷告说：“鲢啊鲢啊（部分秦人称鲶鱼为鲢鱼），我救你一命，盼你能回大海。”随之投鱼入溪。围观者皆赞公子心善。那渔夫也很感动，挑着拇指说：“公子救了鲢，这鲢一定会报答你的。”又拿起两条稍大的鲤鱼，要送给公子，以表彰他的善念，那公子再要付钱，渔夫坚辞不受。

二人正在推让，忽有两个狞恶大汉上来，劈胸抓住二人，“好啊，你们一个救连，要送之入海；一个当众煽惑，为连招魂。必是连党，跟我们走！”不容分说，拳打脚踢押解而去。

又一日，几个商人在茶肆商议过渭河做生意，恰值渭河涨大水，无船敢摆渡。几人皆焦躁，商量着出大价钱雇船，冒险以抓住商机。却有一人摇头：“我的货可不愿送给龙王爷。”众皆质问：“那你说咋办？”那人一笑说：“坐车嘛。”他的意思是说，乘车取道咸阳大桥过河，商机更好。众人回过味来，齐声赞妙。但邻座的两个茶客忽向他们涌来，一亮御林军的徽号，随之如老鹰抓小鸡，将献计坐车者反手剪绑了个结实。众人大惊，质问何故。两个挖连党怒喝道：“尚敢多问？此人即是连党，尔等亦有嫌疑。暂置尔等不问，待审讯此人后自可清楚，再与尔等理论。”几个商人吓得不敢说话了。但有别的茶客不服，纷纷嚷起来：“凭什么诬人是连党，总得说个子丑寅卯嘛。”挖连党更怒，“尔等愚民，要为连党开脱吗？你们懂得什么？坐车者，辵车也[①]。辵车二字合而为连，此人欲勾结连党过渭河也。”众茶客惊愕得不敢再问什么了。

又有一事。几个挖连党瞄准了一个卖面粉小贩的老婆，苦于这小贩独来独往，难以加罪，对其老婆则难以下手。经过仔细侦查，他们有了办法。这

日半夜，小贩从渭河支流的一爿水磨房挑着一担面粉出来，走到小桥上，桥头突暴起几个抹着鬼怪花脸、手持明晃晃刀枪的强人拦住去路，大喝着：“呔，站住！”小贩一个惊吓，连人带一担面粉扑通跌下桥去。眼见小贩活不成了，几个强人闯到小贩家，恣意玩弄了垂涎多时的美妇人……

这些故事很快传遍雍城，官也民也无不畏挖连党如虎。有两小儿打赌发誓，一个说：“我不说诳话，有假，让我栽进渭河淹死。”另一个发誓更毒：“我要说了假话，让我给挖连党抓去！”满城人心惶惶，又流传开了一个或是杜撰的黑色幽默故事……

大街上，一个青年汉子公然抓走饮食店的两个烧饼，旁若无人，啃着大摇大摆而去。伙计们要追窃贼饱揍一顿，店主却摇头制止：“不敢呢，那家伙像个挖连党。”谁知过不多久，汉子复来，手中提一破布袋，竟将橱柜里的烧饼卷扫一空，扬长而去。伙计们愤怒之极，店主反劝慰说：“没啥没啥，折财免灾嘛。”第二日，汉子又来，大爷似的坐着，索要油泼扯面和烧饼，吃饱以后，竟当着店主的面去啃店主娘子的脸蛋。店主扑通跪倒，“求大爷饶了我们。”正在这时，有一老妇赶来，劈面给了那汉子两记耳光，怒骂道：“畜生，青天白日抢人，又来伤天害理，不怕被阎王爷抽筋剥皮？天哪，我咋要了你这个孽子，整日游手好闲，坑蒙拐骗，三十岁了也寻不到媳妇，羞死先人哟！”但她的儿子早如飞跑了。

这家饮食店就此关门大吉了。不少店铺也纷纷关张。

但现实毫无幽默感，有的只是血淋淋的恐怖，深入骨髓的苦痛，惊心动魄的冤狱。那个渔夫和那个富家公子在公堂和牢狱里忍受不了严刑拷打和折磨，不得已供出几个连党来，被咬出的连党难忍酷刑，又咬出一批连党；新连党只得昧心再攀咬更新的连党……那几个要过渭河抢商机的商人，一个个都成了连党，一个个都在死去活来的刑讯中招供出自己联系和发展的连党分子。

就说那个富家公子细皮嫩肉的，哪里经得起板子和皮鞭的咬肉撕心之痛？昏死而被冷水泼醒后，哭着承认了自己和渔夫都是连党，卖鱼和放鱼，是其相互联络的暗号。拷问者哪肯满足，又逼问他还与何人联络？又发展了哪些连党？他说不出来，皮鞭又劈头盖脸狂抽。他的一身白肉早已是血花肉花纵横绽放，再一鞭鞭下去，那血花肉花更灿烂得飞扬开了。他只觉得是在被摘心被割肝，熬不住疼痛，又哭叫着“愿招”。鞭刑停下来，他却不知该攀咬栽害何人，只是哀哀哭泣。拷问者大怒，喝令再动刑。他一急一吓，再也顾不得什么良心了，脱口咬出了马百顺——与他家关系不睦的另一富家公子。拷问者仍不满足，继续逼供，他的良心既已决口流失，一咬牙，干脆把口子再掘大了，遂又供出了马百顺的父亲和姐夫妹夫。

马百顺与其父和姐夫妹夫被抓来，开始只是大骂放生鲶鱼的公子，矢口否认是连党。但皮开肉绽鲜血崩流之后，终于也挺不住，不仅攀咬出放生公子的哥哥、舅舅，还咬出各自的冤家对头。马百顺的父亲年过六十，坚守良心不肯乱咬人，但在昏死过去又醒转来的半昏迷中，迷迷怔怔地叫出了小儿子的名字。拷问者大喜，抓来了那个才十五岁的小马儿。老马痛不欲生，一头撞向审案者的公案自杀了……

那渔夫却是皮粗肉糙骨头硬，任是动何刑具，任是血肉横飞，任是死去活来，稍缓过力气就骂：“狗日的些，老子跟谁联裆？跟你们的娘联裆了，你们高兴吗？老子有儿接续香火，不怕死，绝不栽害人。你们诬害良民，要给五雷轰顶……”审讯官脑子活络，就抓他的老婆儿子来劝他招供。他儿子十八九岁，血气方刚，比其父更刚烈，不仅破口大骂，还与行刑者厮打起来。审讯官大怒，拍案连喝“刑刑刑”，渔夫终于死于杖下。其子死而复苏，则顶替了乃父的连党名额。

雍城的连党铺天盖地，牢房里人满为患了。

秦简公为之既高兴又悲哀，抓捕了这么多连党，能不庆幸吗？这么多的老百姓也成了连党，可见前朝的阴影挥之不去，自己的政权是多么危机重重，能不悲哀吗？但戚甲对简公说，该抓还须抓，该杀必须杀，什么“民不畏死奈何以死惧之”，那只是死囚犯和穷途末路者无可奈何地自我壮胆；什么“防民之口甚于防川”，那更是腐儒之见。民是贱皮[②]，给他自由，他就耍赖耍奸，躺在地下跟你较劲，用鞭子狠抽，他就转得飞快，乖乖地按指令而动。哼，刀把子……政权才是万能的。不信我的刀枪，就治不服毁谤的舌头和蠢蠢谋逆的心！

于是，挖连党横行无忌，连党亦层出不穷，虽然死于刑杖和牢房的冤死鬼日以车载被拖走，但牢中仍无法再塞下新到的连党，不得不扩建囹圄。秦国贫穷，要打仗粮饷犹困难，现在大把地花钱在对内镇压上，却一点儿也不心疼。

秦国的公党后党明争暗斗不息，却又出了连党，真可谓雪上加霜了。

吴起已有了七万兵力，但要继续进攻泱泱大秦，力不逮也，而且他明白，

秦之动乱稍息，即会大举反攻，秦有兵车千乘，甲士数十百万，其反扑将威猛无比，自己当扼守险关要隘，先大败其反扑，而后设法挑动公党、后党争权，待秦再起动乱，方可趁势猛攻。

然而，吴起之计尚未施行，秦国却先动手反攻了：老将白益率十七万大军向西河开来，并说动了齐楚两国出兵进攻魏国东南的“大脚”，魏顾不得向河西增兵了。原来秦简公与一批谋士商议，吴起这只恶虎太厉害了，不足月即夺我三城，杀了我两员上将，欲逐之出西河，须借助各国牵制魏国。牵制魏最有力的当然是齐楚二国，但二国怎肯为我所用？有了，当以利诱之。于是派使臣入齐入楚，愿各献陇西良马千匹，请二国劫夺魏东南之“大脚”，魏则全力东顾矣。

【注释】

①辵车：“连”字篆书为“辵”（读作chuò）字加一“车”字。而一部分秦人将“坐”字（读作cuò）。

②贱皮：陀螺的俗名。

第四十七章

权术之祖田庄子

魏国伐秦战果辉煌，齐国岂能容忍其图霸？魏之强盛，齐则衰弱矣。但田庄子此时将精力全用在内政上，已顾不得与诸侯竞强弱了。

赵魏韩三家能分晋而取代之，自己为什么就不能取代姜氏而有齐呢？齐国的实权虽操在自己手里，但齐宣公年富力强，人也精明有主意，不甘当傀儡，群臣也大多有忠于姜氏之心，自己要“盗齐”，还须下一番大功夫呢。现在，宣公已在暗中培植亲信力量，似欲阴谋削弱甚而搬开自己，形势稍有不利呢。看来，“盗齐”之事宜从缓，解除自己的政治危机极紧迫。解除危机可从三方面着手：一、装傻示“忠”以麻痹宣公；二、收紧自己的权柄，使宣公之亲信挤不进权力中枢；三、软硬兼施，狠狠打击死忠姜氏的臭硬分子。后两条要用手腕，第一条更须心计了。

庄子年老多病，这日在府中请巫师祈福消灾，巫师要其先祷告。庄子祝曰：“皇天后土啊，倘得我齐强盛，主上万岁康宁，庄子折寿心甘，受灾受难不辞！”次日，他的祷告词就传遍了满朝上下，齐宣公很为之感动呢。但宣公不知，庄子故意挑选了国君最相信和器重的巫师，实为令其传递“忠心”的。

一日，君臣一起到郊外一树林射猎，那儿有一只银狐极惹人垂涎，却又极为狡猾，仿佛有避箭之法，几次围猎不住。这次庄子挑选了两个神箭手杂于相府侍卫之中，与君臣人众同时放箭，果然，那银狐倒在乱箭下了。宣公大喜，急派人去捡回银狐。庄子急止之：“主上莫急。此狐甚妖异，几次得以逃脱，今日借主上神威，箭到伏诛，此必祖宗神灵相助。请主上先拜谢神灵，”宣公不可推辞，只好伏地默谢神祗。待宣公拜谢完毕，庄子却早派人取来了银狐，狐身上只有一箭，却是宣公射出的“金漆飞凫箭”。不等宣公作出反应，田庄子已扑通跪倒，放声欢呼起来：“主上一箭毙妖狐，既是洪福齐天，更是英明神武世无其匹。老臣为君上贺，为我齐庆。万岁万万岁！”群臣见状，

谁肯落后，一齐向宣公拜倒，颂神武、呼万岁之声哄哄如雷。宣公好不得意，好不享受，如饮佳酿，熏熏欲醉了。使自己得此享受者，相国也；相国虽弄权作威福，忠君却不容怀疑！至于自己怎么突然能箭法如神，显然如相国所言，是祖宗神灵相助嘛！

其实宣公的“金漆飞凫箭”，本来是弓箭匠特意为庄子制作的，但庄子见此箭做工极精细，实战用处不大，炫耀身份却极醒目，乃突然灵机一动，自己留下少许，其余的尽由工匠献于宫中，称为奉相国之令，特为国君所造。宣公得箭欣欣然，喜相国事事为国君着想。他何曾想到，那个去林中捡回银狐的武士，怀中就藏着“金漆飞凫箭”，拔下神箭手的普通箭，而再插入金箭的。

击钟奏乐，列鼎而食，原只是周天子的气派，但此时早已礼崩乐坏，不仅诸侯们也享受此规格，连权势炙手可热的大夫之家，也公然弄起了“钟鸣鼎食”的排场，比如韩赵魏三家未成诸侯之前，早已摆上了这种谱。田庄子家钟鸣鼎食，也早已是半公开的秘密了。相国夫人寿诞临近，庄子吩咐管家：“来日可钟乐齐奏，金鼎分食。”管家甚惊疑：“平时主公畏人知‘越礼’[①]，皆秘密之，今何公开示人？况彼日公之世子必至，岂不授人以柄？”庄子笑曰：“此非尔所知也，吾自有计较。……到时，吾当向汝借一物，汝其勿吝，后有重酬。”管家大喜，相国竟向自己借物，十足荣幸！即使所借的是自己妻或女儿，亦福泽也。

至寿诞日，文武大臣齐至祝寿，宣公果然也派两位世子来贺。酒宴排开，赫然以金杯盛佳酿、金鼎盛佳肴，接着，鼓乐齐奏，钟磬和鸣。众人刚在暗自惊诧，却见庄子的脸刷的黄了，手指着管家，抖抖索索，嘴颤颤嗫嚅，竟半天说不出话来。管家知相国是在演戏，全不在乎，依然满面春风。谁料相国却哭了：“田某御家无方，管家狗奴竟敢背着老夫，行此违礼越制之事，让老夫何以剖白？……来人，将这大逆不道的狗奴，拖出去乱棍打死！”

管家这才慌了，虽不信相国真会打死自己，可皮肉之苦难逃了，遂扑通跪倒：“相国爷饶命。小人是……小人自作主张，胆大妄为，再不敢了。”有的大臣见相国盛怒，真要打死管家，亦为之讲情：“奴才无知，也是可恨，但喜庆之时，杀之不吉，且饶他一回吧。”

庄子却转向贺客们：“诸位听见了，这狗奴是自作主张，实欲陷老夫于不义。喜庆之时，杀之确为不吉，按说可以饶他，但他今日尚敢如此，想平日老夫不在府中时，一定也擅作威福，败坏老夫清名了。我个人吉凶事小，朝廷礼制大矣哉！”猛地瞋目立眉向一群家丁怒喝：“还不快快拖出，立毙杖下？”管家吓得大哭大叫，但被架拽出去；随后传来撕破喉咙的哭叫声；随后哭叫声减弱，终至全没了声息……

钟磬鼓乐早已停了下来，庄子却怒犹不消，再发严令：“来人，立即撤鼎换陶缶[②]，将所有的编钟、玉磬、金鼎全部砸碎，以儆越礼僭制者。……管家狗奴奢望钟鼎，可以残骸为之陪葬！”

宣公闻知始末情由，还半信半疑，次日，又派另一世子之妃前往为相国夫人补拜寿，相府合家敬之若神。开饭时，相国却独自关在一间房里不出来，世子妃询问何故。相国夫人长叹口气说：“有人讥相公专权，岂知相公专权实为国泰君宁、社稷苍生啊。相公立誓以周公为楷模，自任劳任怨，唯求主上得安逸之福。他极仰慕周公‘一沐三握发，一饭三吐哺’，而恨自己年老多病力不能支，乃于早晚必为君上祈福，求天地神灵赐主上强健，国祚永固；每顿饭前，也要为国为主祈福。（……按：呜呼！原来“文革”中的“早请示，晚汇报”、“忠字舞”等花样，皆有源头也。）就是妾身一家大小，也须饭前先为君国祈福。今日为不打扰妃子用膳，妾身等只好免了。”

宣公完全相信了，大为感动了，田相国真是自己的周公啊。周公忠贯天日，也不免遭谗被忌；田相国爱君如此，却也有流言中伤其阴蓄异志！于是，数日后君与相欢洽畅谈，宣公告知庄子，大夫牛福禄、赵春多次疑忌相国，庄子则极力称赞二人为社稷之臣，并保荐二人官进两阶。但此二人升官不足一月，即于一日深夜，被刺客同时刺杀了。

诛杀牛、赵之后，庄子派亲信广与满朝文武交友，用“引蛇出洞”之法，诱使不满田氏势力者劾奏或吐露心迹。结果，劾奏者几乎不得好死，吐露了不满情绪者，轻则贬官，重则锒铛入狱。但他随即又在朝堂上痛哭流涕，大骂自己“用法苛刻”，贬官者全部起复，入狱者全部放出，赞他们是忠心为国，予以褒奖和慰勉（至于冤死者，则绝口不提），并真诚地宣布要修明朝政，号召群臣非议政事，帮自己清明有为，致齐如周之成康大治。士绅朝臣皆大感动，以为田相国真个良心发现，欲效尧舜建谤木以纳谏，实行开明政治，乃真心诚意、慷慨激昂地批评田氏的专制和家族势力强盛。哪知田相国突然又一变脸，不仅将释放的“罪人”再抓起来，刚起复的官员予以彻底的罢官，还逮捕了大批慷慨直言的官吏和士子。

齐人彻底畏服了田相国的手段，于是，举国举朝再无怨田之声，甚至收敛了反田之心。

相国权势益重了。凡对相国忠心耿耿和唯命是听者，皆升迁为朝廷的要津职位，即是相府的清客幕僚、家将家兵、门丁走狗，无不派往各地为官为吏了；至于田氏族人，几岁小儿也官诰在身，只等着长大操生杀予夺之实权了。宣公终于梦醒而大惶悚，然而无奈何矣。

田庄子乃后世奸雄之鼻祖（王莽曹操司马氏，皆为继其衣钵者），他研究过韩赵魏吞晋的经验，知道参天大树之死，在于慢慢地刨根剥皮，功夫不到，难伤其命。看来要将姜氏之齐变作田氏之齐，须寄望在儿孙手上了。于是他继续与宣公保持着相权为实、君徒其名的关系。但既为奸雄之祖，的是有过人之处，他虽无暇向外用力，但始终关注着诸侯动向。魏国的迅猛崛起，令他极为不安。恶虎吴起连拔西河三城，已在黄河西岸站稳了脚跟，若大举伐秦，秦其能支乎？倘魏吞秦，将成天下王霸，齐其受危矣，必须抑魏之势。如何抑魏？魏之所以迅猛强大，因有韩赵相助，魏赵韩结为“兄弟”，其势比“老晋”还强盛，只要分解了赵韩这两个“兄弟”，魏则孤立，无大能为矣。……韩正遭饥馑，可唆使韩向魏求助寇略宋，魏正欲大举向西用兵，必不肯助韩，韩则怨怒，与魏之兄弟关系崩析矣，再设计令赵与魏翻脸，魏则四面为敌，唯兢兢自守而已矣！

正在这时，秦使来“献马”，并求与楚合力吞魏之“大脚”，庄子大喜，欣然从命。同时又令使者入韩施行“抑魏”之计。

魏国君臣正在商议要给吴起增兵，忽有韩国使臣来谒见，并送上了韩武子的国书，书曰：我韩前年遭风灾，去岁又遇虫灾，今逢春荒，国人嗷嗷待哺。我欲发兵向宋“借粮”救困，然而兵未动而粮先行，亟请大魏先借我军粮八万斛；且我伐宋，郑与楚必出兵相救。韩魏兄弟也，尚盼魏亦助我大军五万，得利则韩魏均分。

魏国君臣为难了：韩国确实正遭遇饥馑，伐宋“借粮”是真心，然而向我借粮借兵，这不是要把我魏拉进与宋郑楚三国开战的泥潭中吗？我怎可为韩火中取栗呢？可是，不从所求，韩必怨怒，“韩魏兄弟”关系将疏冷，再有齐、楚挑唆，还可能甚至会反目为仇呢。

李悝谏言：我魏要实现王霸之业，“三晋一体”绝不可毁坏，必须助韩！但我正向西用兵，又图谋北伐中山，且须防齐人东寇，不可助之五万兵力。

出兵二万足矣。魏成道:“李子之言虽是。但其所求多而予之少，韩亦怨我焉。”

任座笑道：“以韩之军力，自信攻宋可必胜，其最紧迫者，军粮也。韩侯不便明言，其国饥馑非常，百姓嗷嗷待哺，军人亦食不果腹，兵不吃饱如何作战，其实更欲我助粮也，只是不便明言而已。我若厚资其军粮，助军二万，韩亦大喜焉。”

北门斗道：“任子所见深入骨髓。我可助韩十万斛军粮，韩武子则感激不尽矣。”

李悝大笑说：“贤哉诸子！诸侯欲斗我，反为我所斗矣！我大魏自行新法以来，重农兴商，鼓励农人垦荒增地、勤耕增产，国与耕者皆得利，农业发展迅猛，加之这几年风调雨顺，连年丰稔；又有贸盐所得钱物与谷类，我仓廪极充裕，十万斛军粮，小菜一碟耳。”

于是计定，文侯答复了韩武子，约定克日进兵。

【注释】

①越礼：超越礼制，不合规矩。

②陶缶：陶为陶器，如盆碗之类。缶为广口瓦器，用作盛酒浆。偾：败坏，破坏。

第四十八章
诸侯虎斗各伐谋

魏国刚与韩国联合出兵伐宋，东南“大脚”却传来警报：齐楚联军六万进犯，“大脚”守军抵挡不住，败退四十里，“大脚”危急万分。魏文侯大惊，欲亲自率军反击齐楚进犯。李悝却说：“不劳主上亲征。齐楚必为嬴秦利诱，却各怀鬼胎，难以同心用命，败溃之易也。请以太子击为帅，可保必捷。”文侯然之，遂令太子魏击率军八万出征。

文侯的太子魏击，此时三十五岁，生的一表人才，也有些文韬武略，魏国文臣武将多敬服之。他府中养了一批或善文或擅武、却因各种机缘失误而不得仕进的士子（他开了战国养士之风的先河，只是比后来的“战国四公子”养士的规模小些而已）。他很赏识一位年仅二十却兼擅文武的士子公输座（按：此人实名公输座，但魏文公之幼弟亦名座，未成年早夭，后世史家误将此“座”当成了彼“座”，遂错讹其名为“公叔座”了），竟举为先锋将军。

“大脚”的魏国守军挡不住齐楚大军的攻打，折军六七千，败退数十里。太子击大军星夜赶到，趁齐楚联军尚不知晓，埋伏于一山凹处，令原先的魏军继续阻挡齐楚军并诱之入伏。齐楚虽称联军，但同床异梦，互不相下，谁也不甘服从的地位，故而并无统一的战略战术和指挥号令，不过是搭伙添柴煮饭而已。好在几日来追杀魏国败军十分顺手而酣畅，更助长了骄气，都只想抢在前面，抢得更多的战利品，全不顾地形的危险，竟争抢进入了山凹。太子击的伏军突出，以数百辆战车呼啦啦塞住凹口，猛发强弩劲箭，射得齐楚后继大军纷纷倒退；以怒涛汹涌的步兵骑兵对围住的敌人横割竖劈、“包饺子”、“剁肉馅”。齐楚大军眼见前驱二万多人被“关门打狗”，却是冲不进凹中，无法救援……

魏军一个漂亮的伏击战，歼灭了齐楚联军一万多精锐兵力。……伏击计为公输座所出。

齐楚之伐魏，一为乘魏不备共吞“大脚”，二是冲着当时天下闻名的陇西良马而来，现在魏以太子击统大军来御，冷不防地吃其大亏，眼见得“大脚”难吞，便宜难捞，都泄了气：即使吞得“大脚”，也不能给魏多大的打击，反而是结下了深仇。魏之国力日益膨胀，这仇以不结为妙。何必要为秦驱使呢？……两军皆不肯积极向前了。

楚军的损失尤重于齐军，见魏军势大，担心再遭败绩而获罪于荒淫的暴君，何况攻“大脚”乃受秦之挑拨，于楚并无大利，遂借势撤退回国了。

楚军一撤，齐军孤掌难鸣，形势陷于不利了，而且，齐军统帅英浩的私心深处，本就不愿为田相国打胜仗。田庄子弄权欺君，他暗暗激愤，颇有为君锄奸之心，可他知那是以卵击石的狂想，乃强压住愤怒；田氏党羽纷纷得高位据要津，甚至相府的跑腿小厮，也能出息个中下级军官，可他英浩，相国多次赞之“但多几个英浩，吾无忧矣”，然而他终非田党，不仅不得升官，反而常被相国旁敲侧击地予以警告。田党搞“引蛇出洞”，他若不是多几个心眼，始终不暴露心底秘密，早就成为“死蛇”了。至今思之，心有余悸呀。他十分清楚，此次领兵，田相国也有考察自己之意。但考察就考察吧，仗打好了，功劳是田氏的不说，还会加重宣公的危机呢。他自信，对付太子击和公输座，自己是绰绰有余，观其这场伏击战，部署的尚欠火候呢，若搁在自己手里，那将是另一辉煌局面了。现在只要暂时示弱，取守势与之相持，绝对有把握寻破绽大败之。但打了胜仗，却是为虎作伥啊。罢了，趁此时撤军，田氏又怎么责怪自己呢？大不了从此被弃置不用而已！

英浩既决意撤军，也有了“大隐隐于朝”的思想准备，但在“隐”之前，也要为齐国的根本利益计：魏国勃然强盛，非齐之福。而魏之所以迅猛崛起，李悝和吴起二人起了关键作用。若能让这二人谋不得发计不得用，魏则不足虑矣。李悝老奸巨猾，做人做事很讲分寸，极难败坏之。那吴起却刚而无柔，锋芒毕露，似可为之制造、埋藏些隐患、祸乱，这比战场上的大胜或者更有杀伤力呢。

他思谋一番后，连夜派人到魏军先锋大营，致书于公输座：“英浩百拜公输将军：观将军之用兵，亦为当世英雄良将，即吴起未必过之。然足下生不逢辰，吴起已得魏君宠信，群臣钦仰，足下势将永受制于吴起矣。英浩与吴起有私仇，深恨其趾高气扬，颇愿将军夺吴起之声威，挤吴起离枢要，进

而执魏之兵柄国政。今者，吾愿助将军成就威名……将军可于黎明前袭我，我则大败溃逃矣。”

公输座读信后，不禁心潮澎湃。他虽明白这是英浩因畏惧吴起而行的“慢毒杀人”之计，但英浩为他描绘的光辉前景实在太诱人了。此时，他虽初出茅庐，才识不为人知，可太子击是自己的知己，只要紧紧攀附住太子击这棵大树，“执魏之兵柄国政”并非奢望，而有吴起压在头上，不掀倒绝难脱颖得出。英浩使用“慢毒”，我也须让这“毒性”慢慢发作。助吾“成就威名”之事，谅非欺诈！于是不报太子击，竟率所部二万兵力于拂晓袭击齐营。齐军果然像猝不及防，慌乱抵敌一阵，全线崩溃败逃。公输座穷追不舍，竟在半日之内，将齐军完全逐出了“大脚”。

公输座威名鹊起。太子击甚是欣慰，更倚之为心膂臂膀。

齐楚两军一退，太子击刚要班师回朝，却接到文侯的命令：传闻秦国又要起兵二十万来夺西河三城，尔可率军渡河南袭庞城，与吴起南北策应，击垮秦军反攻，又可开辟另一片“魏土”。太子击正要夸显自己的能征善战，正中下怀，欣然令公输座为先遣军，自率大军继后，由蒲阪（今山西蒲州）之南出发，于黑夜强渡黄河。……河岸边的村落和树林里，文侯早已派官吏征集来数百只船舶等候着呢，而且又有二万地方杂牌军奉命来向太子报到。

但魏国正要从西南方攻秦，北方却又出了事变。

赵国向南向西向东几乎都无发展空间，只好将扩张的目标瞄准北方。其北方的代地（今山西代县一带），为白狄、猃狁部落，尚未形成统一的政权体系，是极好的猎物。但这些部落民风极剽悍，人皆武勇，又凭借山川险峻的地利，顽强地抵抗赵军的扩张。更重要的是，代地暗中属于燕国的“藩属”，燕国与赵一直关系友好，不便明里阻滞赵国吞代，却派出部队扮作“代军”抵抗赵军入侵，赵军浩浩十数万，却是推进很艰难。赵国明知道是燕国捣鬼，却不好撕破脸皮，那将使自己与势力不小的燕国公开为敌。无奈只好再增添部队进攻，好在燕国北方也有强大的戎狄虎窥，不能倾力对抗赵军。

赵国全力向北，却给了东南中山国的可乘之机。中山国虽小，却是极端尚武之国，人皆练武，民皆可兵，其军队的战斗力甚强。其境内南部和中部山地居多，层峦叠嶂，物产薄寡，故又是贫寒之国。因其贫，故常向周围侵扰劫掠，抢夺财物耕畜，也抢掠人口以作奴隶，燕、赵、卫、魏深受其害。

然而，不要说弱小的卫国对它无可奈何，即是强大的韩赵魏，也对它又恨又头疼：它倏忽而来剽掠一阵，立即如老鼠钻进洞去享受剽掠果实，并不占城霸地，让你防不胜防，也无法堂堂正正与之开战。你要报复它进攻它，它借大山深峪跟你捉迷藏，拖得你头昏眼花，逮空子还咬你一口（……游击战的鼻祖），令你知难而退。赵国致力北进，与中山国的边境上兵力就薄弱了些，中山国瞅机会频频向赵国小规模抢掠，赵国着力于北，只好忍气吞声。

魏国有盐池，盐产量丰富，是韩、赵、卫、中山等国的盐供应地。魏与赵是同盟国，乃掐断了向中山国供盐，同时，派大批盐商涌入赵国，沿着距中山国国境线十多里远的一条“官道”，迤逦向北，前往代地和燕国以及更北部的白狄、猃狁部落做生意。中山国突然食盐紧缺，如何不急？盯着赵国境内的盐商，眼睛直滴血。大将乐舒悄悄点起二万大军，旋风般杀入赵境，消灭了赵国的上千边防部队，抢掠了魏国盐商的百多担食盐，杀了百多名盐商，又抢了赵国的上千头牛羊，粮食无数，还毁了不少庄稼和果树。等赵国聚集大军赶到时，乐舒早满载而归退走了。

这一下麻烦了，魏国盐商到赵国做生意，是交了保护费的，赵国有责任保护其安全。现在丢了盐已不好交代，还有百多条人命怎么赔偿呢？你赵国说是中山国人杀死的，你抓住凶手和罪证了吗？没有，你就是在破坏赵与魏的“兄弟关系”。退一步说，魏国人即使不追究，你赵国的脸面朝哪放呢？赵国国君赵献子气得七窍生烟，想动用大兵力好好惩罚教训一番中山国，但问题又来了，你打进中山国，倘被中山国拖住拔不出来，北方又有恶战，你岂不两面对敌？齐、燕等国若借此机会对你用兵，那可就危机重重了。

赵献子正在聚众文武商讨对策，忽有齐国使者来觐见，哀悼了赵之“国殇”，随后又说，我大齐亦极恼恨中山人作恶多端，赵若报仇伐中山，楚则坐视不理且拍手称快。赵献子亦明白田庄子居心不良，但不惩罚中山，难咽恶气；伐中山吧，实在畏惧其山险地恶，只恐得不偿失。经与众臣商议，终于有了妙计：魏有向北方扩张的野心，何不把这股祸水引到魏国去？魏日益强大，亦不利于我赵呢，令其攻中山，也将陷入烂泥潭中，莫说灭中山，只怕要被中山拖得掉肉销骨呢，此正削弱魏国、萎蔫中山之机也。于是赵献子致书魏文侯，请其出兵伐中山。灭此小丑邪魔，敝国愿借道贵国。①

赵献子却不知道，中山国的突然大举入境杀人抢掠，却是受了齐使的挑唆：赵图谋

中山也久矣，今用兵于代，欲吞并代地由北入侵中山也。赵大军在代，中山何不突入赵境抢掠一番，将可得大利焉。若再杀死魏国盐商，魏必怒赵，赵魏生隙，赵则不敢图中山矣。中山君武公大喜，令大将乐舒伐赵。乐舒看穿了齐国欲离间赵魏之用心，谏武公莫为齐人所用，武公却大怒，责骂乐舒畏惧赵国不敢出兵。乐舒虽有智谋，但经不得被人耻笑胆怯，于是愤然入赵大肆烧杀抢掠了一番。

魏国君臣蓄谋盼望的机会来了，但又向赵国提出了条件：魏国若攻灭中山，去了赵国的大祸害，赵国应以其智地作为酬劳，以便使魏国的领土成为一片。赵国有智谋之士认为，绝不能答应魏国的要求，因为智地虽小，却是赵国遏制甚至威胁魏国向北伸展的战略要地，绝不可资寇遗患。赵献子然之，乃派了世子赵章到安邑来谈判，不允魏国求智地之请。魏国又不高兴了，双方的谈判陷入了僵局。魏文侯问计于田段二人，二老说："战伐之事，可听吴起将军之策。"文侯于是急招吴起回国。

吴起回到安邑听明白了情由，笑道："主公放心，我有计令赵人乐献智地，可如此如此……"吴起出宫来，立即调遣一支宫中卫士，将赵世子赵章下榻的宾馆严密"保护"起来，不许一个赵国人走出去。随后自为使臣入赵，来与赵献子谈判："魏若攻克中山，智地已是海中小沙屿，能长久保守乎？何如与魏，得魏之欢心？况吴起可作保，攻下中山，魏将以二倍于智地之地酬谢赵国。"赵献子恨得牙疼，他明白谋夺自家智地的罪魁是吴起，魏国突兀强大到令赵国畏惧，也是这个吴起，刹那间，他生起杀了此人之念。但不行啊，自己的世子似已被魏国羁押……他长叹口气，只好与吴起达成了协议，签字画押。

吴起完成使命回到安邑，歇息一晚，又急急返回西河去了。

魏国君臣这才正式商议伐中山之事，以文侯之意，欲令太子魏击停止西进，挂帅征伐中山，李悝却说："太子天纵聪明，文韬武略皆远胜众臣，然而伐中山极险恶，不可使国之储君履险。"众谋士皆赞同李悝之言。文侯默默不语，显然仍想让太子建功树威。众谋士见如此，皆不说话了，计议陷入僵局。

翟璜打破沉默说："伐中山之将，我保乐羊将军任之，定可成功。"此语一出，君臣们无不惊讶，因为乐羊是翟璜的仇人：二人性情不合，每于朝堂上抵牾；文侯欲令翟璜为太子傅，因乐羊攻讦而罢。尤为重要的是，翟璜之子翟靖为边城将领，被乐羊之子乐舒率中山军偷袭所俘，竟系于战马之尾奔跑，拖得仅存骨架，惨凄骇绝……“内举不避亲，外举不避仇”，这话说着容易，但若没有公义如天的志节、宽广如海的胸怀，仅只是一句动听而诳人的格言。谋臣们都很感动，也钦佩翟璜敢于违拗君主的心念。

文侯很赞赏翟璜能重公义而捐私怨，但对乐羊能否重公义心有疑虑，只是这种疑虑不可宣之于口，乃假作犹豫说：“乐羊固是良将，然而其久病，能否出征呢？”

李悝与魏成忙说：“乐羊之病，皆因忧虑中山之事所致，令其伐中山，病立愈矣。”

文侯只好把疑虑稍稍挑明：“但他的儿子乐舒为中山大将，乐羊能无私情顾虑吗？”

翟璜坚定地说：“乐羊将军事国忠忱，为人坚毅，必能公而忘私，为国建功。臣愿以合家性命为其担保。”李悝也慷慨地说：“翟璜所言甚是，乐羊将军可堪重任。悝亦愿为之担保。伐中山，舍乐羊更无合适之人。”魏成、任座、北门斗也愿为乐羊担保。

文侯尽管意在使太子建功，但也知伐中山艰难重重，乐羊确比魏击优胜，况且众谋士皆保举乐羊，此前吴起亦保举乐羊筹划伐中山呢，自己怎可拒谏而冷了忠良智士之心？于是主意乃定，以乐羊为帅。

魏文侯召乐羊计议伐中山，问其需用多少兵力，乐羊说：“中山地形险恶，兵力过多无法施展，兵力过少无济于事，十万兵足矣。”又问须多长时间可以奏功，乐羊答：“二年。”文侯稍稍犹豫：“二年啊？旷日持久，师老兵怠，于我反不利。可否速战速决？”乐羊冷静地答：“灭人之国，非同儿戏。况中山人悍勇坚韧，加之地形复杂，易守难攻，须彻底疲困之方能制服。臣言二年，还是怕君上顾虑太多，实则恐须二年以上。若欲毕其功于一役，微臣不敢领命。”

文侯想了想说：“好吧。可使吾弟泰为监军，为尔襄赞军机。”乐羊一怔，随即亢声说：“若如此，微臣更不敢领命了，请主上另委良将吧。”文侯不高兴了，责问其故。乐羊说：“用兵打仗，贵在将帅一心，令行禁止。今主上之弟监军，我用兵不得自专，这仗如何打法？”文侯的不悦流露在了脸上，李悝、翟璜急忙打圆场，劝文侯取消监军之令。

文侯何等精灵，立即破怒为笑了：“寡人聊戏将军耳。泰锦衣玉食，纨

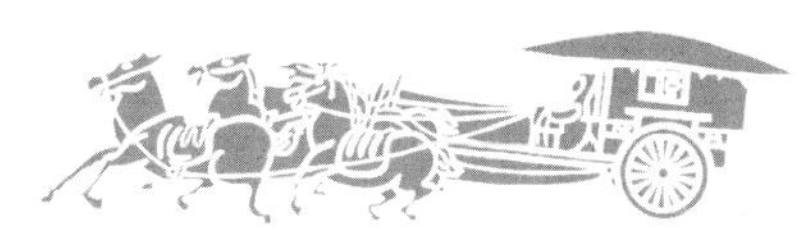

绔公子，岂可监军？将军为帅，自是三军司命。阃以外[②]，将军一切自专。”乐羊这才受命。

身在西河的吴起听说伐中山即将兴兵，自己的称霸大计正在一步步实现，兴奋不已，乃写荐书一封，保荐颇有将才的西门豹为乐羊的另一员先锋将军。

【注释】

①借道：魏国与中山国中间隔着赵国，故魏国伐中山，需要经过赵国的领土。

②阃：门槛，郭门，特指都城。阃外即京城之外。

第四十九章

吴白斗智各显能

吴起刚回到西河，秦军十七万就杀向西河来了。

秦军主帅白益，乃三十年前闻名列国的骁将，智勇卓异，在与晋楚的争战中，屡有建树，战功赫赫。其用兵以“奇正相生，奇正交辉”驰誉秦躁公时。至秦怀公时，他的兵略战谋达到了高峰，攻晋伐楚，每战必胜，令晋楚闻其名而头疼，常委屈避战，躲闪其锋芒，一时成为历史天空的一颗耀眼明星。可惜他只能是流星，为其性情刚直，清高自傲，得罪同僚甚多，秦怀公一死，他竟遭牢狱之灾，十多年之后始得出囹圄，但已成了草头百姓，而且因其为废太子嬴连之姻亲，乃被各级官吏严加看管，不许稍有异说异动（如后世之“监督改造”），谨防其死灰复燃。于是他寂寂无闻，淡出了世人的视野，渐渐被世人遗忘了。秦简公要夺回西河，但满朝的武将似乎都不及贾章、章霸川之智勇，一时选不出良将。“后党”较有识见，保举了当年的名将白益。简公也知晓昔日白益的威名，乃召白益入朝，见其虽已是白须白发老翁，却仍精神矍铄，威风凛凛，颇感欣然。但其人为“后党”保举，得无与“后党”有关联？须提防之！于是以白益为帅，又令左庶长戚甲监军，以防白益生不轨之图。

而今的白益，荒废了三十年宝贵的时光，已近古稀之龄，但他自信，宝刀不老，一出鞘必将使诸侯震撼。他雄心万丈，又谨慎求实。他早已知晓吴起的河湾大战、鬼淖子大战、阁斗山大战，使强齐丧师十多万，闻其名栗栗胆寒；渡河西来，智袭临晋，火烧司马，阵斩力敌万夫的章霸川，威名更如雷贯耳。此人用兵，才真正称得上“奇正交辉”、诡谲莫测呢。与这样的鬼怪交手，绝不可弄险弄奇，急于求胜，只需稳扎稳打，以“正”制其“奇”。吴起兵力毕竟少，怎能抵挡我的华山压顶之势？

但他出师已显不利之兆，不说监军戚甲俨然是军中的“太上皇”，自己

处处受制，只说进军刚到华阴，即遇整整六日连绵春雨，下得大军心里要长绿毛。天晴了，但黄土稀软，道路泞滑，人马前进已难，数百辆辎重车如何跟进？以他之意，要再歇军数日，待道路干爽再进军，但戚甲坚决反对：“时值春荒，国库粮缺，我军仅有一月军粮，若再歇军数日，已去半月多，我军粮更少，还如何作战？白帅莫要借故拖延，畏葸避战！”“畏葸避战”使白益怒火万丈，于是令大军携少量军粮踏泥泞前进，而将大批军粮留在郑城，派军一万留守，待道路干爽再押送大部队。

吴起听说三十年前的秦军名将白益率十七万军来攻，且惊且喜。惊的是秦军盛大，白益更为当年名将，其智勇不可小觑，而今虽已年迈，却仍是劲敌，这一番将是决定能否在河西站稳脚跟的恶战；所喜者，其人被“晾晒”数十年，必为公、后两党共忌嫉，今虽被后党举荐，公党必有疑忌，秦简公以宠臣戚甲监军，足证其心怀戒备。这戚甲乃卑劣小人，怎能与白益和衷共济？有戚甲掣肘、羁绊于白益，白益则号令难以通畅且忧谗畏谤心智麻乱，才智难尽情施展，将无能为矣。

他与樊贵和西门豹商议战策，一致认定，白益必图谋先攻克洛阴，将王城与临晋分隔，而后各个围攻吞灭。今当于老峪关拒敌，有铁壁雄关，秦军虽众，一二月啃我不动，而弊秦春荒乏粮，其军携粮必不多，我坚守半月一月，其或粮尽自溃。却好，深入到秦内地的暗探回来报告：天一放晴，秦军就踏泥泞进军了。吴起一愣，敌之粮草辎重如何行进呢？他略一思索，立即明白了，乃聚众将商议：敌必只携少量军粮踏泥泞前进，而大批军粮留在郑城，我若出一支奇兵，焚烧或阻断其军粮前来，秦军断粮，我则可大败饿夫！众将皆称妙。可是，奇兵从何处偷袭呢？走老峪关必被敌大军发现而遭围歼；从北面黑狗关出动，道路艰险，敌必有严密警戒，也极有可能“送肉饲虎”；从南面的三叉垭出兵？可三叉垭之西是百里瀚海大沙滩，连徒手之人都不敢穿越，大军怎能通过？西门豹沉思有顷说：南面出“奇兵”几乎是死路，但死路才可出敌意外，我当设法穿过大沙滩……樊贵等人皆摇头： 听说大沙滩不仅松沙没胫，又多沙山、沙沟和“魔潭”，常有人进去出不来。我奇兵要完成使命，不可少于万人，又要带自身的粮草饮水，怎可冒险踏进“死地”？

吴起却被西门豹的思路提醒了：对，应从“死路”出“奇兵”，方能欺瞒住白益！他拿出厥存茂的《战守图》来仔细研究，却发现大沙滩之南有一片毛茸茸的标识，立时眼睛一亮：此毛茸茸必是一片毛柳，割取毛柳枝条铺路，沙滩可过，而白益必不知则不防也。于是战策拟定：吴起亲率三万军扼住老峪关疲惫秦军，西门豹率军一万五千穿越沙滩迂绕向敌大军之后，潜伏起来，截击焚毁敌军粮，而后夹击敌后；潘松率五千军扼守北面的险要“黑狗关”。

白益率军来到老峪关前，不禁吃了一惊：关上营帐若隐若现，旌旗掩映参差，一面“吴”字大旗高扬于山头上；新修的工事构筑坚牢，防守的士兵尽藏身壕堑或屏障之后，偶尔伸头打量一眼。啊呀，这吴起真个了得，已猜到了我的用兵谋略，其凭借险关重兵拒我，大有反客为主、先得地利之优的形势了。看来，吴起欲借地利阻滞、疲惫于我，待我粮草不支而退军，其挥军追击，我则要吃大败仗了。哼哼，你的计谋不错，但我之粮草可支持我攻破你一城。你在我西河苦心经营，广储粮米，但破一城，我则无忧军粮矣。现在的问题是，吴起的主力是否在此，若其不在，强攻可破之，其所有“妙计”尽成空矣。其兵力有限，若集大军在此与我对抗，北面黑狗关必无重兵防守，我可临机改变战术，突然舍弃此关北去攻打黑狗，你要增援黑狗已不及矣。打破黑狗，王城将在我掌中矣。好，且先“火力侦查”一番，观其应对，即可察知吴起果在此否。

于是他令一万军扼住南来的几处“虎口”，防备魏军从三叉垭出兵来击我侧翼，而后挥军进攻，并且白须飘飘地立马前沿亲自指挥，但如他预见到的，魏军凭险而守，游刃有余，探头射一箭、掷一石，立即隐蔽起来；秦军虽兵稠将广，但受地形限制，施展不开，箭雨基本伤不到敌人，自己反遭频频伤亡。白益马上停止强攻，改用东敲西打探路的战术，似在寻找有罅隙的突破口：这一股人马鼓噪进攻，遇敌猛烈反击则退下来，另一股人马又从别处攻上去，又被打下来；第三股第四股攻击部队早选好了地形，依次攻击探路……第三四股人马退下来还未消停，第一二股又重新攻击……秦军遇挫即退，魏军却似在观察琢磨秦军的战法，又似力量弱小而只求自保，不敢趁势反击，两家均无大伤亡。面对秦军声势汹汹地东扑西撞，关上的魏军总是隐伏不动，甚至寂然无声，阵地上犹如无人，直待秦军进入最有效的杀伤地段，这才突然冒头怒吼着箭石交加。秦军一退，魏军又复寂然。

白益暗自喝彩：吴起治军有方，部队真可称作静如处女动如脱兔喽。看

样子，吴起似乎亲率主力在此据守，却又作出兵力微弱之状，以迷惑我麻痹我，诱我强攻，你却……但老夫岂能被你所算？当我确定你在此给我设陷阱时，哼哼……

天色已晚，白益收兵安营扎寨，宣言明日破关。

这日晚上，戚甲见白益并未安排防备敌人偷营，很不放心，乃对白益进言：“老将军，白日无激战，夜里应防敌来劫寨。”白益微微冷笑：“兵家常识，老夫岂能不懂？监军放宽心，吴起绝不会来劫营。”戚甲不解也不服气：“这是何故？”白益用教训的口吻说：“尔等哪知兵之深奥？我军驻地开阔，各营照应紧密，彼若轻兵来扰，则为投肉饲虎；彼若大军出动，则是自弃险要，让道于我也。吴起诡诈之徒，岂似尔等不晓利害？”

是晚果然平安无事。戚甲既暗服白益料敌准确，却又更恨白益恃才狂傲，训斥自己如士卒和小辈。哼！你白益二三十年腰不能伸、头不能抬，公、后两党也都将你踩在脚下，为什么呀？经历了二三十年磨难，你就一点也不醒悟？一点也不长见识？臭德行不减当年嘛，哼！

第二日，两军又似两只斗鸡绞缠在一起，皆红冠充血欲滴，金睛迸射火光，双翅开合扇动，两爪纵跳腾跃，你伸颈啄一嘴急退，他耸毛叼一口闪开，各自威势吓人，却不你死我活地相拼，各自带点儿小伤小痛，全无损精气神。缠斗两个时辰，秦军忽然鸣锣收兵，白益却唤来陇西“夷人”勇将“两腿骏马”（徒步奔跑可追战马），附耳授之以计，“两腿骏马”领计而去。

魏军见秦军退去，正在疑惑，关下却徒步走来一名秦将，高喊要见关上主将，送白将军战书。吴起笑对众将说：“白益激吾来也。可如此如此……”关上放来人进入，径至帅帐，帅案上高坐着的却是樊贵。来人递上战书，樊贵拆书观之：“吴起小儿：老夫七旬衰朽，愿与尔明日独斗二百合，敢否？”樊贵微笑说：“回禀白老将军，吴将军这两日恰有小恙，不能陪老将军遛马了。老将军若欲扬威，我雄关似铁，足够其大展雄风的。……你去吧。”

来人退出，一名魏军小校率三名军士“护送”其出关。来人却东张西望，并时而驻足窥探，似在观察防守部署。小校有所警觉，紧挨着他，催其快行。到了关口，小校正要转身离去，不防那秦使突地挟住他，五六步登上高处，骨碌碌顺斜坡滚到关下。魏军猝不及防，惊得一愣，待要发箭射时，已是不及。那魏使就是“两腿骏马”，好不厉害，挟着小校如同空手，大步如飞奔向秦营。魏军欲出关来抢夺小校，但秦营已有一支军控弦虎视，只好作罢。

吴起闻知小校被魏使掳去，暗暗钦佩白益了得。派人来挑战是假，探测我可在老峪关是真。吾不露面，其必疑我主力在北，定会倾力在此强攻，则中我计矣。然而出乎吾意料，他小弄手段，竟能在我万马千军中生擒一人，虎穴掏崽，其智谋非同寻常啊！擒我一人虽无损我一根汗毛，但它夸显了彼军之英勇，对我士气有所威压，还是对我主帅的折辱呢。白益啊，你想激怒我吗？嗬，我也可以逗弄激怒于你嘛！……当下唤来猛将莫墨玉，吩咐如此如此……

老峪关匹马单枪走出一将，高叫着要与刚出使魏营的秦将决一死战。“两腿骏马”大怒，请令出营迎战。白益尚未答允，却恼了大将谷典：“马将军已得功，且歇着，看我去斩此狂徒。”白益嘱咐其小心而去。

谷典也是猛将，见敌将单枪匹马，也奋勇只身来战。二将并不答话，恶狠狠杀在一起。谷典虽说凶猛，却不敌莫墨玉，只十个回合，便觉得双臂震麻，手忙脚乱了，莫墨玉卖个破绽，突地一枪刺中其咽喉，登时跌落马下，一命归阴去了。

谷典之弟谷曲大哭，要去为其兄报仇。白益微微吃惊，这魏将如此了得，十余合就斩了谷典，谅谷曲也非其敌手，可不必与之斗力。乃吩咐谷曲，带二十名弓箭手出战……

莫墨玉犹在阵前耀武扬威叫骂，秦营忽冲出一队人马来，相距尚有几十步，却忽然开箭就射。但莫墨玉早有防备，刷地一个蹬里藏身，那箭尽虚空飞去，与此同时，他猛一拍马，那马则如闪电飞向来敌，谷曲尚未看清楚，已被闪闪的利剑穿透了胸膛。莫墨玉斩了谷曲，又翻身上马，一手枪一手剑，猛杀惊得半怔的秦军弓箭手，一举手倒下一对儿，余众更惊，他转眼又杀了两双，趁敌惊怖间，一拨马潇潇洒洒回关上去了。

吴起使莫墨玉扬了军威，士气为之益振，心中也很高兴：白益折了二将，定是躁怒，或于今夜来偷袭强攻我，来吧，我已布好网罟擒猛虎，密排刀阵斩蛟龙，就为激你撞进来呢！……可他没有想到，白益这次却是计中有计：派“两腿骏马”入虎穴扬威，是逼迫真神显圣。魏军不敢报复，不仅要大失锐气，而且更说明吴起不在此地，关上兵少，“稻草人”的特性就暴露了，我可踏烂你的“稻草人”，夺得老峪关，轻松可取洛阴，我的一盘“棋”就活了；如果报复，则说明真神就在此地，我可避实击虚……连折了二员偏将，白益虽是愤怒，却反而笑了：“两腿骏马”探查魏阵，似无空营，可见魏军

主力集结于此；敌将单骑挑战，进退时机把握得恰到好处，令我不及还手，此非庸常将军所能计虑及此；斩我二将以激怒我，欲令我攻他的铜墙铁壁，好碰个头破血流。嘿嘿，这分明是你吴起的贼智嘛，且“吴起患病”，不肯露面，欲令我疑其身不在此地，而拼力以头撞石。好啊，你吴起弄狡狯，却反而暴露了你的行藏。且待南北二处的探报到来，我将让你吴起以聪明自误！

探报回来了，报告北面并无魏军偷袭的行迹，南面也报告，魏军有少量兵力开近一处“虎口”，却只在“虎口”外呐喊佯攻，并不踏进我伏击圈。白益微微一笑：“魏军作势虚攻，实则欲别寻险道绕过我伏军来击我肋胁，然而，不经‘虎口’，再无道路。传令，我伏兵勿动，魏军则插翅难过也。而今既已明了吴起大军在此，我可……

吴起正在高兴，忽然打个激灵：不好，我中老白益之计了。秦将来扬威激我，分明是逼我现身嘛，自己一时意气用事，竟派莫墨玉报复扬威，岂不将自己主力即在此地的真情暴露了吗？白益若突然奔袭黑狗关，潘松只有五千兵力，能挡得住秦军攻势吗？所幸，黑狗关之险峻胜过老峪关，潘松有四十只铜鸭子相助，王城有稳健练达的宋华驻守，宋华闻报，必将倾力救助潘松，黑熊关则可坚守多日。虽如此，我也须扰乱白益心智，使之对我防守虚实捉摸不定，则不能倾力攻打。扰乱之法，莫过于令戚甲搅扰白益。对，自己已筹思得离间计，今可急用之！

白益回到帅帐，秘密传令，今晚拔营北上，攻取黑熊关！监军戚甲惊疑道：“吴起兵力不多，又四处分军把守，必然处处捉襟见肘。我看这老峪关，打着吴起旗号，却不敢露头与我拼战，必是兵力寡薄，我全力猛攻，此关可破也，白帅何故移军向北？难保吴起的主力正在黑狗关呢！”

白益清高孤傲，哪把这个正人君子皆鄙夷的戚甲放在眼里，但人家是监军，就是来督察将帅的，虽对其责问愤怒，也不能置之不理，就冷冷地笑道：“汝不知兵，勿得扰乱本帅决策！吴起示弱于我，又不肯露面，其人与主力正在此也。其欲诱我强攻，待我强攻受挫而人困马乏、士气低落时，由南面出奇兵来击我侧背烧我粮草，我军则自溃矣。如今已确知其‘奇兵’在南，吴起与主力绝对在此，那么，黑狗关必无重兵设防，我突然北进夺取黑狗关，吴起的防线就被我彻底撕破了。”

戚甲被讥嘲“不知兵”，心中愤愤，却又不便发泄，于是也冷冷地笑道：“但愿白帅莫料敌失误！”

白益大怒，只知谄媚、逢迎取悦、花天酒地玩女人的猪头狗脑之货，竟敢怀疑自己的军事才识，这简直是对自己的轻侮！他刚想还以颜色，却有小军来报：一名魏军使者手提两条一尺来长的金色大鲤鱼来到营前，要面见主帅。手提鲤鱼求见，有何名堂？白益只好放下与戚甲的龃龉，令来使进帐，询问来意。来使参礼说：“别无它事，吴将军敬慕白将军，知白将军欲向北袭我黑狗关，特致意将军，且放心前去，我军可不追杀。将军此去辛苦，吴将军特赠二鱼以示慰劳。一尾鱼敬奉白老将军，一尾鱼奉上戚监军。”

白益闻言，神色不变，心中却着实一惊：自己的意图，吴起居然已经窥见，此人之智略不在吾之下矣。虽然如此，其不过欲以大话吓阻我，实则噬脐莫及矣！于是乃笑对来使说：“也致意吴将军，本帅确是要弃此不顾，欲北行取黑狗关，请他来追杀吧，本帅恭候！”

来使去后，戚甲惊讶地质问白益：“白帅既欲移军向北，何以明告吴起，岂不惧其倾军追杀？”白益略带调侃的大笑：“监军休矣！吴起凭坚固守，我强攻近乎自杀，其敢出关来追我，亦为寻自杀也。吴起狡诈无比，怎会愚不可及？所谓‘追杀’云云，不过是表示他已猜破我的用意，故意说穿，以动摇我的决心和计划罢了。然而其大军尽在此关与南边，要救黑狗不及矣。……来人，给我将那两条鱼扔进粪坑去！”

戚甲极怒恨白益指桑骂槐暗讽自己“愚不可及”，却不好发作，此时则偏要与白益作对，以使众将领看清监军的权威，乃急忙阻止：“慢着！吴起赠鱼，或有阴谋。本监军倒要看看，吴起之鱼有何鬼怪。”随即对从人一呶嘴，“提一条大鱼烹烧，于我下酒。”

白益更鄙视戚甲了，冷哼道：“敌我生死相搏之际，吴起赠鱼，岂有好意？监军贪口腹之欲，不怕众将士物议？”戚甲讪笑道：“本监军意在揭破敌阴谋，何畏说三道四？”言罢悻悻而去。

白益听出戚甲的话里带刺，但他自恃兵权在握，戚甲暂不可危害自己，只要打了胜仗，一切自有公论。于是他撇开戚甲，下令部队三更悄无声息地拔营，连夜向黑狗关开进。

第五十章

白益屈从“恶婆婆”

秦军于第二日午后开到黑熊关下，见关上的魏军不多，旗帜也稀稀拉拉，白益大喜，下令立即进攻。但这黑狗关，险峻不输老峪关，秦军十数万，却仍只能以少半兵力进攻。三四万秦军漫山遍野攀登陡峭冲近山顶石墙，石墙上滚木礌石和箭雨齐下，秦军死伤纷纷，惊恐后退。白益却由关上的反击力量判断出，魏军不过三四千人，猛攻之一鼓可摧破，于是又亲自督战，严令拼命冲锋。终于，有数千猛士冲入了石墙下二三十步，一个虎跃即可冲上石墙，但石墙上忽然亮出一种怪物，对密集的秦军疯狂喷“水” 并发射火箭，天哪，秦军立时变成了一个个火人，被烧得嗷嗷大叫，没命地向关下翻滚，又引燃了更多的火人……

进攻失败，损伤四五千众。三军无不惊恐魏军的“怪物”。白益也为之震惊，这“怪物”太厉害了，须思得克服这“怪物”之法再攻，再者，三军经半夜又半日的行军，已是很疲劳，他只好下令退军数里扎营安歇明日再战。

晚上，白益于帥帐中思索有时，终于有了破“怪物”之法：怪物所喷必是油料，令军士手持密叶树枝编织的“大盾”，挡住喷油，怪物则无用矣！……

然而半夜时分，关上却添了万余兵力。原来，驻守王城的宋华得报秦大军攻打黑狗，极是吃惊，他明白王城之安危系于黑狗，必须竭尽全力救助黑狗关。可他也只有五千兵力，能分出几许兵力去助潘松？他思谋片刻，有了计策，正值春荒，王城百姓大多也半饥半饱，若放粮赏钱招募民佚，饥民必蜂拥从军。他立即张贴告示，又令人于城乡鸣锣宣告“征佚”政策，果然，仅一个多时辰，即有一万多饥民来应征。他淘汰老弱，得精壮一万，予以钱粮厚赏，发给甲胄兵器，又赶制成一面“吴”字大旗，再抽出二千防军，由一名偏将率领驰赴黑狗关。半夜时，这支民军就开进了关上。

次日早，白益命令一支军割取来绿叶树枝，编织成千万只“大盾”，再率军开到关下。但举目一望，不由吃了一惊：关上突然兵力大增，石墙后人头攒集，更有无数兵丁在来往搬运滚木礌石之物，似乎守军已兵稠人众，而且一面“吴”字大旗笑傲在晨风中。难道真是吴起与重兵在此？……不，吴起绝对在老峪关。那么，这援军必是王城守军了，好啊，你王城倾巢而出来救黑狗关，我打破此关，取王城则如搂草打兔子矣。对，今当不惜牺牲，夺黑狗取王城，你吴起只有回军死保洛阴、临晋矣！他又观察片时，呵呵笑了：“关上危急，来援者必为王城兵，王城空虚矣。今我全力猛攻，踏破此关，王城则在我掌中矣！传令……”

“不可！”戚甲阴沉着脸阻挡了，“吴起在此，关上必有重兵藏伏，加之怪物喷火威不可挡，白帅却要挥军强攻，欲令我军‘飞蛾投火’乎？”

白益惊诧于戚甲的阴阳怪气之问，却又会错了“飞蛾投火”之意，乃正色耐心解释道：“吴起不在此也明矣，其若在此诱我作飞蛾扑火，怎会突然大显兵力并亮出‘吴’字大旗，难道为惊吓我退兵吗？其欲吓我退走，则证明关上吃紧、王城危急。晾关上纵有万把兵力，怎挡我十数万大军猛攻？至于怪物喷火，监军勿担忧，本帅已令编织成‘树叶大盾’，可挡住怪物喷油，不惧火烧……”

戚甲却阴冷地笑了：“哼，此关之凶险更胜老峪关，常言道一夫当关百夫莫开，‘树叶’能挡烈火吗？而且关上兵力雄厚，吴起玩虚虚实实，意在诱我莽攻而伏尸填满荒谷，而后老峪关出兵来击我之背，我则土崩瓦解矣。情势如秃子头上虱子明摆着，白帅却判实为虚，判虚为实，不亦昏眊狂悖乎？”

白益大怒了。他之成名，主要在于对敌情常有很准确的判断。秦怀公时他为大将，晋楚两次多路犯秦，皆采用明路小部队佯攻，大军暗插偏僻险道之计。所有秦将与谋臣皆受蒙蔽，误以为明路即敌主攻方向；独有他看穿了敌之阴谋，说服怀公备敌于险道，结果使晋楚诡计破产，还损失了不少兵马和大批钱粮。可是，今日他却被狗屁不通的戚甲讥为“昏眊狂悖”，这简直是奇耻大辱！可是，人家是君之宠臣，又是奉王命来监督将帅的监军，你能拿人家怎么样？你解释老峪关不敢来也无法来救黑熊，狗屁不通的小人听得懂吗？哼，白某身为三军之帅，岂能被一无知无耻的小人干扰？于是他撇开戚甲不理，气势凛然地高声道：“白某为三军主帅，如何用兵作战，不用别人指手画脚！是非曲直，待我打了胜仗，一切自有公论。本帅已断定此处并无重大兵力，我破关之后，还可顺势拿下王城。众将听令：中军为正面主攻，

以‘树叶大盾’挡敌怪物，勇猛冲锋，畏缩者斩！左军、右军从两翼展开迂回，攀山越险扑击关后，不尽力者斩！前军为中军之辅，务必……”

可是，只有中军将领们拱手声喏听令，其余各军的二三十名将领，皆低头默然，如未听见军令，有的还偷眼望着戚甲。白益震怒了，将领们不听元帅号令，这种状况闻所未闻！他刷的拔出佩剑，瞋目怒视众将，声如洪钟："本帅已发将令，敢抗拒者，军法处之！”

戚甲哈哈大笑起来："好啊，元帅行令斩将，威风哉！但戚某怀抱王之剑，代表君上监军，未得本监军同意，白帅焉得擅杀大将？”说着，将抱在胸前的嵌有金龙之剑摇了摇，大声道："诸位请看，此乃君上亲赐的‘监军剑’，戚某乃代君监督将帅者也。元帅要杀人树威吗？本监军当举王剑阻之！……实告白帅，众将不听令者，实为本监军指使。所以者何，欲制止白帅之昏乱指挥也。”

白益大惊了。自己要为国建功，绝对胜算在握，怎么就成了昏乱指挥？身为三军之帅，竟不能指挥将士作战，这可是闻所未闻的怪事啊！有监军如此扰乱，这仗怎么打啊？但这个戚甲官高位显，又携“王剑”监军，自己能将人家怎样？即使这么冲撞对抗，也有忤逆君上之嫌啊！我、我这三军主帅形同玩偶了？不！……他也自恃有后党撑腰，胆气渐壮起来，乃愤然宣言："元帅为三军主司，十数万军当听吾号令，此有国法军纪明载；监军之职，只在监督将士用命，怎得阻扰本帅行令？吾意已决，必欲破关夺城。胆敢不听军令者，吾将亲斩其头！”

戚甲也刷的抽出了王剑，晃动着冷笑道："好啊，戚某倒要看看，王之剑难道不能阻挡元帅之剑？哼哼，有王剑在此，谁可驱我将士伸脖子撞敌刀锋？”

白益更惊更怒："白某欲为国建功，何谓驱将士送死？难道不经血战，敌可自动弃守？”

戚甲撇嘴阴冷地一笑："白帅欲为何人建功，我尚有疑焉。前日戚某已断言，吴起不在老峪关，关上守军寡薄，白帅却执意北来，何故？此处显然是吴起诱我军送死之屠场，尔却挥军强攻，难道是为吴起‘砧上送肉’不成？”

“放屁！”白益只气得浑身发抖，恨不得拨马上前一剑砍了戚甲之头，但人家手持王剑，代表君上监军，自己敢杀监军，岂不是犯上作乱？他极力压住怒火，戟指戚甲大骂，“尔无耻小人，竟敢污蔑本帅！尔何故疑我？凭据安在？说不清楚，白某绝不容你活到明日！”

戚甲却有恃无恐，嘿嘿冷笑道：“尔敢杀本监军，更证明尔卖国通敌。我之怀疑，自有凭据，然而不到朝廷之上，不容汝见也。”

白益懵了，戚甲竟有“凭据”证明自己卖国通敌？天啦，这罪名如何担当得起？这会是什么凭据？自己能否剖白清楚？…… 白某粉身碎骨不足惧，但卖国通敌却是羞辱祖宗、遗臭百代啊！不怕，自己身正影子端，何惧小人诬陷？只要战胜魏寇，则可证明自己忠心为国！可是，戚甲已蛊惑、拉拢了一批将领，自己已指挥不动三军，还怎么破关夺城？戚甲贼子啊，你舐痔结驷、害国害民已足可恨，现在又要嫁祸白某，窃夺军权，我十几万大军危矣！……

白益却不知道，戚甲倒是真有“证据”呢。原来，那日戚甲之卫兵拎回大鲤鱼来剖开，却在鱼肚里发现异物，展开一看，是一小幅白绢，绢上有字，乃急忙报告了戚甲。戚甲视之，却是一信：“白老将军台鉴：将军得兵柄，可喜可贺。卿望吾返国，吾亦日夜思之。今之计，卿其大败于吴起，则举国震动，舆情汹汹，窃国者如坐针毡矣，太后复推波助澜，民则亟欲迎我归来也。毋须赘言，卿其挥军向北驱蛾扑火，则为助吾也。至亲连儿谨再拜。”戚甲只看得冷汗直流：我的妈呀，这白益居然与废太子勾结上了，难怪太后会极力保荐他呢！嬴连之计毒矣哉！……慢着，这会是吴起的离间之计吗？可是，吴起若是假托嬴连书信，又怎会知道嬴连是白益的内侄女婿？而口称“至亲连儿”，分明就是嬴连的口气呀！……噢，嬴连要借魏人之力复辟，与魏国政要将领勾连紧密，怎能不与吴起勾搭成奸？但吴起怎可保此信不落入我手呢？……喔，其已指定大鱼送白益，而密信就在大鱼肚中。天助我秦，白益不知吴起用意而故作清高，这才使密信落入我手！白益未得到嬴连密信，还不敢贸然反叛，我可密切监察之。好啊，不管此信是真是假，我则可以此治死你白益，统兵大权则入我手矣！ ……攻打黑狗关遭挫，戚甲更坚定了“白益通敌”的判断，白益在思谋“树叶大盾”时，他却秘密招聚亲信将领，布置“抵制白益”。监军为军中“太上皇”， 众将领谁敢不听令？故而白益的号令不得贯通。

白益心中流泪了。伍子胥忠心爱国又英才盖世，却遭谗诬，落得凄惨下场；先轸战无不胜，爱国而“轻君”，却也只有以“自杀”谢罪。自己可否学先轸率军攻打以“自杀”呢？不成啊！仅靠中军攻关，必难成功，且将死伤惨烈，自己纵然战死，怎能洗清“通敌”罪名？而“为吴起砧上送肉”岂不被坐实？……

罢了罢了，白某被缚手足，只有听任小人摆布啦。他压住心中酸苦，温声向戚甲“请示”：“以监军之意，我军当如何进退？”

戚甲忽地现出了满腹机谋的豪壮：“我可杀回马枪，速返军再攻老峪关，必可一蹴而破！”

“这……”白益明知返身再攻老峪关，更是以头撞石壁，但他若要反对，即是心怀鬼胎！唉，小媳妇受制于恶婆婆，他还能说什么？于是只好下令回军老峪关。

戚甲却在心中暗喜：且让白益为我率军冲锋，待打破了老峪关，我军已成劈竹之势，吾则亮出你白益罪证，宣王命将你拿下，吾则成大秦大功臣矣！吴起呀吴起，我这一回马枪，你大概万难料到吧。哼哼，吾“不知兵”？戚某之回马枪妙绝天下矣！

第五十一章

吴起抚乱用怪招

但秦军第二日下午抵近老峪关时，却见魏军又在关上严阵以待，“吴”字帅旗在风中扑啦啦作响，又听关上一声响亮的号角，堑壕下、岩石后突地敲打起轰轰烈烈的锣鼓音乐来，先是《得胜鼓》，再是《凯旋归》，接着是年节时的狮子龙灯彩莲船之旋律，咚咚呛呛，热烈非凡，似有数百锣鼓在演奏，但魏军仍隐蔽着不露面。

戚甲惶惑地望望白益，惊讶莫名。白益重重叹了口气，恨不得掌掴戚甲，但事已至此，他作为三军主帅，还得收拾局面。他思忖片刻，策马独自抵近关下，向关上摆摆手，关上的锣鼓声果真戛然而止。他仰头向上高呼：“尔等勿弄玄虚，快请吴起出来与本帅说话。”关上静有片时，威风凛凛的樊贵立身于岩石上，向关下含笑高叫：“吴将军病虽大好，仍不便走出军帐，樊某谨代吴将军向白老将军问候，老将军数日奔波，劳苦矣！老将军去而复返，欺吴将军抱恙，欲乘人之危乎？然而有樊某指挥雄兵五万，岂惧尔秦军百万？老将军请来攻关吧。”说完又退下不见了。

白益也退回来，略带讥嘲的口气对戚甲说：“监军知乎？兵者诡道，善识虚实真伪方可为将。吴起正在此，关上确有重兵，尔‘回马枪’枉费心机了。……我若猛攻黑狗关，此时早已得手矣……” 戚甲却由樊贵的话中听出了“破绽”，哂笑道：“彼之诡计岂可欺戚某？吴起仍不露面，必不在此也，樊贵大话唬人，色厉内荏，关上何来重兵？白帅可速挥军猛攻！”白益激愤道：“势若观火，此地才是汝所言‘诱蛾之火’、‘待肉之砧’，是谁欲令我三军伸脖子撞刀锋？白某不敢从命！”

戚甲有点慌了，倘真如白益判断，自己撇开白益下令强攻，惨遭大败，简公则必拿自己问罪以塞后党嚣嚣攻讦。白益老姜弥辣，或不妄言吧。但他仍不太相信是自己愚昧，就试探着问：“我犹不信吴起重兵在此，白帅既识‘诡

道’，可能说出判断依据？”

白益更加光火，但此时拿不出“依据”，戚甲借“王命”令自己率军莽攻，岂不要凄惨死伤？他强压下火气，想了想说：“我可证明给你。……且安营扎寨，待本帅用计。”

安营已毕，白益令人带魏军俘虏上来。戚甲心中冷哼一声：审问俘虏？我道是什么妙计呢！此俘我已审问过了，高傲臭硬如茅坑石头，什么也不肯说，看你又能怎样？

魏军小校被带进大帐，傲然地望着白益，并无惊慌和惧怕。白益早有了主意，威严地打量着小校，突兀冷峻地问：“你要死要活？”小校头微一昂：“既为所俘，生杀由之。”“哼，还挺硬气，倒也是条汉子！待吴起为吾所虏时，有你作陪，亦足幸焉。”小校却轻蔑地一撇嘴：“哼哼，鸭子死了嘴还硬。你非我吴将军对手，遭擒者，必是老翁你。”

白益不恼，反呵呵笑了：“说得好，吴起小儿确是智谋过人，然而其遇上老夫，则如沸豆浆遇上卤水，被克定了。他以少量兵力在此惊吓我，却诱我去攻他的黑狗关火山，要使我飞蛾扑火，嘿嘿，这种小把戏，怎能瞒得了本帅？吾今已识破，老峪关一鼓可破，吴起逃无路矣。”小校不答，也嘿嘿冷笑。白益脸一翻，怒道：“大胆！你笑什么？难道本帅所言不实？”小校仍不答，只冷笑不止。白益勃然大怒：“这厮狂妄无礼之甚，竟敢戏弄本帅！来人，且将其关押，待擒拿吴起后，当吴起之面割其舌剜其眼，以慑吴起！”

小校被推搡而去，竟哈哈大笑。白益急令推之转来，怒骂道：“大胆狂徒，本帅不过聊试尔胆量如何，你却不知死活，笑辱本帅。今能说出所笑缘由则可，否则，立即拔舌抉目！”小校面露讥嘲，犹冷笑说：“我笑你已中吴将军之计，还在洋洋得意呢。我老峪铁关，有吴将军亲率四万精兵在此，正要你鸡蛋碰石头呢……”白益也冷笑道：“咄！一派胡言。吴起仅有兵力不足七万，又四面分军防守，黑狗关即有守军三万，此处何得再有四万兵力？吴起若在此处，不过是四五千兵力弄险而已，哼哼，其将为我虏矣！”

小校又扬声大笑：“黑狗关倒是只有五千兵力和四十只火神爷……‘铜鸭子’，却吓得你们屁滚尿流退逃了；我老峪铁关嘛，嘿嘿，我奇兵开到，好戏就开台了。”白益心中一凛，却仍假作冷笑说：“吴起之所谓奇兵，已被我阻之‘虎口’，插翅不得过，欲突击我侧翼，做梦去吧。彼更欲耗得我粮尽自退而掩击，哈哈，我军粮足可支持三月，吴起可招架我一月乎？”小校笑得鼻涕欲喷：“哈哈……你军粮可支持三月？糊弄鬼去吧。吴将军料知你的大批军粮还在百里之外，早已遣奇兵向西穿过大沙滩去伏击你运粮，此时你的军粮或是已成了飞灰吧，你还在做梦哩，哈哈 -----”

白益心头大震，他最担心的军粮竟被吴起算计！南路虎口处再无声息，彼之奇兵显然已插入我身后，我派军回救军粮恐已不及，所携粮草至多再能支持三日，难道我得迅速撤军？……不，只须一日我即可…… 他刹住了震惊，忽爆大笑：“哈哈哈……此人诚实可爱，去吾疑焉。念其是条汉子，可予优礼羁押之。”那小校瞠目结舌了。

戚甲亦瞠目结舌，对魏军这个“茅坑的石头”，自己软硬兼施用尽手段也毫无所得，白益却轻轻巧巧就诈出了吴起的兵力部署，此人之贼智，倒真是吴起的对手呢。可是，现在敌之奇兵已绕至我背后，我十万斛军粮危矣。军粮被毁，三军则自溃，白益竟还笑得出来？

白益智激小校获得真情，大惊又大喜：吴起竟由“死地”出奇兵，胆识非我所及也。然而你智谋胆识虽出类拔萃，却哪会想到你的小校会‘出卖’了你的底实呢？哈哈，而今我只要……

戚甲惊惶地急对白益说：“敌之奇兵已到了我身后，我军粮草危矣，白帅怎不急派军救护？”白益默然片时后摇头道：“不必了。我军粮必已遭厄矣。然而用兵可不拘于常法，吴起欲绝我之粮令我自崩，我则可获粮自救。今我舍弃十万斛军粮，但拿下王城，何忧军粮哉？我克复王城，吴起惊恐慌乱矣。”

戚甲惊问：“白帅之意……？”白益又兴奋开了：“我撤离黑狗，王城援军必已自去，关上仅剩五千兵矣，我再回马枪杀到，唾手可破关，吴起要救王城，无及矣！……传令，今夜四更，悄悄拔营进军，再返回黑狗关！”

戚甲却又惊又疑：军中之粮仅可再支三日，若弃大批军粮不顾，真能拿下黑狗关及王城？这白益倘若心怀鬼胎，我军险哉乎！再说，白益万一成功，则证实自己此前是扰乱军机，必获罪责。……不管怎样，绝不能使白益继续掌军了！

却说吴起用鼓乐“欢迎”白益重返老峪关，意在令白益误判为“装腔作势，实则兵力空虚”而强攻之，自己的奇兵一来，嘿嘿……可是，秦军并不来攻，反而扎下营来，这白益定是窥破了自己的“示虚”之计。哎呀不好，我一再“示虚”，岂不反而暴露了黑狗关才是真的空虚？这白益是斫轮老手，倘其再挥军攻打黑狗，而潘松因击退了敌军而松懈防守，黑狗危矣！黑狗关有失，王

城难保了……我是否该亲率军回保王城？但如此一来，整个作战计划就泡了汤……我且观之，秦军若拔营开动，则为回扑黑狗关，我可急率轻骑回援王城。

吴起刚要作兵力调整部署，樊贵却闯进帐来气急败坏地报告：“不好了，有三百秦军降兵，将参将肖克胤擒拿在小树林里，要杀之泄愤。”吴起大惊，急问原委，樊贵简略述之：原来，肖克胤手下有三百多秦军降兵，常被肖凌辱打骂，并为之轮流当差……洗脚、捶背、值夜、倒尿罐，稍不如意，皮鞭、军棍加之。攻克王城之战中，肖以秦降兵打头冲锋，魏军“老人”督战，战后，却将秦降兵“斩首二十级”的战功埋没，自吞了赏金。秦降兵群起鼓噪，肖克胤担心事情败露，竟于今日午后将五名带头鼓噪的诱于小树林活埋了。三百秦降兵发觉其事，暴怒而哗变了，杀死了肖克胤的十名卫士，生擒了肖要活剐之。肖部魏兵围住了秦降兵，却不敢硬冲去救人。樊贵闻讯，赶往小树林向哗变士兵喊话，要其勿得生乱，吴将军自会公道处置，但哗变士兵已红了眼要死拼……

吴起惊呆了，军中竟出现贪渎冒功残暴如恶霸的将领，你吴起治军疏露不小啊！但现在顾不得这些事，迫在眉睫要处理的，是如何安抚这些动乱士兵，处置不当，会对整个秦降兵产生重大影响啊。大敌当前，秦降兵已近万人，如果怀忿而哗变，那……必须迅速处置骚乱！按情理，这批士兵是被逼走上了以死相拼之路，可他们的行为毕竟是造乱，绝不能任其擅杀官长！怎么办？“造乱”不平息，部队不稳定，还打什么仗？……罢罢罢，先处理此事，安定部队，再轻骑疾驰去救援王城。

牙将韩馥礼却对“造乱行为”怒不可遏了：“竟要诛杀将军，这还了得？吴将军，可速将这批乱军擒获，正以军法，以儆效尤！”

樊贵急忙反对：“万万不可！肖克胤乱法而作孽在先，士兵乃愤而报仇雪恨，不为造乱。更要紧者，此为秦军降兵，杀之，其余秦降兵心生怨愤矣，危哉！”

韩馥礼冷冷地一笑：“打仗要靠我三晋子弟兵，秦降兵不足恃也。况眼下秦军势大，秦降兵或生反复之心矣，为绝后患，应将这批乱军全部枭首，以震慑所有秦降兵！”有几个将领同声附和。

韩馥礼之言确实很有道理，但吴起却想得更深远，杀了“这批乱军”，近万“新军”（秦降兵）将怨愤而离心，倘再生乱如何得了？更要紧的是，它可能毁灭秦军投顺的希望，堵死秦军投顺之路，迫使秦军与我死拼，那将会……不待樊贵再批驳韩馥礼，他却拍案发怒了：“满口胡言！姜太公以三千虎贲而扫天下，岂尽赖周人之力哉？吾斩章霸川，秦降兵助力宁小哉？秦降兵亦我三晋子弟兵，枉杀一人，即如杀我吴起。尔韩馥礼身为大将，亦曾屡献良谋，今则出此自残之策，岂不自羞！传令，着韩馥礼降秩一等[①]，待其有功复之……尔众且待之，吾亲往小树林绥安众军。”韩馥礼满面羞惭，其余众将无不震惊。

樊贵与莫墨玉不太放心，跟随吴起一同前往。来到小树林边，天已完全黑定，但见二三千将士团团围定树林，刀枪闪烁，火把辉耀，静等一声令下好剿灭叛乱。林中也火把明亮，乱兵皆隐身树后，警惕地注视着林外，做好了命绝林中的准备。吴起令围着树林的将士后退数丈，自己却走向林边，高声喊道：“林中的弟兄们，我是大将军吴起。我已知肖克胤劣迹恶行，其罪死有余辜。尔等愤而欲杀之，情理之中也。然生杀予夺，唯律法军令治之，尔等若擅杀，即为败乱律法军令，形同叛乱矣。尔等速出林来，各归行伍，自无罪愆；至于肖克胤，交由本将军按律令处之，定可慰三军之心，雪尔等之恨。”

林中一声不响，一动不动，静得犹如空无一人。

樊贵亦上前大喊：“林中的弟兄们听清了吧？吴将军执法如山，言出如鼎，尔等万勿自陷不义而蹈绝地。”待了一阵，林中依然毫无动静。樊贵知道乱兵顾虑所在，又温声动情地劝道：“弟兄们，尔等跟随吴将军也晚，犹不知吴将军之为人。将军崇信义重然诺，与牛商高岱随意一句约定，竟至一日一夜水米不粘牙；小兵蒋石头身患恶疮，痛的生不如死，吴将军竟为其吮脓血而治愈之。此类种种尔等未亲见，岂不闻乎？大将军已宣告尔等无罪，并处治肖克胤，必不汝欺。尔等不可执迷不悟，快走出来吧，听凭大将军公断。”

树林中又静了一会儿，随后响起嘁嘁喳喳的小声议论和争辩，但良久而平息，仍无人走出林来。

吴起焦躁起来，自己已宣布了他们无罪，这些人却仍不肯服从命令，非要一条道走到黑，找死吗？这些“老秦人”，何其顽冥不化，可恨！但反过来说，这又是“老秦人”宁折不弯、以死抗暴的勇气和血性，这可是宝贵的军人气质啊！他们不肯走出树林，可能对无罪的宣布不太相信，也担心主帅“护犊”不杀肖克胤，他们终将自饮苦酒乃至毒药。看来，吾得取信于彼。

果然，大树后闪出一名关中大汉……他无疑是这批乱兵的组织领导者……镇静而雄赳赳地向外喊道：“吴将军，你真能赦我们无罪吗？”吴起朗声答道：“本将军信义当先，何曾有戏言？”“可是，大战在即，你舍得杀了肖克胤？

不杀肖贼，我们愤难平。”樊贵斥责道：“尔等过矣。吴将军既宣告肖克胤死有余辜，必不宽贷。难道由你们手刃肖某以泄愤，置军法于何地？尔等勿再……”

吴起却摆手制止了樊贵，似平静又威严地说：“既如此，待本将军亲至林中，依法处治肖某，取信于三军。”

此言一出，樊贵与莫墨玉大惊，乱兵丧失理智，极可能见人就杀，三军统帅岂可蹈此叵测之地？“大将军不可亲往，且由樊贵代之。”“不，肖克胤隶属莫某所部，当由墨玉前往宣军令处之。”……樊、莫二人争抢赴险，吴起心中感动，却更坚定了亲赴险地树威立信于三军的意志，乃摇摇头大声放言：“汝二人何须多虑？吾爱吾将士，吾将士亦必爱吾；吾秉公义申律法，将士则敬吾，岂有暗算加害本将军之理！看，我吴起解除佩剑，赤手空拳会晤吾之士兵兄弟。”说完，真的解下佩剑，塞到樊贵手中，大步跨向林中。

樊、莫二人阻之不及，惊得手足无措，派卫队随之去保护吧，莫说主帅必然斥责，况且在密林之中，乱兵若于暗处放冷箭，卫队再多也无法保护；若以大军进入林中威压乱兵，那反而有招致乱兵怀疑是大将军下黑手。樊贵急中生智，悄悄招来十多名优秀箭手，嘱其伏于暗处，张弓搭箭，乱兵若有危及大将军之举，立即射杀领头者。莫墨玉也指挥大部队重新逼近树林，听号令则杀入保护主帅；他自己则拔剑在手，潜入林中凝目注视着，以便在紧急时突兀而至。

吴起从容地走进树林深处，那个关中大汉只身上前跪倒行礼：“小校伍仁参拜吴将军。大将军啊，我们被逼而造乱，累大将军亲临凶险，伍仁罪该万死，请大将军枭首示众。”词虽谦和，神态却不卑不亢；其余的士兵皆刀枪弓箭在手，冷冷地观望着。又有两名士兵紧紧扭着肖克胤，两把短刀加之颈项，似不许其动弹和说话。那肖克胤惊恐又满怀希望地紧盯着吴起；吴起愤怒而鄙夷地扫他一眼，心中虽略有惋惜……千军易得，一将难求，此人打仗倒也勇猛顽强……却决绝地将头扭开去。

吴起表面上对控弦亮刀的士兵们视若无睹，其实心中也很紧张。他明白，自己若说错一句话，极可能走不出这林子去。但他内心坦荡，更机警权变，陡地虎眉一竖，对伍仁厉声呵斥道：“大胆伍仁，是何言哉？本将军抚慰士卒，乃职分，乃常事，何谈履凶险？尔视我吴起为将士之贼乎？”

伍仁连连叩头：“小人不敢。三军皆知吴将军爱兵如子，与士卒共甘苦。然而……”

吴起更威严地一摆手：“无须再说。将军不爱兵，将士何故为将军效命？吴起无他能，唯能视三军将士为兄弟手足，故而得万众同心，战无不捷。吴起痛恨将领骄横跋扈，苛虐士兵，有喝兵膏血者，视同喝我吴起之膏血，何况……”他停顿下来，扫视着全场。

伍仁仍然跪着。树后的士兵们纷纷走出来听大将军训话，除极个别者外，皆垂下了刀枪，收起了箭簇。

吴起看得明白，自己的“爱兵论”打动了乱兵，对立情绪稍稍消失，但不杀肖克胤，对立情绪将无法彻底消除，于是一指肖克胤：“此人喝我兵血，罪已当死，残杀我五名兄弟，更属万恶不赦，国法军法万不能容。伍仁听令……”伍仁站起来躬身叉手：“伍仁听候将令。”“今着汝执法。汝用五刀，代表五位冤死兄弟，向肖克胤讨还命债，以肃律法。然此人屡有战功，不可斩其首，使之得保全尸，亦为褒奖勇士也。速去执刑！”

“得令。”伍仁锐身而去。

肖克胤之敢于在大战之际胡作非为，一因主帅和重要将领们忙于战事，顾不得纠察军纪，二为大战用人之时，自己还算的一员勇将，纵使闹出麻烦，主帅也可能罚自己戴罪立功而已，不想吴起竟要……惊惧之下，也不顾喉头有刀，一扬脖颤声高叫：“吴、吴将军，饶命啊。我愿戴罪立功，死在沙……”一个“场”字未喊出来，伍仁雪亮的刀锋就刺进了他的胸膛。哪里还需要再动刀呢？但伍仁既是执行军令，更为泄愤，继续补了四刀……

伍仁戳了肖克胤五个透心窟窿，压抑着兴奋来向吴起交令：“吴将军，伍仁执刑完毕。”吴起毫无表情，默思有倾才说：“很好。你现在向林外高声发令：自今而后，将领官长，有敢残苛士卒、贪冒战功赏金者，肖克胤即其法式。”伍仁喊完转过身来，不料吴起忽地一伸手，竟轻巧如从婴儿手中取物一样夺走了他紧握在手的短刀，动作之快，犹如蟾蜍吞飞虫，令他目眩神迷，简直无从抵抗，刀已落入对方手中。他的心霎时一凉：自己聚众闹事，吴起定要斩了自己这祸根的。此时吴起有刀在手，以其武艺之高，几十人莫奈其何，况林外又有大军虎视眈眈……自己这祸根该死了！他双眼一闭，静待吴起挥刀砍自己之头。其余乱兵惊愕万分，一时不知如何是好。

吴起却似乎只是为了向伍仁他们亮一手“白手夺刃”的高超之技，不仅未趁机向伍仁挥刀，反而将刀双手擎着，捧送到对方面前：“伍仁兄弟，我看你还是条汉子，可助本将军继续执法。你持此刀，听吾将令行事。倘不听令，

汝则愧对死者与生者矣。”伍仁惶惑又茫然地接过刀来，再茫然地点点头：“伍仁遵令。”

吴起忽地神情沉痛起来：“肖克胤不畏强敌，勇猛敢战，差强可算军中一虎。而今面临恶战，我失一虎，岂不痛哉！尤其最后之愿，请求战死沙场而不可得，更复痛哉------”他喉头哽咽，潸然泪下，说不下去了。众军无不心头一震，神色皆变。伍仁更是心中震颤，天哪，自己也有罪行了。但吴起又恢复了冷峻和威严：“查肖克胤之忤法乱军，既为其恶性使然，更因主帅吴起治军无方，御下不严，肖克胤已诛，吴起之罪亦不可贷。着小校伍仁秉法纪之刀，斩决吴起，速速执刑！”说罢，吴起噗通跪于地上，也双眼微闭，引颈受戮。

所有人全都惊愕失色了，这是何等奇特的军令？这是源自何处的法纪？“法纪之刀”是什么玩意儿？伍仁初时震惊的如雷轰顶，全身抖索如打摆子，持刀的手痉挛而酸麻难动了。可他渐渐明白了：自己聚众闹事，也触犯了军法，大将军已旁敲侧击地指示了自己的罪行，但不便于明宣其罪，要自己“秉法纪之刀”，岂不是要自己谢罪吗？大将军啊，你的深心藏陷阱呀！好吧，自己的目的达到了，死亦何憾？他突然扬声大笑，笑得豪气干云。笑声中手腕一翻，割断了自己的脖子……与此同时，莫墨玉已带着上百勇士冲进林中，怒视着乱兵。

吴起大惊，跳起来抱起伍仁的尸身，泪流满面了：“伍仁哪，你虽有聚众生事之责，训诫一番即可，何须如此？何须如此啊？”乱兵们猛醒，大将军是逼伍仁自杀的，他们同样有罪啊。但此时再乱动，不仅是鸡蛋撞石头，还是真正的造乱呢。所有人一齐跪倒：“大将军，我们皆有罪，祈请惩治！”吴起面色平和却语气冰冷：“尔等听信伍仁煽惑，确也有罪。但冤有头债有主，这场小骚乱之罪魁祸首肖、伍二人已伏诛，余皆不究。弟兄们起来吧，各归营帐，准备战斗。各位若有惶愧之心，杀敌立功即自赎也。”

三百多乱兵满怀感激之情走出了树林……

【注释】

①降秩一等：降低一个级别的官阶、俸禄。

第五十二章
再做流星叹白益

再说戚甲打定主意要除掉“内奸”， 一回自己营帐，马上召集来一批心腹将领，密商锄奸之计。他先亮出了“嬴连密信”，说明得之所由来。众将依次看罢，有的悚然惊惧，有的轻轻摇头，表示怀疑。戚甲又咬牙切齿地分析道：“其人被罢黜近三十年，对我朝廷积怨积仇极深，其勾结嬴连绝对无假。诸位细思之，老峪关分明为吴起的‘稻草人’，白氏却不肯尽力攻打，岂不是与敌有默契？二位谷将军遇难，老贼竟是眉飞色舞，其心肠不亦明乎？黑狗关守敌众多，更有怪物喷火杀人，老贼却强令猛攻，非本监军阻挡，我军将有多少人作了焦尸熟肉？返回老峪关来，守敌仍在虚张声势，老贼又不攻，何哉？审问俘虏，已得知敌一支军已穿越大沙滩绕向我身后，我之屯粮危如累卵，本监军建议急救军粮，老贼竟要弃军粮不顾，岂非欲使我军成饿殍？……种种迹象表明，老贼为内奸无疑也。今为国计，为十数万将士计，我决意先下手为强，为国锄奸！诸位有何高见？”

这批将领虽畏惧于戚甲权势而甘听监军号令，但说元帅通敌，其“证据”实在不足凭信啊！而且也有人虽恼很白益恃才傲物，对“无能”的将士动辄疾言厉色训斥，极不招人喜欢，却又暗地里敬佩其人兵机玄妙，智珠在握，对敌之虚实的判断或为准确；弃军粮而夺王城，或为不拘常格的出奇战法，吴起未必能料到。可是，监军代表君上，已怀疑白益为内奸，谁还再敢向内奸说话？众人皆面面相觑，不敢开言。终于，有戚甲的“跟屁虫”说：“监军实为三军之司命，今当如何，请监军示下。”

戚甲威严地扫视全场一番，这才咬牙切齿说：“本监军决定，抓捕白益，待回朝议罪！”众皆一惊，无国君诏令而抓捕元帅，这岂非……？

戚甲见状，微微一笑：“吾有君上密诏在此。”说着从贴身处取出一副白帛，帛上盖有国玺和秦简公的诏令：“便宜行事”。众将见密诏为真，无不慑服听令。

戚甲又说：“老贼武艺高强，又有一批死党，只可秘密抓捕。诸位各自秘密调动所属人马，半夜里动手……”

“两腿骏马”也是戚甲以高官厚禄利诱、拉拢的心腹，他姓马名骏，祖上原是陇西“夷人”，他也保留着祖上淳朴正直、耿介豪爽的特性。他无家无室，一身无牵累，有了钱则与部下哥儿们“共之”吃喝玩乐，大有江湖之风，深得部下喜爱和服膺，愿与之共进退荣辱，故而他的一支部队在雍都驻军中还小有名气。戚甲要培植自己势力，将手伸向军中，对许多将领施以宴饮赠物、吹吹拍拍、封官许愿的拉拢手段，他也成了戚甲的党羽。但渐渐地，他感到戚甲是个卑鄙无耻、误国害民、只会蝇营狗苟的小人，对“恩主”稍稍鄙视起来。而对“垃圾”白益却充满了敬重。还在雍都阅兵时，他的一支人马最是整齐威武，给白益留下了深刻的印象。出征后的行军途中，白益利用间隙考校将校们的武艺，他则以精湛的武艺、尤其是健步如飞的独特本领，受元帅赞赏有加，赠雅号“两腿骏马”，赏一张良弓和不少钱物。元帅授计“虎穴掏崽”，他大扬威风，又得赏赐。他不在乎赏赐，在乎的是元帅“识宝”，器重有真本领者和敢战之士。出征以来，他发现戚甲极力加紧了对党羽的拉拢控制，似要架空元帅而实掌军权。戚甲懂什么用兵作战？由其掌军权，危乎哉！

对白益的“虚实”判断，他极是信服；对白益“弃军粮而夺王城”之计，他与极为赞赏。可是，这些都被戚甲视为“通敌”的嫌疑，更要命的是，戚甲握着白益的“通敌罪证”，谁还敢为白益开脱？他坚信元帅绝不会通敌，但戚甲已觉察自己倒向了“帅党”，再为出头为白益说话，岂不要连自己也搭进去？……现在戚甲要秘密抓捕元帅，自己何不密报元帅防备“黑手”？毕竟元帅此时还握有军权，自可抓捕“黑手”平息骚乱，而后挥军黑熊关，只要一战著功，任河“罪证”即不攻自破！可是，戚甲已对他有所提防，只令他待在自己营帐里不动，并派人在暗中监视着他呢。他思虑了一会儿，乃秘派自己的亲信“油嘴狗”去向元帅报信。

这“油嘴狗”者姓苟，平日最巴结将军，“两腿骏马”吃喝玩乐，身边总少不了他。他虽只是一名兵头将尾的下级军官，却坚信算命“铁嘴”的胡言：不日当有大富贵飞来。将军要他去向元帅密报暴乱阴谋，他大喜：大富贵来了！但不是向白益密报……那样，大富贵只会飞到“两腿骏马”头上；如果密报了监军，哈哈，就该自己飞黄腾达了！更何况，监军已作了充分准备，胜券在握，白益大概死定了！于是，他进了戚甲的大帐，报告了“两腿骏马”的背叛……

“两腿骏马”正在等候“油嘴狗”的回音，突有十几名兵丁涌入，并不说话，挥刀就砍了他的头……

半夜时分，数百名甲士突然杀向元帅军帐，狂吼着诛叛贼，一哄而上杀了白益的警卫，冲入帅帐，乱刀砍死了白益。……戚甲见“两腿骏马”也敢背叛自己，深恐白益不死，将起“保帅”动乱，乃令“诛之”以绝后患。

将星堕兮，秦之哀兮！

可怜白益应为秦之当世罕有良将，其临末之计，或将置吴起于艰难困境，但英雄无命，竟遭了小人毒手。其后世子孙，代代为秦将校；其十三世孙白起，更是令诸侯闻名则浑身战栗的疯魔大将，于秦之统一，功莫大焉。而白起之命名，乃因至其祖父时，已对“大战七十六，完胜六十四，无一败绩”的战之圣者吴起无比的钦慕敬畏，见少年孙儿武艺烂熟，最喜《吴子兵法》且能深得要领精髓，乃寄望其成为“吴起复生”，遂废其乳名，而以“起”命名焉。

帅帐的狂吼乱杀惊动了三军，许多将士赶来要救护元帅。白益对上层军官严苛，但唯才是用，赏罚严明，将领们大多畏而心服；对下层军官和士兵，倒还和气亲善，较得卒伍喜欢。一听说元帅被害，众将士震惊而悲愤，围住凶手们，下层士兵们更怒吼着要将暴乱者碎尸万段。但戚甲手下爪牙也不少，况且早有准备，数千甲士蜂涌而来，反包围了要为白益报仇者。要报仇的将士愤怒万分，一面拼力抵抗，一面高呼三军袍泽，速来诛杀乱贼，为元帅报仇。

“两腿骏马”的铁哥们已得知了“老大”被害的原委，抓到“油嘴狗”乱刀剁作肉泥，一声召唤，两千部众爆炸了，要杀戚甲为“老大”报仇，怒吼着“诛杀叛贼，为元帅和马将军洗冤”，向戚甲的营帐和元帅大帐杀去。马部全营官兵的爆炸，使其他各营的将士们都震撼了，虽然他们还都不清楚详情，但“马老大”的江湖义气人所共知，戚甲党羽的狗仗人势人所共愤。于是，马部官兵在前，他部将士紧随，呼啦啦一万多人包围了戚甲党羽，大杀起来。戚甲调动的军队陆续开来，但更多的下层官兵纷起阻截戚甲的部队。

这一下热闹了，秦军整个乱了营，数万人混搅混杀在一起，分不清谁在包围谁，谁在剿杀谁，但见不断有人惨死，但听刀枪碰撞声和相互的怒骂声

交织一起，激烈犹如猛火煮粥。

戚甲失算了。他原估计一杀白益，纵有数十百死忠白益的狂徒出头造乱，被自己的数千甲士一鼓而歼，然后自己出面，以国君宠臣、监军的身份宣布白益叛逆之罪，还有谁敢轻举妄动？谁敢不俯首听命？哪想事情会弄成这样，大出所料啊！三军混杀起来，他哪里还能布告白益之罪？哪里还能平息混杀？幸而他早已暗暗控制了一部分部队，此时保护着他，不然，他的人头怕是早就被当做球踢了。

正当此时，秦营前后却起了黄河决堤似的喊杀声，魏军如汹涌的浪潮扑杀而来，前面自然是老峪关冲下来的吴起主力军，后面则是西门豹的一万五千奇兵……伏击击溃了秦军运粮部队、焚烧了秦军大批军粮，又急奔来猛击秦军后背。已乱成一锅粥的秦军，哪里再经得起五万“强盗”来趁火打劫，刹那间，十多万秦军尽被浪涛没顶。魏军猛将莫墨玉和樊贵、韩馥礼等人，在秦军稠密处横冲直撞、前劈后挑，使秦军近者死远者伤，所向披靡；那莫墨玉冲进秦军垓心，抡动青铜钺，犹如挥镰乱斩熟透的麦穗，所到处“麦穗”纷纷坠地。还有那三百心有“惶愧”的秦降兵，豁命冲杀，无不以一敌十，杀得秦军尸横遍野……

韩馥礼被吴起斥责和降职，因羞愧而爆发神勇，一心要建功恢复荣耀，也冲向秦军垓心来斩敌酋，竟斩杀挡路之敌数十，但他毕竟不及莫墨玉武艺高强，被数百秦军围攻力尽身危了。吴起大惊，也一马冲入敌群来救韩馥礼，他之凶猛尤胜莫墨玉，秦军死伤更凄惨。韩馥礼见主帅来救自己，感动而勇气复振，再次大抖威风，但他忽见一名秦军偷偷弯弓要射吴起，大吼一声向那名秦军冲来，一刀砍向秦军之时，秦军箭也射出，他随着弦声跌倒身亡……

混乱如麻、完全失去指挥的秦军，哪里还能抵挡魏军的前后夹击，也如黄河决堤了，但决堤之浪涛，不是向敌军冲击，而是拼命从敌军两侧的空隙处奔泻，一泻而不可止息……

魏军斩杀秦军过半，追逐着扔掉军械、旗帜甚至刀枪和头盔、只顾奔逃的八九万秦军，又俘虏上万，直追出三十里外，这才喜气洋洋返回。

第五十三章

捣郑助韩创奇谋

再说韩国得了魏国助粮助军，果然起大军十三万攻宋。宋国此时国小力弱，哪是韩魏联军对手，被韩魏军攻入境内百里，略去粮食、耕畜、人口甚多。宋国惊恐，急向郑国和楚国求救。郑君繻公明白郑与宋皆弱小，须并力抗拒大国侵凌，急派上将军张礼率军六万来助宋。

此时的楚声王，更沉溺于游戏玩乐。百越进贡的南国鸟兽虫鱼甘果花木，或赏心悦目，或大享口福。秦国赠送的蓝田美玉，晶莹温润，令他爱不释手。赵国“进献”的貂皮轻裘，柔软光滑，暖入心田。齐之精巧玩物、魏之板栗大枣，宫中堆积如小山。但他最酷爱的是围猎，率领浩浩荡荡的卫队，开进茫茫无际的大泽，千骑风卷，百兽骇奔，乱箭齐发而不中，王之一箭，目标立时仆毙，三军高呼万岁，这是何等惬意啊！……为炫耀武艺箭术，他又常带极少卫兵悄悄出猎，深入密林大泽，有时小半夜不归，归则“战绩”赫赫-----政事民瘼，要问哪来兴致？要管哪有功夫？可叹广袤宏阔的数千里楚国疆土上，百姓饥馑，饿殍遍野，盗贼蜂起，军队疲敝，昔日曾问鼎中原的王霸气势，荡然无影了。尽管如此，毕竟虎死不能倒威，附庸国宋国危急，楚不能救，中原诸侯必轻蔑楚国了。于是，楚军五万也开赴宋国，来合击韩魏联军。

韩魏联军支持不住，渐渐退却……

韩国国君韩武子也是个老奸巨猾的政坛精怪，他之“借粮”既真又假，真者，可抢掠宋国的米粮解救自家春荒；但更重要的用意是，韩国只有向南图发展，才能摆脱坐困之敝，趁此“借粮”，可向南大力伸展。伐宋以来，收获颇丰，他也甚是得意。不料郑国、楚国一出兵，形势骤然急转，韩军已连败几阵，后撤数十里，并将有被逐出宋境，反而将战火烧进韩国的危险。韩国山河险固，并不太担心楚郑宋联军的进犯，但大败而归，反攻为守，在诸侯间可就丢尽

了脸面，更要紧的是，韩国百姓将对国君失望，从而会加重国内的矛盾和危机。要扭转败局，只有求魏国增兵了。

魏文侯也想将势力向东南延伸，怎肯被楚、宋、郑驱逐？此时吴起已大破十七万秦军，嬴秦暂无力再发起反扑，西河暂时平静，于是急调吴起率军入宋增援。吴起乃将防守西河托付给宋华，以军主薄麻润德辅助之，自率三万五千军东回。

得知吴起从西线回军来助，韩武子大喜过望：吴起的威名已震动天下，强大的齐军、秦军，遇之则摧折塌析，郑军、宋军，岂足以与吴起对垒？纵使楚军，近些年来也凋敝萎靡，士气不振，见猛虎吴起一到，也必心胆寒而腿抽筋呢……可他随即失望了，前线报道：吴起并未杀入宋国，却直接杀进郑国去了。吴起这是什么援助，我头疼你给我搔脚背吗？救兵如救火，你不懂吗？以你的兵力深入郑国，岂不太过冒险？你在郑国若被拖住，我韩军在宋可就要彻底垮了。韩武子的谋士们却笑了：主上勿虑，此为先轸攻曹伐卫以救宋之计也，吴起这一招比直接攻宋更厉害……从侧肋捣郑之脏腑，郑军敢不惊慌回援？郑军一撤，宋军楚军已不足虑也。韩武子这才又回嗔作喜。

众谋士的分析果然不差，随后频频有情报传来：吴起率三万五千大军，以狂风扫叶之势，三日扫荡了郑国二万边防军和三万后继援军，随之攻下一座小城“仙芝”，又围住了另一座大城“蟒池”，日夜攻打，郑国有援军来，尽被魏军分头吞吃……入宋作战的郑军，火烧了屁股似地急急撤回国去了。郑军刚撤，楚军却又如出了塌天大事，竟比郑军更慌乱地撤回国去了……

原来，楚国国内出了大乱。楚声王玩乐无度，全不顾国疲民艰，楚人深恨之。这日，声王又简从出猎，半夜还都时，被百十个蒙面大盗拦住去路。随从大喝道：“此乃声王也。”群盗大笑：“什么声王？害民贼而已。”竟一哄而上，乱刀剁了楚声王及随从。声王之子熊疑在恐怖的血泪中即位，急急召回助宋的楚军，全国警戒，以稳定动荡不安的政局。

楚军又撤，韩魏联军大喜，准备大反攻，但此时宋军已占据睢水岸边，韩魏联军无战船，地形极不利，强攻要吃大亏，而且宋乃楚国最重要的保护国，楚政局稍安，必然大举援宋，韩魏联军未必得利，于是再大肆抢掠一番，撤出宋境。韩武子恨死了郑国，令联军攻入郑国支援吴起……

吴起的“攻郑助韩”之计，却得之于“灵感忽至”。他率军前来，原也打算直捣宋国的。兵贵神速，需连日急行军，这可就苦了三军将士了。但将士们虽苦虽累，却毫无怨气，因为主帅的吃和住与最下等的士兵完全一样，行军时还亲自负粮背柴，而用他的战马拉驮辎重。魏军老班底人马渐渐已见惯不怪，秦军投降过来的新人却极为惊讶和感动，尤其是王城的三千降军，将章霸川加以对比，竟是感动的泪眼婆娑。主帅与我们甘苦与共，我们当兵的，还能叫苦叫累吗？

吴起肩扛一大袋粮食，阔步走在这些"王城兵"的队列里。他少年时习武的第一课，即双腿缠沙袋奔跑纵跃，并且逐日增添沙土量，直至双腿各负沙二升，纵跳仍能胜过常人。经过名师严格训练的他，看似细瘦，实则健壮结实之极，似乎筋骨肌肉血脉甚至毛发皆储满劲力和精力。此时他负重近普通士兵二倍，一点儿也不觉累，键步如徒手，越走越快，士兵们却反而气喘咻咻，赶不上趟儿了。

樊贵却是将士们公认和尊敬的"忠厚老大哥"，他一面示意主帅稍缓行军速度，一面与身边的士兵拉着家常，借以减轻士兵们的急行军劳苦。他们聊着聊着，话题转向了对贪官污吏之残暴和贪婪无厌的切齿痛恨，控诉起凶狠官吏的罪恶，大家越说越气愤，对贪官暴吏们痛骂不休。"新军"（……投诚过来的秦军）们想起各自家乡被郝长生之流雁过拔毛、敲骨吸髓，想起自己的亲人和乡党父老被搜刮迫害的惨状，无不心中凄酸，有的还哀哀饮泣开了，部队为之心情压抑。吴起不愿战士们此时沉浸在悲凉凄哀中，要打恶仗，得保持激昂豪迈的情绪，可是，自己又不能干涉将士们的情感宣泄，他竟有点束手无策了。樊贵说话了："弟兄们，咱们打仗为啥？就是要铲除更多的'郝长生'，使咱们的亲人乡党脱离水火。对那些贪官污吏，不仅要恨，还得巧斗呢。我给大家说两个智斗贪官恶霸的故事。"樊贵似乎有满肚子的幽默逗趣小故事，平时总被将士们缠着"闲磕牙"，此时听见樊将军又要"闲磕牙"，欢呼着催樊贵快讲。樊贵不慌不忙，语调平静，连讲了两个"智斗"故事，逗得大家哈哈大笑，压抑的气氛被打破了。忽然，有一个士兵走出队列，弯下腰抓挠脚腕痒痒，又有一兵出列到路边小解，屁股对着弯腰抓痒者的头，"吱吱吱"连放了三个喑哑的屁。"臭屁不响，响屁不臭。"喑哑的屁熏死人。挨了臭屁的极是生气，猛推撒尿者一把："你这家伙，庙门口拉屎，臭祖宗呢。"撒尿者一受惊，尿湿了脚背，更是生气，转身回骂："你这家伙，才真是庙门口栽刺，专跟祖宗过不去呢。"二人怒目相向，差一点就要抓扭着动拳头了。

樊贵看见了这一幕，走过来笑嘻嘻地问：“两个小兄弟，你们争什么家伙呢？”两个兵不敢回答。樊贵哈哈一笑：“争啥家伙哟，跟我一块儿走，俺给你们讲个《家伙》。”俩士兵走进队列，听樊贵讲起来：“以前啊，有个富家阔少爷将要娶妻，到处向人夸耀他的媳妇不仅漂亮无比，还是个贞洁烈女呢。有人大撇嘴，有人给他上套儿出了个歪主意。他乐颠颠地照办了。新婚之夜，他把自己胯下那玩意儿涂抹了个花花绿绿奇形怪状，突兀地亮给新媳妇。新媳妇一见哈哈大笑：‘俺的妈呀，俺见过成百成千的家伙，可没见过你这种家伙。’新郎官问：‘你知道俺这家伙干啥使的？’新媳妇大笑：‘尿尿的钻洞的呗。’新郎官见媳妇是老手，反倒很喜欢，就真的跟媳妇钻起洞来，还弄出了很大的响声。新媳妇问他：‘你知道啥在响？’他说：‘两只猪仔吃食呢，两张嘴吧唧吧唧响呢。’新媳妇却说：‘不对，是两只猪仔吵架呢……你这家伙，你这家伙。’”

同行的官兵笑得前仰后合。两个差点儿打架的士兵也笑得呛出了眼泪，刚才发生的龃龉，早忘得没影儿了。将士们听得很入神，而且追赶着樊贵越来越加快的脚步，也是越走越快，自己却不知不觉，毫无疲累的感觉。

吴起看着这些，暗暗钦佩樊贵：对将士有很大的吸附力、亲合力，在说说笑笑中鼓舞和激励了将士，在这方面自己愧弗如也。自己虽然深得将士们的钦敬、爱戴和畏服，但不会讲下层士兵们爱听的“荤话”和粗鄙故事，很难和下层将士融为一体，很难使士兵们感到“可亲”。樊贵却能与士兵们打成一片，救自己之短啊！

这时，又有一位“新魏军”讲开故事了。他的家在秦岭深山里，几辈人放牧牛羊为生，讲的是从老辈人那里听来的趣事……

有兄弟俩养了百多只羊，常遭两只恶狼的祸害。那两只狼极凶猛而狡猾，兄弟俩想法设法要除掉狼，但几次不仅不成功，反而被狼咬伤抓伤，差点儿把命搭进去。他们跟狼结了死仇，不信人还斗不过畜生。哥俩就暗暗窥察狼的行踪，终于查到了狼的洞穴及其出没规律。这天清早，趁两只老狼去山下溪边喝水，进入洞中抱出两只小狼崽，想用狼崽引老狼进他们设的陷阱。可他们刚一出洞，就见老狼飞也似地扑上山来了。逃跑绝对不行，他们急中生智，各抱着一只小狼爬上一棵大树。两只老狼追过来后，发疯了似地向这棵树上一扑，那棵树上一抓，以牙啃树，以利爪刨树皮。兄弟俩开始很害怕，及见狼不会爬树，不怕了，反有了逗弄狼之心。大哥在东边树上把小狼崽一捏，狼崽吱吱乱叫，老狼们扑向东来，吼叫着绕树纵跳窜蹦，以爪抓扑树干；弟弟在西边把小狼一掐，小狼乱叫，老狼又扑向西来，又是抓扑和纵跳。大哥再捏……弟弟再掐……如此折腾一顿饭时，一只老狼纵跳时被树杈挂住了咽喉，当了吊死鬼，另一只竟是活活累死了。

众士兵听得趣味盎然，忘了疲劳，吴起却由之受了触动启发：捣其巢老狼必顾，疲其力狼将自毙。今若攻郑，捣狼巢也。韩魏夹击，疲狼力也！这与晋楚城濮大战时，先轸攻曹伐卫而救宋国的计谋相契合。于是他忽然改令：进兵郑国！

吴起得了郑国小城“仙芝”，仅留三千军防守，自率三万多军紧围着不足六千兵力防守的蟒池城，却并不尽力攻打，只以 1/3 人马软软攻击，遇挫即退；再以 1/3 人去攻，不能得手又退；另 1/3 继之又攻 ----- 如此车轮战法，魏军并不疲劳，城中却很紧张，因为他们清楚地看到，魏军未尽全力，这是吴起的“疲敌之计”吗？谁知吴起会何时突然全力猛攻、打他们个猝不及防呢？为此，城中白昼不敢丝毫松懈，夜里更加提心吊胆；魏军反倒好整以暇、进退攻收裕如。

吴起清楚，蟒池城很坚固，全军猛攻，一时也极难打破，即使血拼得城，自己也伤亡颇大，郑之大批援军脚跟脚开来，城难守住不说，若被敌围而困之，可就自陷危境了。对蟒池城围而不强攻，自己就操着进退的主动权。只有击溃了来援之敌，拔城易如唾掌。郑军已撤出了宋国，这两日即有大兵力来援蟒池城，须先着眼打援！

吴起将“车轮战”的指挥权交给樊贵，自己却带着几个贴身侍卫，爬到城后的群山深处，仿佛在游山玩景。樊贵、莫墨玉等人却知道，主将正在筹思打援之计呢。

访问野老得知，城之名蟒池，因城后的群山之间有一浩大的湖泊，据说曾有几条桶粗的黑蟒在湖中恶斗，搅得黑雾蔽天，腥臊扑鼻，更搅得湖水浪涛如山，奔泻下来，淹死山下居民无数。后来有一位义勇壮士，舍命摸到湖边，向水中投以毒饵，杀死了黑蟒，这才浪息雾散腥臊化解。但至此之后，湖水顿缩，已不再有浩淼气势了。因黑蟒闹腾过，这湖泊就有了“蟒池”之名，由湖泊流出沿山谷流下的小溪即名“蟒池溪”， 山下的城也就名为“蟒池城”了。“蟒池溪”由城西流过，再缓缓流向远方。

吴起心一动：山上既有大水，若引之灌城，可不劳大力而攻破之；若引水阻援，敌援军将一筹莫展。他兴奋地直上“蟒池”实地勘察了。

蟒池城背后就是绵亘的群山。城西有一条大道傍着蟒池谷蜿蜒而上，经蟒池之畔斜插向小城“仙芝”。吴起带着几名亲兵顺大道慢慢登上高山，站在蟒池边举目四望，见这蟒池是群山胸怀中的一个大湖泊，由山脉高峰处的小溪流及暗河暗流汇聚而成，而今虽说气势已萎缩，却仍有近百亩之大，可称浩浩“天湖”。溪流、暗河不停地注入，蟒池满而溢，由城北面池岸的小凹豁缓缓地自然流泄，再顺着“蟒池溪”蜿蜒流到大山下。吴起扔一块石头下去，传出沉闷的“咕咚”声，噢，蓄水不浅。再俯视蟒池城，直线距离不过三四里，高低落差竟有多半里呢。若掘水灌城，蟒池城地势较高，极难奏功；以之阻援敌，虽可有效，却终究不能破败之……他沉思着缓缓四顾，眼睛忽地熠熠放光了：“天湖”下百多步外，群山凹洼，形成了一个宽有一二百步、长有二三里的狭长平地，荒草蓁蓁，向东缓缓倾斜，再向东则是断崖深谷，若诱敌踏进这小平地，哈哈……

吴起下山回到城边，斥候来报告，郑军上将军张礼亲率六万大军来救“蟒池”，以张吉率二万精锐兵力为前锋，与主力相距百里，距蟒池城只有三十里了。吴起大喜，自己已有了借蟒池水破敌之计，敌援军来的正好。其前锋孤军冒进，显见的为恃勇轻狂，我可迎而伏击歼其前锋军，激怒张礼来报仇雪恨，“水计”可用矣。

第五十四章

诗经唱灭张家军

吴起令停下攻城，招将领们商议伏击敌前锋军的具体方案。经一番讨论，终于有了妙策。于是魏军割来万担柴禾，围住蟒池城东西南三面烧起火来，大火冲霄，浓烟蔽天。城中的守军怕魏军借火攻城，皆吓得战战兢兢。但魏军未攻，待火熄煙灭，魏军却已向南远去了。

趁烈火浓烟之时，吴起派四百军士登上后山去布置“天河阵”；又留军五千，护送着粮草辎重车由城西大道向后山开进，似要向“仙芝”转移。

郑军先锋将军张吉乃上将军张礼之侄，少年英雄，在入宋作战中，曾力斩韩军勇将三员；所率二万精锐军，将五万韩军打得一败再败，深沟高垒不敢与战。其自恃智勇双全，得知吴起只有三万多兵力，哪里放在心上。而且，吴起如今威名传天下，自己但大败吴起，则可称“天下英雄数张吉”了。于是他率部来救蟒池城，挥师急进，竟将主力撇下了一日多路程。距城尚有二十多里，忽见蟒池城方向大火冲天、浓烟翻滚，他大吃一惊：是魏军烧城吗？守城的将军姬恕卑弱无能，若放弃守城，魏军得城固守，我欲击灭吴起难矣。于是马鞭一挥，令三军加速前进。他的人马远道急行而来，已是又饥又渴十分疲惫了，但将令如山，谁敢不从？车兵骑兵倒还罢了，可怜一万多步兵，本已腿酸脚疼，哪能追得上马蹄和车轮？但将军还在紧催加速，并抡皮鞭抽了几个落后的，其余将士只得鼓足力量，小跑吧。

又小跑急行四五里，忽有一支魏军风驰电掣杀过来，为首大将正是莫墨玉。张吉见魏军前来阻路，料到攻城正酣，心中焦急，又见来军只有四五千人，正好当小菜吞吃，趁势扑到城下击吴起后背，定可一战大捷。于是急急挥军迎头痛击阻路之敌。莫墨玉来抵挡张吉，但张吉勇冠三军，一支戟曾令韩军胆寒，只十几个回合，就杀的莫墨玉手忙脚乱，张吉又一戟刺来，莫墨玉虽

是躲过了，却也给吓破了胆，拨马回头就逃。魏军见将军败逃，也一齐转身飞逃。张吉“吞吃小菜”心切，乃率军猛追。但郑军已疲劳不支，哪里追的上魏军？张吉大怒，又挥鞭抽打士卒，喝令快追。追有七八里路，进入了一个小盆地，逃跑的魏军忽然不跑了，而是占住了出“盆”的豁口，并用滚木大石封断了去路。张吉一惊，急令从原路撤出盆地，但来不及了，进来的“盆口”也被一支魏军封死了，同时金鼓响震，四面“盆壁”的山坡上，忽地冒出了无数张弓搭箭的魏军，将郑军团团围困在“盆”中了。一面“吴”字大旗矗在最高坡上，旗下站着威风凛凛一将，可能正是吴起。

张吉一怔，这吴起不是正在借火攻城吗？怎么弃城不攻来全军“打援”呢？好刁滑狠毒的吴起，竟想先吞吃我，而后再破城！再一细看形势，不禁悚然心惊了：前后的“盆口”被堵死，四面山坡“盆壁”陡峭，魏军站在“盆沿”上放箭，要冲出“盆”去万难了！好在，这盆地也有数百亩大小，足可列军迎战，“置之死地而后生”，我军作困兽之斗，即不能大破魏军，魏军亦不可吞我，但僵持一日，吾叔大军来反包围吴起，吴起则反成网中鱼矣！他不惊慌了，急令三军列成阵势，迎击魏军从山上攻下来。

可是，魏军只守住“盆沿”，并不冲下来攻击。好刁滑的吴起，知道此时攻我占不了便宜，要待我饥困至极再发动攻击。啊呀不好，我军急行军五六十里，将士已饥渴疲劳不堪，若再拖延下去，还怎么作战？所幸自己军粮充足，此“盆”地势低洼，趁魏军还不敢攻下来，可令军士掘井取水，炊饭饱食，则不惧敌饥渴疲困我矣。哼，明日叔父的大军开到，魏军就该哭爹叫娘了……

郑军数十人拿起军中备用的锸锄，寻到最低洼处掘井了。山上的吴起看得清楚，令旗一挥，立即有两支猛虎队从“盆沿”冲下来，一队由樊贵率领，另一队打头的却是莫墨玉。郑军大队人马来阻击，不料魏军冲在前面的却各是二十只“铜鸭子”，那“铜鸭子”劈头喷水，郑军尽被喷的满脸，却煞是作怪，那水一沾人肉，即疼的人哇哇大叫，抱头鼠窜而去。郑军大乱，竟被魏军两支猛虎队冲向了掘井的队列。……原来，这“铜鸭子”喷出的不是水，却是荨麻的汁液，触人如蜂虿蜇毒，厉害无比。

张吉大惊，急忙来抵挡莫墨玉。但这莫墨玉突然变得猛恶异常，唰唰唰十几戈刺来，张吉有些抵挡不住了，却又有一只“铜鸭子”向他逼来，他知晓厉害，赶忙策马走入本军大队中。莫墨玉也不追赶，却令军士毁坏了掘井的锸锄器具，与樊贵互相掩护着，飞快地撤回山坡上去了。

张吉傻眼了，再无掘井器具，得水无望矣。不说三军，自己也已饿得饥肠辘辘，更渴得难忍了，再拖延下去就危险了。应趁将士还有些力气，从稍微低矮些的山坡上杀出去！

郑军向一面发起了进攻，但魏军在吴起令旗的指挥下，几面赶来支援，冰雹似的滚石和箭雨齐下，打得郑军伏尸累累退回“盆底”；郑军再选一面“撕网”，魏军又集聚大兵力于这面，又杀得郑军死伤枕籍颓然退下。这支郑军，本是张礼亲自创建的“张家军”的主力，有很强的战斗力。但此时三军已饿得前胸贴后背了，热汗早渣透了衣衫，腿脚已沉重酸软的迈不动了，更加之渴得喉咙似要冒烟，哪里还能再发起冲锋？

张吉明白了，驱军再冲锋正是吴起期待的。不能再白送死了，只有在“盆中”坚守，等候叔父大军来救。天渐渐黑了，魏军若夜里发动攻击，我则可乘黑暗杀开血路冲出落网。于是令三军席地而坐休憩，但防备着魏军冲下来则已。

初更时分，张家军已已饿得头晕眼花了，湿透了的内衣裹在身上，被山野的夜风一吹，冷得瑟瑟发抖，望着魏军占据的山头上，篝火熊熊，冷的感觉更加剧了；更无法忍受的是干渴的煎熬，喉咙已不仅只是冒烟，还如着火了，口中也被火烧灼，唾液被烧干了，舌头已枯焦麻木僵滞的像木板了。有人实在难忍，竟匍匐在马胯下，等候着马尿的“琼浆”，可是，马也因流汗太多挤干了体内水分，哪还有尿？……-

三更左右，魏军在山上“开筵”了……就着凉水咸菜啃大饼。郑军在山下看得清清楚楚，更被撩拨的饥肠如爪抓，人相互可听见空肠在咕咕乱叫，感知胃在不安的痉挛；口中如火烧，渴感比饥饿更加撕扯心肺。然而魏军一面大吃大喝，一面有数百人唱起歌来：

湛湛露斯，匪阳不晞。厌厌夜饮，不醉无归。

湛湛露斯，在彼丰草。厌厌夜饮，在宗载考。……

天哪，“厌厌夜饮”，“厌厌夜饮”！甘脆肥浓暂且不论，只那醇香扑鼻的米酒醴酪，哦，不，凉水，不，洗脚水，马尿，也是甘露琼浆啊……郑军一名小校费肥，只觉得焦渴感剧增，无法再忍受了，他摸索了一会儿，揪得一小撮带露的青草塞进嘴里，先吸榨其“露气”、“润气”，再咀嚼吞咽下去，呵，其滋味胜似奶酪。再看伙伴们，无不在摸摸索索寻找扯拔青草。可是，此乃不毛之地，又适逢天旱，要采一把青草何其难呢……

但魏军唱完这首诗，却又唱起了一首《郑风》：

女曰鸡鸣，士曰昧旦。子兴视夜，明星有烂。将翱将翔，弋凫与雁。

弋言加之，与子宜之。宜言饮酒，与子偕老。琴瑟在御，莫不静好。……

天啦，这是郑国的民歌，是我郑人夫妻恩爱情感的宣泄，它本来是轻柔的、缠绵抒情的曲调，现在魏军却用了凄清悲凉惨淡哀怨的曲调唱出，那“琴瑟”的恩爱缠绵反有增强，但“琴瑟”合奏出的意境大变了，那一女一士，仿佛在泪光莹莹而歌：我们是苦人儿，夙兴夜寐，劬劳耕猎纺织，勉强可得温饱；我们是甜人儿，夫妻情深，苦乐共担，儿女绕膝，其乐融融。但风云突变，魔劫将至，我们苦中有乐的生活，还能继续下去吗？感今朝危难，忆昔日情长，执手相对泪眼，竟至无语凝咽。贤妻啊，你保重！夫君啊，我们母子不能没有你呀！……他感到那个“士”就是自己，那个“女”就是他贤惠能干的妻子。他的眼泪潸潸而下，求生的欲望骤然强烈无比。回视伙伴们，无不泪眼婆娑。

天交五鼓，是人最贪恋香甜的“黎明觉”之时。魏军一夜未攻击，看来要等天大亮后再动手。郑军虽是饥渴万分，但熬不住疲劳，终于东倒西歪打盹了，连张吉也迷糊起来。突然，四面山上烧起大火，照的天地间一片明亮，随之金鼓大作，魏军如泄洪之水冲杀下来，小平坝立即如变成了波翻浪滚的大水库，人皆如水中游鱼。但鱼和鱼大不同，张家军已饥渴疲惫的如摆不动尾、划不动鳍的鲢鱼，魏军却如凶暴嗜血的鲨鱼。啊！三万多养精蓄锐、见血益亢奋的鲨鱼，大张巨口，剑齿奋威，咬杀吧，撕烂吧，啃嚼吧，生吞活咽吧……莫墨玉更如一头虎鲨，吞噬得好不痛快淋漓。张吉拼命来抵，被莫墨玉一戈洞穿……

机灵的费肥在“群鲨”扑来乱咬狂吞时，趁着大混乱，借着黎明前最黑暗“拂晓昏色”的掩护，居然胡冲瞎撞而逃出了“群鲨”的扑击，独自一人冲出了狂浪翻腾的“水库”，不辨东西南北一阵猛跑，竟跑上了一座小山的半山腰，钻进了一片荒草和小树从茂密的青纱帐中。他正在庆幸和暗喜，不料一脚踏空，人则噗通向陷阱下跌，他惊慌中用手抓扯小树，小树没抓住，手中的长戈抛落，人也仆趴着跌进陷坑中了。坑不太深，跌得不重，只是被鼓棱棱的乱柴硌得腿、臂生疼，脑袋似撞上了一块圆石，头盔与圆石碰的“咣”的一声钝响。他用手一摸圆石，啊呀！不是石头，它薄而中空，还有几个小孔眼；再摸“乱柴”，天哪，竟是死人的骨头！那“圆石”乃人的头盖骨啦！娘哟，逃出“鲨群”，落进了鬼窟！“鲨”的恐怖未消，“鬼”的恐怖再袭，他两眼一黑，吓昏死过去……

天大亮后，魏军打扫战场发现了草树丛中的长戈，追寻过来，他被惊醒而大喊“救命”，遂成了魏军俘虏……

吴起干净利落地击灭了二万张家军（仅有数百人逃脱），又迅速撤回蟒池城下，却只做威慑之势，并不攻打，却遣军一万布置斩杀张礼的利器。

第五十五章

呕尽心血“拉磨”忙

吴起忙于大战张家军，李悝也在忙着几件大事。

李悝还不到五十岁，近来却感到很有些身心疲惫了。变法大业耗费了他太多的心血，使他的身体越来越消瘦，越来越衰弱，而且犯起咳喘来，憋得好半天呼吸都很费劲呢。魏文侯谆谆嘱咐他多休息，可他的事情太多太烦，哪能休息下来呢？比如，他正在筹划币制改革，拟将当前盛行使用的大小平首尖足布、三孔布、圆首圆肩圆足布、类圆足布、小方足布、桥足布、异形布等货币，改作圜钱。原来的货币五花八门、狼夯笨重、携带不便，严重影响流通。而货币流通不畅，极大制约着商业和手工业的繁荣，制约着国家经济的发展。（按：至春秋战国时期，商品交换更频繁，货币经济更繁荣，但因诸侯各自为政，币制很是混乱。）圜钱轻便灵动美观大方，利于流通。可以预见，它一旦盛行起来，必将极大地刺激商业的繁荣和社会经济的大发展。而且，它极可能击败各国的货币，享有“国际”市场的独尊地位；而魏钱独尊，将对魏国的繁荣强大产生很大的推动力啊！想起来真令人振奋。但这圜钱的设计、铸造、发行、流通，有多少技术性的工作要他呕心沥血啊！（后来，魏国的圜钱果然最早面世，成为“国际热钱”，但韩、齐、周、秦等国也立即仿效。秦始皇一统后，统一货币，行使“半两钱”，即魏国圜钱的继承和改进；并成为之后中国两千多年货币的基本形态）。

变法事业虽说取得了举世瞩目的成就…… 魏国日渐跨入了列国富强之首的态势，但变法并不尽如人意，按他的设想，还有许多方面需要大力整治，需要深入改革。但要扩展和深入下去，阻力太大了，阳奉阴违者太多了，就是太子府，也不肯配合改革；就是文侯自身，似也满足于眼下的大好形势，加之年渐老而滋生了求稳怕乱之心，不肯把动作闹得太大了。他清醒地知道，若不把变法改革深入持久下去，要使大好形势更上层楼则极其困难，而且，不能扩展深入，变法则不能刻镂于人心，不能形成国人的共识，更不能使之法律制度化，自己身后，这变法改革的成果，就有可能全毁了。

变法离不开君主的支持。文侯是位英主，变法事业全靠了他的大力支持。但英主也者，容不得臣下能耐过大、威望过高。乐羊之被猜忌，既因乐舒之故，更因乐羊在民间的口碑舆论中俨然是位圣贤。臣下之德隆，主公犹不喜，况自己位高权重，操政柄、行新法、决国之大计方针，主公能全无戒心吗？表面上，主公将自己奉为智囊，给予极高尊崇，但变法大权则始终不肯松手。近年来自己身体日差，主公似乎极为关心，使太医三天两头问诊，赐以珍稀滋养，然而在变法大事上，却隐隐有收敛之态，好像还宠信中大夫王错呢（前两日刚刚擢升）。这个王错，工于溜须拍马、巧言令色，连魏成、翟璜都被其迷惑，称其干练……谄媚甘言之徒，十有八九心术不正，此人怕不是善类呢。有自己镇着，此人兴不起大风浪，但总是块心病啊。

还有一事更让他头痛不已，甚至束手无策。文侯虽立了第三子击（大儿、二儿早夭）为太子，但近年来最喜欢的却是第六子冲，隐隐有废立太子之意，几次闪烁其词地征询他的意见。平心而论，太子击聪明、果决、有魄力甚似乃父，但胸襟气量远逊其父，自恃有才，不能虚心下士察纳雅言，又好大喜功，行事率性，这可是为君者的大忌呀。公子冲正好与之相反，应该说是文侯最理想的接班人。可是，文侯之主意摇摆不定，翟璜、魏成、田文（非百多年后的孟尝君田文）、任座、北门斗等人又力保太子击，连田子方、段干木等逸贤也为太子击说好话，他能推翻强大的众意吗？既难推翻，说了击的坏话，击一旦即位，他可就……但国之气脉前途，系于一人，不剖肝输诚，何以对今上？于是他委婉又剀切地条分缕析了太子击与公子冲的各自所短所长，虽称“臣愚钝，暗于识人，唯尽忠直言，聊备君上参酌而已”，而未言明的意思，已是属望于公子冲了。文侯连连点头，沉思不语，似深以为然。但之后再不提及此事，仿佛已拿定了主意。作为臣子，疏不间亲，李悝又怎么再询问储君之事呢？他多少有些后悔了，自己的“坏话”，终究会传到太子击耳中，自己或将难有好归宿……但后事难测，也顾不得多管，眼前的事还忙不过来呢。

眼下大魏几面用兵，需要巨大的钱粮支持啊，而发展生业、筹措钱粮，以至供应源源不断的兵源和民伕，他这相国担责最重啊。他感到自己是一匹老驴老马，被套在魏家的大磨上，没日没夜地为主人耗尽血汗工作着，虽然也给了较好的草料和饮水，却并未得到主人的多少真心疼爱，总是鞭催着他

“快跑快跑”，从不考虑他是否会累趴下。他尽管心中稍有怨气，但“驴马性”改不了，不用主人鞭催，他自己就会竭尽全力的拼命拉磨。这不，他又在与牛商高岱谋“富魏强魏”的大事了……

已是名震天下的魏国大将军吴起，其总角好友高岱也在“国际”有名，其与韩赵宋齐楚郑各国政要皆有交谊，还得到魏国相国李悝的赏识，简直就是个“国际红人”。高岱致富有术，经商有道。即说他的老本行贩牛生意吧，别的牛贩子只挑肥壮之牛买来销售，他则是小牛、瘦牛甚至病牛全买。别担心这些牛会烂在手里，他的商队还有专养牛的饲养员和技艺过硬的兽医呢。这些“非商品牛”当然价格极低廉，他将其育成商品牛，利润十分丰厚。而且，农户们力单家底薄，将一条小牛育肥壮已很不易，一旦牛得了病则心急火燎而无计可施，只好贱价卖掉换几个钱；遇上天灾人祸，也只好卖牛救急……因此，他商队的货源很充足，别的贩牛商队无牛可卖时，他则能独占市场，不仅获利更高，还赢得了信誉，极大提高了知名度。又因此，他的生意越做越大。应该说，他的贩牛商队，实际已是产供销一条龙的公司，他自然是公司的董事长兼总经理了。他立志要比肩陶朱猗顿，“野心”越来越大，逐渐将手伸到了贩牛生意之外。齐、宋、郑是产粮大国，粮食丰收时价格极低，农民甚至有粮愁卖，他则以高于市场价一成的价钱大量收购，待明年春荒时销往各国，以低于行情价一成的最低价卖出，平抑了市场粮价，救助了嗷嗷待哺之饥民，自己还猛赚一把；粮食丰收了，他收粮用平时收购、农家紧缺的丝和生漆等物交换，蚕茧上市，正是“青黄不接”之时，他则以粮食交换蚕茧。他的进货价皆高于行市，出货价皆低于行市，而获利总超出群商；他贩牛到楚国时，捎去北方各地的山货和土特产，销向江汉平原甚至直达吴越；回北方时，又将茶叶柑橘带回。物之产地与消费地之差价很大，何况他购货时，皆选当地货物滞销之时，故而赢利愈惊人。他将自己的经营之术总结为：“人弃我取，人取我予”、“贱取如珠玉，贵弃如粪土”。[①]有人向他请教生意经，他说：“吾治生产，犹伊尹、吕尚之谋，孙吴用兵”。

他又发现魏国盐的销路极好（其实齐国的盐资源远远超过魏国，管仲时齐曾靠卖盐致富强，而之后国内动乱不息，盐业逐渐萧条），但盐池周边没有好道路，运输很困难，限制了盐的开采量。于是，他向李悝提出，由他来出资兴建运盐交通，竣工之后，保证产多少盐运多少盐，彻底改变盐积压运不出去的局面，必可促进盐业的大发展，自己获利，也为魏国生财。李悝一心一意要使魏先富而后强，从根子上“决胜于战场之外”，盐业是他关注的重点之一，听说可使盐业突飞猛进，如何不喜？乃究之具体计划。高岱眉飞色舞，详细描述了自己的计划：舍人背、驴驮、车逶迤艰涩的运输方式，由盐池开凿一条运河，连通五姓湖，又从五姓湖至蒲坂（今山西永济县）入黄河，百里水路通舟楫，不仅可使盐之运输快捷百倍，省工省力百倍，亦可使盐场工人获得充足的生产生活资料补充，并可使运河两岸方圆数百里百姓得交通方便之利。李悝惊讶高岱的商业之才和经济之才：这条运河开通，高岱真个要日进斗金，但对魏国的利惠，可就更难以估量了。他欣然拍板，委托高岱全权负责开河。

消息公开后，魏举国大哗，尤其是黄王孙邱四大盐商反对极烈。舆情哗然，乃因高岱是卫人，李相国却听信卫人之计，并将盐业命脉交卫人摆布，岂非糊涂之甚？四大盐商反对，乃因舟楫运盐将大斩他们的利益。原来盐业虽为国家垄断，由官吏管理，而实际运作却由这四大盐商操纵（他们都是朝中显要官员的亲戚），他们把持盐的开采运输销售实权，吃了消费者还吃生产者：产盐工人的劳动量极大，可他们每日的报酬，仅只是其所产盐价值的百分之一；运盐的人伕畜力，所受的盘剥更倍于采盐工。盐商们财源滚滚，只须拿出小部分纯利打点亲戚及有关官吏，财富就会川流不息。现在，李悝和高岱却要堵塞他们的“金川”，岂能容忍？于是他们发动一切关系反对李、高的计划，并造出谣言：李悝收受了高岱的大批贿赂，要卖魏国利益于高岱。

相国府里，每日说客盈门，都是来劝阻李悝放弃开运河计划的，有的还对计划猛烈批判，更有用谣言攻击和威胁者。李悝对善言以礼待之，晓谕开河之利；对恶言据理驳斥，气壮色厉；对谣言一笑置之，全不争辩：自己性喜淡薄，全家人平日衣食简朴，反感糜费和夸显富贵，朝野谁人不知？要金玉满堂珠宝盈箧何用？这种谣言能有多少人相信？为了魏国的富强，他决心将开河之事一意孤行下去。

高岱的开河工程轰轰烈烈进展起来了。

盐商们见谣言效果不大，又心生一计：鼓动盐工和运盐的脚伕，纷起向官府告状、提抗议：卫人高岱是在砸他们的饭碗。原来这盐池周边，尽是荒沙滩、盐碱地、沼泽地和野草也稀疏瘠瘦的湿地，从事农业只是“种一葫芦收一瓢”。远久以来，当地人皆以采盐为生。李悝执政以后，盐业有较快发展，需要大量的采盐工和运盐的脚力，于是吸引来了许多移民，使盐池周围

的人口剧增。这些人采盐运盐虽苦，衣食乃可无忧。现在开运河以舟楫运盐，靠肩背驴驮转运盐的脚夫们岂不要失业？物以稀为贵，运输方便了，盐的开采量剧增，盐价难免大跌，采盐工衣食无忧的日子是否到头了？为保饭碗，这些人闹得不亦乐乎。

对于依赖盐为生的这批百姓的生计，李悝却全不在考虑之中。在他以为，他的新法既给了激励农工商的政策，百姓自可勤力而得丰足，愁衣愁食者，皆为懒汉淫民，法不之恤也。[②]自己为国谋长远大利，岂能受淫民刁民之干扰？乃指示下级官府，不准告状，严厉打压挑头闹事者。这批百姓不服，闹得更凶了。事情惊动了魏文侯，乃召李悝问询。李悝何等能言善辩，不提百姓之事，只将开通运河后的美妙前景描述一番，文侯亦欣喜无限，遂闭口不问百姓告状之事了。但这事也惊动了从不主动过问朝政的国君之顾问田子方、段干木，以为李悝是与民争利，大不义也，竟来拜会相国，予以委婉批评。李悝虽尊重这两位大儒大贤，却认为二人是邀买贤名，且目光短视，不懂百世之利，更不懂对百姓只须依法治之，完全不必用“仁义”来甜乎之、娇惯之……坚持“法”，大仁大义则蕴含其中矣……乃口中谦虚谢过，实则我行我素，并指示高岱加快开河进度。他自视政柄在握，少数刁民不足忧，斯二老亦无理无权阻碍自己行政。田、段何等样人？见李悝自恃“真理在握”而一意孤行，遂默默而退，却深深叹惋李悝虽为智者贤者，而远非圣哲，阳春之曲和者寡，峣峣高挺必自摧！

然而李悝却轻视了反对派的能量。开河不足十里，即遇一大沙岗挡道，沙岗上布满数百座坟茔。河道若绕过沙岗，不仅增大了工程量，还会使水流不畅，发生积淤。李悝断然决定，迁走坟茔为河让道，给坟主迁坟以补贴。可是，活人犹讲究安土重迁，祖宗陵寝、先人眠所岂能随便迁徙？而且，只知为国生财聚财的李悝是个铁公鸡，所给的迁移补贴太低了。坟主们愤愤了，抵制情绪激烈。那四大盐商正好借缝下蛆，乃煽惑盐工民夫和当地百姓，说运河是殃民河，才开十里就祸害无数亡灵，后面的灾殃将不可胜计……众人深信不疑，大恐大愤，不可与相国理论，千多人乃一哄而起直奔“河督”（开河工程指挥部），抓住高岱怒吼唾骂，有的还动手拉扯推搡。“河督”本来有官吏坐镇兵丁保卫的，可这些人皆得了盐商的贿赂，又对开河与迁坟不满，乃假制止而真纵容，放任高岱被围攻。盐商们却是早有预谋，买得几个暴徒混在人群里，乘乱将高岱打倒在地，又一刀戳进其胸膛，高岱当场气绝身亡……

李悝大恸大怒，查清经过后，立即抓捕了黄王孙邱四大盐商，要其为高岱抵命，可是，暴徒们逃之夭夭，抓不住罪证。这也难不倒李悝，他取证了盐商们贿赂官吏、煽动闹事的罪行，即以贿赂官府罪和妖言惑众罪定谳，判斩首抄家（抄家亦为聚财……高岱一死，开运河的资金一时难以筹措了；四大盐商皆家产巨万）。不料这四大盐商，与朝中政要皆有丝丝缕缕扯不清的瓜葛，在民间更有强大的势力和影响，于是朝野更加哗然，纷纷指斥李悝用法严酷，岂可以“怀璧之罪”[③]夺命劫财？李悝全然不惧，坚定要执行斩首抄家。

魏文侯倾向于支持李悝，但见攻击李悝者人多势大，就请二位师友出面斡旋，使李悝从轻治罪。田子方、段干木上次碰了李悝的软钉子，心中不快，本不愿再之，但一因国君请求，二因甚恼李悝悖离仁政似愈来愈远了，于是怀愠而至，开门见山予以指责：“闻相公治盐商之罪，不亦过乎？夫圣人以仁爱治天下，用刑则痛哭流涕，盖视民为赤子也。今相国以身敌万众，悍然用法，诛不当死者，苛酷震悚天下，置人心与道义何地哉？”李悝却是个“法痴”，对谣言中伤犹可淡漠视之，但对诋毁“法”和攻击自己“行法”者则深恶痛绝，虽是天下之名儒、国君之师友，也不肯假以辞色，当下理正词严地驳道：“此四人煽风点火毁败开河，破坏国之大计，悝也以律处之，何谓悍然？何谓苛酷？吾但知维挽法纪，为国谋长远之利，一时之毁誉不之计也。”段干木道：“不顾民之眼前忧患，何谈长远之利？法者，旨在利民也，宜乎顺时顺势而行，岂可无视道义人情？”李悝微微一笑：“法者神且圣焉，吾不敢毁法于一旦，尤不敢因私而废公焉。”田子方诚恳劝道：“法者顺时顺势之权宜计，仁义者万世不移之根本，子何宝法[④]而弃仁义，贵权宜之计而贱根本也？”李悝私心里确是轻蔑鄙弃仁义之说，但仁义理念为世之道德正统，任何华词丽藻、惊世耸人的或奇妙或怪诞的理论，都不足以摇撼、损毁“仁义”的绝对真理地位；再者，儒法同根同源，自己更是名儒曾申的早期弟子，不敢公然非议先圣学说，只好说：“圣人有言：‘天下一致而百虑 ，同归而殊途’，仁义与法孰为灵丹，非口舌可辩也。二子休矣，吾法不可更也。”话说到这个地步，田、段二人无语了，悻悻而去。从此，二人对法家之冷酷无情、重利轻义加深了感受，渐对李悝心存芥蒂，这就为李悝后来的被谗疏远埋下了祸胎。

李悝气虽壮而心亦虚，乃决然地杀了四盐商，但也未敢冒大不韪而抄没其家产。李悝虽为高岱报了仇，但开凿运河之事，他实在无精力亲自督导，而其余官吏

皆不热心，此事遂寝搁焉。然而，几十年之后，另一经商天才名白圭者，从商而至富甲天下，而且完成了高岱未竟之心愿，开通了由盐池至蒲阪入黄河的运河，对魏国之民生国计利莫大焉。之后历朝历代，对这条运河极为重视，盐池因运河而繁荣，运河因盐池而兴旺。这位白圭的经商之道与开河的路线、方略，与高岱基本一致，这是英雄所见略同的暗合，还是白圭受了高岱的启发？而且，当年的高岱，也曾被人送外号为“白圭”，这意思却是有褒有贬，它取义于《诗经》：“白圭之玷，尚可磨也；斯言之玷，不可为也。”……言高岱如美玉而有瑕疵也。其瑕疵不言自明，盖其一切作为皆为牟利也。太史公著《史记》，力求忠实史实，然而时过数百年，民间传说中已将高岱与白圭合成了一人，太史公所称颂的“治生之祖”白圭，其实有很多高岱的影子。如此说来，“商圣”之荣誉，或应高、白共享之了。

【注释】

①“贱取”句意为：价格上扬时就要像对待粪土一样及时出售，当价格下跌时就要如同珍爱珠玉一样及时收购。

②法不之恤：法律不应同情哀怜他们。

③怀璧之罪：百姓本没有罪，因身藏璧玉而获罪。原指财宝能致祸。这里是嘲骂李悝为聚财不择手段，心狠手辣，草菅人命。

④宝：用为动词，“以之为宝”、“视作宝贝”之意。“贵”、“贱”之用法同。

第五十六章

王错采花技尤神

前方将士流血拼命，后方官僚荒淫享乐，这似乎是古今通例。魏国朝廷在其世算得上君臣努力、政治清朗了，却也有不少官员与李悝之类人的“拼命拉磨”截然相反，沉浸在荒淫享乐、醉生梦死之中。王错是后类人的代表，不过，他可不仅是贪图享乐，更重要的是为了毁败魏家朝廷呢。

王错本是韩国内廷小官吏，美丰姿，巧口舌，韩武子甚喜爱。魏国迅猛兴盛，韩国渐成了追随魏国的“小兄弟”，这令韩武子极恼火，遂生败坏魏之政局以削弱之之念，乃决计派间谍打入魏国刺探机密情报瞅机会搅乱魏政。于是王错以“不得重用”为名“弃韩入魏”了。王错投魏以后，凭借着巧言令色谄媚文侯、巴结翟璜、魏成等人，很快被任用为下大夫。他知道魏之突兀强盛，与李悝、吴起二人关系重大，若能弄垮这二人，魏则逐渐蔫萎矣。李悝开凿运河失败，他发挥了不小作用呢。但要彻底搞倒李悝，却极是不易；而那吴起更被文侯重爱，正在如日中天，又有何计谗毁之？……他苦思有时，决计先由两个女人身上入手，征服了她们，俘获其心，或将成为自己的两把快刀，帮助自己完成重大使命。他留神这两个女人好长时间了。他对女人有一种特殊的敏感和自信攻无不克的征服力。他坚信，以自己之精于采花妙术和天生的吸引女人的姿容风度，采折此二花满有把握。

他要采的第一枝花，竟然是名副其实的“花中皇后”。

魏文侯已年过六十，其最宠爱的小妾罗妃（即吴起见过的那位一笑颊生双涡的美人）尚不足三十岁。文侯忙于政务，精力日渐不济，何况还有众多的姬妾要分其阳光雨露，故而无法满足罗妃正旺盛的慾求。这罗妃忍受不了慾望的折磨和寂寂深宫的孤独，患起病来，不思饮食，夜则淫梦连绵，人日渐憔悴欲死，御医们束手无策。文侯十分着急，乃令招女巫进宫为之禳改祈福。连续十多日有十数个女巫进宫去，昼夜画符念咒作法，病情虽不见好转，但

因夜里有人闹腾，雄伟男子不再人罗妃的梦中来搅扰，她的精神倒是略有起色，还稍稍进了饮食。文侯甚喜，令继续寻找法术高超的女巫入宫禳改。

这日傍晚，一个中年女巫应招进宫，一番画符念咒作法后，驱散寝宫所有宦官宫女，并紧闭宫门，要为娘娘捉妖。室中无人后，女巫念了一阵咒，却近身来给娘娘作按摩，先是揉肩捏臂，随之按揉胸口，进而揉弄乳房，那手上竟有魔法，令罗妃只觉舒服得如躺进了云絮里，竟拉着她的手向下抚摸揉弄。女巫却忽地收住手，向罗妃一揖说：“危害娘娘之妖，小神已是捉住，但那妖要现身与娘娘亲柔告别才肯离去，不知娘娘能允否？”罗妃此时已心痒身痒得不可抑制，哪顾得什么妖异，略一点头，就来再捉住了那只给她舒服的魔手。女巫却趁势跃身上床，钻入她的被中，一面将魔手猛伸入她的小腹下核心地带，一面以另一只手拉着她的手也到自己的小腹下。罗妃的手猛触到了梦寐渴求的那一“妖物”，先是一惊，手如被火烧似地一缩，刚要惊叫喝斥，但那“妖物”的魔力实在太大了，她张着口却出不了声。那女巫似乎吓坏了，在核心地带的那只魔手也不敢动弹了。这一静止，罗妃什么都明白了，虽说事情败露她也难免一死，但此刻且得快乐，死也值了。不等她有所行动，那女巫却霍地拉过她的手，让她攥住了那滚热的肉柱“妖物”，并扳过她的脸来，让她用脸颊去亲吻它，继而将它凑近她的唇边，轻轻摩挲。她的身心激动得像要炸裂了，发疯了似地一口噙住它，用力吮咂着，激动得泪光闪闪。那女巫这才剥去她的内衣，挺“妖物”代替魔手插入核心，倾尽全力施展开了全部魔法……

女巫离去后，罗妃仿佛又从风流梦中醒了过来，但那身心的滋润舒泰，却与风流梦后判若天壤。她的病顿然若失，立时要燕窝汤和猴脑羹，服食之后，甜畅睡去。

次日傍晚，那女巫又入宫来。风流缠绵之后，罗妃于枕上悄声问：“你是何人，如此大胆？”女巫起身跪下说：“微臣是下大夫王错，为祛娘娘之贵恙，不避斧钺，竭诚效劳。请娘娘赐死。”说罢，除去钗环云鬓，显出了风流倜傥的美男子本相。罗妃大喜，拉他睡下，搂其头入怀，怜爱得胜似心肝。他则又用魔手，施展开了让她飘飘欲仙的魔法，见她再度冲动了，却拉着她摆弄起各种体态姿势，一面以相应的姿势攻击“核心”，一面给她细细解说着魔法的真谛：怎样可使她狂潮澎湃，怎样可使男人豁命狂放……罗妃快活得死去活来。

一连四夜“禳改”，罗妃不仅已是身轻体爽、春光满面，而且从王错那里学到了许多撩拨、昂奋男人的技巧。次日晚，文侯亲来对她问安和体恤临幸，她运用了新学的技巧，果然乐得文侯魂灵出窍。疯狂之后，衰迈的文侯几成一滩软泥，罗妃却扎进他的怀中，娇嗲地提了两个请求：一是女巫是下大夫王错寻访所得，足见王错忠君如父，应擢拔亲信忠臣；二是缠绕自己的妖物只怕王错所荐的女巫，每隔数日，须得那女巫再进宫来禳改一夜。文侯如老树焕发了青春，深吻着她颊上的笑涡，欣然准其所请。

王错征服了“花中皇后”，腾出手来，又开始向“海棠花”进攻。

“芙蓉娇娘”为吴起的功业血洒疆场，“海棠夫人”则成为吴起府邸的唯一女主人。

这“海棠夫人”刚过二十三岁，更显得美艳迷人。她生性极风骚，吴起征战在外，她闲的无事，眼见别人家夫妻亲密，也不由的春心荡漾恣肆。实在难忍寂寞，就常带着丫鬟到城外数里的“杏仙祠”祭拜兼游玩。这日，她跪在杏仙老翁的塑像前祷告，祝愿吴起早日奏凯还都。拜罢起身，就要迈出神殿大门，却是迈不动步，回首一望，自己的长裙裾被一人跪在膝下。她回手一拽，那人警觉挪开，站起身来，向她报以抱歉的微笑。她向那人一瞅，目光登时被吸住了：此人三十来岁，不高不矮，不胖不瘦，面色白皙红润，五官周正俊朗，简直像粉妆玉琢的“优伶娃娃”（即戏剧工艺品）。尤其是那一双眼睛，不笑时大约如明星灼灼，此时笑着，简直有磁石吸铁般勾魂摄魄的魔力。啊！这才是翩翩美男子。与之相比，吴起只能算是傻大粗黑了。她呆呆地望着，竟不知动步了。

那人却向她深施一礼：“下大夫王错，不慎冲撞了吴夫人，尚请海涵。”啊！这声音温柔甜润，听着如饮醇醪。她回之一笑，不说话，也忘了回礼，只是紧盯着对方的眼睛舍不得离开。四目相对，各自春波洋溢。丫鬟在门口等候，她不得已深深留恋地行个注目礼，跟随丫鬟而去。那王错却追上两步说：“今日唐突了夫人，但愿来日再见，容在下赔罪。”

“再见”二字，如一道闪电照亮了海棠夫人沉闷的心胸，她忍不住回头又报以一笑，遂又慌慌急行，但一只手却背到身后，亮出了三根玉笋般的手指。

海棠夫人回到府中，一整天神不守舍，满脑子尽是“优伶娃娃”的面影，尤其是那笑，那双眼，那薄薄的红润的嘴唇……啊！这“优伶娃娃”，据说现在已深得文侯信任，其前程光芒灿烂呢……到了晚上，那“优伶娃娃”似

就在她的房中，甚至要钻到她的被中，使她辗转反侧，无法入眠。她恼恨自己没有大胆地与之多待一会儿，没能说几句话，更恨自己不敢明确地告诉他三天后相见，伸三根指头，人家能明白是什么意思呢？而且，为什么要三天后相见？明天就相见不好吗？当然最好是此刻就……

好容易捱过三天，她精心打扮了一番，又带着两个丫鬟来到“杏仙祠”。大殿门外，有两名健仆守候着。她心中蹦蹦直跳，但愿这两名健仆就是“优伶娃娃”的，其人正在等候自己。她为之既兴奋又有点莫名地紧张和害怕，却也令丫鬟们止步，自己款款地趋入殿中。

殿中只有一人在伫立祷告，那背影不是那人又是谁？她悄悄走近去，刚要在一蒲团上跪下，那人蓦地转过头来，笑得如春花灿烂，双眼放射着熠熠的电光：“吴夫人来也？下官赴夫人之约，特来赔罪也。”说着挽住了她的手，不使她跪下，她也不由自主、略略含羞地抬头盯住了他。这一次四目相对，犹如两蓬篝火在相互燃烧。燃烧片刻，王错倏地拉之入怀，嘴凑向了她的香腮。她慌地推开他，一指高坐在神龛上的慈眉善眼之杏仙老翁。王错却再次拉她入怀，拥着她向殿后走去。她又惊又喜，指指殿门外，轻声说：“使不得，使不得。”王错一笑：“不必多虑，我的人守着殿门的。”

殿后有一间小耳房，堆放着杂物。他们相将入内，不及掩门，他就紧紧搂住了她，温润的嘴唇吞住她的樱桃小口，一只手就探入她的裙下，直奔她最敏感的核心部位。她不料他如此大胆而鲁莽，不禁有些恼怒，但不及推开他，他的手就完全侵入和攫取了那片核心，并有一根手指探入了核心的花蕊中。她浑身一颤，竟忘了推开他斥责他，人如傻了。他却受了鼓励，手指猛地深入，轻轻蠕动起来。霎时，一股快感如电流传遍她的全身，使她快要晕了，什么也忘了，什么也不顾了，微闭双眼，任其上下施为。他的手指逐渐加劲，如一具犁铧，在她荒芜许久的土地上奋力翻耕着。她的快感如浪潮汹涌，却又觉得如饿极了吃着干馒头的残屑，撩得馋虫更凶狠。她再也忍不住了，忽地睁开眼，双睛燃烧起渴求的火光。他见她情已急，这才掩上门，各自褪去裙裤，在杂物堆上，以真正的“犁铧”疯狂地翻耕起来……

与吴起相比，王错才更是情场老手呢。他留意海棠夫人已好久，早看出了这是一只叫春的猫。这不，在他霹雳闪电的攻击下，这女人激情喷发了，双眼倏地睁大，瞳中射出灼灼的火光，并紧搂着他扭动着，迎合着他的“犁铧”……又不出他所料，她似乎没有“吃饱”，“食欲”更被激发了，当他们整理衣裙时，她飞个媚眼说：“王大夫，三日后我再来。”王错笑笑说：“这种地方终不稳妥。我去贵府相会，如何？”海棠夫人连连摇头：“不行不行，我家仆役丫鬟六七人呢，你怎去得？”他诡秘地微笑：“无妨。今夜你只须虚掩房门，一切由我安排。”

他们相跟着走出殿门，两个丫鬟望着她鬼头鬼脑地直笑。她的脸上飞起红云，更如海棠绽放，匆匆地疾步离去。两个丫鬟嬉笑着紧随其后。她也十分高兴，因为她已经发现，两个丫鬟的怀中各自鼓囊囊的，不用说，王错把一切都安排、打点好了。

当晚初更时分，王错带着两个健仆来到吴府门前，轻叩门环三下，大门就悄悄地打开来，还是那两个丫鬟来接应，其余人等似都躲起来了。海棠夫人的卧室亮着灯，人影依稀可见。

王错推开虚掩的门，海棠夫人已急不可耐地扑入他的怀中。两人已是轻车熟路，无须多话，即相互宽衣登床。这一番亲热，比之白天的慌张匆促又大不相同，他先抚摸遍她全身的每一寸肌肤，又抓住她热包子似的浑圆坚实的双乳，松紧有致地揉呀捏呀，使她全身如欲酥麻；他再俯身亲吻她的唇、乳，一路吻下去，吻向她的“花蕊”，竟伸出舌头深情地舔咂。无可言喻的快感使她骨节都似要酥麻和解散，她哪还忍受得了，一把抓住抓住他的那物件导之进入“土地”……

从此后，他们几乎夜夜相聚，“耕作”之乐与日俱增。当然每隔几天，他就有丰厚的财物贿赂她的丫鬟仆役。可笑吴起，虽是号令而山岳摇动，叱咤则风云变色，却也应了两句俚语：“丈夫丈夫，只管一丈”、“尔淫人妇妇淫人”！

王错采撷“海棠”，既是贪其美色，更是为了俘获其心而听命于己，给吴起身边埋藏下奸细，必要时致吴起于死地。他是否能如所愿，后文分解。

第五十七章

“天河”飞泻荡郑军

再说张礼得知前锋孤军急驰去救蟒池城，撇开了主力一日路程，不禁又惊又气，暗骂张吉荒唐，一战大捷，竟狂妄骄躁如斯，倘给魏军阻塞住我主力，围困于险绝之地，断水断食，不待战而自崩矣。这张家军是自己的心尖儿肉，张吉更是自己的亲儿子，万万不容有闪失啊。他心如火烧油煎，传令兼程急进，务必救出前锋军，并趁势大破魏军。

次日下午，张礼的大军进至小盆地附近，那里横七竖八躺满了张家军死尸，正被乌鸦们试试探探地觊觎着。有从盆地逃出来的前锋军赶来报告：前锋张家军全军覆没，张吉惨死。一股黑血从胸口直往上翻，他拼力压抑着。可是，当张吉凄惨的尸体送到他的面前时，他再也压抑不住，黑血狂喷出口，随之昏厥过去……

张礼怎能不割心割肝呢？莫说张家军是他的“看家”资本，张吉可更是他的命根子呢……

张吉是他的亲儿子，更是张家“一子祧二门”的香火啊。他刚两岁，父母不幸染病同月身亡，是大嫂把他抚养长大的。大哥比他大十八岁，却是个浪荡哥儿，借家里有些田产，终日在外吃喝嫖赌，大嫂郁郁寡欢，又没生下儿女，遂将他如儿子般的亲爱。然而大嫂才三十多岁，竟也患痨病不治而去了；一年后，大哥续娶了年少美丽的新大嫂，但大哥或因寻花问柳患了什么病，新大嫂又整日唉声叹气、郁郁寡欢，婚后两年也不生育，对小弟也极是亲爱。此时张礼已十七岁了，长得雄壮威武，喜好武艺，常与“武把式”进山打猎。一日去打猎，射得了一只果子狸。俗谚说“天上龙肉席，地下果子狸”，美味弥足珍贵。大嫂烹制果子狸肉时，疲劳一天的张礼上床睡觉去了。不知过了多久，他被推门声惊醒过来，借着皎洁的月辉睁眼一望，嫂子一手执酒壶一手端盘给他送美味来了。他气愤大哥浪荡无行，对大嫂十分同情和爱敬，并因情窦初开，还暗自窃羡嫂子之美。见嫂子来给他送酒肉，一阵兴奋，胯下的玩意儿突地冲天直竖起来。他从小就狡黠，轻轻掀开身上的小褥子，使那玩意儿昂首怒立，自己却闭上眼睛，假装沉睡中。嫂子蓦地见此场景，羞窘得停了脚步，沉思有倾，将酒肉放于窗前，近前来拉起小褥子，遮住那难堪的景物，又伸手要推他醒来。但他倏地睁开灼灼的双眼，双手闪电似地抓住了她的手，猛拉之下去，攥住了那滚烫的颤悠悠的肉棍儿。只比他大两岁并深深喜爱小叔子威武而聪明伶俐的嫂子，登时如遭电击，心敲鼓身颤麻手哆嗦，两人一时都陷入莫名的激动又害怕中。但片刻之后，嫂子的手不哆嗦了，却将那物越攥越紧，并且手上放出电来。张礼狂喜得心要跳出胸膛，要放翻嫂子，又担心大哥来撞见，嫂子却莞尔一笑：“醉成烂泥了。”他于是按倒了嫂子……少年初尝禁脔，懵懵懂懂地感到，嫂子大约还是处女……从此后，他和嫂子情好日密，如猫之偷腥，越来越放胆和上瘾，而大哥依然每日在外放荡，他遂与嫂子成了没名义的夫妻，竟不愿再娶了。大哥得脏病死了，嫂子给他生下二女，又生了张吉。后来他官居上将军，权重势显，多少豪门千金争欲为妻为妾，他府中漂亮的仆妇丫鬟一呼百应，他也终不肯移情别恋，这既因他对嫂子痴情，更因儿子张吉是他的自豪和希望。为了给儿子铺垫光辉的前程，他费尽了心机，谁料竟然葬送了儿子蓓蕾般的生命……

张礼醒转来，挥泪草草掩埋了张吉和张家军，咬着牙发誓，定要将吴起碎尸万段，为儿子抵命。探马来报，魏军又在围攻蟒池城，吴起亲率数千军来迎战我军。张礼已被怒火烧得全无理智了：吴起小子，你一战得手，竟狂妄的不知天高地厚了，以几千兵马，竟敢来抗拒我四万铁军，看来，你与我儿同样轻狂，也必继踵①我儿，汝为吾儿做伴去吧！他举剑一挥，四万大军滚滚如雷向前冲去。

吴起留下一部分兵力布置“天河阵”并威慑城中之敌，亲率二万多兵力南进十里来迎击郑军。他布成了方阵，以三千多骑兵在前，似要用骠疾迅猛的冲锋冲垮冲溃郑军。

但郑军却是以数百辆威风凛凛的战车冲锋在前，魏军的骑兵冲不动战车，反而纷纷后退。张礼大喜，举剑一挥，令车兵更狂猛地直冲入魏阵。忽然，魏阵中冲出来了五百人的长戟队……每三人一组，一人持盾遮挡郑军战车上射来的箭矢，另二人共执一杆巨型长戟，这长戟长达二丈四尺，所有兵器与之相较

皆成了侏儒（之前，魏军造此戟，原只为仪仗队之用和训练戟法，不为用之实战，吴起却使之物尽其用了）。长戟队以此长柄利刃直刺郑军战车之马，郑军战车上的甲士惊得手慌脚乱忙阻隔，但兵器太短，哪可阻隔得了？长戟合二人之力，捅闪亮利刃，噗的一声，穿透马身之护甲，刺穿辕马之脖颈，血溅三尺，马颓然仆地倒毙……这辆战车动不了啦。一百多杆长戟刹那间刺倒一二百匹驾辕战马，郑军上百辆威武的战车血飞马倒登时瘫痪了。战车骤停时一簸，簸的车上的甲士差点儿颠出车去，而魏军的长戟不失时机地再挺利刃，更无情地向车上的甲士和车后的步兵捅去。长戟又长又重，郑军甲士手中的武器只等于牙签儿，哪可抵挡？被长戟一捅一具血尸。前面的战车瘫痪，后面的战车被堵住去路，前进不得，掉头不及，乱如粪坑之蛆。而这时，魏军的一百辆战车却冲了过来，箭如雨泼，郑军的车兵和步骑兵如乱柴似地倒下去……

再说蟒池城中的姬恕，见上将军率大军来到，自知自己未能救助少将军张吉已是有罪，此时再不配合上将军破敌，必受军法。此时两支大军正在激战，而魏军的粮草辎重车正在向后山撤退，魏军可能要大崩败了，自己若借机冲上山去烧毁其粮草，岂不是大功一件？于是他留下二千军守城，自率三千军悄悄开出西门。

城西二里即城中人的乱坟场。城里人崇信祖坟的气脉，皆在先人坟头栽松植柏，于是有了二三十亩坟场，松柏耸翠，气象森森，居然成为蟒池城外一处景点。姬恕率军刚开近乱坟场，浓密的松柏林中忽飞出一支魏军，劈头向姬叔军乱箭齐发，姬军毫无防备，咕咚咚栽倒数百人。姬恕惊得汗毛一竖，及见来敌不过二三百人，胆又一壮，喝令后队猛进围歼来敌。姬军三千一哄而上，呈扇面形扑向魏军。魏军队里突地冲出一匹马来，马上无骑手，那马却躲开姬军士卒的堵截，飞奔姬恕扑去。姬恕发现马肚底下藏着杀手，心知不妙，急向副将身后一躲。他躲得好，马鞍下的杀手突地发箭，一箭射中副将面门，那副将咕咚倒栽葱跌于马下。他的冷汗不及完全浸出来，杀手却又再发一箭，他的一名校尉又仆翻于马下了。他惊吓得差点儿胆从屁眼儿里掉下地，一拨马头，狠加一鞭，如飞向城门回奔。其余人马见主将逃了，谁不知保命要紧？也哗啦啦折返身朝回猛跑。马肚底下藏身连杀二敌的正是猛将莫墨玉。姬恕钻进城里，扯上吊桥，再不敢向城外伸头探脚了。

张礼见冲入魏阵的车兵和步骑兵被敌吞吃着，急怒交加，怒吼一声，喝令后队泼命冲锋，自己也跃马挥刀亲自冲锋了。主帅拼命了，三军哪敢不卖力？四万人马一发飙，魏军抵挡极难了，阵势渐渐纷乱起来。张礼大奋威武，一杆大刀挥舞如风，魏军无不惊骇乱走。魏将潘松急来抵挡，刚与张礼觌面，突地一股旋风暴起，吹得沙尘漫卷，竟使潘松掩面闭目。张礼乘机纵马上前，一刀将潘松斩于车下。郑军借势扬威，冲击更猛，魏军再也抵挡不住了，渐渐后退，还有士卒向后乱奔开了。张礼大喜，举刀高呼：“将士们，击灭魏军之时到矣，斩吴起之头者，赏万金。冲啊……”郑军被重赏鼓舞，无不拼力奋进。

魏军全面崩溃了，争先向后奔逃，吴起已呵止不住，急令抛弃战车和大批甲杖器具阻挡郑军，在千把轻骑兵的保护下飞奔而去。张礼狂喜了，令三军搬开散乱的挡道之物，猛追“吴”字大旗，务必击斩吴起。

郑军这一耽搁，魏军已逃的远了。张礼率军怒吼着冲近南城下时，魏军却已顺城西大道向后山逃去了，“吴”字大旗在后殿军。魏军要逃向“仙芝”？岂可容其逃走？他急令抛下战车和辎重，以步骑兵紧追，歼慌乱胆破之敌于山道上。

郑军被严令逼迫，拼力狂追，只两盏茶时，已距殿后的“吴”字大旗不远了。忽然，山道转弯处樊贵与数十骑士，返身放箭，射翻几十名在前的郑军骑兵，趁郑军一阵骚乱停顿时，又向山上撤退了。郑军又追来，却又是莫墨玉扼于陡峭处以滚石和箭雨猛烈袭击，杀死杀伤郑军不少，待郑军集中箭弩还击时，他们早就策马远逸了。蟒池谷虽有四五丈宽阔，但蟒池溪占了两丈多，陡峭的山道实际不过二丈宽，郑军有三四万之众，展不开，跑不动，竟被樊贵和莫墨玉轮番突袭，打压着无法咬住魏军。张礼怒不可遏了，叱令骑兵拼死冲锋。魏军抵挡不住了，惊慌之下，竟以辎重车和大批粮包草垛堆成小山阻挡郑军。

郑军骑兵冲到“粮山”前，刚要下马来搬开阻障，但出了怪事，战马们忽然不受控驭了，竟自己奔进路东山凹的平地中，低头在草丛中“嘎嘣嘎嘣”咬嚼起来，吃得极香甜。骑手们大奇，跳下马拨开草丛一看，遍地是炒熟的香喷喷的黄豆。啊呀，经半日激战和爬山，人与马皆已饥疲难忍，这喷香的炒黄豆，太诱人了！于是，骑手们也俯身在草丛中寻觅美食了。继至的骑兵赶到，马们也被香气勾下山凹，人与马也享受起美食了；步兵们赶到，谁能不被诱惑，皆纷纷涌入来争抢美食。啊呀，不仅有美食，有的草丛中还藏有铜钱、珠玉、金饼呢！郑军惊喜的发疯了，散乱于整个山洼，兴奋、忙碌于搜寻财宝了……

张礼赶到，大惊大怒，这是吴起阻滞我追击的鬼花招嘛，乃挥起马鞭抽

打众军，喝令搬开阻障继续追击。然而这时头顶上却传来轰隆隆的闷雷声，那轰隆隆声如飞箭向下扑来，他猛地一惊，头顶上是“天湖”啊，吴起难道要……？他急令撤离山洼，却来不及了……

吴起早令四百军士掘深了莽池泄水口，以盛土之袋塞断流水，待郑军追到山洼跟前，突然用“粮山”堵断莽池溪，一见郑军涌入山洼，急忙搬开土袋，“天湖”之水奔腾而泄，真可谓“飞流直下三千尺”，连“莽溪”里牛头大的圆石也被冲得“咕咚咕咚”翻滚而下。洪流被“粮山”一阻，扑向东飞奔山凹平地。倾泻而下的洪流，冲击力简直可摧崩山崖，数万郑军挤在一起，惊惶中哪里散的开？被激流一冲，人与马尽被哗啦啦冲倒，竟如一段段圆木向东翻滚漂流，奔泻入峡谷去……有机警的爬上了两面高坡，却被张网捕兽的魏军射死或生俘……

张礼也作了一段圆木被卷下了峡谷。他本是有智有勇的将军，却因儿子之死怒火烧心，以致丧失理智、壅塞聪明，只急于报仇，遂被吴起所算。

蟒池之水荡涤了四万郑军，仅有数千人得以逃走。

蟒池城中的姬恕和四五千守军吓傻了，魏军重围城时，哪里还敢抗拒，献城投降了。

吴起夺取蟒池城之际，韩魏联军也大为得手，击破了郑军数万，攻下了郑国边境一座重镇，而后向纵深迅猛推进。韩魏联军又连连击败郑军主力，郑国陷入灭国之险了。

郑繻公大为惊恐，除紧急调集全国兵力抵抗韩魏进攻外，又强力征召大量百姓为新军，凡拿得动刀枪者皆强征当兵。这一来，郑国境内一时间夫妻抛舍、父子析离、千家万户分解崩摧，甚至出现了杜甫笔下“暮投石壕村，有吏夜捉人，老翁逾墙走，老妇出看门”的麻乱、荒唐之抓壮丁状况，致使哀痛悲伤的哭声，令山川草木也黯然垂泪。

这凄凄惨景，却惊动了一位路过郑国的奇人鬼谷子，他知郑国尚“天年”未尽，还得苟延残喘一段时日，而黎庶的涂炭之苦，须得解救，于是决计平息这场大战祸了。

【注释】

①继踵：踵，脚后跟。继踵，俗语称“踩着脚后跟”，意为“走前人之路”。

第五十八章
王禅救郑逞神技

这位鬼谷子，正是曾经搭救过吴起之师傅西门大侠的“人间真仙”。他此时大多在卫国鬼谷修炼，偶尔走出谷中搭救善良的困厄之人，已被世人视为真仙了。

传说有一次，他偶入市廛，见一少女要卖身为奴以葬父，却两日不能自鬻，他哀怜之，劝阻说：“你不必卖身了。你的孝行感动了上天，已派仙人救你来了。你且待之，半个时辰内，即有飞钱来资尔葬父。”说完身一晃没了影子。少女以为自己走进了幻觉，惊疑而无奈，蜷缩于街角等候。鬼谷子却踱进一家赌馆，见赌客满室，热闹非常，都正在围观二富豪斗气派豪赌：其赌桌上，每人面前堆满钱钞和金饼。老板招呼他参赌“博财富”，他客气辞谢，却对满场赌客拱拱手说：“在下王某初来宝地，欲卖艺变戏法混口饭吃。今进宝館来，想先微露一手，以便各位替我传名，捧我生意。”众客欢然叫好，二富豪也停赌观之。待众目攒集，他一笑说：“今日玩个‘瑞蝶献舞’，聊博一哂。”此时三九隆冬，何来蝴蝶呢？众正惊疑间，却见他扬手向窗外一招，忽有成群的五彩蝴蝶自窗外翩翩飞入，积聚于屋顶之梁柱上，翅膀扇动着，煞是好看：它们花色鲜艳亮丽，光彩闪闪，映得满屋生辉，其华美人所未尝见过。他又对群蝶喝道：“快快献舞！”群蝶立即飞下来，在屋之中央、人之头顶轻盈翻飞，忽高忽低，时骤时徐，极尽翩跹之妙，绝胜艺伎之舞，其光彩洋溢激荡，更使人眼花缭乱，所有人无不忘形而拍手叫好。忽然，群蝶飞至二富豪赌桌上空，光彩陡然强烈十倍，耀得所有人双目难睁，皆闭眼以避之。待再睁眼时，群蝶早已不见，二富豪桌上的金钱也没了踪影，那个献艺的“妖人”更如鬼魅消失了……再说那个少女，蜷缩街角渐渐朦胧入睡，梦中见一群彩蝶飞集脚下化成了金钱金饼，喜而惊醒，脚下果然是一堆金光灿灿之物……

鬼谷子又飘然来到另一条繁华热闹的大街上，并站立在一个病饿而躺倒街头的老乞丐面前，手捧两个热气腾腾的馒头送过去：“老人家，吃吧！”老乞丐颤巍巍地坐起来，不及道谢，抢过馒头就狼吞虎咽起来，吃完，这才向衣履朴拙而神姿光鲜、难断其身份职业的恩公称谢。那恩公蔼然一笑说：“老人家，我知你平生善良，特来助你一臂之力。”老丐心中说：瞧你的样子，也非有钱之人，能助我什么呢？那恩公也不再多说什么，拉他避于小巷，伸手进袍袖中一探，摸出一个很精致的竹编笼子。真怪，那笼子见风迅长，转眼大如八仙桌。再看笼中，有一只遍身雪白、晶莹如玉、大如小猫的白鼠和几样花花绿绿的小玩物。他们抬着笼子来到街心空阔处，引得满街人拥挤着来看。恩公却一指老丐说：“老人家有一套绝妙鼠戏，三铢钱一观，保你赏心悦目，大开眼界。出钱者得睹。”说罢又在袖中一摸，摸出来一块红绸，他再对红绸吹一口气，那红绸鼓胀开来，居然化作了一座红毡军帐，将老丐和鼠笼罩于其中，隔开了众看客。好漂亮的军帐！更吸人眼球的白玉鼠和鼠笼！何况还有绝妙鼠戏呢！满街人狂欢了，争抢着向军帐门口的笸箩中扔钱进入。可也奇怪，似只能容纳不足十人的军帐，一下涌进了千百人，却并未感觉局促。鼠戏开始了，它或人立，或蛇伏，或蛙跳，或如鼯鼠飞翔而下，或如猛虎摇头摆尾，或摹拟士兵正步行走，无不肖似而妙趣横生；随后抱起一小圆球，作“狮子滚绣球”，前后左右翻滚 ，煞是灵巧敏捷；抛掉圆球，叠起三个竹篾小环，小环却自动烧起毕毕剥剥的火焰，它却纵身穿越小环，竟如燕子穿梭花丛一样，一跃而过，洁白如玉的皮毛不着一丝儿烧痕；最后，它披起一块花绸，嘴咬住系带儿，犹如穿上了花衣裙，却袅袅挪挪、翩跹轻盈地跳起舞来，旋转进退、仰体卷舒、扭腰劈腿、扬臂舞袖，比之舞女妙姿更楚楚动人……观者鼓掌叫好，欢声如雷。有一街痞市霸，狂喜中陡生歹心：我若得此鼠作戏，可大发其财。乃强抓住鼠笼，要以三块金饼买下此鼠。老丐舍不得，恩公却代之收金成交。恩公拉老丐到一僻静处，交付了全部金钱，嘱之说：“你赶快离开此地，这些钱聊可度余生矣。……那只鼠，明日则不灵矣。”那街痞市霸欢天喜地提鼠回家，至晚，白玉鼠却变成了一只奄奄垂毙的癞皮灰老鼠……

鬼谷子来见郑国之君，要其停止征发“二毛”[①]和少年当兵，他可游说韩魏之君，令二国撤军。郑繻公当然求之不得，乐而从命。

鬼谷子是否真仙不得而知，但他似乎有分身之术，竟有两个鬼谷子分别来到韩都和魏都，谒见韩武子和魏文侯。

一个鬼谷子来对韩武子说：“韩魏伐郑，郑倾国拼命，韩魏未必能得手。况即使灭郑，韩魏如何分其地？韩出兵二十万，魏出兵仅五万，按理，韩应得地十之七八，然而魏必不许，韩魏则将成仇矣；若均分其地，韩吃了大亏不说，还是助魏勃然强大，强邻虎视，韩无宁日矣。”

韩武子沉吟不语，权衡着利弊。大夫郗喜却冷笑着讥讽鬼谷子：“先生之言貌似公允，实则不端。请问，子之中心，为韩也？为魏也？为郑也？”

鬼谷子微笑道：“吾不韩魏助，亦不郑袒[②]，但为救郑之黎庶脱难也。”

郗喜一板脸斥责道：“先生好大的口气！凭你一人之力，竟想挽救郑之沦亡、郑民国破家毁之殃，岂不是在戏弄我韩国君臣吗？”

鬼谷子仍是微笑：“我有言在先，旨在救民。至于吾一人之力，确不足救郑之一民一夫，然王某可借来天兵，不足以保郑人民乎？”

郗喜扬声大笑起来：“先生与天有亲故？天兵肯听子调遣！”

鬼谷子收起笑容：“亲故与否不可明告。然吾随身即带有少量天兵，大夫欲见识否？”

郗喜撇嘴冷笑了：“大言欺世，何敢诳到我朝堂之上？汝之天兵安在？”韩武子与群臣皆大惊疑，也要鬼谷子显示天兵。

鬼谷子淡淡一笑，起身走到大殿门口，从袖中掏出一把小石子，望空抛撒出殿门外。煞是奇怪，晴朗朗的天空忽地晦暗下来，百十名高大胜常人数倍的金甲兵将，似踏在地上，又似悬浮在半空，飘飘渺渺的云雾，使其面目不甚清晰，但他们手中硕大无朋的刀枪剑戟，闪耀着冷气森森的寒光，射得地上人眼发花而心颤栗。鬼谷子手一挥，天兵天将们作势要向殿门冲来。韩武子大惊失色，急向鬼谷先生谢罪，请其快收了天兵。鬼谷子食指一点，神兵倏地没了踪影，天空又复晴晴朗朗。看门外地上，只有散乱的小石子。

郗喜再也不敢开罪鬼谷子了。韩武子与群臣们都听说过有撒豆成兵的异人，今天可亲眼见到了。有此驱鬼遣神的异人助郑，韩魏无能为矣。韩武子突地心生恶念：斩此妖人！

谁料他刚心念一动，鬼谷子那边却又摸出了一个拳头大小的木制小鸟，在小鸟的头上一按，那木鸟竟一展翅飞了起来，直上二三十丈，而后双翅扇动，绕着人们头顶迅速地盘旋飞翔，还时而向某个人俯冲一下，似欲击殴鹐啄其人；那人慌得避闪。木鸟却又拔高盘旋，迅捷如闪电。怪哉，这木鸟居然像真鸟

一样灵动，它还会啄人！其啄或不致大伤害人，却会贻笑于众呢。所有人既目不交瞬地仰头观旷世奇妙，又担心被鸟啄着，无比兴奋，也惴惴惶惶。

韩武子更加惊奇和兴奋，仰着脸，大张着嘴，看得傻了，不提防那鸟倏地向他扑击下来，他慌得急举袍袖来挡，所幸那鸟不及袍袖复又攀升飞去了。虽如此，他仍惊出了一身细汗：堂堂国君，给木鸟击啄着，岂不太失尊严？他急向鬼谷子说：“快收了木鸟，莫啄着人！”但鬼谷子一哂：“有人欲加害于我，吾将使神鸟相助。”

韩武子彻底被震慑了。但他也是一时枭雄，极擅随机应变：“先生快收起来吧！有谁敢加害先生，寡人先斩其头。”鬼谷子一瞥木鸟，乃顺势向韩武子恭敬一揖：“谨遵宪命。”随之向空中连喝三声：“停停停！”那木鸟如会听令，乃盘旋下降，越飞越慢，终于徐徐落地，敛了双翅，又成一木雕小玩物，鬼谷子复纳之入袖。（按：鬼谷子此技，后来为鲁班学去，并加以发展，削竹木以为鸢，可飞升三日而不下，相传还可载人，几似现代飞机之雏形。）

韩武子不愿再纠缠木鸟之事，就转移目标问：“先生幸辱临敝国，应有以教寡人！韩魏确是同床异梦，然魏势日强，韩将受其制，今之计若何？”

鬼谷子也正容答：“为韩之计，三字可概括：不益魏。益魏则是自损，加速祸害也。魏若得郑之半，势愈大，西伐秦，南伐楚，内压韩赵，则从心所欲矣。今且罢兵，魏亦只好罢兵，必然移兵西向。郑已大削弱，待魏西战正烈之时，韩可徐图蚕食之，则郑地可尽归韩有矣。”韩武子大喜受教。

另一个鬼谷子来到安邑，向朝堂通报：“卫国散人鬼谷子，求见魏侯。”魏文侯转问三位智囊：“听说此人是世外神仙，今来见寡人何事？”翟璜、魏成说：“此必来卖弄口舌，欲效孔子之‘兴灭国，继绝世’[③]也，主上不必见他。”李悝却说：“王诩者当世圣人，其来虽为游说，亦必有过人识见。主上不妨一见。”文侯然[④]李悝之言。

鬼谷子进了大殿，尚未开言，一位大夫抢先警告了：“王先生既是世外高人，则无须我迟含提醒了：若为救郑而来，请免开尊口。”鬼谷子一哂：“然则，迟含大夫乐见郑亡也？”迟含斩钉截铁：“吾翘首以盼。”鬼谷子一声长叹，作蹙眉痛心状说：“他人盼郑亡或有可说，汝冀郑亡，不亦愚哉？”迟含一怔：“这却为何？”鬼谷子叱道：“汝事理不明，枉为大夫！岂不闻‘唇亡则齿寒’？

夫郑，虽附庸于楚，却可阻强齐顺畅东来，无害于魏，且可为魏作藩屏，如魏之唇也。汝鼓噪亡郑，郑之亡，最先受冷者，非汝而谁？”满殿人先是一愣，继而明白这“迟含”被比作那“齿寒”了，不禁一齐哈哈大笑。魏文侯亦为之莞尔。

将军公孙球见文侯不制止迟含，料知有意折辱之，待笑声一毕，突上前一把抓住鬼谷子，怒道：“灭郑，为我魏兴国大计，岂容你荒沟野夫，在此摇唇鼓舌、惑乱人心？”鬼谷子鄙夷道；“莽夫何足以理论？速速撒手！”公孙球更怒：“我是莽夫，但莽夫足以治你这野夫。”鬼谷子冷笑：“你如何治我？”公孙球突地一用力，双手将鬼谷子高高举起，迈步向殿脚的汤镬走去，且走且说：“我烹了你这野夫！”

文侯与李悝等皆知公孙球是吓唬说客，微笑着并不制止，反希望鬼谷子求饶。但鬼谷子却一声不吭。

公孙球反倒为难了，放手吧，掴了自己的脸；不放手吧，难道真敢投之入汤镬？可他已到了汤镬前，这可怎下台？但不用他寻台阶，他举着的鬼谷子突然变得滑腻如脂膏，竟从他的手里出溜滑脱，自动踊入滚沸的开水中了。他只吓得腿一软，一屁股跌坐在地上……此人死了，自己无令而擅自于君前杀人，怕也活不成了。但当他悲凉地抬眼再望汤镬中时，惊得呆了：开水中却是一条三尺多长的大鲇鱼，已是死了，其头搭在锅沿上，两根一尺长的胡须，还在微微颤动着。妈呀，这不是文公“南湖”中的心爱之物吗，它怎么会……？这祸闯得也不小。

鬼谷子却正站在不远处，讥笑地望着公孙球呢。

满殿人全都惊呆了：明明看见公孙球将鬼谷子氽进汤镬的，咋就变成了文公“南湖”中的鲇鱼了呢？

鬼谷子却打破沉寂，向魏文公稽首行礼曰：“王某得罪了。而我之所以用君上南湖宠物李代桃僵者，亦在告诫君上：图东图南，利不及弊也。”

文侯与众大臣面面相觑，一时不知该作何表示。但文侯却已听出了“郑为藩屏”的深意，又以礼贤下士、从善如流自诩，他点点头笑了：“多谢先生，寡人知之矣。我于今始信：‘圣人不可与熙也，寡人反取病焉’，诚哉斯言！……公孙球，尔害死我鲇鱼，可不尔罪，还不快向先生赔礼！”

鬼谷子拉住了急欲向自己下拜的公孙球，却转对文侯说：“王某此来，是说客，然亦为魏谋也。夫韩魏若灭郑，楚与宋必大举报复，魏与楚宋抗衡，

很难得利，而西向伐秦、北图中山，可得眼前实利。今急于灭郑，是放弃实利而自树强敌，魏其四面受敌，难矣哉！我为君所不取。”

文侯与李悝等人，虽明知这说客是为郑救急，但其所言在情合理，拗之确有危害，亦欣然从之。……观鬼谷子之救郑，宅心仁厚、悲天悯人，诚为大圣也；其幻术万方、技巧骇世，纵不是大罗仙人，起码应是后世魔术杂耍之祖，更是鲁班等巧匠良工奇思慧想之启迪者，亦可称为中国科技之滥觞者；之后，又雕琢出孙膑庞涓两位搅动历史风云的大兵家和苏秦张仪两位为以口舌令天地变色、邦国兴亡的纵横家，其培英育才之能，或可压倒孔子。

韩魏大军撤回，所得之城池土地，当然醺醺然吞咽之。

【注释】

①二毛：头发花白。指进入老境之人。

②“不韩魏”句：不帮助韩魏，也不愿袒护郑国。

③兴灭国继绝世：使破灭的国家恢复兴盛起来，让已绝祀（无后人祭祀）的世族得以承继。

④然：对，正确。以（意见）为正确。

第五十九章

天险金汤皆是虚

吴起与韩魏联军在郑国大逞威风之时，太子魏击的十万大军也攻入了秦国。

其时，黄河之水十分丰沛，终年浩浩荡荡，波涛连天。在晋陕大峡谷中的黄河，用李白的名句“黄河之水天上来”和绘状三峡的“两岸猿声啼不住，轻舟已过万重山”来形容，庶几乎相似；用苏轼描画赤壁长江的“乱石穿空，惊涛拍岸，卷起千堆雪”来比照，若将“雪”字换做“金”字，则尤觉真切。出了晋陕大峡谷之后的黄河，宽阔浩瀚，从正北方缓慢沉着漫漶而来。西边不远处，是渭河入河口。汇聚了汾河以及渭河的黄河，向南涌流，冲激潼关；当河水受到潼关高耸的士塬关山阻挡，北来的黄河这才折头向东。这一段黄河的水势，借用庄子（庄周）《秋水篇》的文句予以说明，则很恰当：“秋水时至，百川灌河；泾流之大，两涘渚崖之间不辩牛马。”

太子击欲渡河之时，已是仲秋，河水虽失了汛季的浩瀚汹涌，却仍水面宽阔，恶浪滔滔。蒲阪地方官为之准备的船只虽多，却都嫌稍小，横渡浪涛就有风险；河中有暗礁沙渚，触之则可能舟覆人亡。过了洪流，对岸敌军必在浅水区布有暗桩、铁钎、铜链之类，撞上就可能船毁人下饺子。就是登陆之后，危险也不比水中小呢。大洪汛之后，河瘦了，但河之丰肥时的痕迹犹在……距水面三四里，全是稀酱烂泥的滩涂，陷人没过膝，陷马近肚皮，战车则寸步莫进。敌人若利用滩涂伏击，魏军就可能陷入另一个“鬼淖子”。

公输座深知过河凶险，极担心自己的二万先锋部队会喂了黄河鲤鱼。但箭在弦上，不得不发。他除了做好充分的应急准备外，又卜了一卦，卦象上上吉，这才转忧为喜，并以卦象遍告三军，鼓舞将士。三军亦喜而勇气倍增。次日晚天黑如墨，他于后半夜悄悄登船渡河。果然卦灵如神，仿佛老天爷暗中相助，白日里望之惊心的巨浪惊涛和漩涡暗涌，却变得温和以致恬静了，

挥桨拨水，劈浪斩波并不太费力。什么暗礁沙渚，好像全部消失了，船队前进十分顺利。到了河边浅水区，虽有稀稀落落几根暗桩，却是已经糟朽，无碍靠岸登陆。公输座大喜过望，默谢过苍天，令第一批部队摸索探路前进，使船队返回对岸，再渡后续部队和战马、战车、辎重。

探路部队悄悄而小心翼翼地向秦之河防部队摸去。真是老天相助啊，这西岸的滩涂全不似东岸那么艰于跋涉，它遍生茂密的水草，纵横的草根如毡，陷人胫①仅只三四寸，前进虽费力，却并无太大困难。更可喜的是，秦军居然全不知觉。

那么，秦军的河防部队哪里去了？这就要说到戚甲的“功劳”。 原来，戚甲逃回京城后，奏报说白益勾结公子连、暗通吴起，致秦军大败。秦简公深信之，嘉勉戚甲当机立断，诛白益有功，给其进爵一级。戚甲更作威福，奏请简公，以自己的爪牙充任要地庞城一带河防的守军将军，简公从之。“后党”大哗，群起怒斥戚甲诬杀大将，任用私人，恃宠误国，并唆使原守军将军不交印信。简公因“挖连党”频起冤案，已惹得朝野沸腾，怨声载道，今见群情激愤，有些左右为难，踌躇再三，只好改令二将分统河防军。二将分统，争夺健勇兵力、易守防地，明争暗斗得乌烟瘴气，谁也无心于河防之事。

戚甲委派的将军热衷于搜寻古玩珍宝以孝敬戚甲，十日就有七八日不在军营，且对军务全然不懂，部队委托最亲信的军司马掌握……这军司马原是戚甲家的家丁出身。将军佐为之大怒，长官不在，应由自己发号司令才对，那个家丁算什么东西？于是明着与校尉较劲，军备军纪废弛不理。士卒们无甚管束，免于操练，更免了巡查、更新河防工事等辛苦功课，倒也欢喜无比。近日，将军瞄中了庞城里一位富户遗孀的镇家之宝，与寡妇勾搭在一起，图谋先得色，后获宝，忙得全不归营。将军佐与军司马公开抵牾起来，军中不知何令是听，竟连晚上巡守也虚应故事了。

原先的河防将军心中气不忿，整日不是喝闷酒，就是与部下赌钱玩。长官如此，下面也分阶层聚赌，军纪和防务，也向另一支军队看齐……戚甲为了拉拢这支部队，近日额外地给发了双饷。但从将军到士兵都不领情：平时克扣了我们多少？这点钱就能甜糊爷们？不过得了钱，仍很兴奋，聚赌更疯狂了……

公输座的四五千部队已越过了滩涂，秦军这才发觉，仓皇来战。公输座大吼着鼓舞将士：“已过险地，有进无退。退则下河喂鳖！”魏军奋勇向前，恶狼饿虎般冲杀上去。秦军一位将军尚在城里，一位将军酒醉不醒，谁来组织作战？谁肯卖力拼斗？人数虽众，却是惊慌散乱，步步后退。而此时公输座的后续部队源源继至，而且太子击的主力也已开到，见前军已得手，立即趁势飞渡，源源登岸，加入战团。

一万秦军，尚抵敌不住魏军的四五千先头部队，何况太子击是十万大军，这仗还有悬念吗？不待太子击的人马全部渡过河，秦国的一万河防部队已小部分逃散，大部被消灭；那位醉酒将军，算是光荣殉职了。

值得一提的是，次日中午，八万魏军刚刚渡河完毕，忽地起了大风，黄河像愤怒了，浪涛如山，魏军见之无不吐舌后怕，也为未来的魏主洪福齐天而欢呼称庆。

太子击既夺了黄河口岸，立即迅猛直扑庞城。

庞城距河岸约五十里，是西河的又一处军事重镇，有三万兵力防守。它城高三丈，墙厚两丈，护城河阔而深，加之粮草充足，可称固若金汤，即使被围困个一年半载，仍能应付裕如；但反过来，魏军若不能攻下庞城，则不敢向别处冒进，而且若僵持稍久，秦援军赶到，内外夹击，魏军必然大败，然而黄河在后，要退就能安全退却吗？

可惜呀，金汤，有时候还不如豆腐渣的防御性能呢。

其时庞城之郊，却发生了高、马两大族姓间的大规模械斗：这两族各有数千人丁，向来为争夺一处浇地的水源“神泉”拼斗成仇。今春大旱，两族又拼争殴斗起来。初时徒手厮打，后来棍棒锄锸交加，男女老幼上阵，各自打死数人，仇恨越结越深，打斗愈来愈烈，四五千人拼搏起来，俨然似两军交战。庞城的官吏将军们因受“公党”、“后党”派系争斗的影响，对自己的职任惴惴不安，无多少心思顾及军情民情；加之对此类事也不以为意，因为秦民殴斗之风较普遍，高、马两族的殴斗由来已久，待其打得难解难分之际，只要抓几个“凶犯”，自然会平息下来。但官吏们没有料到，这回高马两姓的冤仇结大了，皆生了灭绝对方的凶狠之心。两姓人口相当，力量相差无几，要灭绝对方，须得请人助拳。于是，两族皆派出大批年轻漂亮的姑娘媳妇，公然拉“亲家”助战。“亲家”者，“相好的”之意。在女人们的温柔进攻下，无数的男人被俘获而加入战团，两边的队伍迅速壮大，各有了一两万人，并且将战场由城外波及到城内。此时官府想弹压，却已经无从下手，也不敢贸然行事了。城外城内，混乱的如滚如沸。

以女人拉“相好的”助战，岂非荒蛮、丑陋之极？但这确是当时的秦之风。原来，秦久在西陲，尽管一直在抵抗犬戎等异族，但其生活状态却是和西戎一直处于杂居中。当时秦周围的“戎狄”部落，大大小小十几个，包括西戎、犬戎、荡社、亳、芮、彭戏、冀、小虢、茅津、大荔、义渠、绵诸等。秦人初以游牧为生，与这些“夷狄”杂居，也深受戎狄习俗的影响。影响之一，是非常重男轻女（其时东方各国，重男轻女现象稍轻），使人口的男女比例严重失衡，故而达官贵人虽可妻妾成群，而贫苦百姓，几兄弟合娶一妻的现象比比皆是。更有众多的老少光棍，终生难以有“家”。为此，光棍汉们或明或暗地偷女人而与之“打亲家”之事十分普遍，而女人的丈夫并不很在意，反正生下的孩子总是归自己的。

这是“性开放”吗？或许是。其后的《商君书》中说：“始秦夷狄之教，父子无别，同室而居。”商鞅变法中有一条禁令是：“令民父子、兄弟同室内息者为禁。”可见，至少在商鞅变法之前，秦国还没有所谓的男女有别的观念，公公、婆婆、儿子、儿媳妇、小叔子，大家都睡在一张床上。直到变法以后，才更制其教，而为其男女有别。这种“开放”，从普通百姓到王室贵族莫不如此。比如，秦宣太后，是秦惠文王的妻子，秦昭王的母亲，曾一度权倾朝野，统治秦国 30 多年。但她又是一个私生活放荡的女人，简直到了人尽可夫的地步。他的丈夫秦惠文王死后，身为太后，寡妇之身，却和义渠戎王偷情淫乱，还产下二子。这种事情在当时的秦国好像并没有引起轩然大波和街头巷议，史书中也没有任何掩人耳目之辞。由此可见当时秦国的民风本就如此。

现在，漂亮女人主动“拉亲家”，男人们（特别是光棍汉们）能不趋之若鹜？秦人又有一大特点：剽悍刚烈，重然诺，崇义勇，也甘为心爱的女人拼命。高马两族的女人，“拉亲家”的条件就是助战，答应了条件的男人们若退缩逃避，即是“怂包”，将被人鄙视。……这场两族械斗，已将庞城周边和城内的大部分居民卷入，其“波澜壮阔”之势，简直就是两千多年后席卷整个中国的被称作“武斗”的大内战之微缩……

太子击于此时攻城，仅只三日，城为之破……庞城百姓的“武斗”，帮助他顺利得了城，他却极恼恨繁庞百姓的刁顽和荒蛮，竟下令屠戮“蛮人”，千万百姓血流成泊，十多万庞城人四散逃生，哭声震野……

但正在此时，秦军宿将穆柯乾统帅二十万大军杀来了。太子击与公输座率军迎战，但太子击的“能征善战”、公输座的“多智多谋”，遇上了骁将穆柯乾则遇到了克星，被秦军杀的大败，折兵三四万逃回城中，秦军趁势围住庞城日夜攻打，又筑起高台向城内储粮之地发射火箭。火箭引燃千百间民房大火，虽未烧死多少人，却使城中的储粮绝大部分化成了焦炭。十数日后，魏军伤亡日重，粮草渐枯竭，而秦军则攻打益急，公输座势穷力竭，太子击忧心如焚，只好决计弃城突围。这日拂晓，魏军积聚起近四万兵力杀出城来，公输座保护着太子杀开一条血路，径向东北王城方向奔逃，秦军则拼力追赶，又有一二万魏军被击杀。太子击奔逃六七十里，人困马乏，眼看要给秦军追上了。正在万分危急之时，驻守王城的宋华突率二万军杀到，冲在前面的秦军猝不及防，被斩杀数千，其余惊骇回逃。太子击仅率二万残兵与宋华回到王城，又气又羞，怏怏地渡河回国去了。

魏文侯闻报，乃急令已攻下蟒池城的吴起速速返回西河抵敌穆柯乾。

【注释】

①胫：小腿。脚跟至膝盖的一段。

第六十章

庙算胜者得算多

安邑的君臣们不愧为一群庙谟硕画者。闻知太子击军大败，西河有险，一面急调吴起回西河，一面设计给秦“挖坑”……借齐楚力量威压于秦。齐楚当然不会乐意助魏攻秦，但这两个老牌雄霸，玩惯了纵横捭阖，难保不会趁火打劫，更何况嬴秦诱使两家进攻“大脚”，许诺的两千匹陇西良马并没兑现，齐楚能不怀恨吗？“挖坑”可由此生发。

齐相国田庄子贪图秦国的一千匹良马，与楚合力去斩魏之“大脚”，不料联军毕竟同床异梦，各揣私心，竟被魏军击败，大丢脸面。秦以齐楚未能搅乱魏之战线，不肯予以良马，只各送五十匹羸弱之马以敷衍。庄子甚怒，但无法争执，争则更丢颜面，只好吃个顺气丸了事。这日，魏之使臣游月来到临淄，声言要以百匹骏马赠送齐国。庄子大喜，乃于相府隆重接见魏使：“游大夫说要赠我百匹骏马，不知马在何处？”

“在这里……”游月说着，从随从手中取来一幅卷轴，悬挂于大堂壁上，众人视之，乃一幅《百骏图》：几十匹或昂首嘶鸣、或奋鬣扬鬃、或蹄踏飞云、或奔腾追风的雄骏宝驹，各显风姿，无一不威猛如虎，夭矫似龙。相府众人（亦即朝廷大员）只看得啧啧赞叹，眼露企羡之光。田庄子也喜不自禁，急急追问：“这些宝马，现今究在何处？”游月洒然一笑：“是在秦之陇西也。我李相国派高手丹青入秦，描摹得这批宝马图形，特来献给田相国，请相国在接收一千骏马之时，勿遗露这批神骏。”

田庄子的脸刷地涨红了。被秦人要弄之事，多数大臣至今不明详情，现在让齐使这么一闹，自己将无法遮掩事情真相了。威振四海的田相国，居然被秦人要弄，这老脸实在挂不住啊。而且，公室的死党余孽们，岂不又要借此事弄点风浪出来？他正气得不行，不料那边魏使，却趁机把真相彻底捅开了：

“田相国啊，这批神骏谅是不曾得到，倒是天下诸侯听说，齐楚为秦损兵折将，不仅未得到一千匹良马，反给秦人戏弄一场，只给了五十匹羸马，不知属实乎？”庄子羞恼之极，竟一时不知作何回答。不答即是默认。许多大臣愕然愤然，窃窃私议起来，满堂气氛骤变。

庄子勃然变色，怒视着游月：“尔为何来？送马也？挑拨是非也？我大齐堂堂相府，岂是游戏之所？尔声言送马来，今无百骏入齐，尔当五马分尸之罪！来人……”几名武士大步走来，等候相国下令执刑。游月的两名随从，只吓得簌簌发抖，面如土灰。

游月却笑对两个随从说“无须惧哉！田相国试我等胆量耳，岂真罪我也？”

庄子冷笑道：“哼哼！试汝胆量，何以见得？”

游月更从容而悠然：“田相国肚量如海。秦人以一千匹欺诳，尚且不恼不罪，我区区百匹之诳，何至有罪？况我之本意，原是为相国指示骏马也，无功也罢了，何得有罪？”

庄子一愣：此人善辩啊，以“大诳”“小诳”之别使我无法加罪。魏使“无罪”而诛之，不仅是对魏国的公然宣战，而且是对“国际”交往规则的破坏，将受诸侯的谴责和鄙视。魏之势正锐，眼下不宜与之交恶！……乃一摆手令武士们退下，向游月诡谲地笑着：“贵使看透了老夫心思，钦佩！钦佩！但贵国既称送马，想必已得了图中的百骏吧？我齐无功不受禄，愿以城池一座，换得百骏入齐，贵使以为如何？”

游月也是一愣：田庄子不愧老狐狸呀，轻轻巧巧把球踢向魏来，要挑动魏秦虎斗，他坐收渔人之利。多亏李相国他们早有预料，不然还真不知如何回答呢。……乃正色答道：“百骏嘛，现尚在陇西。寡君致意田相国，愿助齐夺回应得之物。盖为我堂堂中原豪强，岂能容忍夷狄秦之欺诓戏弄？倘齐畏秦势强，我魏愿独力为齐讨回公正！”

田庄子纵使再明白魏的挑拨之计，可也不能不顾齐国的尊严啊：“笑话！我齐自会向秦人问罪，不劳贵国相助。老夫拜谢魏侯，美意心领了。”……他毕竟老树成精，只说“问罪”而不宣言“夺马”，如何问罪，其方式方法可就多了。

魏使一走，庄子即遣使入楚，与楚悼王商议“问罪”之事了。

楚悼王也被魏使所激怒，但很清楚这是魏人的压迫秦之计，按理不能为

魏人所驱使。可是，国土广袤冠天下、长期雄强威天下的大楚，而今却破败衰微的让人心痛啊，齐楚联军进攻“大脚”，竟被魏人打得落花流水，楚军死伤尤惨重；楚郑救宋，合三国之力，却不能大败兵力弱势的韩魏联军，哪里还有一丝儿当年耀威中原、洛滨问鼎的雄风武威？大楚亟需振兴啊！振兴之道，首在于能得到魏国吴起、李悝之类国宝，寡人当学商汤求伊尹、周文访“飞熊”（姜子牙）孜孜访贤。贤才国宝一时难得，“战则败”的阴影压迫着国人，要走出阴影，只能先提振士气军心，而联魏压秦倒也不失为重振雄风之一策。这时齐使到了，转达了田庄子的意向，悼王欣然赞同。于是，齐楚各出兵三万，号称十万，由楚国西南方插入“商於古道”进抵武关下，屯扎不动，似在待机破关踏进秦川腹心。却是只打雷不下雨，并不进军秦境。谋渔人之利，谁人不会？

但这么一“打雷”，秦国却是震惊不小，齐楚联军十万寇边，这可非同儿戏。若魏齐楚三强联手，秦则亡无日矣。所幸齐楚亦不容魏势太强，必不肯真心与之联手，或只是作呼应之势而已。但齐楚之勃勃野心不在“新暴发户”之下，瞅到了“吃肉”之机，绝对会作饿狼的，还不得不小心防备着。于是，亦起大军屯于东南边境，警惕着齐楚的突然发难。

李悝又与任座、北门斗商议，秦骁将穆柯乾十分厉害，又兵力盛大，须设法策应吴起。经一番商酌，决计仿效吴起的离间计弄垮穆柯乾。于是北门斗化作富商，带两个从人，骑快马直奔秦都雍城去了。

但魏国谋臣们又把“坑”挖到了齐国。

鲁国上将军柳子瑞逼走吴起，独揽了兵权，极是得意，但乐极生悲，孟孙阉龙却发觉了他的阴险用心，叔孙氏、季孙氏也也恼恨柳氏得志便猖狂，竟然越来越趾高气扬、擅权恣肆，而且还弄清了柳氏的“木拱渡大捷”完全是冒了吴起之功，吴起之被逼走，更是柳氏“大功”。“三孙氏”心思一致了，遂褫夺了柳子瑞的兵权，仅留其上将军之虚衔。柳子瑞懊恼苦闷又愁又怕，一病不起，多半年后忧郁而死，柳氏死后，经孟孙阉龙举荐，鲁穆公即拜与吴起征战有大功的邱明为上将军。

这一日，曲阜城内的坊间市井和城郊的乡村集镇，四处有“富商”自称是曹刿后昆，鼓动百姓说：近日将是其英雄先人的三百周岁诞辰，为光耀先人的威烈英风，特绘先人肖像多幅；有人到肖像前到祭奠膜拜一番者，赠其盐半升或绢半匹。没人想到，这些“曹刿后人”，其实却是安邑派来的“特工”。

这是多么厚重的奖赏啊！何况所祭奠膜拜之偶像，正是自己心中的神呢，有谁能不欣然接受？于是，一连三日，曲阜大街闹市上随处可见张挂着曹刿遗像、香烛缭绕、恭敬礼拜、有的还伴以鼓吹细乐的人群。那绢帛绘制的曹刿遗像下方，有“战神曹刿，扬我鲁威”八个大字。那鼓乐吹打和蔼蔼香烟，愈增其庄严神圣。城中官民士绅，争睹罕见热闹，为得赠品纷纷加入礼拜行列，万人踊跃，欢声如雷……

当此之世，各国虽未有“大使馆”之类，但相互有官员来往不断，况齐鲁紧邻，曲阜万民祭拜曹刿的消息，次日就传到了齐都临淄。齐国朝野大哗。自春秋以来，在齐鲁争战的历史上，鲁国几乎是齐国案板上的面团，随其揉搓，但不幸，鲁国出了个曹沫，又出了个曹刿，使齐人大丢脸面，视之为国史上的奇耻大辱，常为之心中作痛。今日鲁人大祭曹刿，并要“扬我鲁威”，这不是羞辱我齐国，公然挑衅吗？（按：此犹如当今之世，日本政要的公然参拜“靖国神社”。）

此时的田庄子日渐老迈衰朽，重病缠身，乃将代齐自立之事寄托于儿子田和。为使田和立功扬威执掌兵权，他正在酝酿伐鲁洗雪“阁斗山”惨败之耻，现在有了堂皇的伐鲁理由和口实，哪还能按捺，即令田和为将、老将项子牛为辅，率大军十万攻鲁之郕地。项子牛此前扔下大军回国给田相国“保驾”，虽然没出上大力，但其忠心仍使田相国感动，于是不究其兵败之罪，反而更信任了。

鲁穆公大惊，急派上将军邱明率军十二万抵敌。

邱明虽有武勇，却缺少兵略战谋，哪里是田和、项子牛的对手？连战几场，皆输的稀里哗啦。他死拼欲扳回败局，却被项子牛诱入死地，田和突骑齐起，邱明死于乱军中，鲁军仅逃走四五万人，郕地被齐国吞吃了。

齐楚压秦、齐鲁交战之时，伐中山的乐羊也旗开得胜，初奏凯歌。

齐楚威压秦国，使秦军不敢轻易再向西河反扑；齐鲁打得激烈，吴起所言的齐国“虫吃鸟”大戏已快到见分晓阶段，田庄子必不肯于此时激怒魏国；赵国用兵于北，顾不得给魏找麻烦；韩国得魏之奥援，如饿瘪的虱子喝饱了血而又变得肚皮滚圆红亮，正感魏恩，暂不会以魏为壑……“国际形势”大好，吴起决计趁机攻取秦在西河的又一座城池元里了。

第六十一章

乐羊拜帅夺“虎头”

太子击攻打庞城之时，乐羊也以西门豹和翟角为正副先锋，率十万大军征伐中山了。

此翟角何许人也？乃厥存茂是也。这厥存茂既是智勇之将，亦为儒雅之士。入魏以来，他暗自访查了贾、厥二姓的历史渊源，却很难找到自己就是贾陀后人的过硬根据。他明白了，这是吴起为了抚降自己，用其学识穿凿附会出的“根据”。但他不恨吴起，反钦敬其不仅用兵如神，即政治、历史、家族种姓等方面的学识，亦世少俦匹；他尤其感念其慧眼识才，给了自己施展才能和抱负的空间。若在贾章的手下，自己有可能一辈子沉寂落寞的。可在他心底里，仍不忘自己是老秦人，也决心这辈子不与老秦人为敌，而且，他还顾虑自己战功卓著后，名声传回老秦，将贻乡里戚党之羞。对自己的家乡……翟地，他更是深深地挚爱和眷恋，为永远牢记家乡，他决意改（姓）氏为翟，而以“厥”为名，然而“厥”字犹可使人联系到“焦地厥氏”，于是又更“厥”为“角”。魏军中从此没了厥存茂，却有了名声日益响亮起来的翟角。魏军进入赵国后，乐羊立即派人潜入中山国，于城镇市井大量张贴无头告示，告示云：“乐舒劫魏盐，意在勾魏军来伐，父子相勾连，中山危矣哉！”西门豹和翟角见了，既赞叹主帅的精忠报国且智略超人，又极是震惊，这位上将军竟将离间计用到自己儿子身上，真够残忍和歹毒的了。

中山国得知魏军十万来伐，主帅是中山人闻名畏惧的乐羊，无不惊恐。……原来，此前中山军曾多次越过赵国进入魏国剽掠，但每次都给乐羊预先料知而伏以重兵，杀的狼狈逃窜，甚至血本无归，他似乎就是中山人的克星。乐舒却献计中山武公，魏军精强，乐羊善战，我不必与之拼斗，可收缩兵力，扼守险路要塞，尤其守紧左右虎头，魏军不得虎头，不敢跨入我腹地半步。只须半年，其必疲敝不堪而无奈自退，我趁势掩击，可获其大批粮草军资也。

乐羊败归，受魏主怒责，从此再不敢与我中山为敌矣。中山武公从之。

可是，待无头告示传到中山君手里，武公大惊疑，召乐舒责问其故。乐舒笑道：“此乃乐羊欲离间我君臣之计也。请主上勿受蒙蔽，委臣总督军事，吾必使乐羊在我中山身败名裂。”上大夫龚凡是中山武公女婿，为争当“驸马”之事而与乐舒有隙，乃冷笑说：“此为乐羊之离间计，有何为证？倒是乐羊多次设伏击杀我军，似乎总像预得了情报，不知我中山国，还有谁肯为乐羊效力？你督军事，只怕乐羊要感谢上苍了。”乐舒怒骂龚凡挟私排挤忠良，龚凡反唇相讥其忠不在中山。武公疑虑良久，终于相信女婿可靠，乃夺了乐舒的将军印信，改派龚凡总督抗魏军事。乐舒唯叹息流涕而已。

乐羊得知中山国罢黜乐舒而用龚凡，喜之不胜：“此人无智无勇，吾无虑矣。”乃召二位先锋至帅帐计议进兵，说：“敌必扼守左虎头、右虎头二隘，不得此二隘，我军冒险深入，被敌掐断辎重粮草补给，我将陷入困敝之境矣！……赵攻中山多次失利，皆因贪功冒进，未先拔此二隘也。今本帅亲领军奔袭黄羊城，旨在令龚凡不敢轻动。二位将军可各率军三万攻取左右虎头，先攻下者，可表为破中山之首功。”

二将欣然领命。乐羊却说：“此二隘十分险峻，倘是硬攻，恐要自寻挫折呢。”说着，从怀中取出两张绢绘的地形图，展开指点着说，“此左虎头，两面危崖峭壁，正面山道坎坷，一夫当关，百夫难开。然而这东面的峭壁，既在敌之防守的视线之外，又有崚嶒突出的岩石可供攀登，若于此处偷袭，一举必可夺隘。此右虎头，险峻犹胜左虎头，然而其遍山广被杂树荒草，荒草以莎草居多。西南山脚下，更有一条宽约半里的茂密莎草带直达‘虎脑’，若选在西南风起之时突施火攻，敌则狼奔豕突矣。”

二先锋大喜领计，钦敬有加地说：“上将军未雨绸缪，预先做好了地形勘察，真堪古今良将啊。”乐羊轻轻摇摇头，感慨地说：“此未雨绸缪，拜吴起将军所教也。吴将军入魏不久，即与我谈起伐中山之事，要我预先勘察进攻路线，筹划攻击方略。吴将军之深谋远虑、用兵机智，当世无其匹也，乐羊老矣，甘拜下风。”西门豹与厥存茂对吴起的智略体会尤深，遂各赞叹不已。

乐羊率军斜插东北进逼黄羊城，驻节在黄羊的龚凡得报，亲领五万军出城迎战。两军会于城下十里的小坪坝。龚凡见乐羊兵力不多，大喜，急麾军猛扑魏军。乐羊深知中山军只擅长游击战，完全没有大兵团交战的经验，他

不慌不忙，令旗一举，五百辆战车冲出阵来，车后的弩手趁势发箭。箭雨如泼，敌军倒下一大片；车驰如风，车上的杀手横劈直刺，但见血花飞溅；车轮滚滚，碾的敌尸肢体分离。中山军的攻势立时被刹，队形还给冲了个七零八落。

中山是多山之国，只有骑兵步兵，没有车兵，也几乎没有与车兵正面交过手，想不到它如此厉害，三军登时有点惊慌畏惧了。龚凡大怒，喝令畏缩者斩，严督将士再次猛冲。中山军毕竟势大，死伤几千人马后，居然冲破了车阵，直向魏军核心杀来。乐羊早有防备，又令旗一招，三军娴熟地变成了一条滚动的长龙，那车兵迅即撤回，作了长龙的四只巨大利爪……此为乐羊创设的金龙阵。这金龙以数千面盾牌作鳞甲，挡住了敌军的箭矢，长长的身子则扭动盘绕，又摇头摆尾，四爪抓扑。摇头吃人，摆尾斩马；四爪倏忽伸缩，爪爪食肉茹血；那长身盘住一股人马，即如猪笼草捕捉了小虫，其消化腺很快就将小虫消化无影。

要说中山军将士的个人武技和勇悍，或者不弱于魏军，但他们不熟悉大战阵中的相互呼应攻防和队形变化，对这金龙阵，更是眼花缭乱，晕头转向，眼睁睁看着自己人被成片成片地吃掉，却无奈这龙何。

两军绞杀得沙尘蔽空，日惨天昏。中山军兵力的优势不断减缩着。杀到两个时辰，中山军尽管还有三万人，魏军大约还有二万五千人，龚凡却不敢再缠斗下去了，急忙撤军，败回城去。魏军趁势掩杀，追到城下。乐羊遥作围城之势，却并不进攻，目的在于威慑城中，使其不敢出兵支援左右虎头。

要说龚凡真是无能，这黄羊城地势较高，坚如钢铁，魏军二万多人，根本构不成威胁。而他合城中兵力，仍有四万开外，派两支军去支援虎头二隘，魏军哪里能够阻挡？强行阻截，反会使其自身分散凌乱，中山军岂不正好发挥所长，使魏军难成阵列而各个击破？但他吃了一次大亏，为之气沮胆丧，加之自信虎头天险，魏军不可撼动，故而唯求保守黄羊了。

两军对峙不动，黄羊城平静无事。

西门豹率军来到左虎头，果见其地形极为险恶，正面强攻，简直是徒损人马；东崖偷袭固然不失为良策，但须调动敌之注意力，使其完全不顾东崖，方可保证偷袭成功。声西而击东？这“声西”就得有模有样，令敌信以为真。于是，他挥军正面佯攻，摇旗呐喊，鼓噪冲锋，却是小心翼翼，并不蛮攻，一见山上礌石滚下，将士皆藏身巨石之后；敌滚石一歇，重又呐喊冲锋。饶是如此，山上的滚石何等威猛，魏军也有不小伤亡，但攻击不息。

在绝壁百丈的西崖下，数千名魏军一人持铁钎，一人抡铁锤，凿崖壁栽木桩，两根木桩上铺以木板，人站在木板上，又向上打眼栽桩铺木板……哦，魏军是在架天梯呢。绝壁太陡峭，上面的中山军无法详查下面的情形，更无法实施打击。但他们相信，如此架天梯，只怕一年半载也架不上崖顶呢，此必魏军扰乱己方注意力之计，目的在为正面攻击分散压力，可以不予理睬。然而，一连半月，魏军白日黑夜凿崖不止，丁丁当当的响声离崖顶渐渐逼近，半夜里，那响声更如敲击在防军的心头。山上的防军终于心里发毛了：看样子，魏军真要在西崖架天梯攀登呢。中山军哪里想到，西门豹已学得了“石炮”之法，他不是在架天梯，而是在架设一座安放“炮架”的平台。平台架好了，十付桔槔耸立起来，“炮弹”也运了上来，正等待最佳时机向上开炮呢。虎头上的敌将虽不明所以，却也不敢掉以轻心了，思将西崖作为防守的重点。但防军仅只有一万兵力，又不敢大撤正面的防守力量，见东崖平静无事，料魏军视东崖为绝路，弃而不顾，于是撤了防守东崖的兵力去加强西崖。

中山军守东崖的参将倒很有些头脑，奉令撤离时，不仅将旗帜高插不动，反而又增插了许多旗帜，以作疑兵之计。但西门豹是什么人？见东崖增添了旗帜，立时眉开眼笑了：“东崖使疑兵之计，防守空矣。”于是他一声令下，悬在西崖半腰的十付“大炮”突然开火了，十块巨大的岩石飞上了崖顶。崖顶上三四千守军，挤得密密匝匝，一块大石即可砸死二三人，十块大石，当下砸死一大片。中山人文化科技十分落后，哪明白大石何以自天而降，登时吓得傻了，竟趴伏在地一动也不敢动。守军不动，“炮弹”更大逞威风，接二连三飞上去，守军百多人尽作了肉酱，这才看清大石来自崖下。天哪，这是什么鬼怪邪魔，居然飞上来吃人？三千多守军吓得哭叫起来，没命地向坡下溃逃。守军一逃，魏军的石炮停止了，几十名勇士抛起飞爪，抓住岩石和小树，嗖嗖嗖攀上了崖顶，再扔下绳索，数千人迅速地占领了西崖。

西崖打炮之时，东崖魏军也以三千矫健壮士，攀石登壁，攻了上去，后续大部队随之源源而上……东西崖犹如两只虎耳，比虎头地势还稍高。魏军由虎耳向虎头夹击，尽占地利优势，何况魏军五六倍于敌，虎头的守军很快被歼灭了。

翟角来到右虎头，却采用“瞎子探路”的方式，左敲敲，右磕磕，东一榔头，西一棒子地不停发动攻击。攻势虽猛，遇阻即退。这种战术似乎很凌乱，但也使中山军摸不清他要选何处作为突破口，故而也四面提防，不敢有丝毫大意。

厥存茂要的就是这个效果，他明白此战胜负系于火攻，敌军未事先伐倒漫山弥望、高可齐人的蓁蓁荒草和成簇成片的灌木丛，足见其将领无能（按：中山军长于剽掠性质的流动游击，不善于两军对垒的阵地战）。但须防敌将醒过梦来，砍倒草木，这火攻之计就泡了汤。立即施以火攻？敌见火起，也立即动手砍倒周围的草木，你的火只能使敌人惊乱一场，起不了大作用。只有不停地进攻，使敌军不得喘息，无暇顾及它事。好在魏军兵多将广，分作两拨，轮番攻击，昼夜鼓噪，中山军不足万人，只得全力以赴防守。

如此连攻十日，魏军固已疲惫，中山军更是累得人皆东倒西歪，有的士兵立着就打起盹来。中山军习惯于来如风去如电的闪击战，这种苦熬死守，实在太苦太累了，有的士兵恨不得扔下这鬼地方，给他娘的杀到魏国去，狠杀大掠一场，以消这胸中恶气，只是迫于军令，不得不坚守。

翟角也同样很着急很烦躁。毕竟是仰攻险隘，给陡崖峭壁上敌军的礌石箭雨打下来，部队的损伤较严重，将士们的体力损耗太大，再这么攻下去行吗？风，怎么不起风呢？九月艳阳天，可这已到九月末了，天一直响晴响晴的，既无风，连阴霾也不起，这种天气要持续多久呢？可他又安慰自己：己军损伤较重，敌军的伤亡也不轻，其体力损耗和精神压力一定更大。咬紧牙进攻，等待天时吧。天有不测风云，说不定突兀就会起风呢。

到第十二日，天果然阴沉下来，很快黑云压顶，并刮起了嗖嗖西南风。厥存茂好恨哪，盼了多日，盼来的却是西南风，无所助益呀！他这一恨不要紧，竟连西南风也停息了。厥存茂只气得直翻白眼。他不能再等待西北风了，再等下去，自己的士气也要给拖垮的。他决定今晚不惜一切代价强攻夺隘。

天黑下来，他部署好部队，刚要下令强攻，突然起了习习西北风，转瞬间风力加大，随之呼呼啸叫起来。太巧太妙了，这可真叫老天相助啊！还等什么？千百支火把呼啦啦投向莎草带。这莎草三四尺高，茂密如毡，逢深秋久旱，已将干枯，见火即燃，遇大风则燃烧如火龙飞奔，遍山的荒草灌木，霎时全被点燃，借着风力，翻卷起燎天的火浪……魏军随火浪攻上虎头，虎头上的敌军已逃的无影了。

翟角夺了右虎头，好不得意，遣军去助西门豹攻打左虎头。等他的援军赶到时，始知西门豹已在先一天攻占了左虎头。

两位先锋各留少量兵力控制住虎头，率大军去与元帅会和，发动了对黄羊城的攻坚。

第六十二章

围城打援“榨膏油”

中山国的国土较小，南部和中部尽是大山，北部才有少量平原。黄羊城位于南部，是南部和中部的政治、经济、文化、军事中心，号称“南都”，与“北都”灵寿并为中山“二都”。“二都”之外，除北部还有几座小城，其余尽是“寨”、“堡”、“墟”之类的小城堡小据点，它们大都十分险峻，其居民隶属于各寨主、堡主、墟主，亦兵亦民，各成体系，皆有一定的战斗力。魏军进攻中山，极头疼地势险恶，中山军集团作战不行，分散游击却是其强项，其若分散据守险隘，魏军纵有二三十万，也不敢冒险深入……逞强冒进，前路被阻，后路被小城堡小据点的兵力截断，粮草被卡，魏军则临绝地矣。为此，乐羊不急于攻拔黄羊城，他要借“南都”和“驸马”……中山武公宝爱幼女，幼女之夫龚凡自然也是宝贝疙瘩……为钓饵，钓中山国源源不断添兵来救，令其集团来战，弃长取短，便于魏军大量歼灭其有生力量。待其兵力消耗殆尽，纵有再多的天险，还有什么用处？

黄羊城位于川道中，东西两面大山壁立，北面虽无大山，但川道狭窄，最窄处仅只三里宽阔，且地势起伏，沟壑纵横，魏军副先锋厥存茂以七千兵力扼住要隘，中山国的三四万援军，竟是冲不过封锁。这厥存茂好生了得，其智谋不弱西门豹，他凭借地利拒敌，游刃有余，不仅使敌难越雷池，而且常于夜间鼓噪呐喊作踹营突袭之势，令敌夜不得眠；中山军以为他只会虚张声势而麻痹时，他却突然率精锐杀入敌营。中山国的军队，除了国君的扈从和禁卫军外，其余都属亦兵亦民性质，有战事为兵，无战事则为民（其他各诸侯国也大体如此，只程度轻重不同而已；唯魏国有较多的专职军人。后来吴起缔造“魏武卒”，始为军人专业化之先河）。这样的军队，平时训练少，纪律松懈，更加之多年进行的都是打劫抢掠式的游击偷袭战，打不赢就跑，形势不利就分散躲藏，基本不懂大规模的阵地战，犹不擅夜间的警戒防卫；

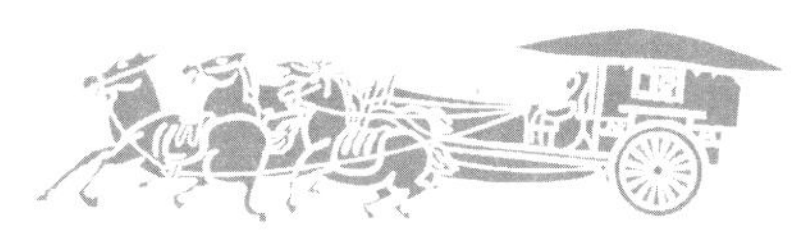

翟角的夜袭队却是训练有素的精兵，摸岗哨、打斥候[①]很有经验，他们很轻松地就杀进了呼噜声大作的敌营，大剁酣梦者的人头……余敌惊醒，找不到武器，唯窜逃呼叫，死的好一个惨。整个中山军全营犹如天翻地覆了。待敌人从惊恐中清醒过来，整军来围攻时，他们已倏忽撤走了……

这么几番夜袭，中山军已疲困难支。厥存茂观察敌势可乘，乃通知主帅乐羊，于是，围城的浩荡魏军突然撤围打援，犹如狂风暴雨袭击瓦坯，“瓦坯”轰然崩塌而碎裂为烂泥了……黄羊城的龚凡刚醒过梦来，城又给魏军围住了。

如此，魏军连歼了三批来救黄羊的援军，中山国已损折兵力十万有余。

中山武公大惊，急召群臣商议对策。群臣皆主张再发大军解黄羊之围，武公从之，令大将窦虎儿率京城卫戍部队二万，又征调各寨`堡`墟“民军”六万，杀奔黄羊。

解职在家闲居的乐舒闻之，急托人递上奏章说：“我中山所可凭借者，地形之险也。今敌既得左右虎头，围黄羊而扼其要冲，是反客为主得我地利也。我往救黄羊，必自取败衄……试思‘民军’，各守其地则威猛有余，聚合战阵则散乱无力，岂足以抵敌魏军？臣观乐羊奸谋，似在诱我救黄羊而次第剪我实力，此计恶毒之极。此前三救黄羊，已损兵十万，实为用‘添油战术’，是自耗膏油也。今若再救再败，我力薄势危矣。战之胜负，不在一城之得失，重在保存实力。莫若放弃黄羊，严令各寨、堡、墟勒兵自守，作魏军之牵绊。寨、堡、墟兵力不损，魏军岂敢冒险深入？如此，僵持之势成矣。僵持时日一久，魏军师老兵疲，尤苦于粮草供给之难，唯撤退一途。我趁势大反击，乐羊铩羽败逃而已矣。”

要说这乐舒，智略、坚毅酷似其父，而性情极刚直且自负，同僚大多疾忌之。于是，群臣皆指责乐舒妄言误国，绝不可听；龚凡的亲信们，更攻击乐舒欲为乃父作内应，其心歹毒。中山武公虽觉得乐舒之计可行，但不救黄羊，要置我爱婿于死地吗？哼，乐舒疾愤龚凡娶了公主，欲害死龚凡吗？再者，以八万救兵，加上黄羊城龚凡的三万之众，兵力已超过了乐羊许多（……魏军在左右虎头有军守卫着），何须畏敌而弃城？于是，他扔了乐舒的奏章，令窦虎儿急速出兵。

乐舒闻知窦虎儿四救黄羊，跌足长叹说：“君昏臣庸，中山亡无日矣！”有人将其言密报了武公，武公怒极，立命将其锁拿入狱，待黄羊奏捷后再杀之以祭拜天地。

乐羊得知中山又起八万大军来救黄羊，无比喜慰地说：“破灭此援敌，吾可拔黄羊矣。”乃与西门豹、翟角相商议定了破敌之计。

翟角仍是扼住险隘，窦虎儿八万之众，却比前三次的援军前进更困难。

乐舒所料不差，“民军”毕竟不习战阵，不知相互配合支援，不懂利用地形展开兵力，只是挤作一团乱蜂似地冲锋，不仅自己成了魏军的箭靶，还阻碍了正规军的进攻。窦虎儿很愤怒，但若以正规军在前冲锋，这些散兵游勇就会袖手旁观看热闹，保不定还乘机溜之乎也；罢罢罢，虽是驱羊搏犬，终究声势浩大，足以令敌惊恐慌乱。于是，他的正规军就做了督战队，作了“驱羊”的牧人。那些“羊”一窝蜂乱冲，被深沟高垒的魏军打痛了又潮水般后退；被驱再冲，受挫又退，一天下来，死伤极惨重。

“民军”也非傻子，岂甘被当羊驱使而频遭宰杀？何况他们最关心的是自己寨堡墟的安危，如此猛损实力，自家的寨堡墟能不完蛋吗？这日晚上，十几位大寨、大堡、大墟主聚在一起商议，这窦虎儿是拔别人的屌毛安自己的胡子，驱赶我们拼命，他倒稳收渔利，明日再战，须使官军打头阵。

岂料窦虎儿也担心这些寨堡墟主们造乱，派有暗探监视着他们，这里会议的一切，窦虎儿立即知晓了。这窦虎儿乃中山武公的扈从禁卫部队猛将，性情暴烈，闻知这些寨堡墟主们真敢造乱，勃然大怒，立马派兵擒拿了两个最大的寨主，想用打蛇头之法，威压其余乖乖儿地继续就范。但这些民团首领们利害相连，又彼此婚姻沟通，被逮的两位寨主，是好多位寨堡墟主的姐夫妹夫女婿或岳丈，而且，越是自然环境恶劣、生存生活条件艰苦地域的人群，其抱团性和“一家有难，十家相帮”的义气越浓厚。其余的首领们愤怒至极，遂秘密串联，约定黎明时包围窦虎儿的中军帐，抢出被逮的两位大寨主，而后各带武装，撤乎他娘的。

但窦虎儿毕竟是将军，军事素养比民团头领们要高得多，他也做好了防变的准备。各寨堡墟主们刚点起人马，还不及包围他的中军帐，他的一支部队就冲了过来，一面厉声高喝：“敢造乱者，夷灭九族！”一面就动手连杀了十几个团丁。窦虎儿预料，如此一吓，民团头领们就要俯首帖耳了。哪想这一来，却把头领们逼到了死角……已是“造乱”了，窦虎儿不会放过他们了。娘的，造乱就造乱，跟窦虎儿拼了！他们怒吼着，指挥团丁们向官军发起了反击。

官军打仗靠军纪威慑，民团没有军纪，却有各堡寨墟更惨酷的“法律”：

不听首领号令、不拼死保卫堡寨者，轻者剁一只手或割掉睾丸，重者剜眼、剔脚筋、沉水塘、扔蛇窟甚而熬人油点灯。故而民团虽不太会打仗，但猛攻莽冲的凶狠劲儿却超过官军（……与魏军作战并不太凶狠，因为头领并未督责他们死拼），何况受的轻蔑，挤榨、驱役、憋屈等窝囊气正想发泄呢。窦虎儿的弹压部队抵挡不住，被杀死不少，一面急退，一面再调大军来。可民团人数更多，官军一动，所有的民团全都反了，纷纷来围攻官军。官军毕竟训练良好、装备先进，与三倍的民军堪好匹敌，两家杀得尸如乱柴，谁也不敢稍稍松懈。天已平明，两家各自看清了自己人死伤凄惨，怒火更盛，拼杀的更激烈了……

翟角与元帅和西门豹所议定之计，本来就打算不与窦虎儿的官军硬碰硬，却先大量杀伤民团，使民团士气低落并怀疑官军是在出卖他们，待其相互怨恨嫌隙重重时，突然以重兵来绞杀官军，民团必不肯出力相助。一举消灭了窦虎儿的正规军，剿民团则如长竿振黄叶矣。孰料才经一日消磨，敌人就相互怨怒内讧起来了吗？他不敢相信，怕中了窦虎儿的引蛇出洞计；但敌人的拼杀声却越来越凶嚣，简直似天翻地覆了。无假，确是敌军火拼开了！哈哈，计划没有变化快，还等什么？ 他立即派人飞报元帅增兵来援，自己遂率所部近万人马冲杀过去。 民团见魏军杀到，“哄”的一声四散逃开，远远站着“欣赏”魏军来替自己杀官军。

窦虎儿的部队虽也战斗力不弱，但刚与民团打了个七荤八素，损折几千人马不说，将士大都因民团势大而心里发毛，更恼怒主帅指挥无方，激起民团哗变，几千袍泽死得太冤屈；今见魏军杀来，不知是否民团所勾引，登时惊惶的全没了战心。那窦虎儿倒是英勇，飞马来抵住翟角，一杆大刀舞动如飞，竟与翟角战得难解难分；但他的将士，却被魏军追杀得团团逃窜……因外围有民团堵着路，不敢向恶狼靠近躲避老虎……只在有限的范围内打转转，如驴推磨一般……恰好，西门豹又率三万生力军云飞潮涌般杀到，中山军立时陷入没顶之灾。窦虎儿一个惊慌，被翟角一戟勾飞了脸腮上一绺肉，差点儿没栽下马，血流满面冲出重围逃去。四万魏军扫荡一万多溃乱不堪的中山军，直如雨打飞絮……

民团们见魏军大至，知道不妙，急忙撤退要各回寨堡墟，但他们料想魏军旨在歼灭官军，或不与退避的民团为难，加之基本都是步兵，撤退得很缓慢。哪知魏军岂肯放过敌国武装力量？消灭窦虎儿的正规军后，骑兵、车兵疾风般来追杀民团。各寨堡墟主们此时哪还有战心，只求退回老窝自保，竟率先打马逃跑。没了首领的团丁，比饿狼追赶的羊群更慌乱，魏军好一通杀啊，竟消灭了民团三分之二……

窦虎儿带领三四千残兵，逃回灵寿领罪去了。其惨败之烈之速，大大超越了前三次援军。

暂搁下中山之战事，再看西河的战火狼烟。

【注释】

①斥候：有两个意思。一指侦察兵；二指瞭望台之类。：《释名》曰：“五百斛以上还(环)有小屋曰斥候，以视敌进退也。”所谓“斥，度也”，“候，即候望。这里指后者。

第六十三章

迷惑向荣烧油松

吴起回到西河，王城已被秦军围攻四日了，好在王城坚固，宋华沉稳老练，秦军一时无可奈何。听说吴起将军回来了，魏军欢欣鼓舞，士气大振，而秦军则为之一惊，攻势稍懈。

吴起见王城暂无大虞，乃令莫墨玉率精兵五千待机突入城中援助宋华，自率三万军向北挺进，作出进攻元里之势。

秦军元帅穆柯乾，久经沙场，是老谋深算的枭将，魏文侯二十七年（前419年）秦军攻少梁，他以二万兵力，抵魏军六七万之众，竟连败魏军几阵，斩魏军三万多，斩魏大将四员，坚守三个多月。魏军源源继之，而秦之党争日盛不说，又逢关中大旱，赤地千里，百姓饿死者甚多，陇西夷人乘机造乱，雍都受到威胁，哪能派兵来援？他矢尽粮绝，为了所剩的五六千伤残之兵不被歼灭，不得已放弃少梁城。按说，他的战绩是辉煌的，然而，他却因“失地之罪”被逮捕下狱。白益军之惨败，使“公党”、“后党”不敢再恶斗下去了，乃释其罪，令其挂帅东征。他虽在牢狱中，对西河的战事仍极关心，得知了西河连失三城和白益兵败的经过后，心中丝丝直冒凉气：白益乃秦当世冠军将才，竟惨死于党争祸乱中，十七万兵力，如皂角泡之自动破灭啊。这吴起是何恶煞降生，用兵神乎其神不说，阴险奸谋也防不胜防啊！自己若与之对敌，可得万分小心呢。他出狱后，愤怒公后两党之争，坚决不向哪一方靠近，故而两党都对他不冷不热。其实，他忠心而念念不忘的是秦灵公。爱屋及乌，对被废黜而侨居在魏国的公子嬴连极是同情，甚至与下层士绅和普通百姓心灵相通，倘得公子连回国主政，党乱可弭，秦可复兴。“连党案”后，秦人“迎连”之心几乎泯灭，而他反倒激增了君子气概：附炎趋势，追暖避凉，非君子之行也。为之，他在酒后还写下了一副“反动标语”。此次他挂帅反攻西河，本来豪气满怀，但秦简公又给他派了监军戚甲，不由得心里直发冷：这戚甲是什么东西？听说白老将军就是被其栽诬残害的，现在又来监督我，别他妈的再来栽害老子！……所幸，戚甲已在下层将士中名声大臭，不敢再对自己指手画脚，故而自己可大败魏击，攻克庞城。克复庞城后，他留下二万五千兵力镇守之，自率近十四万多人马来围攻王城（他的征讨大军虽号称二十万，实际也不过十七万）。王城守军虽只有二万多，但城池坚固，宋华防守严密，又有二十只可怕的“铜鸭子”相助，攻打的很艰难，短时间内根本无法拔城。获知吴起回了西河，他虽微微一惊，却也探听到吴起兵力仅三万多，乃决计移大军打援，先击溃吴起的援军，再回头来拔城，于是留五万兵力由监军戚甲指挥围城，亲率十万军迎击吴起。

莫墨玉率五千精锐从洛阴出发，趁黑夜走偏僻小道插进距王城十里的一片树林中埋伏起来，待机而动。他深信吴起将军的作战方略极其正确：穆柯乾听到吴起来援王城，必以大军迎向“草帽坝”来打援，而吴将军却撇开“草帽坝”向北挺进，作攻打元里之势，穆柯乾必派军追击吴起救助元里，这又是一个“捣郑助韩”之计。穆柯乾大军一动，自己则可乘机冲进王城，与宋华合兵，则完全不惧秦军猛攻了；吴将军再甩开追兵，突然返回王城来冲击秦军之后，我与宋华从城内杀出，内外夹击，秦军可崩也。

围着王城的戚甲见来军只有几千人，也不放在心上，下令放松围城，先击灭这支“送死鬼”。但不料这六千魏军威不可挡，秦军触之即溃，那莫墨玉更加猛恶异常，舞动大戈，直如劈荆斩棘，转眼间已斩了十数名秦军士卒和两名号称“秦川牛”的勇猛将校，又忽焉东冲，忽焉西突，挡之者不死即伤。秦军中也有在老峪关逃出来的，认得“煞神”莫墨玉，惊叫着纷纷退逃，带动了其余秦军也慌乱奔逃开了。戚甲也认出了“煞神”，惊得心一哆嗦，急令放弃围城，全军围歼“送死鬼”，自己则驱马向后躲藏。秦军见监军躲开了，哪还肯拿命来堵挡“煞神”，竟被莫墨玉的五千人冲杀的乱成一团……

城中的宋华见莫墨玉来援，急率二万军冲出城来接应，内外夹攻，秦军竟四散奔逃。宋华与莫墨玉追杀了一阵，也退回城中，等待着穆柯乾回军来攻。

秦军猛将、年轻而智勇过人的先锋向荣，率军三万五千来追赶吴起。这吴起太狡诈，率军开近“草帽坝”，忽然折身向北进军，似要去攻打元里。元里是太后的家乡，其郡守李奇是个清廉爱民的好官，却只是个书生，根本

不会统兵战守，元里很危险了。穆帅虽明知吴起北袭元里，主要意在调动我军向北以分散围攻王城的兵力，但吴起也会既假又真。你不救元里，其则真攻，若元里有失，不仅穆帅吃罪不起，连自己这个先锋也绝无好果子吃。可你若去救，吴起则可能甩开你突然返回王城，猛击我围城军之后，与城中魏军合力败溃我军……穆帅也不愧智勇名将，当机立断：率大军回王城全力围攻，令自己率三万五千军尾追吴起，其欲掉头返回则阻截痛击，其若攻打元里，则击其背而大破之。只是，吴起精灵鬼怪，须谨防被其伏击。

由“草帽坝”去元里有近百里，向荣远远尾随着吴起军后队，一路进军小心翼翼，每过险狭之处，必先以少量兵力搜索之后才通过。吴起军行动并不果敢迅猛，前进二十里就要停顿休息一阵。向荣暗自笑了，传闻的吴起神乎其神，实际也不过如此嘛……部队行动拖沓，将士吃苦耐劳性和体力均不足，可见吴起练兵、治军平庸，这样的部队能有多大战斗力？好，我只远远尾追着你，不使你发现，待你围住元里攻打之时，我突兀从你背后杀到，杀你一个冷不防，哈哈，你吴起纵不吹灯拔蜡，也该黯然退出西河了！

如此追有六十多里，天色已近黄昏，行到三叉路口，却不见了吴军踪影，前锋来请示行或止并定夺走那条道。向荣稍惊：吴军忽然隐没，必有两种可能，一种是突然飞速前进，如猛虎奋扑元里；另一种可能则是吴起已觉察了身后有大军尾追，欲先斩断“尾巴”而后攻城。这两种局势都对自己极不利：止军不进，万一吴起半夜时扑到城下，元里的守军正在甜梦中，城危哉乎！而不趁天未黑穿过铁笼峡或油松谷，夜幕拉下，这两处险地就无法通过了。自己来救元里而畏葸不进致使城破，不说朝廷，监军戚甲也会要了自己的命……但此时穿越险地，吴起很可能会伏击于我。此去有油松谷、铁笼峡二路通往元里，走铁笼峡迂绕又很艰险，倘中伏击，将损失凄惨；油松谷之道看似平易，其实危险更大，若被敌塞住两面谷口，纵火烧林，那将不堪设想……但吴起料我更畏惧油松谷，会选择走铁笼峡，必在铁笼峡给我设伏。“兵行险道”往往是出敌意外的致胜法门，我走油松谷，必出吴起意外。但万一……？他记起了穆帅的叮嘱，立即派出两小队骑兵分道向前侦查。有时，侦察兵回来报告：油松谷口发现十几名健壮的樵夫，见了部队惊慌逃跑进谷中去了，行动蹊跷；又发现许多较新鲜的马粪和几只魏军丢弃的破靴子，似乎魏军刚过去不久。而进入铁笼峡的路上，静悄悄的阒无声息。

向荣呵呵一笑：“取道油松谷前进！”

众将疑问道：“油松谷口大有异常，铁笼峡之路平静无异，怎么反要走油松谷？”芗荣不无得意地大笑道：“此为吴起的小伎俩，所谓‘驱鼠进笼’而已。试想，油松谷口哪得许多樵夫聚集一起？分明是魏军假扮嘛。至于新鲜马粪，若有大军通过，马粪岂不被踩踏的混与泥土了？未被踩踏的新鲜马粪，只能是有意留下的。丢几只破靴子，更是故弄玄虚。吴起若要在油松谷设伏，怎肯将明显的破绽暴露于我？其用疑兵之计吓阻我，是想诱我进铁笼峡受其伏击嘛。哈哈，这吴起之狡诈确乎非常，然而本将军熟读兵书，此类小伎俩怎可瞒我？”众将士皆钦服有加。

大军行至油松谷口，如血的残阳已将要沉下西山巅，向荣急于借残辉走出谷去，命令全速猛进。三军加快了步伐，如滚滚的洪流冲入谷中。

“洪流”刚一入谷，谷口边的荒草乱石却簌簌耸动，两千名魏军挺身跃起，手脚健捷地搬起石头树干堵塞谷口，眨眼间，近十丈宽的谷口给堵了个严严实实。

秦军的后队听见了动静，慌忙撤人马来抢夺、控制谷口，却哪里来得及？谷口已耸起了峭壁，与两边的山峰衔接合拢成一体了。秦军大惊，登时“瞎了（坏了）”、“不得了啦”地乱叫起来。

叫声一起，犹如赛场上响了发令枪，谷两边的高山上，突然爆发出震得群山呼应沟壑嗡嗡的战鼓声和喊杀声，随之，数万魏军闪现出来，密密麻麻排布满了谷两边的所有山头。这些魏军并不向下冲杀，只是向山下投掷火把、发射火箭。

油松谷人迹罕至，谷中的落叶堆积有三四寸厚，魏军又在落叶上铺了厚厚的干草，并用所携带的十几具雷霆所制的“铜鸭子”，给油松的树叶树干上喷射了一层棉籽油。喷了油的油松叶立即燃烧起来，加之干草助燃，这火立即烧的蓬蓬勃勃；那浓密的油松虽然郁郁葱葱、青翠欲滴，但遍身富含油脂，何况更有明油作媒介，大火一舔即燃。刹那间，十几里山谷黑烟弥漫，烈焰蔽天，火头冲腾起来，比山峰还高。谷之底，更有熊熊炽炽焚坚石，赫赫烈烈熔铜铁之火势，又加之烟呛热炙，简直已成火炉烤箱了。这场大火，只可借中唐大才子韩愈的诗句来描摹……

天跳地踔颠乾坤，赫赫上照穷崖垠，截然高周烧四垣，神焦鬼烂无逃门。三光驰隳不复暾，虎熊麋猪逮猴猿，水龙鼍龟鱼与鼋，鸦鸱雕鹰雉鹄鹍，燖炰煨爊孰飞奔，祝融告休酌卑尊……

吴起的三万魏军，团团围定这火炉烤箱，对于逃逸出烈火的“猎物”，只需补上一阵乱石乱箭，即可欣欣然观看“四万猎物火海挣命”的壮丽画图，但看着看着，他们的心渐渐地沉重起来，悲悯起来，惊悚凄惨起来：这火太残酷太恶毒了啊，三万多秦军，除极少数逃上山来当了俘虏，无不惨死在烈火中，其惨状虽还未见，但那刺鼻恶心的焦糊味和尸臭味，已像有形之物似地笼罩住了这十几里天地……

将近一个时辰，火焰才渐渐平息，谷中唯见暗红的火烬……有的士兵不禁悄悄垂泣，连吴起也有点黯然神伤，他想起曾申老夫子曾告诫过自己“制侵凌足矣，勿多杀伤”，战争杀敌虽是不得已，但这场火，还有小尾河之火，毕竟太残酷了，它悖离儒家之“仁”，也有伤天道啊……刚想到这里，他却忽然一阵心绞痛，随之天旋地转，竟咕咚从马上摔下地，双目紧闭，脸色煞白，一时不省人事了。众将领大惊失色，拥之呼医急救。医生还在诊脉，他却又醒转过来，并且心绞痛和眩晕已失。他推开大夫，对将领们笑笑说：“没什么，偶发眩症罢了，诸君勿惊。”可他心中却在惊疑，自己从未有过这症候，莫非是杀戮太残酷，上天震怒而示警自己吗？！

吴起率军返回王城，不待与穆柯乾大战。穆柯乾却已做了另一个白益。

第六十四章

讥政招祸穆柯乾

穆柯乾是中了北门斗的“暗箭”。

雍城里早有许多魏国间谍，他们或作小商贩夫或充当富豪家的门丁佣人，却在为大魏刺探各种情报。穆柯乾家就有一个作家丁的间谍。

北门斗来到雍城，召见了这个间谍，获得了有用信息，立即将目标盯在穆家的管家身上。

穆家的管家马禄儿，却是那个在鲁诓了吴起玉佩的马牛儿。他被赵国强盗 “放生”后逃到秦国，辗转来到雍都，随后到穆府当了家丁。当时，穆柯乾和两个儿子都在狱中，府中由夫人主事。马禄儿伶俐乖巧，很得夫人喜欢，竟被擢拔为管家。夫人忧心丈夫和儿子，渐渐重病卧床，两位少夫人不谙家务，又要照料婆婆，遂将府中事务尽交给管家打理。但这个马禄儿，近来却为一事焦躁不安，常去街上挂摊卜卦算命。

原来，，穆柯乾有三个儿子，长子次子都在朝为官。三儿幼时患“急惊风”症，虽保住了命，却成了半傻子，十三四岁了还在吃鼻涕、与几岁的孩子耍尿泥，但豪门世家子，仍娶了个漂亮媳妇。傻子吃饭穿衣尚需人照料，哪里会“经营”媳妇？婚后两年，媳妇犹是处子。马禄儿成为穆府的“多半个主子”后，竟与守活寡的三奶奶翠儿勾搭成奸。一次，两人正在欢愉，却给“傻丈夫”撞见了，二人大惊，竟哄着“傻丈夫”喝下“蜜糖水”，不仅第二天就哑了，而且随后病倒，半年后慢慢病死了。偏偏“傻丈夫”一死，翠儿却有了身孕。穆柯乾出征后，翠儿的身孕逐渐有点显眼了，马禄儿大惊，如果被老夫人察觉破绽，自己可就不得好死了。拐带翠儿出逃？不行，穆家的亲友故交极多，能逃到哪里去？他相信“神灵指路”，几次卜卦算命，瞎子先生们的话总是牛头不对马尾，使他更加又愁又怕。

这日，他来到一位四五十岁、神清气朗的明眼先生的挂摊前，递上卦金，

先生微笑着让他抽一签。他默默祷告后抽出一签，却见签上写着一句话：“炎天夺手爱不成。”这是什么意思？是说自己与翠儿的关系要要结束了？可“炎天夺手”怎么分解？他不得要领，乃请先生解说。

这先生瞅瞅签文，淡淡地说：“此何难解？寓一字也。‘炎天’者，‘夏’也。‘爱’字被‘夏’夺走上面一‘爪’，是为一‘憂’字也。阁下之问卜，欲去忧也。”

马禄儿在手心写出“愛”、“憂”二字一琢磨，确与先生的解说相吻合，不禁肃然敬服起来，深施一礼说：“先生由签文解成一字，此字正合在下心事，真是卜卦如神哪，在下还请先生……”但先生却摆摆手截断他说下去，既卖弄又似恭维讨好道：“由签文而解字，由解字而察祸福，寻常之测卜也，不足称能；老夫敢夸耀者，乃粗通桑田桑家神相之术也。譬如阁下，未曾开口，老夫已察知阁下非粗鄙下流之辈，最不济，亦为暂屈身为高门大户之管事者，且即将踏入大富贵也。”

马禄尔一惊，“桑田桑家”名声震天下，简直就是上天派下来拨人迷津、救人苦难、点化人攀登天梯的神圣。现在这位先生，竟得桑家神相真传？不信？人家可早就看破了自己的身份，并由签文勘破了压在自己心头的“忧”呢！相信？自己终究只是个家奴，何来大富贵？

先生见他迟疑彷徨，却忽地变作冷肃了：“福兮祸兮，既相悖亦相倚，变化流转不息，而如何变化流转，往往亦在人一念之间耳。阁下虽有富贵相，然而‘一念’把不定，不仅富贵飞去，还将大祸临头呢。”

马禄尔心中震动，但知道算命者总是既说好又说坏引诱人“上钩”，乃故作轻松地一笑反驳道：“先生差矣！马某奉公守善，未忤家法，大祸从何而来？”

这位算命先生，其实正是北门斗。马禄儿的色厉内荏以及口称“马某”、“未忤家法”，将一切秘密都暴露了，北门斗立时变得冷峻严厉了：“阁下敢称‘未忤家法’，岂不自欺欺人？老夫正告你：汝不守善而败毁家法，欠下了一条性命，冤魂将要向你索命，那‘一身二命’之人也不得好死。”

马禄儿霎时如五雷轰顶了，这“冤魂”不就指的“傻丈夫”吗？这“一身二命”不就是翠儿吗？天哪，这位神相竟能洞察一切？……他脸色煞白，冷汗津津，噗通跪倒，声音发颤了：“神相既知一切，还望垂怜，救在下一命。”说罢捧上一大把金钱，又咚咚地叩头。

北门斗却抚摸着金钱，面露喜色，并不说话，直待马禄尔搜尽身上的钱物捧送过来，这才慢条斯理地说：“感汝至诚，老夫教你一法：能救足下者，足下自己也。”

马禄尔愣了愣，惶惑地问：“小子愚钝，不得要领。请先生详细教我。”北门斗瞅瞅四下已无人，这才微笑着压低声音说：“足下聪明过人，何须老夫细言？汝与翠儿之情缘，起自穆柯乾在缧绁中，今若设法送其再入囹圄，则汝不仅性命无忧、情缘可续，还可得大福贵，并与翠儿做成长久夫妻呢。”

马禄尔惊疑道：“可是，我、我怎能送其再入……？”北门斗假作沉思片刻才说：“穆柯乾怀念灵公，心追公子连，不肯介入两党之争，而且每有怨怼讥斥党争之言论，今若能得其罪证举报之，其死必矣。”

一语惊醒梦中人，马禄尔豁然想起了穆柯乾的“反标”罪证。原来，穆柯乾荣任东征之帅，亲朋故旧纷纷来庆贺。酒宴上，文官武将们皆向他敬酒并极尽阿谀赞颂之词，但他对那些肉麻而又不甚得体的颂词无不皱眉苦笑，有时还摆手制止。却有一位歌妓，一手筝弹得极妙，时而雄浑劲烈，时而婉转轻柔，时如万马奔腾，时如雏凤清鸣，且弹且唱道：

六月棲棲，戎车既饬。四牡骙骙，载是常服。猃狁孔炽，我是用急。王于出征，以匡王国。

比物四骊，闲之维则。维此六月，既成我服。我服既成，于三十里。王于出征，以佐天子。

……

穆柯乾大喜，赏赐了歌妓，却又感叹说：满座的文官武将，竟无一人及得上歌妓的胸怀情操和学识。他也喝多了，回到家中，联想起时局……此前关中西北部发生地震，百姓死伤甚众。太史奏说，此是天地阴阳失和，须简公与牟太后（灵公遗孀）同时设坛祭奠天地。本来，按常礼，简公率文武大臣祭天、太后率后宫眷属祭地即可，但简公为察看后党实力，却下令文武大臣亦可随太后祭地。这一下热闹了，二坛并立，两宫并祭，公后两党阵线分明地对垒了。公党阵营虽人数众多，却少清望有声誉之士，其祭奠仪式，也显得大而化之缺少生气；后党阵营人数虽少，却多是灵公简拔起来的才望清流，其祭奠仪式搞得肃穆、隆重、有声有色，使公党之祭相形见绌。此祭之后，朝野浮躁起“阳盛”或“阴盛”的猜测和争议，简公为之极恼怒而恐惧，对“谣言邪说谤议朝政”者大加逮捕甚至秘密诛戮，更使得举国动荡不宁。……

于是他带着醉意在一幅绢帛上挥笔写下了心中的感慨：“牡不及牝”[①]，随之掷笔酣睡去了。马禄尔见字大惊：若有人拿此字幅去向公党告密，家主祸不可测矣。为救家主，他将这字幅悄悄藏了起来。穆柯乾酒醒后，已茫然忘记此事了。

以“反标”举报家主，似乎太卑鄙歹毒了，可是，为了自身的“三条性命”，马禄儿终于“无毒不丈夫”了。

北门斗听了“字幅罪证”的详情，大喜过望，嘱马禄尔立即去向公党告密。

穆柯乾由“草帽坝”率军返回王城，见戚甲竟被二万多魏军打得四散溃逃，只气得捶胸顿足，但他知道只要向荣缠住吴起，自己终必攻克王城。于是他招聚拢败散的五万人马，一番鼓舞士气，再调整兵力，组织起四五千“敢死队”，重新来围城攻打，决心三日夺城。他猛攻了二日，果然使城上险情连连。第三日，他刚要亲自做敢死队冲锋，京中的一千御林军手捧简公敕诏来了，宣读完敕诏，御林军一拥而上，锁拿了穆柯乾打入槛车，呼隆隆回京去了。部队又由监军戚甲统帅。

戚甲刚要再发动攻城，吴起却率三万猛虎恶狼回来了。老峪关之战，戚甲差点儿被魏军追上，一见吴起返来，料知向荣必遭惨败，更是胆战魂惊，竟又率先退走。樊贵和莫墨玉如蛟龙出海，杀向秦军斩瓜切腐……秦军因元帅遭祸，本已军心摇动，又见戚甲率先退逃，谁还肯与猛虎恶狼拼斗，也纷纷溃逃。城内城外六万魏军，追杀十余万秦军，竟又是猛犬追兔一般……

吴起又大败秦军二十万（虽然多半功劳应归于北门斗、李悝），吓得郑城、武城的秦军惊恐万状，每日只两个时辰允许城内外百姓和工商出入，其余时间则城门紧闭，夜间更加强巡逻戍守，城外有狗吠鸦鸣，则官兵惊悚，合城人心惶惶。

吴起知道秦之“征讨”再遭大败，加之齐楚威压秦国，使秦军暂时无力再向西河反扑；齐鲁打得激烈，齐国“虫吃鸟”大戏已快到见分晓阶段，田庄子必不肯于此时激怒魏国；赵国用兵于北，顾不得给魏找麻烦；韩国得魏之奥援，如饿瘪的虱子喝饱了血而又变得肚皮滚圆红亮，正感魏恩，暂不会以魏为壑……“国际形势”大好，他决计趁机攻取秦在西河的又一座城池，所谓的“富城”赫阳。他不先打以文弱书生守卫的元里而选赫阳，因为打探得这赫阳守将极是残暴害民，竟生起为“老秦人”除害的念头。

他能否“除害”暂且搁下，再来看乐羊伐中山的进展。

【注释】

①牡不及牝：牡指男人，牝指女人。

第六十五章

克乐县而围灵寿

且说龚凡得知窦虎儿的八万援军，不到两天就给魏军卷席似的收拾了，又惊又气。惊的是乐羊及其两个先锋太厉害了，围城紧如铁桶，打援更如切豆腐。气的是国君不能知人善任，那窦虎儿性情暴躁，一勇之夫，怎能将八万乱糟糟的武装力量交其统帅，这不是由恶虎统帅群犬吗？群犬担心被恶虎吞噬，怎还顾得围猎？主公面前已没有正直有见识的贤能之臣阻止此昏招，可悲哀呀。或者那乐舒会反对恶虎为帅，但主公会听他的吗？凭良心说，乐舒的确应算我中山难得的人才，但其人傲主公而轻同僚，谁受的了？更与自己势同水火，自己又怎能容他再得势？唉，形势严峻，自己只能竭忠尽力了。

赵国趁乐羊伐中山、中山国自顾不暇之机，全力北进，连连得手，斩杀了数万白狄、猃狁部落的“民军”（……亦民亦军），将领土向北推进了上数十里，正要最后完全吞并代地。赵献子虽说向北得利，但统观全局，却甚悔“陷魏于烂泥潭”之计。谁料到烂泥潭根本没有陷住乐羊，倒被乐羊围住黄羊城攻打，中山国派军增援，反让魏军扼住险要痛打援军，使几路援军来时气势汹汹，去时大折兵将、狼狈不堪。乐羊的战法高明呀，避开了与中山人在险恶的山地角逐，却分而歼之，大量消耗中山军的有生力量，中山人不知是计，仍在苦苦争夺黄羊。如此下去，中山国兵力损耗殆尽，岂能不被乐羊最终吞灭？魏灭了中山，国势大增，又得了赵之智地，严重迫压赵国，赵再难向中原争强了。魏既向我渗透威压，我何不也向邺地（这邺地原属于赵魏两家有争议的领土，魏日益势强后，遂毫不客气地吞并了）渗透并蚕食，使其不得安宁，必要时一举侵占邺地，也足以成为楔入魏国的一颗钉子。再者，更需暗助中山，使其拖垮乐羊。乐舒为中山第一智能之将，若得其复出，似可成乐羊劲敌……

于是，赵国的小批部队以捕盗为名，侵入邺地，占据关津，掳掠人口，抢夺牛羊财物。邺地官吏告急到安邑，魏文侯不肯在此时与赵国撕破脸皮，只命令官吏小心守备，不必追究责任和是非。哪知魏国的一批大商人，对此前几十名盐商死于赵而不了了之已愤愤不平，今见赵又挑衅滋事侵占邺地，更群情激奋，乃鼓动、连结许多小商人和“爱国情结”浓厚的读书人，向朝廷上《我大魏不容欺》的“万民书”，慷慨激昂，坚决要求惩罚赵军的侵略行径，还表示愿意为国捐助钱粮打仗，教训恶赵，一扬魏人雄风豪气。这一来事情变得复杂了，因为这是民情民意，是魏国赖以强大繁荣的极宝贵的民族感情啊。全国上下为之激动，一致要求与赵开战，甚至连翟璜、魏成、任座、北门斗也被这股情绪裹挟，也主张敲打赵国，使之不敢再破坏三晋联盟。唯有田子方、段干木与李悝以为不可，田、段二人非朝廷臣子，意思表达了则止，李悝却态度坚定，言辞激烈：“似此，则正好毁败了三晋联盟。赵之寻衅，固然可恨，而我借小题而大作，岂不更加无理？三晋联盟是我魏之基本方略，切切不可自毁。今若对赵动武，赵即为仇矣，伐中山必将失败，且韩见我无情于赵，亦惊恐疑惧而与我为敌焉。三晋联盟瓦解，我内忧顿生，宁有力西进南谋乎？某以为，小不忍则乱大谋，为顾全大策略，不妨做些妥协让步，使赵国翻不得脸，则三晋联盟不致破坏，魏舍小利而得大惠焉。”

文候赞其为卓识远见，喜而从之，令邺地官吏守军回避赵军，只据理“抗议”之、斥责之。赵国再无口实扩大事态了，不便明目张胆侵夺邺地，遂使军队赖着不撤，邺地遂又成为魏赵两属之区。

赵献子又心生一计，欲迫使中山武公起用多谋善战的乐舒，以使“烂泥潭”发挥应有的作用，乃派使臣秘密进入中山国，觐见中山武公，称赵人深恨乐舒，愿用边境十里之地换取乐舒。武公心知肚明，乐舒为赵军忌恨又害怕之人，所谓用十里之地换之，不过是袭用秦穆公得“五羖大夫”[①]之故伎（注），实为用之为赵将。有能耐之人，岂可纵之资敌，赵献子欺我无知之至耶？他对赵使狡猾地一笑说：“请回复赵君，欲得乐舒，五羖之皮不成，五万羖皮可成交。”赵使走后，武公即欲起复乐舒为将，朝臣却大多反对，皆言乐舒狠戾如豺狼，今已与君成仇，决不可复用。更有龚凡一党进谗说：赵人激主上复用乐舒，或者是乐羊之计呢。武公终究对乐舒勾结其父疑信参半，犹豫一番后，只恢复了乐舒将军之职，却不让其领兵，而且着人“看护”，使其行动不得自专。

赵献子见中山武公自毁栋梁，知其必亡，乃息了暗中资助中山之意，也

停止了与魏龃龉之态。

那乐舒却是忠心事主却屡被唾面掴脸而神色不变，此时又向向中山君献谋：不可与魏军再争一城一地得失，可令其深入，我军借地利疲困之，魏军绝难长久支持，其败终是定局。龚凡之党羽譛之说：乐舒嫉恨龚凡，欲置其死地。武公又生疑心，不用乐舒之计，继续派军救援黄羊，但道路凶险，魏军反占了地利，援军几乎都是惨败逃回……

乐羊知黄羊城兵力还强，急切难下，须围城困敌，使其困顿不堪再拔之。为从心理上先击垮守军，他令将黄羊城改名“乐县”，又令将士们一边攻打，一边高呼：“拔掉乐县，扫平中山。”黄羊城守军初时不知“乐县”何指，后来明白了，乐羊已将黄羊城更名为乐县，分明是当成魏国的领土了，军心于是更为惶恐。

乐舒闻知魏军的攻心口号，不忧反喜，献计中山武公说：“急令人入魏散布流言……”武公亦大喜，依计而行。几日后，安邑城里流言纷起，直达魏文侯耳中：“乐羊已将中山黄羊城更名为乐县了。‘乐’（le）者，‘乐’（yue）也，以县姓乐（yue），乐羊有不臣之心矣。”

文侯又惊又恼，也不与智囊们商议，径派人去乐羊军中宣旨:“卿既奏双捷，寡人深喜慰。然围黄羊急切难下，恐师老兵疲，反损军威。今中山已胆寒，而吴起离开河西，秦军攻势增强，宋华已难抵挡，将军可移师向西，救助宋华！”李悝、翟璜等人知之，急见文侯，怨文侯中了中山人奸计。文侯亦醒悟，悔无及矣。

乐羊接旨后却抗命不遵，回书奏道：“灭中山夺智地，乃我大战略之生发和凭借，臣与吴起将军早有熟议，绝不能改。臣围黄羊久不下者，非不能下，实为臣之战术也。盖中山地势险恶，彼若分散据险防守，歼敌大不易；今围黄羊而不急取，令彼源源来援，我围城打援，意在损耗其力也。待其兵力损耗大半，吾一鼓而破黄羊，彼险峻虽多，已无力据守矣，唯缩回孤城死守顽抗而已矣。灭中山计日可待，臣不敢奉命移师也。至于西河之事，秦人并不知吴将军离开，不敢大举侵犯也，而吴将军大耀威于郑，助韩目的已达，可令吴起将军速回河西，则风平浪静矣。末将扫平中山，再来助吴将军西向伐秦！再者，此前有谣言中伤臣欲以黄羊姓乐，为回击中伤，恳请君上将黄羊赐为臣之封地。”

魏文侯看了乐羊回奏，又怒又喜。怒的是乐羊竟敢抗拒君命，又黄羊未下，竟要讨为封地，近乎大逆不道了。喜的是乐羊胸有大局，腹有良谋，其言皆中肯綮。他毕竟是英主，心虽怀怒，却不形之于色，反而急派人再去向乐羊宣旨：“‘阃以外将军自专’，寡人不食言也。卿之抗命，忠忱与智略无双。勉之勉之！”至于黄羊作封地之事，绝口不提，乐羊碰个软钉子，自然不敢再提起。

李悝与翟璜、魏成、任座等人极为欣喜：乐羊抗命，大忠似奸，保住了殄灭中山的大好局面啊。围黄羊而大量歼灭敌人实力，这一招太高明了。没有对中山国地理、国力、君臣内情的透彻了解，是不能有此妙策的。乐羊灭中山，必也。田子方、段干木不属臣子（为文侯之师友），他们站在旁观的角度，却看到了事情的另一面：乐羊讨封地之事，显然是其谋略。大将在外手握雄兵，人主怎不疑忌？不去人主之疑，如何能成就大功？其以讨封地之举激怒文侯，实则是反证自己贪的是魏之富贵，毫无不臣之心，主公尽可放心放手！聪明啊上将军！

龚凡虽对总体形势稍有悲观，但对保卫黄羊城仍不失信心。黄羊号称“南都”，的是非同寻常：城高三丈，厚二丈，内砌以方砖，外砌以四棱见方的花岗石块，石与石之间用桐油拌石灰勾缝，斧凿锤击之，只会崩坏斧锤；城上箭楼雉堞密布，防守者借以蔽身，城下箭石难伤，而城上用碗口大的小石抛下去，中人不死即伤。城下有三丈阔、一丈深的护城河，四城吊桥扯起，发射箭石，敌人过护城河就很难，更难进抵城墙下。尤其重要的是，城中弓箭兵器充足，粮草更广，足可支持一年。而再用不了数月，魏军之粮草必然告罄（倘不是缴获了四次援军的辎重，怕是支持不了两月；而赵国并不肯为魏军的后勤供应提供方便，甚至阴加阻碍），乐羊就不得不退兵了。斯时敌成饥疲惊惶之军，我追击之，何愁不大获全胜？

龚凡笃定泰山，要和乐羊打持久战，赌赛粮草，并不求如何打破包围或突出围困，依然督士卒不慌不忙地防守着……开城拼斗，我不是对手，放你来攻城吧，看你的狗牙狼牙老虎牙可能啃动我的石城？他甚至对自己的大战略很得意：不与敌人硬拼，却以黄羊城拴住敌人……敌不得黄羊，绝不敢北进一步……使其消耗于此疲困于此，待其粮尽而退，我将奏赫赫之功，我之縻敌耗敌之战术，亦将为天下范本范式。

但魏军仍不死攻坚城，依旧紧紧围困，浅尝辄止地频频攻击，只令城上守军不得松懈而已。龚凡更得意了：乐羊的本事也不过如此嘛！哼，想用惊扰的手段疲惫我军，择机夜袭强攻？可你枉费心机，我有四万兵力呢，分作两拨轮换防守，疲劳的可就是你魏军了。哈哈，咱们比比谁先累趴下！

两军松松垮垮地攻守了十几日，龚凡忽然发觉出问题了，护城河的水怎么萎缩了两尺多？哎呀不妙，乐羊这老狗竟然查到了注入护城河的水源而截断了吗？护城河水若干枯，城防就失了一层保护壳。果然，河水迅速地萎缩着，五日之后，坦露出了污泥底，又二三日，污泥底干裂如龟甲状了。魏军轻轻松松跨河直薄城根下，加大了进攻力度，但仍是遇挫即退。

龚凡意识到问题的严重性了，城址地势偏高，这护城河不仅是城防的最外层保护壳，更是城中的水源啊，全城百多眼井和大小水塘，靠的就是它的地下渗水呢。没了地下水补充，这井这塘……不出所料，只过了三日，所有的塘池都底朝了天，井水的水位也急剧下跌，又三日后，打上来的只是泥浆水了……

全城有四万驻军，数千匹战马，还有六七万百姓及牲畜，十几万张嘴都要喝水保命啊。军与民发生了争井争水的猛烈冲突，百分之九十的水井为驻军占有，老百姓干渴的失了抗争的力气，甚至发不出悲愤的呼号和咒骂了。部队也严重缺水，开头几天，还能保证每个士兵每天半瓢泥浆水；十天后，减为一大口水；半月后，完全停了水供应，因为能吃上饭就谢天谢地了。士兵们干得嘴唇开裂，嗓子冒烟，想起了喝马尿，但马已渴得僵卧垂死，哪还有尿啊！渴极了的士兵捅死马，俯身喝马血，嘿，甜美无比呀……

龚凡明白此时军心民心动荡的将欲崩溃，乃昼夜亲自巡防，对精神萎靡者鞭打，不尽职守者格杀勿论，勉强维持着防守。

所幸，魏军仍没有倾力攻城，龚凡暗谢神灵保佑。

泥浆水也渐渐打不上来了。渴急了的老百姓涌到官军占有的井口来抢水，被杀死上百人。那喝过马血的士兵，竟扑上死尸，大吮人血；其余士兵见状，也一哄而上搂着死尸饮血解渴。人血既能解渴救命，那还等什么？这晚，成千上万士兵像疯兽闯进百姓家，见人就杀而啜血……勇壮的百姓奋起拼搏，也杀死了几百士兵。次日晚，城中更处处是战场，屠宰场，吸血场，百姓伏尸数千，军人倒毙数百……

魏军却变成了菩萨，不仅停止了攻打，反而在城下摆满了水筲，筲中盛满清莹莹的水，高喊着让中山军出城来喝。当然无法出城，魏军考虑的周详，在城下垛起几十个一丈多高的草垛，从城头跳上草垛，即能下垛来喝水了。看着比琼浆甘露金贵万分的水，中山军无不眼里要滴血了。龚凡大惊，命令射火箭烧毁草垛。魏军却早有准备，立即用密集的箭雨射杀放火箭者，再用几桶水将烧着的草垛浇灭。水的诱惑力太大了，终于有人趁龚凡不在，纵身跳上草垛，翻滚而下，扑向水筲牛饮起来。饮罢精神大振，又向城头呼朋唤伴下来痛饮。城上的人眼睛都直了，心都飞向了水筲，趁长官不注意，纷纷向下纵跳，刹那间，出现了“群蛙跳塘”的景象。龚凡大急大怒，织布梭似的来回奔忙着，亲手斩杀要“跳塘”者，但青蛙太多，他顾此而失彼……到了晚上，他根本无法禁止了，跳塘的青蛙不绝如缕，他自己也累得跑不动了。

一天一夜，一万多青蛙跳塘喝上了水，当然也成了魏军的俘虏。

翌日，龚凡斩了两个震慑“青蛙跳塘”不力的将领，算是稳住了形势，但从士兵到将军，皆连渴带饿(渴得恨不能嚼下舌头润喉咙，有饭也咽不下去)，无不头发晕眼发黑，举步踉跄了。偶尔还有“青蛙跳塘”，但那是将死的青蛙，有的跳不到草垛上，摔死了；有的跳到草垛上，就昏晕过去，魏军灌之以水，才能苏醒过来。

连日响晴，热气熏人，今个儿天阴了下来，却更觉闷热。天越来越阴沉，黑云渐压渐低。龚凡大喜，鼓舞将士们说：“不怕了，天将下大雨，我们得救了！”

乐羊也鼓舞将士们说：“今晚将下大雨，我们破城的机会到了！”

半夜时，果然起了狂风暴雨，雨点儿打得人眼都难睁。几乎已如涸辙之鱼的中山军活过来了，一齐涌出营帐，颓然歪倒在地上，或仰天喝雨水，或伏地吸泥浆，啊，喝足了水，死也值得！城上人也一样趴在砖地上贪婪地舔吸着雨水，谁也顾不了管城下有何动静。

城下的魏军早已憋足了劲，趁着大雨大风，将众多草垛合并成一个，立时堆成一座与城墙等高的大山，数百人攀山直上，一霎时登上了城墙，呐喊着杀向守城军，后面的人如潮如涌，任是铁栅火山也不可阻挡了，何况涸辙之鱼们还刚润了润喉咙，并未缓过起来呢……

龚凡见下了大雨，长舒口气，精神一松弛，顿觉精疲力竭地不可支持了，乃蹒跚回府。此时，他正躺在床上，由女佣给他揉腿捶腰。……突然府外喊杀连天，盖住了风雨声，有人在高吼：“不要多杀士卒，快去活捉龚凡！”一听这中气充沛的洪亮声音，他明白了，这不是士兵哗变，不是百姓造反，

城中之人都要死不活了，吼不出这种声气。魏军杀进城来了，自己的侍卫大概快给杀光啦。罢了，我龚凡不能为中山建功，也决不能为中山丢脸！他忽地推开女佣，抽出床头的短剑，准备与敌拼死以报国，可是，刚要迈步冲出，脚腿一软，竟噗通栽倒于地，浑身似没了一丝儿力气。门外响起了咚咚的脚步声，显然是魏军要冲进屋了，绝不能被俘！他鼓起最后的力量，迅速横过剑来抹了自己脖子……

乐羊围黄羊（……从此已更名为乐县）多半载，蓄势蓄力不强攻，一攻则如风扫残云，雨打落花，半夜出击，不到正午已清扫战场，或抚降或遣散俘虏了。

乐羊留几千兵力守乐县，率大军浩浩荡荡向北挺进，不足一月就扫清了沿途障碍，围住了中山的都城灵寿。

【注释】

①“五羖大夫”：春秋时，百里奚原为虞国大夫，晋献公借道伐虢，灭了虞国和虢国，俘虏了虞君和他的大夫百里傒。晋献公的姐姐出嫁秦缪公夫人时，百里傒被做陪嫁的臣妾家奴之一送到秦国。百里傒逃离秦国跑到宛地，楚国边境的人捉住了他。缪公听说百里傒有才能，本想用重金赎买他，但又担心楚国不给，就派人对楚王说：“我家的陪嫁奴隶百里傒逃到这里，请允许我用五张黑色公羊皮赎回他。”楚国就答应了这笔交易，交出百里傒。这时，百里傒已经七十多岁。缪公与之交谈，大为欣悦，用为上大夫，委以国政。百里奚终于辅佐缪公走上雄霸之路，后人尊之为“五羖大夫”。

第六十六章

更困苦是“富城”人

再来说吴起“除害”。

秦之河西为战略要地，故河西诸城设将军而不设郡守，军事统帅和行政长官一身兼，旨在加强对黄河的控扼并向东挺进，临晋、王城、洛阴莫不如此。赫阳城距黄河三十多里，河水浩瀚，滩涂绵亘无际，芦苇荡波澜壮阔，秦晋隔河相望，谁也难轻易过河侵犯对方。这赫阳地形较平缓，物产甚丰富，亦为“秦川粮仓”之重要一点，且更是人文之胜地，相传，大禹之母，成汤之妃，周文王的母亲太妊，周武王的母亲太姒都生长于斯地。《诗经》第一首诗“关关雎鸠，在河之洲。窈窕淑女，君子好逑”，乃最先唱响于此，而后传播天涯海角的。赫阳既算得河西一颗小明珠，其将军自然亦非寻常之辈。郝长生，倒真个可称秦国官吏将军中的佼佼者。

但郝长生的“佼佼”，不在经国大计、文章奇艺或兴农振商，更不在兵机战略或武勇超人，却在于忠君爱国、“治民”有术。他有着深沉的“爱国情结”，但爱国的最高原则却是忠君，无君何以有国？什么 “民惟邦本，本固邦宁”，全是屁话，是媚民、惑民、危国蔑君的妖言。他甚至还推出了自己的理论：国者，应是人之依托，犹如鱼虾之湖海。民者，鱼虾也；君者，湖海之神祇也。无湖海则无鱼虾，无邦国则无烝民！人民忠君爱国，乃天经地义、万世不易之理。他眼见国家因党争不断，致使经济凋敝，钱粮左支右绌，十分着急，决心为国为君解难分忧。然而他无经国之计富国之策，甚至也无一技之长，靠什么纾国难解君忧呢？“爱国者”自有“国家至上”的法宝：湖海养育了鱼虾，鱼虾亦当在湖海危难时做出贡献和牺牲，此犹如乌鸦反哺报恩也。于是，他在自己的辖境内，用强猛的暴力横征暴敛：重新丈测土地，十亩滩涂或坡地，原来只算五亩平地，他亦作十亩平地征粮纳税；平坦肥地，六亩照十亩征缴；年满十三岁的儿童和傻呆残疾者，亦作“丁口”

缴赋纳税；七十岁以下老人，均在纳税服役“丁口”之册……好哇，赫阳像突然变成了聚宝盆，钱粮犹如地下涌泉，汩汩不断地流进郡县的仓廪府库，再流向雍城朝廷供“国家”养活王室、官僚、军队及各种政权机器……版图、人口都算小郡的赫阳，输送给“国家”的钱粮居然远远超过秦川腹心号称“金××”、“银××”的大郡大县[①]，简直是“富甲秦川”。秦简公大喜，大赞郝长生为“大秦能吏”，予以旌表褒奖。然而，赫阳的数十万百姓，大多数人家已清净的家中快无老鼠了……没有可吃的，老鼠自然要逃走。

去年春荒，“国家”钱粮更紧迫，秦简公催逼“富甲秦川”的赫阳再做贡献。郝长生也知百姓已贫困到骨了，但为了“国家”利益，竟不惜“毁郡（民）纾难”，而且还想出了高招：在原已很沉重的粮赋捐税基础上又增加了新名目，谓之“乐输”（……乐输者，犹后世所谓“争交爱国粮”之类也）。虽名“乐输”，却又分派具体任务指标给“轨、里、连、乡”（……郡县之下的行政机构。各国不尽相同。），让小官小吏们竞赛“先进”，以“乐输”成绩作为奖赏、黜罚凭据。“轨、里、连、乡”之长，哪个不思受赏升迁？无不奋勇作“榨油机”，竭其所能挤轧草民之油。百姓哪可承受？诅咒“乐输”之声沸腾，并纷纷逃避他乡或躲进深林。郝长生又有办法，对诅咒者一律捉来严刑拷打，虽幼童孕妇鹤发鸡皮蓬头厉齿老者亦不轻饶，迫其家人认罪“乐输”；派官吏管制所有的津渡道路，严格盘查行人，抓住逃亡者，酷刑之后投诸大牢，勒其缴二倍“乐输”之数才放人；派军队进山“剿匪”，躲进山林的逃难者遭惨杀甚众…… 有许多百姓要保活命粮救命钱，横下了一条心，任你皮鞭、板子毒打催考，抵死抗粮抗赋。他大怒，令吏与兵直接到百姓家中搜粮搜钱，这一下好了，吏如狼兵如虎，叫嚣乎东西，隳（huī）突乎南北，翻箱倒柜，倾釜砸罐，拆炕捣窖，掘地三尺，即鼠洞藏粮亦被搜罗一尽……可怜合阳百里方圆，昼断烟火色，夜无鸡犬鸣，户户号饥寒，人人肠胃哭，遍地见饿殍，沟壑尸相叠；如饿狗刨土吃尸者虽为极特殊现象，但所有人几乎都成了饕餮之兽，见什么皆吃，只要能入口的，咬的动的，无不填进肚中安抚胃肠，黄叶、蒿茎、涩藤、苦蔓、霉根烂块皆为保命之粮；官绅豪富的骡马之粪被当作宝贝搜拾，以便从中找到未完全消化的粮食粒儿；生吞粪克朗、飞蛾儿、大蚂蚁即是盛宴，连水蛭、小毛虫、蛤蟆卵、草青虫也与树皮草根煮来当美食；若捞得粪坑之蛆虫、蛔虫而食者，简直就是就是茹荤……以至误食了毒草毒果毒虫毒物而死者不可计数。灾荒过后，人口大减，有幸活下来者，皆变成了奇瘦和奇胖：

瘦者如枯柴蒿杆，蔫巴巴的皮肤似难遮覆刀棱般突兀的骨头，似乎连骨带肉砸碎了熬油，也难熬出几滴油来；“胖”者却全身犹如发酵面，有的还“胖”得眼睛都挤得难睁难闭了，面呈青绿菜色或黄白透亮，仿佛皮下注满了水银。无论瘦者胖者，皆有气无力，走路打晃，一跤跌倒，即可能爬不起来了……赫阳百姓恨死了郝长生，为之改名“好杀生”，亦畏之如虎狼……

赫阳有兵力二万五千，郝长生的兴趣和精力都在做“大秦能吏”上，对军事却极是平庸，但不要紧，他手下却有一将名汪晟，极是骁勇且有智谋。听说魏军来犯，汪晟献计郝长生说：“魏军屡战疲惫，今又远道跋涉，早已人困马乏。待彼至而不及列阵，我突然奋勇杀出，敌屡胜而骄狂，必不防备，定将惊慌溃乱。我军大杀溃乱，纵不能斩了吴起，亦将大获全胜，大挫魏军之锐气，使其胆破而不敢再犯我矣。”郝长生喜而从其计。

魏军抵近城下，立足未稳，城门突然大开，汪晟率一万多精锐，嗷嗷狂吼着冲杀出来。魏军前锋将军潘松，对秦军的突袭早有防备，见秦军冲来，急令列阵迎击，不料敌军来得太猛，而且边冲锋边放箭，魏军登时被射杀百人，列阵不成，给冲的连连后退。赫阳兵是以逸待劳，趁势杀入魏军队中，竟是挡者披靡。那汪晟更是凶狠，一支矛银花翻飞，一刹那挑死了十数名魏军。潘松慌忙来敌，战有三十多合，渐觉力不能支，只得卖个破绽，拨马回走。汪晟不舍紧追。合阳兵趁势掩杀，魏军大败而逃。潘松连发两箭，皆被汪晟躲过。眼看要给汪晟追上，前方忽起马嘶人喊，尘土飞扬，中军主力到了，这才止住了败退。那汪晟早有自己的计谋，遂也停了追赶，掌得胜鼓回城……毙和伤魏军三四千之众。

前来接应的却是樊贵。潘松细述了来敌之迅猛，敌将之悍勇，樊贵安慰道：“猝不及防，吃他一亏，不必在心。待明日我俩合力斩此狂徒。”当夜宿营无话。

次日，潘松与樊贵合军三万，重抵合阳城下。但城门紧闭，城上戒备森严。二将见敌将不敢出城来战，乃挥兵攻城，试探城中的防守力量。谁知城上不慌不忙，你慢攻，他只以少量弓弩手发冷箭射你；你强攻，城上则人头簇簇，滚木雷石犹如冰雹，打得你连滚带爬。你稍退却，城上则嬉笑怒骂，欢声一片。樊贵、潘松大怒，催兵再攻，城上又有条不紊地坚守着，将魏军的攻击轻轻松松地击退。时过正午，魏军已很疲劳，潘松与樊贵正想退兵休歇吃饭，忽然三面城门大开，三枝敌军如三支利箭射了出来，每支利箭的“箭头”，却是十个站立在马鞍上、口叼马缰、双手高举大斧、威武狞恶的“天神”。……

原来赫阳军中，却有几百名陇西“夷人”，这些“夷人”本是游牧民族，从小在马背上长大，骑术精绝，剽悍异常，汪晟挑选了三十人作为“箭头”，藏以备用。

樊贵、潘松虽也防着敌军反冲锋，但见城上是骄狂之态，也就放松了警惕，敌之“利箭”突然射出，竟是来不及整列迎击。那三十个“天神”，快如闪电冲入魏军中，大斧乱劈，遇者无不马仰人翻。汪晟的一万生力军紧紧跟随，杀的魏军狼奔豕突。樊贵潘松哪还顾得双战汪晟以图斩之，只能随部队溃退。汪晟追杀出十里，杀死杀伤魏军不计其数，正在危急，却又有两名魏将率三千军赶到，死命抵住汪晟人马。这两名魏将是吴起新提拔起来的猛士，皆欲为吴将军争气，武艺虽稍逊汪晟，但凶猛异常，招招都是同归于尽的杀法，竟也将汪晟阻住。樊、潘二人趁机收拢溃军，徐徐而退。汪晟见敌军溃而不乱，暗暗惊佩，一时奈何不得舍命相拼的二将，不敢再追下去，又掌得胜鼓回城去了。

吴起的后队开到，樊贵潘松来参见主帅请罪。吴起问明了经过，也吃了一惊：秦之猛将强兵多矣哉，这个汪晟算不得大将，但其智勇却不容小觑，若不能先斩此人极其所部“夷兵”，合阳则如磐石之固；僵持一久，秦援军一到，形势转恶矣。此人有勇有谋，当诱之发其谋，吾后发制人……

吴起亲率大军来攻城，却也只用三万多兵力，其余一万多人马驻扎于距城十里不动。三万多兵力如浪潮汹涌冲击一下，遇阻哗啦啦后退；随之又一个浪潮打过去，又给坚壁所阻而返回。三四个波次的攻打，城上有惊无险，而魏军已是颇有伤亡，并且攻击力疲软起来。汪晟等着此时机，又是突然开城，用三支“利箭”射向魏军。魏军似乎吃过亏长了记性，慌忙急撤，但不同的是，却以战车堵住“箭头”使之不可发威，而步骑兵则后队作前队，似慌张却又不太散乱地奔逃。汪晟杀退魏军战车，也止军不追，大笑着说：“吴起诈败，欲诱我入伏，嘿嘿！老子岂能上你的当？”

次日吴起又来攻城，依然是不紧不慢，但也使城上不敢稍有松懈。未时之后，魏军疲惫退军，扎营埋锅造饭。饭刚熟，汪晟又突兀杀来，魏军慌得扔了锅灶就逃，但仍是以战车阻后，逃得忙而不乱。汪晟夺了魏军的军食和不少辎重器械，大笑说：“吴起技止此耳。我不追你，汝奈我何！”又得胜回城去了。

傍晚时，吴起再来围城，并且调来了作为预备队的一万多人马。但多扎营寨，实有近伍万兵力，看营帐却足有八万之势。

郝长生见魏军声势浩大，瞿然心惊。汪晟却笑道：“主帅勿虑，吴起技穷矣。他两番欲伏击我，皆被我窥破而白费心机，因之恼羞成怒，不得已撤掉伏军齐来硬攻。然吴起仍在耍花招，立空营夸张其势以威慑我军心。主帅请看，那几座营帐灯光明亮而不闪烁者，必是空营。而那座营帐灯火忽明忽暗，此必为吴起的帅帐，笼着篝火，因其正在召集将校会议明日攻城之计，人进人出不断，故而光亮多变。察敌之实，兵力不会超过五万，何足惧哉？且吴起玩此花招，料我已吓得人心惶惶，其必得意洋洋，全无防备。此乃天赐我破敌之机。半夜时，待我直扑其帅帐……吴起可斩也。”郝长生大喜。

约莫丑时，汪晟点起一万精兵，以几百“夷兵”在前，皆臂缠白纱为标记，悄悄打开城门、放下吊桥，无声无息出了城，迅速向魏军营地袭去。魏营静悄悄的，毫无觉察。汪晟大喜，一声令下，众军喊杀声如雷，如狂飙突起，杀向魏军营盘，杀向已锁定了的吴起帅帐。汪晟一马当先冲在最前，一眨眼已冲近吴起的帅帐，帅帐门口的十几个警卫，给突兀而至的强大来敌吓得屁滚尿流，竟然顾不得进帐去唤醒吴起，却四散飞逃而去。汪晟哪顾得多想，跃马入帐来杀吴起，但不及看见帐中情状，他已连人带马落进了陷坑。紧随其后的人马刹不住脚，也纷纷陷落，十多人重重地砸在他身上……

杀进魏营的赫阳兵傻眼了，营帐中空空无人。火速撤退？撤不了啦，军营四周已被魏军团团围定，喊杀声震得寒夜直颤栗。与此同时，被汪晟吓得逃跑了的十几名魏军，却在满营纵起火来。早有准备的干草中掺有硝磺，见火则烈焰腾空，烧得合阳兵只能拼死朝外乱冲。但四面的魏军张弓迎候着，箭雨纷下，赫阳兵无一人能冲出罗网……

【注释】

①郡县：战国初期，郡县制尚未成熟，“郡”与“縣”，仅名称有异罢了，它们并无隶属关系。有的县很大，管辖数城，应是后世之郡；有的郡却很小，其实是县。直到魏国置西河郡、上郡，韩国置上党郡，秦国置上郡（……继魏之后）、汉中郡、蜀郡等，郡县制始正式成熟。郡守与将军皆为一郡长官，前者偏重民政，后者偏重军事。

第六十七章

心吞天下两退兵

城上的郝长生见魏营烈火冲天，而怒吼喊杀的却是魏军，已知道自己的合阳兵遭了伏击，只吓得手脚冰凉，竟不敢派一兵一卒出城救援，却急令扯起吊桥，关闭城门，防敌乘胜攻城。守城的将士更加魂飞魄散，一万多精兵被歼，还剩一万多老弱者，这城如何可守？

天未大亮，魏军果然乘胜来围城攻打。郝长生虽说全靠汪晟提调军队、指挥打仗，但此时汪晟已殁，他也不得不豁出命来督率防守了，乃冒着箭矢仗剑指挥，四城巡查，并杀了几个畏惧退缩者，稍稍稳住了快要崩溃的军心。但魏军英勇无比，那些新提升的下级军官，无不舍死忘生地猛攻；巴望立功得升赏的军士也不惜命，砍树木搭桥冲过护城河，冒着箭雨和滚木雷石，架云梯、扔飞抓，争先恐后向城上攀爬……前面的或死或伤，后面的继续冲锋。城上死伤更凄惨，眼看就要破城，吴起突然传令鸣金收兵。

魏军将士退下来，纷纷质问主帅退兵之故。吴起微笑着回答：“破城已是定势，何必再多杀伤呢？且向城上喊话，令郝长生出降。”其实，吴起还有不便明言的理由：伐秦以来，奇袭临晋，火烧小尾河，夺洛阴，破王城，哪一战不杀死秦人数万？从老秦人的角度看，魏军岂不是血债累累？岂不是如疯兽之嗜杀？曾申老夫子告诫自己不可滥杀，重在以仁义服天下；西门老师曾说过一句话“为将者须心吞天下”，当时自己太年轻，尚难理解此话的微言大义，现在有些明白了：只有心吞天下，才可能虎咽天下。而“心吞天下”，就得爱天下之人，得天下人心。施仁爱、布威德，岂有本邦和敌国之畛域？此时城破在即，亟须彰显仁爱、减少血腥！

于是，魏军向城上高声喊话了：“城上听着，尔等已是釜底游鱼，吴将军不忍大加诛戮，有伤天地之仁。尔等可速速开城投降，既免军士杀身捐躯，更可免全城百姓受血火之灾。郝长生将军思之，切莫再作无益顽抗，而驱使生灵涂炭也！”喊罢，魏军即后退三里，席地而坐，升起篝火取暖，等待合阳兵出降。吴起也为自己的“仁爱之念”而感动。

不料吴起的“仁爱之念”，却给了郝长生的重整旗鼓之机。本来，守城的士卒已惊惶万状，箭矢即将用尽，滚木雷石也要告罄，守御眼看要崩溃。吴起退兵，显然是想猎获仁爱之名。好，你既然假惺惺地“爱人”，我倒可利用你的“仁爱心”呢。于是他急派五千士兵出动，强征城中二万精壮男丁，以多一半人上城守御，另少一半人拆毁民房搜集砖石木头转运上城。立时间，城中哭声骂声房倒屋塌声响成一片，而砖石等防守器物竟源源不断送上城来；一万多手持锄耒叉杖的“民勇”杂于士兵中排列在城上，城上顿时人头攒动、“兵力”雄厚起来。郝长生极是得意：吴起，你来攻吧，我看你怎样假仁假义！你若大开杀戒屠戮百姓，只会逼得老秦人跟你拼命到底。我城中七八万百姓呢，若都来拼命，你魏军一二月内也无奈我何。而要不了几日，朝中必有救兵到，你吴起只有仓皇逃走啦！

魏军听得见城中的哭声骂声和纷杂嘈乱声，只道是因要出降发生的人心浮动惶恐，也不在意，哪知近两个时辰后，城门不仅不开，城上反添了众多的兵力及守城器具；再细看新添的“兵力”，却尽是民夫。将士们无不大怒，皆骂郝长生无耻，行此恶毒之计；更有人埋怨主帅的妇人之仁，延误了战机，给破城带来了重大麻烦。吴起也十分愤怒，下令再次攻城，务要一鼓作气破城，以使秦人知道，螳臂挡车，徒自粉碎而已。

魏军又如饿狼似地扑到城下，弓箭手万箭齐发压制城上之人，敢死队竖起云梯，冒着滚木雷石向上奋勇攀爬。郝长生提鞭仗剑巡城，喝令将士督率民夫抛砖掷石砸云梯，对畏惧躲避者，轻则劈头盖脸几马鞭，重则立时斩首。一圈巡下来，挨其鞭打者不计其数，又有一个士兵两个民夫被砍了头。军士和民夫只得拼命抵抗，倒也使魏军爬不上城来。但民夫毕竟不是军人，或猫在城垛下不敢动，或被迫伸头直腰扔石头，但不会躲避箭矢，他们的石头扔了出去，自己也给敌箭射死了。霎时间，一大批民夫倒在箭雨下，有的还摔下城来。魏军敢死队的云梯终于搭上了城头，将士们如猿猴似地向上攀登，尽管不停地有人栽下去……但城下忽然锣声大响……收兵撤退的军令传来。

原来是樊贵和潘松劝阻了吴起：“将军，如此强攻，民夫死伤太惨，我亦伤亡不轻。将军既示仁义于合阳军民，就该仁义到底，否则反堕入郝长生奸计。今若再停攻打，我之仁心昭彰，民夫必然感激而逃散，士兵也会大量

叛逃，待我再攻时，不费大力城可破也。再者，消息传播开去，秦人不复以魏军为死敌矣。”吴起已有了一千临晋兵反正破王城斩章霸川的经验，又顿悟了“心吞天下“的重要意义，于是欣然从之。

魏军撤回护城河这边，迷惑不解地质问主帅：即将奏功，何故又撤兵？

吴起也不回答，却对着城上高声喝叫：“郝长生听好了，你用百姓挡箭送死，岂不怕鬼神挖你心肝？我魏军仁义之师，不忍屠戮平民，故而暂退兵数里，容你遣散民夫，整修城垣，来日再战。汝胆敢继续驱民送死，我破城之后，将醢[①]尔一家以祭百姓。”喊罢即传令撤军五里。”

郝长生切齿痛恨贾章误国，使魏军突过黄河来，其死虽壮，犹难赎罪之万一。章霸川与司马父子，不知坚守，只逞蛮勇而战，遂致丧身堕城之祸。他也恨自己一时利令智昏，竟听信了汪晟之言，贸然与恶煞吴起赌战，使兵力损折十六七，再图坚守难矣哉。但无论如何，吾将坚守到底，国之寸土，亦当以死捍卫。城中尚有数万百姓，以“鱼虾”筑墙，强敌亦难逾越！所幸吴起也是腐儒之徒，欲炫耀“仁义”而两次退兵，此正可利用其“仁义”而筑我“鱼虾”坚墙。今见吴起果然不敢大杀民夫，甚是得意，不仅不肯遣散这些民夫，反而令再征民夫上城防守。于是城中的哭喊怒骂之声又汹汹大起。但百姓们虽对他恨得要咬碎牙，而畏惧其威，故其征丁拆房之令得以贯通施行。

“不怕不识货，就怕货比货。”吴起悯人爱民而两次放弃破城，郝长生却一再驱民作牺牲，百姓们纵是木石也开了窍：我们是为谁守城？为国吗？国于我民何亲焉？国是轧油机，我民实为豆粒儿菜籽儿，供其挤油而已矣。再者，“国”在何方？身可感、目可见者，唯“好杀生”等暴吏贼官罢了，国是他们的国。我们其实是在为郝长生守城啊，可为他守城，难道是为他继续率兽食人吗？……被高压淫威折磨得心灵疲惫麻木了的河阳百姓，拿吴起的仁厚爱民一比较，麻木的心复苏了，对“好杀生”的仇恨爆发了，乃相互沟通串联，决计半夜逃散……守军中有不少也是合阳子弟，他们有的对郝长生平日的暴行恨得牙疼，有人的父兄被征来送死，有人家中的房屋被拆毁，更是怒火烧肝燎肺，乃与民夫们暗中串通。

半夜时，郝长生熬不住疲劳，在城楼上睡着了，军官们管束众多的民夫和士兵更加辛苦，也昏昏沉沉迷糊起来。民夫们发一声喊，一哄向城下逃亡，许多士兵也趁机抛盔脱甲混入百姓中逃散了，有的还投了魏军……

吴起所料不差，魏军再次围城，城上已守军寥寥，而且士气萎靡，几乎完全失了斗志，略略抵抗，即或散或降。城破之时，郝长生口吐鲜血倒撞下城自杀了，他的脑浆喷溅满地，大约会裹了狗腹。

吴起进城后，践前言捕捉了郝长生合家老小五十余口（包括其亲族在内），张布告历数了郝长生残民害民之重重罪恶，宣布要将二十余口全部醢杀，河阳百姓为之震惊觳觫却又觉得解气而高兴。

对郝长生眷属行刑之日，吴起亲自监刑，当他拔出令箭将扔之时，忽听有人高呼：“住手！滥杀无辜，必遭天诛，更何谈仁义二字？”

吴起大吃一惊，厉声喝问：“何人喧哗，敢搅扰法场吗？”

“是我。”一个三十岁上下、气度昂昂、书办模样的汉子从人丛中挺身而出，对吴起长揖不跪，面带怒容。

吴起端详了一霎汉子，暗暗钦佩其胆量和凛然的气概，稍稍放缓了语气问：“汝姓甚名谁？可是衙门小吏？本将军为合阳百姓申冤雪恨，尔何敢骂我滥杀无辜？汝非郝长生走狗爪牙乎，不惧醢杀之刑乎？”

那汉子冷冷一笑：“我名陆玉泉，乃助将军得王城之陆小泉之族兄也。本人原为将军府计会（今名之“会计”），亦算小吏吧。然我非郝长生走狗爪牙，亦不惧醢杀之刑……既敢责骂于你，早将性命置之度外矣。”

陆小泉之名，使吴起浑身微微一震：其人对夺得王城有大功焉，待其族兄，亦应礼敬优渥之。这位陆玉泉，仗义执言，不避醢刑，胆气不让贾章、章霸川之辈。陆成泉、陆小泉、陆玉泉，陆氏昆仲，皆英雄好汉也。然而陆玉泉之“仗义”用错了地方，为百姓之恶魔眷属“仗义”，岂非沽名钓誉哉？此人英雄而糊涂，宜晓之以大义。于是他色愈霁[②]而词犹威严地质问：“原来是陆小泉长兄，本将军有失礼敬，请恕罪。然壮士岂非善恶不辨乎？夫郝长生者，横征暴敛登峰而造极，残民害民鬼惊而神怒，罪大恶极，是为河阳百姓之公贼。如此民贼，未能明正典刑而申天理人情，难慰百姓之心，以其眷属代罪，乃儆效尤也。况本将军宣言于前，践行于后，何为滥杀无辜？汝其试言之！”

陆玉泉微叹一声，意气稍嗒然，随之却又转为理直气壮了：“郝长生倒行逆施，伤天害理，宜乎极刑以儆效尤。然其畏罪自杀，于典刑已得明证，何得再枉杀其亲眷？是其亲眷教其害民、唆其作恶乎？非也。据小人所知，郝长生之夫人，曾多次苦劝其夫，国为本，民则为枝杆叶，‘削枝以强本，枝亡则本亦僵枯’，更斥责‘乐输’为‘削枝妖刀’，然终被其夫叱为‘妇

人之见。’如此深明义理之亲眷，竟遭残忍酷刑，此为明典刑也？败典刑也？”

吴起怔了。深闺一妇人，居然明大义识大体若此！其“枝”与“本”关系之比，连自己都未曾深思过呢。秦之才人，钟萃于妇人焉。秦简公若得其言而行之，吾其“翦秦”无功矣！……陆玉泉亦深明义理者，枉杀如此才人俊哲，真为毁败典刑也。他不禁仰天长叹说：“秦有如此贤德才女，得天眷也。郝长生贪婪残暴之徒，居然有如此贤妇，仙鹤配蛤蟆也。”

陆玉泉突然抗声反驳：“将军差矣！郝长生残暴无假，贪婪则非。吾为计会，对其暴敛‘乐输’之钱粮一清二楚。其搜刮确实不少，但均上缴国库调配他处，郝将军自身，未贪占一丝一毫，每一笔钱粮之来龙去脉，都经多人核查，一丝不苟，这有簿记账册为证。我为账目之汇总者，敢夸口账目清爽如雪水，将军可派人再核查，有一丝儿不确不真，可醢我全家。要说起来，郝将军平日就很节俭，黑饽饽渣儿落于地，也要捡起来吃掉。灾荒最重那两年，他们合家的日子过得更清苦，其六岁幼儿哭闹要肉吃，被其掴了两掌，又发动将军府仆役小吏拨草翻土，捉得一只小蛤蟆，才算为爱子解了馋。此类克己奉公之情状，将军府人役众多，皆有耳闻目睹，不劳我多絮叨也。请问将军，似此洁身自好者，能诬之贪婪吗？与见钱眼黑、雁过拔毛的贪官污吏们比起来，我倒崇敬郝将军之人品呢。为其崇敬，故不畏醢刑也。”

吴起震撼了。万想不到，残酷剥削压榨老百姓的民贼，居然是个大清官，其个人品德居然令人崇敬！由“克己奉公”角度而言，名相管仲、晏子、子产亦输其香矣！然而……他呆了呆，突地勃然作色：“大胆陆玉泉，尔只识人品而不懂大义，识见远不若郝夫人。保国为安民，民不能安，国何以保？岂有残民以为国者？郝长生惺惺作态，大奸巨猾也，尔竟为之迷惑，不亦愚乎？且搅闹法场，自恃有肝胆，殊为可恨。来人，将这陆玉泉杖责二十！”

陆玉泉挣扎着叫骂，却早被执法队拖到场中心，噼噼啪啪一顿板子，打得血肉淋漓。打罢，又将其拖到吴起面前，喝斥之“谢罪”，陆玉泉却怒目而视，不肯服罪。吴起摆摆手，令执法队不必强逼陆玉泉：“此人之肝胆的有光彩，可恕其无礼。尤为可称道之处，在于仇贪墨而重清廉，此则为官之旨要也。着令：擢陆玉泉为将军府主簿，摄将军府庶务，赞合阳政务。”

陆玉泉目瞪口呆了，完全弄不明白吴起究是肯定、赞赏自己还是否定、愤怒自己。但他仍不谢恩，倔登登一揖说：“玉泉无才，得官不喜。将军若能收回成命，解释无辜，玉泉则铭谢将军大德矣。”吴起憋不住乐了：“憨直哉陆主簿！本将军若非嘉纳尔之善言，凭搅闹法场一条，尔斧钺加颈不可逃，何谈升官哉？记着，吴起志坚如铁，言出如山，平生未曾被人改变过主意，君为第一人也。非吴起有私于陆小泉之兄，实为君之闹法场，使我得更近仁义矣，我诚谢陆兄焉。”说着躬身一揖。

陆玉泉震惊万分，刚要下拜称谢，吴起却已舍之不顾，抬头扫视着全场，又变的脸如铁板，神色冷峻，威严地发号施令了：“……传令：行刑取消，郝长生眷属尽皆释放。那位贤德才女郝夫人，可以将军之半俸颐养之。所有人众散去，各安生业！”

观刑百姓千万，见解气而开心的热闹看不成了，皆有点儿怏怏，但滥杀无辜可是官府惯例，这惯例害死的人白骨撑天哪，谁可保自身明日不会被某人某事所株连？……吴将军确是“近仁义”矣！众皆议论纷纷而散。

【注释】

①醢：肉酱。这里指剁为肉酱。

②色霁：神色平和下来。

第六十八章

高举“仁义”附秦人[①]

吴起见秦人虽对“被占领”态度冷漠，但对“占领者”魏军也不冷不热，这可不是他期待的万民热烈欢迎“天兵”的局面，因之愀然不乐。

樊贵看准了吴起的心事，献计说：将军两次撤围退兵，不屠成城民伕，幡然撤销刑醯郝长生家人之令，仁义之名已深入人心。但魏秦敌国，秦人尚未完全归心于魏，应继续高举“仁义”大旗，安抚和收买人心，彻里彻外地安定、巩固已占领之地，最好参酌魏之新法，在占领之地渐次推行，使之逐渐“魏化”。吴起深为赞赏，令樊贵与麻主薄实施安定、安抚、收拢人心的具体工作。

樊贵和麻主簿已有了稳定临晋、王城、洛阴的经验（三城的稳定工作，吴起只作大政方针的原则指示，具体事务皆由他俩施为，一人充当临时政府的“公安局长”，一人充当临时政府的“政策发言人”），只是这回目的更明确，意识更清醒，他们商量之后，对原有的经验加以修缮补充，提出方案，得到吴起首肯后，立即展开了稳定局面的工作：一、发布安民公告：杀人、抢劫、奸淫者斩；造谣生事、欺老侮幼、强买强卖、哄抬粮价扰乱市场者刑。二、甄别旧政府之官吏，遴选可用者，组建新政府机构。三、取缔旧政府的多项赋税劳役名目，永远废除“乐输”。予民休养生息，今年只收新赋税之半；四、赈救饥寒困敝，务使所有百姓各安生业。

西城旮旯的一条小巷中，一个面容如树皮、花白头发披散如乱草的老妇人（其实也才 50 岁开外），因房屋低矮破烂而长年受烟熏火燎的眼睛红肿烂糟糟的，此时正坐在房子被拆倒的碎砖烂瓦堆上，双手拍地，仰首向天嚎啕，眼中却早已无泪：“老天啦，我还有啥活头？你快收走我吧！……你这杀人不长眼的天啦，你先杀我老汉，又杀我儿子，却要我活着，又毁了我的‘狗窝’，明着是要作践我嘛，我挖你家先人坟墓了吗？……”

一队兵慢慢开了过来，后面跟着一位骑马的军官。一个兵走近她问：“老太婆，你为啥骂天骂地？有甚冤屈吗？”见老妇不理睬，就指指军官说：“这是我们吴大将军，你有甚冤屈苦处，告诉大将军，大将军给你做主。”老妇愣了愣，忽地瞪着死眼紧盯吴起问：“你是大将军？你能做主？那好，我老汉去年给郝长生的‘乐输’逼死了，儿子当着兵，前一阵跟你们打仗又死了，我不想独活了，几次寻死又死不成，狗一样捱一天算一天吧。可郝长生又把我的‘狗窝’拆了，让我死不得活不得。你给我做啥主？能还我老汉儿子，还是能支起我的‘狗窝’？”吴起悲痛无语，默默地走开了。但他随即就找来了麻主薄，令其发库银，开粮仓，督官府，雇工匠，为全城房屋被拆毁者重新建造，赈济断炊无烟之家；对那位孤寡老妇，更要予以特别赈济……全城百姓欢声雷动，房屋得以重建者更是感激零涕，烧香祝拜上苍和吴大将军。

吴起为百姓的知足感恩感动，在郡主簿陆玉泉的陪同和导引下，进一步到百姓中赈贫救难抚恤死伤的赫阳兵家属，所见无不悲凉凄惨。陆玉泉目睹耳闻心潮翻腾：郝长生固然不贪，其用心固然是“爱国”，但用挤干榨净百姓膏血的方法爱国保国，实在太愚蠢太可恨了，民已贫至骨，即不敢造反，也绝难爱你的国啊！况民困敝垂死，已视你的国为寇仇了，还会为你卖命保你的国吗？

吴起所到之处，尽被百姓称颂感戴，心情兴奋得意：我的“心吞天下”威力无穷，我的收买人心见功效了，我的“仁义”定可征服夷狄秦！我应进一步扩大“仁义”的影响！

城外十几里有一条“夜来香沟”，听说晚上香气弥漫山沟，令人心旷神怡。吴起几天要去赏玩一番，总是抽不出功夫。这日他告诉随从人员，晚上去赏花。可是天将黑就刮起了夹着黄尘的小风，他的游兴全消了。过了戌时，风越来越大，随之下起了小雨。吴起忽然记起了那个被郝长生逼死老汉、拆毁“狗窝”的老妇，自己因不能还她的老汉和儿子而惭愧离开，虽然吩咐了麻主簿对老妇特别关照，但麻主簿未必能亲自操持其事。她的“狗窝”给盖好了吗？能经得起大风大雨吗？应该亲自去看看，对，这可是更彰显“仁义”的绝好时机！他立即唤来一名卫兵，背起一口袋小米，也不惊动府衙人众，二人悄然步行寻到西城旮旯的小巷，找到了老妇的新“狗窝”……一间还算结实的茅草房。刚进“狗窝”，小雨一下变成了大雨，屋顶的茅草没经过风雨的踏实，有的

地方被大风揭乱，屋里滴滴答答漏起雨来。吴起急忙与卫兵爬上屋顶，摸索着将揭乱的茅草压平实，直到老妇高喊“不漏了，不漏雨了”，这才跳下房来。吴大将军于风雨夜亲自来关怀看望孤寡老太婆，并给自己缮房堵漏，淋得如落汤鸡，老妇感动得泪珠潸潸，烧姜汤水为二位军爷驱寒。 风雨太大，吴起遂与老妇和卫兵闲扯起生活琐事，直到大雨停歇，已是小半夜时才回到府衙。

可第二天即传来一个消息：“夜来香沟”的山坡上，被人摆放了四五块大石，摇摇欲坠，威胁沟下行人。他带人到山坡上一看，不由倒吸了一口冷气：这些石头显然是冲着自己的，倘若自己昨晚踏入沟中，极可能被这些石头滚下来砸成肉饼。有能力把大石弄上山坡者，必是武勇壮汉，这些人对自己有深仇大恨啊，他们是什么人？哦，十有八九可能是汪晟的部下亲随，要为汪晟报仇啊！哎呀，自己疏忽了，汪晟是忠勇有能的战士，却被自己遗忘了，未能对其家眷予以安抚，这可背离了“仁义”呀！……他什么也不多说，只令人将大石掀下沟去，并不追查“谋杀”之事。回城之后，他立即令麻主簿带人寻访汪晟家眷予以隆重的慰勉、抚恤，又令人寻找到汪晟的小坟丘，庄重修建坟茔，植树立碑，亲书“忠勇将军汪晟”为碑铭，亲自到墓上洒酒祭奠，气氛肃穆而热烈。老秦人纷纷为汪晟一洒热泪。

雨夜为老妇盖房和祭奠汪晟之事传扬开，老秦人更称赞吴将军大仁大义了，赫阳城迅速安定下来，不仅人心悦服，且起颂歌盈盈了。

秦简公稳住了陇东和雍城内外形势，急调六万大军来救赫阳，东进到郑下，闻赫阳已失，只好罢兵返回。

然而这时，驻节在临晋的宋华却捅了乱子。这宋华是国相李悝的近亲，其在镇守蒲阪时，倒还能爱惜士卒、善待百姓，官声民望皆不错。但来河西之后，却放纵部下对百姓巧取豪夺，他自己更勒索富家大户“劳军”而大吞财物。有老夫妇生得一女年方十六，美丽聪慧无双，已许配了人家，只等完姻。他发现了此女，欲取作妾，令人强行下聘，老夫妇坚拒不可。他竟派人于夜里打破其门，抢女子进衙，奸淫之后送归，说是“做成熟饭再行迎娶”。女子羞愤悲痛，上吊自杀了。老夫妇风烛残年，别无儿女，突遭此锥心打击，再无生趣，悲苦一番后，也双双上吊而亡。女子的未婚夫婿却是个情种，闻讯赶到，死去活来地大哭一番后，怀揣利刃，半夜里翻墙进入将军府，要为未婚妻报仇，但被宋华的卫兵发现，凄惨而死。一下子逼死了四条人命，临晋的百姓愤怒了，群起围住将军府，怒吼着要宋华惩办害死人的凶手。将军府卫兵林立，与百姓对峙了三天……

吴起得到消息赶来，叱武士逮捕了宋华，百姓始散。

宋华也是镇守一方的大将，但来到河西，即受吴起的统帅。处置方面大将，似应上报国君，而且，其人与李悝有亲，而李悝是国家栋梁，对吴起又有知遇举荐大力帮助之恩，将军要在外建功，少不得朝廷重臣的支持……吴起踌躇了。然而，不迅速处置宋华，难平百姓之怒火，河西百姓归心悦服的大好局面，将有可能被败坏。他终于决定：先斩后奏，杀宋华以慰百姓！仅此还不够，还须大造气势……

宋华被押至城中校军场，数万百姓齐来观看吴起将军执法。吴起端坐场中，卫士罗列，维护秩序的军士执枪亮剑，威风凛凛，将场中围起一个大圈。吴起先召军中主簿和郡主簿报告案由，二主簿报告一致：宋华强行逼婚，继而抢民女入府奸淫，致其羞愤自杀，其父母悲痛无告自杀，其未婚夫为报仇雪恨，乃义勇之举。吴起又召来军司马，问宋华该当何罪，军司马答：当斩！吴起站起身来，声如洪钟：“宋华枉为大将，无视国法军纪，死有余辜。本将军宣布……斩！”

宋华嗒然垂下头去。百姓们则欢声雷动，高呼万岁。

吴起却双手按压，示意平静，之后以沉痛的语气说：“宋华固然该死，但也有一人罪不容赦。本将军要先惩此人，而后再斩宋华，也可使宋华虽死无怨。”

所有人都是一愣：还有谁牵连于此案？是教唆怂恿其作恶的“狗头军师”？是为虎作伥的恶奴凶仆？却见吴起凝重威严无比，先唤出四名执法军士，令两人准备抓捕罪犯，两人手持皮鞭准备动刑。又唤出两名执法军士，持刀监视负责抓捕和行刑者，彼敢违令不遵和动刑容情不力，立斩。再唤军司马站在监刑者之后，监刑者敢循情，亦斩！三军和百姓无不震动了：此罪犯是何人，竟如此大动干戈？

吴起布置完毕，更威严而声震全场地发布命令：“此人身为三军统帅，御下无方，管束失察，致使屡有战功之宋华将军触法被斩，其罪虽不至死，亦当严惩以儆尤。着令：将吴起重笞五十鞭，立即行刑！”

所有人惊得呆了。执刑的军士也呆了一霎，但一瞥见身后监刑的闪亮的

刀光，打个激灵清醒了，两人扑上去架住吴起，拖到地下按住，揭开衣衫；另两人抡起皮鞭，啪啪的狠抽起来，吴起的背上立时血花飞溅……

百姓震撼了，流泪了。三军流泪了。宋华也泪流满面，噗通跪倒，泣不成声："宋华该死，吴将军何须如此？"有百姓也跪下了，恳求吴将军勿过分自责，但无人下令阻止，执刑者行刑如故，吴起的背上皮开肉绽……

斩了宋华，临晋平静安宁下来，军民关系大为融洽，老百姓渐渐自称"魏人"了。

【注释】

①附秦人：使秦国人归附归心。

第六十九章

利国惠民炼“武卒”

吴起又得西河一城，魏国朝野山呼万岁，魏文侯欣喜万分，设置西河郡，委吴起为郡守，并带着田、段二老和翟璜、任座等重臣（李悝、魏成等人在朝主持政务）亲临西河，既为祝贺吴起荣任魏国最重要的郡守，也为了巡阅西河广阔富饶的千里土地……西河太要紧了，秦得西河，进可以东挺中原，退可以据黄河天险阻抗魏韩；魏有西河，则压得秦人喘气不匀，更可进而占关中吞灭全秦。晋失西河二百多年了，今得光复，其意义无比重大哟！现在，大魏已占领了西河的绝大部分，再吞吃元里，西河即全入囊中。

文侯一行在吴起与西河文武官员的陪伴下，游览观赏了西河诸城以及山川的壮美，更是兴奋，乃与吴起并肩立在新筑的魏之西境最前哨小城城楼上向西方眺望。这小城已被将士们命名为“吴城”……吴起之城，它距秦川之最后一道关锁阴晋城仅有五六里，向北可望见川流不息的渭水正向黄河交汇，日夜奔腾；再往西望去，便是巍峨的崤山。但过崤山，则可踏入再无艰险的关中平原，彻底灭秦在望矣！然而秦必拼死相抗，以其体庞力不亏，谁能最后胜利，前景还很模糊呢。文侯稍稍忧虑的问：“吴爱卿，汝虽智略无双，兵谋盖世，然而我魏只算中原乳虎，而秦乃西戎老虎，我乳虎要吞吃病残之老虎，将军有几分把握？”吴起明白问候的忧虑所在，微笑道：“主公未来，末将只有六七分把握；今主公亲来巡幸，吴起已有了十分把握。”

文侯既高兴又惊奇：“寡人所能，只在统御群臣，采纳忠言，于征战鏖兵，非孤所长，如何可助将军平添胜筹？”

吴起笑道：“商汤、周文武，亦非文韬武略高天下，所高者用人也。今主公此来，只须亲自犒劳慰勉一番有功将士，则可激励三军杀敌建功之英勇，此‘用人’之极，故微臣可保灭秦也。”

文侯大喜：“寡人来军中，一切悉听吴将军安排。”

当晚，六万魏军将士（吴起已留下一万人镇守后方阵地）全部集中在“吴城”城内一块广阔的空地上。人数虽然不少，但好在排列的整整齐齐，场内一片寂静。在四周明亮的火把照耀下，他们席地而坐，耐心的等待着。

这时，吴起走到魏文侯身边，侍立在他的下首，对士兵们大声宣告道：“我军攻打秦国以来，连战连胜，诸位将士都劳苦功高。之前那几战，凡是斩杀过秦军士兵三人以上者，上前领取主公赏赐。”不一会儿，大约有一万人陆陆续续的走上前来领取赏赐。吴起让这些领了赏赐的士兵坐在其他士兵的正前方，并派人在他们面前摆上酒菜。

然后他又大声说道：“凡是斩杀过秦军士兵五人以上，或是缴获过秦国战车、马匹的，请再次上前领取主公赏赐。”他的话说完后，刚才领过赏的士兵中，又稀稀拉拉的有几百号人再次走上前来。吴起让这些士兵分别当着主公的面自报功绩，接受魏文侯的一一赞扬。然后他下令，将他们面前的酒杯全换成金杯；将他们的饭菜，酒水也都换成最上等的（比如烤乳猪、烤全羊等等）。

吴起看着将士们万分激动地领受文侯的夸赞、慰勉和赏赐，微笑着端起酒壶，为立功将士们敬酒，到斩杀过五名以上敌人的英雄们面前，斟上酒，放下壶，双手捧杯向英雄致敬劝酒，将士们无不更加激动。那些没有获得赏赐的士兵，看到主公和大将军对立功者如此的殷勤，这是多大的荣耀啊，无不对立大功者钦羡不已，同时也生起挣荣耀的决心和勇气。

忽然，赏功宴的大场外响起一个老妇人的哭闹声，文侯一懔：莫非吴起有侵害百姓之事？乃令人带哭闹者进来。一个满头白发、满面蜘蛛网的老太婆被带进来，吴起抢上前唱喏问道：“老人家，你老在我们赏功宴上大放悲声，有什么冤屈吗？”老太太含泪说：“我要找吴起将军，求他放了我儿子。”吴起惊问道：“你儿子犯军法了吗？受到什么责罚？说清楚了，我与你酌断。”老人摇头道：“他要是犯了军法，我哪有脸来求吴将军？我儿子立功了，又立了两次功，还升了个官呢。听说吴将军请来了国君，要给立功将士颁赏呢，我是来求吴将军，别给我儿颁赏了，他经受不起呀！”田子方上前来插问：“老人家，立功受赏是好事呀，你怎么反要阻拦呢？”老太婆泪如泉涌了：“你们不懂啊，吴将军的爱兵和奖赏，是催命的哟……我丈夫蒋石头，被吴起吮毒疮，舍命报效，死在战场上；我大儿子蒋弁也被吴起吮疮，同样报效将军战死了；我的小儿子蒋强，多次被奖赏，打仗玩命，现在再受赏，只怕又要……

我只有这个儿子了，他要是……”田子方愕然了。吴起愕然了。魏文侯与所有人都不知该说什么好了。赏功宴陷入了僵冷状态。

坐在上等席位的蒋强挤出人群，跑来拉住母亲埋怨道：“娘唉，你都说了些什么呀？将军爱兵，奖惩严明，将士们能不为将军拼命吗？我爹我哥，死的有荣耀呢。至于儿子我，福大命大着呢，你就别儿子操心了。”说完拽起母亲向场外走去。

魏文侯和田段二人互望了一眼，心中生起无限感慨：这吴起不仅只是智多谋广，首先在于治军有方，其激励将士用命的手段，是仁爱，是义气，是感化，还是“催命”呢？……他们还在深思，忽然又有小军来报：“吴城”西南侧的秦军小岗亭，今早被数百百姓攻占了。吴起一笑说：“好啊，百姓主动助我魏军，民心向魏矣。告诉麻主薄，对攻占秦军小岗亭的百姓予以奖赏。”田子方听出这里边有故事，询问根由，潘松给他做了解说……

原来，“吴城”逼近了阴晋，秦军多次攻打皆损军折将，不敢硬攻了，却建起一座小岗亭逼近“吴城”，这岗亭挡住了临近百姓种田的道路，百姓请求魏军拔掉这个危害。但吴起立意要使西河的百姓皆甘当“大魏子民”，不愿动用军队，却鼓励农民们自己去拔除这岗亭。岗亭中秦军仅三四十人，临近的农民有数百，但民怕兵，百姓不敢动。吴起思得一计，　　　　就在北门外放了一根车辕，下令说：“谁能把车辕搬到南门外，就赏赐百金。”起初没有人去搬它，两天后，终于有个人把车辕搬到南门，吴起立即按照命令行赏。随之，吴起又在东门外放了一石红豆，下令说：“谁能把红豆搬到西门，赏赐如前。”百姓们都争抢去搬。最后吴起下令道：“有人敢冲进秦军岗亭，驱走秦军，拆毁岗亭，赏赐良田五亩。”田地是农民的命根子，百姓们狂欢了，拿起锄头争先恐后涌向小岗亭，吓得秦军撒腿飞逃 -----

段干木听得兴趣大起，深深佩服吴起的“令秦人归心”之策，又有些惊奇地问道：“百姓何以相信吴将军能‘赏必信’呢？”樊贵微笑道：“吴将军依法治军治政，信赏必罚，早已在西河百姓中广为传播了。自攻下王城，吴将军就令委任的官吏在新领土实行我魏新法，新法公布后，百姓纷纷议论，新法确实好，但执法在人，就怕法如皂角水泡，一指头就戳破了。吴将军为了取信于民，用了个‘立木为信’的计策，使百姓完全相信了新法的神圣，更相信了吴将军一言九鼎，言出法随。”接着，细讲了与小岗亭故事大同小

异的“立木为信”过程，听得田段二老更加敬佩吴起。

这晚，田段二人陪文侯休歇在“吴城”的临时“宾馆”里。文侯为吴起的治军有方和三军将士的高昂气概而极是兴奋，却对“吴城”之名心中不悦。吴起新筑小城，命名为“吴城”，这与乐羊攻下了黄羊城更名为“乐县”有何两样？乐羊已被群臣交章相攻，何以吴起手下的将领官佐却无人劾奏吴起之自我炫耀、目无君父和朝廷之行呢？莫非吴起比乐羊手段更阴险而高明，因而更加危险呢？这些干城大将，简直让寡人难放心呐！……田段二人精明邃密，看出了文侯的心中不快，田乃劝解道：“主公莫为‘吴城’之名心有芥蒂，‘吴城’者，临敌一小堡而已，赏赐吴起犹嫌悭吝，何须怏怏？况‘吴城’也好，‘张王李赵城’也罢，皆是我大魏疆土，拱卫我大魏而已也。有‘吴城’震慑于秦，岂非主公之福！”老段更进一步说：“依老臣愚见，吴起将军实乃嬴秦克星。主公欲吞秦而霸天下，须将西河作为特殊之郡，由吴起全权治理西河军政，朝廷不必干预。如此，吴起则能放开手脚，尽展长才为我大魏开疆拓土。”魏文侯毕竟是一代英主，在两位亦友亦师的交互解说劝导下，终于豁然顿悟了：吴起是个功名狂人（此前他与田段二人密议过多次），建功扬名、成旷古“战之圣者”为其最终目标，拥兵自重或叛君自立，皆不合其情性。应该说，吴起只是我的一只好猫，其兢兢追求的是“抓鼠”之功，无暇顾及其他。有好猫如此，寡人之幸，当为之创造“抓鼠”的便利条件，于是欣然赞同了二人的主张，予吴起治理西河之全权（……类似后世之“自治权”），并笑对吴起说：“西河可为‘天下第一郡’，寡人以全魏之人力物力资助之，且日后战胜攻取，皆为西河所有。卿其勉之！”

吴起有了“自治权”，果然大展身手治政治军了。他治政大兴“安定、巩固”之事，将魏国的法律制度增删、机变推行开了：

第一，实行在魏文侯的支持下，由李悝实施的“食有劳而禄有功，使有能而赏必行，罚必当”的选贤任能之策，改变旧的世卿世禄制。那些对于国家没有贡献，完全依靠父祖辈的爵禄享有特权的人，剥夺其官职和俸禄，把这些官职和俸禄授予那些对国家作出贡献的人。以此改善吏治，削夺旧贵族的特权，更激发官民吏卒的“建功”之志。

第二，以李悝的《法经》为准则，强化政治统治和社会治安。以“盗、贼、囚、捕、杂、具”六篇为量刑执法依据，强力实施，使民惕惕自律，不敢触犯，从而大大刹住了“秦人好群殴械斗”之风，更大杀了豪强恶势力和地痞流氓之气焰，就连啸聚山林的盗匪也纷纷下山改恶从良，社会秩序日益向好、政局日益稳定。

第三，实行“尽地力”的农业政策，革除旧有的阡陌封疆，鼓励自由开垦土地，提倡在一块土地上杂种各种粮食作物，要求农户在住宅周围栽树种桑，充分利用空闲地扩大农户农副业生产。增产者赏，减产者罚。它破坏了由来已久的“井田制”，极大地刺激了农民的生产积极性，提高了农业产量，增加了农民收入，也丰富了国库。

第四，实行“平籴法”。在年成好的时候，政府以平价收购余粮食作为储备，使粮食价不至于暴跌；荒年时再以平价出售，保证粮价不至于暴涨。用这种方法限止商人的投机活动，保护农民利益。

除了旧贵族，官民人等皆大悦，河西的大片土地，已完全“魏国化”了。

只说推行“平籴法”一项吧，即给西河带来了巨大收益。这“平籴法”乃李悝创立，即由国家控制粮食的购销和价格：政府在丰年以平价收购农民余粮，防止商人压价伤农；在灾年则平价出售储备粮，防止商人抬价伤民。开始，百姓并不相信官府会有菩萨心肠，吴起乃用事实说话。又到青黄不接之时，大多数百姓都在挨饿，而粮商们卖出的粮价，竟是其收购价的三倍还多，百姓们气得眼里喷火却无可奈何，只能吃草根树皮。吴起上报文侯，向国库借来米粮数十万石，担保秋后归还国库。文侯要资助“好猫”，慷慨答应了。粮食运到后，吴起在衙门前将粮食以平价卖给了缺粮的百姓们。这批粮食 如久旱甘雨一般，给百姓们解了燃眉之急。粮食卖完后，吴起对那些买了粮食，欢天喜地准备回家的百姓们说：“乡亲们！今年的这些粮食是本守向主公借来的！为什么要借呢？因为西河的粮库 里是空的！那为什么别的地方的粮库里有存粮呢？乃为别地都施行了‘平籴法’！”接着吴起将“平籴法”的内容和目的讲给了老百姓们，最后又说：“借粮终究不是长法，但只要大家努力生产，多打粮食，秋收后把余粮卖给国家，这 样再到缺粮的时候，大家也不会挨饿了！”百姓们掂着与黑心粮商相比贱的如干柴价的度荒救命粮，感动得眼睛发酸了，纷 纷表示，一定要卖力争取好收成，自家能吃饱，还有余粮卖给国家！

金秋里的一天，吴起正指挥着官吏们收购农民交上来的余粮。看着一石石的粮食 运进粮仓，吴起在心中喜悦地说：“又是一个丰收年啊！”前来卖

粮的农民们看到吴起，都主动的上前问好，“吴大人，你好哇！”“吴大人，自打你来后，那真是五谷丰登，六畜兴旺啊！”这些农民深深地体会到了吴起变法给他们带来的好处……他们都打心眼里感谢吴起！吴起依旧是那样的谦和，他一面笑着对问好的农民们点头致意，一面说：“多谢，多谢各位乡亲！我吴起既然身为西河郡守，造福西河是我的责任呀！我吴起何德何能？这几年大家的日子好过了，那是上仗苍天垂恩，主公洪福，下靠乡亲们努力的结果！乡亲们，今年谁的粮卖得最多，国家就赏他十匹丝绸，还免他家一年劳役！”农民们听了这话更加欢心鼓舞，连声说：“吴大人，请你放心，我们一定多卖粮，让咱们西河的粮仓里装得满满的！”

训练士卒加强军备，吴起更是轻车熟路、得心应手，但他不满足，他想训练一支战力更威猛的新军。西河现在已是农业丰收，仓廪充实，农民日渐甩开了饥寒，许多逃亡到外地的百姓纷纷回到家乡，人丁越来越兴旺，小手工业和商业也迅速发展，一切都在蒸蒸日上。吴起贴出告示，在西河百姓中征兵了，待遇非常优厚：当上“武卒”者，保证能吃饱吃好，还能隔三岔五有肉吃有酒喝，夏天发席子，冬天发棉被，并免除一家人的赋税徭役。

当“武卒”太有诱惑力了，只是很费解，兵本来就是武装嘛，怎么在“武装”上又加一“武”字？但很快就释疑了。有七万多青壮男丁涌到报名处，却被发给全套的盔甲穿上，再手持长戈，佩上长剑，挂上强弓，又背上一壶箭和三天的干粮……这一套东西可是有百十多斤呢！然后令所有人从这里出发，到南门外五十里处的那个小山上去。到山顶上拿到一块木牌再返回报名处，能在申时二刻前把木牌交者留下当武卒，其余恕不录用。……结果，仅有不足八千人被选中为武卒。

吴起又在原有部队中挑选武卒，考试的题目更严苛，最后，终于组建成了一万五千人的“魏武卒”，予以极严格甚至残酷的训练。当然，这支特种部队的待遇大大高于普通部队，令普通部队的士兵极是眼红。这好办，只要平时加强军事训练，通过了“武卒考试”，则可加入特种部队，享受优厚待遇。于是，“魏武卒”在不断扩大，而普通部队的战斗力也在迅速提升。但吴起并不满足于让他的将士能砍能杀，他知道，一支军队能否打胜仗，很大程度上取决于这支军队是否有严明的纪律。为此，吴起亲笔编撰了一部“军法”，将军中赏罚的制度一一列举其上。之后，他深入到兵营中，逐字逐句地为将士们讲解，并要求大家把这部“军法”背下来！

吴起一面要处理西河的日常事务，一面还要训练“武卒”。他太忙了，功业心逼得他将精力和兴奋点高度集聚于军政大事，甚至对女色的欲求也淡薄起来。

一日，西河最大驿站的驿丞陈老爷（那位安邑“陈记客栈”的陈掌柜）派人送信来。说购得了一条珍稀娃娃鱼，请大将军前去品尝。他很清楚，这位驿丞老爷肯定是受其夫人陈桑氏撺掇，请他去赴宴的。他有时也很想念老相好陈桑氏，而陈桑氏则对他更加情深，每隔一段时间，总要催促丈夫邀请吴大将军去驿站“视察”或小酌，以报答大将军的提携——去则与陈驿丞斗酒，驿丞必醉得不省人事，他则与陈夫人欢会一夜……但他公事太多了，不得不谢绝陈驿丞的邀请，尽管他也觉得太对不起陈夫人的眷眷之情。

第七十章

乔木藤蔓争阳光

乐羊围攻灵寿多半年了，但灵寿毕竟是中山都城，城坚如铁，粮草器械极广，城中犹有四万多兵力，故而攻打得十分艰难。乐羊计算了中山国这些年抢劫的积蓄，估计其粮食顶多再可支持一年，遂又采用了紧围缓攻之法，要疲惫和崩溃城中的防守意志，更要待其矢尽粮绝，困死中山人。

中山国危急了。中山武公与谋士们一番商议，决计对魏军行“釜底抽薪”计。于是，两名谋士于半夜里悄悄缒城而下……魏军要长期作战，夜里不进攻，部队在睡觉，两个人偷出城来并未引起警觉……径奔两个地方用计去了。

一位谋士来到魏都安邑，散布流言，说乐羊心怀异志，手握强兵而不强攻，实为待魏四面出击兵败国危，而后再攻取灵寿而自立为中山君。谣言传进朝廷，群臣窃窃私议，王错趁机鼓动一批大臣向魏文侯上书弹劾乐羊，建议撤换伐中山主帅。李悝、翟璜、魏成极力批驳谣言，坚决反对易帅。文侯犹豫不定。李悝乃拜请田段二老出面劝说文侯，文候这才打消了易帅之念。

另一位谋士来到齐国向田庄子恳求出手相救。田庄子当然不愿魏吞中山，而且中山人的多次侵扰赵魏，都是受他的挑唆，人家挨打了，你不有所表示将受天下讥嘲呢。他又不愿直接与魏动兵，于是起兵十五万攻入赵国。赵军攻代地已损伤不小，兵力疲惫，哪里还能抵敌强大的齐军？竟被齐军连连击败，得了边境三城。赵武侯（赵献子已死）震惊，急派人向魏韩求救。“三晋一体”，魏韩有义务救赵。王错等又向魏文侯献策：乐羊兵围灵寿，却遇到极其顽强的反抗，打得很艰苦。若旷日持久打下去，只怕劳民伤财终归无功呢。万一中山说动燕国与齐国出兵相助，乐羊势将陷入泥潭难自拔，更于我魏极不利呢。今何不令翟角镇守乐县，乐羊率大军撤出中山去救赵呢？李悝等人又坚定反对：蒸馒头正在上气，怎可撤火？乐羊绝不可“撤火”！西河形势大好，嬴秦唯取守势，可暂缓攻秦，调吴起率师救赵。文侯权衡再三，终于又听了李悝的主张。

吴起正想再向秦国发动攻势，接令只好再东来救火。他留下樊贵和莫墨玉守西河，自率二万军东回，又得朝廷添兵四万，再汇合四万韩军，急急奔赴战场。但他已有了“捣郑助韩”的经验，却不率军入赵与齐军对抗，竟由西南方杀入齐境，击垮齐边境军数万，迅猛向东进攻，围住了齐国的东南重镇丹桂城攻打。丹桂城有二万多齐军戍守，加之城坚池深，并不太惧怕十万魏韩联军的攻打，而且，主帅吴起似乎只是为了搪塞赵国，出兵而不出力，攻打的松松垮垮，齐军连惊险感都没觉到，皆暗喜吴起不肯为救赵卖力。

一连四日，天气凉爽宜人，魏韩联军的攻打如懒洋洋的乐团演奏，锣响鼓不响，管响弦不响。第五日忽然闷热起来，到中午更热的人挥汗如雨，吴起令联军停下攻城，退军三四里歇息，却独自来到一块高地上赏玩起风景来了。但他表面悠悠然，实际却在观察天气。他所以懒洋洋的攻城，是在麻痹敌人，他的天文知识告诉他，好长时间没下雨了，下则极可能是大雨，若借大雨攻城，将极大的减少伤亡。他抬头看天，见阴云渐渐笼罩了天空，成块成团的云有的黑乌乌，有的黄乎乎，云缝间有淡淡的红光，黑云黄云乱搅乱翻，似在激烈的打架。又响起了雷声，可那雷声沉闷喑哑，仿佛是从棉被中透露出来的。他忽地记起了有关农谚：“黄云翻，冰雹天；乱搅云，雹成群；云打架，雹要下”“天黄闷热乌云翻，天河水吼防冰蛋。”哦，看这情形，或不出半个时辰，必有强猛暴雨或大冰雹。城上见我撤退，必然松懈，暴雨冰雹一来，谁不躲藏？

吴起回到军中，急令八千“魏武卒”用一切办法制作斗笠遮护头脸，暴雨冰雹一起，舍死攻城；其余部队做策应。他训练魏武卒已略见成效，究竟战斗力如何，还需要在实战中检验并从中发现今后训练方式方法的改进。这次东征他带来了八千，一直还没有用之大展身手呢。

果然不出半个时辰，狂风大起，雷电交作，小核桃大的冰雹劈头砸下，砸在城楼的屋瓦上，屋瓦发出“叮叮铮铮”可怕的碎裂声；砸在城楼下的砖地上，弹跳起数寸高，叮铮之声更骇人，仿佛连坚厚的城砖也要被砸碎穿透……城上守军被冰雹一砸，疼痛惊骇，纷纷藏进城楼或向城下逃避，雉堞下空无一人了……八千初次亮相、迫切建功的“魏武卒”，人人身怀高超技艺，个个要立功扬威，他们戴着奇形怪状的各式斗笠遮挡冰雹，不，冰雹纵是尖刀，

也挡不住他们一往无前；面对千军万马，他们也敢“目中无人”。狂风冰雹算什么？他们飞快地搭起云梯，敏捷如猿猴的爬上城来，一部分来剿杀躲在城楼下的守军，又一部分冲下城去，打开了城门，早已磨砺以须的十万联军轰隆隆开进城中……啊，“魏武卒”，精心经意打磨的“剑”，果然锋利非凡啊！初次出鞘，立即显示了惊人的威力。用好它，势将无往而不胜！

田庄子闻报丹桂城陷落，二万守城军不死即为虏，又惊又气，这吴起没费大气力就夺了我的一座坚城！更可气的是，自己是最善玩手腕的行家里手，这回却被中山人玩了一把，让我大齐为其解围，却并未许诺任何好处，自己怎么鬼迷了心窍，心血一潮就对赵动手了？“三晋一体”实力强大，我虽得了赵边境三座小城，能够保守巩固吗？而我也失一重要边城，要从魏韩联军手中夺回此城，却难免流血漂橹呢！他越想越气沮，于是急派人入魏讲和：齐军与魏韩联军各自撤回，井水不犯河水。

魏文侯当然也见好就收。

魏韩联军未经血拼恶战就救赵奏功，魏国的声威更高涨，王错为之戚戚不安。这吴起居然举重若轻地挫败了强齐，迫使老狐狸田庄子求和谈判；乐羊也不遑多让，吴起挫齐之时，也分批大败了中山国北部各方镇的救援“勤王”，使灵寿城彻底陷入“孤岛”状态，危机日深了……魏国何其幸运，竟得同时涌现一大批拿云揽月的将才！更有那李悝等几个臭虫，比吴起、乐羊更可怕！这些人庙算擘画，内治国计民生欣欣向荣，国力日增，外保吴起、乐羊之类将帅建功著勋，实在是魏国峥嵘强盛的更重要的本钱……优秀将帅固然也是极重要的本钱，但若得不到朝廷支持，怎可建功于外！就如吴起吧，纵有通天之能，然而在卫成丧家之犬，在鲁也不能大有作为……噢！必须“掐死这些臭虫”，首先“掐死”李悝，才能杀魏之霸气！可是，通过数次不闪面的与李悝暗斗角力，他很明白，仅凭自己的资历人望和能力，根本摇撼不了树大根深的李悝，怎么办？噢，太子击似乎对李悝有怨望呢。魏文侯日渐衰朽，却对储君之位摇摆不定，李悝大约不为魏击说好话，魏击为之忧心忡忡，若从此一点给魏击出谋划策，则成太子心膂，借助太子击之力，搞倒李悝易如反掌也。现在要接近、获信任于太子击，先得通过公输座“搭桥”……

一个天凉气爽的下午，中大夫王错请太子府詹事公输座在一家酒馆喝酒。王错谈笑风生，公输座已为之所迷。王错又举杯说：“公输将军南征西讨，战功赫赫，威名如雷，前程不可限量。王某为将军贺！”公输座喝了酒，叹口气说：“我只是太子府的大管家，能有什么大前途？”王错坚决地摇摇头：“将军差矣。今日太子府之大管家，难道不是未来天下之大管家吗？”公输座当然明白话中的深意，但他仍是叹了口气：“纵使太子将来继位，那更是天心难测，魏之能臣良将多矣，未必还念昔日旧情。况且庞城之役，我连败于穆柯乾之手，太子对我已……”王错却截住他的话头：“将军不必再说了，谁不知道，庞城之役失利，只为秦军兵力太盛，而庞城刁民又暗助穆柯乾，非将军无能也。这些不必多说了，还是回到将军身上吧。太子对将军是爱之深而责之切，此为将军莫大之荣幸焉。当然，话说回来，能否使太子旧情不减且更加深，亦须将军戮力呢。”公输座见王错似乎胸有丘壑，乃肃容问：“王大人可有教在下者？”

王错略一停顿，拉公输座向窗外望去。窗外，有两棵须二人合抱的大柏树，树身上各攀附着一株凌霄花，花正盛开，艳红点缀于绿丛间，十分美丽。但一株花攀爬至大树之顶，在辽阔的空间舒展着笑容；另一株花攀爬至大树腰部，却附爬上一根细枝，那细枝承载不了重量，被压得弯垂下来，凌霄花也随之悬垂在大树腰部的半空里，似乎再也无力重新向上爬了。王错指着爬上树顶的凌霄花说：“将军何不学此花？”公输座也是极聪明之人，立即明白了王错暗示的寓意，乃向王错深施一礼，诚恳地请教：“道理在下也明白，并在尽力攀爬着。然则如何才能紧密攀附，尚请王大人不吝赐教。”王错却微笑着摇头不语。公输座一躬到地：“王大人帮了在下，在下或者也能为王大人略效微劳呢。”王错要的就是这句话，这才不慌不忙，压低了声音对其开导说：“将军岂不闻，太子长女美如天仙，虽才年刚二十，已连休二夫，现在尚守寡，将军若坚执求婚，太子必允。但得为太子之婿，则既得美妻，更成探头柏树之巅的凌霄花了。”

公叔座初而大喜，随之连连摆手：“不可不可，听说太子女刁钻古怪，悍毒如雌虎，视夫为狗，其前二夫连其身也不得沾，我怎敢娶母夜叉为妻？”王错大笑说：“将军差矣。太孙女之所以视夫为狗者，因未尝夫妻人伦之乐也——世上有一种女人，视夫妻之乐为腥秽恶浊，故每加拒，若对其慢慢温存，小心调弄，须……则女人之本性复苏矣，而一旦品尝了奇妙滋味，则如老鼠偷油盐，不可遏止矣；其前二夫之所以未得沾其身者，因其皆为不更事之酸腐少年。似将军之赳赳威武，一夜夫妻事，足可使之俯首帖耳焉。”

公输座只听得如醍醐灌顶，对王错之“女人经”惊佩莫名，更对当“凌霄花”欣喜欲狂，连连地向王错拱手致谢，但渐渐地心中又有点儿凉了下来。太子击的地位似在摇晃摆簸着，能否继位实在难说，万一继位者是公子冲，则太子击不被剪除，亦将成下架凤凰，那自己成落毛凤凰之婿，命运将更惨了！

王错却已看清了公输座的心理活动，阴阴地一笑说：“将军勿虑，王某已有计助太子之地位稳若磐石。”遂向公输座机密耳语一番，公叔座哈哈大笑起来：“王大人哪，你才是聪明绝顶呢。急于当凌霄花者，王大人也。”王错也大笑不止。

当晚，公输座即引见王错给太子击。

太子击正在为自己的命运惶惶不安，更恳切而急迫地向王错问计。王错说：“据臣所知，欲扳倒太子者，李悝而已。太子只须紧抓住二老一少，李悝之奸谋可击破矣。”“二老一少为何人？”“二老者，田子方、段干木也。一少者，罗妃是也。”太子击大喜，以为找准了开锁的钥匙，但又不无畏难：“这二老我倒能接近，也说得拢。可这罗妃冷如冰霜，拒人千里，求其相助，只恐会吃闭门羹呢。”王错假作思索有顷，计上心来的样子：“有了。臣认识那位给罗妃驱妖的女巫，待臣收买利诱于彼，由彼婉转进言，详陈利害关系，罗妃必肯会见太子并竭诚效力。”太子击喜得合不拢嘴：“一切仰仗王大夫了！”王错却认真地叮嘱：“此一少尤为关键。太子与之会见时，应该越……越亲密越好。”他将“亲密”二字说的慢而重。

次日晚，假女巫又进宫作法，一番死去活来的疯狂后，他为她分析命运说：“文侯已衰朽不堪，娘娘之荣贵将寄托于新君。故娘娘当为自身谋新君人选。太子击属望于你，正可助之继位而保长久之福。且虹之丽仰赖日光，你须抓牢‘新日’。”罗妃久经风雨，何事不懂？乃郑重允诺。

于是太子击求见，罗妃遣散所有宫人而亲密会晤，不仅痛快地答应了为之说项，还频频地眉目传情，太子击当然更求“亲密”，两双眼睛遂撞出了火星，已是彼此倾心爱悦了。

一切都循着王错的谋划顺利进行着，太子击的地位巩固了，罗妃又得了“新日”的眷爱，公输座也终于成了太子的未来女婿。但获利最大的却是王错，他已成了太子的心腹，而且又在李悝的背上插了把无形的利刃。

吴起返回西河，不禁深深叹惋，攻取阴晋的时机错失了！他离开的数月，秦国已陆续给阴晋添兵近十万了，听说"吴瘟神"离去，竟多次出兵向魏军大举进攻，樊贵、莫墨玉只有五万多兵力，要守卫四城几百里土地，实在捉襟见肘，好在樊贵有凝聚军心之能并智勇兼备，莫墨玉之威猛杀神之名令秦军怵头，居然连连挫败了敌之汹汹反扑，但还是丢失了前哨堡垒"吴城"。吴起回来了，西河将士欢欣鼓舞，莫墨玉、樊贵不无羞愧地向吴起请战，要率军去夺回"吴城"。但不用夺，秦军听说"吴瘟神"回来了，无不惊惧，这"吴城"孤悬阴晋城外，若被"吴瘟神"围而打援，可能得不偿失。于是秦军主动放弃了"吴城"，尽撤回阴晋城中，采取了防守、对峙之势。

吴起明白，以自己的近八万兵力，又要分守各城，根本无力进攻阴晋，只能与秦军对峙，待机再谋吞秦。于是他驻节王城，一面治政练兵，一面整理自己的治军、练兵、作战的经验体会，要编著自己的军事著作……《吴子兵法》。

转眼又是数月，吴起忽得到一个消息：王城、洛阴的数十名百姓被元里将军杀害了。他勃然大怒，要为"大魏子民"报仇雪恨，借机拔取秦在西河的又一座城池元里……好在阴晋的秦军畏惧自己这"瘟神"，只求保守，根本不敢向向阴晋城外探脚。

第七十一章

蒿杆渡河克艰险

元里是秦在“西河地区”西北方的最后一片领土，吴起没有急于攻打元里，既因它的地形极利于防守，城中兵力不弱，守将骆乙也勇猛敢战，攻之不易，更重要的是，元里郡守李奇是个百姓爱戴的好官，他要征服秦人之心，不能急于对仁厚爱民的良吏挥战刀。现在有了借口，对不起你了李奇！

元里郡守李奇，确实是“老秦”的大忠臣和清官良吏，甚至是“老秦人”的福分。他一身书卷气和浩然正气，在朝为官时，曾屡向简公进谏：“国之安危，在内而不在外（暗指‘公子连之患’），能爱百姓恤万民，则国如磐石矣。”但戚甲、郝长生之流，却怒斥他是媚民祸国，奏请简公罢其官逐出朝堂，幸亏他久有清正贤能之名，得到“后党” 的不少正直之士力保，这才被贬黜到元里作郡守。

他来元里上任伊始，即遇上了生死考验：去岁天大旱，官府犹强征暴敛不已，此时春荒，穷苦百姓几乎家家断粮，饿死者不绝于道，且出现了刨出死尸吃人肉的惨绝人寰之事。他飞章奏报朝廷，请求动用官仓储粮以救百姓，然而遭到执政者的痛斥。眼见饿死人越来越多，再不赈救，百姓或则十室九空，或则逼出大暴乱，如此，莫说朝廷必委罪于己，即自己又何颜苟活？他断然矫旨下令打开官仓，设粥棚三座以救垂死者，同时做好了准备，一旦朝廷来锁拿他，他即自缢死，以申明自己“爱百姓恤万民”非大言欺世……简公虽极愤怒，但各地连连出祸乱大事，使他焦头烂额，“后党”又攻击甚烈，不敢乱上加乱，乃忍气吞声不予理会……

春荒刚过，干旱又继之而起，元里城外，竟出现了与庞城情形相似的百姓大械斗。原来，城外有一条小堰河，是城周围数万亩“粮仓”的生命水。但这生命水在农事急需时严重不足。小河两岸的良田绝大部分为达官显贵所有，农民虽是租户，但浇不上水庄稼歉收，直接灾难还是落在他们头上，于是，在东家们的挑唆、支持下，两岸年年为争水如两军对垒打群架，每回都要死几个人，伤者更不计其数。遇到这种情况，地方官不敢得罪哪家显贵，也不愿招惹红了眼的百姓，就装聋作哑，单等打出了人命再捉"凶犯"治罪。这天李奇得到报告，两岸又聚起上万农民，准备为抢水拼命。李奇毅然决定弹压，但他没派一兵一卒前去，而是独自在河堤上一坐，威严地对将要大打出手的千万人喝斥："本守在此，有敢械斗者一律擒拿，严惩不贷。"百姓们见到这位两月前舍命救了千千万万待毙饥民的郡守大人，竟纷纷扔下锄锸棍棒跪倒在地，并热泪哗哗流淌……谁不明白大械斗的结局是什么？但不斗水从何来？何况官府从来事前不管，事后乱抓人，也助长了械斗啊。而这位郡守大人，大义凛然、全不顾自身安危，又是在舍命救百姓啊。

李奇震慑住了要拼斗的场面，趁机召集两岸百姓中有资望者，会议说："水固不足，拼争岂是根本之计？小堰河之水，早春和秋冬季节白白流失，良足可惜。今若于上游筑堰修塘，蓄农闲之水为农忙之用，斯可根治缺水之弊。"百姓们半信半疑，李奇则分派百姓出伕兴工，官府督责，并打开官仓助民伕口粮。历半年而工成。此后，两岸百姓再无械斗之事，盖因水危机完全解除，万亩粮仓扩大了一倍，且能产量大增，旱涝保收。

元里的先任守令巧取豪夺，苛捐杂税甚于虎狼，许多百姓难以活下去，遂啸聚山林，打家劫舍。官军来剿，则四散而无踪影，官军一退，复又聚集造乱。官军无计可施，乃抓捕盗贼家属以迫盗贼下山。但如此一来，盗贼更铁定了心为匪。李奇上任后，查明了匪患之根源，立即废除了苛捐杂税，并将牢房中的"匪属"全部释放，一面张贴告示，劝喻为匪者下山："尔等本是良民，乃被苛政所逼而为盗，实为苛政之罪也。本守现已蠲除无法无理之残暴捐税，且释放了被罪之匪属，冀尔等醒悟感恩，速速下山各归乡里，重为良民，则四乡百姓幸甚，尔等家人幸甚，尔等自身尤幸甚。切切此布。"但告示贴出半月，却无盗匪洗手下山者。李奇不明所以，询之胥吏才知，官府历来用剿、抚（大都是欺骗）两手，这些人哪敢相信啊？

李奇弄明了真情，决定亲赴贼巢去宣喻仁政，以真情诚意劝告乱民放弃"血盆里捞饭吃"的不归之路，并要第一站以最大的匪股"点天灯"为突破口。吏役兵弁们吓得面如土色，宁愿被革职办罪，死也不肯随他闯匪穴。李奇大怒，竟骑着小毛驴孤身前往。

这“点天灯”本名叫典膺，聚集有一二百被逼上绝路的农民和猎户，既抢大户，又掠贫民，使方圆几十里路断人稀。官府抓了他们的家人亲属，他们也更疯狂的报复，抓住官府的人，哪怕是走卒小厮，一律凿穿顶门，灌入蜡油，栽上灯芯点燃……竟残酷地连点了上十个“天灯”，令官府之人闻其名则浑身起栗筛糠。

李奇来到“点天灯”的巢穴，通报了姓名身份和来意。小喽啰通报后，“点天灯”勃然大怒。他已听说了布告内容，坚信只是官府的骗局，更不信会放了自己的亲属。一为对官府的仇恨，二为防着来的狗官花言巧语涣散了手下“活着舔血，死了还血”的斗志，他令人将李奇塞住口捆绑进议事厅。望着文弱的阶下囚，他嘿嘿冷笑起来：“狗官，你的心好狠毒哇！用屌毛布告哄弄不了爷们，还想用莲花舌来日弄你爷们？呸！你典爷把官府看透了，口口声声‘民为邦之本’，其实呢，饥寒冻饿死千万百姓，你们管吗？徭役折磨死千万百姓，你们肯发点善心吗？哼！路上的饿死鬼没人埋，你们牢房里的罪犯装不下，你们残民害民不怕天火烧，对咱草民们倒是有两怕……一怕咱不苦，二怕咱不死。你典爷偏不死，偏不钻你的圈套，活一天，就跟你们玩一天命。你妈的个嫩奶奶，你的心肠毒，爷就先给你开膛剖肚，剜你的心出来看看是红是黑，而后再点你的天灯。来人，将这狗官剖心挖肝！”

两个喽啰来将李奇捆到柱子上，撕开了胸前衣服，磨刀准备动手。李奇口不能言，心中悲凉万分，只有闭了眼睛等死。但这时喽啰又来通报：“老太爷来了。”

一乘小轿抬进来，走下来一位六十多岁的跛腿老汉。老汉一见待刑的李奇，跌跌撞撞地扑过来，用身子将李奇护住，对着“点天灯”泼口大骂：“狗日的，天杀的，你要干啥呢？你先把你老子点了天灯，然后再动李老爷……”“点天灯”一下懵了。

原来，李奇一走，机灵的郡掾（……郡守的辅佐官）目睹李奇舍身救民的几次壮举，感动敬佩之至，即遣小轿到“点天灯”家，向其父说明原委，抬上老人急追上山。恰恰救了李奇……

“点天灯”一股下山从良，消息传开，小股的“棒客”（土匪）也纷纷走出了深山密林，元里百姓“日怕出门，夜怕狗吠；烟火敛迹，路断人稀”的恐怖结束了……

由是，元里百姓感其恩，敬佩其真心爱民、大义凛然，几乎视其为神了。

但李奇只会治政而不识干戈兵事，防务、治安等兵戎之事全由将军骆乙操持。骆乙是戚甲的党羽，仗势骄横跋扈，任意胡行，全不把长官李奇放在眼里。王城、洛阴百姓来到元里探亲访友或作买卖，骆乙立即抓捕，说这是魏军派来的奸细，这些人极力分辩，并说出城中亲友的姓名证明自己的"老秦人"身份，但骆乙却将城中的"老秦人"一起抓捕拷问"奸细"，实为敲诈钱财。李奇大惊，斥责骆乙是驱民心向魏，令全部释放。骆乙深恨李奇得百姓敬爱，又没有敲诈到钱财，更是愤怒，竟瞒着李奇将三十多名（包括城中人）"奸细"杀害并悬头城门。李奇捶胸痛哭，却对骆乙无可奈何。

元里东有毒龙河，西有洛水，水深流急，河岸陡峭，一万元里兵守住河岸，魏军没有船只，只能望河兴叹。城南十里，是又深又阔的黄土沟壑，连虎狼都难逾越，只有两里多宽的坦途可通城下。但"坦途"又被两座险峻的山峁锁住，中间可通行的平地不过百步，犹如"铁锁"。骆乙有勇力和胆气，听说魏军来犯，率城中一万军来占住山峁，堵住了"锁眼"。吴起率四万五千军开近"锁眼"前，竟是寸步难进了。

吴起见攻克"锁眼"极是艰难，令莫墨玉、樊贵率军摆开攻打"锁眼"之势，却只呐喊佯攻，不必硬拼血战，自己带着少量卫队离开大部队，绕向城东城西察看渡河的可行性。只要渡过河去，从"锁眼"的背后插刀，据守险固的元里兵将被全歼。

先看西面洛水，有多条小渎、小溪流汇聚，河面宽阔，水势浩大汹涌，两岸的险峻倒不多，但似乎有七千多元里兵防守在河对岸，十余里长的河堤上守军密布，并且修筑着矮石墙作为"碉堡"。即使有舟楫渡河，要突破"碉堡"也艰难万分。再向东来看毒龙河，好家伙，水流湍急如奔马，偶有腐草树叶飘来，立即被按下水面，好久才能在远远的下游冒出头来；更要紧的是，对岸已筑起了一丈多高的堤坎，守军虽不多，但于堤坎上放箭，只怕你千帆万船的进攻也将人亡舟覆。欲渡毒龙河，比过洛水更难数倍了。

吴起沉思着：强攻"锁眼"将有伤筋断骨之虞，必须渡河自后砸烂"铁锁"！但这两道河流却比"铁锁"还险恶，莫说登岸艰险如飞鸟冲罗网，只这滔滔水面又如何可渡？隔山十里不远，隔水十步难越呀，何况水面有半里之宽阔呢！结筏扎排？周围十几里极少大树，更缺乏竹材，靠排筏渡河也条件不足。虽然遍地尽是苦蒿杆，这苦蒿杆有的比人还高，杆粗如小儿胳膊而

空心，干枯后很轻，浮力很好，简直可替代竹材，可它们既短小又脆酥，经不起麻绳绑扎，无法串结成载人之筏啊！怎么渡过河去呢？……他心中着急，苦苦思索着。忽然，他发现了两点似可利用的条件：毒龙河有一处曲拐地形，主流从河东拐向河西，被下游的暗礁一挡，又急速地向东岸斜插猛冲过去，快到东岸才又折回河心。如果借此激流之势，似可轻松接近东岸；毒龙河高堤上的守军大概有二千来人，防守十多里长的堤岸已显得很薄弱，但守军却仗恃天险，根本不相信魏军敢打毒龙河的主意，防守只是敷衍差事，士兵们聚堆结伙打闹嬉戏或说笑，有的还入迷地玩着“老虎吃人”、“瞎子跳坑”等棋类赌博，几乎连河对岸的情状也懒得抬眼观望……他的心中亮起了闪电：从这最危险、敌军最麻痹的地方偷渡，必可出敌意外！他又思索一阵，计上心来。

吴起回到“锁眼”前，令潘松率军继续佯攻；令樊贵率军一万开到洛水西岸，摆出强渡的架势；又令莫墨玉挑选五千水性好的魏武卒，开到毒龙河东岸山野，悄悄刈割苦蒿杆，每人扎成桶粗的一个蒿杆捆儿，行动要绝对隐蔽，不能使对岸发现一丝儿人影。

樊贵的一万大军，在洛水西岸的山坡沟梁间砍伐树木、割取黄槽竹，闹闹哄哄，热火朝天。但旱原地带，高坡旷岭上连荒草也不茂盛，偶有稀稀落落的小灌木，根本不能成为材料。深沟大谿里倒是树木蓊郁，还有夹杂其中的小片黄槽竹，可是，要把砍倒的大树和竹材弄上平地来，则是沉重的工程。好在魏军人多，竟用“蚂蚁搬大块食物”的方式，将一根根剔去枝稍的树段和竹梱搬抬上平地，又运到洛水岸边来。尽管如此，一天下来，堆码在河边的材料，怕是连扎成三五只木排竹筏也不够。

元里将军骆乙见魏军虚攻“锁眼”，而大力在洛水西岸伐木取竹，心知吴起要强渡洛水。可他一看魏军一日辛苦堆码起的竹木材料，轻蔑地笑了：似此进度，你魏军一个月也难备足渡河之材，而且，大树竹材越来越少，难道你们能从王城、洛阴运送木排竹筏来？当然，这吴起鬼计无穷，须防其用鬼怪办法泅渡，更要防其夜里偷袭。而且还须谨防其作势渡河而暗中偷袭“锁眼”！于是他命令守军昼夜警戒，不得有丝毫懈怠。他又巡视了毒龙河形势，见对岸并无魏军踪迹，心里很踏实：毒龙河一带更是荒山秃岭，几乎找不到竹木材料，魏军根本无法渡河，何况我还有两千军监守着呢。

次日，魏军在洛水西岸又增大了兵力，开进到更远散开，叮叮咚咚的砍伐竹木之声和战士的呼号嘿哟声弥漫于天际，而且夜里也打起火把连轴干。漫山遍野灯火如星，难判断魏军有多少兵力。又两日，河西岸堆积起的竹木材料明显猛增。骆乙见了暗暗心惊，注意力完全倾注于洛水防守了，他从“锁眼”那边调来数千兵力加强戍守。毒龙河那面，他很放心，料魏军必无从彼偷渡的念头。

魏军终于扎成百多只排筏向洛水东岸扑来，但水大浪急，排筏还到不了河心，已被冲到下游峡谷处，那里绝巘壁立、水流箭激、漩涡密布、拍礁撞岩之声空谷传响，哀转不绝……那些排筏拼命撑回西岸，却也有不少排筏撞入险峡，或葬身激流漩涡了……骆乙虽大喜，却知道吴起狡诈，哪敢放松洛水防守，并亲自驻扎于河边指挥。

毒龙河的守军，已知魏军在洛水东岸筹备强渡，晚上更可望见连属不断的魏军灯火，而自己这面人影声息皆无，魏军不傻，绝不会企图水牛爬树、鸡蛋上墙，呵呵，自己的防守不过是吓阻魏军而已，大可虚应故事。于是两千守军，晚上蒙头大睡，白天则打闹嬉戏玩棋赌博或晒太阳打盹各得所乐。

骆乙要兼顾“锁眼”、河防两处守卫，来回巡查、督责，也很辛劳，第六日拂晓，他正在军帐中熟睡，却被后营的一片哭喊声惊醒，卫兵来报，不知多少魏军渡过毒龙河杀到我背后了。骆乙大惊失色，慌忙提刀上马赶到后营，恰遇莫墨玉杀到，两人大战起来。骆乙虽也勇猛，却哪里抵得住莫墨玉，战不几合，被莫墨玉一槊斩断了刀柄，吓得魂飞天外，拨马转身飞逃。然而，后面又是樊贵、潘松冲过“锁眼”杀了过来，四万五千魏军将二万元里兵团团围住了。

元里兵缺少训练，更没经见过大规模的对阵厮杀，何况被魏军包围，何况魏军个个勇猛无敌，魏武卒更似狼似虎，樊贵、莫墨玉、潘松比凶神厉鬼还可怕，兵器挥舞处，血肉横飞……前后被堵，左右无路，惊恐抵抗，不死即伤，魏军高呼“降者免死”，数千元里兵乖乖扔下了武器------

骆乙豁命冲杀，终于突出包围逃回城中，但带出去的二万军却只剩下不足六千了。

莫墨玉是怎么渡过毒龙河的？原来他率五千魏武卒割来大批蒿草，每人扎成一个桶状“救生圈”，于后半夜时潜到河边下水，武器架在蒿杆捆上，双手抓住“救生圈”顺流向西岸漂游。激流快到西岸将摆头折向河心时，他们立即扯下武器抛却蒿杆捆，奋力游出十几步就爬上河岸，翻上高堤。这些

武卒，是战力超强悍的特种部队，每个人都有精强的武艺、敢拼命的豪气，其整体是吴起手中的“干将莫邪”，个体则是一把把惊人胆魄的“鱼肠剑”。呼呼大睡的两千元里守军，不够他们作“下酒菜”。吞了“下酒菜”，火速扑向洛水西岸的元里兵后营，他们的战斗力何等强猛，个个以一当十，战力稀松的元里兵从梦中惊醒来敌，立时如病羊遇上了饿狼，死伤纷披，鸡飞狗跳墙的奔逃哭喊。莫墨玉率五千魏武卒在元里兵后营似翻江倒海……“锁眼”这边的元里兵人马被惊醒，见魏军杀到了背后，无不惊悚大乱，樊贵、潘松趁机突破了“锁眼”……

第七十二章

诈内诈外穷机心

魏军一战歼灭了多半元里守军，趁势围了城，吴起亲率的后军又赶到了，四万多大军向元里城发起了攻打。此时城中只有不足八千兵力了，且已军心惊恐，形势极危急。李奇大惊，亲自上城督军防守。那骆乙四城巡查督战，鞭打胆怯的士卒，怒斥将士拼命，自己更手持大砍刀，砍翻了三四架魏军搭上城头的云梯，又两箭射死了两名魏军的小军官。魏军的冲车来冲撞城门，他抱起斗大的石头砸下去，竟将冲车砸的散了架。军士们见将军和郡守奋勇，也为之感奋，居然挡住了魏军的攻势，而且滚木礌石和箭雨交加，也给了魏军不小伤亡。

吴起令后队万弩齐射，压制城上的滚木礌石，冲锋者趁机猛攻，他知道（……此前他早派细作潜入元里城刺探过情报）李奇只是个不知战的书生，骆乙有勇无谋颟顸粗疏，仗恃着“铁锁”和两条河的险固，料必可拒敌于险峻之外，对守城并没放在心上，其所备的箭支和滚木礌石有限，难以支撑多久。

果然，第二日下午，城上的守军伤亡渐多，射向城下的箭支越来越稀疏，滚木礌石也抛打的气势大减，显然，城上快要势穷力竭了。吴起大喜，刚要加强进攻力度，却见骆乙指挥士兵驱赶着数百丁壮百姓向城上运来了砖石滚木，他立时心头一震：如果攻的急了，骆乙也用郝长生之毒计驱百姓上城助守，攻城就为难了……自己可是要绥抚秦人，难道能大屠杀元里百姓？得一城而毁坏“仁义之师”名声，那可就会迫使老秦人拼死抵抗了！不能猛攻，应设法先除掉骆乙。于是他急令停止进攻，只取紧围之势。将士们怨言纷起了：吴将军这是干什么呀？不趁此时一举破城，难道要等守城军备足防守器具再攻？须知秦大军极有可能来援呢。如果是哀怜城中人死伤，那我们何必来攻城夺地呢？吴起却不管这些窃窃私议，自在大帐中思索着除骆乙之计。

他已听说过，骆乙还是个孝子，以妻子儿女奉养父母居住在在城外十五里的圩镇宝河堡，若掳来其父母妻子相要挟，其人会出城来降吗？骆乙一降，

军心大恐大乱，李奇就没咒可念了……可是，看这骆乙大有与城共存亡的气慨，未必肯顾私情顺降呢……好，我做好两手准备，调骆乙出城来！

吴起一面派兵去强请骆乙家眷，一面又把一名伤员唤进帥帐。这名伤兵是“伍仁造乱”时的积极鼓动者，之后，吴大将军没有惩处“乱兵”，却对他这个“煽乱小头目”心有芥蒂，只是反而对他更亲切些。他很感动，作战十分勇敢，攻打“锁眼”时又负了伤。吴起召见了他，并没有像平时那样给受伤者擦血裹伤殷殷慰勉，却冷冷地对他说：“伍仁托梦给本将军，说他是受了你的撺掇，要本将军为他洗冤。不知你有何解说？”伤兵惊怔了，事隔三秋了，现在突然翻出旧账，这吴将军也太阴险了。可是，伍仁的确是受了自己撺掇，自己的良心略有愧怍呢。于是他平静地说：“伍仁说的不错，小人也该死，但凭将军惩办。”吴起却笑了：“惩办不必了。尔可戴罪立功，假作被遗弃的伤兵令元里俘获，如此如此说……即为大功一件。你是西府老秦人，你的话骆乙必深信不疑。你放心去吧，生还可升任小都统，万一不幸，你家可得最优厚抚恤。本将军估计，你生还的希望在九成以上呢。”伤兵慷慨又喜慰地藏进了城边的小土洼……

第三日，一支魏军押着骆乙的老父母和妻子儿女来到城下，喊话让骆乙出城投降以保全父母妻儿。骆乙向下一望，心如刀割，但他强忍悲痛，跪在城头向下高喊：“爹、娘，原谅儿子只能尽忠不能尽孝了！”一对老夫妇也向城上喊：“我的儿啊，你做得对，咱们死了，也要当大秦的鬼！”押解的魏军大怒，要挥树枝抽打两个老人，却被吴起挡住，令换上骆乙的妻子儿女向上喊话。三个儿女还小，只知哭泣，那妇人却喊：“夫君是好汉子，为妻也不会给你丢人。你守城要紧，莫操心我们的死活。”骆乙又向下磕了两个头，突地站起，张弓搭箭，瞄准吴起射去。吴起马鞭一扬，箭堕地上了。

吴起大怒，拔剑出鞘，要下令全军猛攻了。忽然，远处有一骑飞奔而来，来到吴起面前滚鞍下马，跪地禀报什么。吴起听完愣了一霎，随即令三军急急撤退，而且撤得很慌张，竟把押解着骆乙父母妻子的一队人马远远地扔在了后面。

魏军突然惊慌撤退，城上的李奇和骆乙既惊喜又满腹狐疑：这吴起在玩什么鬼把戏吧？其人狡诈无穷，是要哄我们放松防守再突然回攻？不管咋样，防守不可松懈！骆乙看着父母妻儿被魏军押送着慢慢向“铁锁”方向走去，心中悲痛着急，恨不能匹马追去抢救回亲人。忽然有军士发现，城下不远处的一个土洼里有魏军一个伤兵，被魏军遗弃了。骆乙急令人去把魏军伤兵抓进城来。

骆乙审问伤兵：“吴起何故突然撤军？不说实话，将你剁成十八块。”那伤兵吓得簌簌发抖，战战兢兢地答道：“回、回将军，吴、吴起得了紧急情报，十多万秦军，杀、杀向洛阴了。洛阴只有五千军防守，险、险如……”噢，伤兵却是地道的西府①口音。骆乙截断伤兵啰嗦，又问：“你是什么人？怎成了魏军？”那伤兵迟疑了一下才说：“我是西府人，在贾章将军麾下当兵，吴起攻下临晋，我……被俘了。魏军要撤，嫌我成了累赘，就扔下我不管了……”骆乙大怒，一刀杀了这个伤兵。

骆乙大喜了，西府老秦人伤兵之言绝对可靠，吴起仓皇撤军并非奸谋，其保守洛阴关乎西河大局，撤退必顾不得后队，自己率军追杀上去，不仅可抢救回自己的家眷，还可大斩匆忙奔退的魏军后队，以报毒龙河之仇。他急忙整起四千人马要出城追杀魏军，李奇却阻挡道：“不可，须防吴起使诈。”骆乙根本不把酸腐书生李奇放在眼里，轻蔑地冷哼道：“你的家人在京城是吧？哼，谁可阻拦本将军调遣部伍？”竟撇开李奇，率军急急向魏军追去。

骆乙没想到，魏军这个伤兵，却是吴起有意“遗弃”来诱骗他的……

骆乙出城狂追，很快就追上了魏军后队，刚要杀过去，却被两边埋伏的魏军截断了退路，正面的魏军又返回身来，将他的四千军包了饺子，并高声大呼：“降者免死！”元里兵已领教过魏军的凶狠，何况凶狠的虎狼是一万多啊，至此无不心胆欲落。数百人乖乖扔下了兵器，也有胆大的要作困兽之斗，但犹如蚂蚱拼斗大公鸡，转眼间被消灭一尽；更多的元里兵撒腿就跑，要从魏军的缝隙中钻出去逃走，但魏军的缝隙立即弥合，刀枪林罩住了他们……不到半个时辰，四千元里兵死了三千，其余尽当了俘虏。

骆乙毕竟有些勇力，又仗着马快，竟从潘松的手下逃脱，单刀匹马、气喘如牛地冲出了包围圈。魏军已不能追上他，他要翻坡越岭逃走很容易，可他见父母妻儿仍陷在魏军队中，竟不肯逃走了。男子汉大丈夫，不能孝敬高堂，反累白头双亲受折辱，活着还有什么意思？吴起畜生，会怎样折辱自己的双亲和妻儿呢？魏军贼寇，骆爷跟你们拼了！好个骆乙，此时已是丢盔散发、冷汗热汗齐流，但他竟又瞋目怒吼着冲向魏军，斩杀两人，也被魏军乱刀砍死……

骆乙一死，魏军却立即释放了他的家人，并为他造坟修墓；之后，吴起还给他的墓碑上题镌了“忠孝将军”四字。

吴起“调虎”出城后，立即率中军围住了元里。没过两个时辰，樊贵、潘松率领的一万多军也返回来，加入到围城的阵势里。魏军的声势浩大，却没有发动攻击，只是向城上喊话，劝李奇献城投降，免得城中军民遭殃。吴起还亲自呼李奇说话：“吴某钦仰李郡公仁厚爱民，堪称‘老秦人’之福星，然而秦朝廷昏乱，君一身岂能挽颓波？秦大军东来，实为吴某用计赚骆乙也。骆乙与其四千军已覆亡，今君孤城一座，弱兵三四千，我破城如拍蚊杀虱，所以不紧攻者，体君仁爱之念也，郡公仁厚爱人，宁忍城破百姓遭殃、玉石俱焚乎？速献城出降，士卒幸甚，百姓幸甚。”

此时，元里已外无救兵，内无多少可战之士，魏军要将元里夷为平地，确实并不费难。李奇见军心已惶恐至极，官兵都躲在雉堞下不敢露头，有的还抖抖索索，似乎连刀枪也举不起了。他听骆乙说过，“兵不斩不齐”，临战胆怯者，必须正以军法，可是，他哪能向自己的将士挥刀啊！外无援兵，内无敢战之士，魏军凶狠猛恶，强攻起来，不仅守城的数千将士要遭凶厄，而且将会有多少百姓惨死于乱战中呢？自己死于贼手，成就忠贞英勇之名，固然是士之光荣，但使一城生灵罹血火之灾，浮尸山积，这岂是仁者之行？罢罢罢，自己的名节事小，无数百姓的生命事大。仁者爱人，我这“仁厚君子”，不能忠于国，只求爱于民吧。他哭了。有的将士见郡守流泪，也尽垂泣，也有人因感奋而豪勇起来，慷慨表示要和魏军拼到底。但李奇摇了摇头：势已至此，徒增冤鬼而已。他挥泪下令打开城门，迎魏军入城。

吴起率二万军进城，其余部队驻扎城外，由莫墨玉统领。他入城后，刚要接见慰勉李奇，却忽听郡守府中哭声大振，有人来报，李奇自缢了。吴起胸中一阵发酸，乃亲往致祭，予以隆重葬礼，且亲手于其墓碑上书以“仁厚爱民”四字，令石匠镌刻。元里百姓大恸，到李奇墓上洒泪祭奠者络绎不绝。

【注释】

①关中可称三秦。西安东部谓“东府”，西部谓“西府”。

第七十三章

吴起蒙难元里城

吴起兵不血刃进入元里，好不得意，而且，两日后即是他的三十六岁生辰，部将们皆要为之热烈庆祝一番。吴起平日与士卒同甘苦，深得三军钦敬，今见部下有致敬心，不便拂逆；加之元里城轻巧入囊，不觉有点飘飘然；且三军多日跋涉转战，辛苦已极，确也需要休息轻松一下了……于是欣然同意，令军中主簿筹办。主簿麻润德性喜热闹，也为讨主帅高兴，乃张罗大力采办酒肉，安排丰盛筵宴，城内城外犒赏三军，放情尽欢；并征集四乡村镇的腰鼓（秦国民间擅腰鼓，闻名于列国）、社火进城助兴，城中的歌舞杂耍，一概献艺祝寿。

是日上午，元里城中热闹的如鼎如沸。秦人将腰鼓玩成了艺术。四五百名精壮汉子，头裹白毛巾，腰系红彩带，肩挎一二尺长的圆鼓，双手执鼓槌，鼓槌下端也系着红彩带，唢呐一响，近千人“嗨嗨”一声吼，已有气壮山河之势。随之，鼓手们一个亮相，双臂翻飞，鼓声隆隆，动人心魄。伴着鼓声，整齐、雄壮、豪迈地踢腿蹈足，扭腰耸肩，虎背熊腰、粗腿笨臂的肢体，居然演化成了极尽刚健、威猛气势的群舞，是那么遒劲激昂、磅礴威武而又飘逸潇洒。他们且舞且鼓，节奏变化多端，时急时舒，时张时弛，无不令人心潮澎湃。而其纵跳舞蹈、千臂翻飞、万带飘绕，更使人目乱神迷，叹为观止。那社火亦可称秦人的拿手艺术：大汉们踩着高跷，扮作历史或神话传说中的人物和神仙鬼怪，边满街游走边作鬼脸逗人乐，尤其是丑男人扮的妲己、褒姒等美女，更使人捧腹欢笑。又有小孩童所扮的故事人物，被固定在大方桌四角高高矗立的木杆上，由四个或八个壮汉抬着走，风景凌空，煞是壮观。

热闹如此，看热闹的自然人山人海，各条大街上万头攒动，摩肩接踵，笑语轰鸣。而且，因城外驻有大军，所有的热闹既是为大将军祝寿，也是给魏军的慰问演出，于是，社火腰鼓在城里城外巡游，搅得热闹掀天动地。

啊！此情此景，与临晋城贾章的寿宴何其相似乃尔？沉浸在兴奋欢乐中的吴起却毫无觉察。

热闹再次转向城外时，城中的筵宴开始了：三军聚于营帐里大快朵颐，烹牛炙猪炖肥羊，脔割囫囵满案陈。军校们吃得满嘴流油，仿效秦人搏髀抒情，歌呼呜呜，一面端着大碗喝酒。呵呵，这秦国的酒怎么如此美妙，同样是米或糜所酿，何以特别香甜又劲力特大呢！狼吞虎咽吧！鲸吸牛饮吧！

此刻，吴起则高坐在李奇的公案上，大小将领分坐两边，果擘洞庭橘，脍切天池鳞，金盏漾琼浆，玉箸拈龙唇，一边尽兴吃喝着，一边乐陶陶观赏着艺妓们美妙的歌舞弹唱。二十多名艺妓，浓妆艳抹，衣袂飘飘，令众将神魂颠倒。众妓且舞且歌：

赳赳乎，烈烈乎，颂将军之神武乎！

浩浩乎，荡荡乎，王师所向无敌乎！

仙仙乎，融融乎，将军寿诞乐极乎！

巍巍乎，熠熠乎，将军荣贵无已乎！……

吴起大喜，与众将领豪饮三爵，又令人重赏歌妓。众将领纷纷起立向主帅敬酒祝寿，吴起喝得满面红光。忽然，他闻到了一股似曾感受过的奇妙的香味，显然是哪位歌妓身上散发出来的。真香啊，似花香非花香胜过花香，令人但觉舒坦、兴奋，深嗅之似还有让人血脉贲张之效。他猛地记起了，曾在司马少夫人章氏身上闻到过这种美妙无比的香味儿，为了经国大业，自己不得已弃“香”而不顾，可那“香”萦绕心头，拂之不去啊！他不禁一阵冲动，离座循香味儿搜过去，啊，香源却是领舞的这位二十岁出头的粉红衣裙丽姝。那丽姝见他走近，含情脉脉地飞了个媚眼。这一下，吴起突觉得丹田火烧，难以自持了。初到安邑时，他故意放浪形骸，常与歌姬舞女裸衣游戏，但而今统帅着大军，需保持三军统帅的威严和庄重。他假作醉了，摇摇晃晃走入后院卧室，却要卫兵唤红衣丽姝前来伺候。……此为歌妓，其职业即是卖笑，与寻常的良家女子不同，他可以放情地“泻火”一番的。

红衣女翩然而至，吴起如老鹰扑鸡一抱搂住，狂吻不休。那女子再飞一媚眼，似嗔似喜，骚情荡漾。吴起忘记一切了，放翻娇躯，虎跃“跨马”，挺起如怒蛙奋威的“神枪”……女子也是老手、高手，尽曲尽妙地迎合着他，撩拨着他，燃烧着他。他的“神枪”威猛无伦……

吴起一走，将领们立时有了如去束缚的轻松感。原来，吴起生性严冷，不苟言笑，三军对其只有敬畏……敬其攻克战胜智计万千，敬其能与将士甘苦与共；畏其军令森严自身威严；却无亲近友爱之情，军中也无轻松活泼、熙然欢乐的气氛。或要问，吴起雄辩滔滔折服英浩，岂是不善言辞者？但吴起之能言善辩妙语连珠，却只在于正儿八经的军国大事，于寻常的人情世故应酬交际联朋结友等方面，却是朴钝木讷得很（吴起终生少友，既因其曲高寡合，也为性情使然）。其平日待部下，虽是赏罚分明、恩威并重，但以严肃、严苛为主色调，不会说笑逗趣，故军中总是刻板和肃然。弹簧久压松手自要蹦起，众将领皆要释放欢乐，于是饕餮大吃海喝，纵情对歌妓们调笑，更有人抱住一名歌妓当众亲吻抚摸……

半夜时分，吴起搂着丽姝香软滑腻的玉体正在酣然沉睡，忽感到前胸一阵麻疼，一翻身坐起才要呵怪，却只觉天旋地转，两眼一黑，又昏睡过去了。那女子穿衣下地，找根细丝带，正要悬梁自尽去追随老相好李奇……她是李奇的专宠"外室"，对李奇一往情深，李奇死于吴起之手，她此来特为李奇报仇，而后殉情自尽的……却忽听城中喊杀声如浪涛奔涌，吴起的几名卫兵连声惊问："怎么了？""出什么事了？"随之脚步杂沓乱奔跑，似去打探讯息了。此时有了逃生机会，不走更待何时？趁着外面喊杀声地动天摇，纷乱如麻，她竟走出后院，由洁厕人出入的小门走上大街，又钻进小胡同去了。

这时，城中魏军的各个兵营里，已是血流成泊，甚至人头乱滚了。六七千百姓，拿着短刀、棒杖或斧头、菜刀，狂吼着杀进兵营，逢人就砍，夺取魏军的兵器后，杀的更欢。魏军惊醒迎战，却一个个头眩晕、眼发花、四肢酸软发麻，似有千百万小虫由脚趾尖沿两腿筋骨到心肝肺腑到脑仁到发梢在嗖嗖涌动在忙忙啃啮，有的人还头疼欲裂站不起来。……他们哪里明白，这是喝的酒在作怪。那酒中掺有中药附子，喝起来格外芳洌甘醇，能诱人放量豪饮，而其后劲十分猛烈，喝多者两三日起不了床。这附子酒（俗称麻酒）存贮于各酒坊，酒店里不卖，怕惹事端，好饮者须到酒坊申明，喝出麻达（麻烦）自己负责，酒坊才肯卖与。魏军要"好酒"，酒坊当然倾其所有。……此时的魏军十有七八都像成了棉花做的，站都站不稳，哪里还能格斗，被愤怒的百姓杀起来直如砍瓜剁菜；仅有十之二三勉强抵抗，却也是头胀疼身酸软胳膊腿不听使唤，几乎只有挨杀的份……

又有一支特壮健的百姓队伍，径直杀奔郡守府中……

率领百姓攻杀魏军者，乃游侠李海。这李海钦敬李奇仁厚爱民，震怒吴

起吞并秦国的城池土地人民，亟欲除掉吴起去国之恶敌，为李奇报仇。但他自知凭己一力，根本近不得吴起身边。恰好，魏军征召腰鼓社火进城欢庆，他乃大喜而鼓动百姓借机取事。李奇已是元里百姓心中的神，为神报仇，谁不踊跃？何况年轻后生们，都有群殴械斗的经验和胆气，又有大侠李海领头，谁不胆壮而奋勇？于是，敢死之士当了腰鼓社火的演出者，兵器藏于看热闹的百姓身上进了城。天黑后，看热闹的百姓逐渐散去，而敢死之士则分散隐藏在小巷暗陬中。钟鼓楼三更鼓响，元里城沉寂如死，李海一声号令，敢死之士分头杀将出来。

李海率最精壮的汉子们杀进郡首府，府中的守卫部队大都也喝得东倒西歪，仅是吴起的警卫兵还有些战斗力，但三五十人，被三四百死士转眼就消灭殆尽。李海已探知吴起宿在后衙，带着几人穿进后院，径来斩吴起之头。

吴起的两名贴身侍卫见形势危恶，而主帅沉睡不醒，也顾不得什么禁忌了，推门而入，至床前来唤吴起。昏黄的灯光下，但见床上唯主帅一人，摇之不醒，红衣丽姝却不知去向了。二人大惊，情知主帅遭了暗算，慌得手足无措。正在无计，忽听得杂乱的脚步声奔后院而来，料知是大祸将至，只急得冷汗淋淋。这一急倒急出了办法，慌忙将吴起抬起来塞入床下；其中一人尤精警，自己一跃钻入被中躺下。刚就绪，李海率三人已冲进房来。地上的侍卫举刀就砍，李海举剑架住，另二人从侧后双刀齐下，这侍卫顿时毕命。李海料睡觉的定是吴起，一剑直斫其头，那“吴起”一滚，翻身跃起，挥剑刺向李海心窝。李海猛吃一惊，但他身为游侠，武艺精湛非常，闪身躲避的同时，手中的剑却由下向上削去，“吴起”躲之不及，握着剑的手“吧嗒”掉落在床上了。不待“吴起”再有动作，另三人三刀同挥，“吴起”惨死在床上……李海刚要取“吴起”首级，忽听城中的喊杀搏战声发生了变化，料是城外的驻军进城来了。自己虽已决计杀身成仁，可乡亲弟兄百姓们不该陪着自己殉难。他一摆头：“快撤！”

确是城外的驻军进城了。驻扎在城外五里的莫墨玉，见吴起大操大办要搞庆功庆寿活动，有点不以为然，担心刚得之城，人心未附，大铺排大慌乱中恐生不测。但主帅为人性刚面冷，严肃过甚，三军将士皆敬而服之，却不肯亲而近之，自己也不愿多向其进言。今天，城中送来大批酒肉以欢庆和犒军，他却下令肉尽饱食，酒不许开坛，过了今日再徐饮慢酌。城里的腰鼓社火等热闹巡游到城外来献艺劳军，他组织将士有序观赏，不得乱了军容军纪。晚上，他布置加强警戒，不许懈怠。城中的喊杀声传来，他激灵打个冷战，急传令各营安堵戒备，自率一万军进城来查看。一进城门，但见满城火把纷乱，无数乱民在追杀摇摇晃晃的魏军，好一个凄惨景象。他大吼一声，率军杀向乱民。百姓们杀城中军好比杀鸡宰鹅，一碰新到的魏军，情势却打了颠倒，自己又给人屠戮起来……

李海赶到，见百姓们死伤如乱柴，潸然泪下。以他的身手，几个箭步即可脱离战团，纵使城门出不去，城墙又岂能挡住他？跃上城墙，纵入黑暗，则可鱼游入海了。但大丈夫生当做人杰，死当做雄鬼，百姓死难纷披[①]，自己何颜独存？舍生取义，此其时也。他钢牙一锉，如一道闪电扑向莫墨玉，唰唰唰一连五剑，劈、粘、刺、削、挑，迅猛似暴风骤雨。这莫墨玉自是骁勇之将，居然格挡开了五招猛攻，还顺势回击一刀，想逼退缠身拼命的敌手。岂料李海不躲不闪，却翻腕刺向他的胸口。此二人之功夫俱臻精妙境界，一人抱同归于尽之心，另一人出乎意外，哪里还能躲避得及？噗噗两声，李海与莫墨玉一对儿仆倒尘埃，血膏黄沙……

【注释】

①纷披：众多而杂乱貌。

第七十四章

妹妹救哥血泪尽

樊贵由王城赶来元里主持军务了。

庆功庆寿的欢宴，招致城中的二万军惨死十之六七，骁将莫墨玉捐身，六七千“乱民”几无生还，城中尸体如麻，死亡的气息如黑云压顶，无人不心悸魂惊。更重要的是，主帅吴起被人从床下救起后，昏迷不醒，视之前胸，有五个指甲印，黑沉沉的深入肉中。军医们分诊、会诊良久得出结论：指甲印里有毒，但不知何毒，不敢用药。

樊贵记起了王城的匡翁……吴起亲自送粮钱恤问过的四位八十岁老人之一，是一位有名的老中医，据说特擅长疗毒解毒，乃急派车接来元里。匡翁望闻问切后摇头说：“吴将军所中之毒，我疑为华山香毒。此毒致人昏迷，半月后再无解救。老夫虽识得此毒，却无解救之药。”众将领大惊，皆汪汪垂涕，手足无措。匡翁沉思说：“我知一人能解此毒，只是……”樊贵急问何人，匡翁说：“洛阴的少夫人章氏，据说通晓香毒，但她与将军有大仇深恨，又怎肯施救呢？”樊贵思索有顷说：“我有计较了。”乃急忙亲回王城，向郡衙小吏章麒麟噗通跪倒，恳求其姐救吴将军。

这个章麒麟，却是章霸川的儿子，不足十六岁。章霸川性暴嗜杀，以武勇著称，其子却文质彬彬，只好学术，且生性敦厚宽仁，年虽小，却每劝乃父善待部下，慎戒逞勇，辄遭斥骂。吴起赞赏章霸川之忠勇，对其家眷优抚甚厚，尤喜欢儒雅而风度翩翩的麒麟，与之谈论学术，予以点拨慰勉。吴起之学识，饱学宿儒犹不及，况秦地与中原文化久有滞碍，麒麟听其讲譬，如饮甘露，大豁心胸，敬之若神，乃以弟子礼叩拜；吴起欣然受之。今闻吴起危难，竟是泪流满面，急赴洛阴，来见其姐司马少夫人，也是跪倒在地，求姐援手。

章氏大怒而骂其弟：“糊涂昏虫，不辨香臭哉！父亲惨死吴起之手，我公公与丈夫亦遭其害，我此前本欲手刃此贼，可惜他不该命丧我手。今吾师妹替吾雪恨，我长笑庆贺犹不及，岂能救其狗命？父亲英雄一世，怎生了你个糊涂东西！”于是又详述了自己欲以香毒杀吴起的经过。

麒麟听罢，流着泪说：“姊姊责骂的是。弟或是昏昧，却非无耻。父亲遭部下暗算，为其平日暴烈苛峻所致，与吴起关系不大。司马老伯与姊夫遇害，良可恨也，然老伯与父亲欲烧死吴起在先，吴起将计就计在后。且两国征战，无个人恩怨，罪在两国之贪。更要紧的是，若论父亲之仇，我或当报之，而姊姊却不能。”

章氏瞠目惊问：“何故我不能？”麒麟沉吟不语，经再催问，才期期艾艾地说：“姊姊呀，你或者是……是吴将军的同父异母之妹呢！”章氏略一怔，随之甩手给了麒麟一耳光，打罢又一手搂其头，一手抚其脸，疼爱地说：“你并不发烧，怎的满口胡言，你姐何以竟成了吴起之妹？”麒麟在章氏怀中幽幽地说：“姊姊已见过吴起，难道不觉得吴将军之眉眼鼻棱与你极相似吗？”章氏一怔：是啊，难怪自己一见吴起，却觉得似曾相识呢……不，这是瞎猜测！她又假掴一掌，竖眉斥道：“还要胡说？世间相貌相似之人不少，难道都有亲缘关系？”

麒麟又沉思有顷，才缓缓地说：“姊姊莫怒莫急，听弟道来。你我姊弟，并无血缘，而你与吴起，的是同父呢。姊勿躁，这要说起来话长了。二十多年前，卫国左氏富商吴某，到我秦国西河来经纪，这吴某在左氏已有妻和子，却又娶了一位西河美女为外室。吴某重财而寡情薄义，娶此女不到半年即撇却之远走他国，后来听说因风流成性，死在楚国妓女的床上了。此女无奈再嫁，其夫即你我之父，三月后乃产一女婴，此婴则姊姊你呀。……姊姊命苦，不到四岁，你母就暴病身亡了。父亲再娶了我母。我母喜欢你如亲生，你也当吾母为生母。姐更亲爱于我，背我抱我护着我，不让父亲打我。我快十二岁了，犹与姐同榻而眠呢，我母常背着你叹息不止。我追问母亲叹息之故，问得烦了，母亲不得已告诉我以上缘由，并说，我姐弟相亲相爱，若得配为夫妻，应是金玉良缘。但姊姊长我四岁，这在贫寒百姓家不算什么，在豪绅官员之家，就恐惹人讥笑呢。母亲为此郁郁不乐，父亲又是粗人，全不管儿女之事，母亲憋得心里难受。母亲告诫我，不可婚配，则万不能将真情泄露于你，恐你生分了母子姐弟之情。姊姊记得否？自从我知道母亲的心思后，常常看着你的脸和胸口，眼神异样，惹得你追问我傻看什么，羞得我满脸通红，赶忙跑开。

究其实，那是……朦胧的‘小丈夫’之情窦躁动……然而半年后，我母也骤然仙逝，父亲又娶了第三位章夫人。又半年后，姊姊即嫁到了洛阴……我的姐呀，吴起即左氏富商吴某之子，千真万确是你的亲哥呢，当然，他不知情，连他的母亲也未必知晓呢。”

这一番语言，只听得章氏珠泪潸潸。

天哪，吴起竟是自己的亲哥？儿时的许多景象，依稀浮上了心头；有个女人飘飘渺渺的音容，像雾一样在眼前耳畔缭绕，细视细听却又杳然，这或者就是生母了。哦！如烟似雾的生母，在弥留之际的深夜，似乎对自己说过：“女儿啊，你本姓吴……”但这些景象太模糊了，模糊得如同大雨冲刷过的灰尘印迹。清晰的景象，却是母亲（章家那位母亲）的慈爱、弟弟的可亲。最难忘的镜头是：自己搂着七八岁的弟弟睡觉，给赤条条的弟弟洗澡，洗罢澡，弟弟举着小手，硬给自己喂糖，母亲看着抿嘴而乐……还有一组镜头，也永远难以磨灭：那次，吴起是那么淫邪、那么老练、那么如公牛公狗撩拨牝侣似地欣赏、抚弄着自己，那些细节太……天哪，公牛公狗是自己的亲哥，掬尽黄河渭河之水，怎能洗尽羞臊啊！……羞臊难捺，她不自禁地将这位弟弟的头紧紧揽在胸前，心中悲酸苦乐万千。

久之，她轻轻推开麒麟，果决地说：“我之身世在疑似之间，并无确证，怎可说我乃吴起之妹？纵使可以明证，其人已差点儿对我行无耻之事，思之更觉羞惭，我岂能认其为兄？我的好弟弟，姐而今唯你一个亲人了！”

章氏的最后一句感叹，使章麒麟更加心潮澎湃，刹那间，他如回到了幼时，重新体味到了姐弟亲密友爱的温馨，同时，那深藏不露的“小丈夫情窦”再次火热躁动，他猛地依偎进章氏怀里，以头轻轻摩擦着章氏的胸膛和乳房……但他未忘记自己此来的使命，仰起脸深情地盯了章氏一会儿，转而平静地分析说：“姐不认他是对的，吴起大贵之人，你认他有附炎趋势之嫌。但不救其命，恐有鬼神之谴，因为他毕竟是你亲哥啊。你说那回，他本来要对你非礼，却突然礼送你归，这岂不是骨肉天性使然吗？”

章氏震动了。她本来对吴起的“临阵退却”既惋惜又暗生敬意，现在看来，的确是冥冥中有鬼神在阻止其乱伦遗臭呢。鬼神既已启示了我们的兄妹关系，我不救之，鬼神不吾宥也[1]。罢罢罢……她俯首亲吻了一下弟弟的头，推开他走进内室，取出两粒药丸，走来对麒麟说：“分两次服下，可无忧矣，但半年之内昏昏嗜睡，周身酸软，下不了床，别说跃马扬威了，连吃喝都得有人服侍。……不说他了。你救了吴起之后，切不可对他言及我的身世，我对他仇恨未泯。”

章麒麟故作幼稚态，拥抱了一下姊姊，拿着药恋恋不舍而去。

章麒麟回到元里，将药捧给樊贵。樊贵接过药闻了闻，却突地一板脸，喝令军校：“将章麒麟推出去砍了！”麒麟大惊：“樊将军，我求药而来，触何国宪军律而要杀我？”樊贵冷笑一声说：“你求药不得，本分也。今轻易而得药，大悖人情。分明是你姊弟串通，弄假药来坑害吴将军，要为你父报仇嘛，岂能骗得了我？”

麒麟呆了呆，仰天长叹说：“姐姐呀，你骂我昏昧无耻，我不以为然。但你不肯救吴起，诚为卓识也。吴起既中香毒，已名列阎罗之簿，何劳人假药毒之？是我年幼无知呀，不该言明你的身世，以兄妹之情打动你，使你心有不甘地拿药救你亲哥。我死不足惜，可你心中的苦味，再有何人可知呢？”

樊贵久随吴起征战，濡染了一些吴起的精细机警，也学得了一些揣摩人情世故和“诈道”。他本想吓、诈这个少年以砸实药之真伪，不料这一吓一诈，却逼出了少年无可辩驳的正气严词……已是死人，还需要再下毒吗？更要紧的是，少年的话使之茫然不解呢。他赶忙挥手斥退军校，对章麒麟一揖说：“章公子请勿介意，主帅安危，关系太重大，我不得不万分警惕。今我信公子之至诚矣。但公子所言令人难解，谁与谁有兄妹之情？谁是谁的亲哥？尚祈公子明示！”麒麟少年气盛，一昂头说：“不必多问，我不能有负我姐。杀了我吧。那‘假药’用不用悉听尊便。”

樊贵毕竟是个实诚爽快之人，见自己弄巧成拙，已觉惭愧，而弄清“兄妹亲情”的实质，更是判断药之真伪的凭借。于是，他又噗通跪在麒麟面前，诚恳地说：“公子不肯明示，不肯见谅，是要樊贵自裁以谢罪吗？”

威风八面的樊大将军，居然当众向麒麟赔罪，并说出以死谢罪的话来，麒麟再也无法负气了，他也慌忙跪倒来搀樊贵：“樊将军折杀小子了。快快请起！”樊贵却不起身：“公子不肯明示，即不见谅樊某也。”麒麟又长叹口气，使力拽起樊贵，又迟疑了半晌才开口：“非我不愿说明，乃我姐不愿人知也。唉！樊将军如此相逼，吾只得明告了：我姐者，乃吴将军亲妹也。”于是将章氏来历身世原原本本说明，并讲了自己求药之经过。

樊贵听得呆了。满堂的将领官佐军校，如在听《山海经》故事，无不惊愕莫名。太奇巧了，司马少夫人竟是吴将军的同父之亲妹妹，而吴将军杀了

妹妹的公公，逼得妹夫遁迹，又差点儿与妹妹……造化捉弄人啊！……这药可以确信，是救命仙丹了。

吴起服药两个时辰后，微微睁了睁眼睛，脉搏和呼吸也渐渐有力些了，只是仍处于半昏迷状态，喂之羹粥，勉强知道吞咽。第二丸药服后，吴起半睁开了眼睛，极困顿无神，嘴微微翕张，却说不出话，但吞咽羹粥已顺畅起来。看来，其性命无虞矣。

三日过后，樊贵率领重要的将领官佐，带着大批礼物来到洛阴，代主帅来向妹妹谢救命之恩。章氏坐在堂上，一任樊贵等人拜谢并祝贺兄妹团圆，只是默默无语，竟似泥塑木雕，弄得樊贵极为尴尬。

樊贵去后，章氏默默流泪许久，而后回到内室，紧闭房门，穿戴整齐，于窗棱上自缢了。丫鬟破门而入，人已无救 ，却见墙上绝命书 赫然：“吾或是吴氏血胤，而实为章家女儿。吾不能为父为夫为公公复仇，心在流血。救仇敌而兄之，我何颜面立于天地间？麒麟吾弟，吾负汝情，汝负吾义哉。”

消息传到元里魏军中，合营上下无不震惊伤悼。章麒麟闻之，大哭一声，晕厥在地。醒后又大哭而连连以头撞地：“是我害死姐姐了！我害死姐姐了！”复又哭死过去。再醒来，不哭了，却疯疯癫癫地跑上大街，拦住年轻女子就扑通跪倒：“姐姐呀，我害了你，我害了你！”接着猛抽自己的脸。如此几番，吓得年轻女子逃避不迭。三天后，他在追一女子时，竟落进护城河淹死了。

【注释】

①不吾宥：不原谅我，不饶恕我。

第七十五章

灵鸟义犬救主人

樊贵送吴起回安邑养病，权统军镇守西河。

吴起回都城养病，引起清谈朝士们的纷然交攻：肩负重担万钧，三军统帅却玩忽职守、废弛军纪、公然狎妓，致使二万精锐、一员虎将丧于乱民之手，己身中耻辱之毒，毁败了我魏一鼓作气吞灭嬴秦的大好形势，吴起罪不可赦，应予撤职查办。李悝与翟璜峻词批驳：马有失蹄，虎亦打盹，世上岂有无疏忽之人？狎妓之事，确乎可耻，然而满朝文武中，又有几人不狎妓者？我魏之“大好形势”，请问为谁所开创？吴起来魏之前，诸君兢兢畏秦，有谁敢吐“吞灭嬴秦”之豪语？吴起孤军远征，大奋神威，连败嬴秦反扑，夺回西河五城，拓地数百里不止，又水吞郑军十万，下齐“丹桂”重城，威声震慑诸侯。其巍巍之功，不足以抵过乎？且“一鼓作气吞灭嬴秦”之说，大谬不然也，夫秦之国力尚雄厚，只能日销月割，徐缓图之，岂能一蹴而竟？倘吴起有罪，罪在功高招忌也。为人耿直、胸有大局的大夫田文、任座、北门斗也坚定地支持李悝。

清谈之士不敢再当庭明诋毁了，却暗上奏章，攻击更猛。文侯怒而抛掷奏章不予理会。但王错的奏章却使文侯心头“咯噔”一震：“主上曾公开许诺，西河为‘天下第一郡’，这岂不是说，吴起若攻下全秦，亦属其所有？倘如此，吴起之‘西河’不弱于大魏矣，敢问孰为君孰为臣？今吴起病势沉重，主上正好借此机会夺其郡守之职，以免后患也。” 文侯点头深思了一阵，又轻轻摇头，再思虑许久，这才面露微笑拿定了主意，竟不向田段二老征询意见，也不与其余谋臣商议，次日即下旨，免去吴起西河郡守之职，改为大夫，在家休养。当然，也须示以恩荣，乃钦命几名最好的御医到吴府精心诊治，以宫中所有珍贵药材、补品、食物给吴起治病调养，并派出五十名宫中卫士保护吴起。

李悝等谋士大惊，英明睿智、礼贤爱才的文侯怎能如此冷酷无情？于是一起向文侯面谏以至廷争，任座甚而出言尖刻、激烈，对君主冷嘲热讽。李悝却因太子击的地位完全巩固、公输座与王错日渐炙手可热，预料自己很可能遭谗疏，心情稍稍灰暗，而且吴起要算自己的师弟，自己多次为吴起的耀武扬威做铺垫和支柱，王错等人已在攻讦自己是结党营私，故而他反倒说话平和，只劝文侯以大业为重，爱惜人才。文侯对所有的批评指责淡淡一笑，对任座的狂狷无礼也不发火，但对罢免吴起的西河郡守却不松口。

在御医的精心治疗下，三个多月后，吴起逐渐好转，神志完全清醒，能说话了，能自己举匙吃饭了，又渐渐地，可下床在室内稍稍活动，慢慢又可到室外走走了。魏成、翟璜、李悝等人三天两头来吴府看望，见吴起康复得较好，无不称庆。

消息传出，王错却极是紧张了。吴起是魏国称雄的“太阿剑”，必须折断之。其病回安邑，昏昏沉沉，估计已注册鬼簿，却谁料其反倒渐渐好了起来！此人不死，莫说雄魏压韩，只说自己与海棠夫人之事难免泄露，自己也终遭残害！无论如何，须设计除掉此人！

王错经一番筹谋，派一个健仆进了吴府，悄悄与经常接触并亲近的海棠夫人的贴身丫鬟密会，传递了重要信息……次日，海棠夫人又来杏仙祠来给吴起“祈福”。王错从祠后小厢房闪出来，拉海棠夫人入内，急匆匆地偷欢之后，将一个小布包递到她手上，神色似很恐怖地说：“那人病已大有好转。你我的事，恐怕纸包不住火，咱俩都有性命之忧。为咱们能做长久夫妻，你必须将这东西掺进他的药中。”

海棠夫人吓得一哆嗦，布包跌落地上：“我、我……我不敢。”王错拾起布包，再次强硬地塞进她手中，脸色狞厉起来：“你不敢？你想变作肉酱喂狗吗？吴起是何等样人你无耳闻？在卫国时，一怒杀人三十余口；在鲁争为将，残杀了结发妻子田氏；在王城在元里，为两个妓女杀人成千上万；尤其是阏斗山之战，竟将卫国的大将上官洋剁成肉酱喂狗，因为上官洋跟他争过一个女人。这种残忍暴虐之徒，一旦知道了你我的事，第一个喂狗的就是你。”海棠夫人双手颤抖，吴起的这些“残忍”，她约略听说过，太可怕了！

王错却又变得温情起来：“你不用怕，药是御医开的，他死了罪在御医，与你何干？那人一死，我就明媒正娶你，咱俩的恩爱地久天长……记着，一定要大胆，不慌不乱！”

吴起吃了章夫人的保命丹，生命已是无碍，只是沉疴深笃，总是昏昏沉沉。又经御医们排毒，已在渐渐康健，但元气大损，还须细心调养将息，故而御医只给以益气微补之药。这天，丫鬟为吴起煎好药，海棠夫人来支走丫鬟，将布包中的药沫撒进药碗搅匀，亲自端来伺候吴起服用。

海棠夫人端着药碗走过廊庑，将要进入卧室时，忽见挂在廊柱上的画眉躁动不安。她最爱这只画眉，赶忙放碗于石凳上，来察看画眉躁动之故。哦，这些丫鬟真该死，竟然忘了给它的水钵中加水。她心疼地打开鸟笼，想捉它出来喂以蜂蜜水。鸟笼门刚打开一道缝，那画眉却似乎渴急了，竟然一冲飞出，飞向石凳，落于碗沿上，却伸头去喝那碗中之药。海棠夫人大惊，急步赶来要救画眉。哪知画眉似乎不愿被捉，在她的手将要逮住它时，它却猛地一挣，振翅飞上庑沿。就这么一挣，药碗却给翻倒，那碗滚于地下跌碎了。她又惊又气，大骂画眉，丫鬟仆役们闻声赶来，正要撒食物哄画眉飞下来，却见它头几歪，扑沓跌下地来，口中吐着鲜血。众下人看看跌碎的药碗，一个个吓得敛声屏气，海棠夫人也面如土灰，怔有半晌，才严厉吩咐：谁将此事泄露出去，谁将有谋杀家主之嫌……

吴起更加好转了，又半月后，已可在庭院中缓缓地打一路拳舒展筋骨了。但他挂念着西河戎事，更为自己被解去西河郡守之职而愤愤，整日闷闷不乐。有心病压着，极不利于身体的完全康复，尽管李悝等人抽空儿就来劝慰他先养好病再图其它，想方设法为之“疗心病”，效果却不大。这日晚上，段干木竟折节来看望吴起了。

田子方段干木二人，身为魏文侯的特殊顾问，身份崇隆，但他们更善于保养、维护这种崇隆：政略方针、国策大纲问题，他们才肯向文候献计进言，而且虽出了主意，却要文候感觉到重大的政策、高明的策略，皆出于圣聪决断，田、段仅是聊备顾问而已；对文候有讽谏，必得瞅准机会、把握好火候，不言则已，言则有中。吴起被罢职，他们初而震惊，继而完全明白了，这不过是文侯的君主权术……“人才如器”，既可崇隆之做酒壶，又可卑贱之作尿壶，什么人才都须兢兢小心地受君主驾驭！……这不能说破，但吴起难以明白，肯定为被解职而心情灰暗悲凉，这不利于其迅速康复，应助其摆脱灰暗心境。二老商议之后，乃由老段出面给吴起“疗心病”。时当仲秋，初夜

凉爽宜人，段、吴坐于屋檐下品茗闲聊。段干木问过吴起的饮食起居情状后，吴起就急不可耐地大倒胸中的愤懑和苦水，情词时激烈时感伤，几如重陷入曲阜之政治漩涡般的恼怒和无奈。段干木静静地听着，不插一言，不置可否，直待吴起停下述说，他才慢悠悠地开言：“吴将军不必多说了。请抬头看天，你看见了什么？”这日白天阴沉沉如晦，此刻更加漆黑一片。吴起诧异地仰头望天，连一颗星星也见不到，不禁莫名其妙：“先生要我看什么？黑暗沉沉，一无所见呀。”“不，黑暗之外，却有美景，将军不见乎？”吴起大疑，穷尽目力去搜索，却仍是什么也看不到：“先生，吴起昏昧，无从发现美景，请予指拨。”段干木淡淡地笑了：“将军不见美景，乃眼为浮云所蔽也。夜空本是星月璀璨，诗意盎然，唯浮云遮蔽，障人之目也。将军目光如电，奈何不能穿透浮云哉？”吴起立时大悟：浮云只是暂时现象，人不可被浮云障目！聪敏灵慧异常之人，还用得着再多说什么吗？吴起会心地笑了，顿觉心病去之大半。段干木又说：“将军且安心养病，得时机，吾等自当相助。”

送走段干木，吴起感慨良深：乐羊有心病，自己以“密谋中山”四字为药方，使乐羊沉疴一去；今田、段二老为自己治心病，连药方也不开，却也使自己心病大去！此二老之哲人智慧，自己难望其项背焉！

“泼药事件”之后，海棠夫人吓坏了也后悔了，再也不敢到杏仙祠去与王错相会，再也不敢生害吴起之念，同时，却更小心殷勤地伺候着吴起。见吴起心情渐渐舒畅起来，她真心地劝他以将养身体为重，可去钓鱼散心，排除杂念，以利康复。吴起欣然同意了。

钓鱼最好的处所是城外六里的“丫丫湖”，湖边水竹茂密，大树成荫，城中的达官贵人常爱垂钓于此。吴起带着一个卫兵和爱犬“骊獒”，选了处有桂花树遮阴的栈桥，坐于桥头悠然垂纶。桂花盛开，香气沁脾，蓝天白云倒映湖中，令他心旷神怡，的确忘掉了一切，只专注着水中的浮子和手上鱼竿的动静。太有趣了，鱼儿频频吞钩，他却不谙此道，不是提竿太早惊跑了鱼，就是被鱼吃完了香饵。偶尔钓着一条小鱼小虾，也乐趣无限。

一连三日，他钓鱼的成绩增加着，兴趣更倍增着。但他哪里知道，在竹丛树荫里，有两双眼睛天天在窥伺着他。

第四日，他刚走到栈桥桥头，抡竿向湖心一抛鱼钩，那桥柱却突地断折，桥面哗啦崩塌，他随之噗通跌入湖中。他本来识点儿水性，在平静的水中能瞎扑腾十丈开外，但他元气未复，手脚无力，更加之突然失惊，不禁咕嘟嘟喝了两口，连呛带慌，哪还会瞎扑腾漂游？竟是双手乱抓拍，身子却在下沉。湖岸上的卫兵惊跳起来，但他是个十足的旱鸭子，只急得连声大呼"救人"。环湖有十几个垂钓者，闻声向这边跑来，但相距较远，又有竹绊树挡茂草阻拦，一时跑不过来，眼见吴起唯有两手乱抓拍，人已半沉水下。

正在卫兵脚下卧着打盹的骊獒，闻声双耳一竖，目光如炬，迅即看清了湖中的险情，它倏地跃起，闪电一般扑下湖去，嗖嗖嗖游向吴起，一口叼住其衣襟，飞快向岸边游来。眼看离岸只有两丈时，突有两支利箭向它射来，一支擦过其头顶没入水中，一支却射中了它的肚腹。骊獒登时血染湖水，游不动了。但它既不松口，也不停下挖刨，艰难地向岸边慢慢游动。终于接近了堤岸，卫兵用长戈勾拢至岸边，伸手拉吴起上岸。骊獒却一松口，慢慢沉下水底去了……吴起病势危险时，骊獒卧伏其床边，昼夜不去，不吃不喝达十日之久。吴起病情缓解，这才渐进饮食。樊贵送吴起还都，骊獒紧跟车后，寸步不离。吴起回府，它紧守在主人的卧室门外，对进入主人房中的生人，总要嗅遍全身才肯放行。吴起神智清醒后，嘱家人给以丰厚的饮食。至此，为救主人，它葬身湖底了。

吴起又一次死里逃生，身体受亏不大，但心中却压上了两块巨石：栈桥奇怪的崩塌和阴险毒辣的两支箭，显然是要取自己性命的，自己入魏以来，好像还未树什么政敌，怎么会有人必欲置自己于死地呢？事后李悝令人明察暗访，竟无一点儿蛛丝马迹以供破案。虽说自己渐已强健，不惧什么行刺暗算，但不找到这个阴险的敌人，心里总不踏实啊。第二块石头更压得他抑郁难受：他被解除西河郡守，由樊贵暂时统领西河军政事务。秦国得讯，令戚甲再率军十五万对西河反扑，竟又吞吃了"吴城"，再围攻元里，元里岌岌可危。朝廷急派五万军去支援西河，但援军未到，元里已失。幸亏樊贵久受吴起用兵之浸润，部署防御、调兵遣将很有章法，顶住了戚甲的巨大压力，与秦军形成"拉锯战"，但总体处于被动防御中------倘自己身在西河，岂容秦军东进一步？西河形势已很不利，亟需自己返回砥柱中流啊！然而，自己已基本康复，文侯虽在药、食方面对自己关怀备至，却丝毫没有起复自己的迹象，好令人焦虑啊！不料，第三块石头又压上心来……这日半夜，他忽被海棠夫人的梦魇惊醒了，只听她惊恐的哀求说："你别逼我，别逼我。谋害夫君，神鬼不饶，我再也不能作这事了……"他听出她的梦话中大有诡异，猛想起

一只画眉死了，他问过画眉何故而死，丫鬟们皆神色惊惶言语支吾，难道……他是何等工于心计之人，一翻身假装呼呼睡去。

第二日，他令她再去杏仙祠为自己祈福，却聚集其余的仆役丫鬟跪下，拔剑在手，追问画眉之事。众下人只道他已明了了底细，吓得一个个磕头求饶，原原本本供述了夫人与王大夫偷欢的详情。至于画眉之事，他们全然不知，只是听到夫人的叫骂赶去，却见画眉已死，口中流血，仿佛中毒而死，而药碗碎在地上。吴起什么都明白了，恨不得马上刳出这女人的心肝肺。但他终于渐渐压下了怒火，自己已休了一妻、杀了一妻、送死了一妾（“芙蓉娇娘”），残忍阴毒之名腾于悠闲清谈之人的茶余饭后。更重要的是，这贱人已有了身孕，是自己的精血。自己还无子嗣，需要她给自己生下来。此前，他极兴奋地盼她生个儿子，这儿子将来应继承自己，为此他已为之取名“期”，既是期望，也是“起”的承继！……于是他狰狞地警告家人，此事万勿再提起，对夫人一仍故旧，泄露只言片语者不得好死。当然，他也拿定了主意，自此后，这女人已只是孕育儿子的“机器”，将不再是自己的妻子。

吴起搬掉了心中的一块石头，心绪宁静了些，开始将精力专注于吞秦之事。他终于有了妙策，正想上朝献计，魏文侯却亲自驾临吴府来请他挂帅出征了。

第七十六章

乐羊食子灭中山

原来，这次又是赵国惹起了战火。

齐国相田庄子三月前病死，田和继承国相，田氏族人多不服。此前曾欲反叛庄子而被庄子分化瓦解并形同软禁的田布趁此良机，突然起兵发难，杀死了看管自己的田氏宗人公孙孙，宣告要驱逐田和；田布之弟田会立即在廪邱举兵反叛声援田布。田和乃以宗亲项子牛（……此时英浩已告病“归隐”了）为帅兴兵平叛，田布不敌项子牛，一战大败被杀；项子牛乘胜兵进廪邱。田会三战三败，形势危急了，乃将廪邱献给赵国，请赵军相救。赵武侯贪廪邱肥美且为战略要地，而且他本来就嫉妒魏韩在宋、郑吃得一饱二醉，老魏更在自己的卧榻旁“打猎”获利，而作为“三晋兄弟”中的老二，自己却捞的实惠最少，心中颇是不爽，于是立即出兵十万，击退项子牛接收了廪邱。田和大怒，增军十五万给项子牛，项子牛遂以二十余万兵力围住了廪邱的十万赵军。赵军源源来救，尽被齐军击败，廪邱的赵军将有被困死之险。赵献子大惊，一面继续派兵救廪邱，一面又向魏韩求救。

魏韩不能不救赵，商议各出兵七万，并由吴起挂帅，给齐以沉重回击，使之从此畏惧三晋。但魏文侯有些为难了，吴起“这把壶”已被扔到了床下，此时有紧急而拎其“上酒桌”，其心甘乎？肯用力乎？田段二人笑道：主公可亲移玉趾请吴起出征。

文侯的担心是多余的，吴起这把壶却是“向上狂”，只要你肯提之上桌面，并不计较曾被当做尿壶的轻侮和羞辱。这段时日，他身闲心不闲，对天下政局琢磨研究极细，当君主一垂询再次伐齐之计，他即激动地和盘托出了自己的深思熟虑：

“主上且听臣解析时局。伐齐为必须，然而非我魏雄霸天下之要旨。齐国强兵雄，内乱已息，我只可胜之畏之，而不可图之。嬴秦则不然，国力已

日益衰疲，内讧绵绵不断，今虽对我西河呈反攻之势，然而西河已完全‘魏化’，人心向魏，坚如磐石，有樊贵深得军心，秦之反扑不足大虑。今急需用力者，先灭中山。中山一灭，不仅齐、燕震畏，即赵、韩亦将更听命于我魏矣。微臣可率军助乐羊将军平灭中山，而后进军‘北翟’（……今之陕北高原。春秋后期为北方游牧民族“白翟”占有），收拾得辽旷北原，由北向南碾压关中腹心，我西河再奋力西进，吞灭嬴秦，我大魏则可挥斥八极、宰割天下也。”

魏文侯乐得一拍茶几，双眼跳跃起火花。此计太高明了，直可旋转乾坤。但救赵也很紧迫，有谁可为帅击败强齐呢？吴起笑道：“臣虑之熟矣，可调回翟角为帅……其人广有谋略，而田和、项子牛不知，或轻视之，齐之败必也。微臣再帮翟角筹划一番，可助其一战成大名焉。”文侯更大喜，于是起复吴起西河郡守，率军三万以助乐羊。

乐羊围灵寿一年多了，虽说城中的抗击力量越来越弱，但要破城仍极困难，因为城极坚固，中山人拼死抵抗的意志太坚韧了，而自己的将士也伤亡很大，且已很疲劳了。乐羊和两位先锋，颇惊叹中山人的坚韧顽强，更坚定了紧围缓攻困死灵寿的策略。

灵寿城中，粮食已将告罄，战马和百姓的牛羊驴骡等早已杀净吃光，所幸挖掘出了一个废弃的粮窖……早些年抢劫来囤积着，吃不完，霉变糟朽了；又城中出了个怪人，极善捕鼠，不仅能指示鼠穴，一挖一大窝，据说还能念动咒语，令四面八方的老鼠自动进入笼中。老鼠毕竟有限，武公一咬牙，下令分批屠尽狱中囚犯。于是，鼠肉、人肉杂以青草野菜树皮和糟朽的“粮食”，充塞着上十万男女老幼的辘辘饥肠。城中早已无军民之分，凡是能拿得起戈矛和石块的男丁，统统被驱上城墙参战或搬运防守器材。“城破无噍类”[①]的恐吓宣传，使所有中山人尽生拼死之心。

正当此时，翟角奉令挂帅伐齐，吴起的三万援军却开来了，吴起的威名已震响列国，魏军立即威势大振，士气腾溢。灵寿城中则更加人心惊惶，抵抗的意志快要崩溃了。武公则亲自巡城，更以“城破无噍类”威吓臣民，居然稳住了形势，所有人皆抱定了与城共存亡之志。

乐、吴二帅相见，互道契阔，互致敬意。乐羊详细介绍了围城攻城的经过情形，对中山人的顽强既敬佩又恼火。吴起称赞乐帅的策略很正确，但有点儿轻忽了“攻心”之策，故而有中山人的顽强。乐羊稍不服气，连西门豹也暗道吴起下马伊始信口褒贬，乃请吴帅施展攻心之策。吴起微笑着答应了。

魏军十五万将城围了几匝，大有一举摧崩之势，但并不攻打，士兵们却大声向城上喊话：中山武公野蛮残暴，为天下之贼，魏为天下申正义，灭其国。中山军民，天下百姓也，勿为暴君作牺牲，但出城降者，魏军替天怜佑之。中山武公大惊，急令人宣喻军民：魏人必欲灭我族类，降者唯有惨死。要保我族类，只有死拼一途。魏军喊了一阵，却以强弩向城上射去馒头、面饼（魏军中的粮草却很充裕。李悝亲自督责北线的粮草运输，赵国对这位李相国忌惮三分，只好尽力为魏军的运输提供方便），又高声喊道：“城中听着，我乐、吴二帅知城中已矢尽粮绝，幼孤且奄奄待毙，故体天地之仁，馈食以拯救婴幼孤老性命。”但所馈食物只是象征性的，仅足城上人各自抢吃两大口（幼婴孤老？扯淡！）。次日，魏军又馈赠食物，并稍稍加大了量，声言为拯救病饿垂危者。

两次馈食，犹如在城中激发了地震。这是欲灭我族类的行为吗？魏人仇恨的是谁？其要灭的只是君主的“国”呀！与我百姓何干？这个“国”驱百姓于战火，烧杀抢掠，成四邻之公害，也使自己的百姓不得安宁，始终有刀头舔血的危惧感，哪像人家魏国百姓耕织求富、安居乐业呢？“国”无益吾民，我们为这个“国”拼命，不亦愚哉！……当晚，就有少数饿极了而又胆大的军民缒城投奔魏军大营。

第三日，吴起不再向城上投食，却将大筐的馒头面饼、大桶的米饭摆在城下，并支起汤锅熬牛羊肉汤，汤中多放姜、葱、芫荽、花椒、大香等佐料，香气弥漫四野，飘上城头，却令投降过来的中山人边吃馒头米饭、喝着牛羊肉汤边向城上喊话：“弟兄们，老少爷们，快逃出来吧，馒头肉汤管足……”城上人简直眼睛要出血了，饥虫撕咬得身与心将要瘫软了，有人竟跃跃欲试要跳下城去。中山武公大为惊恐，急令向城下射箭掷石，但那些箭和石，却极少射中魏军。

乐羊和西门豹看着，不得不钦服：吴起棋高一着啊！

武公慌了手脚，急忙召群臣商议破魏军“攻心之计”。有人献上一计：“事急矣。可反施攻心之计。今将乐舒缚于城头，扬言欲烹之，迫乐羊退兵。虎毒不食子，乐羊惜儿之命，敢不退军乎？”武功大喜从之。

特殊囚犯乐舒被捆押上城头，他的身边架着一只大铜鼎，鼎下烈火熊熊，鼎中水汽氤氲。武公立于雉堞后，向城下高叫：“乐羊将军，认得此子乎？”

乐羊见中山人的抵抗意志快要崩塌，决定全力破城了。他正要与吴起相商如何减少伤亡而顺利得手，忽见乐舒被置于最残酷之刑具前，登时惊得呆了。

中山武公冷冷地笑着：“听说将军在民间享有美誉，圣贤之流也。圣贤者，能体天地仁爱之心者也。而将军无故欲破我家国，岂圣贤之行也？圣贤之真伪，天下共观之：今汝子生死操尔手中，肯退军二十里，十日不攻，汝子非特保全，且去留由之。若欲来攻，吾先烹乐舒，且赠尔一脔肉。”

乐舒却只道主公使的是苦肉计，意在迫魏军退兵，心中不恨反而极赞赏：好计！乐羊为难矣。其不退兵，“圣贤”名将变作“恶鬼”之谥矣。其不惧乎？但得其退兵十日，吾将有起死回生之法！我须助主公，将苦肉计演的更逼真……于是他假作惊恐万分地大叫：“父亲啊，快救孩儿性命！”

乐羊浑身一颤，竟在马上晃悠了几下，似乎坐不住鞍鞒了。中山武公太恶毒了，竟以儿子来要挟自己！退军十日不攻？绝对不成。十日之间，中山各地寨堡墟民勇和粮物大量进入城中，再攻难矣哉！今日之形势，乃十数万将士三年征战，曝烈日、冒风雨、卧冰雪、流汗流血不说，仅捐躯牺牲之数已近四万（亏得朝廷源源增兵补充，使自己的总兵力始终不减），多少生龙活虎般的小伙子，有的甚至还是个大孩子，一仗下来，怒瞪着的眼睛已合不上、闭下的眼睛再也睁不开了，他们的爹娘，会不会也哭瞎眼睛呢？为牵制诸侯视线、声援自己伐中山，吴起将军东征西讨，马不离鞍，人不卸甲，差点儿命丧阴毒；病未痊愈，又亲率军来助，不就为早日攻下灵寿吗？然而，不退军？忍看乐舒被烹吗？这逆子不听为父之言，助中山武公为虐，与父为敌，死固不足惜，但他毕竟是自己的亲骨肉，怎可眼睁睁看着他遭此惨祸？……要说，自己也有些对不住这逆子。想当年自己外出从师学习，幼小的乐舒随其母在家受了多少苦啊。自己一走七年，回家时乐舒已是十二三岁，与自己感情很隔膜。这小子聪敏过人，但性情中隐隐有凶残暴戾之气，自己教之以诗书典籍和兵法，矫其暴戾之气，然而所教精进喜人，所矫几无成效。自己为之愤怒，父子感情愈淡愈疏，其母常为之悲叹流涕。自己在魏为官后，这逆子竟投奔了中山欲“有大作为”……自己不能教子走正道，且致父子为敌，为人父者难辞其咎焉。此次伐中山，其母寝食不安，日夜饮泣，既盼自己得胜，又盼保全儿子……为母者仁爱之心包天地也。若坐看逆子遭惨祸，其母宁不悲痛死？老妻前半生为吾吃尽辛苦，乐羊今日一切，皆拜夫人所赐也，吾岂能戳割老妻之心肝？……

吴起与西门豹都发愣了，万不想在此时刻，中山武公来此一招。一面是破城良机，一面是主帅之子的生命，虽说公义大于天，但禽兽尚且爱崽呢，人怎能无舐犊之情？乐羊将军虽然还有一子，但长年病病殃殃，宗祧之继[②]似乎要靠乐舒呢。劝人自己杀身成仁犹可，却断无劝人杀子之理！而且，这又牵扯上了乐羊的人格名誉问题，谁不希望美名传扬？谁可劝人遗臭万年？西门豹见乐羊痛苦的脸上肌肉颤抖，也为之动容，就轻声劝慰道："救公子要紧。我们且退军十日，谅他中山人死灰不可复燃。"

吴起没说话，他决然不同意因私废公，但能劝人逼死儿子自坠宗祧吗？自己倘不为宗祧之念，何至于让海棠夫人继续活着？他无言地望着乐羊，听其自择。

"死灰复燃"四字，如针刺进乐羊心里，他猛打个激灵：倘若退军而使中山人缓过气来，且不说无法向朝廷交代，又如何向牺牲的几万英魂和他们的父母妻儿交代？更要紧的是，它极有可能带来更多的流血、更多的亡魂、更多的孤寡和哭瞎的眼睛……老妻深明大义，她爱自己的儿子，也一定能关爱所有母亲的儿子。为了避免更多的母亲失去儿子，她必须承受割心之痛……他咯嘣嘣一咬牙，就要放声怒骂，但又极力控制住情绪，也冷笑着向城上喊话：

"中山人且听清了：乐羊并非圣贤，尔君谬赞不敢当也。夫圣贤者仁爱，爱天下人也。尔中山抢掠烧杀，荼毒天下人，虽圣贤亦必灭之。乐羊为天下人申正义，慕而追圣贤之行也。至于逆子乐舒，叛魏而臣中山，不忠也；与父为敌，不孝也；为虎作伥而祸殃天下，不仁也；狡计不被暴君用，至死犹为独夫谋，不智也。似此不忠不孝不仁不智之徒，乐羊但知其为天下贼，而不知有子也。中山君欲烹之，乐羊其贺之。欲我退军，万不能也。然吾体天地之仁，一个时辰内暂不攻城，容尔等熟计之。一时辰后不降，勿怪泰山压卵也！"

吴起与西门豹皆心中一舒，同时又暗暗钦佩乐羊老到练达。这番话申明了大义，使灭亡中山变得理正辞严，更表达了自己必灭中山的坚定决心；将乐舒定性为"天下贼"，"贺"其受死，凛然大义直追圣贤矣。如此一"贺"，中山君或者反而不敢杀乐舒呢。

中山武公陷入了两难。此时他已完全明白了乐舒是忠心保国的栋梁之臣，而且观臣民们的神色，似乎绝大多数都在为乐舒不平和悲痛。唉！当初鬼迷心窍，为什么就不听信乐舒呢？一切都晚了，现在怎么办？杀了乐舒，于事

无补不说，残暴之名必寒了臣民之心；不杀呢？堂堂国君言而如戏，是被乐羊吓住了吧？……为君者死犹可，岂能失信失威于天下？岂能被敌人所胁迫？你乐羊狠毒，我就成全你的狠毒之名吧！

中山武公计决，缓缓走向乐舒，双手抚其双肩，无比沉痛地说："乐舒爱卿呀，寡人不识忠奸，不辨良莠，屡屡不听尔之计，遂致今日之祸，悔之何及呀。寡人有罪，寡人……"他触动了真情，心中一阵酸楚，哽咽的说不下去了。乐舒好生感动，眼眶发热，赶忙劝解说："主公万莫如此自责，折杀罪臣了。责在罪臣：乐舒虽有御敌之计，却自恃而与人寡合，不能与士大夫和衷共济……此臣与臣父相异之处，亦为臣终败于乐羊之根源也。臣恨未能竭忠尽智，罪莫大焉，万死不足赎过。主公……"谁料武公或是正等着他这句话呢，竟突地扑翻身拜倒于地。乐舒大惊失色，慌得急欲跪下叩头，但双臂被两名武士剪着，却是跪不下去，只急得高声大叫："主公！主公要臣死吗？臣乐于就死。"武公拜了一拜，站起身来，眼中噙着泪水说："寡人知卿为乐羊劲敌，然今已形格势禁，汝已回天无力矣。如此，寡人谨拜请爱卿，于阴间捉乐羊之魂鞭挞之！"说罢向武士们一挥手，厉声高喝："执刑！"

武士们推着乐舒走向开水滚沸的大鼎。乐舒仰天长叹一声，竟自动投身鼎中……乐舒死得惨凄，是翟靖的阴魂在捉弄报复他吗？

一只食盒送到乐羊面前，他打开食盒，一团煮熟的人肉宛然其中。他只觉得天旋地转，热泪扑簌簌滚落。逆子呀，你死罪有应得，可你死的太凄惨了呀。为父教子无方，致你死而不得其所，为父心如刀绞呀。但我既已申明不知有子，唯知汝为"天下贼"，天下之贼，人可食其肉寝其皮，乐羊不践此诺，何以再立信义而统帅三军？……中山武公，你个暴君，"天下贼"唯汝当称之，吾且视为食汝之肉！……他猛地抓起肉来，大口吞嚼，囫囵咽下，同时又泪如泉涌，流入嘴中，吞咽下肚……

城上城下之人，都看得目瞪口呆，吴起和西门豹，也愕然不知措手足。

乐羊扔了食盒，拔出佩剑，目眦欲裂地发令："攻城！"

十五万魏军如发怒的蜂群一样向城上扑击。饥饿无力更加之人心已完全崩溃了的守城者，有的蜷缩着不肯动，有的向城下逃，仅有极少数人肯为中山国效忠，但犹如鸡蛋阻挡车轮，霎时粉碎……中山武公已无一人护驾，而魏军四面围了上来，全无惧色，反而哈哈大笑，挥剑冲向魏军，连斩了两名魏卒，随之横剑自刎了……

乐羊与吴起并轡入城，吴起立即忙于践诺与赵献子的合约，将中山东北方的一大片土地转送给赵国。这片土地确实足有智地的二倍，但赵献子却高兴不起来：这吴起太狡诈了，转送给自己的这片土地虽说肥美，却是与燕国的敏感地带接壤，这不是让自己与燕国敌对了吗？赵魏合力，燕国自然还不敢来犯，但魏国若起了歪心，我岂不两面受压？他思谋有时，决计以漳河一带作为赵魏共管，拉住魏国与自己一起威压燕国。吴起当然高兴，于是中山的多半国土和智地一起入了魏国版图。

乐羊要请吴起查点、封闭宫室和府库，吴起却向他一揖：“请上将军独自安抚镇守之，起也须奇兵奔袭矣。”乐羊已知吴起的计划，深为赞赏，但吴起刚助自己扫平中山，未喘一口气，又要长途奔袭，且是蹚刀山穿剑树，真真是摩顶放踵为王事呀。其人志不可摇，意不可挠，只能助之。“吴起贤弟，愚兄恨不能与你一起征战冲险破艰，且使西门豹率军三万，重归贤弟麾下，以助贤弟马到成功。”吴起很感动，却辞谢道：“起恳谢上将军。中山初平，恐有反复之事，宜以强大兵力震慑之。”乐羊自思也是，况且无文候诏令，私自调拨军队，那可是犯忌的呀，只好作罢。吴起却又说：“我此去深入荒凉，最怕军粮不济，请上将军……”乐羊慷慨地说：“我这里军粮尚充足，且拨五百斛于贤弟。”吴起大喜。

于是，吴起率军三万，由少梁之北渡过洛河，穿越黄土沟峁，如冷箭射向肤施（今陕西榆林县南鱼河堡附近）一带；乐羊则入城安民、招抚未降之城池、堡寨。

【注释】

①无噍类：没有活人。即灭绝种族，全部杀尽。

②宗祧之继：传宗接代。犹如说“接续香火”。

第七十七章

“魏家磨坊”景观多

乐羊终于平定了中山的消息传回安邑，合朝上下无不欢呼欲狂。

李悝与翟璜、魏成、任座急奏：可速改中山为郡，委官吏分治，以乐羊总镇之，即可长治久安。此时文侯之心，急于效齐桓晋文以至西周气象，仍欲使中山为国而藩属之，以耀魏之强大。众智囊第一次与“英明君主”发生了政见裂隙，只得缄口不言。文侯尤不放心乐羊，要召之还朝，众智囊苦谏：乐羊食子肉而震慑中山人，使灵寿土崩瓦解，其忠贞感天动地，且其熟知中山地理风情，撤换之大不吉。文侯犹豫不决。

王错秘密进宫奏道：“乐羊万不可再统兵。前已握兵符而自重，屡抗君命，以黄羊姓乐，野心昭彰若揭。至于其食子之肉，更可证野心之坚定。昔日易牙杀子以飨齐桓公，管仲视之为包藏祸心，桓公不听，终招致易牙之祸。乐羊食子，其狠毒尤胜易牙，其祸心远过易牙。况易牙不过是个无能鼠辈，却足以使一代霸主死得惨绝千古。而乐羊有韬略奇谋，若再使之总镇中山，轻则中山恐不为君所有；重则……臣不敢深说下去了。”文侯心中的隐忧，一下给挑明了，放大了，惊心动魄啊。还用再说什么呢？最忠心爱君者，王错而已矣。文侯决心遂定。

乐羊奉旨回朝复命，翟角暂摄军事。文侯极隆重地迎接乐羊，设盛宴为之庆功，还亲自为乐羊连敬了三盏酒。众大臣随后纷纷向乐羊敬酒，盛赞乐羊的丰功伟绩。文侯更喜，即席歌道：“狂虏猖獗兮，诸侯逡巡。我魏征讨兮，天下欣欣。开疆千里者，乐上将军。”歌罢，令人搬出奏章来。十几个太监宫女，每人各抱出一大摞竹简堆于堂下，竟如一座坟丘。文侯指着“坟丘”说：“这些，都是攻讦将军、要寡人撤换汝或撤军者。今当众焚之，以明我君臣一心，其利断金。”

竹简呼呼燃烧着化为灰烬，乐羊感动万分。众臣也感慨无比：如此胸怀坦荡信任大臣又英明果断的君主，天下无双啊！

文侯宣布，以太子击为中山国君，历练治国之道。上大夫任座对太子击承继大位很不满，乃冷笑着说：“主上欲追桓文，倾慕成康[1]，然则成康之道，封母弟以卫蕃屏，遂成盛世。今主公私心自用，不封弟而封子，岂为久安之计？况先君亦曾遗命，嘱主公恩爱众弟，此为恩爱乎？”这可戳疼了文侯的心之深处，不禁勃然大怒：“大胆任座，指斥君父也还罢了，竟又干预寡人家事，且加君父不孝之名，寡人宁无烹人之鼎也？”

任座却毫无惧色，声色反而更严正了：“君之家事，亦为国事。臣为君计，尤须为天下计。座也触忤主公，甘就斧钺鼎镬。”说完，神色凛然地大步走出殿外，等候发落。

满殿人相顾失色，不明白平时很能礼贤敬士、察纳雅言的文侯，今日何故如此震怒。要论任座“触忤”之事，有时比今日厉害得多呢。那回，文侯要大造楼台，群臣皆以为不可，文侯不肯听。任座来了二愣子劲，竟扯着文侯的袍袖，拉着穿游大街小巷，视察贫苦百姓的狗窝般住所。文侯被胁迫如此，不仅称赞任座“忠贞耿亮”，还幡然停止了造楼工程。可今日君主动了真怒，谁还敢再为任座讲情？那岂不是火上浇油吗？

魏文侯也有些犯难了。以太子击为中山君，这大计绝不能变，它有自己的深沉考虑。任座率先发难，应予以打压之。本想疾言厉色吓住任座以堵住众口，不料任座如此刚烈，竟弄得自己难以下台了。其人精通政略，耿直敢言，也是难得的贤才，难道真杀了他？杀了他，会不会冷了人心呢？可不杀他，君之威何在？这个弯又怎么转呢？……文侯毕竟算得明君英主，而且也不乏机智，略沉思了一下，一敛怒容，平静地扫视群臣而问：“众卿直言，寡人为何如之君？”

李悝霍地明白了，文侯是想转圜呢。但他已隐隐觉察到形势不利于己，不愿多说话，加之近日咳喘病加剧，说话也艰难，乃向翟璜使个眼色。翟璜亦是玲珑剔透，马上高声答道：“谁人不知，主上为圣明之君。”文侯略显喜色，却又问：“何以证明寡人为圣君？”翟璜稍一停顿，更朗声如诵诗篇：“世间万事万物，皆为天公巧妙安排，故有路则有车马，有水则有舟楫；有暴君则直士缄口，而阿谀佞臣张扬；有圣君则谄媚小人远窜，而直臣诤臣畅言。任座虽口不择言有失臣礼，然其‘忠贞耿亮’可嘉。朝堂有如此直臣诤臣，足可证我主为圣明之君。臣翟璜谨为主上贺！”

这番话说的理正而词柔，又巧借君主自己的话，肯定了一个“事实”：臣为直臣，君为圣君。不必言明的结论是：圣君岂可杀直臣？文侯心中极熨帖，也装作幡然猛醒状急对翟璜说：“卿不言，寡人将失德矣！你快追任座回来！”

任座重回殿堂，文侯降阶相迎，极力赞扬慰勉任座的忠直，是为朝廷之福，但绝口不提对任座意见的具体态度。任座虽为文侯的虚套稍稍感动，却还想较真追问，刚要再说话，李悝轻拍了他一掌，摇摇头示意“作罢吧”。

果然，魏文侯不想杀人，不想把朝堂搞得恐怖森森，不想失去敬贤爱才的美名，但君主的大政方略，是不容臣下干扰和动摇的。几天后，太子击为中山国君的旨意公告了，接下来就是拣选中山国相。国相当然位高权重，不少人削尖了脑袋钻营谋求。太子击举荐公输座任之，罗妃亦吹枕头风为之说项，文侯皆摇头以为不可。至于不可的原因，不肯明白宣示。李悝与魏成、翟璜、田文，极力举荐乐羊任之，文侯却笑道：“乐羊长于军事，短于政略，不宜为相。且其劳苦功高，焉得再以衡轭相累[②]？寡人将荣尊之[③]。”

王错也想营谋此要职，可他自知资望太浅，文侯不会放心；他与罗妃的秘密，似乎已引起了宫中人怀疑，他不敢再进宫去与之相会快乐……不能指望她帮忙了。但这未必不是好事，这位子“送给”另一个人，此人将置于太子的控制、压抑之下，再无干预甚而左右朝政之机，对于自己完成特殊使命，无疑更为有利呢。于是又进宫来见文侯，开门见山地说：“主上难决于为中山择相，臣保荐二人供君之选，足可当此重任。”文侯令其讲来。王错意气昂昂：“一荐臣错自身。臣自视饱读经书，腹有良谋，随机应变，人莫能屈，庶几可当此任。”文侯微笑而不置可否，示意再荐其二。

王错当然只是投石问路，并未讲出自己可为相的过硬理由，此为虚晃一枪。见“此路不通”，反而更高兴了：“臣再荐李悝。中山草创，纷乱如麻，而李悝以法名世，曾施法使我大魏民安国富，今使其牛刀以宰鸡，何愁中山不大治？”文侯收起笑容，沉默不语了。好半天才说：“卿之荐深合吾意。然而寡人之朝堂上，怎可没有李悝襄赞呢？”王错察言观色，已明白在太子击和罗妃的交互攻击下，文侯已对李悝有了疏远之意，或者已在考虑“放逐”之，只是还下不了决心。助推一把，赶走李悝，此其时也。

“主公啊，”王错近前一步，压低了声音说，“李悝固然是干才能臣，但自古乱政的大奸大恶，哪个是蠢才呆鸟呢？君不见满朝大臣，无不以李悝马首是瞻？任座之生死，与其说决于君，决于翟璜，不如说决于李悝的暗中操纵。尤其要紧的是，其人与太子势同水火，他日主公千秋之后，太子能驾驭其人否？齐之田氏之祸，魏其复蹈之？而使其相中山，太子足以克制之也。”文侯悚然警悟，连赞王错虑事深远。

文侯乃单独召见李悝。先细细问询了李悝的病情，对其“为国宵衣旰食积劳成疾”极为忧虑，以燕国“进口”的辽东野山参、齐国“进口”的泰山百合蜜、楚国“进口”的越地荸荠荔枝羹和蜀地川西雪原贝母赐之。这些东西可都是稀世珍宝啊。就说这野山参，上品须百多年甚至数百年才可长成，而隐蔽于莽莽崇山密林中，采之极是艰辛。文侯宫中仅有两颗上品，一颗自己已服用，这颗连夫人和众妃们也舍不得赏赐。其余泰山百合蜜、荸荠荔枝羹、川西雪原贝母，无不是天工造化，得之不易之物。这些宝贝，针对李悝的身体羸弱尤其是气涌咳喘，无疑会有奇特疗效。文侯并不懂岐黄之道，却以这些宝贝赐予李悝，足见其对李悝关怀备至，竟研究了医药知识呢；更可见文侯之爱功臣贤才，远胜过妻妾啊！李悝感动的伏地谢恩拜领，泪光莹莹。随后转入征询中山相人选，李悝知文侯坚不用乐羊，乃荐翟璜魏成，文侯说：“此二人可堪治平之相，今中山纷乱，宜坚毅果敢者任之。”李悝再荐任座、田文、北门斗诸人，文侯皆否决：“此数子勇有余而智稍逊，亦不足当此大任。”这个不行，那个不可，李悝一急，脱口而出：“莫非主公之意，属望于臣吗？”文侯却就坡下驴，假作沉思有顷才说：“如此也好。先生相魏多年，呕心沥血，积劳成疾，寡人心有不忍。若避重而拈轻，有益于先生，寡人心稍安矣。”

李悝全明白了，太子击的暗箭已射中了自己（他还不知更有罗妃和王错的暗箭呢），文侯要换驴拉磨了：前几日，他的家臣与宫中一个宦官在街上喝酒，那宦官喝多了，为显耀自己深得主公信任，透露了一条消息。文侯派其秘密送给段干木一片札牍，上书八个字：“斧柄失木，杏兮失头。”段干木于其后加了四个字：“河兮涸兮。”使其又送还文公。家臣回来报告后，李悝迅即就破解了二者的文字谜：斧柄者柯也，“柯”失木乃一“可”字；“杏”字失头，乃一“否”字。文侯乃咨询重大国计，问可行否。答者曰“可”……“河”而无水，亦为一“可”字。商讨重大国计，文侯却要背着自己，这说明了什么？一是自己可能已不再被重信，二是事情有可能涉及自己。虽无法确定文字谜商讨的是何事，但自己将要走下坡路则是可以断定的。

联想到这些，李悝的心里阵阵发冷：“磨主”啊，李悝这条驴为你的磨坊建设耗尽了多少心血和劳苦啊，而今你的磨坊初现兴旺景象，而我的智和

力还远远没有榨干呢，你却要把我扔到缺草少料的槽头吗？当然，比起一卸磨就杀驴的磨主，你还算较仁义的。……将我扔到受束缚、受监控的槽头，其实也是好事，少主人大约不会再刻意向我射暗箭，我也可以偷懒息息肩了。如何化解少主人的敌意呢？……不必化解，但做到“大隐隐于朝”，其敌意荡然自消矣……

“子相中山，谁可代子辅佐寡人呢？”文侯真诚地问。李悝却陷在“驴的思维”里出不来，全没听到，文侯只好再问一遍。李悝本已心灰意冷，不想再为主人的磨坊出力了，可他多年养成的“驴性”深入了骨髓，见主人诚挚垂问，怎可不尽“驴忠”呢？遂答道：“满朝上下，贤能无过于翟璜魏成，主公择之。”文侯点头称是，但仍对该选谁拿不定主意，又问：“先生尝有言曰：‘家贫思良妻；国乱思良相。’今所置非成则璜，二子何如？”对曰：“卑不谋尊，疏不谋戚。臣在阙门之外，不敢当命。”文侯曰：“先生临事勿让！”李悝曰：“国君您没有仔细观察呀！看人，平时看他所亲近的，富贵时看他所交往的，显赫时看他所推荐的，穷困时看他所不做的，贫贱时看他所不取的。仅此五条，就足以去断定人，又何必要等我指明呢！”文侯曰：“先生就舍，吾之相定矣。”

原来，翟、魏二人虽都可称贤良智能，但后者的人品人格魅力却显然高于前者。魏成未发达时，唯孜孜勤读博览群书，大有后世范仲淹“断齑画粥”以苦学和祖逖“闻鸡起舞”以励志的风貌，亦有当世乐羊子拾金不昧和“大丈夫不二色”的德操。而翟璜未仕前，“朝扣富贵门，暮随肥马尘”，汲汲于自炫自售，与当时士子中流行的“贫贱而骄富贵”之风恰成鲜明对照；魏成做官后，更有方正清廉之名，不肯朋比结党，享千钟粟后，每每周济贫寒，扶助士子，尤能举才进贤，吴起、乐羊皆得其力荐（后又荐举西门豹、翟角担当大任）。翟璜则生活奢靡，揽钱不知餍足，除了迎合李悝保荐过吴起外，所荐大都平庸无能。文侯心中很明白：从个人感情来说，翟璜与李悝更近乎，然而，李悝却荐贤不荐亲，可见其对“魏家磨坊”犹忠心无二啊，不禁有点感动。这一感动，就为李悝最终得以安享天年埋下了福根。

魏文侯的“磨坊”作了重大变更：魏成取代李悝为相；太子击为中山国君，李悝为中山相，公输座为中山上将军；免去乐羊上将军之职，封为“尊荣”至高无上的“灵寿君”（按：此“君”者，非君主之君，乃拥有封地的荣誉尊号，顶多算个贵族地主。其后列国的孟尝君、信陵君、马服君等皆如此）。朝野上下，无不对李悝和乐羊的被贬黜议论纷纷，但这并不影响“磨坊”的正常运转。

【注释】

①成康：周成王和周康王。“成康盛世”的创建者。

②衡轭相累：衡轭都是牛马拉车时肩上的横木。全句意为：不能再让他驾辕拉车受苦受累了。

③荣尊之：使他享受荣耀和尊贵。

第七十八章

西门治邺著奇功

乐羊既被解除兵权、给请进了气势堂皇却又荒凉冷落的祠庙中作了“神祇”，可他手下的先锋大将西门豹和翟角如何安置呢？此二人战功赫赫，又足智多谋，亦可谓栋梁之材，但他们与乐羊的关系太亲密了，是否会给乐羊抱不平呢？是否会干扰政局稳定呢？政坛传统，历来是主隆从贵、帅荣将迁，反之亦然（此即后世所谓的“路线斗争”、“站队问题”，其实应是“跟人问题”），乐羊既是野心家、阴谋家、政治危险人物，其手下干将理应一并“挂起来”、“晾起来”……许多朝臣如是说。这是“维稳”的需要嘛。新相国魏成却力排众议，说西门豹是久沐君恩的忠忱贤亮之士，必不会谤怨而生二心；翟角原是秦人，与乐羊素无瓜葛，更不会怨谤朝廷。他主张打破官场规则，量才擢用，摒弃“路线之争”。对翟角争议不大，遂委之辅助公叔座统摄中山军马。对西门豹之用意见尖锐对立，魏文侯也有些举棋难下。魏成聪明练达，避开此事，却向文侯请示邺郡的治理大计。

原来，魏国新得领土邺郡虽为殷商古都，但时隔千多年，风水轮流转，因种种天灾人祸，邺郡此时却颇有贫寒荒凉的况味，饱受“水、旱、碱、盗”四大害……不生水患就是旱灾，旱时百里碱花泛银光，禾稼枯焦；三日大雨，漳河及其小支流皆洪水暴涨，毁岸决堤，吞噬人畜，扫荡生物；又有一穷凶极恶且十分狡猾的盗窃团伙，侦察到谁家有猪羊牛马，夜里反扃其门破畜圈而盗之。有呼救或来救者，则伤人甚至害命。官府虽尽力缉捕之，却长久徒劳无功。四害并生，复加之赵魏摩擦冲突，又添一兵祸，百姓不堪荼毒，大量逃亡，其地愈显混乱而荒凉了。魏国设立邺郡后，却无人敢任郡守，因李悝之法，各郡县粮赋皆有硬指标，完不成时，守、令须受罚。如此长期无长官，邺郡之混乱荒凉如何改观？文侯斟酌有时，决定委西门豹为邺郡守，对各方面皆能“抹平”。魏成也甚喜，庆邺郡得人矣。

西门豹上任第一天，即见到了痛心疾首的现状。又逢天旱，有百姓扶老携幼举家逃亡，而成千上万的百姓和士绅们，却在抬着漳河河神的木像浩浩荡荡地游行“祈雨”呢。他召集僚属计议治郡大政。有说应先治盐碱者，有说应未雨绸缪先疏浚漳河河道加固加高堤坝者。他摇头叹息道：“诸君舍本逐末矣。当前第一要务，乃巩固百姓，发展人口。没有人，万事无从谈起。”众以为深中肯綮，于是又围绕巩固人口献计献策，最后一致认为，宜动用政权机器，以军队和胥吏衙役封锁码头道路，堵截百姓逃亡；抓住逃亡者，严厉惩治，使民畏惧……他更大摇其头：“非良策也。趋利避害，人之本性。牛羊犹逐水草丰茂之地，岂可囿民如鸟兽而关锁笼中哉？此残虐民也。官府视民如宝器，民则视国如生命；官府视民如草芥，民则视官视国如寇仇。既为寇仇，焉能不逃避之？何计可坚牢固之？关锁虽可囚民于一时，焉可使民长久乐居哉？何以使民乐居？只可吸附之而非域[①]之，犹如繁旺林苑则飞鸟自来也。吾之林苑弊害丛生，急宜除弊以兴利，使我郡富且乐，则百姓驱之亦不去焉。我郡之弊有四大害，加兵祸而为五。今兵祸自消，其余四害急加剪除之，庶几则民可巩固且蕃[②]焉。”

众然其言，却又视之为新官上任三把火，大话空言，赚爱民之名罢了。西门豹却正色宣言:“本守言出如鼎，且看吾先除盗害. 。”顺手指一小吏说，“汝可充盗。”那小吏大惊失色，西门豹微笑说：“无妨，唯委屈几日。事后有偿。”

一个披枷带锁的“囚犯”被押在郡府衙前，且有告示布于众：“盗窃团伙已破获，随从羁押在监，今暴其首领，随后一并处斩。盗害已除，吾民安堵勿惊。”百姓围观如潮，齐诵阿弥陀佛。与此同时，又有大批官兵衙役，扮作普通百姓，混迹于稠人广众和茶楼酒肆之中，伸长耳朵捕捉反应信息。在一酒肆中，两个膘肥体壮的汉子喝多了，醉眼模糊地在议论时政，一个说“新郡守是他妈的贪功枉法之徒，什么捉拿了盗贼？杀良冒功嘛！爷们这不还------”另一人斥道：“你胡言乱语个鸟？有人给咱们‘顶缸’，咱应感谢天官赐福，管他什么枉不枉法呢。”侦探们听出了名堂，一涌而上擒拿了这二人……刑讯之下，二人无奈招供：他们是盗窃团伙之首领，并供出了其余喽啰的姓名和住址。西门豹调官兵“按图索骥”，一个不剩全部擒拿，所供分毫不差。二贼酋伏诛，众党羽判罚苦役，盗害寂灭了……

这一下，僚属们尽对新郡守敬服了。他们原以为，西门豹不过是勇莽武夫，只会攻城陷阵，懂什么理政安民？政事和打仗可是风马牛不相及，他将空有

雄心，却会闹个糟乱不堪，谁想他不仅是战场上的英雄，下马理民，其智勇也大放光彩呢。于是，他们一反只出些不咸不淡、不痛不痒之主意的敷衍态度，纷纷向郡守大人陈述、揭露本郡最可怕的祸害……

原来，漳河一带，地虽平旷，却旱涝无常，十年九灾。有三个豪绅耆宿[③]，伙同两个卸职的廷掾[④]，勾结一个红得发紫的中年女巫，说天灾乃不敬漳河河神之故，只要年年为河神娶一漂亮姑娘为神妃，自可风调雨顺。当地百姓本来就笃信河神，称之“河伯”，视之为祸福丰歉之主宰，无奈赞同之，竟成为一种习俗。三老廷掾和女巫借为河神娶妇之机，大肆向百姓敛财而瓜分之。更严重的是，女巫到民间搜索，见到贫家的漂亮女孩儿，即指为河伯之妇。至河神成婚日，数万人齐聚河边，女巫置一芦席于水上，拉起哭爹喊娘的姑娘坐于席上，推席河中。席顺水漂流，渐渐沉没，女孩被浪涛吞噬，即谓之作了河神之妃-----河神娶妇十年了，水旱之灾有增无减，而家有好女者纷纷逃亡……有识者已看清了女巫与三老廷掾罪恶滔天，但河神娶妇已成了习俗，而习俗的力量太强大了，纵使政权和法律，也对其无可奈何，谁还敢怀疑和非议？故此，连朝廷上下也不知邺郡害之最烈者为是也。

其实，西门豹经几日的明察暗访，已弄清了邺郡的第一大害，今见僚属们肯于自己同心同德，大为振奋，笑而喻之曰：“诸君勿忧。听说三日后即是河神之‘千年生日’，彼等必大操办，吾则痛责河神，敲山震虎，以惊群丑。彼等若知难罢手，不再兴妖作怪，一切都好，亦为安靖秩序之需要。彼若怙恶不悛，悍然继续作恶，吾亦有计戳穿河神之虚妄，妖孽之真相，使万民幡然憬悟，从而根绝此害。”僚属们既欣喜，却又心中惴惴：人能斗得过神吗？

三日后，到了漳河神的千岁寿诞之日，这可不得了，城中士农工商，四乡千千万万百姓，在三老、廷掾和一名中年女巫（据说是河神派到人间的使者）的指挥下，抬着河神披红挂彩的泥塑金身，曼城游走祭拜着为之庆贺。河神泥像高大沉重，十个人吃力而小心翼翼地轮换抬着，前面是浩浩的鼓乐吹打，轰轰烈烈，热闹非凡；后面是女巫的三四十名年轻女弟子，涂脂抹粉，妍服盛装，扭捏舞蹈，歌呼呜呜；两侧万民祭拜，香烟缭绕，还有更虔敬者捐钱向河神祝寿，三老、廷掾则端着笸箩接受万民的“孝敬”……

突然，郡守带着一批衙役拦住了去路，喝令河神歇驾。三老、廷掾急忙上前给郡守施礼：“大人哪，万万不可！今日为河神的千岁圣诞节，冲犯神灵，我邺郡生灵祸不旋踵矣。”西门豹冷冷地一笑：“何惧之有？小小的河神焉得擅作威福？本守为人君之使，特来数河神之罪也。”随之转对河神，满面怒色，伸食指戟指，“尔小小河神，居然敢僭称‘圣诞’，其罪一也；尔为一方神祇，掌一方平安福祉，而擅兴水旱，荼毒生灵，实为妖神，其罪二也；今万物苦于旱魃，烝民心似油煎，尔竟披红挂彩，招摇过市，全无体天悲悯之心，而又借机敛财，瘦骨榨油，燕口抢食，毁败天庭神灵清誉，其罪三也。有此三大罪，已累天庭蒙垢，本当论天条和人间律法斩之，姑念亦曾有功德于下界，可恕其死，暂予薄惩。来人，为我将河神之锦衣彩带撕掉，鞭笞四十。”衙役们早就得了严令，哪敢不遵？几人上去将河神披挂的绫罗绸缎撕扯个粉碎，又七八人抬下泥像，一阵皮鞭猛抽，只打的河神金剥彩落泥斑驳，几乎脱露出内胎的木桩麻草来。这可真是石破天惊呐，人居然施刑于神，然而条条是道，款款在理，神亦无计脱逃。三老、廷掾和女巫，只吓得战战兢兢，却口嗫嚅而不敢开一言。施刑罢，西门豹又手指河神斥道：“天道亦人道，功罪善恶，人神同理。汝其勉之！”随即带人回衙去了。百姓一哄而散。

西门豹回到衙中，僚属们却个个惶惑惊疑：郡守大人数河神之罪并借机敲打三老廷掾，痛快淋漓；对河神用刑，更为振聋发聩，然而却无法点明河神娶妇之事，显示了律法对之鞭长莫及，那些兴妖作怪者岂肯善甘罢休？必然与你公开对抗，隆而重之为河神娶妇，你虽有刀枪皮鞭刑杖，却又如何加之于习俗呢？这一仗打败，你将威风扫地，妖孽们将更加肆无忌惮了……

僚属们的担心不是多余，三老廷掾女巫与豪绅们相勾结，已成一股强大的势力，且操纵着信仰和舆情，谅西门豹无权干涉习俗，确在紧锣密鼓地铺排着河神娶妇之事。十余日后，河神婚期到，漳河之干，又上演起了一场轰轰烈烈的闹剧。

然而，这次的闹剧却以喜剧收场。该喜剧的故事情节，今日中国之中小学生无不熟稔，在此已无须赘言矣。而兹后之事，史载虽简而崇敬之情溢于言表……

邺吏民大惊恐，从是以后，不敢复言为河伯娶妇。

西门豹即发民凿十二渠，引河水灌民田，田皆溉。当其时，民治渠少烦苦，不欲也。豹曰：“民可以乐成，不可与虑始。今父老子弟虽患苦我，然百岁后期令父老子孙思我言。”果然，十二渠成，邺地“水、旱、碱”三害大去，贫瘠荒凉之地，竟变成了肥饶沃土，“民人以给足富”，至今皆得水利。十二渠经绝驰道，到汉之立，而长吏以为十二渠桥绝驰道，相比近，不可。

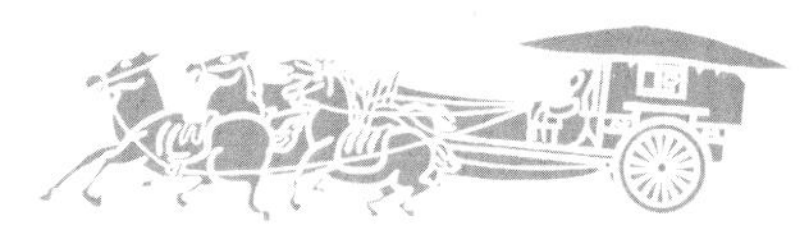

欲合渠水，且至驰道合三渠为一桥。邺民人父老不肯听长吏，以为西门君所为也，贤君之法式不可更也。长吏终听置之。故西门豹为邺令，名闻天下，泽流后世，无绝已时，几可谓非贤大夫哉。

于今要说的是，古代史家忽略了很重要的一点：西门豹治邺，首在于发自肺腑的爱民，以民为本，其所言“关锁虽可囚民于一时，焉可使民长久乐居哉？何以使民乐居？只可吸附之而非域之，犹如繁旺林苑则飞鸟自来也”，应为千秋万代治民之真经。其所谓“繁旺林苑飞鸟自来”之喻，实同于今世所谓“适于人居环境”也。西门豹治邺之功，即是将邺郡改变成了“适于人居的环境”，其“不域民”之主张，尤光彩万丈也。

搁下西门豹治邺之功（事实是，“十二渠”尚未完全竣工，这位邺令就死在了任上），且再看吴起北征。

吴起已率军穿过黄陵，进入了桥山群山中。此时他之兴奋，或者不在魏文侯之下：北吞中山西吞秦，是自己献给魏文侯的王霸蓝图，而今，这蓝图已实现了一半，再一戮力，蓝图完全变成“骏业”，哈哈，我吴起之功与名，可超乎伊尹、吕尚之上矣。至于收拾（……捡拾、收拢、整理）北翟，则如三根指头捡拾田螺也……春风得意马蹄疾，他的北征军很快踏进了北翟茫茫无际的塬、梁、峁、沟之间。但他没想到，捡拾“田螺”也不容易呢。他更没有想到，老对头英浩，此时正在“窥察”着他呢……

【注释】

①域：局限、限制、束缚之意。

②蕃：繁殖、增加。

③耆宿：有道德、名望的老人。

④廷掾：衙门中的小吏。

第七十九章

神仙洞中观“棋局”

齐宣公与相国田庄子先后病亡，齐康公继位为君，田和亦承继为相国，国柄更紧握在相国之手，齐康公比其父的境况更窝囊更凄凉。英浩伤痛、愤怒而无计可施，乃告病辞官“乞骸骨”（……请求退休）回到家乡休养。他的家在丹桂城外乡下，山明水秀，物阜年丰，他家又广有田产，兄弟子侄辈操持家务，完全不需要他费神，他倒也过得优哉游哉。可是，丹桂城被吴起攻破过，乡下百姓竟传说着吴起的神话：“魏韩联军攻城，城上兵多将猛，守的像山岩一样结实……吴起硬攻不下，就默祷苍天，口中念念有词，忽然之间，拔树揭瓦的狂风扑城，鸡蛋似的冰雹打下来，砸的城上守军哭爹叫娘逃窜，却根本不伤魏韩联军……哎哟，这吴起是天神呐，谁可抗拒？”英浩被这些神话闹得很烦躁了，他明白，吴起不过是善察天象、巧借了冰雹之机夺城而已。但这小子兵谋诡谲，又善天文地理……偷过“崍山密道”、火烧司马飞龙、水荡张礼大军以及“鬼淖子”诱我……其虽非天神，却实在是可怕的鬼怪呢！

英浩也有满腹经纶，但与“鬼怪”两次交手，却都凄惨大败（虽然不全归于智谋高低），他怎能不对吴起既敬佩又仇恨呢？因为仇恨，他用公输座给吴起设下了隐患，吴起被解除西河郡守，必是公输座发挥了作用，可惜，吴起竟又爬起来了，这必将成为大齐的巨大威胁呀！想我大齐兴国六百多年来，一直称雄天下威震诸侯，而今却光辉日渐暗淡，竟要受老魏家的威压？虽然，大齐必将“虫入凤窝”国主改姓，但大齐的光辉和雄风不应受伤害，大齐的秀丽江山更不容老魏家觊觎和侵夺！最能危害我大齐的，无疑就是鬼怪吴起呢！我英浩作为大齐人，应为大齐铲除这个恶敌鬼怪啊！

但英浩又喟然长叹了：唉，莫说自己已年近七旬，兵谋战略或稍输那鬼怪一筹，而今更只是一草野百姓，手中没了“刀”，还靠什么去与吴起争高

下呢？天哪天哪，我英浩死不瞑目啊！……不，老子说：“天地不仁，以万物为刍狗；圣人不仁，以百姓为刍狗。”太精辟了！刍狗者，用罢则轻贱而抛掷之物，何曾被人器重爱怜？我英浩若不是被田氏当刍狗轻贱抛弄，何至于一败再败？魏文侯似乎还算英主，但君王之心如出一辙，吴起又怎能不被当作刍狗呢？上有魏斯亵玩“刍狗”，下有王错、公输座等人为之设羁绊，你吴起能不覆老夫之辙吗？哈哈，伍子胥掘目而观吴王阖闾败亡，我英浩或可生见吴起罹祸，快哉快哉！只是，当此乱世，草野百姓之生死犹如秋风中树叶，难保哪一日，小田相国又会用我这刍狗祭神奠鬼，我将为之榨干血肉，未必能看得见吴起花落尘埃……罢了罢了，“硕鼠硕鼠，无食我黍！三岁贯女，莫我肯顾。逝将去女，适彼乐土”这首民谣可作摆脱刍狗命运的指路明灯，吾当效箕子①“违衰殷之运，走之朝鲜”！但如今朝鲜难去，而听说卫国鬼谷乃世外乐土，鬼谷子王禅更是当世真仙，吾何不从之修习神仙之术！纵不能成仙，但“洞中方三日，世上已千年”，吾或可窥察老魏家与鬼怪吴起伊于胡底！

“朝闻道夕死可矣。”英浩尊崇孔子这句名言，此时他之志虽不在“闻道”，但“适彼乐土”不也契合“道”之义吗？老当益壮，不坠青云之志的他，竟然豪兴勃发，抛家别业孤身出游，辗转半月，终于跋涉到了卫国鬼谷。放眼看这鬼谷，长约二三十里，宽则十数丈至数百丈不等，四面群山拢抱，如长龙安详静卧。四面之山奇峰怪石林立，青松苍劲挺拔，云雾变幻无穷，碧潭旁修竹拂云，飞瀑前花果飘香，山桃山杏山梨散乱而层层叠叠，地上松果榛子俯拾皆是，更有那仙鹤麋鹿悠游，百鸟欢唱，锦鸡徜徉；谷中芳草如毯，花果尤繁茂，小溪淙淙，游鱼安然，龟兔嬉戏旁若无人——山洼和谷中散居着数百山民，屋舍俨然，有良田美池桑竹之属。阡陌交通，鸡犬相闻。往来种作采樵，与仙鹤麋鹿龟兔为友，黄发垂髫，怡然自乐。真是人间仙境也。

鬼谷子修炼于一祥云缭绕、藤萝锁口的宽敞山洞里。英浩来到洞口，犹疑不敢进入。却听洞内传出温煦的声音：“英子大夫来也？既为‘适彼乐土’而来，如何逡巡不进？”英浩一惊：这鬼谷子确为真仙，竟知道我是何人，更知道我来之目的！得朝拜真仙，我幸何如之！他略有惶恐地轻步走进洞中。

洞中很豁亮，陈设却甚朴拙简陋，一位敝袍旧冠、麻履布箧、神如旭日、目若朗星、黑须潇洒、气度端凝的中年道长盘坐在云床上，蔼然望着他微笑。英浩又一惊，这位大名鼎鼎的真仙，原来如此年轻。但他听说过鬼谷子许多神奇故事以及救郑而嬉闹魏、韩朝堂的趣闻，知道不可以相貌判断神仙年龄，乃恭谨下拜道:“庸夫俗子英浩叩见仙人，志心朝礼！”那鬼谷子回了半礼笑道:“英子乃大齐能臣，名闻天下，鄙人乃山野村夫，怎当得英大夫大礼？子之‘志心朝礼’则未必，而欲观潮涌潮退、花开花落是真也。英子尚有说乎？”

英浩更是吃惊，神仙确是听力通天外、目力透万物啊，自己竟如一个透明的水晶人，所思所想全都被其明察纤毫！既被神仙说穿一切，他只好直言道:“浩也浊胎凡身，瞒不得上仙慧眼。弟子此来，实非虔诚慕道，而为避祸而苟延残命，恳求上仙大发慈悲，收庸人英浩为徒，得聆教诲，稍稍自去浊气。”鬼谷子呵呵笑了：“英子不必过谦，尊吾为师，吾不敢当也。盖吾师太上道德君老聃告诫于我，世道大嬗变未至其时，非我授徒之机，须待近百年之后才可育英培华。……此不可多说。而汝言欲去浊气，则大谬不然，汝来我洞中，欲借仙气而延命，实为目睹一仇敌花落尘埃。此则浊气益重也，岂有‘去浊’之念？”

英浩如被剥去了衣冠，赤条条的被人观瞻，又羞又窘，乃恭谨下拜道:“浩也亦知，得为上仙弟子，即可位列仙班，我不敢奢望，只求为无名分之俗家弟子可矣。”鬼谷子不置可否，却转了话题：“汝浊气深重，须净虑涤心之后再谈学道。今且问汝，尔与仇敌怨仇何在？”

英浩已被斥责浊气深重，心中忐忑，但一腔怨愤不吐出来憋得难受，于是鼓勇直抒胸臆了：“师尊垂问，弟子敢不坦言！我之仇敌吴起也。浩与其人，既有国仇，又有私恨。国仇者，我大齐称雄数百年，‘尊王攘夷’，号令天下，战胜攻取，威震四海。然而自出了鬼怪吴起，竟将鲁而屡败我齐师，将魏更挫我军威且迫压、摇撼我大齐国势，我大齐由盛转衰，吴起为罪魁也。浩为大齐子民，岂能不仇吴起？私恨者，想我英浩虽不才，也可称学贯古今、深通兵法战略，然而与吴起对敌，总是阴错阳差，辄遭败衄，难道其人真是妖魅鬼怪，凡人不可御之？浩也心有不服不甘焉。”

鬼谷子再呵呵大笑了：“英子英子，汝虽算得当世才士，然而不识天道、天命也。齐之自衰，与吴起何干？齐之称霸，源于‘尊王攘夷’之安定世道、利惠苍生，故天佑之而蒸蒸日上。然而近世乃自弃义旗，专事搅乱天下并弱肉强食，天犹肯佑乎？比如齐之伐鲁，亦为‘尊王攘夷’乎？倚强凌弱，礼、义何在？不义之战，不合天意人心，其败何足为奇？要言之，齐为弃义而自衰，且将日益衰败，无人可救药，汝怅恨之何益？　　　　至于你与吴

起私恨，尤为可笑。吴起膺天命而兴大魏，非人力所可抗。况汝虽数败与吴起，然而汝为吴起屡设圈套陷阱，有一陷阱将使吴起伤心流泪而去魏，汝知之乎？吴起不该仇汝乎？汝竟是不辨……”

一听吴起将会黯然去魏，英浩立时兴奋异常，竟截住鬼谷子的“天道”宏论，几乎要欢呼起来：“快哉快哉！吴起竟有今日。大慰我心，大慰我心也！”

鬼谷子叹口气摇摇头，略带讥讽地冷笑道：“人之不幸，汝则大快，幸灾乐祸，犹可望成仙乎？况汝所谓‘今日’，实则在十余年之后，花开花落自有时，岂由人好恶促开促败？”

英浩嗒然若失，脸色再灰暗下来：“唉，罢了罢了，我英浩年将七十，十多年后，我墓上之木已拱矣，不得见吴起之败矣！”语声不无凄怆。

鬼谷子犹豫了片刻，再叹口气，转而安慰英浩了：“汝亦不必伤感，汝慨然来我洞中，则为有仙缘，又肯志心皈命，吾可告汝，一进我洞来，汝之寿已加增若许矣，可见花之盛开至萎凋也。”

英浩惊喜莫名，叩头展问：“弟子愚钝不解，何得一入宝洞，我则已增寿延命？”

鬼谷子又蔼然微笑了：“汝既有仙缘，吾实告汝亦不妨。世言‘近朱者赤近墨者黑’，而能近大罗金仙者，亦有夙缘也。汝闻‘烂柯’之典乎？昔者吾师骑青牛入函谷关著述罢煌煌五千言《道德经》之后，出关西去，至华山而遇吾师伯灵宝天尊，二圣乃居石对弈。有一樵夫停樵来观棋，二圣知其有仙缘，亦不讶怪之。樵夫观棋有时感觉肚饥，起身离去时，却发现自己一直拿在手中的砍柴斧头，结实的檀木把儿已糟朽了……他回到山下家中，六岁的孙子已成白须白发老翁矣。……汝来洞中虽只片时，而世上之‘棋局’已搏杀千百回合了，汝最关注的吴起，已如花开而达极盛，登山而近峰顶，接下来将缓缓踏入下坡道了。”

英浩更加既惊喜又感伤，幽幽地说：“得聆仙音教诲，弟子已不敢有幸灾乐祸之心，然而不得目睹吴起‘登峰、下坡’，犹为遗憾也。”鬼谷子哂道：“此又何难？”说着从袖中取出一面菱花古镜，递给英浩道：“此镜为吾师赠我之宝物，修道有成，揽镜一照，可上察九天，下察九渊，八极万象无不毕显。尔无道行，吾助汝以观吴起则可。”英浩捧镜在手，鬼谷子却在他的后脑勺上轻轻拍了三下。

三下刚拍完，英浩随即不会动弹、不会说话，犹如走进了大梦中，但又似梦非梦，因为他明白自己正大睁着眼睛紧盯着古镜呢，是镜中映现的景物作了自己的梦境。好奇怪，梦境与自己毫无关联，却全是吴起在“登峰、下坡”，并且前面清晰、逼真、连缀成故事，后面却渐渐模糊、零散，如发掘出来的古籍残片。梦境也？真实也？他已茫然不可辨析矣……

【注释】

①箕子: 周灭殷商之际的人物。箕子名胥余，殷商末期人，是殷纣王的叔父，封于箕，因其道不得行，其志不得遂，率五千人浮海到朝鲜，建立朝鲜国，其流风遗韵，至今犹存。

第八十章

抚驭翟北托天命

（清晰映象之一）

秦川北部，是为渭北高原，地形辽阔雄浑，居民亦耕亦牧，庶几有“小国寡民，使民有什伯之器而不用，使民重死而不远徙。虽有舟舆，无所乘之。虽有甲兵，无所陈之……甘其食，美其服，安其居，乐其俗”之状貌。再向北陟彼崔嵬，则气象愈为辽阔雄浑广袤博奥大气磅礴，但也稍稍贫瘠而荒凉。但所谓荒凉，只是就地旷人稀而言，实际上，“天苍苍，野茫茫，风吹草低见牛羊”的壮美画面，或是最早即生发于斯地。这一广袤雄浑之地，今谓之“陕北”，其时则称为“翟北”或“北翟”（因西周至春秋，这片土地不属“王化”，常为更北方的游牧夷狄占据，“白翟人”占据时间最长），秦人又多称之为“北旷” 。

秦人之先世原生活在陇东一带，与戎狄夷人关联密切，因钦慕、向往中原文化，乃将注意力和发展方向瞄准东部中原地区，秦穆公“并国二十，遂霸西戎”后，北旷亦成秦之属地。缪公虽称一时雄霸，中原各国犹卑视之，蔑称其“夷狄秦”。缪公之后，秦势稍减弱，且耻“夷狄”之讥，即不再向西向北发展势力，也对北部的北翟名为所辖实而置之不顾，一心只在与中原争高下，故而，陕北又处于“王化”之外矣。斯时斯地之居民，自称“大北旷人”，自甘为“戎狄”。戎狄也者，尚未完全融入大中华文化之民族也。此时之陕北的戎狄，人民还不熟谙农耕稼穑，主要以猎、牧、采（采集大自然赋予的天然植物食品，好在地广人稀，采撷亦有所获）为生，生活苦寒，生存环境恶劣。部落虽早已形成，但部落组织松散，部落之间联系不多，大部落数千人，小部落数百人，各自为政，还相互侵夺以至并吞。更严重的是，还有大漠之北的游牧戎狄常南来侵犯抢掠烧杀奸淫，马蹄经过处，犹如蝗虫光顾过的庄稼地，惨不忍睹，成为大北旷人可怕的噩梦。有阴格里部落最是强大，拥有部众数万户，仅“部兵”就有二万（如中山国，亦民亦兵，十五岁以上男丁皆为兵），每统帅中小部落的“部兵”驱逐漠北戎狄，也劫掠欺凌弱小部落，近乎“霸主”。

阴格里得知“南蛮”魏国兴兵侵入北旷来，极是愤怒，派人传令所有部落，一齐起兵抵抗蛮子入侵。但各部落首领早得到了一批渭北商人（……张吉的小兵费肥降魏后，吴起见其机灵，更为了昭示“天下一家人”的政治策略，乃用其为卫兵；吴起在家养病，卫队中即有费肥。这批“商人”，即费肥率领的渭北籍士兵）的礼物和许诺：魏军之来，是懔遵上天旨意，要来帮助各部落摆脱阴格里的欺压，帮助北旷人迈进富裕开化之路，首领们无不喜欢，皆不欲与魏军为敌；只是畏惧阴格里，担心魏军能否取胜，只得不情愿地派出“部兵”，齐来听阴格里指挥，其实心怀观望。于是，阴格里得兵近五万，挺进到赤石砭来抗魏军。

阴格里率领着五万擅长骑射的兵勇，顾盼自雄：听说魏军只三万人马，而且步兵多骑兵少，虽有战车，那玩意儿在这沟沟峁峁间毫无用处，一战将魏军杀个落花流水、逐之哭爹叫娘逃回岭南，易如拦羊回圈也。来到赤石砭，见魏军扎寨砭上，立即挥军进攻，五万骑兵狂吼着凶猛而散乱地直扑魏寨。但魏军紧闭寨门，以鹿柴和钉板阻住其攻势，将士们则在隐蔽物后放箭。但魏军之箭，不瞄人，只射马，一排箭飞出，阴格里部队的二三百匹战马栽倒，骑手尽被摔于地上。余众惊慌而退。

阴格里只有蛮勇，哪懂战阵，以为魏军箭法拙劣，射不中人，只会下三滥地射马，并无畏惧，稍休整后，发起了又一轮冲锋，但那鹿柴和钉板不可逾越，他的战马又栽倒了二三百匹，冲锋再次嘎然而止。他愤怒得双眼喷火了，不信自己的五万人马，攻不破南蛮子的营寨，自己今后还怎么在各部落间称雄称霸？见其他各部落人马皆有不肯向前之势，乃亲率自己所部，像发疯了的野牛一样猛冲魏营，不顾人马纷纷栽倒，狂冲不退，居然冲破了三道障碍，接近了营门。那位“渭北商人”费肥已回到军中，告知吴起此乃阴格里的嫡系，于是魏军也就不太客气了，不仅射马，还瞄准人的胳膊和下肢猛射，又于是，再栽倒的数百人，大多臂腿中箭了。但阴格里狂劲大发，犹率几百勇士直冲最后一道障碍。魏营中的费肥突地露出隐蔽物向阴格里大叫：“阴格里，别不知死活，你看，吴将军的弓箭已瞄准了你，要杀你易如反掌，但吴将军不

愿杀你，只让你来个嘴啃地，狗吃屎！你可小心了！”果然，吴起正在张弓搭箭瞄着他。阴格里自恃武艺高强，对面射来的箭矢，他不用躲闪，刀一挥即斩为两截，哪里害怕吴起的威胁？稍一停顿又策马狂冲。吴起却目标下移，弦声响处，阴格里战马的一只膝盖折断了，马仆趴跌倒，马上人果然一个狗吃屎摔下地来。余众大惊，救起首领哗然败退下去。

阴格里虽未受伤，却不敢再莽撞蛮来了，他明白，那一箭要取他的命，比射马膝盖容易多了。敌人不肯射死他，也不肯射杀他的部下，甚至极力避免伤人，这是为什么？难道南蛮子真是上天派来泽被、化育（他已从小部落首领口中得知了魏军北来的宗旨）我北旷荒凉的吗？……哼！说的比唱信天游还好听。去他娘的“泽被”？狗得一根肉骨头，只怕同伙抢，难道肯自动分给同伙？“化育”？更慢来！我们生活的逍遥自在，难道需要被王公侯的官府管束？难道你们的一些稀奇玩意儿就代表上天的恩眷？由你们来化育，我阴格里朝哪摆？而且，那一箭使他大伤颜面，这口气如何下咽？他决计与魏军对抗下去：我冲不动他的营，他也休想冲动我的阵地。只要我不退，执拗下去，他魏军远来乏粮，不得不退走，我犹能将他们逐出家门，找回脸面，赢得荣耀。于是，他下令各部落不再进攻，也扎下营帐，堵死魏军深入进犯的道路，使魏军知难滚回去。

他不进攻，魏军也不来进犯，两家相安无事。奇怪的是，魏军每天派出大量军士，漫坡漫岭刈割野枣刺和干草，不知藏于何处去了。他觉得好笑：这些南蛮子，北来就为抢我们这些“宝贝”？他妈的，还帮我们富裕文明呢，你们才是穷疯了呢！他不愿再多想，只盼魏军抢够了“宝贝”，快点儿滚蛋。

六七天后，魏军果然似军粮不支了，拔营向南退军。阴格里大喜，急忙率军追赶，要让魏军尝个厉害，以报一箭之辱。但魏军以几十辆战车殿后，他的人马近前则被射倒（哟，这战车还真厉害呢），竟无法靠得太近。但他仍要尽力追赶，将南蛮子撵回老窝去，我阴格里就是翟北的大英雄了！追！追有十多里，进入一条大峡谷，魏军的大队人马早不见了，那些战车却呼隆隆塞断了峡谷的出口，别说骏马，野猫也难穿过去；而身后的入口，也给千百捆野枣刺堵成一座刺山，只怕穿山甲也钻不过去。接着金鼓齐鸣，几万魏军占据了峡谷两边的山头，向着谷下的岭北兵勇欢呼大笑。

阴格里恐慌了，这可是他们对付猛兽的办法，无耻的南蛮子却用来对付人！现在别说追击敌人了，得赶紧逃出敌人的“交口”。再凶险的“交口”，也有猛兽突围逃走的。对！向山上冲击，夺路逃走！他举刀大吼，挥兵勇向山上猛冲。魏军却并不放箭，只滚石头压制住冲锋，随之又抛下千万捆野枣刺和干草，霎时间，谷中横七竖八躺满了乱柴，逼得他的人马缩聚成堆。忽然，山梁的一块大岩石上，挺立起一个魏军小军官，对着谷下高声大叫："翟北的弟兄们，各位首领酋长们，我是费肥，与许多酋长和弟兄们见过面的。我魏军兵力百万，我们吴大将军，更是天上下凡的神将，打遍天下无敌手，不要说你们这四五万民勇，秦、齐的几十万虎狼军，都被他当柿饼咬着吃呢。吴大将军心吞天下，却仁爱百姓，派我先到翟北，就是向大家宣喻上天旨意、"泽被"大政的。大政绝不改，你们若恭顺天意，安心当好百姓，保大家都能过上富裕的日子。弟兄们，你们不是兵，更不是敌人，都是我大魏的百姓，所以我们放箭，全不肯杀害你们，不然，你们的尸体可就摆满赤石砭了。现在，谷口堵死了，谷中干柴遍布，我们要发射火箭，你们不都得变成焦炭吗？阴格里，看清形势了吗？快下令放下武器，走出谷来听候编遣，否则天必降祸！"

谷中寂然无声，小部落的首领们面色如土，齐刷刷地望着阴格里，盼他快下令顺降……既是上天的意旨，人怎么敢抗拒呢？但阴格里初时极害怕，现在反倒不怕了，也大声地安定人心道："莫听南蛮子扯卵蛋！上天是他们家的先人牌牌，只向着他们？要论敬天尊神，我旷北人比南蛮子们虔诚百倍，我们肯把第一个儿子溺死'杀子敬天'、肯把新婚妻子的'开苞'敬献天神（……巫师），他们肯吗？天神咋会护佑他们？老天爷护佑的是我们。有上天护佑，我们怕他火箭个屌！大家看，我们的头顶飞来了一片乌云。这是什么？这是雨神要来救护咱们的，他们放火，雨神就会降雨，伤不了咱一根屌毛的。"……真的，一块黑沉沉的乌云飘来压住了谷顶上空，似乎大雨将至。旷北的兵勇们纷纷下马向天叩拜，渐渐安定了。

哪知魏军并不惧雨神，却向半坡推下来十只"铜鸭子"（吴起进兵中山国时，先找到几位良工，按他的记忆指点，良工们也造出了金凫喷），有人向谷下大叫："阴格里，你敢抗拒上天的旨意吗？好，看你的雨神厉害，还是我们的火神厉害？注意了，我们要喷火了！"阴格里口中强硬，心中仍是害怕：雨神真肯来救助自己吗？斗得过火神吗？……须去捣烂这铜鸭子，让它喷不成火！于是，他向自己所部手一挥，率先向半坡腰冲上去。接近铜鸭子时，那玩意儿的嘴里果然喷起了东西，但不是火，而是"血水"。刹那间，阴格里与冲在前面的百多人皆满脸满身"血污"（……荨麻汁中加了红菜汁），

一个个“哎哟哎哟”哀叫着摔下马来，翻滚到谷底去了。余众三魂六魄齐飞，跌跌撞撞逃下谷底。

阴格里脸上手上中了血污，一阵巨疼加惊慌，摔下马跌下谷，以为到了黄泉，可那越来越厉害的痛、麻、烧灼感提醒他，没到黄泉，还在人间受罪呢。娘呀，这痛苦难忍受呀：好尖利的疼痛，像野枣刺扎进了指甲缝，疼得钻心；脸上手上发麻，全身发麻，麻得心都打哆嗦；血污覆被处，如有炽旺的火炭在烤炙……但他毕竟是旷北的第一钢铁汉子，曾与人打赌，匕首插进大腿半寸深，仍高呼大叫地吃肉喝酒呢，再痛苦他也咬着牙一声不吭。然而，其余的百余人却没有他的坚强，滚下谷来就哀嚎不绝，惨凄的声音如挨了刀的猪。整个谷中一片惊惶恐怖气氛，未受伤者看着受伤者的痛苦状，既束手无策，又如感同身受，心也哆嗦不止。

这时，又有魏军在山上喊话了：“旷北的爷儿弟兄们，吴大将军不肯伤了天地之仁，暂不喷火，只是先代天施罚，教训教训抗拒天命的阴格里。阴格里，滋味不好受吧！告诉你，这只是小惩罚，如果继续颟顸愚顽，更重的天罚还在后面呢。你不是巴望雨神救命吗？现在抬头看看，乌云哪去了？雨神哪去了？老天爷肯救你吗？此时我们一喷火，你们都得变飞灰！”

惊恐莫名的谷中人抬头一望，全都脸色大变，乌云早飘过头顶去了，太阳又明晃晃地照射下来。娘哟，魏军真的是秉承天命？我们真的是与天作对？天罚太可怕了……

阴格里颟顸粗莽，却最敬畏天神，耳听得部下们的惊叹窃议和其他首领们在怨责自己拂逆天意，只吓得激灵灵毛发直竖：自己最敬天尊神，结果却在逆天而行！这一吓，连痛苦也忘了几分，竟向山上噗通跪倒，连连磕头：“天神爷爷，吴大将军，我阴格里瞎了眼，不识好歹，不知天命，从今而后，再不敢逆天了，再也不敢了！”其余受伤者，也忍着痛，一齐跪倒向山上磕头求饶。

山上有一人威严地笑了，大概是吴起大将军吧：“好！好！你阴格里能敬畏天命，犹是天之赤子。天公赏罚分明，不忍尔等遭罪太大，有仙药可救尔等脱苦难。只是，若心怀反复，再生逆天恶念，药则失灵，苦则重现，将无药可救矣。……来人，为阴格里等遭罪者施药！”

山上下来三人，捧着三只瓦罐，将罐中之药令阴格里与受伤者每人喝了两大口。待最后一人喝药时，前面服药之人，已觉得痛苦减轻了几分；待最后一人感觉好受了几分，前面的人已不觉得多么难受了。阴格里完全彻底信服了，吴起大将军确是天神，是老天爷的代表。他生性豪爽，流血断头不皱眉，一言出口不收回，还有什么好说的，归服、听命吴大将军，这是听命于天啊！于是，他率先抛掷了战刀。余众争相效法，皆扔下了武器。

谷口打开了，五万旷北兵勇走出了“交口”。吴大将军的确是代天来化育翟北人的，并不难为阴格里，还拉着他的手亲切地慰勉：“你是翟北的英雄，也是我大魏的功臣，今后但督率隶属效忠大魏，即为旷北人之福，亦有你自身之富贵尊荣。”随后将武器又发还旷北兵勇，各部落首领皆为将军，作为翟北的正规武装力量，负保境安民之责。

又于是，阴格里率所部在前开道，导引着魏军波澜不惊地开进了肤施。

第八十一章

“昊”字地名铭功德

（清晰映象之二）

代理县令（等待朝廷正式委命；中小部落的首领们为各自部队的将军，兼所辖乡的良人）阴格里忙碌而兴奋，真有一种从未体验过的新鲜感、荣耀感、幸福感。过去，他的部众畏惧他，背后也恨他；现在，他的百姓和部队将士则尊敬他、信任他，因为他代表的是强大的大魏政权，是上膺天命的昊大将军。

一大早，他走出县衙，亲自投身到军民的垦荒种地行列里，抡起镢头，干的满身大汗，心情却很愉悦。过去，他们大北旷人的祖祖辈辈刀耕火种，种一碗收一瓢，对种庄稼了无信心和兴趣，现在他们知道了，种庄稼是衣食无忧的根本，种一碗可收一斗甚至一担，关键在精耕细作、全心神侍弄。一本万利，这可比打猎和采集有保障的多了。大北旷千里山川，平坦的土地开垦不尽，粮食也会吃用不尽呀。百姓不再为填肚皮抢掠拼斗，自己这县太爷就当的有滋有味了。魏军将士是垦荒种地的技术指导，可干起活来更欢势，一面与他的百姓们说说笑笑，一面抡镢如雨，荒草漫漫的大片荒野，迅速变成了一畦一畦平整的黄土地，那黄土潮润而闪着金光，仿佛在为初见天日而眉开眼笑。他擦了把汗，对几位乡良人下令：督责各自的百姓加紧开荒，务必在第一场春雨前把种子（魏军由西河运来）撒下地。

中午，他到兵营来看魏军将校帮自己的部队练兵（每一个连，由三名魏军军官训练）。喝！真叫开眼了：自己的部队原先并无什么编制和军纪，前进和后退一窝乱蜂，不懂队列行阵，打仗只是群殴。现在一个连成一小方阵，横竖成列，左右照应，军官一声号令，二百人竟如一个人似地步伐统一，进退有序，一声“杀”字吼出，战刀风响电掣。诸多小方阵联络成一大阵，攻守配合，万人如一只猛虎，按着指挥官的令旗扑、撕、咬、抓……他看得目眩神迷：这才叫部队嘛，这才有战斗力嘛，与之相比，自己原来的作战方式，简直如小娃儿过家家哩。他悄悄立在指挥官身后，观摩研习着指挥部队的气势、手势、口令和令旗之魔力的发挥。随后，他又站在一列队伍之后，与士兵们一起操练开了……

忽然，一位带队的魏军百夫长作搏杀动作示范时用力过猛，噗通栽倒在地，挣了几下没爬起来，他赶忙去搀扶，见其满头虚汗，惊问：“你病了吗？”那百夫长拉他离开队列，轻声说：“不是病了，饿了。”接着告诉他，军粮接济不足了，为了保证旷北兵训练吃饱，魏营将士这几日每天只吃一顿饭，吴将军也忍饥挨饿着呢。不过没什么，运粮队已去了西河，这一两日即有军粮运到。他又惊诧又感动：常言说“冻不死的葱，饿不死的兵”，没听说过兵挨饿的事。兵吃不饱，一个是成匪作盗抢百姓，一个是娘给儿子揉头上的青疙瘩——散散散！自己的“部兵”是本部落娃子，绝对服从自己，可你饿一天试试，绝对他娘的散伙。魏军不散伙，还越捏拢越紧，这是军纪威严能做到的吗？魏军挨饿，是因为我们哪。吴大将军啊，你真把我们大北旷人当兄弟亲人啦！……他性情耿介，知恩图报，不再说什么，却暗暗决定，宰杀自家的十头牛二十头羊送到魏营，帮吴大将军缓解眼下困难。

这时，县衙里的小吏寻到兵营来了，向他紧急报告，他的族人阴方明破坏新法令，将第一胎男婴溺死了。他又惊又怒，这阴方明贼胆包天了，公然破坏吴大将军的第一道法令……爱护子民生灵，禁绝“杀子敬天”的恶俗，违抗法令者鞭责二百！要说对新法令，比如禁止各部落争霸牧场、采场，相互抢夺牲畜和部落娃子（部众），杀人者偿命，抢劫奸淫者判罪；政府保护各家户发展畜牧生产（由政府聘渭北的畜牧能人来作技术指导），鼓励开荒种粮（第一年的种籽由政府从西河运来，无偿配给）……这些法令，不仅泽被大北旷人，还使大北旷的千山万峁黄土坡岭沐浴福泽呢。然而对禁绝“杀子敬天”，他却有点不服、不平：我们祖宗传下来的习俗，咋就成恶俗了？不杀长子以敬天，天肯赐给我们更多的儿女吗？这法令就是开化我们吗？哼，我们要这种开化何用？我们需要繁衍人口，但繁衍人口就需要敬天啊！他心情复杂地回到家，一见到自己病病怏怏的婆姨（妻子）时，却豁然醒悟了：他们的第一胎白胖儿子被溺死后，婆姨哭的死去活来，最终羸瘦而灾病缠身，后来生的二儿二女，都瘦瘦怯怯的。唉，我杀子敬了天，天并未赐福给我，反倒像在惩罚我呢！对呀，天最仁爱，体天之仁爱，才是真正的敬天呢。我

们大北旷荒凉，首先在于人口稀少，可我们的杀子之俗，不知消灭了多少人口啊！这法令，是对我们北旷人的真诚仁爱，是对我大北旷最大的福泽和开化啊。他想通了，大张旗鼓地张贴告示，还派人到僻远的窑洞前宣传新法令。可哪曾料到，自己的族人竟死抱住老习俗不放。自己部落历来“敬天”最诚挚，堪为各部落之表率，现在 “开化”，亦应为各部落之先进，须杀一儆百！他立命小吏带衙役去锁拿阴方明到公堂。

他回到县衙，阴方明已被带上公堂。他与阴方明的个人感情很亲密，他小时候被狼叼走，多亏阴方明的爹拼命救了他的。他不敢审问阴方明，怕自己的决心动摇，立即下令将阴方明斩首示众。但县掾（魏军的一名主薄充任）却阻止了他：“不行啊，县令大人，法为鞭刑，不当杀头啊！”他眼一瞪：“不关法令。我处死的是本部落娃子。”县掾笑了：“大人，你现在是朝廷官员，在代表朝廷行使法令呢。部落娃子都是百姓，受王法管着，不能要打就打，要杀就杀。”他愣了愣，反驳道：“我可是为了贯通溺婴禁令啊！”县掾说：“你用心虽善，可得遵法而行。任何人都不得违法。即使大将军，即使国君，也不得违法啊。你若杀了此人，莫说你是犯了罪，就是吴大将军，也会因对你管教不严而获罪呢……临晋守将宋华犯了罪被斩，吴将军引法自责，令人抽了自己一百皮鞭呢！”他懵了，也服了：“法”这东西像“天条”啊！杀人不过头点地，二百皮鞭，却会抽的人血肉模糊，凄惨非常，对于好强要面子的阴方明来说，或者情愿选择一死……他不忍看其受活罪，将行刑之事交县掾执行……（溺婴之风为此彻底刹住了。）

下午有两人来打官司，为两家的牛羊各自侵入了对方的牧场。牛羊不懂法令，放牧者稍不留神，它们跑到别人家的牧场吃草在所难免，各自加强管理牛羊也就是了，可这两家皆说对方是故意放纵牛羊入侵。他调解无效，劝喻不听，火了，令争讼者于公堂下比赛箭法和格斗，输者输官司，罚赔胜者牧草五担。两个打官司者真的比起武来。县掾看得很可笑，可自己也觉得没有更好的办法平息争讼，遂听之任之（后来他当作笑料回报吴起，吴起却想起自己初到安邑，在小饭铺听小二所讲的“断官司”之法，竟大加赞赏，传令各县，对模棱两可的官司，皆可效阴格里之法，以推动全民的练武热潮）。

晚上，阴格在家里令人宰牛屠羊，却有人登门求见，请求他去央告吴大将军：儿子娶了新媳妇，给媳妇“开苞”，过去是天神的代表巫师神汉，可现在他们认为，吴大将军才是真正的天神，给媳妇“开苞”之权，应敬献给吴将军。阴格里大笑说：“这事嘛，法令管不着，本老爷也不管。你们自己去央告吴大将军吧！”后来的事他只当笑话听：吴大将军开始婉言拒绝，但架不住恳求同意了，可再后来，求其“开苞”的人数太多，招架不住了，只能择其丽者而任之……

牛羊肉送到魏营，吴将军深表感谢，却令折价酬以金饼，而且下令禁止再屠宰牛羊，因为这时正是它们生长繁殖的旺季。可两天过去了，军粮仍未运到，又有两位部落首领宰了牛羊来魏营慰问。吴大将军脸一翻，喝令将两位首领，按不遵大将军令之罪论处，各笞二十鞭示警，慰问品拒收。挨了打的两位首领虽满面羞惭，背过身却直竖大拇指。还好，第三日军粮就运到了。

但“噩梦”很快又来了：有四五千漠北戎狄，像秃鹫似地飞扑南来了。他大吃一惊，急忙报告吴大将军，请求自己率军去堵截、驱逐秃鹫。吴起却淡淡地一笑说：“我早已得到了探报。四五千乌合之众，无须兴师动众，吾已派六千车骑兵协同金扎礼、黑耐莱所部七千人马，布下了口袋阵，我随后亲临，这些秃鹫，不，是蝗虫，飞来就别想飞走。……对蝗虫，堵截和驱逐作用不大，须扑杀之，其余则不敢骚扰矣。”他惊奇而忐忑不安：吴大将军，你哪知这些漠北戎狄的厉害，他们来如风去如电，像贼风似地专钻门缝墙窟窿，我用三四万人马，还常常堵截不住人家的来去自如呢，你用这点人马，还想扑杀人家？但大将军的笃定和神威，使他不敢提出异议。

天神到底是是天神哪，凡人不可测度！两天后，金扎礼、黑耐莱与魏军的六千车骑敲着欢庆鼓返回伕施来，俘获漠北“秃鹫”数百、漠北骏马千余。他向金、黑二人打问作战经过，二人兴奋又神秘地抢着说：“不得了，全完了，四五千蝗虫，一只也没逃脱……我的娘，吴大将军千真万确是天神呐，有魔法，绝对有魔法，能驱遣蝗虫听令哩。那些蝗虫贼头贼脑地试探了几条道，却硬是大睁着眼睛朝我们口袋阵里钻。嘿，这一钻进来，上百辆战车扎住‘袋口’，另百辆战车冲进袋里碾压轧榨肉柿饼，我们一万多人只射了一批箭，所有的蝗虫就全飞不动了……我的娘哎，那才叫痛快！”

俘获的七八百秃鹫又被吴大将军放走了。阴格里与金、黑等人极不乐意，吴大将军却解譬说：放他们回去，是给其族类捎信：再敢当蝗虫南犯，必当异乡断头鬼！他们这才心服。果然，此后（几十年内）漠北戎狄再不敢向南牧马了。

阴格里的将军兼县令越当越感觉美好了。行政，有县掾在背后悄悄地“政治把关”，有乡、里、轨各级政权分片负责，他只需要遵照法令发指示、行督察就够了，逮住了作奸犯科者，还可以抖一抖县老爷的威风，比当部落首领轻松省心而有滋味。可他治理下的政务，却是一派蒸蒸日上的喜人景象：各家户的牛羊数都有增长，畜牧业已显露蓬勃兴旺的端倪；新开的五万亩土地上种的小麦，已长了一寸多高，绿油油的爱煞人；社会秩序安定井然，百姓中逞强霸蛮之风日减日消，遵法令而循规蹈矩与和谐、清新之风逐渐蔚然，因为人皆忙于发展生产开创财富了。军事方面，他更觉得兴味无穷：他的部队（包括所有的部落部队）面貌一新，兵绝对服从官长，官层层听命于上级，号令风云肃，叱咤雷霆震，万人如一体，剑气冲牛斗，马嘶动山川，所向坚壁难阻危崖难挡。他遵照吴起大将军的命令，率所部（其他部落的将军亦率军与之配合）向南挺进，直薄咸阳之北耀威，抢得秦国边境的粮食、牲畜和人口无数，还消灭了秦边境军数千，待秦起大军来敌，则安然撤回，秦军竟不敢来追。十余日后，探得秦大军已撤，又南进至更纵深，斩获业绩更丰硕，吓得咸阳城里也风声鹤唳。如此三四番南进，所得战利品使大北旷人日益丰盈，“南进”已成为大北旷军民的强烈心声。他与各部落的将军们对这种剽掠战兴奋极了，请求吴大将军亲自率军攻打咸阳，吴起却笑着说：“时机未到，造势压秦而已。攻秦之主方向，不在由北向南，而在由东向西。”如此压秦的结果，迫得秦人从河西抽调大批兵力向北来防御，吴大将军大喜，他却甚感怅惘。

第一季小麦收获了，家家门前堆积起麦粒的小坟丘，军垦种植的大片小麦，更是堆码起金灿灿的小山。上郡人开天辟地第一次见到这么多的金豆儿，惊喜的热泪盈眶。吴起与阴格里等官员忙于修造贮藏小麦的仓廪，上郡百姓纷纷捐赠建筑材料，并自动应召出工出力。几座大粮仓建成，不待命名，人们则以粮仓所在地呼之为“神鱼吴仓”“佚施吴仓”“赤石吴仓”……随后竟成为正式的仓名。再后来，吴起走了，因为朝廷来了旨令：秦军不断向西河反攻，樊贵、潘松病亡，西河形势危急，调吴起速回西河任郡守抗击秦军。大北旷嘛，正式并入魏之版图，改称为上郡，派上大夫任座为上郡守（因其总爱直言忤君，不宜留在中央）。吴起走后，上郡百姓感激之怀念之，将吴起校阅军队时站过的土台命名为“吴子台”，吴起扎过营的地方命名“吴子营”，魏军屯垦过的土地称“吴屯”（其后演变为村落市镇），吴起督责修建的桥梁道路塘堰和巡视过的村落堡寨，命名为"吴堡""吴寨""吴桥""吴溪""吴道""吴塘""吴堰"……

吴起调走，阴格里心中邪火乱冒，他与吴大将军相处的近二年，已是越来越崇敬、折服、信赖这位不苟言笑、面冷心热的"天神"（天神嘛，与凡人总是有隔膜的），甚至有些亲切和依恋。他阻止不了朝廷的旨令，就大骂朝廷"他妈的一群混蛋"，县掾阻止也不听。上郡百姓更加难分难舍，纷纷到大将军行辕哭求挽留，挽留不了，则扶老携幼遮道相送，哭声一片，不忍分离……

第八十二章

洒泪去魏心如绞

（残断景象之一）

1. 吴起回到西河，秦军闻风胆寒，不敢招惹“吴瘟神”，自动退守阴晋，修缮加固城池，大置守具，昼夜警备，又在崤山严密设防，唯取保守之势。吴起亦无力进攻，乃与秦军相持对峙，一面练兵经武，一面督令各级官府清明政务、军民用力农桑发展生产，偷闲还撰述《吴子兵法》-----

2. 吴起忽然匆匆东归。回到安邑，满城哀声一片……魏文侯死了（李悝已病死在中山，田子方、段干木以及翟煌、任座、北门斗等一批贤能人才也在文侯之前相继去世）。吴起为一代雄主魏文侯挂孝，坐在灵棚里放声嚎哭，不成语调，泪水滔滔，伤痛椎心。他锥心伤痛什么？显然，文侯一死，新君魏武侯魏击还会拿他当宝器吗？更重要的是，彻底吞灭嬴秦的大好时机又被耽误了、断送了，新君还会有旧主的雄心、胆识和智略吗？他三天不吃不喝，直至晕厥过去……

3. 新君魏武侯与先君遗命辅弼大臣吴起等人游览黄河，放眼关山如铁、黄河天险，不禁大兴感叹：“美哉山河之固，此魏国之宝也。”吴起皱眉而对曰：“主上差矣，国之宝在德不在险。昔者夏桀殷纣，皆有貔貅百万、关山金汤，然而终亡国丧身，遗后世笑。君以物为宝，危哉乎！”武侯不悦而归。王错入宫来，秘奏武侯：“吴起竟以顾命大臣之姿轻藐于主上，尤可恨以夏桀殷纣方比我主，可杀也。”武侯不答，而怒色益重。

4. 魏武侯以田文为相，吴起愤愤，私下戏问田文：“子得为相，出人意外。吾与子比较功能何如？”田文微笑点头。问曰：“将三军，使士卒乐死，敌国不敢谋，子孰与起？”文曰：“不如子。”再问：“治百官，亲万民，实府库，子孰与起？”曰：“不如子。”又问：“守西河，秦兵不敢东向，韩赵宾从。子孰与起？”曰：“不如子。”起曰：“此三者子皆出吾下，而位居吾之上，何也？”文曰：“主少国疑，大臣未附，百姓不信，方是之时，属之子乎，属之我乎？”吴起默然良久曰：“属之子矣！”

5. 王错通过罗妃和公输座多次向武侯进谗毁败吴起，但武侯深知吴起之能，且有文侯临终遗命，故仍对吴起言听计从。王错乃该换了策略，不再说吴起坏话。这天，魏武侯焦虑于上郡郡守任座病死后，翟北陷入一团混乱，原来的酋长将军们各自为政还互相攻伐，朝廷部队反被驱逐，新郡守如坐针毡，飞章向朝廷告急。如何使上郡恢复正常秩序？武侯愁眉不展。王错进言道：“欲使上郡清宁，可令吴起兼任其守。翟北蛮人只服膺吴起，视之为天神，怀德畏威，不亚犬戎、密须、耆、邘之敬畏臣服于周也[①]。彼人统帅数十百万蛮人，又有西河十多万虎狼雄兵，莫说嬴秦为之心惊肉跳，即使整个天下，谁还可与之争锋？”魏武侯震动了：啊呀，这吴起智勇无敌，手握雄兵，一旦心生自雄之念，割据自立，有谁可制之？……于是冷冷一笑，下令从西河抽调五万兵力镇守上郡，对拥兵自重的翟北酋长、将军武力镇压……王错暗笑不已。

6. 秦国被吴起压迫，深感喘气不匀，乃起兵五十万，要拔掉西河这块压近胸口的石头，并从死牢中放出名将穆柯乾挂帅。吴起能用之野战的兵力，却只有区区五万。五万抵敌五十万，这仗怎么打法？

魏国上将军公输座调兵十多万布防河东，却不跨入西河参战，只令吴起坚守待援。

吴起盼敌出关来战，哪肯坚守？竟率五万魏武卒扑向秦军。

看不明白吴起又用了什么鬼怪妖法，居然使穆柯乾指挥失灵，各路将领对其阳奉阴违，不肯合力作战，但求各保实力。吴起却鼓舞的五万魏武卒血脉贲张、勇气如火山喷发，突然扑向秦军前锋四万部队，犹如烈火燎蜂房。五万魏武卒之烈火，实在猛恶无伦，“蜂群”惊起乱飞，触烈焰则纷纷坠落葬身恶火中。穆柯乾大惊，急令各路军相救，但各路军尽被魏武卒占据险要所阻，更畏惧“火势”太猛烈，竟畏畏缩缩不敢拼力向前。结果，四万前锋

秦军很快被全部歼灭了。

消灭了四万前锋秦军，魏军突然匆忙撤退，退的极是惊慌，竟丢弃下大批甲杖和粮草。另一路六万秦军追上来缴获“战利品”，居然发现了一匹高大的棕红马身中数箭倒毙在路边，秦军有人认得，这大红马乃吴起的坐骑。啊呀，难怪魏军急忙退逃，或是吴起被乱箭射死了。啊，魏军主帅死了，“吴瘟神”死了，追杀“无头之蛇”还犹豫什么？这路秦军的将军大喜，挥军急追“无头之蛇”。追入一个山谷，谷口忽被堵死，逃跑的魏军返回身来截住去路，万箭齐发，指挥发箭者正是骑一头黑色骏马的吴起（可见吴起的确从死亡线上走了一回）；两面山上，魏军又推下小牛似的石头砸下来……这六万秦军仅只有五六千逃出山谷。

穆柯乾得讯更惊更怒，亲率十多万中军来战，吴起却深沟高垒据守不战。穆柯乾挥各路军齐来合围，但各路军已畏惧吴起如老鼠怕猫，进一步停三停，谁也不敢放胆近前。吴起瞅到了机会，于夜里突然甩开穆柯乾，围住了落在最后面的一只肥大而怯懦的“老鼠”，一场激战，“老鼠”丧命。穆柯乾回身来扑吴起，但吴起借秦军众多而杂乱，竟从缝隙中钻出包围圈，迂绕向另一只离群较远的“贼鼠”，一战又杀灭之。

秦军五十万已损失了三分之一，无不心惊胆战，几乎全失了围剿吴起的斗志。穆柯乾又气又急却毫无办法，只能与吴起对峙着，一时谁也不能吞灭谁。但几日后的一个夜里，星月被黑云遮蔽，夜色如墨，夜幕中，有三道鬼影子直扑向穆柯乾的中军大营。一道闪电亮起，英浩看清了鬼影子，其中一人是中年麻脸大汉，另两人却是精神矍铄的苍然老者。英浩依稀认得这麻脸大汉，不就是在“鬼淖子”装疯卖傻的那人吗？其后打听得知，此人就是吴起的师兄西门虎，轻功盖世，武艺绝伦。那么这两个老者，或许就是吴起的师傅和师叔了吧。这三个大侠鬼魅一般扑入穆柯乾大营，莫非是要……？果然，这三个鬼魅飘进穆柯乾大帐，逢人就杀，片刻间杀尽了卫士，穆柯乾来战，早被西门虎一剑砍翻。三鬼魅随即放起火来，大帐烈火冲起，并迅疾向各个大帐蔓延。五万魏武卒一见火起，如山崩海啸之势杀向秦军，秦军虽还有三十余万，却因斗志殆尽、士气萎靡，更加之失了统帅没了统一号令，竟被魏武卒如杀鸡宰鹅……仅有不足二十万军丢魂失魄地逃窜而去……

秦举国震悚，几乎倾尽全力扼守西崤山，郑下、武城以至庞城等“锁钥”城池和关隘，白日也城门紧闭，夜里更重兵巡守，鸦鸣雀噪则心惊肉跳；弘农一带的富户，纷纷将家财向秦岭深山里转移，有的甚至举家迁徙躲藏；远在西部的雍都也人心惊恐，王宫侍卫都惶乱不安，文武大臣上朝时佩剑带刀，夜里睡觉也不得踏实，噩梦不断……

魏武侯警惕吴起拥兵自重，不向西河添兵，吴起兵力不足，无法对秦发起全面进攻。

7. 田文死了，武侯之爱婿公输座为相，吴起更愤怒郁闷。王错密谓公输座：“不除吴起，子之相位难保。”公输座惊问：“然则何计可除之？”王错附其耳低言一番，公输座大喜。次日，公输座秘奏武侯：“吴起威震天下，力可吞秦，然而不用命者，因不得为相，心怀二意也。”武侯大惊：“如此奈何？”公输座曰：“其人好色，若许之婚姻，则可归心焉，……主上之次公主年刚及笄，貌如天仙，以之妻吴起，吴起怎不感恩怀德？”武侯大喜，令公输座撮合。

公输座招请吴起赴家宴。饮酒间吐露主公心意，欲以次公主嫁吴起为妻。吴起此时已年近六十，贱妇海棠夫人已被弃如敝屣，一直鳏独自处。忽闻君之鲜花少女肯下嫁自己，况且可贵为国戚，吴起大喜过望，连连向公输座拱手称谢，请其“大力玉成”。忽然，有一贵妇人盛气闯入，对公输座高声怒骂，折辱之词尖刻聒耳，随之扑过来扯住其耳朵举酒杯强灌之：“让你喝！让你成天喝！”公输座作揖求饶始得免。贵妇人离去，吴起讶问：“此为何人？”公输座长吁短叹有时，黯然道：“此雌虎即长公主也。唉，人以攀龙附凤为贵，岂知我为‘雌虎’夫，受虐贱如仆妇家奴然……”吴起怔了：作公主之夫苦何以堪？我吴起英雄大丈夫，岂堪受此等折辱？……

吴起次日即离开安邑回到西河，随后致书公输座：吴某不敢仰攀金枝玉叶……

公输座持吴起书信来回复武侯：吴起拒婚，二心于我大魏矣！一面又回书吴起：主上震怒矣！

8. 吴起带着两名卫兵悄悄离开军营，三匹马驰上一座小山，站立于山顶眺望西河美丽的山川。看着看着，吴起泪流满面了。

一卫兵惊问道：“大人既决意离去，何必为它流泪呢？”吴起以袖拭泪，哽咽道：“尔等不懂，吴某毕生追求功名富贵，今始知富贵于人如浮云，然而功名仍不可忘怀……我之泣，乃为西河大好河山而哭也。黄河作证，我吴

起为争夺这片河山，耗了多少心血，白了多少发丝，甚至几度死里逃生，而大魏千百万军民，更为之洒了多少热血油汗、贡献了多少牺牲！樊贵、莫墨玉、西门豹、潘松、宋华、韩馥礼、肖克胤以及陆氏三兄弟、伍仁、章麒麟、吾妹司马章氏等人之英魂，都献给了这片河山啊！……可是，我怕要不了多久，其又将沦入秦人手中啊，我、我……”三人一同垂泣，泪湿草木。

良久，这卫兵又问：“大人，我们该向何处去？”吴起摇摇头，神色更悲戚：“我亦不知。‘伍员逃国’，该逃向何方呢？”另一卫兵忽慷慨道：“大人不必难过，天高地阔，岂无英雄立身之所。我们纵是漂泊天涯，也该带上公子期。大人且向南徐行，小人当潜回安邑，取来公子期一同……”吴起再次摇头：“我犹身如飘蓬，稚子何堪风霜苦难阽危？况且汝潜回安邑携期儿出逃，若被人发觉，反害我儿矣。罢了罢了，安邑君臣视吴起为威胁，稚子蒙童何害彼君臣？料公输座亦不忍难为我儿吧……”然而泪如雨下，悲不自胜。

英浩看到这里，竟也心中一酸。

【注释】

①犬戎、密须、、耆、邘，皆为周武王伐殷纣时最先征服的小邦国，对击败殷商起了重要作用。王错以此作比，乃暗暗谮毁吴起有野心。

第八十三章

变法治楚楚中兴

（残断景象之二）

1. 楚悼王先在深宫中接见名动天下的吴起，诚恳地咨询大楚当如何重振雄风。吴起对曰："楚之贫弱因积弊深厚。积弊有四：一为君弱臣强，尾大不掉；二为封君过多，冗官泛滥，食禄者众而民不堪负担；三为国之财赋在私而不在官，私人强盛而国无力；四为律令败坏，法如虚无，违法犯禁者有恃无恐；五为军腐朽而兵怯弱，无拼战建功之心、争胜耀荣之志……此为前四弊之导致，又为贫弱之最大之弊……"悼王沉思不语，实则钦佩不已：此人下车伊始，竟对我楚积弊洞若观火啊！……

2. 楚悼王于大殿设盛宴，热烈欢迎吴起来楚国，亲为吴起把盏，并令陪宴的众臣皆向吴起敬酒。吴起很感动，眉梢眼角又洋溢出得意和豪迈之气。

酒过数巡，悼王喜气盈盈道："吴将军战无不胜攻无不克，在鲁鲁兴，在魏魏强，实为不世出之英杰良将。魏击愚不可及，竟然迫走绝世英杰，魏之雄霸将大河东去矣！将军翩然南来，我大楚何其幸、寡人何其幸欤！"

吴起离席而拜："起才薄德劣，不敢当大王之誉，今为亡命人，得大王不鄙而收纳，幸何如之！今既为大楚臣民，唯竭尽鲁钝而已。"

悼王更大喜，亲搀吴起平身，执其手曰："将军肯效力大楚，寡人可望继庄王之威烈矣。吴爱卿听封，暂屈爱卿为宛城守，为我大楚镇守'北门户'！"

吴起感激拜谢。陪宴的众臣却一半欢喜一半愁。最愁的是上卿屈宜臼。

3. 宛城距楚都城郢偏远，却挺耸于魏韩之间，魏韩早有吞吃之心，只是忙得顾不过来。而今魏国西线战火暂停、北面平稳无事，而韩国也在几次战

争中发了洪财，国力大增，于是两家相商欲吞下宛城瓜分之。

吴起到了宛城，立即整训部队、招募新兵、缮固城防、广积守城器材、派军扼控险要关隘，大力宣传军纪军令尤其是“尚战功”律法……轰轰烈烈、如火如荼。宛城三万多兵力，忽然变得士气高昂、威武齐整，又加之民气激扬，“保我疆土”成为一致信念，宛城竟有了岿然如山之慨。

魏韩合兵十二万逼近宛城，一听宛城统帅换成了“杀神”吴起，谁不知吴起的穷凶极恶？韩军虽没与这“杀神”交过手，但其“捣郑助韩”斩张吉、水荡张礼、借冰雹巧夺丹桂城以及五万军大破秦军五十万，这些战例惊心动魄啊，谁的头比张礼、张吉、穆柯乾更结实？魏军更熟知“杀神”的鬼计万端，谁敢与“杀神”拼斗？何况有不少将领此前还是吴起提拔起来的呢。于是，魏韩联军屯于宛城十数里外的关隘前，竟不敢进攻。吴起却已有了以自己的威名吓退魏韩联军的妙策，对将士鼓舞道：“我军神勇，敌则破胆。有敢在敌前耀威者，军功重奖之外，本守将使其得无尚之荣耀。”三军皆奋勇欲得荣耀。

吴起经一番部署后，派一万军开出关来，列成了杀气腾腾一阵势，布阵的将军威风凛凛，笑着请魏韩联军来破阵。魏韩联军的众将领皆不识此阵，但都听说过吴起用什么八卦圆环阵差点儿困死猛虎章霸川，其阵势鬼怪险恶，吴起未露面，是不是又在搞什么阴招呢？竟不敢来冲击吴阵，也列阵对峙。

见魏韩军不敢进攻，吴阵中忽冲出一辆三马驾驭的战车，直向魏韩大阵冲来，车上仅一驭手和一名披着战袍的雄赳赳的威武猛士。冲到两阵中间，战车被一坑洼一颠，猛士给颠的差点摔下车来。猛士大怒，飞身跳下车来，一把抓住极是高大的辕马笼头，战车竟嘎然刹住，辕马负疼乱蹦跳。猛士更怒，扬起手掌向烈马头上一拍。天啦，高大雄峻的辕马头颅破裂了，鲜血喷流，随即仆趴栽倒死了。猛士拉起驭手下车，扔了战车自回吴阵。魏韩联军无不被猛士的神力震慑，不敢追赶徒步回阵的猛士。

吴阵中又出来一名威猛壮士，走到被抛弃的战车前，解下另两匹驾车之马驱之归阵，之后抓住战车，大吼一声，竟将战车倒翻举起，头顶着车舱，大踏步走回了吴阵。魏韩联军更个个咋舌惊悚，目瞪口呆。

但吴阵中又出来了一名裸衣赤膊的猛士，全身肌肉如虬，走到两阵中间，向魏韩军大叫：“谁敢与爷来单打独斗？”魏韩联军已被两名神力猛士震慑，见这一猛士更加猛恶，无人敢应战。这猛士焦躁起来，乃走向两颗桶粗的大树，调气运力一番，突起一臂肘捣向一颗大树，那大树“咔嚓”一声，竟从根部折断砰然倒下。尘土飞扬中，猛士又一臂肘，另一颗大树也砰然倒地。吴阵中叫好声如雷，魏韩军尽皆失色。

吴阵中又出来了一名以黑纱遮住头脸、唯露出眼睛的小校，匹马单枪，挽弓搭箭来到两阵中间。吴阵中的将军向小校下令：“不必杀人，显汝神箭则可。”小校应声“是”，随即将弓箭瞄向了魏韩军阵前的一个士兵，那士兵惊慌的举盾欲自障，哪知小校却忽的弓箭一转，弦声突响，韩魏阵中的一名将军忽感头顶风激，惊怔间，自己头盔上的红缨已堕下地来。妈呀，他距小校足有一百多步，小校并未瞄准，竟然一箭……魏韩军无不惊悚。但那小校却借敌军惊悚之际，再发一箭，又一名将军的盔顶红缨落下地来。不待魏韩军从震惊中惊醒，那小校又瞄准一辆战车上高插的“魏”字旗，劲箭飞出，小儿臂粗的旗杆“咔擦”折断，“魏”字旗摔下地来。小校潇潇洒洒拨马回归吴阵，魏韩军谁敢来追？

天哪，这鬼怪吴起，从哪儿寻得了这些神力猛士，这不都是苏豹、章霸川式的天神吗？有吴起鬼计万端，又有这些可怕的“苏豹”，谁的头就比章霸川、汪晟、张礼、张吉或这烈马和大树结实？五十万秦军犹被吴起五万军打得落花流水，我十二万兵力岂可与这瘟神杀神对抗？……魏韩联军大惊后退。两日后即各自撤军，回报“吴起雄兵铁关不可动摇”……

魏武侯得报，气得说不出话来。

英浩却在宝镜中看得清楚，那个掌毙烈马者，其实在战袍下藏着一柄铁锤，跳下车来战袍一抖遮住了魏韩军的眼睛，一铁锤击马头颅破裂，魏韩军却被障眼法蒙蔽；那战车是特殊的轻木板所制，其重量不足笨重战车的五分之一；那两棵大树，其实早已被几乎锯断，仅留表皮部分撑持着，壮汉一用力则可折断。至于那个“小校”，却是吴起假扮……小校竟有如此神技，吴军中还会有多少神箭手呢？……几个小把戏，竟吓退了十二万大军！

4. 吴起忽然派出二名从西河带来的贴身卫士：“汝二人可潜往魏都安邑，访查吾之家眷，将这包金玉暗赠吾儿，再为我杀了二人。”卫士问：“欲杀何人？”吴起答：“其一为上大夫王错，其多次谮毁于我，须乱刀剁碎。另一人则为期儿之母。”卫士大惊：“何故杀主母？”吴起咬牙切齿道：“那淫……贱妇心如蛇蝎，曾欲毒害夫君。记着，贱妇出轨十多次，须以十刀分其尸。”

二卫士迟疑片刻又问：“既杀了主母，何不携公子归楚来？”吴起微笑道：“尔等不懂，吾儿此时在魏可得平安，入楚来反有叵测。尔等遵令去吧！”

五六日后，安邑城中轰动，上大夫王错与逃犯吴起之妻“海棠夫人”昨夜被人暗杀，惨不忍睹……

5. 吴起在宛城大搞起“改革”了。宛城实为富丽、形胜之地，气候温润，土地沃饶，人口辐辏，亦可谓天府粮仓。然而，土地湖池大都归于贵族和豪强大户（屈宜臼之封地最多），百姓都是地主之佣奴和佃户，惨遭敲剥，以至于官府连辖域内的土地和人口数也搞不清楚，肥田沃地涌流出来的金银（粮棉等）之泉几乎都流进了大户的仓廪，政府所得很有限。吴起报请楚悼王批准……取消贵族们在宛的封地，收归国有，让耕种那些土地的人 继续留在原土地上耕作，并直接向国家缴纳田租。春天一到，农民们开始春耕。与往年不同了，以前他们近乎是无偿劳动，而现在，秋后的收获，他们将与国家六四 分成，而且粮食收得多的，还可以再减一成田租！这样优厚的条件，他们怎能不激动兴奋，干活格外 卖力！原本沉重的农活，忽然变得那样的轻松，很多农民还一边干着活，一边唱起了欢快的小调……

春耕农忙一过，吴起又开始查阅下属部门的卷宗……凡办事认真，为官清廉的官吏， 予以嘉奖；对政绩不佳的官员，一律罢免；对那些长期欺压百姓，横行乡里的官员、小 吏，一经查出，严惩不贷！敷衍、慵懒、混俸禄的官场风气为之一新……

紧接着，吴起又进行“整军”，撤了一批平庸的军官，将一些 有才能的士卒提拔上来，加强军队的武艺训练和战阵操演，尤其大力推行“以法治军”“信赏必罚” 的制度。将士们渐渐看出来了，在这位吴大人手下，只要你干得好，就一定会得到相应的 奖赏！这使士卒们都产生了很强的进取心……军队的松散、软弱、有令难行有禁难止的面貌完全改观了。假以时日，“楚武卒”又将出现！

6. 楚悼王诏令到：调吴起回朝，改任令尹。……吴起的夙愿得酬，出将入相了。而且，悼王还要将自己二十多岁的寡妇小妹嫁给老鳏夫吴起为妻。吴起却坚决拒婚：“不可啊主公，公主尚是盛开之花，臣已是衰朽老树，怎敢耽误公主青春？再者，你我为君臣，一切公事公办，而一旦成为亲戚，主公碍于情面，或将对臣徇私放纵，不利于国法，而臣仗峙国威，宴安享乐，不思进取，尤不利于大楚振兴。”悼王不好勉强，“赐婚”作罢，却又赐给吴起一辆豪华无比的轿车：朱毂包金，驷马驾驭，黑楠木为车身，雕梁画栋，镂刻成各种美妙图案，有的如鸟兽献瑞，有的如花木呈祥，花草皆为金叶，宝石花心璀璨夺目。轿内有刀剑弓箭架和书案，有梳洗台和通向轿外的便桶，夏天有凉风穿轿而过，冬天还有取暖设备……其华丽气派，竟然超过悼王的御辇。吴起不能拂了主公美意，拜谢受之。但他并不乘坐，却令随自己调来京城的三名勇士……掌毙烈马、扛回战车、撞断大树的三位……分别乘车在京城兜风一圈，受万民万军赞叹崇仰，随后宣布命令：此车为“勇士车”，令尹不得乘坐，只有为国立功的勇士，才可乘此车游览京城，享受无尚之荣耀。楚国军民官绅，无不振奋。

7. 令尹吴起在全楚国推行变法了，矛头直指向了严重阻碍楚国发展的旧贵族。吴起对悼王说：“现在‘法治’推行并不太顺利，有那批世袭享受高官厚禄的旧贵族在，新的制度就很难真正建立起来……”悼王深有同感地点点头，说：“是啊！这些人整日只知声色犬马，每年须向国库索取数以万金计之俸禄，还大量侵吞国家应得之税金、田租，又相互勾结，把持朝政，欺压百姓，目无法令……确为国家蛀虫！朕也早就想……然而，谈何容易哇！”吴起道：“既为国之蠹，当速除之！”悼王犹豫道：“知易行难也。国蠹盘根错节，势力强大，处置不慎，祸有不测焉。”吴起微微一笑，说道：“国蠹势虽大，毕竟为乌合之众，臣以宛城兵已足扑杀之，况主公手握百万兵马，何惧蠹虫造乱？”悼王志乃坚，挥拳道：“好，一任令尹放手施为！”

8. 在上卿屈宜臼气象恢弘、金玉满目的府邸里，一大群惶惶惴惴的世袭公卿贵族们聚在一起，商讨着对付吴起的办法。天杀的吴起推行杀人不见血的新法，废除了他们的特权，剥夺了他们的封地，甚至将他们浩浩的家产财富充公，他们很多家年轻冒失的子弟们公开敌对或暗里破坏，竟被这天杀的按新法鞭杖责打、充军戍边甚至砍手、剁脚、割鼻、绞死……残酷镇压，血腥“改革”，整个楚国如被血色的磨盘压着，一言不当就可能触犯新法。杀人的刀剑、茹血的鞭杖、制法执法的权力，此前操在他们手中，现在皆被恶魔吴起掌握，谁可与国家机器较劲？他们只能人人长吁短叹、苦无良策。拼

一死动武？虽然他们哪一家都有门客家兵成百上千，合起来也是浩荡阵容，但与“杀神”动硬的，谁有胆量？堂堂十多万魏韩联军，竟不敢跟“杀神”照面就躲逃，他们纵有数万乌合之众，经得起“杀神”举剑一挥？……

他们正在焦愁，吴起却带着一队兵丁围住了屈府。

吴起大步踏进屈宜臼的客厅，冷冷地扫视了一遍阔佬遗少们，取出一卷白绢在众人面前一举……那上面赫然 盖着楚悼王的封印……高声宣布：“主公有旨。凡封君之子孙，传三世者，收其爵禄，另，废除公族疏远者！着徙往边地，即刻起身！屈宜臼徙往苍梧……”

第二天，郢都的几座城门格外的热闹，被免去了爵位，发往边地的贵族们乘坐的各 式车辆在城门口排成了长龙。那些侥幸没有被免去爵位的贵族们纷纷赶来，为他们的难兄难弟们送行。他们清楚的感觉到了这些被赶出都城的贵族的今天就是他们 的明天……颇有些兔死狐悲之感。而在周围看热闹的老百姓们的情绪与之形成了鲜明的 对比，个个欢呼雀 跃，有的还高兴地唱起了驱魔打鬼的歌谣：“恶鬼去兮吾得安宁，凶魔徙兮四季太平……”

9. 楚国日渐国富兵强民安乐，悼王大喜，急于向二十多年来威风八面不可一世的魏国“秋后算账”了。吴起谏道：“犹不可也，三晋若铁板一块，我楚尚无以一敌三之力，当务之急，应先消除楚国东、南、西三方之威胁，然后等待三晋出现分裂。其时我无后顾之忧，只需一心向北，败魏轻易也。”楚王深以为然，委任吴起执行上述战略构思。

吴起亲率五万楚军东进讨伐越国。越国自勾践过世后，状况一代不如一代。其时之越主早丢弃了先祖“卧薪尝胆”的精神，自以为有长江天堑，北可以挡齐国，西可以拦楚国，平时不整饬军备，只顾肆意享乐。

吴起大军开到长江岸边，越国毫无准备，被打得大败。只一战，就几乎把越国赖以生存的众多战船焚烧殆尽。越主见势不妙，赶紧写信求和，答应向楚国称藩并献出大量的财物。吴起无意孤军深入，也见好就收，将矛头转向，对准了楚国南方的百越部落。

“百越”者，今之所谓“大西南边陲”之部落民族，疆域辽阔而人口较少，还未形成“国家”状态。各酋长聚起十多万“寨兵”来战，但“寨兵”基本算不得军队，吴起仅用二万军征伐，即势如破竹，杀的“寨兵”四散而逃。吴起令少杀多俘，并恩抚俘虏，诱劝酋长率众归顺。武威加恩抚，百越人“畏威怀德”而完全归顺了，于是百越变成了五岭郡，作为楚国的最南方边界。吴起委官设署留军镇守，自率军向西开进。

楚国西边巴、蜀二国，国力弱小，只求闭关自守，不足为虑，但与秦交界的汉中、商於一带因距秦之“腹心”近而距楚“腹心”远，楚防守不易，势如“鸡肋”，此前楚悼王已有放弃汉中之念。吴起坚决反对：“汉中虽僻远，却临近陇西，若让秦得了汉中，可南下兼并巴、蜀。那时，秦之实力将大大增强，楚国西境永无宁日矣。”……此时吴起开进汉中，恰遇秦军十万穿过秦岭南来吞并。吴起兵力不足四万，然而秦军畏惧“吴瘟神”如青蛙怕蛇，哪里还敢进攻，反生逃避之心。“蛇”岂容“青蛙”躲逃？奋进猛击，击斩秦军四五万，其余秦军争相奔逃，丢弃粮草军资无数……吴起部署守军控扼住天险铁塞，汉中、商於安如磐石矣。

秦献公（……简公病死，公子嬴连回国成功复辟）哀叹道：“吴起为我大秦煞星。此人不死，我不可复振雄风矣！”他急忙遣使入楚，愿息争修睦，重归友好。楚亦欣然。

10. 悼王问于吴起：“而今可伐魏乎？”吴起曰：“赵不满魏北咽西吞，心有怨望，三晋联盟已生裂纹。今可促其裂纹增大，令三家反目，伐魏方可奏功。”悼王又问：“如何可令三家分裂？”答曰：“可说使赵伐姬卫①，魏必助姬卫抗赵，三晋联盟解析矣。”悼王略惊：“卫国乃子之桑梓，子何忍父母之邦被蹂躏？”吴起冷笑道：“山川土地，乃上天赐予人栖息之所，非‘国’之恩也。‘国’福利于民，民则爱之；祸害于民，民可憎之。起在姬卫唯有羞辱，与之何情何义？况大魏一出兵，赵则自顾不暇，姬卫犹可苟延残喘也。”悼王震惊吴令尹心如铁石，遂依计而行。

【注释】

①卫国为姬姓诸侯国，曾都朝歌，此时迁都帝丘。

第八十四章

福星灾星难定论

（残断景象之三）

1. 姬卫国小力弱，哪可抵挡强大赵国的虎狼之师，卫军一触即溃，大片的国土城池陷落，赵军渐渐打近了国都帝丘。

卫声公慌忙向保护国魏国求救。魏武侯大怒，以盟主身份令赵国罢兵息战，但赵敬候（赵献子六年前薨，其子继位自“晋级”称侯）早恨魏武侯吞精咽肥而赵难喝上油汤，尤恨魏以三晋领袖自居，岂肯听赵国发兵攻卫。姬卫国小力弱，哪可抵挡强赵的千钧霹雳，军队败溃如潮，大片魏武侯指令？反而加紧了向帝丘猛攻。魏武侯比其父文侯少了战略全局意识而又不顾道义，竟联络宿敌齐国向赵施压。齐国深恨赵国几次生事勾引来三晋侵伐而吃亏丢脸，报复赵不说，更是拆散三晋联盟的绝好机会，乃欣然出兵助魏、卫击赵。

赵虽也强大雄武，却毕竟对抗一齐或一魏力犹难支，现在却是齐魏卫合力，立时全线大败，放弃卫土向后撤退。齐魏却哪肯罢手，竟猛追不舍，攻入了赵国境内，夺取了边境数城，继续向纵深猛攻。赵国危急了，慌忙向燕国求救，但燕国早已恼恨赵国借魏势耀武扬威，倒盼赵国被灭，哪肯出兵相救。再求韩国斡旋说合，韩国却装聋作哑；无奈，转而向齐魏乞和，又遭拒绝；形势危急了，万般无奈，只好向老仇敌楚国求救。

2. 楚悼王聚群臣商议救赵之事，文武大臣们纷纷反对救赵：齐是老牌雄霸，实力绝不可轻觑；魏国更称雄耀威二十多年，打遍天下无敌手，今二强联手，兵峰锐不可当，我救赵则同披蓑衣救火，自找危厄。吴起力排众议：齐魏若吞并赵国，益成勃大之势，我楚将遭重大压抑，难有舒张峥嵘之机矣。今我救赵，既可杀魏之嚣张气焰，更在于拉赵为友，彻底瓦解三晋联盟。去一敌得一友，我大楚已赢天下矣！悼王志乃决，令吴起率十万军救赵。

3. 齐魏攻赵之邯郸，赵唯苦苦支撑。吴起再施“攻郑助韩”之策，率军直捣魏国境内。魏没料到楚国会插手救赵，主要兵力尽集于赵国，自己国内防守较空虚，加之此时乐羊、西门豹已作古，翟角被公输座、王错谮毁而解职卧病，已无善战良将指挥守御，哪可抵挡“杀神”的狂风暴雨攻势？挡者披靡，触者尽溃，楚军横扫席卷，魏之南部国土纷纷陷落……

4. 攻打邯郸正激烈的魏武侯得报吴起率楚军已侵入本国纵深，惊得冷汗淋淋，慌忙撤军南归回保本土。齐国已得到吴起许诺：勿助魏，楚则与齐永结盟好。相国田和知道杀神吴起“黄雀袭后”，魏国必然遭殃，此正是打击、削弱最可怕之敌的好机会，当然乐从吴起之命，随即亦停止进攻邯郸，反屯军魏国边境，要观望“谁家房子着火”以便趁火抢掠。赵敬侯却已恨死了魏国，要报仇雪恨，挥军向惶惶撤退的魏军穷追猛打，魏军大败争逃。

楚军和魏军在魏国境内的州西（今河南沁阳一带）相遇。此时之魏军连吃败仗，士气恐慌，加之仓皇撤退，长途跋涉已疲惫不堪，斗志尽丧，一接战即纷纷败溃。三四十万魏军，竟被十万楚军打得风流云散。楚军顺利突破州西一带的防御体系，直抵魏国重镇大梁，饮马于黄河岸边。

与此同时，赵军与魏国北部边境的数万魏军多次激战，也成功突入魏国境内，占领了棘蒲、黄城等魏国北部城池。昔日不可一世的中原霸主大魏，一下陷入两面挨打、无力招架之势，倘若齐国再来趁火打劫，魏国将面临灭国之险。

5. 吴起踌躇满志，正要夺取大梁耀威河之北，却忽传来惊天噩耗，楚悼王不幸早逝了。

吴起与楚悼王之情谊，甚至超过了魏文侯。他永远不能忘怀，他出任宛守而魏韩联军压来，形势极险恶。悼王竟致书道：“宛城能守则守，不能可弃之。与吴子相比，小小宛城不足道哉。”在悼王眼里，他吴起竟重于一大片国土！吴起感动得热泪盈眶了，发誓粉身碎骨以报贤主之恩遇。然而造化作弄人，正与贤君鱼水得济，忽然山崩“水”逝，“鱼”啊何其不幸！情与礼以及朝廷的敕命，皆要吴起抛下一切急回郢都奔国丧。他令大军缓缓撤回，

自己则带领四名卫兵，飞马向南疾驰。

6. 两日两夜，吴起与四名卫士几乎人不离鞍地昼夜急奔，五匹雄骏大马累倒了，他们又在驿站换了快马奔驰。第三日黎明，他们终于看到了郢都那高高的城楼。

他们策马进城，直来到王宫门口，吴起对卫兵们吩咐："尔等且去歇息，我要去为大王守灵。"说完跳下马，身子一晃，差点摔倒，但他又停止站稳，脚步稍稍踉跄地走近宫门。守宫门卫士躬身施礼放行，他却解下佩剑交给卫士……这是他任令尹后立下的规矩，任何人进宫得交出兵器，既利于悼王的安全，更在于树立王威……这才急匆匆走进宫去。

楚悼王的尸身已停放在大殿中，满身满脸尘土如钱厚的吴起扑到悼王尸身前一头扑倒，大放悲声："主公啊，吴起来晚了……"随之老泪纵横，哽咽的再也说不出话来……

7. 新君正忙于加冕登基事宜，王宫中一片忙乱。

王宫外不远处的一个深邃大院里，聚集着五六百黑衣甲士，屈宜臼与另一位贵族首领阳城君咬牙切齿地对众甲士说："吴起扰乱我大楚礼法，废除我等特权，剥夺我等封地，以恶刑加诸我等子弟亲戚，其人不死，我等将永堕地狱矣。宫中忙于准备新君登基仪典，纷乱如麻，卫士已被我收买，将不加阻抗；恶煞吴起守灵一日一夜，哀哀哭嚎，水米未进，已是站立不稳。除此恶煞，恢复我大楚礼法，夺回我等尊荣，在此一举也。……出发！"

大门打开，五百多黑衣甲士或持刀挺戈，或挽弓搭箭，在屈宜臼与阳城君率领下，如一股黑旋风扑向王宫。守宫门卫士果然只作势抵挡几下，则四散奔逃……

8. 已是昏昏沉沉的吴起被大殿外的哄闹声、喊杀声惊觉，晃晃悠悠站起身来，要走出殿外查看究竟，但无数的黑衣甲士已冲进大殿来，举刀戈弓箭将他团团围定。一看这阵势，他的心一抖：自己的末日到了！但他还是耸起威严，厉声喝道："大胆狂徒，何敢聚众挟兵闯入王宫，不惧王法无情？尔等速速退去，本令尹可从宽发落！"他的威风实在太大了，众甲士竟被他震慑，有的刀戈下垂、松弦僵立，有的还蠕蠕倒退。阳城君大怒，仗剑扑近吴起，大骂道：“吴起恶贼，死到临头了，还敢用王法唬人？”说着挥剑欲砍。吴起此时手无寸铁，全身已如软面，哪还有招架之力？慌忙向后退避一步。阳城君跨步追上，又要挥剑砍下，却被屈宜臼挡住了：“且慢！吴起恶贼罪恶滔天，待我数其罪再诛之！……吴起，汝知罪乎？”

吴起镇静答道：“吴起推行新法，富国强兵、利国惠民，我大楚已勃然中兴矣；我为国东征西讨，战无不胜，开拓数千里疆土，令秦、魏栗栗觫觳，赵、韩仰我鼻息。吾有大功于国，何罪之有？”

屈宜臼戟指吴起怒道：“呸！汝巧口狡辩，怎可逃一死？汝治国毁败我祖宗礼法，残民害民似洪水猛兽，我等王族贵胄，恨不能食汝肉寝汝皮；再说汝东征西讨，累及我数千百万烝民妻离子散、血染黄壤，于国于民何益哉？天生妖异，尔或为蚩尤转世，以战伐杀戮为功为能，夸显战无不胜之淫威，而又假‘富国强兵’之名、‘杀人安人，攻其国爱其民，以战止战’之邪说[①]，竟而戗仁害义，滥施征伐，兵戈一挥，人头滚滚，血流成河，实为天地间第一屠夫。思汝自鲁至魏至楚，杀人之多，我千里云梦之狐兔麋鹿之数不足偿也，而何曾‘止战’？所见倒是战乱叠起，且愈战愈烈愈惨，势如一群疯狗乱撕咬，带给人间的，只是血泪迸流、哀鸿遍野、饿殍荒沟以至白骨撑天……好战之徒，元妖巨孽，苍生之灾星也。然而，上天岂容屠夫肆意杀戮生灵而伤天地之仁？故特遣我等来诛妖斩魔！战魔吴起，汝尚有何说？”

吴起沉默不言，屈宜臼歪曲“仁义”与“战和”的应有之义，将世道糜乱、战火纷起的根源归之于自己的富国强兵、以战止战之道，实为舍本而追源，混淆是非，强加罪名于我，但与乱臣贼子们有何理论？现在要逃生难于登天，我死则死矣，却不能便宜了这些乱臣贼子！他望一眼躺在灵床上的悼王，计上心来，脸上浮现出一丝诡异的冷笑，忽地拼尽最后的力气转身即逃，一步跳上灵床，将悼王尸身抱于怀中。

屈宜臼与阳城君惊怔了，这吴起太奸诈了，以悼王之尸体作掩护，谁敢举刀砍向悼王？可是时不我待，一会儿御林军开来，那可就……容不得多想了，二人立即向众甲士一挥手：“放箭！”弓弦乱响，数百支利箭飞向吴起……吴起成了一只刺猬，楚悼王尸身也惨不忍睹……但吴起在咽下最后一口气前，却以手指醮着自己的鲜血，写下了三个字：“立王威”。

英浩看到这里，忽感到鼻腔和眼眶发酸，泪花迷蒙了视线。吴起，天之骄子，

古今罕见之良将，死得也太凄惨了啊！可他能思能想，却不能动作不能说话，无法表示对吴起的哀怜啊！鬼谷子走了过来，在他的后脑勺上轻轻一拍，他立即感到从似幻似梦的情境中走出来了。

鬼谷子不带表情地望着他问：“吴起已死，汝当欣慰，何故反而酸心？”

英浩却含泪急问：“我镜中所见，这一切都是真的吗？”

鬼谷子点点头：“真亦幻，幻亦真。尔所见乃数年之世象，了无虚幻。吴起之死，刚发生于楚宫，其血迹犹未干呢。”

英浩愣了一霎，突然悲从中来，泪水扑簌簌滚落不止：“吴起啊吴起，你是我英浩最大仇敌，但我英浩又最敬佩于你啊！吴子吴子，君其安息！”又转头问鬼谷子：“敢问吾师：天生英才，何使之不得善终？”

鬼谷子也略显悲哀，语气苍凉地说：“吴起与我亦有些渊源，我亦为之伤痛。然而一切皆天数，天欲借吴起之死以警楚人也。”英浩不解：“警楚人？楚已再呈勃强，警之何事？”鬼谷子漠然道：“吴起一死，楚之勃强将刹矣。所警之事，吴起绝笔所言也。以绝笔促楚去隐患，吴起又立功于楚也。……不必多说，汝可再看镜中影像。”英浩领命，再转头凝目观看镜中之像……

9. 宫中暴乱、令尹惨死、悼王龙体遭惨祸，这大案使新君楚肃王极震惊震怒，但使之更震惊的是吴起的绝命遗言“立王威”。是的，楚国近来几世总是君弱臣强，贵族大臣操弄国政，祸患不断啊，祖父声王被盗贼刺杀就极蹊跷，若无“内鬼”作祟，区区百十小盗贼如何近得王驾？父亲悼王算得中兴之主，却也被多少人怀恨！王威不立、枝强干弱，大楚有危，自身更有危啊！立王威须快刀斩乱麻，绝不可手软！于是立即调动御林军在全城搜捕案犯……屈宜臼与阳城君很快落网，受凌迟处死又挫骨扬灰，其家眷亲属受株连而死者上百；其余参与了暴乱的五六百甲士，只有数十人侥幸逃出了大搜捕……

英浩看完，放下宝镜长叹息道：“吴起千古怪杰，可敬、可叹、可悲也欤！”

英浩了却了恩怨爱恨，一心要长留洞中师从鬼谷子修仙，但两日过后，鬼谷子却逐客了：“英子可去矣。汝之幼孙将娶妇，极盼‘神仙爷爷’喝喜酒呢。”英浩一愣：自己离家时，幼孙尚在其母怀中撒娇呢，来洞中似乎才三四日，何以就长大娶妻了？哦，神仙不肯收我为徒，是撵我出洞了吧！唉，神仙旨意，凡夫如何违拗！

英浩一步三回头地离别鬼谷洞，经月回到丹桂乡下。哦，家乡人竟无熟识者，自己的兄弟子侄辈也大多谢世了。幼孙的确已长成弱冠玉郎，正在举行婚礼。合家大小皆惊喜神仙爷爷归来，纷纷恭敬喜酒。英浩陶然领受。

当晚，英浩在梦中又拿起了宝镜，但镜中映现的，却是自己身着寿衣躺在灵床上，一家老小皆着孝衣跪在自己四周痛哭流涕、焚香叩头……

英浩真的死了。回家次日即无病而终，享年八十三岁。

【注释】

①“杀人安人”句：见《司马法》：“杀人安人，杀之可也；攻其国爱其民，攻之可也；以战止战，虽战可也。”